F) SIDE

EL LIBRO DEL AUTOMÓVIL

LA HISTORIA VISUAL DEFINITIVA

EL LIBRO DEL AUTOMÓVIL

LA HISTORIA VISUAL DEFINITIVA

DK | Penguin Random House

DORLING KINDERSLEY
Edición sénior del proyecto Kathryn Hennessy
Edición sénior de arte Helen Spencer
Edición Steve Setford, Andrew Szudek, Manisha Majithia, Scarlett O'Hara
Diseño Mark Lloyd, Anna Hall, Amy Orsborne, Paul Drislane, Richard Horsford, Philip Fitzgerald
Fotografía James Mann
Gary Ombler, Paul Self, Deepak Aggarwal
Documentación iconográfica Ria Jones, Julia Harris-Voss, Jenny Faithfull, Nic Dean, Myriam Mégharbi
Archivo iconográfico de DK Claire Bowers, Emma Shepherd, Laura Evans
Diseño de cubierta Mark Cavanagh
Edición de producción Ben Marcus, Jamie McNeill
Control de producción Linda Dare
Edición ejecutiva Camilla Hallinan
Edición ejecutiva de arte Karen Self
Dirección de arte Phil Ormerod
Subdirección de publicaciones Liz Wheeler
Dirección de publicaciones Jonathan Metcalf

DK INDIA
Dirección editorial Rohan Sinha
Edición sénior Ankush Saikia
Edición Sreshtha Bhattacharya
Asistencia editorial Megha Gupta
Dirección de diseño Arunesh Talapatra
Diseño sénior Tannishtha Chakraborty, Sudakshina Basu
Diseño Shomik Chakraborty, Devan Das, Arijit Ganguly, Niyati Gosain, Payal Rosalind Malik, Nidhi Mehra, Anjana Nair, Pallavi Narain, Neha Sharma, Shruti Singh Soharia
Dirección de producción Pankaj Sharma
Dirección de maquetación Balwant Singh
Diseño de maquetación sénior Dheeraj Arora, Jagtar Singh
Diseño de maquetación Nand Kishor Acharya, Neeraj Bhatia, Jaypal Singh Chauhan, Arjinder Singh, Bimlesh Tiwary, Mohd. Usman, Tanveer Abbas Zaidi

Dirección de edición Giles Chapman
Colaboradores Charles Armstrong-Wilson, Richard Heseltine, Keith Howard, Phil Hunt, Malcolm McKay, Andrew Noakes, Jon Presnell Tom Barnard

DE LA EDICIÓN EN ESPAÑOL:
Servicios editoriales Tinta Simpàtica
Traducción Agencia-Central Comunicación y Estrategia Ltda., Anna Nualart
Coordinación de proyecto Helena Peña
Dirección editorial Elsa Vicente

Publicado originalmente en Gran Bretaña en 2011, 2022
por Dorling Kindersley Ltd.,
DK, 20 Vauxhall Bridge Road, Londres, SW1V 2SA
Parte de Penguin Random House

013-319144-Nov/25

Título original: *The Car Book*
Segunda edición: 2025

ISBN: 979-8-2171-2992-8

Impreso y encuadernado en China

www.dkespañol.com

FSC www.fsc.org MIXTO Papel | Apoyando la silvicultura responsable FSC™ C018179

Este libro se ha impreso con papel certificado por el Forest Stewardship Council™ como parte del compromiso de DK por un futuro sostenible.
Más información: **www.dk.com/uk/information/sustainability**

Contenidos

PRIMEROS COCHES HASTA 1920

El concepto de un vehículo personal con una fuente de energía móvil tomó forma, en 1885, con el Motorwagen de Karl Benz. Una generación después, el automóvil logró ser el transporte más común. En Estados Unidos, la industria alcanzó su máximo esplendor con el éxito del «Tin Lizzie» de Henry Ford en 1908.

LA DÉCADA DE 1920

Esta fue una época dorada para la industria automovilística, en que los coches lujosos daban estatus a las estrellas de Hollywood. Por primera vez, vehículos más pequeños brindaron un transporte motorizado asequible. Al tiempo, gracias a los coches deportivos, conducir se volvió un ejercicio estimulante en pistas y carreteras.

LA DÉCADA DE 1930

A partir de la Gran Depresión, los modelos más económicos y la llegada del «coche popular» hicieron que el automovilismo fuera más igualitario. El aerodinamismo y la forma de lágrima estaban de moda; los periódicos elogiaban a superhéroes que rompían marcas de velocidad, y los coches lujosos y deportivos alcanzaron nuevos hitos en potencia y diseño.

LA DÉCADA DE 1940

La Segunda Guerra Mundial paralizó la industria automovilística. Con la llegada de la paz, se reconstruyeron las fábricas y el legado de la tecnología militar dio lugar a la creación de excelentes nuevos motores, *pick-ups* prácticos y de diseño sencillo, y coches pequeños y económicos que se vendían por millares.

LA DÉCADA DE 1950

En la posguerra, los fabricantes de automóviles de Estados Unidos se centraron en velocidad, lujo y potencia, aprovechando diseños de la industria aeroespacial y la decoración cromada, con vistosos resultados, a veces exagerados. En Europa, los coches de carreras y los deportivos cautivaban al público.

LA DÉCADA DE 1960

La época del «todo vale» fue emocionante, con motores y nuevas formas y los coches más destacados de todos los tiempos, desde el tipo E, el Elan y el Mini Cooper hasta el Corvette Sting Ray.

LA DÉCADA DE 1970

Los años setenta trajeron crisis de combustible e indicios de que el uso de los coches exigía controles estrictos. Los automóviles fueron más fáciles de conducir: los turbocompresores ofrecían velocidad, los motores centrales aumentaban la capacidad de respuesta, y los airbags y los cinturones de seguridad automáticos pudieron salvar muchas vidas.

LA DÉCADA DE 1980

El auge de la industria automovilística japonesa generó grandes rivalidades entre fabricantes, que hicieron coches más seguros, cómodos y con sistemas electrónicos. Liderados por los italianos, los diseñadores transformaron coches familiares y de lujo.

LA DÉCADA DE 1990

Los usuarios exigían seguridad, lujo, rendimiento y perfección, y lo tuvieron todo. Se logró excelencia en la fabricación y en el diseño creativo. La época de los deportivos y sedanes ejecutivos corrió paralela a la evolución y a la aparición de nuevos tipos de fácil uso, como los SUV (todoterreno) y los MPV (multipropósito).

2000 EN ADELANTE

Los *crossover* arrasan con los tradicionales, pues combinan las cualidades de un todoterreno, la comodidad y el rendimiento. Los vehículos híbridos ahorran combustible y reducen emisiones y los coches de lujo, que alcanzan 322 km/h, parecen normales. ¿Y después qué? Se espera que la conducción no cambie y siga siendo divertida.

Fechas de los coches: cada fecha se refiere al año en el que el modelo fue lanzado por primera vez. En algunos casos la fotografía muestra una versión posterior y por ello se menciona en el título el año de esa versión en particular.

Motores: en todas las entradas se da una sola cilindrada de motor. En los casos en que un modelo cuenta con una gama de distintas cilindradas, se indica el motor más potente para los coches deportivos y el más común para los familiares.

Primeros coches hasta 1920

Experimentos e inventos | Carreteras vacías y carreras alocadas

Arte y producción en masa

NAPIER
NAPIER

Vehículos pioneros

En el siglo XIX se hicieron enormes avances en ingeniería, gracias a que la mecanización transformó la producción en las fábricas. Los inventores dirigieron su atención a lograr reemplazar el caballo por algo que pudiera ir más rápido y más lejos. Al principio ensayaron con vapor, electricidad, gas y gasolina; entonces no se podía predecir qué opción iba a triunfar. La electricidad impulsó los primeros récords de velocidad, seguida por el vapor.

◁ **Coche Grenville de Vapor *c.* 1880**

Origen Reino Unido

Motor caldera vertical de vapor

Velocidad máxima 32 km/h

Robert Neville Grenville, ingeniero ferroviario de Glastonbury, Reino Unido, fue uno de los muchos inventores de la era victoriana. Construyó un coche de vapor para caminos. El vehículo de Grenville sobrevivió.

▷ **Daimler 1886**

Origen Alemania

Motor 462 cm³, un cilindro

Velocidad máxima 16 km/h

En 1886, Gottlieb Daimler y Wilhelm Maybach instalaron su motor en una diligencia, creando el primer vehículo de cuatro ruedas con motor de gasolina, que alcanzó 16 km/h.

▷ **Stanley Runabout 1898**

Origen Estados Unidos

Motor de vapor 1692 cm³, dos cilindros en línea

Velocidad máxima 56 km/h

Los gemelos Francis y Freelan Stanley construyeron, entre 1898 y 1899, más de 200 de estos coches de vapor, que eran de bajo coste y muy fiables. En 1906, un modelo más potente alcanzó 204 km/h.

▽ **Daimler Cannstatt 4 HP 1898**

Origen Alemania

Motor 1525 cm³, V2

Velocidad máxima 26 km/h

En junio de 1887, Daimler equipó un taller con 23 empleados en Cannstatt, Stuttgart, para construir sus motores. Aún se instalaban en diligencias modificadas.

◁ Franklin Modelo A 1902

Origen Estados Unidos

Motor 1760 cm^3, cuatro en línea

Velocidad máxima 40 km/h

John Wilkinson, en Estados Unidos, diseñó para Herbert Franklin el primer vehículo de cuatro cilindros, con motor refrigerado por aire, válvulas elevadas y chasis de madera.

△ Benz (réplica) 1885

Origen Alemania

Motor 954 cm^3, un cilindro

Velocidad máxima 10 km/h

El *Motorwagen* de Karl Benz, construido en 1885 y patentado en 1886, contaba con varias funciones inteligentes: era ligero y tenía un motor a gasolina de cuatro tiempos, dirección de cremallera y ruedas con radios de acero.

△ Lanchester 1897

Origen Reino Unido

Motor 3459 cm^3, dos en línea

Velocidad máxima 32 km/h

Los hermanos Frederick, George y Frank Lanchester hicieron en 1896 su primer coche con un motor monocilíndrico. Al año siguiente construyeron este coche con un motor de dos cilindros.

◁ Columbia Electric 1899

Origen Estados Unidos

Motor eléctrico único

Velocidad máxima 24 km/h

A comienzos del siglo XX, cuando la mayoría de los fabricantes de automóviles de gasolina producían unos pocos modelos al año, Columbia fabricaba cientos de coches eléctricos, silenciosos y suaves.

△ Sunbeam-Mabley 1901

Origen Reino Unido

Motor 230 cm^3, un cilindro

Velocidad máxima 32 km/h

Maxwell Maberley-Smith y la fábrica de bicicletas Sunbean de John Marston diseñaron este vehículo con un asiento a cada lado de una transmisión por correa central.

▷ Clément-Gladiator Voiturette 1899

Origen Francia

Motor 402 cm^3, un cilindro

Velocidad máxima 32 km/h

El magnate de bicicletas Adolphe Clément vio potencial en la industria automotriz y promovió varias marcas. Esta sencilla *voiturette* tenía bajo el asiento un motor tipo Dion de 2,5 CV.

◁ Goddu Tandem 1897

Origen Estados Unidos

Motor dos cilindros de cilindrada desconocida

Velocidad máxima 48 km/h

El inventor Louis Goddu solo hizo unos cuantos coches, pero fue pionero en elementos como el árbol de levas, en un coche excepcionalmente rápido para su tiempo.

◁ Duryea Motor Wagon 1893

Origen Estados Unidos

Motor 1302 cm^3, un cilindro

Velocidad máxima 19 km/h

Los fabricantes de bicicletas Frank y Charles Duryea diseñaron el primer coche con motor de gasolina en 1893. En 1895 ganaron la primera carrera en Estados Unidos.

▷ Panhard et Levassor Phaeton 1891

Origen Francia

Motor 1060 cm^3, dos en línea

Velocidad máxima 19 km/h

René Panhard y Émile Levassor hicieron su primer coche en 1890, tras construir un motor Daimler bajo licencia. Fueron pioneros en el motor delantero con tracción trasera y en la transmisión de engranajes deslizantes, entre otras características modernas.

◁ Arnold Benz 1897

Origen Reino Unido

Motor 1190 cm^3, un cilindro

Velocidad máxima 26 km/h

Con motores propios, William Arnold & Sons hicieron coches tipo Benz de 1,5 CV. Usaron el primer dinamotor eléctrico de autoencendido, que ayudaba al motor en las cuestas.

△ Auto Bikkers de vapor 1907

Origen Países Bajos

Motor caldera de vapor

Velocidad máxima 16 km/h

Bikkers hizo camiones de bomberos de vapor y vehículos como este, que servía para limpiar pozos sépticos. Es el vehículo comercial más antiguo de los Países Bajos.

Primeros coches comerciales

Construir los primeros coches de motor para que fueran prácticos fue todo un reto; pero era aún más complicado hacer más y lograr venderlos. Era difícil convencer de sus beneficios. Todos, empresarios, ingenieros y aristócratas, desempeñaron un papel en las vacilantes etapas iniciales de su fabricación. A la cabeza del desarrollo estuvo Alemania, seguida por Francia, Reino Unido y Estados Unidos.

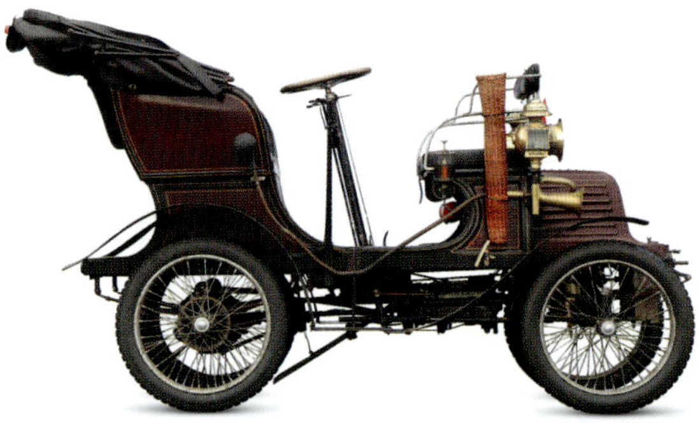

◁ Voiturette Adler 3,5 HP 1901

Origen Alemania

Motor 510 cm^3, un cilindro

Velocidad máxima 32 km/h

Adler, fabricante de máquinas de escribir y bicicletas, produjo componentes para coches Benz y De Dion, antes de empezar la construcción de sus propios vehículos con motor De Dion en 1900.

△ Dogcart 10 HP de Arrol-Johnston 1897

Origen Reino Unido

Motor 3230 cm^3, dos opuestos

Velocidad máxima 40 km/h

George Johnston concibió su Dogcart sólido y sencillo (el primer coche de fabricación británica) en Glasgow, Escocia. Impulsado por un motor bajo el suelo, con pistones opuestos, se produjo durante 10 años.

◁ US Long Distance 7 HP 1901

Origen Estados Unidos

Motor 2245 cm^3, un cilindro

Velocidad máxima 40 km/h

Este coche, de nombre ambicioso para un utilitario, tenía el motor montado horizontalmente y una caja de cambios epicíclica de dos velocidades bajo el asiento. En 1903 se le cambió el nombre a Standard.

△ Rover 8 HP 1904

Origen Reino Unido

Motor 1327 cm^3, un cilindro

Velocidad máxima 48 km/h

Este fue el primer auto de cuatro ruedas de la Rover Cycle Company. El 8 HP utilizó un chasís de «columna vertebral» tubular, cambio de marchas de columnas y un freno con eje de levas. Un 8 HP realizó un viaje exitoso de Londres a Constantinopla en 1906.

▷ Clément 7 HP 1901

Origen Francia

Motor 7 CV, un cilindro

Velocidad máxima 40 km/h

Adolphe Clément hizo una gran fortuna con bicicletas y neumáticos, que luego invirtió en la fabricación de coches. Sus vehículos estuvieron entre los primeros modelos de motor delantero y ejes de transmisión.

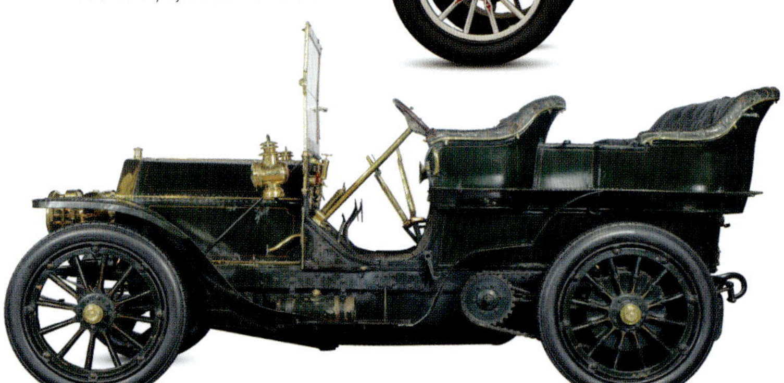

◁ Mercedes 60 HP 1903

Origen Alemania

Motor 9293 cm^3, cuatro en línea

Velocidad máxima 117 km/h

Mientras otras marcas construían máquinas primitivas, que apenas superaban en celeridad la carrera de un hombre, Mercedes fabricaba magníficos vehículos de alta velocidad, como el 60 HP.

▷ Voiturette De Dion-Bouton 3,5 HP 1899

Origen Francia

Motor 510 cm^3, un cilindro

Velocidad máxima 40 km/h

El conde Albert de Dion fue uno de los pioneros de la industria francesa de la automoción. Sus motores monocilíndricos enfriados por agua fueron usados por docenas de fabricantes de coches del mundo.

▷ De Dion-Bouton 8 HP Tipo O 1902

Origen Francia

Motor 943 cm^3, un cilindro

Velocidad máxima 45 km/h

En 1902, De Dion-Bouton adoptó el volante y la ubicación delantera –no bajo el suelo– del motor para vehículos populares ligeros como el Tipo O, que tenía una fase de producción larga.

◁ **Voiturette de Renault 1898**

Origen Francia

Motor 400 cm^3, un cilindro

Velocidad máxima 32 km/h

Louis Renault y sus hermanos empezaron a fabricar automóviles en 1897. Gracias a su extraordinario rendimiento en distintas pruebas, su Voiturette se popularizó rápidamente en Francia.

◁ **Ford Modelo A 1903**

Origen Estados Unidos

Motor 1668 cm^3, dos opuestos

Velocidad máxima 45 km/h

Henry Ford construyó su primer coche en 1896, pero solo comenzó su producción en 1903, con el Modelo A de motor bajo el suelo. Este auto fue el antecesor del Modelo C, fabricado en 1904.

▷ **FN Victoria 3,5 HP 1900**

Origen Bélgica

Motor 796 cm^3, dos en línea

Velocidad máxima 37 km/h

Con el cambio de siglo, FN, fabricante belga de armas, diversificó su producción a motos y coches. Antes de 1902 ya se habían hecho unos 280 Victoria.

△ **Fiat 16/24 HP 1903**

Origen Italia

Motor 4180 cm^3, cuatro en línea

Velocidad máxima 71 km/h

El Fiat 16/24 HP con motor de cuatro cilindros refrigerado por agua, tracción trasera y caja de cambios de cuatro velocidades, era un coche muy moderno.

△ **Benz Ideal 4,5 HP 1900**

Origen Alemania

Motor 1140 cm^3, un cilindro

Velocidad máxima 35 km/h

Benz fabricó el primer coche de éxito en 1885 con timón de dirección. En 1900 se hicieron 603 unidades, cuando los fabricantes de la época solo producían unas pocas al año.

△ **Maxwell Modelo A Junior Runabout 1904**

Origen Estados Unidos

Motor 1647 cm^3, dos opuestos

Velocidad máxima 56 km/h

Jonathan Maxwell y Benjamin Briscoe de New Jersey, desarrollaron este modelo utilitario, simple y eficaz, de transmisión por árbol, que se vendió por 750 dólares. Tuvo un buen rendimiento en las pruebas.

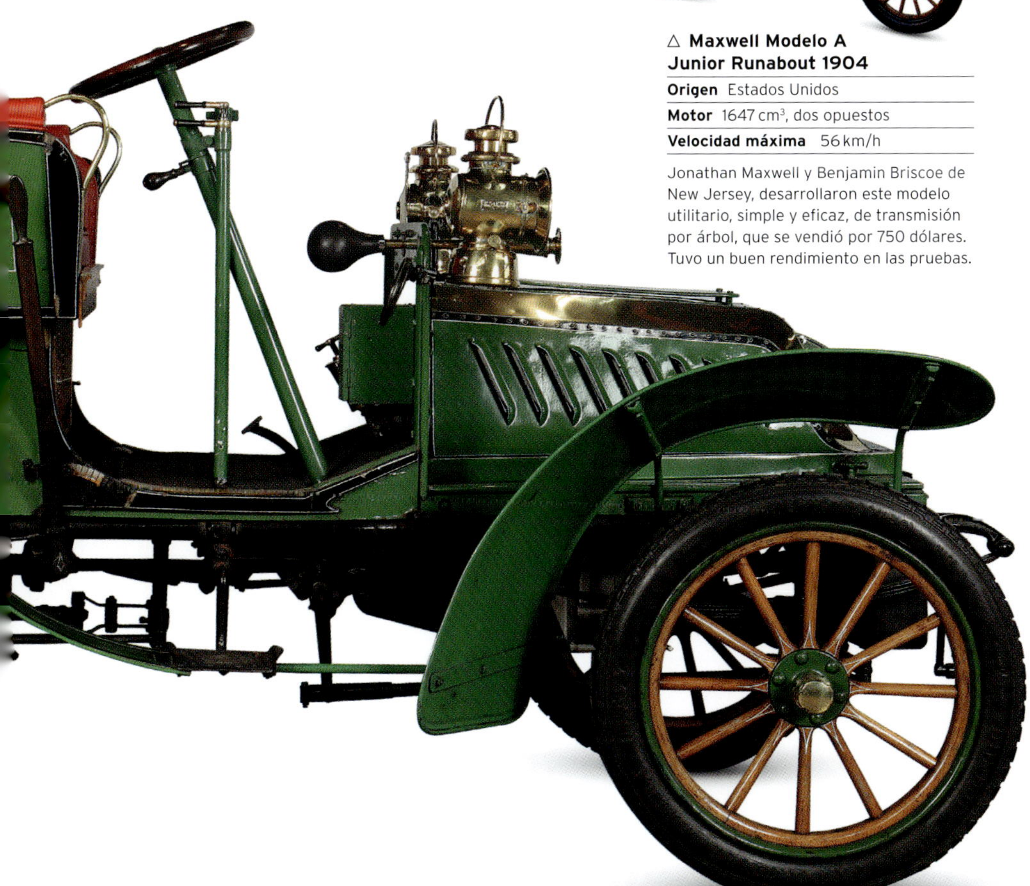

△ **Holsman Runabout Modelo 3 1903**

Origen Estados Unidos

Motor 1000 cm^3, dos opuestos

Velocidad máxima 32 km/h

Harry K. Holsman fabricó en Chicago una buena cantidad de *highwheelers* de trasmisión por correas, para pioneros del medio oeste: las grandes ruedas permitían transitar por praderas.

△ **Rexette 1905**

Origen Reino Unido.

Motor 900 cm^3, un cilindro

Velocidad máxima 45 km/h

Rexette, una de las marcas inglesas de Coventry, «la ciudad automotriz», creó, en 1904, un vehículo de tres ruedas a partir de una motocicleta y le añadió el volante en 1905.

Karl Benz y su hija Clara en el Viktoria, 1893

Grandes marcas

Historia de Mercedes

La historia de Mercedes es también la del automóvil. La unión de las compañías fundadas por los pioneros alemanes del motor de combustión interna y del automóvil, G. Daimler y K. Benz, creó la marca que produce algunos de los coches más avanzados.

MUCHOS HAN RECLAMADO su aportación en el proceso tecnológico del automóvil moderno. Pero nadie iguala la contribución de Karl Benz, el hombre que inventó el automóvil. Benz patentó su *Motorwagen* en enero de 1886, aunque sus estilizados vehículos de tres ruedas (de un solo cilindro y motor de combustión interna de cuatro tiempos propulsados con gas de carbón) rodaban por carreteras de Mannheim, Alemania, desde el año anterior.

Por coincidencia, Gottlieb Daimler, ingeniero radicado en Cannstatt, había hecho un motor de combustión interna de gasolina en 1883. Para mostrarlo, lo instaló en una motocicleta primitiva, que hizo su primer gran viaje el 10 de noviembre 1885. El primer prototipo de Daimler fue un coche de cuatro ruedas producido en 1886 al adaptar un coche de caballos. Ninguno de los vehículos Daimler salió al mercado hasta 1892. Mientras, Benz trabajaba duro para poner a la venta una versión de gasolina de su *Motorwagen* con timón de dirección. El primero en comprarlo fue Émile Roger en París, en 1888. El coche hizo aportaciones que aún vemos en los vehículos de hoy, como el acelerador, la bujía, el embrague y el radiador de refrigeración por agua. En 1893 produjo el Benz Viktoria, vehículo de cuatro ruedas con ejes giratorios para una mejor dirección. El año siguiente, una modificación del Viktoria, el Velo, fue el primer automóvil de producción del mundo.

Insignia de Mercedes-Benz
(lanzada en 1926)

La primera motocicleta del mundo
La motocicleta 1885 de Daimler tenía ruedas delanteras y traseras con bandas de hierro y radios de madera, y un par ruedas estabilizadoras para equilibrar el vehículo.

Sin embargo, a pesar de la muerte de su fundador en 1900, fue la compañía Daimler la que impuso el ritmo en la revolución del transporte. Ya que los coches altos y compactos, como el Daimler-Cannstatt de 1898, eran inestables, Wilhelm Maybach y Paul Daimler diseñaron uno nuevo hacia 1901. El modelo 35 HP estableció el patrón que muchos fabricantes usarían. Los ocupantes del coche, en un chasis de acero templado, se sentaban detrás del motor. El motor de cuatro cilindros en línea, con un cárter de aluminio, se situaba bajo el capó y tras de un radiador de panal. Tenía una compuerta para cambio de marchas, un acelerador de pie y un volante en una columna angulada. Además, el centro de gravedad era más bajo que en cualquier otro vehículo, lo que mejoró la estabilidad.

El Daimler 35 HP llevaba ahora una nueva marca: Mercedes. Emile Jellinek, empresario austrohúngaro, había pedido a Daimler 36 coches a cambio de la exclusividad en la comercialización en varios territorios. Los llamó Mercedes, por su hija de 11 años de edad, nombre que reemplazó el de Daimler. Las ventas de los coches Mercedes se dispararon, impulsadas por el novedoso modelo 60 HP de 1903, con un motor de válvulas en cabeza en lugar de laterales. Por ser el más avanzado, inspiró imitaciones.

Durante la Primera Guerra Mundial las compañías Daimler-Mercedes y Benz produjeron vehículos militares para el ejército alemán. Eran rivales cercanas y se crearon una reputación de ingeniería de alta calidad. En Benz, bajo la supervisión de diseño de Ferdinand Porsche, se produjeron los

Las enormes limusinas Grosser de la década de 1930 fueron muy queridas por los ricos y los poderosos, y se producían bajo pedido.

automóviles más interesantes, como el coche de carreras Blitzen-Benz, que ostentó el récord mundial de velocidad en tierra desde 1909 hasta 1924. Mercedes, por su parte, fue hábil al crear toda una gama de modelos de varios tamaños.

La recesión que azotó Alemania en la década de 1920 generó altos niveles de inflación y desempleo, y obligó a las empresas a formar alianzas. Antes rivales, Benz y Daimler-Mercedes, iniciaron una cooperación limitada en algunos elementos de la producción y venta de automóviles, y planificaron estrategias para el futuro.

Las dos empresas se fusionaron en 1926 y se convirtieron en Daimler-Benz AG; los coches se vendieron bajo la marca Mercedes-Benz. El nuevo emblema fue el logotipo de la corona de laurel de Benz alrededor de la estrella de tres puntas de Mercedes. Con la fusión, la fábrica de Mannheim produjo camiones y autobuses, y la fabricación de coches se concentró en

> «**El nombre...** tiene ciertas características publicitarias. Es exótico y atractivo».
>
> EMILE JELLINEK SOBRE LA MARCA MERCEDES, 1900

60 HP

SSK

CONCEPTO C111

LA MARCA MAYBACH

1883 Gottlieb Daimler hace el primer motor ligero de gasolina; se funda Benz & Co.
1885 Gottlieb Daimler y Karl Benz, son los pioneros en la construcción de coches.
1893 Lanzamiento del coche Benz Viktoria; el Velo aparecería al año siguiente.
1900 Se funda la Daimler Motor Company.
1901 Lanzamiento del Daimler 35 HP.
1902 Se da el nombre Mercedes a los coches producidos por Daimler.
1903 El Mercedes 60 HP es el coche más moderno del mercado.
1922 Benz agrega los sobrealimentadores a un coche de carreras.

1926 Fusión de Daimler y Benz; los coches son llamados Mercedes-Benz.
1927 Lanzamiento del SSK, coche de carreras con sobrealimentación.
1933 El 130H, con motor trasero, es un modelo económico de gran éxito.
1936 El 260 D es el primero equipado con un motor diésel.
1952 El 300 SL es pionero en inyección de combustible y puertas ala de gaviota. Gana pruebas de resistencia en Le Mans y Carrera Panamericana.
1953 El 180 es el primer modelo de la serie Ponton sin chasis, antecesor del E-Class.

1959 El 220 de «alerón de cola» es el primer coche diseñado científicamente, con zonas de deformación absorbente.
1963 El deportivo SL tiene un techo en pagoda, en el que los lados son más altos que su centro para permitir fácil acceso y salida.
1969 El *concept car* C111 posee un motor rotativo Wankel y diseño avanzado.
1979 El S-Class es pionero en airbags.
1983 Se lanza el ejecutivo compacto 190E.
1989 El SL tiene arco de seguridad que emerge en forma vertical y protege a los ocupantes en caso de vuelco.

1996 El SLK ofrece techo metálico plegable.
1997 Lanzamiento del A-Class, un coche familiar.
2002 Se recupera la marca Maybach.
2003 Lanzamiento del SLR, supercoche diseñado y construido por McLaren.
2006 Venta de Chrysler/Dodge y Jeep.
2013 El GLA es la nueva berlina ejecutiva compacta.
2015 El Mercedes-AMG GT es capaz de superar los 322 km/h.
2020 Récord de siete campeonatos de constructores de F1 consecutivos para la escudería Mercedes.

las plantas de Untertürkheim y Sindelfingen en Stuttgart. Aunque K. Benz murió en 1929, con 84 años, pudo ver estos grandes cambios.

La década de 1930 consolidó la reputación de lujo y potencia de los coches Mercedes-Benz. El Tercer Reich adoraba las limusinas Grosser, en tanto que los *playboys* se deleitaban en el sobrealimentado 540K y el W125 Grand Prix dominaba las competiciones automovilísticas en Europa. Durante la Segunda Guerra Mundial, cuando los recursos de Daimler-Benz se desviaron nuevamente para fines militares, cerca del 80 por ciento de la capacidad de producción de la empresa fue bombardeada. Después de la guerra y para ayudar a su reconstrucción, las fuerzas de ocupación llevaron a la empresa a construir vehículos comerciales. Poco a poco se reanudó la fabricación de coches y en 1949, cuando se lanzaron los primeros modelos nuevos de la posguerra, se produjeron más de 17 000 coches al año, cifra que en 1958 aumentó a 100 000.

El año 1955 fue decisivo para Mercedes-Benz en las carreras: el W154 dio a Juan Manuel Fangio su segundo Campeonato Mundial, pero en las 24 Horas de Le Mans el 300 SLR de Pierre Levegh se accidentó y mató a 83 espectadores. La compañía dejó las competiciones durante 30 años y solo regresó como proveedora de motores para McLaren, en Fórmula 1, a mediados de los años noventa. El equipo McLaren-Mercedes ganó con Mika Häkkinen en 1998 y 1999, y con Lewis Hamilton en 2008.

Poco a poco la compañía expandió sus operaciones; en 1958, adquirió Auto Union/Audi, pero la vendió a Volkswagen en 1965. Para entrar en el mercado de coches utilitarios, apoyó la empresa Smart con su City-car en 1994, y en 1997 lanzó su propio coche Clase A como una alternativa de lujo al Volkswagen Golf.

En 1998, Mercedes adquirió Chrysler, que vendió en 2006. Desde entonces, los proyectos conjuntos con Nissan y Renault han reducido los costes de desarrollo. En 2018, la china Geely se hizo con una participación del 10 por ciento en Daimler, lo que dio lugar a una cooperación en nuevos motores, mientras que Mercedes-Benz compró también Aston Martin.

Un caballo de batalla fiable
El Ponton 180, lanzado en 1953 y dirigido a la clase media, fue el primer sedán de tamaño medio de Mercedes. Robustos y fiables, los diésel 180 se utilizaron mucho como taxis en la Alemania de posguerra.

Primeros coches fabricados en línea

Hacia finales de 1910 los coches eran un éxito total. Los fabricantes buscaban aumentar la producción y aunque De Dion-Bouton en Francia y Oldsmobile en Estados Unidos afirmaban haber vendido más de 2000 unidades en 1902, Henry Ford los eclipsaría, al hacer una línea de producción en movimiento.

◁ Vulcan 10 HP 1904

Origen Reino Unido

Motor 1500 cm^3, dos en línea

Velocidad máxima 56 km/h

Los autos Vulcan tuvieron una excepcional relación calidad-precio. El coche de 1903 de un cilindro costaba 105 libras y el de dos cilindros de 1904, 200. Por ello, las ventas se dispararon entre 1904 y 1906.

△ Wolseley 6 HP 1901

Origen Reino Unido

Motor 714 cm^3, un cilindro

Velocidad máxima 40 km/h

Antes de crear su propia empresa, Herbert Austin diseñó y supervisó la fabricación de esta *voiturette*. Su diseño eficiente garantizó una producción exitosa.

△ Oldsmobile Curved Dash 1901

Origen Estados Unidos

Motor 1564 cm^3, un cilindro

Velocidad máxima 32 km/h

Ransom Eli Olds concibió el primer coche de producción masiva en el mundo. Era ligero, sencillo y fiable: en 1902 se vendieron 2100 y 5000 más en 1904.

◁ Speedwell 6 HP Dogcart 1904

Origen Reino Unido

Motor 700 cm^3, un cilindro

Velocidad máxima 40 km/h

Aunque solo existió entre 1900 y 1907, Speedwell produjo una amplia gama de autos desde de 6 hasta 50 CV. El Dogcart estaba equipado con un motor tipo De Dion.

▷ L'Elegante 6 HP 1903

Origen Francia

Motor 942 cm^3, un cilindro

Velocidad máxima 45 km/h

Los L'Elegante se produjeron en París y solo se fabricaron durante cuatro años; se asemejaban mucho a los De Dion-Bouton y utilizaban sus motores.

△ Cadillac Modelo A 1903

Origen Estados Unidos

Motor 1606 cm^3, un cilindro

Velocidad máxima 56 km/h

H. Leland creó Cadillac en 1902, tras separarse de H. Ford. En 1903 vendió 2400 de estos pequeños coches a 750 dólares cada uno.

▽ Knox 8 HP 1904

Origen Estados Unidos

Motor 2253 cm^3, un cilindro

Velocidad máxima 45 km/h

Knox vendió cientos de estos automóviles sencillos, que se destacaron por sus muelles largos y su motor de un cilindro refrigerado por aire y cubierto con pernos enroscados para aumentar la refrigeración.

△ De Dion-Bouton 10 HP Tipo W 1904

Origen Francia

Motor 1728 cm^3, dos en línea

Velocidad máxima 64 km/h

Gracias a la amplia gama de coches populares y de fácil manejo y por la venta de 2000 de ellos solo en el año 1902, De Dion-Bouton creía ser el mayor productor mundial de coches.

◁ Spyker 12/16 HP Double Phaeton 1905

Origen Países Bajos

Motor 2544 cm³, cuatro cuadrado

Velocidad máxima 72 km/h

Antes de producir su propio coche en 1900, los hermanos Spijker empezaron a vender otras marcas. A partir de 1904 hicieron una gama de coches grandes y avanzados, incluyendo un 4x4.

◁ Ford Modelo T Tourer 1908

Origen Estados Unidos.

Motor 2896 cm³, cuatro en línea

Velocidad máxima 68 km/h

Henry Ford soñó con que los coches fueran accesibles a todos los públicos. Mediante una línea de montaje en movimiento llevó a cabo su plan con el Modelo T, fuerte, fiable y de bajo coste.

△ CID Baby 1910

Origen Francia

Motor un cilindro

Velocidad máxima 64 km/h

El nombre de Cottereau de Dijon cambió a CID en 1910. Su producto más conocido fue el Baby, un coche ligero con un motor Buchet que funcionaba mediante una transmisión de fricción de cuatro velocidades.

▷ Renault AX 1908

Origen Francia

Motor 1060 cm³, dos en línea

Velocidad máxima 56 km/h

Los fabricantes franceses destacaron en la producción de vehículos ligeros y prácticos, de los que el AX es un ejemplo perfecto. Estuvo en producción durante seis años y fue popular entre los taxistas.

△ Humber Humberette 1913

Origen Reino Unido

Motor 998 cm³, dos cilindros en V

Velocidad máxima 40 km/h

Este modelo económico y de construcción sólida, tenía un motor refrigerado por aire. A efectos fiscales, se clasificó como un *cyclecar*, pues pesaba 320 kg.

△ Peugeot Bébé 1913

Origen Francia

Motor 855 cm³, cuatro en línea

Velocidad máxima 60 km/h

Ettore Bugatti diseñó este coche para Wanderer, pero fue más conocido como Peugeot. Entre 1913 y 1916 se vendieron 3095.

◁ Twombly Modelo B 1914

Origen Estados Unidos

Motor 1290 cm³, cuatro en línea

Velocidad máxima 80 km/h

El montaje de los ejes sobre el chasis dio al Twombly unas líneas inusualmente bajas. Era muy estrecho, y su asiento en tándem fue una característica poco común que resultó impopular.

△ Dodge Modelo 30 Touring 1914

Origen Estados Unidos

Motor 3480 cm³, cuatro cilindros

Velocidad máxima Desconocida

Los hermanos Dodge fueron subcontratistas de Ford. Su primer coche tuvo el doble de potencia que el Modelo T; su cuerpo se hizo en su totalidad de acero soldado.

◁ Standard 9½ HP Modelo S 1913

Origen Reino Unido

Motor 1087 cm³, cuatro en línea

Velocidad máxima 72 km/h

La empresa Standard, creada por Reginald Maudsley en 1903, se hizo famosa por fabricar buenos motores, que también usaban otras marcas; igualmente, vendía sus propios autos.

▷ Stellite 9 HP 1913

Origen Reino Unido

Motor 1098 cm³, cuatro en línea

Velocidad máxima 72 km/h

Stellite era subsidiaria de Wolseley, que luego la absorbió. Sus características incluían dirección asistida por cremallera y piñón y válvulas de entrada en la culata.

Ford Modelo T

El Modelo T encabezó una revolución industrial y social, pues introdujo técnicas de producción en masa para la fabricación de automóviles y la motorización de Estados Unidos. Henry Ford lanzó la línea de ensamblaje en movimiento en 1913 y en 1914 la producción llegó a 1000 unidades al día. Se alcanzó el máximo en 1923, con 2 millones de «Tin Lizzies». Entre 1908 y 1927 se produjeron más de 15 millones de coches Modelo T, cifra récord solo superada en 1972 por el Escarabajo de Volkswagen.

EL MODELO T aportó varias innovaciones en la fabricación de automóviles. Tenía un motor monobloque y la transmisión estaba unida directamente a la unidad de potencia. Con su inusual caja de cambios epicicloidal (o planetaria), también ofrecía una conducción casi automática, sin trabas en los cambios. El coche, popularmente conocido como «Tin Lizzie», fue reconocido por su solidez extrema, producto de la insistencia de Henry Ford en usar materiales fuertes. Ford fue pionero en el uso del acero de vanadio, que era ligero pero muy resistente. Los costes se pudieron controlar manteniendo unas especificaciones sencillas y recortando los márgenes de los distribuidores. Entre 1914 y 1926 solo se ofreció el modelo en negro, pues este esmalte secaba con más rapidez, lo que permitía mantener las altas velocidades de la línea de producción. Con el aumento de las ventas, se produjeron cantidades mayores a precios cada vez más bajos. En 1918, el Modelo T, fiable y asequible, representó la mitad de todos los automóviles en Estados Unidos.

VISTA LATERAL CON EL TECHO CERRADO

El famoso emblema de Ford
El icónico emblema de Ford fue creado en 1903 por Childe Harold Wills, primer jefe de ingeniería de Henry Ford. Wills había recibido formación como artista comercial y la caligrafía se basó en una que él había usado previamente en sus tarjetas de visita. El emblema aún se utiliza.

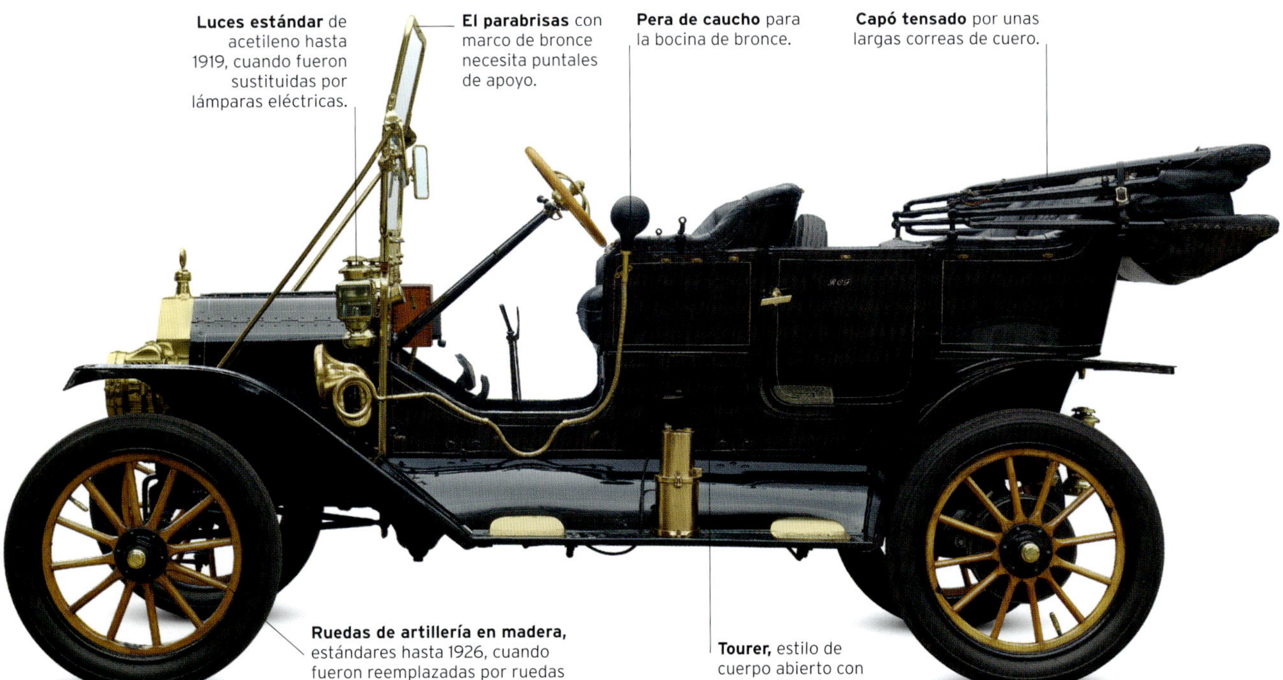

VISTA DELANTERA

VISTA TRASERA

Hecho para las carreteras de Estados Unidos
Con una buena separación del suelo y una suspensión de hoja transversal sencilla, el Modelo T fue diseñado para las precarias carreteras de la época, que a menudo estaban sin asfaltar. La ausencia de frenos delanteros y de amortiguadores pudieron considerarse como un defecto, pero la suave transmisión de la potencia del motor y la necesidad de hacer pocos cambios de marchas fueron grandes virtudes, al igual que el bajo consumo de combustible (7,7-9,1 l/100 km).

ESPECIFICACIONES	
Modelo	Ford Modelo T, 1908-27
Ensamblaje	Detroit, Estados Unidos y otros
Producción	15 007 003
Construcción	Chasis separado, cuerpo en acero
Motor	2896 cm^3, cuatro en línea
Potencia	20 a 22 CV a 1800 rpm
Transmisión	Dos velocidades epicíclicas
Suspensión	Ejes rígidos; ballestas
Frenos	Tambor trasero y tambor en la transmisión
Velocidad máxima	64-72 km/h

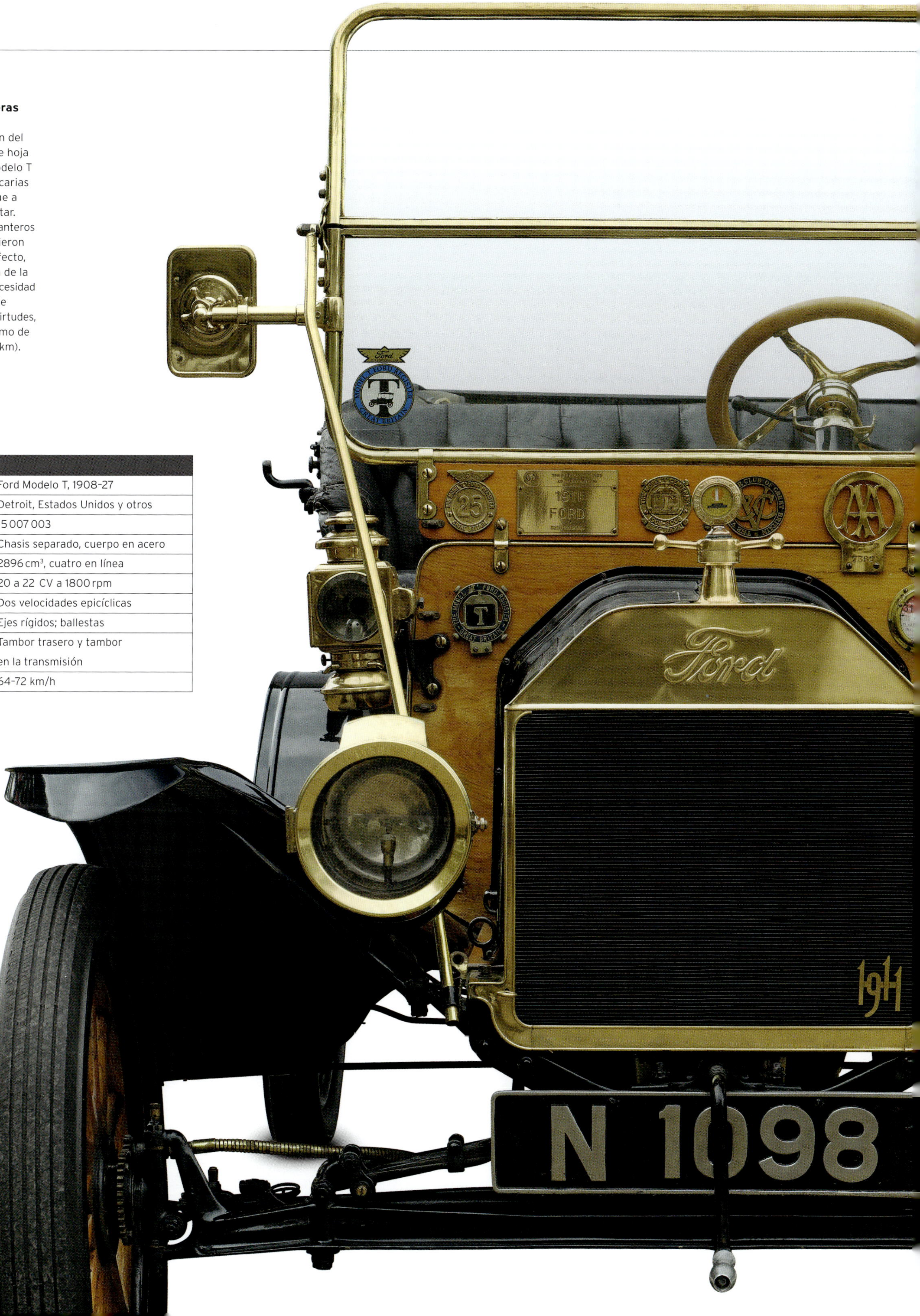

EL EXTERIOR

El Modelo T tuvo tres cambios de estilo fundamentales. La cubierta de cobre del radiador, como en este modelo de 1911, fue sustituida, en 1917, por una pintada; los guardabarros pasaron de ser planos a tener una forma de cúpula y luego, en 1923, una versión revisada y más curvilínea del capó dio al coche un aspecto moderno. En 1926, la altura del chasis se redujo y se presentaron nuevos cuerpos más bajos, con opción de ruedas de alambre.

1. Emblema **2.** Motómetro de Boyce; indica temperatura en la parte superior de la parrilla del radiador **3.** Luces delanteras de acetileno **4.** Manivela de arranque **5.** Luces adicionales en el capó **6.** Unidad de disco dentado en el buje de la rueda que hace funcionar el velocímetro **7.** Ruedas de artillería de madera, estándares hasta 1926 **8.** Bocina de pera montada sobre el capó **9.** Manilla de latón **10.** Cilindro con acetileno **11.** Placa con la marca en el estribo **12.** Las luces laterales y de cola funcionan con queroseno.

1

2

3

4

5

6

EL INTERIOR

Con un interior sencillo, la distribución de los pedales es curiosa. Al presionar por completo el pedal izquierdo, entra la primera velocidad; al soltarlo hasta la mitad, queda en neutro y al liberarlo del todo, cambia a superdirecta. El pedal acciona la marcha atrás; el de la derecha, actúa sobre el freno de la transmisión. El freno de mano opera sobre las ruedas traseras.

13. El tablero protege a los ocupantes de salpicaduras **14.** El velocímetro de 0 a 65 km/h muestra prestaciones modestas **15.** Pedales de diseño curioso **16.** Rueda de repuesto detrás del conductor **17.** Tapicería de piel abotonada **18.** Paso de puerta en bronce

14

15

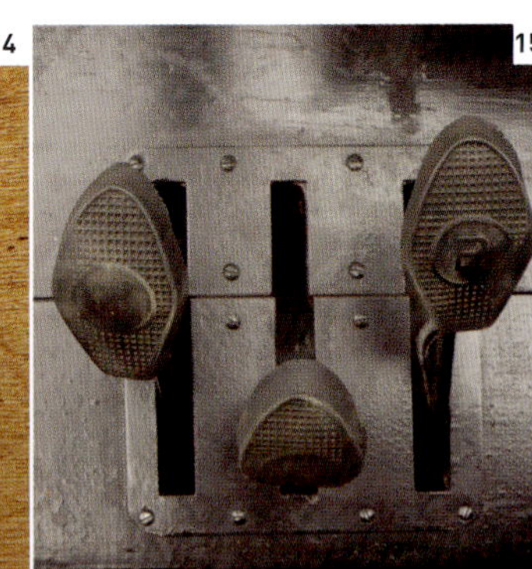

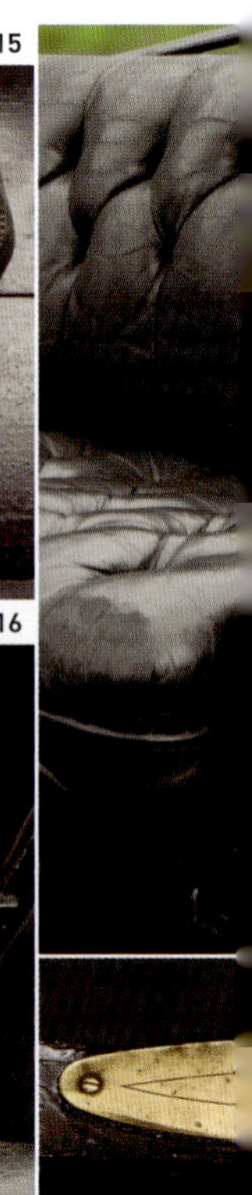

13

16

7

8

9

10

11

12

BAJO EL CAPÓ

Este coche, con motor de cuatro cilindros de 2896 cm^3 con válvulas laterales, fue avanzado para su época. Con cuatro cilindros fundidos en un bloque, el combustible se propulsa al motor por gravedad, en lugar de distribuirse por bomba. Los pistones son de hierro fundido, con válvulas pequeñas y una relación de compresión baja. La potencia es de 20 a 22 CV y la velocidad máxima del cigüeñal, de 1800 rpm.

19

17

18

19. Bobinas de encendido ubicadas en una caja en el tablero
20. Transmisión alojada bajo el suelo **21.** Gancho del capó
22. Manilla del capó **23.** Motor de cuatro cilindros de casi 3 l

20

21

22

23

cuatro en línea

Este coche, que convertiría a millones de estadounidenses en conductores, tras su lanzamiento en 1908, destacó por mucho más que por sus métodos de producción en línea. También ostentó características novedosas de ingeniería, sobre todo en el diseño del motor y la transmisión, sencillos pero resistentes.

SENCILLEZ ANTE TODO

Ford y su ingeniero C. H. Wills querían que el Modelo T fuera tan fuerte que soportara las difíciles carreteras de Estados Unidos y tan liviano que garantizara un rendimiento adecuado de su motor compacto de bajo consumo. Como la confiabilidad del motor y de la transmisión eran esenciales, estos siguieron siendo sencillos. Luego introdujeron innovaciones como la culata de una pieza, para facilitar el mantenimiento, y un sistema de enfriamiento *Thermo Syphon* que, en teoría, hizo innecesaria la bomba de agua. Sin embargo, los kits de la bomba de agua fueron compras populares entre los propietarios.

ESPECIFICACIONES DEL MOTOR	
Fechas de producción	1908 a 1941
Cilindros	Cuatro en línea
Configuración	Montaje delantero, longitudinal
Capacidad del motor	2896 cm³
Potencia de salida	20 CV
Tipo	Motor cuatro tiempos de gasolina, pistones alternativos, encendido por magneto, cárter húmedo
Cabezal	Dos válvulas por cilindro, accionadas por varillas de empuje cortas
Sistema de alimentación	Carburador Holley, alimentado por gravedad
Diámetro y carrera	95,3 mm x 101,6 mm
Potencia	6,9 hp/litro
Compresión	4,5:1, que después se redujo

Ver pp. 352-353, Cómo funciona un motor.

Cambios
Después de que la bomba de agua fue reemplazada por el sistema *Thermo Syphon*, los aspectos básicos del motor se mantuvieron iguales durante toda su vida. A causa de la calidad variable del combustible, se hicieron algunos ajustes en la relación de compresión. Llegó a un máximo de 4,5:1, antes de reducirse a 3,98:1 en 1917.

Cuesta arriba, estilo Modelo T
En su busca de la simplicidad, H. Ford construyó el Modelo T sin bomba de combustible, confiando en la gravedad para llevar el combustible al carburador. Como consecuencia, al bajar el nivel de combustible en el tanque, en ocasiones era necesario dar marcha atrás para tomar impulso y subir una colina.

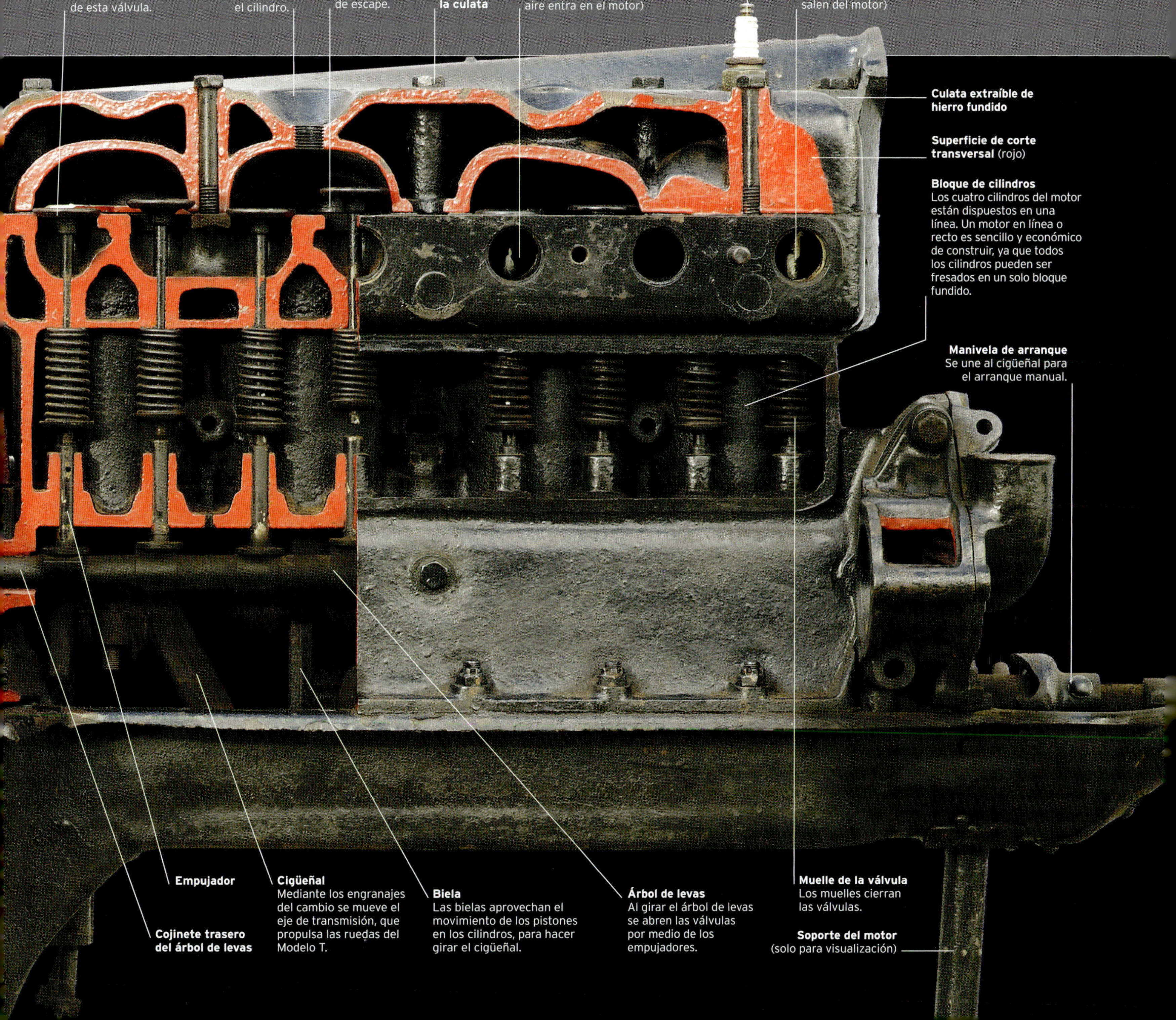

Conducir por París, 1908
Al principio, el automovilismo era un lujo. Solo lo disfrutaban quienes podían permitirse tener un coche y un chófer, tal como se muestra en esta pintura: *Avenida de las Acacias, en el Bois de Boulogne,* de Roger de La Fresnaye.

Nace el coche de carreras

La idea de probar la velocidad y durabilidad de los nuevos vehículos, enfrentándolos en competiciones de larga distancia, subiendo cuestas o en carreras de circuito, llegó muy pronto a la historia del automóvil. A finales de la primera década del siglo XX el deporte del motor crecía en toda Europa y Estados Unidos, siendo los líderes en este campo los coches alemanes, franceses, italianos, británicos y estadounidenses. Al no haber restricciones a la capacidad del motor, muchos vehículos tenían propulsores gigantescos.

△ Napier Gordon Bennett 1902
Origen Reino Unido
Motor 6435 cm³, cuatro en línea
Velocidad máxima 113 km/h

En 1902 el Napier, único coche británico, conducido por S. F. y C. E., ganó la Gordon Bennet Trial. Su color se conoció como el *British Racing Green*.

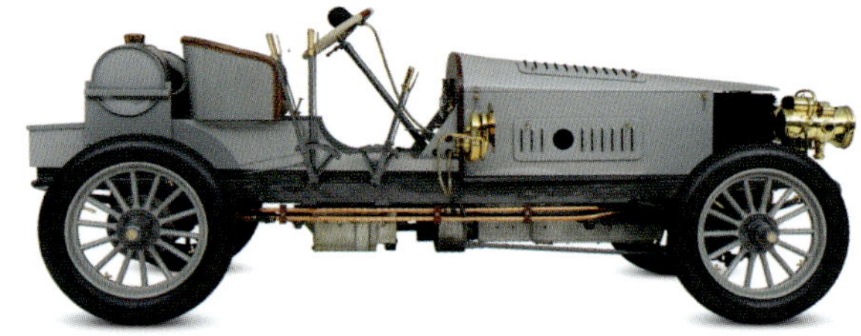

△ Spyker 60 HP 1903
Origen Países Bajos
Motor 8821 cm³, seis en línea
Velocidad máxima 129 km/h

Los hermanos Spijker fueron pioneros en la construcción de coches magníficos, sobre todo esta primera producción del Spyker de seis cilindros con tracción permanente a las cuatro ruedas y también frenos en las cuatro ruedas.

△ Auburn Modelo 30L Roadster 1910
Origen Estados Unidos
Motor 3300 cm³, cuatro en línea
Velocidad máxima 105 km/h

Auburn fabricó 1623 unidades en 1912. El 30L se vendió como sedán (berlina), *tourer* y *roadster* con un motor Rutember con cilindros fundidos individualmente. Con un precio de 1100 dólares, el Roadster era el más económico.

△ Darracq 12 HP «Genevieve» 1904
Origen Francia
Motor 1886 cm³, dos en línea
Velocidad máxima 72 km/h

Los Darracq fueron coches competitivos, con un chasis ligero de acero prensado. Este es el más famoso por su aparición en la película *Genoveva* de 1953, que popularizó los coches antiguos.

△ Darracq 200 HP 1905
Origen Francia
Motor 25 400 cm³, V8
Velocidad máxima 193 km/h

Este coche, el V8 más antiguo que se conserva, impuso el récord mundial de velocidad en tierra en 1905, con 177 km/h. En 1906 superó los 192 km/h, y siguió marcando récords hasta 1909.

◁ Vauxhall Prince Henry 1910
Origen Reino Unido
Motor 3054 cm³, cuatro en línea
Velocidad máxima 161 km/h

Vauxhall construyó tres autos para la Prince Henry Trial de 1910 en Alemania. Llegó a ganar muchas competiciones, incluyendo la Carrera Rusa de nueve días y la Copa Sueca de Invierno.

△ Austro-Daimler Prince Henry 1910

Origen Austria

Motor 5714 cm³, cuatro en línea

Velocidad máxima 137 km/h

Ferdinand Porsche logró que Austro-Daimler se separara de su matriz alemana. El motor de este coche con árbol de levas en cabeza simple le ayudó imponerse en la Prince Henry Trial en 1910.

▷ Stutz Bearcat 1912

Origen Estados Unidos

Motor 6391 cm³, cuatro en línea

Velocidad máxima 121 km/h

El altivo Bearcat, coche de carreras sin puertas, cuerpo bajo y parabrisas monocular, se convirtió rápidamente en un icono de su época; ganó 25 de las 30 carreras en las que participó.

△ Marquette-Buick 1909

Origen Estados Unidos

Motor 4800 cm³, cuatro en línea

Velocidad máxima 145 km/h

En la primera carrera de 8 km del circuito Brickyard de Indianápolis en 1910, Louis Chevrolet llevó a la victoria uno de estos coches, aunque lo descalificaron por no cumplir los criterios de un coche de serie.

△ Lancia Tipo 55 Corsa 1910

Origen Italia

Motor 4700 cm³, cuatro en línea

Velocidad máxima 137 km/h

Vincenzo, fundador de Lancia, era un apasionado del automovilismo. En 1904 ganó la Copa Florio en Italia y varias carreras en Estados Unidos para la familia Vanderbilt.

▷ Panhard et Levassor X-19 Labourdette Torpédo Skiff 1912

Origen Francia

Motor 2100 cm³, cuatro en línea

Velocidad máxima 97 km/h

Henri Labourdette, fabricante de carrocerías, construyó este cuerpo de bote sin puertas para el conductor Chevalier René de Knyff. Ligero y resistente, su estilo encantó a los deportistas franceses. Esta es una réplica del original de 1912.

△ Bugatti Tipo 15 1910

Origen Francia

Motor 1327 cm³, cuatro en línea

Velocidad máxima 89 km/h

El primer coche de Ettore Bugatti fue el Tipo 13, que también se ofreció como Tipo 15, con una mayor batalla. Sus ventas se dispararon al vencer a muchos gigantes en numerosas carreras.

▷ Mercer Raceabout Tipo 35R 1910

Origen Estados Unidos

Motor 4929 cm³, cuatro en línea

Velocidad máxima 129 km/h

El Raceabout, inusualmente bajo en altura pero de gran manejo para su época, ganó cinco de sus seis primeras carreras en 1911. Una caja de cambios de cuatro velocidades introducida en 1913 lo hizo aún más rápido.

◁ Fiat Corsa S61 1908

Origen Italia

Motor 10 087 cm³, cuatro en línea

Velocidad máxima 156 km/h

El Corsa S61, un coche de carreras de mucho éxito que se derivó de un modelo Grand Touring, ganó competiciones en Europa y Estados Unidos, incluyendo el American Grand Prix de 1912.

◁ Bugatti Tipe 18 «Garros» 1912

Origen Francia

Motor 5027 cm³, cuatro en línea

Velocidad máxima 169 km/h

Ettore Bugatti ganó carreras con este coche de Gran Premio de transmisión por cadena de 100 CV, con árbol de levas y válvulas de doble entrada. Otros compitieron en las 500 Millas de Indianápolis.

△ Fiat S74 1911

Origen Italia

Motor 14 137 cm³, cuatro en línea

Velocidad máxima 164 km/h

Al fijarse un límite al diámetro del motor para GP, crecieron los tiempos: este motor OHC es tan alto que el conductor debe mirar por los lados. En 1911, David Bruce-Brown ganó el American Grand Prix con él.

Henry Leland con su Modelo H de 1906

Grandes marcas
Historia de Cadillac

Cadillac es uno de los fabricantes de coches más antiguos de Estados Unidos. Los produce en forma masiva y con alta calidad desde que Henry Leland fundó la empresa en Detroit en 1902. Durante más de 90 años, Cadillac ha estado en el núcleo de General Motors (GM) y sigue siendo su marca ambiciosa, de lujo.

HENRY MARTYN LELAND, nacido en Vermont en 1843, era mecánico de precisión y trabajaba en la industria armamentista. En 1890 se trasladó a Detroit y, con el apoyo del inglés Robert Faulconer, creó una empresa que fabricaba componentes para la industria automovilística, con énfasis en la precisión y estandarización de las piezas. La empresa de Leland y Faulconer diseñó un nuevo motor monocilíndrico para Ransom E. Olds, de Oldsmobile, que fue rechazado, pues resultaba muy costoso actualizar la compañía para producirlo. Después de estar en la empresa de H. Ford como asesor, Leland propuso combinar su motor con los diseños de chasis Ford. Para hacerlo, creó la empresa Cadillac, en 1902, en honor al fundador de Detroit.

El emblema de Cadillac (presentado en 1905)

En 1903 se presentó el Cadillac Modelo A en el Salón del Automóvil de Nueva York. Su alta calidad hizo del coche una marca: Cadillac. En 1905 salió el Modelo D de 30 CV y cuatro cilindros. Este coche pondría a la compañía en el tercer puesto de fabricantes de automóviles del mundo, tras Ford y Oldsmobile.

En 1909 Henry Leland vendió Cadillac a William Durant, en la mayor transacción financiera jamás vista en la bolsa de Detroit. Cadillac se convirtió en parte de la organización general de Durant Motors, junto con las marcas Oldsmobile y Buick. Bajo el lema «Estándar Mundial», Cadillac fue la primera en instalar encendido automático y en producir en masa los motores V8. Leland fue su presidente hasta 1917, cuando se retiró, tras una discusión con Durant. Fundó entonces la Lincoln Motor Company.

La marca Cadillac siguió prosperando y produjo modelos con motor V8 en una amplia gama de estilos de carrocería, que creó la percepción pública de Cadillac como marca de lujo y alta calidad. En 1926 se presentó La Salle, una submarca de menor precio. Pronto los Cadillac y La Salle fueron diseñados por Harley Earl, quien en las siguientes décadas se convirtió en uno de los más grandes diseñadores de autos del mundo.

En enero de 1930, Cadillac presentó un notable motor V16 de 7413 cm^3, que ofrecía 165 CV con una suavidad y flexibilidad sin igual. En 1930 le siguió el V12 que dio a Cadillac una línea única de motores V8, V12 y V16. En la década de 1930 se usó el nombre

Aleta de cola alta
Las aletas de los Cadillac 1959 Serie 62, las más altas en un coche de producción, llevaban las luces traseras en forma de bala, lo que identifica a los Cadillac clásicos.

MODELO A

60 SPECIAL

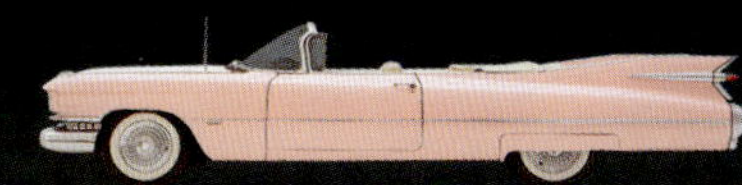

ELDORADO

CTS-V COUPÉ

1902 Henry Leland crea Cadillac en Detroit y trabaja en el Modelo A.
1905 Se inicia la producción del Modelo D de cuatro cilindros; Cadillac crece hasta llegar a ser el tercer fabricante de automóviles del mundo.
1909 Cadillac gana el Dewar Trophy por el logro automovilístico más destacado en el año: la estandarización. En 1912 obtiene este galardón nuevamente.
1909 Leland vende Cadillac a la General Motors de William Durant.

1912 El Modelo 30 es el primero con encendido automático de serie.
1929 Cadillac lanza un motor V16, seguido de un V12 en 1930.
1938 Lanzamiento del motor V16 con un ángulo mayor y del Cadillac 60 Special.
1940 Se reemplaza La Salle por el Cadillac Serie 61, de precio bajo.
1949 Se produce el Cadillac un millón.
1950 B. Cunningham participa con Cadillac en Le Mans. Termina en los lugares 10 y 11; un Allard con motor Cadillac es tercero.

1967 Se lanza Eldorado, de tracción delantera y la plataforma del Oldsmobile Toronado.
1972 El presidente Nixon lleva un Cadillac Eldorado negro a la Unión Soviética para el líder soviético, Leonid Brezhnev.
1973 Cadillac produce el coche número cinco millones.
1975 Cadillac lanza el lujoso Seville, de tamaño medio.
1991 Se presenta el motor Northstar V8, que se convierte en motor estándar para todos los vehículos Cadillac.

1996 Se fabrica el último de los Fleetwood.
1998 Lanzamiento del SUV Escalade.
1999 El *concept car* Evoq de Cadillac, introduce el diseño «arte y ciencia».
2004 El CTS-V es la berlina deportiva con motor V8 más rápida del mundo.
2016 El CT6, fabricado en Estados Unidos y China, supone el regreso a las berlinas de lujo de gran tamaño y tracción trasera.
2019 Lanzamiento del crossover de lujo XT6.
2021 Se presenta el Cadillac Lyriq, que es totalmente eléctrico.

Demostración de lujo y estilo
Los modelos más caros, como los de la Serie 75, de mediados o finales de la década de 1930, tenían el estilo del Fleetwood.

Fleetwood (por un fabricante de Pensilvania) para denominar los Cadillac de máxima calidad. En 1938 se introdujo el nuevo motor V16 con un ángulo mayor y en el mismo año se lanzó el 60 Special, con un estilo muy moderno, logrado por otro joven diseñador, Bill Mitchell, quien se convirtió en jefe del estudio de diseño de Cadillac.

La producción de automóviles se mantuvo hasta 1942, cuando fue suspendida para que Cadillac pudiera colaborar en el esfuerzo bélico, con la fabricación de tanques, vehículos para el personal y piezas para motores de avión. En 1945 se reanudó la fabricación de vehículos civiles y hasta 1948 se hicieron algunos cambios de estilo en la línea. En ese año, Mitchell y Earl agregaron las famosas aletas de cola a los Cadillac, imponiendo una moda en la industria del automóvil estadounidense. La locura de las aletas llegó a su punto máximo en 1959, siendo las aletas de los Cadillac las más altas. Para entonces, los fabricantes, con Cadillac a la cabeza, equipaban sus coches con dispositivos de confort y comodidad, como la suspensión de aire, dirección y frenos asistidos, transmisiones automáticas de pulsador y aire acondicionado. En la década de 1960 estos coches tuvieron un estilo más sencillo. Aunque cada vez había mayor número de piezas comunes entre las marcas de GM, Cadillac conservó su individualidad. A finales de la década de 1960, Cadillac usaba motores V8 de hasta 8,2 litros que tuvo que reducir, así como su potencia. Esto a fin de cumplir las nuevas y muy rigurosas regulaciones sobre emisiones.

«Mi salario más alto por una temporada fue de **46 000 $** y un **Cadillac**».

«DUKE» SNIDER, BEISBOLISTA DE LAS GRANDES LIGAS, 1947-1964

De igual forma, se adoptaron también parachoques con absorción de energía para cumplir las normas de seguridad.

La crisis del petróleo de finales de la década de 1970 fue una mala noticia para la gama de automóviles Cadillac de gran lujo, que consumían mucha gasolina. Se lanzó entonces un programa de reducción para los modelos más grandes y se presentó el V8-6-4, un sistema de gestión del motor para sus modelos V8, que cerraba los cilindros en el motor y ahorraba combustible. Pero el sistema no era fiable y solo duró un año. Cadillac también introdujo el compacto Cimarrón, que en realidad era un poco más que el lujoso Chevrolet Cavalier/Pontiac J2000. Cadillac sufrió la competencia de los modelos de lujo europeos y japoneses en la década de 1990, pero su renacimiento comenzó en 1998, cuando el Fleetwood de tamaño completo había sido retirado definitivamente y Cadillac lanzó su primer SUV, el Escalade.

La nueva era promulgó una filosofía singular: «El poder del arte y la ciencia». Luego vino el sedán CTS compacto de 2002, de estilo afilado, sorprendente apariencia y con condiciones para competir en calidad y rendimiento con marcas rivales.

El mismo año se lanzó el *concept car* Cien, inspirado en el jet Raptor F-22.

El Cadillac BLS de 2006 se vendió con lentitud en Europa, su mercado objetivo. El sedán STS de tamaño mediano (2005), el DTS de tamaño completo (2006) y el CTS de segunda generación (2008), se vendieron bien en Estados Unidos. En 2009, la matriz de Cadillac, General Motors, fue a la quiebra por la crisis financiera mundial. Tras ello, la «Nueva GM» se concentró en cuatro marcas principales, y Cadillac fue una de ellas.

El primer motor V8 de producción masiva
El V8 de Cadillac de 1915 regulaba la temperatura del agua de refrigeración con un control termostático innovador. El motor, el embrague y la caja de cambios iban juntos, atornillados en una sola unidad.

Lujo y potencia

Los fabricantes de automóviles reservaban sus mejores productos para sus clientes más ricos, que exigían automóviles que les dieran un rendimiento muy superior al de los tradicionales coches de caballos. También exigieron confort (un factor importante en las malas carreteras de principios del siglo XX) y lujos como las cajas de cambios preseleccionadas y la dirección asistida.

◁ Nagant Tipo D 14/16 HP Town Car 1909

Origen Bélgica
Motor 2600 cm³, cuatro en línea
Velocidad máxima 80 km/h

Esta marca de Lieja construyó sus coches de alta calidad desde 1907. El más pequeño de 14/16 CV fue notable por su eficiente motor de válvulas laterales, que llegaba hasta 3000 rpm.

▷ HEDAG Electric Brougham 1905

Origen Alemania
Motor Dos motores eléctricos
Velocidad máxima 24 km/h

El Brougham, taxi de caballos modificado con un motor eléctrico en cada rueda delantera, tenía dirección asistida, frenos en las cuatro ruedas e indicadores eléctricos. Fue construido bajo licencia de Krieger de Francia.

▷ Panhard & Levassor 15 HP Tipo X21 1905

Origen Francia
Motor 2614 cm³, seis en línea
Velocidad máxima 80 km/h

En 1891, Panhard y Levassor sentaron las bases del automóvil moderno. Para 1905 producían coches muy silenciosos y de buen funcionamiento, como el X21.

◁ Regal Modelo NC Colonial Coupé 1912

Origen Estados Unidos
Motor 3200 cm³, cuatro en línea
Velocidad máxima 80 km/h

El Regal, notorio por su bajo cuerpo, que tenía sus ejes sobre el chasis, era un coche deportivo ligero, aunque poco aerodinámico por el tipo de carrocería.

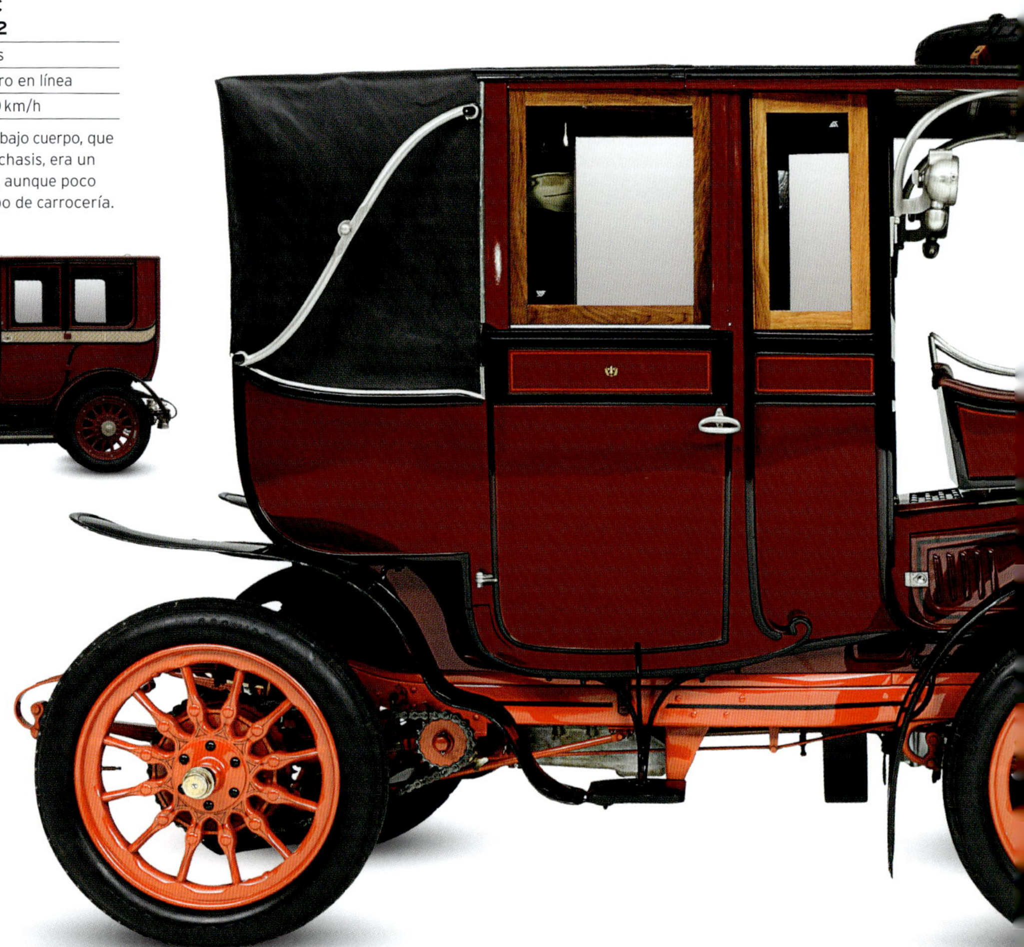

▷ Rolls-Royce Silver Ghost 1906

Origen Reino Unido
Motor 7036 cm³, seis en línea
Velocidad máxima 101 km/h

Charles Rolls y Henry Royce se centraron en hacer los mejores coches del mundo. Tuvieron éxito con este modelo de 40/50 CV, que era silencioso, potente y de magnífica construcción.

△ Cadillac Modelo 51 1914

Origen Estados Unidos
Motor 5157 cm³, V8
Velocidad máxima 89 km/h

Con el primer V8 hecho en serie en Estados Unidos, H. Leland le ganó una carrera a la competencia. Con 70 CV, era potente y fiable. En el primer año se vendieron más de 13 000 unidades.

◁ Brooke 25/30 HP Swan 1910

Origen Reino Unido
Motor 4788 cm³, seis en línea
Velocidad máxima 60 km/h

Coche del ingeniero británico Robert Matthewson, de Calcuta, India, con una boquilla que rociaba agua para despejar las concurridas calles de Calcuta.

▷ Lanchester 28 HP Landaulette 1906

Origen Reino Unido
Motor 3654 cm³, seis en línea
Velocidad máxima 89 km/h

Los coches de F. Lanchester fueron innovadores y originales. Este tiene motor de montaje central, caja de cambios de preselección y carrocería descapotable.

▷ **Peugeot Tipo 126 12/15 HP Touring 1910**

Origen Francia

Motor 2200 cm^3, cuatro en línea

Velocidad máxima 72 km/h

Peugeot, una compañía familiar, fundada para la cerrajería, tuvo un gran éxito a principios del siglo XX, al producir una amplia gama de coches motorizados. De este modelo solo se vendieron 350 unidades.

▽ **Mors 14/19 HP Landaulette Town Car 1904**

Origen Francia

Motor 3200 cm^3, cuatro en línea

Velocidad máxima 64 km/h

En 1898 Émile Mors producía 200 unidades por año, razón por la cual, en 1904, su chasis estaba bien desarrollado. Este modelo lujoso llevaba un cuerpo de *city-car* construido por Rothschild de París.

◁ **Georges Roy 12 HP 1909**

Origen Francia

Motor 2900 cm^3, cuatro en línea

Velocidad máxima 72 km/h

Georges Roy construía sus propios cuerpos para sus coches, lo que era poco común. Este modelo podía tener dos o cuatro plazas: el compartimento trasero se replegaba ingeniosamente cuando no se necesitaba.

▷ **Thomas Flyer Modelo 6/40M Touring 1910**

Origen Estados Unidos

Motor 7679 cm^3, seis en línea

Velocidad máxima 108 km/h

Thomas produjo coches cada vez más rápidos y de grandes motores; en 1908 ganó la carrera de Nueva York a París. De 1910 a 1919 produjo modelos más lujosos, como este Flyer.

△ **Fiat 24/40 HP 1906**

Origen Italia

Motor 7363 cm^3, cuatro en línea

Velocidad máxima 85 km/h

Fiat produjo una amplia gama de coches para la élite italiana. Tenían motores grandes y cuerpos pesados y lujosos, aunque para este chasis también se hizo un modelo de carreras ligero.

▷ **Argyll 15/30 1913**

Origen Reino Unido

Motor 2614 cm^3, cuatro en línea

Velocidad máxima 76 km/h

El mayor fabricante escocés de automóviles en la era eduardiana, produjo espléndidos coches como este, de motor con válvulas de camisa. Se fabricaba en su nave de Alexandria, a orillas del lago Lomond, Escocia.

◁ **Daimler 28/36 1905**

Origen Reino Unido

Motor 5703 cm^3, cuatro en línea

Velocidad máxima 80 km/h

La compañía británica Daimler empezó haciendo réplicas de coches alemanes. Sin embargo, hacia 1905 ya tenía ventaja en el mercado de calidad, con motores grandes y cuatro velocidades, como este 28/36.

▷ **Lancia Alpha 1907**

Origen Italia

Motor 2543 cm^3, cuatro en línea

Velocidad máxima 80 km/h

V. Lancia fundó su compañía en 1906, tras correr durante seis años para Fiat. Con cuatro velocidades, el Alpha era moderno y bien hecho, con una caja de cuatro velocidades.

▷ **Pierce-Arrow Modelo 38 Park Phaeton 1913**

Origen Estados Unidos

Motor 6796 cm^3, seis en línea

Velocidad máxima 105 km/h

Pierce-Arrow hizo algunos de los mejores autos de Estados Unidos. Para ponerlo en marcha, se bombeaba aire comprimido en el motor; tenía un cuerpo exclusivo hecho por Studebaker.

Rolls-Royce Silver Ghost

En realidad, solo a un Rolls-Royce se le dio el nombre de Silver Ghost: el único, el *tourer* descapotado pintado de color plateado del 40/50 CV, con adornos de plata, que se utilizó en 1907 para una prueba de resistencia de 24 000 km. Pero el nombre se usó para todas las unidades del modelo 40/50 CV producidas entre 1906 y 1925, que fue el modelo que dio a Rolls-Royce su fama de fabricar «El Mejor Coche del Mundo». Bellamente diseñado, ofrecía suavidad, refinamiento y un alto rendimiento.

UN RESPETADO comentarista describió el 40/50 CV como «un triunfo de la mano de obra sobre el diseño», punto de vista cruel pero no inexacto. Los parámetros de calidad de la meticulosa ingeniería exigida por Henry Royce establecieron la reputación de la marca. Muchas partes eran hechas en casa y, con mayor razón, los carburadores y distribuidores diseñados por Rolls-Royce. Cuando apareció el arranque eléctrico en 1919, Royce también diseñó sus motores de arranque y dinamos. Pero la construcción del motor fue conservadora, al igual que el chasis, al que solo en 1924 se le pusieron frenos delanteros. Estos eran parte de un mecanismo servoasistido notablemente eficiente. El 40/50 CV era tan sólido que podría haber servido de base para un vehículo blindado durante y después de la Primera Guerra Mundial. Su chasis fue cedido al Phantom I, que lo reemplazó en 1925. En realidad, este era un «Silver Ghost», con un nuevo motor de válvulas en la culata.

VISTA FRONTAL

VISTA TRASERA

ROLLS ROYCE

Cuando Rolls conoció a Royce
El pionero automovilista y distribuidor de coches Charles Rolls tuvo una muy buena impresión de los automóviles construidos por el ingeniero Henry Royce. En 1904, los coches se comercializaron como Rolls-Royce. El acuerdo siguió tras la muerte de Rolls en un accidente de aviación en 1910.

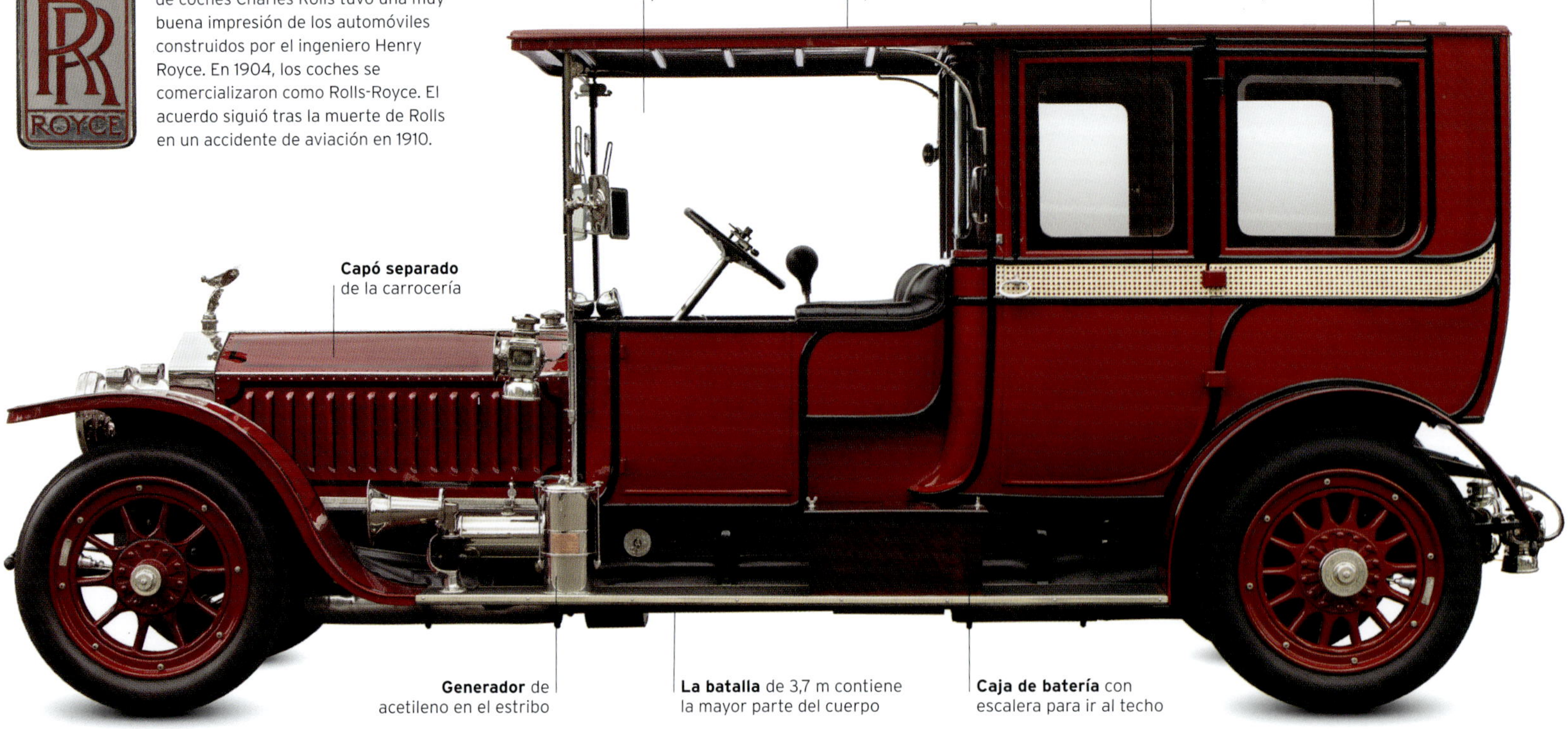

ESPECIFICACIONES	
Modelo	Rolls-Royce Silver Ghost, 1906-25
Ensamblaje	Manchester y Derby, Reino Unido.
Producción	7876
Construcción	Chasis de acero; carrocerías variables
Motor	7410 cm^3, seis en línea; válvulas laterales
Potencia	65 CV aproximadamente, a 1750 rpm
Transmisión	Cuatro velocidades; tres, desde 1909
Suspensión	Ejes rígidos con ballestas
Frenos	Tambor; solo traseros hasta 1924
Velocidad máxima	80-121 km/h

Elegancia clásica
La parte delantera del Silver Ghost estaba dominada por su radiador de rejilla; nunca montó los listones verticales de Palladio, que luego fueron asociados con los Rolls-Royce. La ranura «buzón» del parabrisas se abría para facilitar la visión bajo la lluvia. El techo elevado daba cabida a los caballeros con sombrero de copa y a las damas de grandes tocados de la época eduardiana.

EL EXTERIOR

El cuerpo del coche del 40/50 CV era fabricado por carroceros externos y a demanda del cliente. No había un diseño estándar y la carrocería iba desde sobrios coches abiertos de turismo hasta limusinas extravagantes para los potentados extranjeros. Desde 1920, el Silver Ghost se empezó a ensamblar también con carrocerías hechas en Estados Unidos, en Springfield, Massachusetts. Este coche en particular es de 1912 y su cuerpo moderno es una copia exacta de la original hecha por el carrocero Rothschild, cuya fabricación tardó más de 14 años.

1. Insignia «Spirit of Ecstasy» desde 1911 **2.** Ruedas de artillería en madera con llantas desmontables **3.** Lámparas de acetileno (hasta 1919) **4.** La bomba de gasolina se ajusta manualmente **5.** Manilla exterior que recuerda un coche de caballos **6.** Bocina con diseño de boa **7.** Lámparas trabajadas

1

2

3

4

5

6

7

EL INTERIOR

El compartimento trasero es una magnífica reproducción del original de Rothschild. Con frecuencia el 40/50 CV tenía un interior extravagante. En 1921, un marajá indio ordenó dos coches con el equipamiento interior en oro, plata y nácar, y tapicería en seda malva: el costo fue de 6000 libras por coche, en un momento en que un humilde Morris se vendía desde 299.

8. Tapicería trasera en telas del occidente de Inglaterra **9.** Asiento plegable **10.** Luz de techo **11.** Neceser con reloj **12.** Decoración alrededor de la manija de la puerta, digna de un salón eduardiano **13.** Intercomunicador con el conductor **14.** Mezcla de combustible, sincronización del encendido y velocidad del motor se controlan desde el volante **15.** Salpicadero espacioso y funcional **16.** Velocímetro **17.** Palanca de cambios y freno de mano muy juntos

8
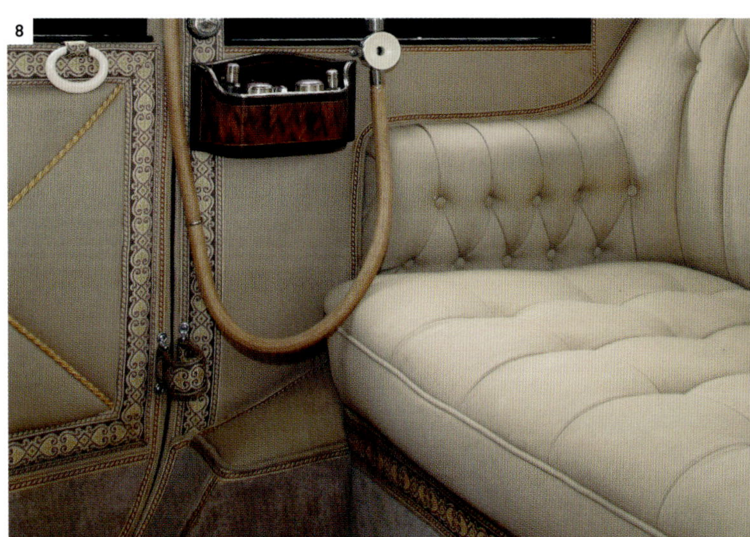

9

BAJO EL CAPÓ

El motor del 40/50 CV combina lo conservador y lo avanzado. El uso de dos bloques de tres cilindros era arcaico (para los estándares de después de la Primera Guerra Mundial), igual que las culatas fijas y el engranaje expuesto de las válvulas. Pero el cigüeñal perforado y totalmente alimentado a presión (con siete cojinetes principales) puso a Rolls-Royce a la vanguardia. La cilindrada inicial de 7036 cm³ fue incrementada a 7410 cm³ en 1909. Con los años, la potencia aumentó de una estimación de 48 CV a 75 CV en los últimos coches.

18. El regulador mantiene constantes las revoluciones del motor **19.** Motor de seis cilindros, válvulas laterales, culatas fijas y encendido doble

19

18

10

11

12

13

14

15

16

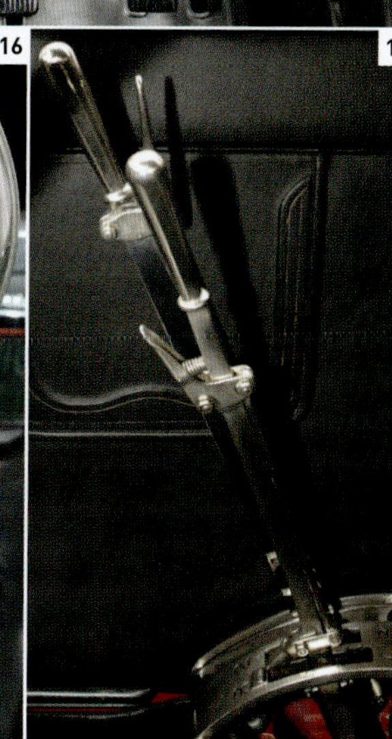
17

La década de 1920

Velocidad y resistencia | Coches de carreras y descapotables

Aletas y ostentación | Níquel y banda blanca

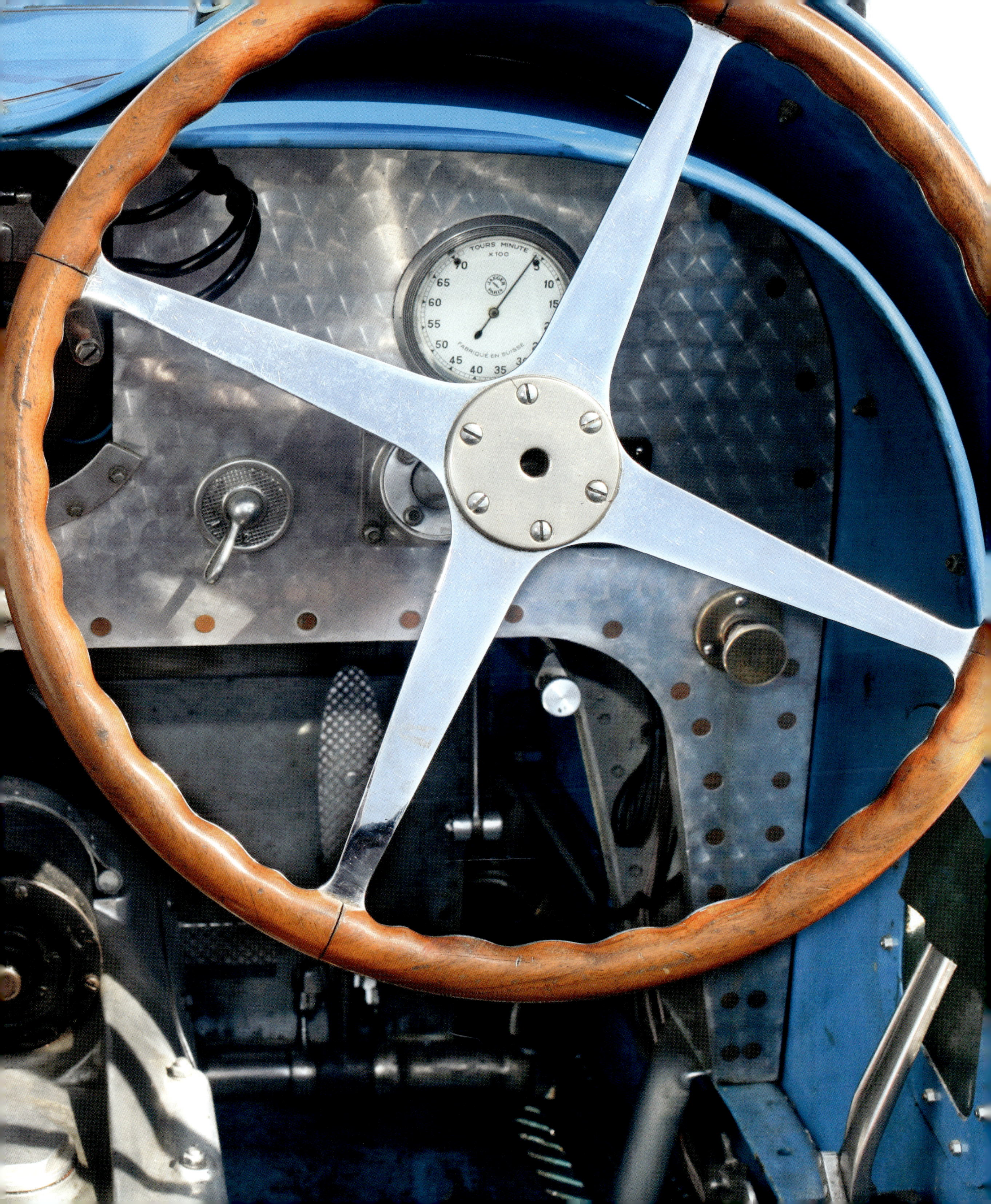
TOURS MINUTE
X100
FABRIQUÉ EN SUISSE

Coches de carreras

En la década de 1920 hubo grandes progresos tecnológicos en los automóviles de competición. Los coches de carretera dejaron de probarse en las carreras y, en cambio, las pruebas se centraron en desarrollar ingeniería avanzada en coches de competición para luego adaptarla a modelos de carretera. Se dieron innovaciones como múltiples válvulas por cilindro, tracción delantera y doble árbol de levas en cabeza, todo ello tras probarlo en las carreras.

△ Duesenberg 183 1921
Origen Estados Unidos
Motor 2977 cm³, ocho en línea
Velocidad máxima 180 km/h

En 1921 el ganador del Gran Premio de Francia en Le Mans fue este coche, único totalmente americano, con J. Murphy al volante, que en el mismo año se impuso también en las 500 Millas de Indianápolis.

△ OM 665 «Superba» 1925
Origen Italia
Motor 1990 cm³, seis en línea
Velocidad máxima 113 km/h

Fundada en 1899, OM aún produce montacargas para el grupo Fiat. El 665 ganó su categoría en Le Mans en 1925 y 1926 y en 1927 acabó 1-2-3 en las Mille Miglia.

▽ AC Racing Special 1921
Origen Reino Unido
Motor 1991 cm³, seis en línea
Velocidad máxima 145 km/h

AC fabricaba coches de carretera, hasta que su copropietario J. Weller diseñó el motor Light Six. Con un árbol de levas accionado por cadena, se hicieron coches tan veloces como el Special.

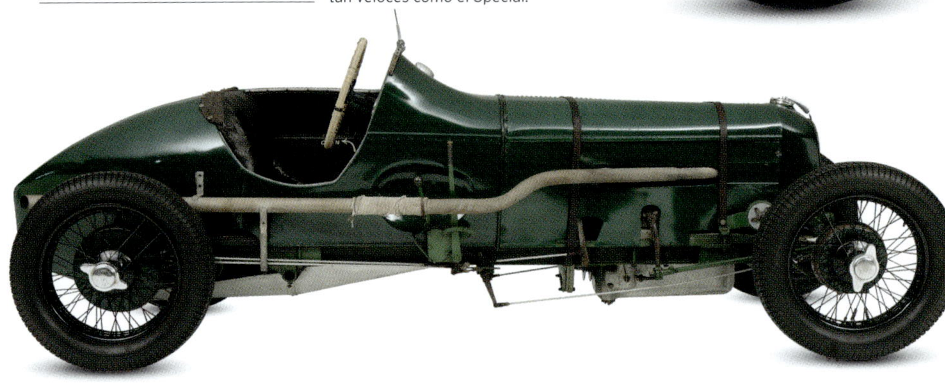

◁ Sunbeam 3 litros 1924
Origen Reino Unido
Motor 2916 cm³, seis en línea
Velocidad máxima 145 km/h

Este coche era algo largo y estrecho para las carreras. Pero un potente motor de doble árbol de levas en cabeza lo mantuvo competitivo. Un Sunbeam 3 litros llegó en segundo lugar en Le Mans en 1925.

▷ Mercedes-Benz Tipo S 36/220 1926
Origen Alemania
Motor 6789 cm³, seis en línea
Velocidad máxima 171 km/h

Este coche, diseñado por Ferdinand Porsche, fue uno de los mejores y más caros deportivos de la época clásica. Tenía un sobrealimentador que potenciaba su fuerza al pisar el acelerador.

▽ Mercedes-Benz 710 SSK 1929
Origen Alemania
Motor 7065 cm³, seis en línea
Velocidad máxima 188 km/h

El SSK diseñado por F. Porsche, con 170 CV que alcanzaban los 235 CV con sobrealimentador, fue un gran coche de carreras. Destacó en subidas en cuesta, grandes premios y competiciones en carretera.

△ Alfa Romeo P2 1924

Origen Italia

Motor 1987 cm³, ocho en línea

Velocidad máxima 198 km/h

Alfa Romeo se llevó de Fiat al diseñador V. Jano, quien creó el P2. El coche ganó el Primer Campeonato Mundial de Grandes Premios en 1925, pilotado por Ascari y Campari.

◁ Riley 9 Brooklands 1929

Origen Reino Unido

Motor 1087 cm³, cuatro en línea

Velocidad máxima 129 km/h

El motor de Percy Riley, con unas cámaras de combustión hemisféricas, dio un gran rendimiento a este coche de carreras, a pesar de su tamaño. Su poca altura lo hizo también adecuado para ser conducido en carreteras.

△ Delage V12 1923

Origen Francia

Motor 10 600 cm³, V12

Velocidad máxima 230 km/h

Con este coche, R. Thomas obtuvo en 1924 el récord mundial de velocidad en tierra con 230,6 km/h. En Brooklands, J. Cobb, O. Bertram y K. Petre batieron récords en pista.

◁ Bugatti Tipo 39 1925

Origen Francia

Motor 1493 cm³, ocho en línea

Velocidad máxima 161 km/h

Bugatti redujo el motor del Tipo 35 para desarrollar el Tipo 39, que en 1925 obtuvo buenos resultados en la categoría de 1500 cm³.

▷ Bugatti Tipo 35C 1926

Origen Francia

Motor 1991 cm³, ocho en línea

Velocidad máxima 201 km/h

El Tipo 35 fue el coche de carreras de más éxito de Bugatti, ganando más de mil competiciones. En 1926, el 35C sobrealimentado ganó en la primera carrera en que participó, el Gran Premio de Milán, en Italia.

△ Bugatti Tipo 35B 1927

Origen Francia

Motor 2262 cm³, ocho en línea

Velocidad máxima 204 km/h

El 35B fue construido para ganar carreras de Fórmula Libre. Su motor sobrealimentado empleaba un árbol de levas de bolas para alcanzar las 6000 rpm y producir hasta 140 CV.

▷ Bentley 4½ litros 1927

Origen Reino Unido

Motor 4398 cm³, cuatro en línea

Velocidad máxima 148 km/h

Uno de los más famosos coches de carreras británicos, con avanzado motor de Bentley, superó su gran peso y se convirtió en un gran coche de competición de larga distancia.

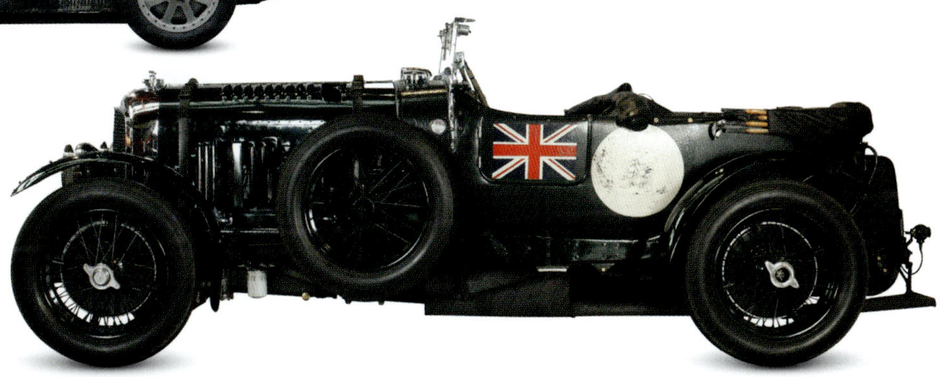

◁ Fiat Mephistopheles 1923

Origen Italia/Reino Unido

Motor 21 706 cm³, seis en línea

Velocidad máxima 235 km/h

E. Eldridge, piloto británico de carreras, instaló en 1908 un motor Fiat de avión de la Primera Guerra Mundial, en un chasis Fiat SB4, para crear este coche único. En 1924 lo usó para batir un nuevo récord mundial de velocidad en tierra, con 234,98 km/h.

▷ Miller Boyle Valve Special 1930

Origen Estados Unidos

Motor 4425 cm³, cuatro en línea

Velocidad máxima 225 km/h

Harry Miller fue un ingeniero brillante. Los coches y motores que construyó fueron, de lejos, los más exitosos en las carreras en pistas ovales en Estados Unidos entre las décadas de 1920 y 1930.

Bugatti Tipo 35B

El Bugatti Tipo 35 fue un coche emblemático del motor francés en las competiciones de la década de 1920. Se trata del equivalente galo de los legendarios Bentley británicos. El Bugatti fue diseñado por un ingeniero de familia de artistas: para Ettore Bugatti, la perfección estética era tan importante como la técnica. El resultado fue un coche de gran belleza en todos sus detalles, conservador en algunos aspectos, pero de probada eficacia en los circuitos.

EL BUGATTI TIPO 35 fue y sigue siendo un coche muy hermoso y homenajeado. Entre 1924 y 1931, ganó más de 2000 carreras y muchos de esos éxitos se le atribuyen al sobrealimentado 35B de 2262 cm³. El coche se reconoce de inmediato por sus ruedas con ocho radios de aluminio fundido. Sus ligeros componentes ayudaron a mejorar la refrigeración de los frenos e hicieron historia por ser las primeras ruedas de aleación de serie en un coche de producción. Los coches Tipo 35 y Tipo 35A de 1991 cm³ montaban motores de 2 litros y ruedas de radios menos elaboradas. El Tipo 35 fue una familia de coches que incluyó uno de carreras de 1493 cm³ atmosférico, otro de 1100 cm³ sobrealimentado y otros más, algo diferentes; hubo uno de cuatro cilindros, el Tipo 37, del que se produjeron 290 unidades. Pero el Tipo 35 fue el más popular, con 336 unidades producidas, de las cuales unas 139 fueron la versión más dócil, la versión 35A, un modelo conocido como Técla. El sobrealimentado T35B, con el característico sonido de su motor, fue el que causó una mayor sensación.

ESPECIFICACIONES	
Modelo	Bugatti Tipo 35B, 1927-30
Ensamblaje	Molsheim, Francia
Producción	38
Construcción	Chasis separado; paneles de aluminio
Motor	2262 cm³, ocho en línea
Potencia	123 CV a 5500 rpm
Transmisión	Cuatro velocidades, no sincronizada
Suspensión	Delante semielíptica; detrás inversa de 1/4
Frenos	Tambores delante y detrás
Velocidad máxima	204 km/h

El arte de Molsheim
El emblema elíptico se encuentra en todos los Bugatti de 1910 en adelante y lleva las iniciales de Ettore Bugatti. Se utilizó hasta el final de la producción de automóviles Bugatti en la década de 1950 y revivió cuando la marca resurgió en la década de 1990.

VISTA FRONTAL

VISTA TRASERA

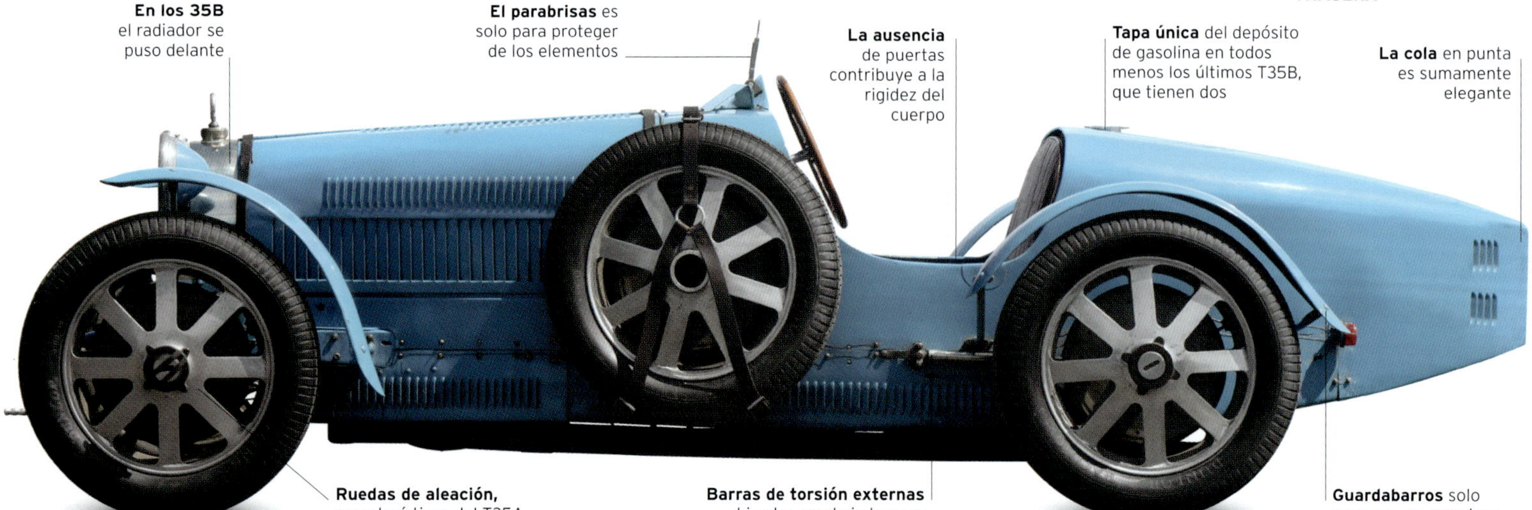

Verdadera delicadeza
Es difícil encontrar fallos en las líneas ágiles del Bugatti. Los sobrealimentados 35B y 35C tienen un radiador más amplio, movido un poco hacia delante, en comparación con el más delgado del Tipo 35, o las ruedas con radios del Tipo 35A, y los cuatro cilindros del Tipo 37. El eje tubular, a través del cual pasan los resortes, es marca Bugatti y la rejilla en forma de herradura es un reflejo del amor de Bugatti por todo lo que fuera ecuestre.

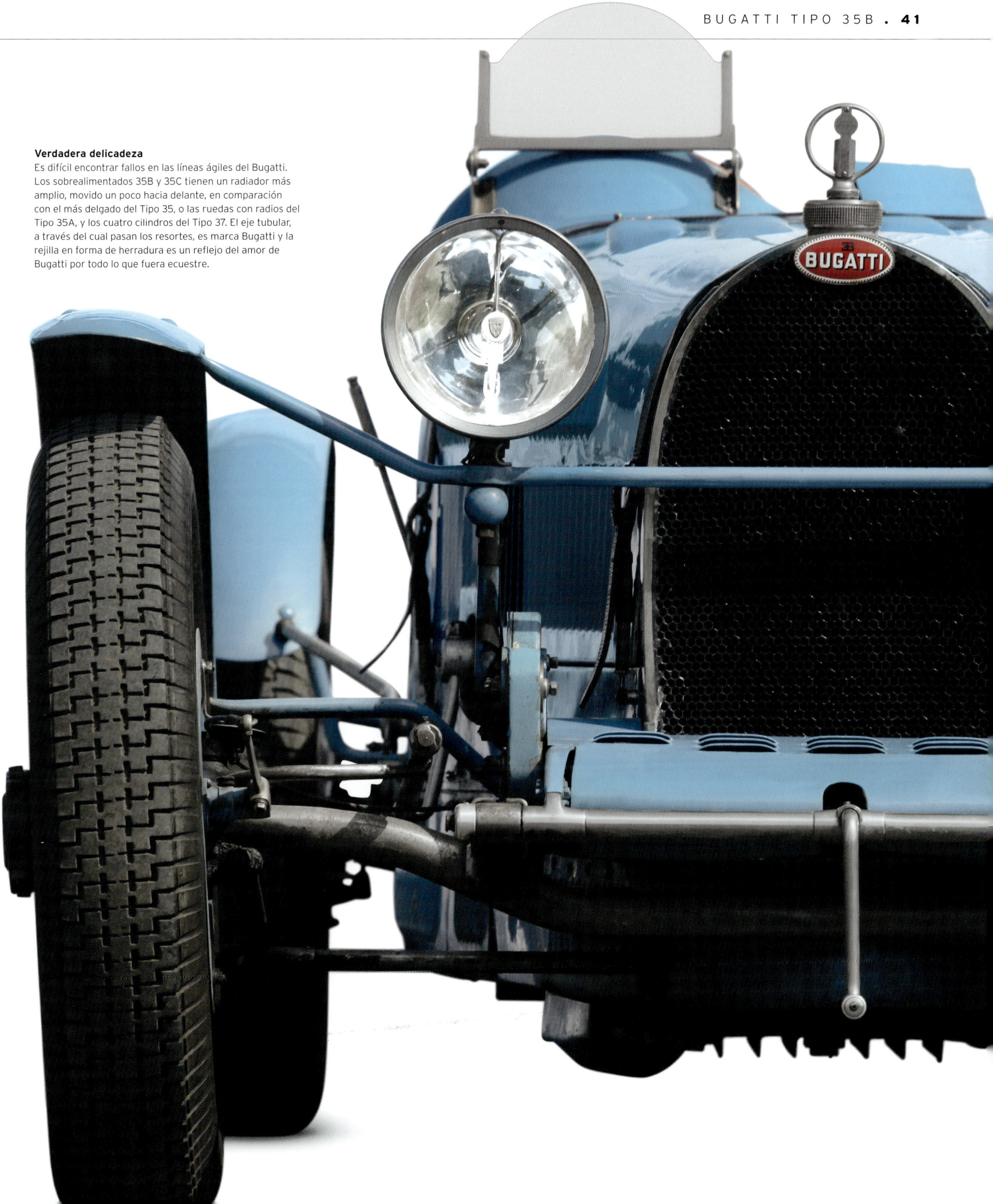

EL EXTERIOR

En la cuidada pero resistente carrocería del Tipo 35 todo es muy funcional, pero con una delicadeza que hace recordar el supuesto comentario de Ettore Bugatti acerca de que su rival Bentley era un camión de alta velocidad. Podría decirse que el Tipo 37 de cuatro cilindros es aún más agradable, pero le falta el músculo poderoso del Tipo 35. Bugatti tenía ojo para las líneas de los coches, don que heredó su hijo Jean, que diseñó los modelos posteriores.

1. Indicador de temperatura **2.** Luces delanteras ajustables **3.** Ranuras del capó **4.** Arranque manual **5.** Palanca del cambio **6.** Tapa del depósito de gasolina **7.** Cola ranurada **8.** Alambre de sujeción del capó **9.** Luces traseras **10.** Rueda de repuesto

1

2

3

4

5

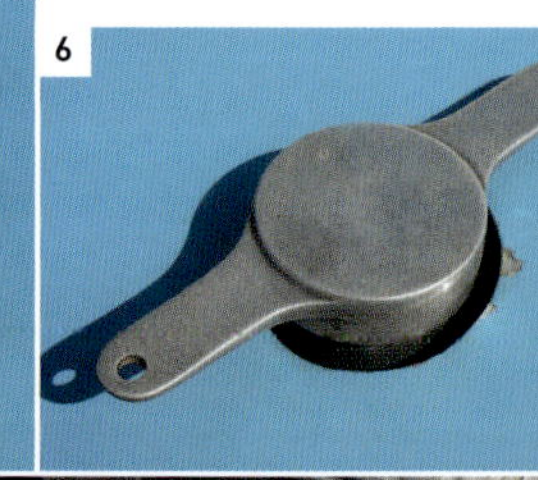
6

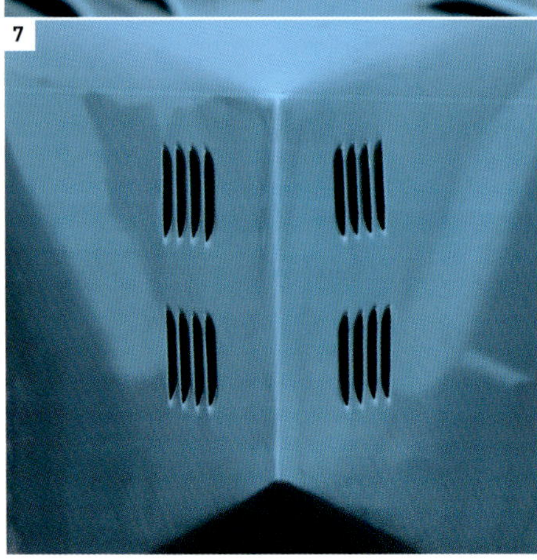
7

8

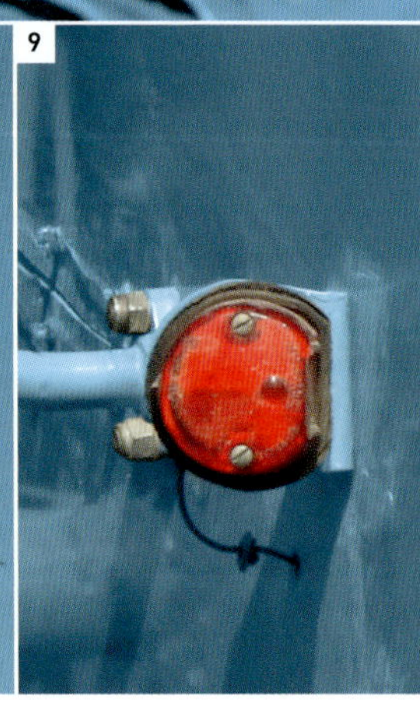
9

10

EL INTERIOR

Este es el habitáculo de un coche de carreras, por lo que no hay comodidades, mientras que es vital aprovechar el espacio. Parte de la mecánica está a la vista en la zona de los pies, y es normal encontrar aceite, nada raro en un coche de carreras en que la funcionalidad y el ahorro de peso son más importantes que la comodidad. El salpicadero de aluminio tiene un acabado típico de la época, utilizado por Bugatti con buenos resultados.

11. Volante de cuatro radios con marco de madera **12.** Parabrisas, única protección contra los elementos **13.** Retrovisor **14.** Reloj en el salpicadero, característica típica de Bugatti **15.** Habitáculo sencillo, con asientos de cuero color marrón oscuro

11

16

BAJO EL CAPÓ

Una característica del Bugatti sobrealimentado es su rendimiento prodigioso, incluso para los estándares actuales. Esto se debe en parte a la configuración del árbol de levas en cabeza y a la utilización de tres válvulas (dos de entrada y una de escape) por cilindro. La fiabilidad está garantizada por el uso de rodamientos de rodillos y de bolas en el cigüeñal. Los cojinetes de las bielas también utilizan rodamientos de rodillos. La potencia se transmite a través de un embrague multidisco en baño de aceite.

17

18

19

20

16. Escultural ocho cilindros, con árbol de levas sencillo **17.** El magneto es accionado por el árbol de levas **18.** El sobrealimentador dispone de un depósito de aceite aparte **19.** Bloque fundido en dos unidades de cuatro cilindros **20.** La robusta caja de dirección es de tornillo sin fin y engranaje helicoidal

12

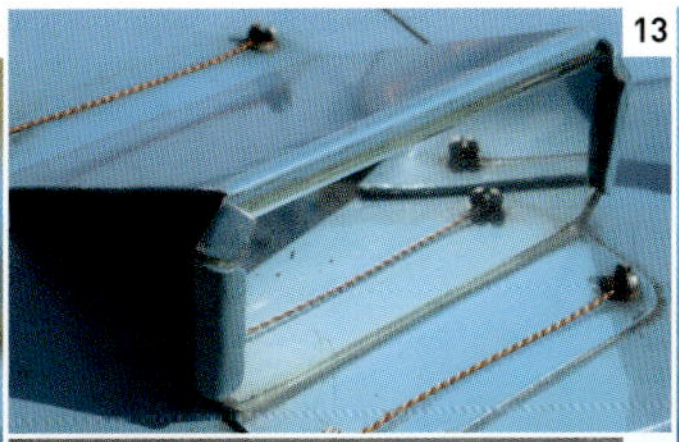

13

14

15

Cadillac
Motor V16

Para ofrecer a sus clientes más potencia y refinamiento, Cadillac, fabricante de autos de lujo, desarrolló en 1926 en Estados Unidos una nueva generación de motores. El resultado fue el extraordinario V16, pensado para superar el V12 de Packard, su competidor.

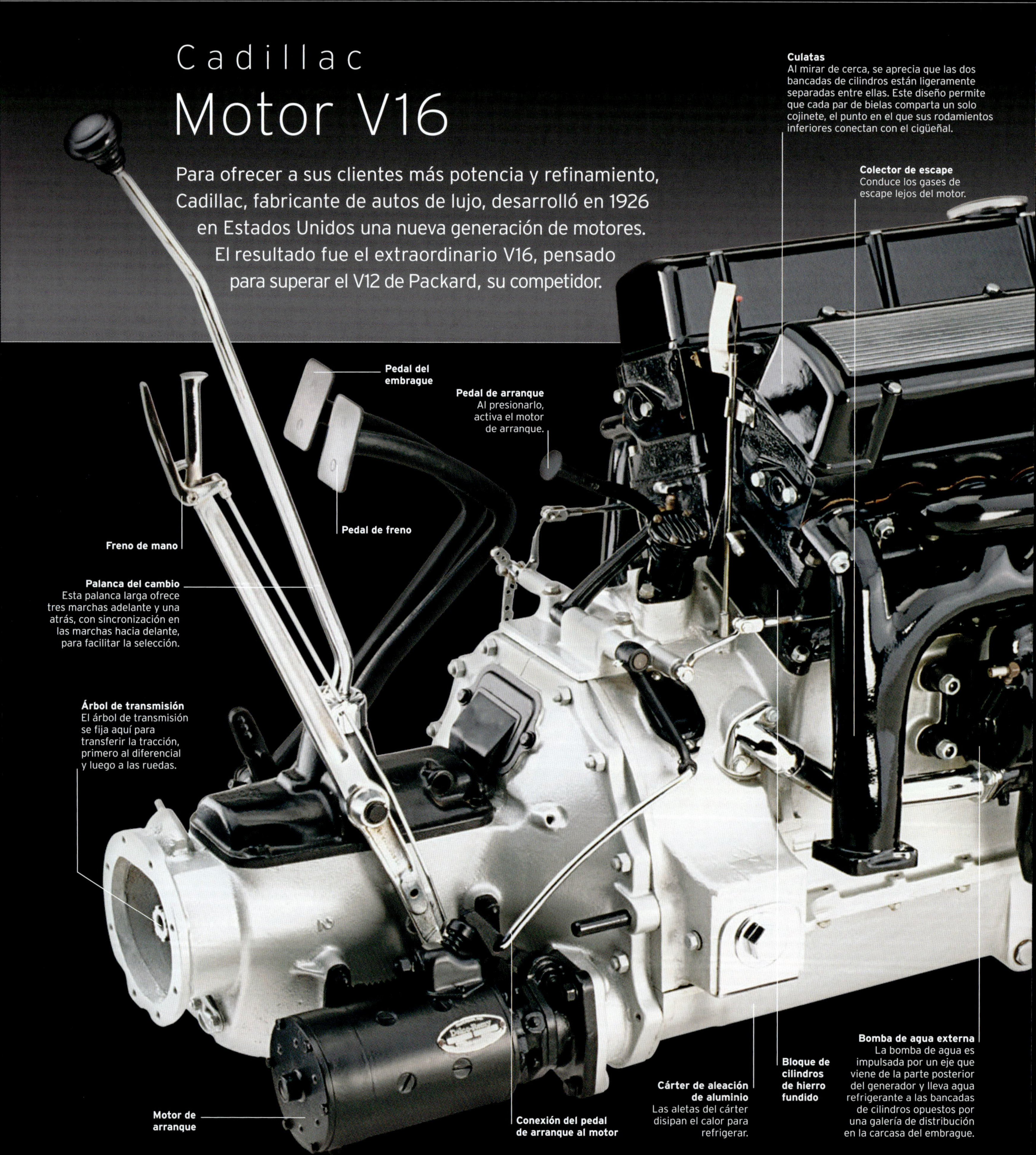

Bancadas de los cilindros
Los 16 cilindros están dispuestos en forma de V, con dos bancadas de 8 cilindros separadas por un ángulo de 45 grados.

Delco
Un solo delco opera las bujías en las dos bancadas de cilindros. Las dos bobinas de encendido van montadas en el depósito del radiador, que las refresca.

Ventilador de refrigeración del radiador

Tapa del llenado de aceite

Tapa de balancines en aluminio fundido
Bajo la tapa están los balancines que mueven las válvulas y que, por primera vez, incorporaban un mecanismo hidráulico automático que ajustaba la holgura de la válvula. Esto facilitaba el mantenimiento y reducía el ruido.

El hermano menor del V16
Cadillac no solo superó los motores de sus competidores con su V16, sino que también los igualó con el V12, un motor más pequeño. En realidad, se trataba del mismo V16 con cuatro cilindros menos, aunque el diámetro del cilindro se incrementó en 3,2 mm para obtener una cilindrada de 6033 cm^3. Al conservar el ángulo de bancada de 45 grados del V16, en lugar de los 60 grados en V habituales en un V12, el encendido de los cilindros era desigual, pero la suavidad del motor siguió siendo aceptable.

Generador

Tubo de entrada de aire

Carburador de aspiración ascendente
El aire es alimentado hacia arriba en los dos carburadores (uno por bancada), donde se mezcla con el combustible vaporizado. En principio, el carburador fue diseñado por Cadillac, pero luego se reemplazó con un modelo de Detroit Lubricator. Al colocar la entrada de aire arriba, en el compartimento del motor, se reducía la entrada de polvo.

Cárter de aluminio fundido
El cárter del cigüeñal, el componente más importante de este elegante motor, se extiende desde debajo del eje del cigüeñal hacia arriba, hasta la parte media de los cilindros.

Colector de admisión
Este colector lleva la mezcla combustible-aire del carburador a los cilindros. Como el V16 tiene un ángulo muy estrecho, hay poco espacio para albergar los componentes entre las dos bancadas de cilindros; por tanto, los colectores de admisión y de escape están situados a los lados del motor.

EN UN MAL MOMENTO

Un motor con más cilindros da más potencia que uno de cilindrada equivalente, pero con menos cilindros. También se enciende más veces por cada vuelta del cigüeñal, lo que da un par (fuerza de giro) más suave. Estas fueron las razones por las que Cadillac eligió un V16 para su coche de lujo, configuración que más adelante, en la década de 1930 y en forma sobrealimentada, causaría impresión en los Auto Union de carreras de Ferdinand Porsche. Aunque el V16 de Cadillac era un motor excelente, su éxito se vio truncado por la Gran Depresión y la Segunda Guerra Mundial.

ESPECIFICACIONES DEL MOTOR	
Fechas de producción	1930-1940 (dos versiones)
Cilindros	16 cilindros, 45º en V (último, 135º)
Configuración	Montaje delantero, longitudinal
Capacidad del motor	7413 cm^3
Potencia	165 CV a 3400 rpm
Tipo	Motor convencional de gasolina, cuatro tiempos, enfriado por agua, pistones alternativos, encendido por delco y cárter húmedo
Culata	Válvulas en cabeza accionadas por empujadores y balancines; dos válvulas por cilindro, taqués hidráulicos
Alimentación	Un carburador por bancada
Diámetro y carrera	76,2 mm x 101,6 mm
Potencia específica	22,3 CV/litro
Compresión	5,35:1

▷ **Ver pp. 352-353** Cómo funciona un motor

Lujo y prestigio

A pesar de la recesión que afectó a gran parte del mundo en las postrimerías de la Primera Guerra Mundial, en la década de 1920 aún había muchos clientes ricos que buscaban los automóviles más novedosos y opulentos para viajar por Europa o Estados Unidos. Se construyeron coches caros con chasis completo, con tren de rodaje y equipados con los mejores ejemplos del arte de los carroceros tradicionales.

▷ Hispano-Suiza H6 1919
Origen Francia
Motor 6597 cm³, seis en línea
Velocidad máxima 137 km/h

Hispano-Suiza, una empresa española con sede en Francia, hizo algunos de los mejores autos de la década de 1920. Diseñados por el ingeniero suizo Marc Birkigt, contaron con los primeros servofrenos.

◁ Spyker C4 All-weather Coupé 1921
Origen Países Bajos
Motor 5741 cm³, seis en línea
Velocidad máxima 129 km/h

Pese al apoyo de la realeza y sus motores compartidos con los zepelines, los costosos Spykers se vendieron en cantidades muy pequeñas. La empresa dejó de construir automóviles en 1925.

△ Pierce-Arrow 38 HP Modelo 51 1919
Origen Estados Unidos
Motor 8587 cm³, seis en línea
Velocidad máxima 121 km/h

Coche enorme y poderoso con un motor de cuatro válvulas por cilindro. Tanto le gustaba su Modelo 51 oficial al presidente W. Wilson, que al dejar la Casa Blanca decidió conservarlo.

▷ Lincoln L Sedán 1922
Origen Estados Unidos
Motor 6306 cm³, V8
Velocidad máxima 132 km/h

En 1922, Ford rescató a Lincoln de la bancarrota y produjo esta magnífica máquina. Entre sus lujos están un reloj eléctrico, persianas de radiador termostáticas y un encendedor de cigarrillos.

◁ Hotchkiss AM 80 Veth Coupé 1929
Origen Francia
Motor 3015 cm³, seis en línea
Velocidad máxima 129 km/h

Hotchkiss construyó automóviles deportivos de alta calidad. Este ejemplo, montado por Veth en Arnhem, Países Bajos, cuenta con un parachoques delantero con absorción de impactos a 40 km/h, creado por Overman.

▷ Phaeton Isotta-Fraschini Tipo 8A Van Rijswijk de Capó Doble, 1924
Origen Italia
Motor 7372 cm³, ocho en línea
Velocidad máxima 145 km/h

El mejor coche de Italia de la década de 1920 atrajo algunas magníficas carrocerías, como este modelo de los Países Bajos. Su motor de 120 CV lo diseñó Giustino Cattaneo.

△ Lagonda 3 litros 1929
Origen Reino Unido
Motor 2931 cm³, seis en línea
Velocidad máxima 134 km/h

Lagonda hizo deportivos con motores de siete cojinetes que proporcionaron buen funcionamiento y larga duración. Unos eran limusinas o sedanes y otros tenían carrocerías deportivas.

△ Rolls-Royce 20 HP 1922
Origen Reino Unido
Motor 3128 cm³, seis en línea
Velocidad máxima 105 km/h

El 20 HP, con poca potencia en comparación con los Rolls-Royce más grandes, fue la respuesta a la austeridad de la posguerra. A pesar de sus limitaciones se vendió bien.

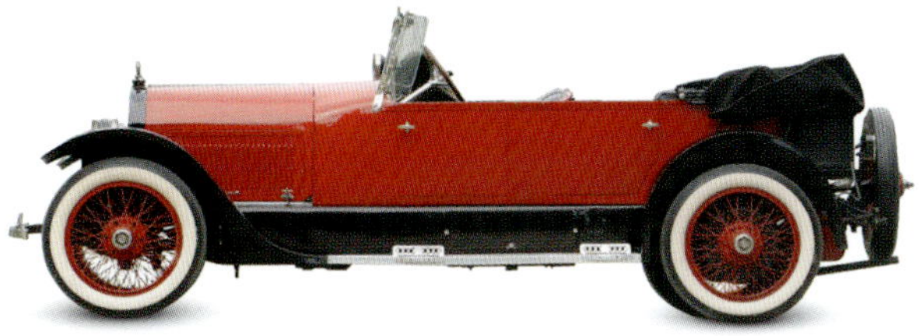

△ **Stutz Modelo K 1921**

Origen Estados Unidos
Motor 5899 cm³, cuatro en línea
Velocidad máxima 120 km/h

Además de sus coches deportivos Bearcat de gran éxito, Stutz construyó coches de turismo con los mismos motores. Desde 1921 tuvieron culata desmontable.

△ **Renault 40 CV 1921**

Origen Francia
Motor 9123 cm³, seis en línea
Velocidad máxima 145 km/h

El 40 CV era el coche lujoso más grande de la década de 1920. Con seis cilindros, ruedas de madera y una distancia entre ejes de 3,6 m o 3,9 m, ganó el Rally de Montecarlo en 1925.

△ **Horch Tipo 350 1928**

Origen Alemania
Motor 3950 cm³, ocho en línea
Velocidad máxima 100 km/h

Horch fue el principal rival alemán de Mercedes-Benz en el mercado de coches de lujo. Paul Daimler, hijo de Gottlieb Daimler, diseñó el motor de doble árbol de levas en cabeza para este coche.

△ **Minerva 32 HP AK Landaulette 1927**

Origen Bélgica
Motor 5954 cm³, seis en línea
Velocidad máxima 113 km/h

Este gran fabricante belga hizo coches muy elegantes, con motores de válvulas de camisa corredera, que lograron patrocinio real y carrocerías formales.

△ **Bugatti Tipo 41 Royale 1927**

Origen Francia
Motor 12 760 cm³, ocho en línea
Velocidad máxima 193 km/h

El Royale, con 24 válvulas y 300 CV, era realmente imponente y estaba destinado a la realeza mundial. Pero era demasiado caro y solo se construyeron seis unidades.

◁ **Packard 443 Custom Eight 1928**

Origen Estados Unidos
Motor 6318 cm³, ocho en línea
Velocidad máxima 137 km/h

Packard, marca suntuosa líder en Estados Unidos, hizo lujosos autos con chasises muy largos: en este caso con una distancia entre ejes de casi 3,6 m.

▽ **Rolls-Royce Phantom I 1925**

Origen Reino Unido
Motor 7668 cm³, seis en línea
Velocidad máxima 145 km/h

El refinado Phantom I, que aquí aparece como modelo deportivo, honró su fama de ser «el mejor coche del mundo». A menudo, su carrocería era de limusina de lujo.

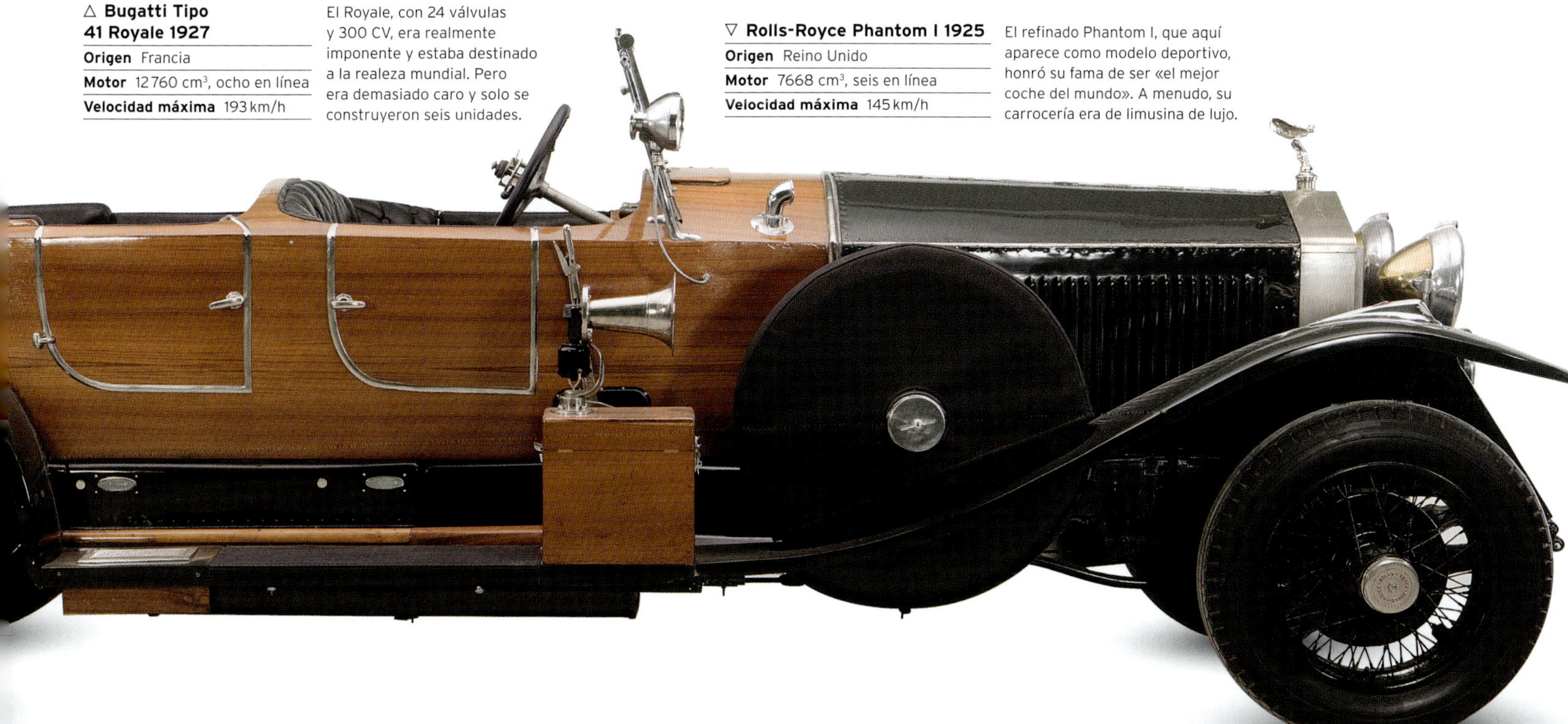

Lancia Lambda, 1922
Al volante Greta Garbo, leyenda del cine, quien fue el emblema del glamur y la audacia de la era *flapper*, al igual que el deportivo Lancia Lambda, con su moderna construcción y una velocidad máxima de 112 km/h.

Coupés de Hollywood y glamurosos descapotables

Los locos años veinte fueron una época de gran estilo y de decadencia de las clases adineradas, cuando las familias acomodadas tradicionales comenzaron a ser superadas en número por los nuevos ricos, estrellas de cine, magnates de negocios y mafias. El glamur y la emoción de su estilo de vida se reflejaron en los coches diseñados para ellos en Europa y Estados Unidos. Estos exhibían carrocerías extravagantes, apliques de níquel brillante o cromado y luminosos colores.

△ Cunningham de turismo 1916
Origen Estados Unidos
Motor 7200 cm^3, V8
Velocidad máxima 153 km/h

El Cunningham, de apariencia muy moderna en el momento de su lanzamiento y con uno de los primeros motores V8 en producción, se vendió a celebridades y fue producido hasta 1933.

△ Stanley Modelo 735 1920
Origen Estados Unidos
Motor 2059 cm^3, dos en línea, de vapor
Velocidad máxima 97 km/h

El coche Stanley de vapor, con un precio cuatro veces el de un Ford Modelo T y potencia limitada, fue todo un anacronismo en la década de 1920. Sin embargo, se mantuvo en producción hasta 1924.

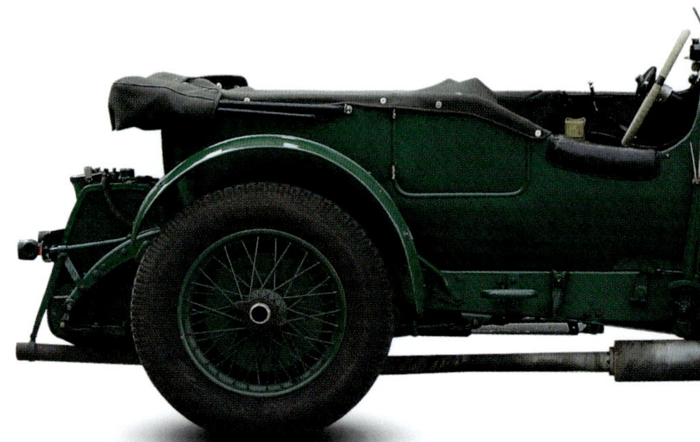

▷ Bentley Speed Six 1928
Origen Reino Unido
Motor 6597 cm^3, seis en línea
Velocidad máxima 161 km/h

Este coche, desarrollado a partir del Standard Six de 1924, ganó Le Mans en dos ocasiones y fue el coche de carreras de mayor éxito de W. O. Bentley. Su buen rendimiento lo hizo también un sensacional vehículo para carretera.

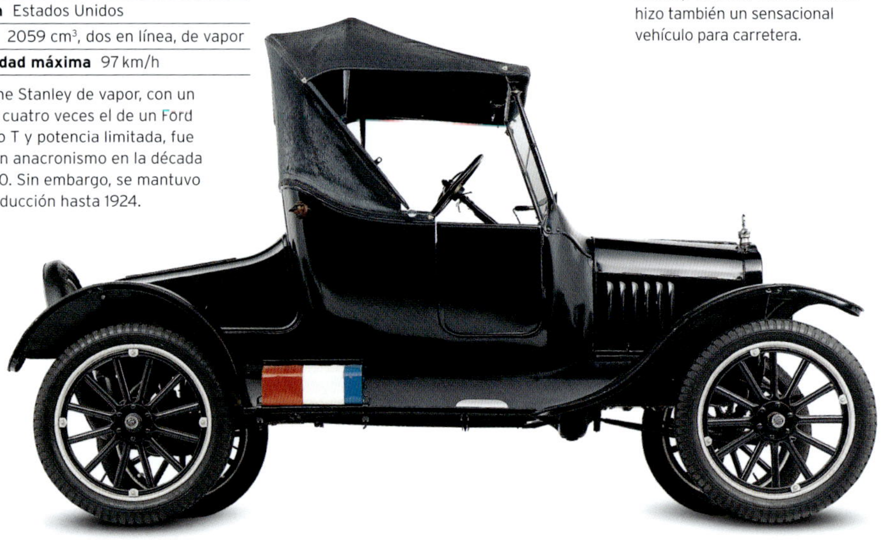

△ Ford Modelo T Roadster 1923
Origen Estados Unidos
Motor 2878 cm^3, cuatro en línea
Velocidad máxima 72 km/h

En respuesta a los coches Chevrolet del mercado, Ford mejoró el modelo T en 1923. Los nuevos diseños incluyeron un parabrisas inclinado y ruedas desmontables.

△ Ford Modelo A 1927
Origen Estados Unidos
Motor 3285 cm^3, cuatro en línea
Velocidad máxima 97 km/h

Este modelo fue un coche de producción en masa para la clase media de Estados Unidos. Su estilo recuerda las películas de gánsteres. Los colores eran fuertes y los neumáticos, de banda blanca.

▽ Cord L-29 1929
Origen Estados Unidos
Motor 4884 cm^3, ocho en línea
Velocidad Máxima 124 km/h

El notable L-29 utilizó el motor Lycoming invertido para propulsar las ruedas delanteras. El coche diseñado por E. L. Cord era largo y bajo, sin túnel de transmisión intrusivo.

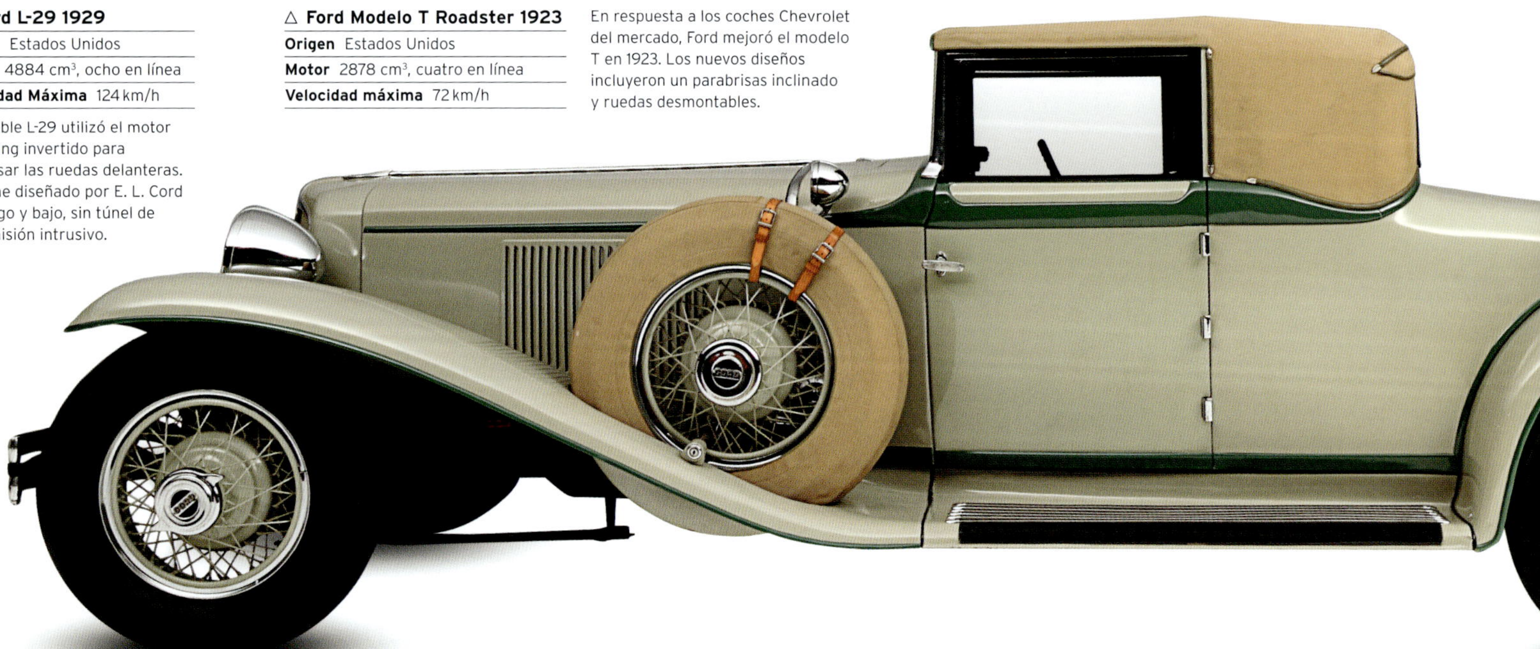

△ **Woods Dual Power 1917**

Origen Estados Unidos
Motor 1560 cm³, cuatro en línea + motor eléctrico
Velocidad máxima 56 km/h

Primer híbrido de la historia, usaba electricidad hasta los 32 km/h y luego pasaba al motor de gasolina. No tenía caja de cambios y cargaba la batería con el motor y el frenado regenerativo.

◁ **Lincoln V8 1921**

Origen Estados Unidos
Motor 5861 cm³, V8
Velocidad máxima 142 km/h

Henry Leland dejó Cadillac para fundar Lincoln, en honor a su héroe Abraham Lincoln. Henry Ford compró la compañía en 1922, heredando este coche de lujo que rivalizaba con Cadillac.

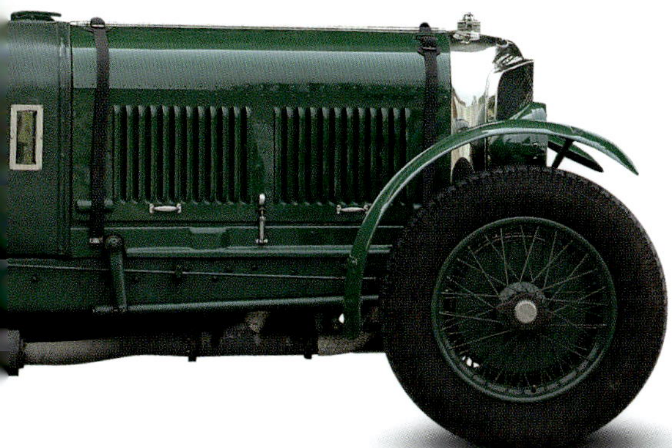

◁ **Chevrolet Superior Coupé 1925**

Origen Estados Unidos
Motor 2804 cm³, cuatro en línea
Velocidad máxima 90 km/h

Con este coche W. Durant quería competir con el Modelo T de Ford. No rivalizaba en coste pero era tan bueno que aumentó las ventas de Chevrolet en un 70 %.

▷ **Plymouth Coupé Modelo U 1929**

Origen Estados Unidos
Motor 2874 cm³, cuatro en línea
Velocidad máxima 97 km/h

En 1928, Chrysler lanzó el Plymouth como un automóvil de precio económico, con características especiales que incluían frenos hidráulicos. Fue muy oportuno y mantuvo a Chrysler solvente durante la Gran Depresión.

△ **La Salle Modelo 303 1927**

Origen Estados Unidos
Motor 4965 cm³, V8
Velocidad máxima 129 km/h

General Motors introdujo el La Salle en 1927, con el fin de vender más coches de estilo Cadillac, sin devaluar la exclusividad de esta marca. Tuvo un éxito instantáneo; fue un gran coche por mérito propio.

◁ **Kissel Speedster ocho en línea, 1927**

Origen Estados Unidos
Motor 4670 cm³, ocho en línea
Velocidad máxima 125 km/h

Este Kissel fue diseñado para competir contra el Bearcat de Stutz y el Raceabout de Mercer. Se mantuvo en producción durante cuatro años.

▷ **Lancia Lambda 1922**

Origen Italia
Motor 2120 cm³, V4
Velocidad máxima 112 km/h

El largo y bajo Lambda, uno de los coches más avanzados de su época, contaba con una carrocería monocasco, motor V4 con árbol de levas en cabeza y suspensión delantera independiente.

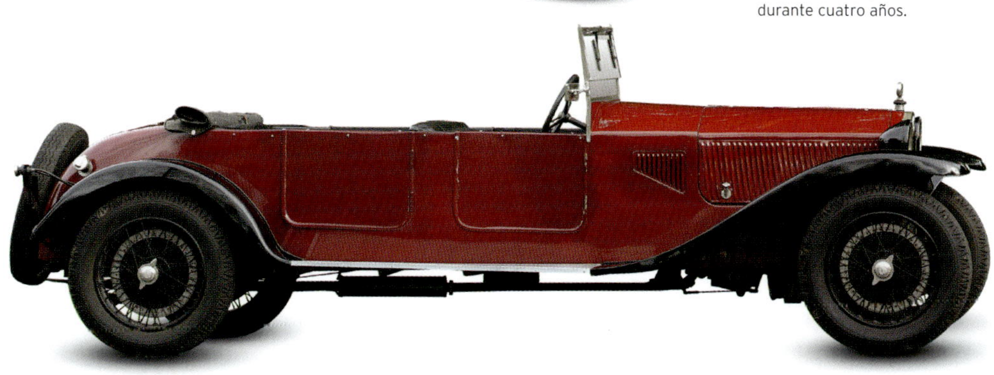

▷ **Duesenberg Modelo J 1928**

Origen Estados Unidos
Motor 6882 cm³, ocho en línea
Velocidad máxima 185 km/h

Fue más grande, rápido, elaborado y costoso que cualquier otro coche de la década de 1920 en Estados Unidos. Estaba propulsado por un motor con doble árbol de levas en cabeza.

Duesenberg Modelo J

En 1926, la debilitada firma Duesenberg fue comprada por Errett Lobban Cord, el propietario de la empresa automovilística Auburn, quien llegaría a crear una marca de coches famosos con su nombre. Cord instruyó a los hermanos Duesenberg para que diseñaran el más lujoso automóvil de alta velocidad de Estados Unidos y en 1928 presentaron el Modelo J. Propulsado por un magnífico motor de 8 cilindros en línea, fue considerado el mejor de su tiempo.

EN EL CORAZÓN del Modelo J había un motor magnífico, construido por Lycoming, compañía especializada en motores de avión. El Modelo J, con sus ocho cilindros en línea, daba buena aceleración a pesar de su volumen, y alcanzaba una velocidad de crucero de 153-161 km/h. A partir de 1929 también tuvo frenos hidráulicos servoasistidos y una dirección suave que lo hacía fácil de conducir. Pero el Modelo J, con carrocerías obra de los mejores especialistas de Estados Unidos era caro: costaba unas diecinueve veces el precio del Ford Modelo A. En la Gran Depresión, el Duesenberg se vendía poco y solo se construyeron 471, de los cuales unos 35 fueron los modelos SJ sobrealimentados, con espectaculares tubos de escape exteriores, que también se instalaron en modelos J posteriores. Casi todos los SJ tenían un chasis de distancia entre ejes más corta, pero algunos se fabricaron con el chasis largo. Hubo dos coches con un chasis muy corto llamados SSJ, con elegante carrocería de dos asientos, que fueron vendidos a Clark Gable y Gary Cooper, actores de Hollywood fieles a Duesenberg.

ESPECIFICACIONES	
Modelo	Duesenberg Modelo J, 1928-37
Ensamblaje	Indianápolis, Estados Unidos
Producción	471, incluido el Modelo SJ
Construcción	Chasis separado
Motor	6882 cm^3, ocho en línea, dohc
Potencia	265 CV a 4250 rpm
Transmisión	Manual de tres velocidades
Suspensión	Ejes rígidos, ballestas
Frenos	Hidráulicos, de tambor
Velocidad máxima	185 km/h

Donde las águilas se atreven
Fred y August Duesenberg comenzaron a fabricar motores marinos y coches de carreras en 1913 y presentaron su primer coche de producción en 1920. El águila en el escudo simboliza la libertad americana. La compañía cerró en 1937.

VISTA FRONTAL

VISTA TRASERA

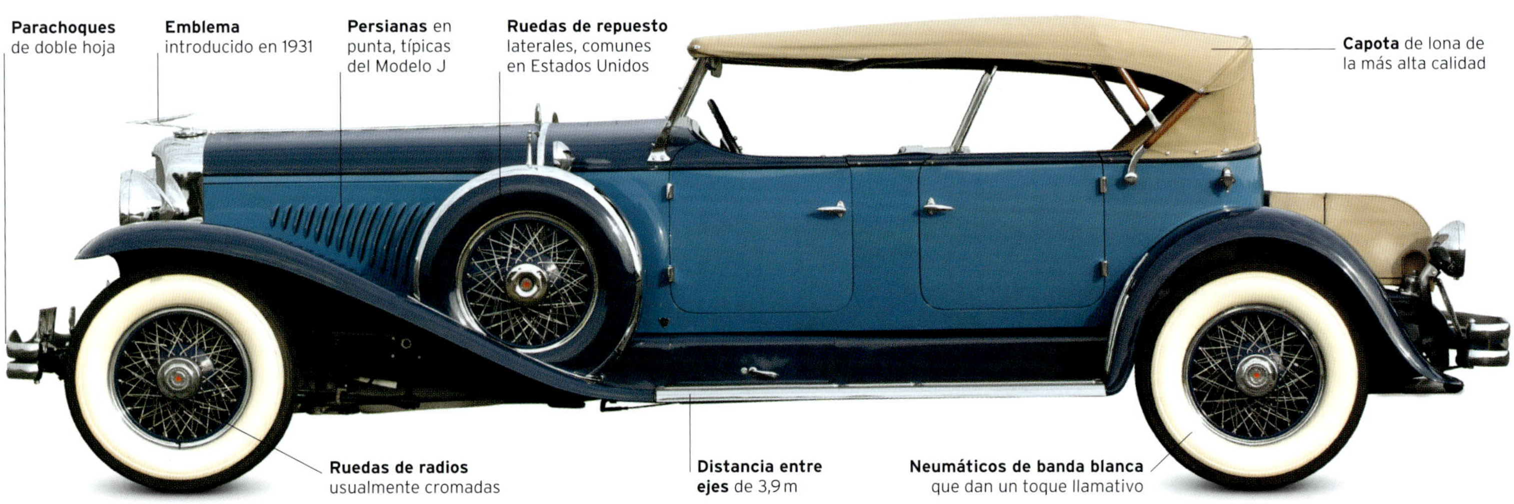

Exuberancia controlada
Básicamente, las líneas del Modelo J fueron conservadoras, por lo menos para la mayoría de los ejemplos. Pero algunos adornos ocasionales marcaron la diferencia, como los parachoques de doble hoja y los estilizados contornos unidos al guardabarros. El frente del coche era una masa de cromo brillante, con enormes faros y una estilizada parrilla del radiador; los objetos cromados redondos debajo del guardabarros delantero en este modelo de 1931 son una forma temprana de amortiguador hidráulico, de acción giratoria para absorber las irregularidades.

EL EXTERIOR

El cuerpo del coche lo construyeron carroceros externos que, por lo general, eran supervisados por G. Buehrig, jefe de diseño de Duesenberg. Esto hizo que las carrocerías tuvieran una apariencia similar. El mejor carrocero del Modelo J fue Murphy, de Pasadena, aunque este coche, de 1931, es uno de los ocho con «Tourster» de carrocería de turismo, hecha por Derham, empresa de Pensilvania.

1. El emblema evoca un vuelo alado **2.** Abertura para la manivela de arranque **3.** Barras gemelas del parachoques **4.** Luces delanteras **5.** Persianas de corte amplio **6.** Abertura de ventilación en la carrocería **7.** Rueda de repuesto **8.** Estribo acanalado cromado **9.** Bisagras cromadas **10.** Manilla de la puerta **11.** Luz trasera **12.** Soportes de capota de madera reforzada **13.** Maletero

1

2
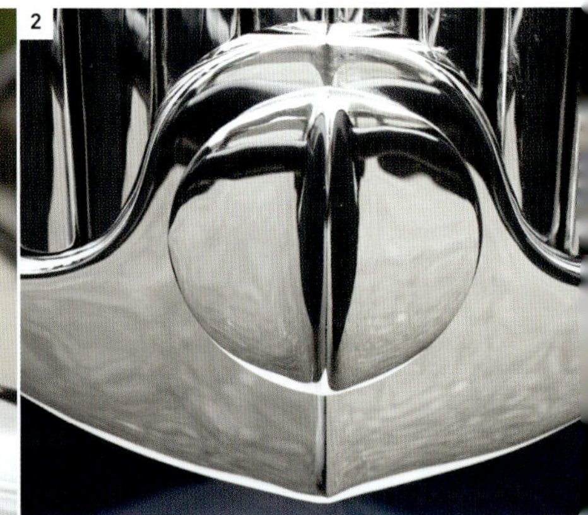
3

4

5

6

7

8

9

10

12

13

EL INTERIOR

Comparados con los coches británicos de lujo de la época, sus homólogos de Estados Unidos fueron muy sobrios. El interior del Modelo J es sencillo, realzado solo por el brillo metálico de su tablero de instrumentos. Destaca el pedal del acelerador a la derecha, ya que en esa época muchos coches europeos aún tenían un pedal central.

14. Controles mínimos en un volante grande **15.** Palanca de cambios larga, típica de la época; el freno de mano actúa sobre la transmisión **16.** Instrumentos comunes con cuentarrevoluciones **17.** El cromado realza los adornos de la puerta **18.** Elevalunas lateral trasero **19.** Tapicería en cuero normal, con pliegues verticales

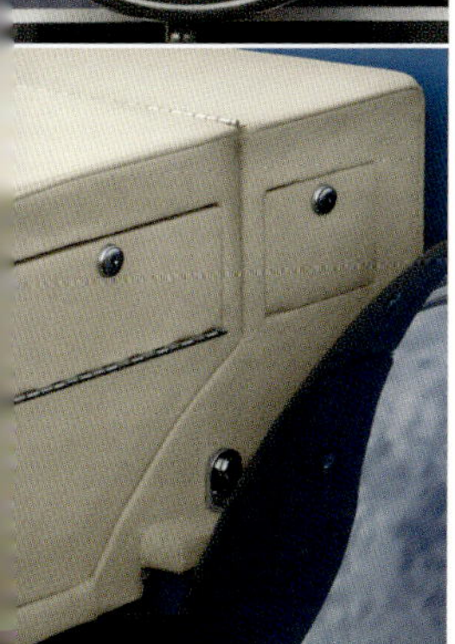

BAJO EL CAPÓ

En una época en que los motores con válvulas laterales eran comunes, el motor de ocho cilindros en línea del Modelo J, con cuatro válvulas por cilindro, era muy avanzado. Contaba con válvulas en culata, operadas por un doble árbol de levas en cabeza. La unidad de 6882 cm³ daba 265 CV, algo deliberadamente exagerado, ya que el Cadillac V16 alcanzaba 165 CV. El SJ sobrealimentado de 1932-1935 ofrecía 320 CV.

20. Motor alimentado por un solo carburador **21.** Todos los motores del Modelo J tienen un acabado esmaltado en color verde **22.** Motor de arranque también de color verde

Coches para la clase media

En la década de 1920 hubo grandes cambios en la automoción, cuando la producción en grandes cantidades redujo los precios. Así, tener coche fue normal entre la clase media de Europa y Estados Unidos. Surgió una división sustancial entre los coches europeos, en su mayoría con motor de cuatro cilindros y unos 1500 cm^3, y los estadounidenses, mucho más grandes y con motores de seis u ocho cilindros de unos 4000 cm^3.

△ Essex A 1919
Origen Estados Unidos
Motor 2930 cm^3, cuatro en línea
Velocidad máxima 105 km/h

Relacionado con Hudson, el precio moderado de la marca Essex fue un éxito inmediato. Hasta 1932 se vendieron más de 1,13 millones de Essex, tras lo cual su nombre se cambió a Terraplane.

△ Dodge 4 1914
Origen Estados Unidos
Motor 3479 cm^3, cuatro en línea
Velocidad máxima 80 km/h

En esta década Dodge fue la segunda en ventas en Estados Unidos. Tenía carrocería de acero, engranaje de transmisión deslizante y sistema eléctrico de 12 voltios.

△ Citroën Tipo A 1919
Origen Francia
Motor 1327 cm^3 cuatro en línea
Velocidad máxima 64 km/h

El primer coche de André Citroën fue el pionero en la producción masiva en Europa; se fabricaban hasta cien por día. Se vendieron 24 093 unidades antes de interrumpir la producción en 1921.

△ Chrysler G70 1924
Origen Estados Unidos
Motor 3200 cm^3, seis en línea
Velocidad máxima 113 km/h

El primer coche de W. Chrysler fue una revelación por su impresionante rendimiento y los frenos hidráulicos en las cuatro ruedas. Esto le ayudó a lograr parte del mercado del país.

▷ Riley Nine Monaco 1926
Origen Reino Unido
Motor 1087 cm^3, cuatro en línea
Velocidad máxima 97 km/h

Percy y Stanley Riley diseñaron un magnífico deportivo en 1926, que entró en producción en serie en 1928. El doble árbol de levas lateral le dio un rendimiento excepcional.

△ Morris Oxford 1919
Origen Reino Unido
Motor 1548 cm^3, cuatro en línea
Velocidad máxima 97 km/h

El Oxford, parte de la gama del Morris «Bullnose», llamada así por su radiador redondeado, tenía líneas puras y buen rendimiento. Esto le dio fama entre los automovilistas.

▽ Willys-Knight Modelo 66 1927
Origen Estados Unidos
Motor 4179 cm^3, seis en línea
Velocidad máxima 113 km/h

Willys-Knight construyó 50 000 unidades anuales durante la década de 1920, todos con motor con válvulas de camisa. Este coche ofrecía confort, buena apariencia y calidad por un alto precio.

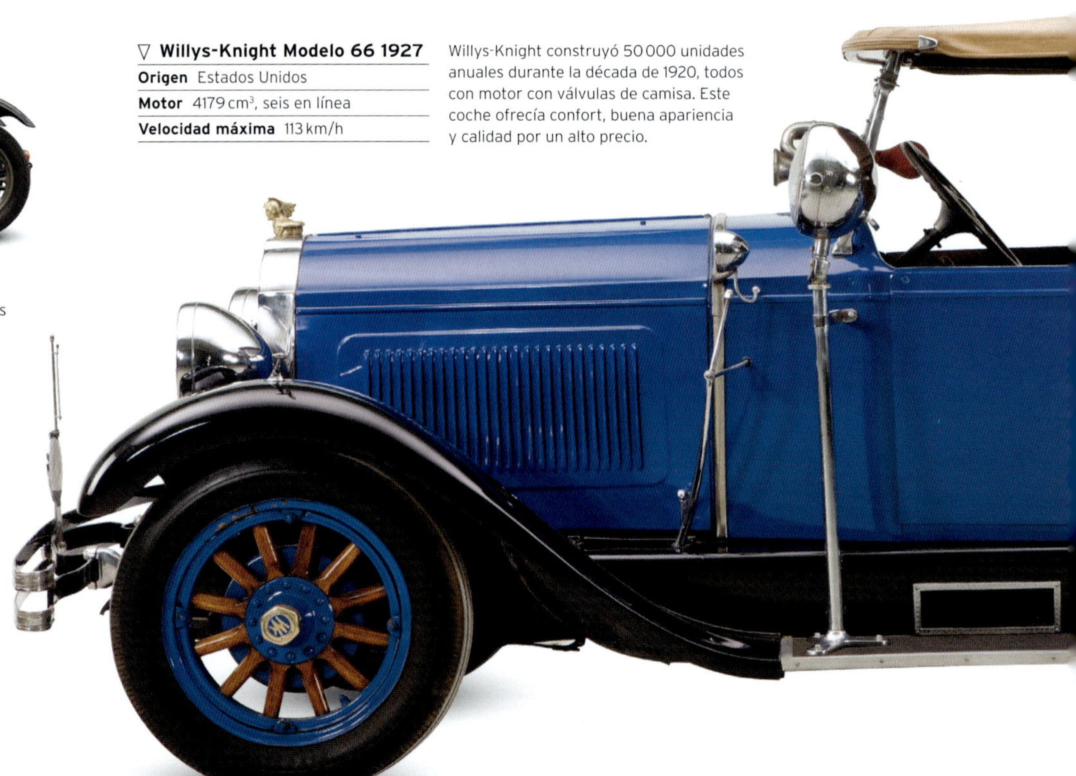

△ Morris Cowley 1927
Origen Reino Unido
Motor 1548 cm^3, cuatro en línea
Velocidad máxima 97 km/h

El Cowley, otro «Bullnose» de Morris, fue una versión económica del Oxford. Hacia finales de la década, los Bullnose parecían obsoletos, pero gracias a su buena reputación, las ventas siguieron.

△ Hupmobile Touring Serie R 1921

Origen Estados Unidos

Motor 2990 cm³, cuatro en línea

Velocidad máxima 97 km/h

Las grandes ventas de este sencillo coche, espacioso y de cuatro cilindros, hicieron de él uno de los éxitos de la década. Pero la empresa no sobrevivió a la Gran Depresión de la década de 1930.

△ Buick Modelo 24 1924

Origen Estados Unidos

Motor 2786 cm³, cuatro en línea

Velocidad máxima 89 km/h

Buick produjo sus últimos coches cuatro cilindros en 1924; después, su motor más pequeño tenía seis en línea. El modelo era cómodo y fuerte, pero con poca potencia.

△ Ford Modelo A Tourer 1927

Origen Estados Unidos

Motor 3294 cm³, cuatro en línea

Velocidad máxima 105 km/h

Este fue el primer Ford con controles convencionales: pedales de embrague y frenos, acelerador y cambio de velocidades. Se vendieron unos 5 millones de unidades entre 1927 y 1931.

◁ Opel 4/14 1924

Origen Alemania

Motor 1018 cm³, cuatro en línea

Velocidad máxima 80 km/h

Los coches de la serie 4PS (4 HP) fueron los primeros producidos en línea, en Alemania. En siete años se fabricaron 119 484 de los 4/12, 4/14, 4/16 y 4/18.

△ Standard SLO4 1922

Origen Reino Unido

Motor 1944 cm³, cuatro en línea

Velocidad máxima 84 km/h

La serie de coches amplios de cuatro cilindros, como el SL04, hizo que se vendieran más de 10 000 coches al año en esta década. Standard era sinónimo de gran calidad.

△ Fiat 509A 1926

Origen Italia

Motor 990 cm³, cuatro en línea

Velocidad máxima 77 km/h

El 509, con su potente y económico motor con árbol de levas en cabeza y la opción de compra a crédito, se hizo muy popular. Se vendieron 90 000 desde 1925 hasta 1929.

◁ Austin Twelve 1927

Origen Reino Unido

Motor 1861 cm³, cuatro en línea

Velocidad máxima 85 km/h

Una amplia gama de automóviles competentes, fiables, como los Twelve, ayudaron a la empresa de Herbert Austin a convertirse en el fabricante de coches más exitoso de Reino Unido en la década de 1920.

△ MG 18/80 1928

Origen Reino Unido

Motor 2468 cm³, seis en línea

Velocidad máxima 126 km/h

En 1922, Cecil Kimber, apoyado por la compañía Morris, comenzó a producir unos automóviles deportivos con componentes Morris. Sus coches, que luego llevaron el emblema MG, eran muy atractivos y de buen rendimiento.

Coche Royce de 10 CV, 1904

Grandes marcas

Historia de Rolls-Royce

Desde el principio esta famosa marca británica se enfocó en la calidad, el refinamiento y la fiabilidad en el diseño y la fabricación de sus coches. Como resultado, los Rolls-Royce se conocen como los mejores del mundo. Incluso el nombre Rolls-Royce se convirtió en un término que indica «lo mejor de lo mejor» en cualquier campo.

FREDERICK HENRY ROYCE, fundador de una empresa de ingeniería eléctrica en Manchester, construyó su primer coche en 1904. En la misma época, Charles Stewart Rolls y Claude Johnson creaban un taller de reparación de coches, y un concesionario en Londres. H. Edmunds, amigo de Rolls y directivo de la compañía de Royce, concertó un encuentro entre ellos para que Rolls condujera el coche. De inmediato reconoció su calidad y refinamiento. La pareja acordó que Royce haría una gama de coches que Rolls vendería con el nombre Rolls-Royce.

Los primeros modelos abarcaron desde uno de dos cilindros y 10 CV a 395 libras esterlinas, pasando por máquinas de tres cilindros con 15 CV y cuatro cilindros con 20 CV, al coche de seis cilindros y 30 CV, que salió a la venta en 1905 por 890 libras. Al igual que otras prestigiosas marcas, el cuerpo se compraba por separado a un carrocero, con un coste adicional de unas 500 libras.

Emblema Rolls-Royce
(introducido en 1930)

En septiembre de 1905, Charles Rolls inscribió un par de Rolls-Royce de 20 CV en el Isle of Man Tourist Trophy (TT), evento que buscaba el mejor coche de turismo y no el de carreras más rápido. El reglamento exigía una carrocería de cuatro plazas y un límite en la cantidad de combustible. Los Rolls-Royce TT tenían un chasis ligero y caja de cambios de cuatro velocidades con *overdrive*, que permitía mantener una alta velocidad constante, con un bajo consumo de combustible. Rolls condujo un coche cuya caja de cambios se rompió al principio. El otro coche, en manos de Percy Northey, terminó en segundo lugar y ganó una valiosa publicidad para la nueva marca.

En el Salón del Automóvil de Londres de 1906, se lanzó un modelo de 40/50 CV, con un motor grande de seis cilindros y un chasis revisado. En 1907, Claude Johnson, considerado como «el guion en la insignia de Rolls-Royce», completó una prueba de 24 000 km en este coche, bajo la supervisión del Real Automóvil Club (RAC), incluyendo la Scottish Reliability Trial, en la que ganó medalla de oro. Al 40/50 de Johnson se le dio el nombre de Silver Ghost, por su color inusual. Este rendimiento, junto con la serie de automóviles Phantom introducidos en 1925 acrecentaron la fama de la compañía. En 1930 Rolls-Royce compró Bentley y trasladó su producción a su propia planta en Derby. Luego desarrolló una nueva gama de «Bentleys Derby», con chasis Rolls-Royce y motores Bentley.

Montaje de motores Merlin
El Rolls-Royce Merlin, uno de los motores de avión de más éxito en la Segunda Guerra Mundial, se usó en aviones como el Supermarine Spitfire y el Hawker Hurricane.

En la Primera Guerra Mundial se produjeron los primeros motores Rolls-Royce para aviones. En la Segunda Guerra Mundial la empresa aún era un importante proveedor de la industria aeronáutica de guerra británica. Se estableció una fábrica en Crewe para aumentar la producción de motores de aviación; después de la guerra se trasladó allí la producción de todos los coches, comenzando la producción de nuevo en 1946 con el Bentley Mark VI y los Rolls-Royce Silver Wraith. Ambos tenían el mismo chasis y un motor con válvulas de admisión en cabeza para mejorar la entrada de aire. Primero Bentley y luego Rolls-Royce, adoptaron una carrocería estándar construida en la empresa, aunque también se podía optar por adquirir un chasis y llevarlo a un carrocero. Poco a poco se fueron fabricando menos Bentley hasta llegar a ser Rolls-Royce con rejillas de radiador Bentley. En 1959 se introdujo un motor V8 de 6230 cm³ en el Silver Cloud II y en un sedán de tamaño completo, el Phantom V. El hito de la década de 1960 fue el sedán Silver Shadow de 1965 y su hermano Bentley de la serie T. El Shadow, coche más moderno, muy ancho, con cuatro puertas y estructura monocasco, se vendió más que cualquier otro Rolls-Royce. Los derivados del Shadow incluyen el Corniche, *coupé* convertible de dos puertas, el Silver

> «Quien compra las **mejores cosas...** solo compra automóviles **Rolls-Royce».**
>
> LORD NORTHCLIFFE, DUEÑO DE PERIÓDICOS, EN UNA CARTA A CLAUDE JOHNSON, 1912

Vender lo mejor
En este anuncio de Rolls-Royce de 1917, «El mejor automóvil del mundo» se ilustra en un entorno muy aristocrático.

SILVER GHOST

PHANTOM 1

SILVER CLOUD III

SILVER SPIRIT

1884 Se establece en Manchester F. H. Royce and Company, fábrica de equipos eléctricos.
1904 Royce construye su primer coche. Rolls lo vende como Rolls-Royce.
1905 Percy Northey es segundo en el Isle of Man Tourist Trophy, en un Rolls-Royce de 20 CV.
1907 Conducido por Claude Johnson, el Silver Ghost completa una prueba de fiabilidad de 24 000 km.
1910 Muere Rolls en un accidente aéreo.
1925 Aparece el primer modelo Phantom.
1930 Rolls-Royce adquiere la compañía Bentley y traslada su producción a la fábrica de Rolls-Royce en Derby.
1933 Muere Royce a los 70 años.
1946 Primeros modelos posguerra: Bentley Mark VI y el Rolls-Royce Silver Wraith.
1959 Rolls-Royce lanza el motor de 6230 cm^3 V8, que se usó en los Rolls-Royce y Bentley durante cincuenta años.
1971 El enorme coste de desarrollar el motor RB211 para aviones, obliga a Rolls-Royce a convertirse en una propiedad estatal.
1973 La división de coches se vende como Rolls-Royce Motors, compañía aparte.
1980 Vickers adquiere Rolls-Royce Motors.
1980 Lanzamiento de los modelos Silver Spirit/Spur y Bentley Mulsanne.
1998 El Silver Seraph de Rolls-Royce y el Bentley Arnage usan motores de BMW.
1998 Volkswagen compra Rolls-Royce a Vickers, pero entrega la marca después de que BMW adquiere los derechos para usar el nombre Rolls-Royce en coches; Volkswagen se queda con la marca Bentley.
2003 BMW establece nueva fábrica Rolls-Royce en Goodwood; su primer modelo es el Phantom.
2010 Rolls-Royce lanza el Ghost.
2014 Se añaden el *coupé* Wraith y el Dawn, descapotable, basados en el Ghost.
2017 El Phantom VIII encabeza la gama.
2018 El Cullinan, de diseño radical, es el primer SUV de la marca.

Wraith de batalla larga y el Camargue, diseñado por Pininfarina. El Silver Shadow, que se actualizó con un motor de 6750 cm^3 en 1970 y en 1977 con otras mejoras, se mantuvo en producción hasta 1980, cuando fue reemplazado por el Silver Spirit y el Silver Spur (y el Bentley Mulsanne) de batalla larga.

Rolls-Royce, perjudicada por los gastos de desarrollo del motor para aviones RB211, pasó a manos del Estado en 1971. La división de coches se vendió en 1973 como Rolls-Royce Motors. Los derechos de la marca quedaron en manos de la empresa de motores de aviación, pero se autorizó el uso de la licencia al fabricante de coches. En 1980, el grupo de ingeniería británica Vickers compró Rolls-Royce Motors. Bentley comenzó a alejarse de sus homólogos Rolls-Royce con el lanzamiento del Mulsanne Turbo. En 1998 surgió una nueva gama de coches, el Rolls-Royce Silver Seraph y el Bentley Arnage, con motores comprados a BMW.

En 1998, Volkswagen compró a Vickers por 430 millones de libras el diseño de Rolls-Royce y Bentley, la fábrica, los nombres de marca y las dos marcas Rolls-Royce: el emblema Spirit of Ecstasy y la parrilla del radiador «griega». Pero no adquirió los derechos del nombre Rolls-Royce en los coches, que aún era del fabricante de motores de avión. BMW compró los derechos por solo 40 millones de libras, lo que obligó a Volkswagen a entregar la marca Rolls-Royce y concentrarse en Bentley. En 2003, BMW montó una nueva fábrica de Rolls-Royce en Goodwood, Sussex, y produjo el nuevo Phantom; en 2010 lanzó el Ghost. En 2018 Rolls-Royce se unió a las filas de los SUV de lujo con su Cullinan de tracción total. El coche debe su nombre a un valioso diamante y tiene una gran presencia.

Rocking Rolls
Los Rolls-Royce se han asociado con el glamur del rock and roll. Aquí, Elvis Presley posa al lado de su Silver Cloud en la entrada de su mansión Graceland en Memphis, Tennessee.

Coches pequeños

En esta década los fabricantes compitieron por hacer vehículos de motor prácticos y a buenos precios, asequibles para la clase media. Esto permitió que personas ajenas a las élites pudieran poseer un automóvil. Algunos de estos coches eran muy primitivos y otros tan pequeños que eran difíciles de usar. Algunos mostraron la forma en que se desarrollarían los coches pequeños, con motores de cuatro cilindros, cuatro ruedas y frenos en cada una.

◁ Tamplin 1919

Origen Reino Unido

Motor 980 cm³, V2

Velocidad máxima 68 km/h

E. Tamplin compró los derechos del autociclo de Carden y lo produjo con su nombre. Tenía motor JAP en un costado, carrocería de madera aceitada y asientos en tándem.

◁ Leyat Hélica (réplica) 1919

Origen Francia

Motor 1203 cm³, tres en abanico

Velocidad máxima 97 km/h

La visión de Marcel Leyat para el transporte en carretera fue un «avión sin alas» propulsado por un ventilador, con un cuerpo ligero, asientos en tándem y dirección en las ruedas traseras. Solo se vendieron 30.

△ SIMA-Violet 1924

Origen Francia

Motor 496 cm³, dos opuestos

Velocidad máxima 109 km/h

Este autociclo de dos asientos tenía cuerpo de madera en chasis tubular de acero. Tuvo buen rendimiento con su motor de dos tiempos mejorado a 750 o a 1500 cm³ con fines competitivos.

▷ Citroën Tipo C 5 CV 1922

Origen Francia

Motor 856 cm³, cuatro en línea

Velocidad máxima 61 km/h

El coche biplaza (luego de tres plazas) Tipo C, se promocionó para el público femenino, pues en lugar de manivela tenía arranque eléctrico. El marketing funcionó y en cuatro años se vendieron unas 81 000 unidades.

◁ Trojan 10 HP PB 1922

Origen Reino Unido

Motor 1488 cm³, cuatro cuadrado

Velocidad máxima 66 km/h

El baratísimo Trojan, basado en un prototipo de 1913, con motor muy sencillo bajo el piso, caja epicíclica de dos velocidades y llantas sólidas, se fabricó hasta 1930.

◁ Hanomag 2/10 PS 1925

Origen Alemania

Motor 503 cm³, un cilindro

Velocidad máxima 64 km/h

Hanomag comenzó con motores de vapor en 1835. En la década de 1920 pasó a los motores de gasolina. Su apariencia le dio el apodo de *Kommissbrot*, nombre de un pan del ejército y limitó sus ventas.

Los Austin Seven

En total secreto, H. Austin y S. Edge, su joven dibujante, plasmaron el coche que Austin soñaba para el pueblo. Tendría que ser un buen coche en miniatura: práctico y fiable, con cuatro ruedas, motor de cuatro cilindros montado delante, frenos en las cuatro ruedas y tracción en las dos traseras. Con sus reducidas dimensiones, el Austin Seven conquistó el mercado de Reino Unido, vendiendo 290 924 unidades entre 1922 y 1939.

▷ Austin Seven 1922

Origen Reino Unido

Motor 696 cm³, cuatro en línea

Velocidad máxima 84 km/h

Aunque el Seven sería un gran éxito, al principio fue muy pequeño. Un año después de su lanzamiento, se aumentó el tamaño del motor, la longitud y la anchura.

▽ Morgan-JAP Aero 1929

Origen Reino Unido

Motor 1096 cm^3, V2

Velocidad máxima 113 km/h

Con motor V2 montado delante y tracción en la rueda trasera, fue el último coche de tres ruedas de Morgan. La producción de estos coches se inició en 1910.

◁ Dixi 3/15 PS 1927

Origen Alemania

Motor 747 cm^3, cuatro en línea

Velocidad máxima 77 km/h

Dixi de Eisenach construyó el Austin Seven bajo licencia, como 3/15 PS. BMW se encargó del Dixi en 1928 y fue su primer coche. La producción se mantuvo hasta 1932.

▷ Opel 4/12 1924

Origen Alemania

Motor 951 cm^3, cuatro en línea

Velocidad máxima 72 km/h

Este biplaza pequeño, llamado *Laubfrosch* (rana de árbol), se produjo en una línea de producción como la de Ford. En 1924 se hizo de tres plazas y en 1925, de cuatro.

◁ Triumph Super Seven 1927

Origen Reino Unido

Motor 832 cm^3, cuatro en línea

Velocidad máxima 80 km/h

El Super Seven, ligeramente más largo y más potente, fue la respuesta de Triumph al Austin Seven. Ocupó el séptimo lugar en el Rally de Montecarlo de 1930.

▽ Morris Minor 1928

Origen Reino Unido

Motor 847 cm^3, cuatro en línea

Velocidad máxima 80 km/h

El Minor, más grande y fácil de usar con respecto al Austin Seven y con un moderno motor de árbol de levas de cabeza, fue el primer coche económico de Morris.

△ Austin Seven 1926

Origen Reino Unido

Motor 747 cm^3, cuatro en línea

Velocidad máxima 80 km/h

Con este Seven alargado, Gran Bretaña tuvo un coche asequible para la clase media. Continuó popularizándose con mejoras de chasis, carrocería y frenos.

△ Austin Seven 1928

Origen Reino Unido

Motor 747 cm^3, cuatro en línea

Velocidad máxima 80 km/h

En 1928 se implementaron mejoras como luces delanteras, amortiguadores en las cuatro ruedas, radiador niquelado y bobina de encendido.

△ Austin Seven 1930

Origen Reino Unido

Motor 747 cm^3, cuatro en línea

Velocidad máxima 84 km/h

Mejoras en el motor compensaron el peso del chasis y del travesaño adicional de este turismo descapotado.

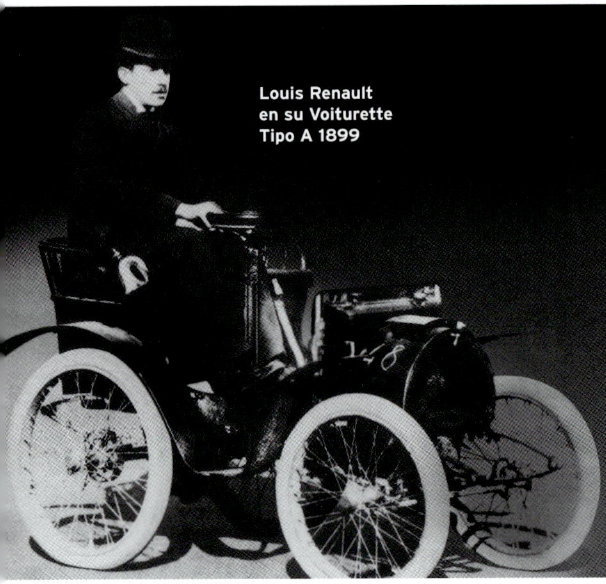

Louis Renault en su Voiturette Tipo A 1899

Grandes marcas

Historia de Renault

Sin duda Renault, con su estilo francés y alcance universal, sigue fabricando algunos de los coches de mayor éxito. Durante más de cien años se ha destacado por su intuición en los diseños y por sus logros en los grandes escenarios del deporte, desde los rallies, la Fórmula 1 y las 24 Horas de Le Mans.

LA HISTORIA DE LA INDUSTRIA del motor en Francia habría sido muy diferente si Louis Renault, nacido en 1877, hubiese trabajado en el negocio familiar de botones. Pero sus sueños eran otros y en 1898, a los 21 años, construyó un «cuadriciclo» en su casa, en Billancourt, París. Aunque lo hizo para él, la demanda de réplicas fue tal, que un año más tarde se convirtió en fabricante de coches, financiado por dos de sus hermanos. A finales de 1899, la empresa Société Renault Frères había hecho 71 coches, y en 1902 Renault empezó a fabricar sus motores. Los coches dieron buenos resultados en carreras entre ciudades; en 1903 Marcel Renault ganó la carrera París-Viena, en un Tipo K, de 3,8 litros. En 1907, Louis Renault había adquirido casi todas las acciones de la empresa y se dedicó a los coches de mayor volumen. En 1913, Renault producía más de 10 000 coches y vehículos comerciales por año, lo que lo convirtió en el mayor fabricante de Francia. Casi todos eran vehículos pequeños, de dos cilindros, muchos de los cuales se vendieron como taxis (en el momento, solo en París, había más de 3000 taxis Renault). Al finalizar la Primera Guerra Mundial, sus arcas se habían llenado, en buena medida por la fabricación de vehículos para el ejército francés. Pero Renault comenzó a perder terreno frente a sus competidores en el mercado civil. A mediados de la década, los modelos de Renault parecían obsoletos; muchos tenían una apariencia anticuada. Entretanto, Citroën producía coches superiores, y Renault respondió con una serie de hermosos coches de seis cilindros y con el Reinastella de ocho cilindros en 1929. Luego el Nervastella triunfó en el Rally de Marruecos de 1930. En 1935, una versión del Nervastella, el Nervasport, ganó el Rally de Montecarlo.

Emblema Renault (creado en 1992)

En sintonía con la época moderna
Este cartel de Renault de 1913, en el que los ocupantes de un convertible observan un avión, captura el espíritu pionero de la ingeniería a comienzos del siglo XX.

Al iniciarse la Segunda Guerra Mundial en 1939, cesó la producción de grandes modelos de Renault, pero se continuó con la fabricación en Francia del pequeño Juvaquattre de cuatro cilindros, y los modelos Novaquattre y Primaquattre. Cuando Francia cayó ante Alemania, en junio de 1940, Louis Renault creyó que la guerra terminaría pronto y mantuvo su fábrica abierta.

Fue una decisión desastrosa, pues el ejército alemán tomó el control de sus fábricas. Tras la liberación de París, en agosto de 1944, Renault fue arrestado, encarcelado y acusado de ser un colaborador. Sometido a malos tratos y mal de salud, murió tres meses después. La empresa fue nacionalizada en 1945 y volvió a fabricar coches para las masas.

> «Mi objetivo es hacer el **mejor coche** al **mejor precio**, para que un día cada **familia en Francia** pueda tener su **propio coche**».
>
> LOUIS RENAULT, c. 1928

El modelo principal fue el 4CV, que en 1946, era uno de los sedanes de cuatro puertas más pequeños. Impulsado por un motor de 760 cm³, de cuatro cilindros, de montaje trasero y con una distancia entre ejes de solo 210 cm, este coche fue un éxito total: se fabricaron más de 1 millón de unidades hasta el fin de su producción en 1961. Aunque el 4CV no era de competición, triunfó desde 1952 hasta 1957 en las Mille Miglia. Después del 4CV, Renault produjo el Dauphine 845 cm³ en 1956, coche muy popular a pesar de la fama de difícil manejo y tendencia a oxidarse. En Estados Unidos se vendieron unos 200 000 coches hasta 1960; también se hizo en Italia y Brasil, bajo licencia.

La llegada del R4 en 1961 marcó la adopción masiva por parte de Renault de la tracción delantera. El R16,

Renault 6CV taxi, 1926
Aunque de apariencia sencilla, el 6CV demostró ser un coche muy popular, robusto y extremadamente económico.

TIPO AX

4CV

R5 TURBO 2

MÉGANE MKII

1899 Se crea la marca Renault en Billancourt.
1905 Se lanza el Tipo AG, primer taxi de producción masiva; el Tipo AX de 1908 también se usó como taxi.
1913 La producción anual en Billancourt sobrepasa las 10 000 unidades.
1944 L. Renault muere en prisión. No pudo responder a los cargos imputados por colaboración con los nazis.
1945 Renault es nacionalizada y se convierte en Régie Nationale des Usines Renault.
1946 El modelo 4CV es el primero en Francia que vende más de 1 millón de coches.
1952 Se crea FASA Renault, subsidiaria española para la fabricación de coches.
1956 Lanzamiento del Renault Dauphine, que se convierte en el primer gran éxito mundial de Renault.
1969 Por primera vez, Renault produce más de 1 millón de coches por año.
1971 Renault, Peugeot y Volvo desarrollan motores de manera conjunta.
1978 El coche deportivo A442 gana las 24 Horas de Le Mans.
1979 Renault obtiene una importante participación en AMC, American Motors Corporation.
1980 Renault gana el Gran Premio de Francia en Dijon, primera victoria de Fórmula 1 para un coche turboalimentado.
1981 El R5 Turbo vence en el Rally de Montecarlo.
1987 Patrick le Quément se vincula a Renault como director de Diseño.
1992 Se cierra la fábrica en Billancourt.
1996 Renault es privatizada.
1999 Renault adquiere el 36,8 % de las acciones de Nissan y el 99 % de Dacia.
2005 Renault Sport gana los títulos de constructor y piloto de Fórmula 1 y repite en el año 2006.
2012 El microcoche Twizy y el utilitario Zoe encabezan el impulso del coche eléctrico.
2017 Renault reactiva la marca Alpine con un nuevo deportivo de motor central.
2019 Al tomar el control de AvtoVAZ, Renault adquiere la rusa Lada.

introducido en 1964, sentó la pauta para los coches de cinco puertas y el R5 tuvo una influencia similar en el mercado de los coches pequeños de precio medio. Todos estos modelos se vendieron en gran cantidad, aunque al final ninguno pudo sostener el ritmo de los rivales que siguieron sus pasos.

La década de 1980 fue turbulenta para la empresa. Renault volvió a la Fórmula 1 y ganó su primera carrera en Dijon, Francia, en 1980, que también fue la primera victoria de un coche turboalimentado. Al año siguiente el R5 Turbo ganó el Rally de Montecarlo. Sin embargo, lejos del glamuroso mundo del deporte automovilístico, todo era agitación. En 1979, Renault inició una gran campaña para impulsar las ventas en Estados Unidos y penetrar en un mercado casi ignorado desde la década de 1960. Después se interesó en la marca American Motors Corporation, negociación que pareció dar frutos antes de que Chrysler comprara las acciones de Renault en AMC en 1987. La caída en las ventas y el desorden interno por el asesinato del responsable de reducir costes de la compañía, G. Besse, en 1986, llevó a la sociedad a tener pérdidas enormes. Tras una lucha por obtener nueva rentabilidad, fue privatizada en 1996. Renault se alió con Nissan en 1999 y también adquirió una participación mayoritaria en Dacia de Rumanía.

Al iniciarse la década de 1980, Renault volvió a ser líder en estilo, con el Espace. El renacimiento siguió en la década de 1990 con Patrick le Quément como director de diseño. El Twingo (1992) ganó fama en Europa y el Mégane Scénic (1996) estableció una nueva clase de coche: el monovolumen compacto. Junto con su socio Nissan, Renault fue uno de los primeros en apostar en 2011 por el coche eléctrico, con el lanzamiento de su «cuadriciclo» Twizy, el utilitario Zoe y la berlina Fluence Z.E. El gobierno francés conserva una participación del 15 por ciento para que Renault siga siendo un activo nacional.

Renault Dauphine
El Dauphine (1956), elegante, asequible y lo bastante pequeño para circular por la ciudad congestionada, fue un coche de uso cotidiano para las masas. Se vendieron más de 2 millones en todo el mundo.

Coches deportivos

La fórmula del coche deportivo para el siguiente medio siglo quedó bien establecida a finales de la Primera Guerra Mundial. Un motor en línea montado delante del conductor, daba tracción a las ruedas traseras. El máximo rendimiento se lograba de muchas formas: algunos fabricantes favorecían una ingeniería compleja y avanzada, mientras que otros se concentraban en reducir al mínimo el peso o en reducir la resistencia al viento, con una carrocería baja y aerodinámica.

▷ Amilcar CGS 1924

Origen Francia

Motor 1047 cm^3, cuatro en línea

Velocidad máxima 121 km/h

El C Grand Sport fue un deportivo veloz con lubricación de motor de alta presión. Esto permitía altas velocidades continuas. Tenía frenos en las cuatro ruedas, algo poco común en la época.

◁ Mercedes 28/95 1924

Origen Alemania

Motor 7280 cm^3, seis en línea

Velocidad máxima 153 km/h

Uno de los últimos Mercedes creados antes de fusionarse con Benz. Tenía motor de aluminio y árbol de levas en cabeza, derivado de un avión de la Primera Guerra Mundial.

△ Briggs & Stratton Flyer 1919

Origen Estados Unidos

Motor 201 cm^3, un cilindro

Velocidad máxima 40 km/h

Briggs & Stratton hacía motores para podadoras. Hasta 1925, vendía el Flyer por 125 dólares; fue el coche nuevo más barato de la historia. Su quinta rueda propulsaba el chasis de madera.

▷ Vauxhall Velox 30/98 1922

Origen Reino Unido

Motor 4224 cm^3, cuatro en línea

Velocidad máxima 137 km/h

Con un potente motor con válvulas en culata, fue un coche soberbio, a pesar del diseño anterior a la Primera Guerra Mundial. Ahora está muy buscado.

▷ Aston Martin $1\frac{1}{2}$ litros 1921

Origen Reino Unido

Motor 1486 cm^3, cuatro en línea

Velocidad máxima 129 km/h

Con un motor Coventry-Simplex, L. Martin hizo un Special en 1913, con producción limitada hasta 1921. La venta se disparó cuando AC Bertelli compró la marca en 1925.

△ Alvis FWD 1928

Origen Reino Unido

Motor 1482 cm^3, cuatro en línea

Velocidad máxima 137 km/h

El primer coche deportivo de tracción delantera y suspensión independiente fue poco convencional para su época, por lo que no se vendió bien. Tuvo un gran éxito en pistas de carreras.

▽ Bugatti Tipo 43 1927

Origen Francia

Motor 2262 cm^3, seis en línea

Velocidad máxima 177 km/h

El Bugatti Tipo 43, con su motor sobrealimentado tomado del Tipo 35, ganador de grandes premios y carrocería deportiva y liviana, fue un coche de turismo muy veloz.

◁ **Sunbeam 16 HP 1927**

Origen Reino Unido
Motor 2035 cm³, seis en línea
Velocidad máxima 97 km/h

Sunbeam produjo coches de alta calidad, pero este modelo de motor más pequeño adoleció de un chasis muy pesado, lo que influyó en su rendimiento. Se hizo hasta 1933.

▷ **Sunbeam 20/60 HP 1924**

Origen Reino Unido
Motor 3181 cm³, seis en línea
Velocidad máxima 129 km/h

Este Sunbeam fue elogiado por su elegancia y características avanzadas, como frenos en las cuatro ruedas. El modelo de 3 litros, con doble árbol de levas en cabeza, derivaba de este.

△ **Bentley 3 litros 1921**

Origen Reino Unido
Motor 2996 cm³, cuatro en línea
Velocidad máxima 137 km/h

El primer Bentley con motor de 16 válvulas y árbol de levas en cabeza. Se daban cinco años de garantía para el chasis. En 1924 se le agregaron frenos en las cuatro ruedas.

▷ **Bentley 4½ litros 1927**

Origen Reino Unido
Motor 4398 cm³, cuatro en línea
Velocidad máxima 153 km/h

El fino motor WO Bentley, con árbol de levas, dos bujías y cuatro válvulas por cilindro, propulsó bien este deportivo pesado. Sin embargo, Ettore Bugatti lo llamó «un camión».

▷ **Isotta-Fraschini Tipo 8A 1924**

Origen Italia
Motor 7372 cm³, ocho en línea
Velocidad máxima 156 km/h

El primer coche italiano de ocho cilindros en línea, más costoso que un Duesenberg, a menudo usaba pesadas carrocerías de limusina. Este modelo deportivo demostró su gran rendimiento.

▽ **Lea-Francis Hyper 1927**

Origen Reino Unido
Motor 1496 cm³, cuatro en línea
Velocidad máxima 137 km/h

Fue un coche deportivo muy exitoso, ganador del Tourist Trophy gracias a su Motor Meadows sobrealimentado, a su peso ligero y a su buena estabilidad.

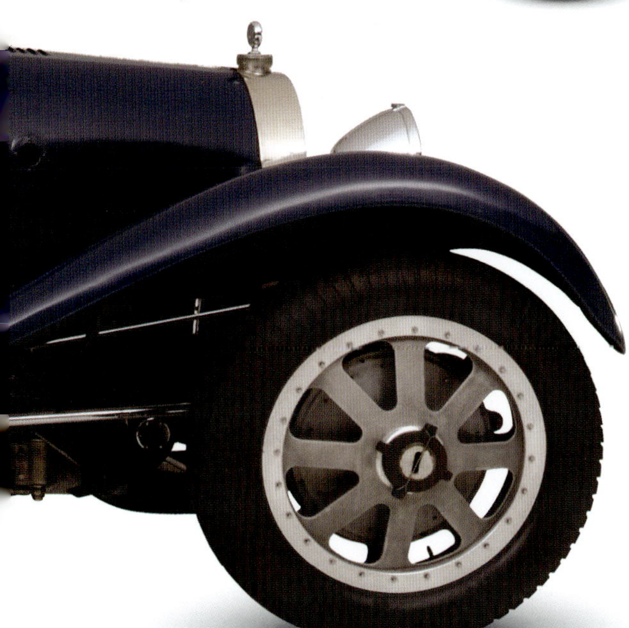

▷ **Alfa Romeo 6C 1750 Gran Sport 1929**

Origen Italia
Motor 1752 cm³, seis en línea
Velocidad máxima 145 km/h

En 1929, Alfa incrementó la cilindrada del coche de 1500 a 1750 cm³. Con un sobrealimentador y la carrocería Zagato, aumentó ventas en los años siguientes.

Alfa Romeo 6C 1750

En toda la historia de Alfa Romeo, este coche es uno de sus mejores modelos. Suele considerarse como el primer coche de Gran Turismo, igualmente bueno en carretera y en pista de carreras. El 6C se vendía como chasis rodante, sobre el que varios especialistas, desde la británica James Young hasta el estudio del italiano Zagato, construían la carrocería. Fue una combinación ganadora, con versiones sobrealimentadas que derrotaron a la competencia desde 1929 hasta 1931, dando a Alfa Romeo su primer éxito global importante.

LA CONTRATACIÓN en 1923 de V. Jano, procedente de Fiat, dio dividendos inmediatos a Alfa Romeo. Su genio logró que el Alfa P2 ganara el primer Gran Premio del Campeonato del Mundo en 1925. El mismo año tomó elementos del modelo de carreras y desarrolló el 6C 1500. Jano unió un chasis ligero a un motor pequeño que giraba a muchas revoluciones y creó un coche muy ágil. Cuatro años más tarde amplió el motor de seis cilindros y produjo el 6C 1750, que presentó en el Salón del Motor en Roma. Igual que con el 6C original, carroceros expertos le dieron cuerpo al chasis, como Zagato, que creó algunos de los mejores diseños. Además de las versiones estándares de Turismo y Gran Turismo, se ofrecieron los Super Sport y Gran Sport, con motores sobrealimentados muy fiables, ideales para carreras de resistencia. Las victorias en las Mille Miglia en 1929 y 1930 en Italia consolidaron el legado del 6C 1750 como un clásico coche de carreras de Alfa. Otros 6C con motores más grandes continuaron el éxito de la marca en competición, hasta bien entrada la década de 1930.

ESPECIFICACIONES	
Modelo	Alfa Romeo 6C 1750 (1929-33)
Ensamblaje	Milán, Italia
Producción	2579
Construcción	Carrocería de aluminio sobre bastidor de madera
Motor	1752 cm^3, seis en línea
Potencia	46-102 CV a 4000-4600 rpm
Transmisión	Manual de cuatro velocidades
Suspensión	Eje impulsor, ballestas
Frenos	Tambores en las cuatro ruedas
Velocidad máxima	110-170 km/h

Esfuerzo combinado
El nombre Alfa Romeo, usado por primera vez en 1920, fue una combinación de la compañía original ALFA (Anónima Lombarda Fabbrica Automobili), con el apellido del empresario Nicola Romeo, director de la marca de 1915 a 1928.

VISTA FRONTAL

VISTA TRASERA

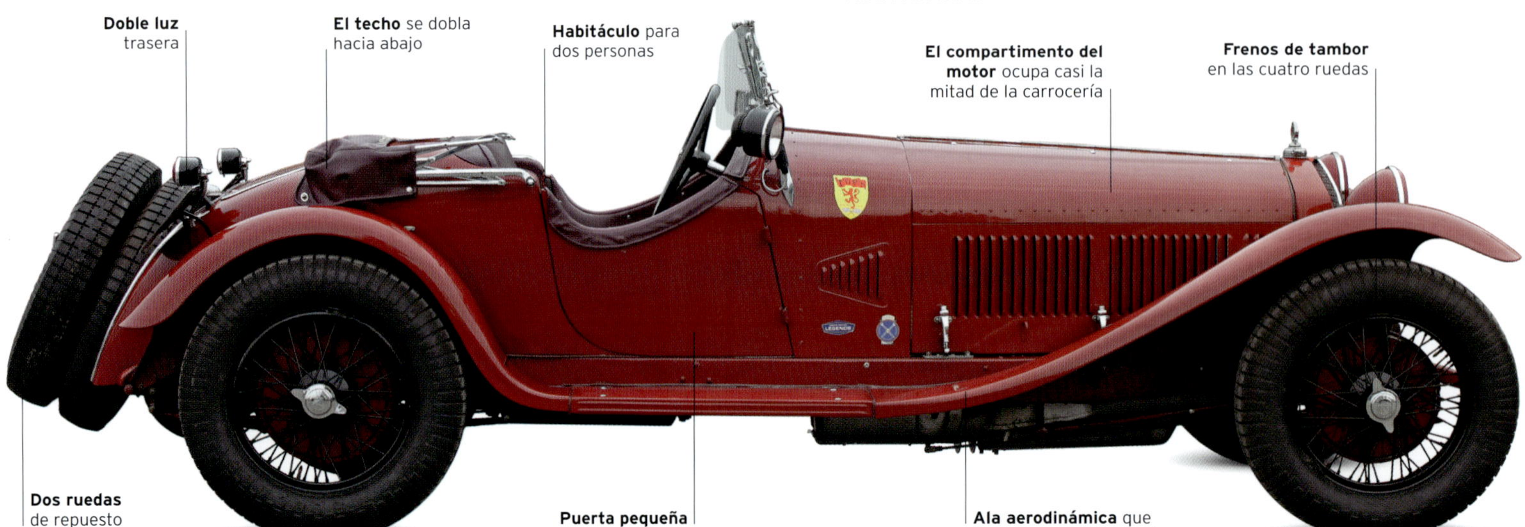

Mostrando sus intenciones
El 6C, con su gran parrilla para que el aire ayudara a enfriar el tranquilo motor de seis cilindros, faros grandes montados en un marco cromado y un pequeño parabrisas para reducir la resistencia aerodinámica, parecía ir en serio. El nuevo chasis de baja altura usado en el anterior modelo 1500 era tan bueno, que casi no se hicieron cambios en la variante 1750.

EL EXTERIOR

Zagato tenía como especialidades el ahorro de peso y la aerodinámica. El carrocero, con sede en Milán, utilizó aluminio sobre el rígido bastidor de madera (acortado ligeramente en los coches de carreras) para producir versiones de competición ligeras pero robustas del 6C 1750. Como se ilustra aquí, la mayoría de los ejemplares de carreras estaban pintados de rojo o escarlata, aunque algunos compradores eligieron un blanco menos ostentoso. Las ruedas estándares eran negras con radios de varillas.

1. El ornamento sobre la capota incorpora los laureles verdes de la victoria, para representar el éxito de Alfa **2.** Faro delantero esencial para las etapas nocturnas de carreras de resistencia **3.** Suspensión delantera con ballestas, unida al chasis **4.** Ruedas de radios, con un diámetro de 18" **5.** Cerradura de la tapa del motor **6.** Luz auxiliar al lado del parabrisas **7.** Emblema del carrocero italiano de este modelo **8.** Luz posterior **9.** Tapa del depósito de combustible **10.** Dos ruedas de repuesto

1

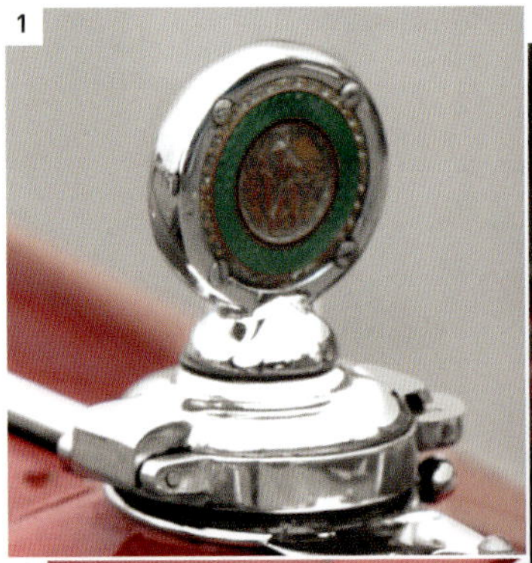

2

3

4

5

6

7

8

9

10

11

EL INTERIOR

El interior espartano del 6C era un reflejo de su carácter como modelo esencialmente de carreras. Un conjunto de instrumentos e interruptores mantenía al conductor informado de lo que ocurría bajo el capó. Algunos carroceros utilizaron cuero y madera para acondicionar el habitáculo, pero los lujos fueron los mínimos: incluso el pequeño parabrisas y las ventanas laterales ofrecían una protección insignificante contra los elementos.

11. Habitáculo estrecho, dominado por un gran volante de cuatro radios **12.** Pedales con el nombre del fabricante y en el centro el del freno **13.** Bolso de cuero para guardar objetos, montado en la puerta

12

13

BAJO EL CAPÓ

Los modelos base tenían solo un árbol de levas y seis cilindros en línea, mientras que las variantes deportivas montaban un doble árbol de levas. A unos pocos coches que solo eran de carreras se les montó un bloque de culata fija (*Testa Fissa*). Al combinarlo con válvulas más grandes, una mayor relación de compresión y un sobrealimentador permanente, se lograba una potencia de 100 CV o más.

14. Tapa de balancines, culata y colector de escape, con salida individual para cada cilindro **15.** Carburador horizontal con doble entrada de aire
16. Sobrealimentador Ribbed Roots montado delante del árbol de levas
17. Componentes del motor de hierro, aleación de aluminio y bronce

14

15

16

17

Chrysler, 1929
El derrumbe de Wall Street en 1929 fue trágico para la industria automovilística. Grandes marcas y automóviles caros desaparecieron. Por ello, muchos coches, como este lujoso Chrysler, salieron a la venta en el mercado de segunda mano.

$100 WILL
BUY THIS CAR
MUST HAVE CASH
LOST ALL ON THE
STOCK MARKET

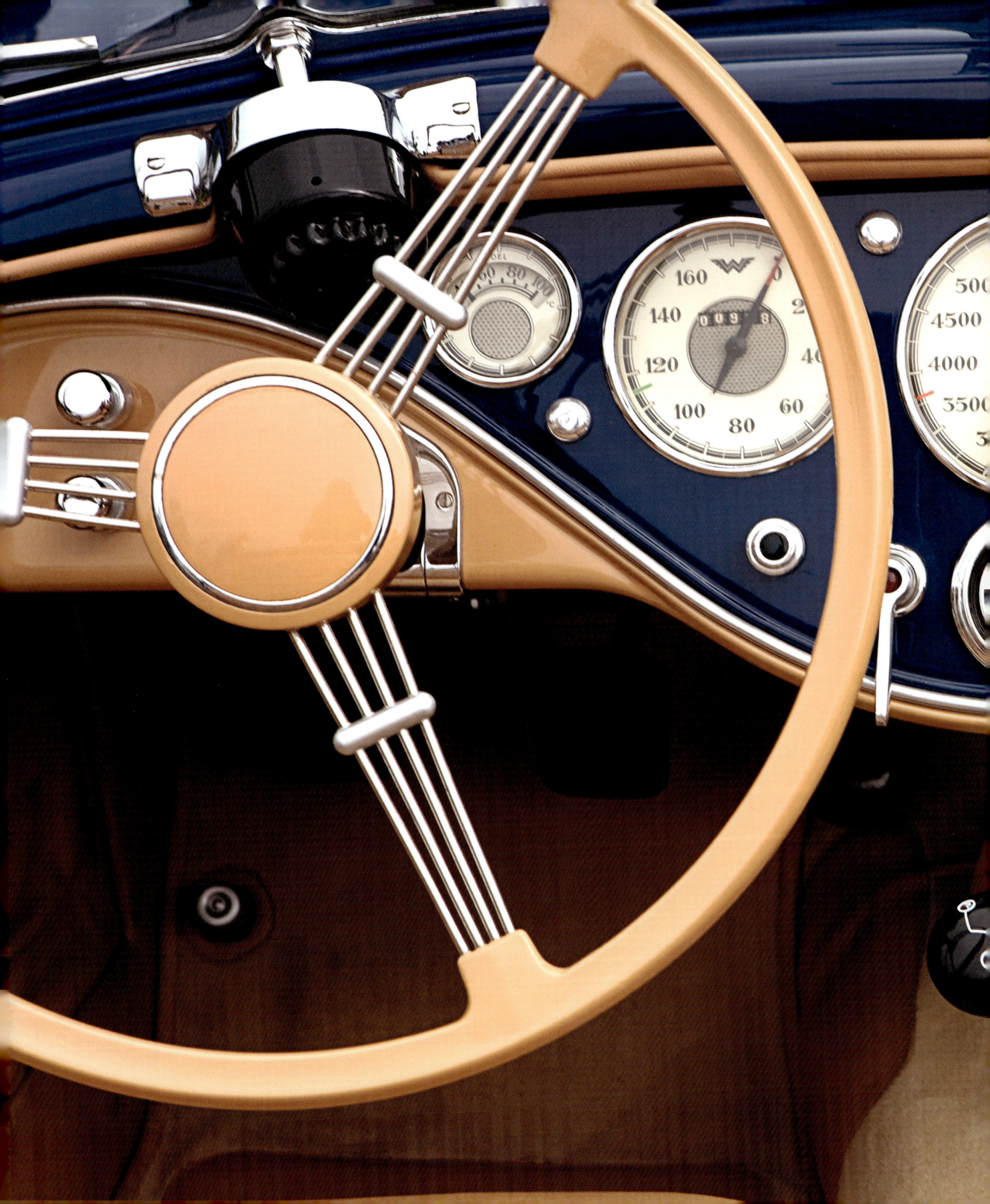
160
140
120
100
80
60
4500
4000

La década de 1930

La Gran Depresión y Detroit | Aerodinámica y sobrealimentadores
Coches bajos y coches sensibles

Modelos económicos tras la Gran Depresión

La Depresión que en 1929 azotó Estados Unidos y se extendió por el mundo también afectó a la venta de coches. Los compradores ya no buscaban coches lujosos, y los fabricantes hicieron versiones más pequeñas y mejoraron sus modelos. Estos vehículos, casi todos de bajo precio, eran sedanes utilitarios de cuatro plazas y mejor equipados que versiones anteriores.

△ Singer Junior 8 HP 1927
Origen Reino Unido
Motor 848 cm^3, cuatro en línea
Velocidad máxima 89 km/h

Coches como este, de motor económico y potente, hicieron de Singer uno de los fabricantes de Reino Unido con mejores ventas en los años veinte. En los años treinta, bajaron por falta de desarrollo.

△ DKW FA 1931
Origen Alemania
Motor 490 cm^3, dos en línea
Velocidad máxima 76 km/h

DKW giró su motor de dos tiempos y lo montó tras una caja de cambios transversal, para permitir tracción en ruedas delanteras; obtuvo un sistema de propulsión ligero y compacto.

▷ Goliath Pionier 1931
Origen Alemania
Motor 198 cm^3, un cilindro
Velocidad máxima 45 km/h

C. Borgward producía pequeños coches comerciales desde 1924. Durante la crisis, los modificó para hacer este coche pequeño con cuerpo de tela, del que se vendieron 4000 unidades.

▷ Ford Modelo Y 1932
Origen Reino Unido
Motor 933 cm^3, cuatro en línea
Velocidad máxima 92 km/h

El Modelo Y, construido en Reino Unido, Francia y Alemania, fue económico e ideal para el mercado europeo. Le dio a Ford el liderazgo en ventas, posición que conservó décadas.

△ Adler Trumpf Junior 1934
Origen Alemania
Motor 995 cm^3, cuatro en línea
Velocidad máxima 92 km/h

Este «coche del pueblo» vendió más de 100 000 unidades antes de la guerra. Su versión deportiva de dos plazas logró el segundo lugar en Le Mans en 1937.

△ Austin Seven Ruby 1934
Origen Reino Unido
Motor 747 cm^3, cuatro en línea
Velocidad máxima 80 km/h

Austin modernizó el Seven con sincronización en las tres velocidades altas, frenos en las cuatro ruedas, amortiguadores y un cuerpo robusto. El peso extra lo hizo lento.

△ **Hansa 500 1934**

Origen Alemania

Motor 465 cm³, dos en línea

Velocidad máxima 64 km/h

A Carl Borgward le gustaban los coches pequeños, y tras el Goliath diseñó los Hansa 400 y 500, de cuatro plazas. Al ceder la crisis económica, volvió el interés por coches más grandes.

△ **Fiat Topolino 500 1936**

Origen Italia

Motor 569 cm³, cuatro en línea

Velocidad máxima 85 km/h

Este «Fiat para la gente» fue un diseño de D. Giacosa, quien le puso delante un motor enfriado por agua, y dos asientos. Podía llevar más pasajeros, un poco hacinados.

△ **Hillman Minx Magnificent 1936**

Origen Reino Unido

Motor 1185 cm³, cuatro en línea

Velocidad máxima 100 km/h

En 1936, Hillman ofreció un modelo mejor equipado con mucho más espacio interior, mejorado en comparación con los sedanes de la competencia.

△ **Opel P4 1936**

Origen Alemania

Motor 1074 cm³, cuatro en línea

Velocidad máxima 89 km/h

El P4 se desarrolló a partir del Opel «Laubfrosch». Era un coche bastante convencional tanto en estilo como ingeniería, bien construido y fiable, por lo que fue muy popular.

△ **Morris Eight 1936**

Origen Reino Unido

Motor 918 cm³ cuatro en línea

Velocidad máxima 93 km/h

El Eight salvó a la Morris cuando Austin y Ford ya lo habían bajado al tercer lugar en Reino Unido. Aunque copiaba al Ford Eight en términos de diseño, especificaciones mecánicas y tamaño, se vendió bien.

△ **American Bantam 60 1937**

Origen Estados Unidos

Motor 747 cm³, cuatro en línea

Velocidad máxima 89 km/h

La producción con licencia del Austin Seven en Estados Unidos fue difícil. Aunque el rediseño de A. de Sakhnoffsky parecía estadounidense, era muy pequeño para venderse bien.

△ **Škoda Popular 1938**

Origen Checoslovaquia

Motor 995 cm³, cuatro en línea

Velocidad máxima 100 km/h

Škoda produjo coches innovadores en la década de 1930. Este llevaba motor de camisa húmeda, chasis central de tubo y suspensión trasera independiente con eje oscilante.

△ **Vauxhall Ten-Four Tipo H 1937**

Origen Reino Unido

Motor 1203 cm³, cuatro en línea

Velocidad máxima 97 km/h

El coche inicial de Vauxhall fue algo más grande que sus rivales, con estructura monocasco, suspensión delantera independiente y frenos hidráulicos. Se vendieron 42 245 unidades.

▷ **Lancia Aprilia 1937**

Origen Italia

Motor 1352 cm³, V4

Velocidad máxima 129 km/h

El monocasco Aprilia, quizá el sedán más avanzado antes de la guerra, tenía suspensión independiente, motor V4 de ángulo estrecho con árbol de levas, frenos hidráulicos y puertas sin pilares.

Coches de carreras y monoplazas

En la década de 1930 las marcas italianas lideraron las competiciones europeas, en tanto que la oposición francesa y británica se desvanecía. Pero no pasó mucho tiempo antes de que el gobierno alemán invirtiera en coches de competición muy rápidos y dominantes. Los automóviles alemanes hicieron que otros fabricantes se centraran en fórmulas menores donde pudieran competir en igualdad de condiciones; solo los italianos ganaron algún Gran Premio.

◁ **Riley Brooklands 1929**

Origen Reino Unido
Motor 1087 cm³, cuatro en línea
Velocidad máxima 142 km/h

La ligereza y aspecto de los deportivos Riley los hizo ideales para una nueva versión de carreras. El Brooklands ganó el Tourist Trophy en 1932.

△ **Hudson Eight Indianapolis 1933**

Origen Estados Unidos
Motor 3851 cm³, ocho en línea
Velocidad máxima 209 km/h

Para contrarrestar la reducida participación durante la Gran Depresión, Indianápolis creó la Junk Formula, atrayendo Specials, hechos sobre chasis de producción, como este Hudson.

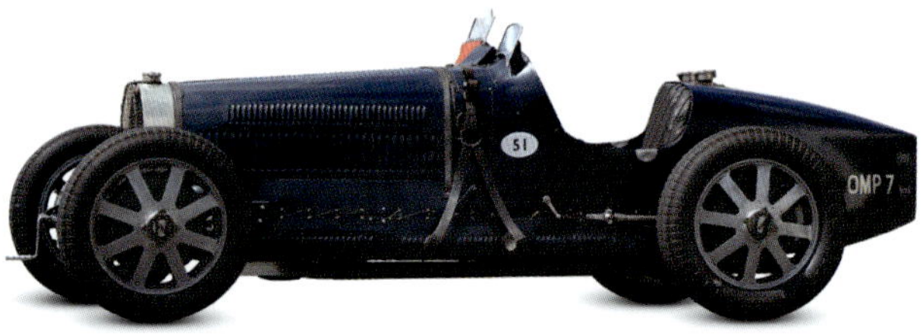

△ **Bugatti Tipo 51 1931**

Origen Francia
Motor 2262 cm³, ocho en línea
Velocidad máxima 225 km/h

J. Bugatti hizo el Tipo 51 a partir del Tipo 35, con un nuevo motor de doble árbol de levas. En 1931, el coche ganó el GP de Francia; luego le costó competir con alemanes e italianos.

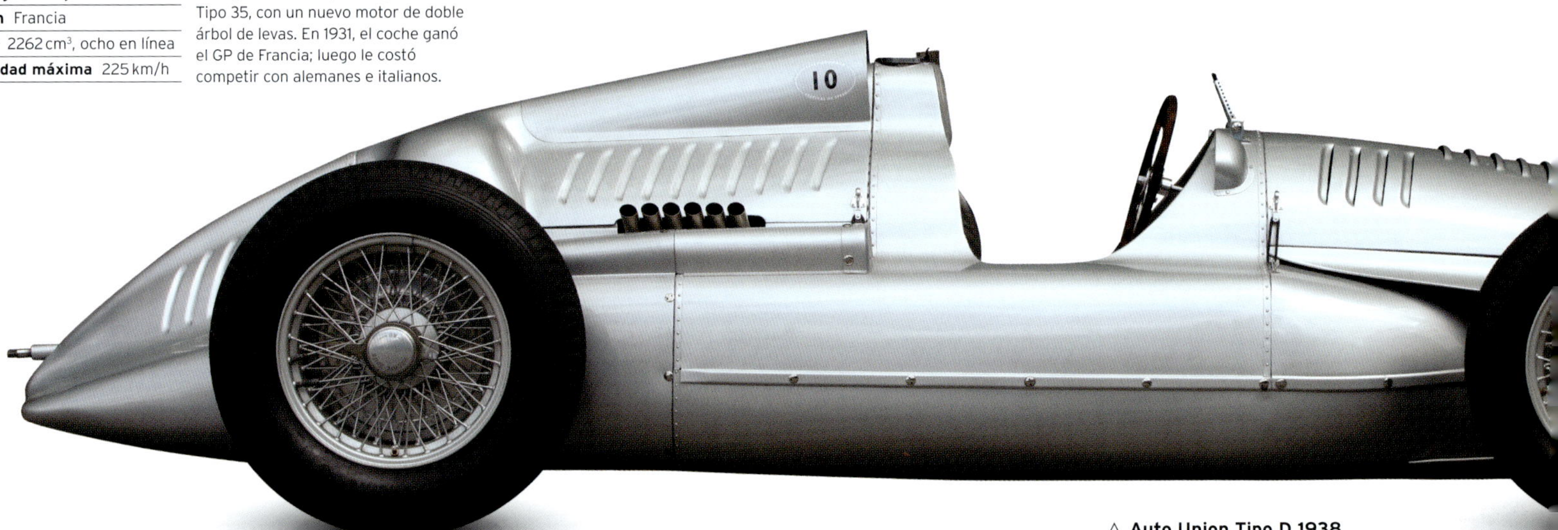

△ **Auto Union Tipo D 1938**

Origen Alemania
Motor 2990 cm³, V12
Velocidad máxima 330 km/h

E. von Eberhorst, diseñador de Auto Union, creó en 1938 este coche para la nueva categoría de 3 litros. Su motor V12 de montaje central y tres árboles de levas daba 420 CV.

▷ **Auto Union Tipo A 1934**

Origen Alemania
Motor 4360 cm³, V16
Velocidad máxima 275 km/h

F. Porsche diseñó este innovador coche de carreras. Como ningún otro en su época, este se parece a Fórmula 1 modernos, con un sofisticado motor en el centro.

Alfa Romeo

La italiana Alfa Romeo, en parte propiedad de Benito Mussolini y financiada por su gobierno, fue la única marca de coches de carreras capaz de desafiar con éxito a los alemanes, siempre ganadores en la década de 1930. Con Vittorio Jano como diseñador, Enzo Ferrari como jefe de equipo y pilotos como Tazio Nuvolari, Achille Varzi y Rudolf Caracciola, Alfa Romeo pudo sostenerse, aunque al final fue un reto imposible.

▷ **Alfa Romeo 8C 2300 1931**

Origen Italia
Motor 2336 cm³, ocho en línea
Velocidad máxima 217 km/h

Al inicio de la década, los coches de carreras aún llevaban mecánico a bordo y, como este, incluso cuatro plazas. Se diseñó para ganar Le Mans y venció cuatro años seguidos.

◁ **Alfa Romeo Tipo B 1932**

Origen Italia
Motor 2650 cm³, ocho en línea
Velocidad máxima 225 km/h

Fue el primer monoplaza exitoso con asiento central después de eliminar el mecánico a bordo. Ganó el Gran Premio de Italia en su debut, desafiando la supremacía alemana.

◁ **Maserati 8C 3000 1932**

Origen Italia

Motor 2991 cm³, ocho cilindros

Velocidad máxima 240 km/h

El nuevo coche de Maserati para la temporada 1933, con motor de aleación ultraligero, ganó el Gran Premio de Francia, derrotando a los Alfa Romeo.

△ **Maserati 8CTF 1938**

Origen Italia

Motor 2991 cm³, ocho en línea

Velocidad máxima 290 km/h

El 8CTF, con doble árbol de levas y doble turbocompresor, se construyó para desafiar el dominio alemán en los grandes premios europeos, pero tuvo más éxito en Estados Unidos.

▷ **Morgan 4/4 Le Mans 1935**

Origen Reino Unido

Motor 1098 cm³, cuatro en línea

Velocidad máxima 129 km/h

El competitivo primer coche Morgan de cuatro ruedas con motor Coventry Climax participó en varias carreras. En 1938 Prudence Fawcett terminó en el puesto 13 en Le Mans.

◁ **Mercedes-Benz W25 1934**

Origen Alemania

Motor 3360 cm³, ocho en línea

Velocidad máxima 290 km/h

Mercedes-Benz, alentada por los incentivos del gobierno alemán, hizo una gran inversión para producir este coche para el nuevo peso máximo de 750 kg de la fórmula.

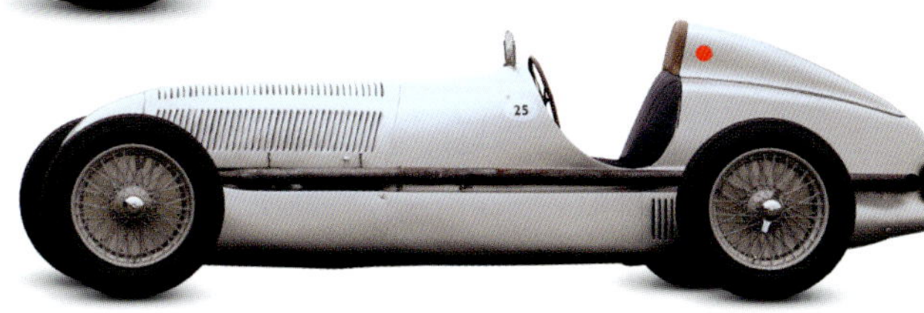

△ **Mercedes-Benz W125 1937**

Origen Alemania

Motor 5660 cm³, ocho en línea

Velocidad máxima 330 km/h

La única restricción para la temporada de grandes premios de 1937 fue un peso máximo de 750 kg. Rudolf Uhlenhaut lo aprovechó para construir uno de los coches GP más potentes.

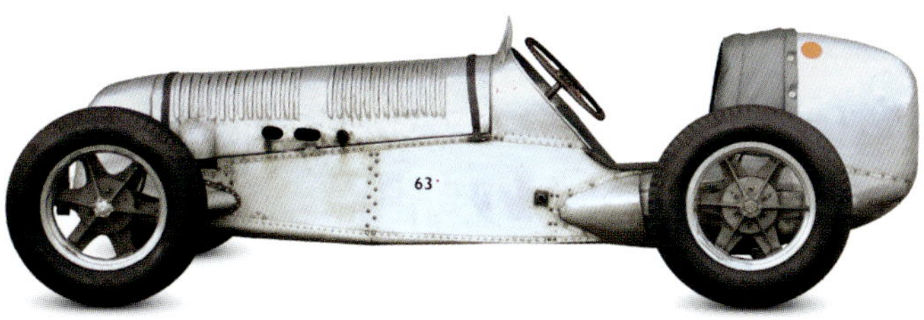

△ **Issigonis Lightweight Special 1938**

Origen Reino Unido

Motor 750 cm³, cuatro en línea

Velocidad máxima 145 km/h

Este coche, construido por Alec Issigonis, que también diseñó los Minor y Mini Morris, contaba con un semimonocasco ultraligero con una suspensión independiente y correas de caucho en la parte trasera.

△ **Mercedes-Benz W154 1938**

Origen Alemania

Motor 2962 cm³, V12

Velocidad máxima 309 km/h

Hacia 1938 los motores eran de 3,0 litros sobrealimentados o 4,5 litros sin sobrealimentación; Mercedes logró 430 CV en este coche V12 de doble turbocompresor y cuatro levas.

△ **Alfa Romeo 8C 2300 Monza 1933**

Origen Italia

Motor 2556 cm³, ocho en línea

Velocidad máxima 217 km/h

La Scuderia Ferrari (división de carreras de Ferrari) dirigió con éxito el equipo de Alfa Romeo en la década de 1930. Aunque este parece un coche para carretera, ganó varios grandes premios.

▽ **Alfa Romeo 12C-37 1937**

Origen Italia

Motor 4475 cm³, V12

Velocidad máxima 311 km/h

Alfa Romeo compitió con las marcas alemanas dominantes a finales de la década de 1930. La respuesta de Vittorio Jano fue el V12 de 430 CV, pero no funcionó bien.

Louis Chevrolet (derecha) al volante de un Cornelian 1915.

Grandes marcas

Historia de Chevrolet

Corvette, Camaro y Blazer llevan el nombre de algunos de los pilotos más emblemáticos anteriores a la Primera Guerra Mundial. Pero L. Chevrolet tuvo poco que ver con los productos que se venden por millones de unidades. Su corazón estuvo en las pistas de carreras y no en las industrias de Detroit.

LOUIS CHEVROLET, hijo de un fabricante de relojes, nació en la Navidad de 1878 en Suiza. La familia se mudó a Borgoña, Francia. Los Chevrolet estaban lejos de ser ricos y el niño Louis buscó trabajo en un viñedo, donde demostró el ingenio mecánico aprendido de su padre. Diseñó una bomba que aceleraba el proceso de decantación del vino, que funcionó muy bien. Louis no imaginó que daba el primer paso en un proceso que llevaría el nombre de la familia a ser el emblema de unos coches de tal popularidad, que en 2007 uno de cada 16 coches en todo el mundo llevaría la marca Chevrolet.

Emblema de Chevrolet (introducido en 1913)

> «Le vendí **mi coche** y le vendí **mi nombre**, pero jamás podrá comprarme **a mí**».
>
> LOUIS CHEVROLET A WILLIAM DURANT, 1913

De adolescente fue aprendiz en un taller de bicicletas. En su trabajo mejoró los sistemas de las marchas en las bicicletas. A los 18 años trabajó para la compañía automotriz Mors en París, antes de ir a Canadá en busca de fortuna como chófer-mecánico. Viajó a Nueva York, donde la empresa automovilística francesa De Dion-Bouton (entonces la mayor del mundo) lo empleó como mecánico; después trabajó en Fiat. A Louis siempre le gustaron las carreras de bicicletas y luego dejó su huella en el deporte del motor. Se convirtió en una figura familiar en los circuitos de competición y formó parte del selecto grupo de los hombres más rápidos del mundo, tras lograr el récord internacional de velocidad para una milla (1,6 km) en 52,8 segundos. Sus hazañas lo pusieron en contacto con los empresarios de la próspera industria de automóviles de Detroit. Después de ser contratado como piloto de carreras por Buick, conoció a W. C. Durant, fundador de General Motors (GM) en 1908. Los planes ambiciosos de Durant hicieron que los accionistas lo expulsaran de GM en 1910, pero inmediatamente vio en Louis el tipo de socio que necesitaba para empezar nuevamente. Los dos fundaron la Chevrolet Motor Car Company en 1911 y un año más tarde lanzaron un coche de turismo de cinco plazas con un motor de seis cilindros y 4,9 litros, el Classic Six, capaz de circular a 105 km/h en carretera. Con un precio de 2150 dólares, alcanzó buenas cifras de ventas.

Pero pronto la relación entre los dos hombres se envenenó. Chevrolet quería hacer coches de alta calidad para el deporte automovilístico, pero Durant quería producir coches de bajo precio para el mercado masivo estadounidense. En 1913, Durant compró la participación de Louis Chevrolet. Luego, la compañía creció tan rápido que Durant pudo negociar la adquisición de General Motors y asumió el control una vez más.

Chevrolet iba viento en popa, vendiendo más de 1 millón de unidades por primera vez en 1927 y relegando a Ford al segundo lugar, para convertirse en el fabricante de coches con más ventas en Estados Unidos y el más grande del mundo. Entre 1936 y 1976 mantuvo la marca de mayores ventas en Estados Unidos, logro asombroso. Para que Chevrolet estableciera y mantuviera este gran rendimiento, hubo que montar una ofensiva de producto casi constante, que comenzó en 1918 con el lanzamiento de un potente

Corvettes de carreras
El cambio del motor seis en línea del Corvette por un bloque pequeño V8, lo convirtió en ganador. En la imagen tres Corvettes (lidera Red Faris coche 11) compiten entre sí, en 1962.

CLASSIC SIX SERIE C

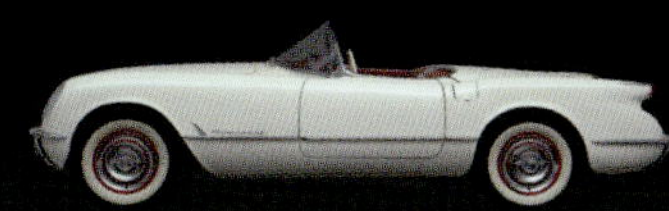

CORVETTE

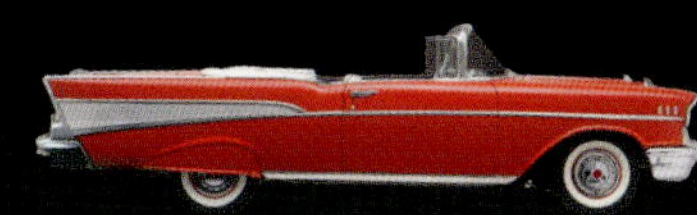

BEL AIR

CAMARO

1911 El corredor Louis Chevrolet y W. C. Durant crean la empresa.
1912 El Classic Six Serie C es el primer coche vendido por Chevrolet.
1913 El logotipo Chevrolet se usa por primera vez.
1918 Chevrolet se incorpora a GM; se lanza el Modelo D, disponible en cuatro y cinco plazas.
1927 Chevrolet supera a Ford; es la mejor marca en ventas en Estados Unidos.
1929 Se lanza el motor Stovebolt Six; en las siguientes tres décadas será el principal propulsor de Chevrolet.
1941 En este año Chevrolet vende la cifra récord de 1,6 millones de vehículos.
1950 *Powerglide*, primera transmisión totalmente automática, en un Chevy.
1953 Se lanza el Corvette.
1955 Se introduce el motor V8 de bloque pequeño, el más exitoso de su tipo en la historia, aún en uso.
1957 Chevrolet es el primer fabricante de coches en Estados Unidos en poner un motor con inyección en algunos modelos, entre ellos el Bel Air.
1967 Se lanza al Camaro.
1969 Termina la producción del Corvair, en parte por una mala crítica.
1975 Se presenta el modelo Chevette.
1983 GM y Toyota unen fuerzas para producir un nuevo Chevy pequeño.
1993 Nueva empresa conjunta con Toyota, para fabricar modelos Cavalier de tracción derecha, que Toyota va a vender en Japón.
2001 El Chevrolet Cruz, proyecto conjunto con Suzuki, es el primer modelo GM construido en Japón desde la década de 1930.
2008 Chevrolet sobrevive a la crisis de GM y su posterior reorganización.
2019 Chevrolet es tercero en Estados Unidos tras Ford y Toyota, con 1,9 millones de coches vendidos.
2020 La octava generación es el primer Corvette con motor central.

Apelar a la juventud
«¡Solo eres joven dos veces! Una al llevar tu primer "viejo cacharro" en el corazón y otra al estrenar tu Chevrolet en un desfile». Anuncio de 1954.

modelo V8, el Modelo D, pero la batalla por ganarse las mentes y los corazones de los clientes se intensificó con el Superior de 1925, con relucientes ruedas de disco y pintura de celulosa por solo 625 dólares. El primer vehículo de General Motors ensamblado fuera del país fue un camión Chevrolet montado en Copenhague en enero de 1924. Fue la punta de lanza para la expansión global de la corporación. A lo largo de los años treinta, Chevrolet consolidó su liderazgo en el mercado, con una gama de vehículos cada vez más amplia, que en 1941 incluía camionetas *station wagon* y convertibles con capota automática. La transmisión automática debutó en los coches Chevrolet en 1950.

El siguiente hito fue en 1955, con su motor V8 de bloque pequeño, la unidad de más éxito de esa configuración de la historia. El pequeño V8 también rescató la suerte del coche deportivo Corvette, transformándolo en un cohete en carretera. Este ingenioso coche, introducido en 1953, fue pionero con carrocería de fibra de vidrio en un coche de producción, y con el uso del V8. El Corvette se convirtió en una institución de Estados Unidos, y está actualmente en su sexta generación. Cuando parecía que todos los productos Chevrolet eran del gusto de los compradores, en 1960 llegó el desastre del Corvair. El motor trasero, que imitaba al Escarabajo de VW, hacía la cola muy pesada, lo que causó accidentes y denuncias de grupos de consumidores, que alegaban que Chevrolet había lanzado el coche a pesar de saber sus deficiencias. Como resultado del escándalo, los fabricantes de coches se vieron obligados a adoptar medidas de seguridad como cinturones, zonas de deformación y airbags.

Motor V8 de bloque pequeño del Corvette
El compacto V8, usado en Chevrolets y otras marcas de GM, fue la base de la cultura «hot-rod».

Chevrolet fue el prototipo del coche estadounidense a lo largo de los años sesenta y setenta, con el Impala de tamaño completo (1958), el compacto Chevelle, el estilizado *coupé* Monte Carlo, el *pick-up* El Camino o el Blazer todoterreno. Al igual que otras marcas estadounidenses, Chevrolet sufrió en las crisis económicas de finales de los años setenta y principios de los ochenta. Para ofrecer más vehículos de bajo consumo, se utilizó el nombre Chevrolet en importaciones y en pequeñas empresas conjuntas para coches pequeños con Isuzu, Toyota y Suzuki. Esta estrategia tuvo como resultado que en 2001 GM adquiriera una participación mayoritaria en Daewoo de Corea del Sur y se usara el nombre Chevrolet en modelos pequeños de exportación de Daewoo. Desde el cambio de siglo, Chevrolet ha seguido ofreciendo una completa gama de automóviles convencionales, aunque en 2010 introdujo el aclamado híbrido enchufable Volt, que en 2019 reemplazó el Bolt EV, que es totalmente eléctrico.

Louis Chevrolet, cumplió su sueño de crear coches de carreras competitivos; murió en la pobreza el 6 de junio de 1941 y fue enterrado cerca de la Indianapolis Motor Speedway.

Coches de lujo

Aunque la década de 1930 vivió la Gran Depresión mundial, aún había clientes adinerados que podían sostener a fabricantes de coches de lujo en Estados Unidos y Europa. Estos coches, elegantes, cómodos y rápidos, solían ser los primeros en recibir novedades como los servofrenos, marchas sincronizadas y frenos hidráulicos.

▷ Rolls-Royce 20/25 1930

Origen Reino Unido

Motor 3699 cm³, seis en línea

Velocidad máxima 121 km/h

Como el peso cada vez mayor de las carrocerías de lujo formales hacía los coches más lentos, Rolls-Royce mejoró su 20 CV e hizo el 20/25 con más potencia. Este es el tipo berlina.

△ Rolls-Royce Phantom II 1930

Origen Reino Unido

Motor 7668 cm³, seis en línea

Velocidad máxima 145 km/h

El Rolls-Royce Phantom puede definirse por su magnífica ingeniería, potencia sin esfuerzo y elegancia, pero mecánicamente no podría llamarse avanzado.

◁ Rolls-Royce 20/25 1930

Origen Reino Unido

Motor 3699 cm³, seis en línea

Velocidad máxima 121 km/h

El 20/25 fue constantemente mejorado en sus siete años de producción, pero, incluso como limusina, le costó mantener el eslogan que afirmaba ser «El mejor coche del mundo».

△ Cadillac 60 Special 1938

Origen Estados Unidos

Motor 5676 cm³, V8

Velocidad máxima 148 km/h

Cadillac hizo algunos de los coches más afamados de la década, usando motores V8, V12 y V16. En 1938, el 60 Special anunciaba el estilo que se impondría después de la guerra.

Packard

Packard estuvo en la cima de los fabricantes de coches de lujo en Estados Unidos: en 1915 lanzó el primer motor V12 de producción y mantuvo su posición a lo largo de los años veinte. La Gran Depresión obligó a hacer un vital cambio de énfasis, limitando gamas y detalles. Packard no supo ver este cambio en el mercado de finales de la década de 1930 y fue superada por Cadillac.

△ Packard Super 8 1930

Origen Estados Unidos

Motor 6318 cm³, V8

Velocidad máxima 161 km/h

Los Packard Super 8, muy bellamente construidos, fueron unos de los más lujosos coches en el inicio de la década. A los clientes no les preocupaba su alto consumo de gasolina.

▽ Packard Super 8 1932

Origen Estados Unidos

Motor 6318 cm³, ocho en línea

Velocidad máxima 161 km/h

Un nuevo diseño del chasis permitió a Packard hacer carrocerías bajas con una conducción muy suave, gracias a los amortiguadores hidráulicos. Los frenos asistidos se usaron desde 1933.

◁ **Buick NA 8/90 1934**

Origen Estados Unidos

Motor 5644 cm³, ocho en línea

Velocidad máxima 137 km/h

Era amplio y de fácil conducción, con caja de cambios sincronizada y conectada a un motor con válvulas en culata, características avanzadas para la época.

◁ **Buick Master Serie 60 1930**

Origen Estados Unidos

Motor 5420 cm³, seis en línea

Velocidad máxima 121 km/h

Buick comenzó la década de 1930 con un antiguo y sediento motor de seis cilindros, pero sus coches eran impresionantes máquinas, que hallaron un mercado listo para ellos.

△ **Buick Century Serie 60 1936**

Origen Estados Unidos

Motor 5247 cm³, ocho en línea

Velocidad máxima 153 km/h

El Buick Serie 60, coche familiar de lujo con una sorprendente velocidad gracias a su motor de 120 CV, fue popular en todo el mundo y tenía buena relación calidad-precio.

△ **Talbot 65 1932**

Origen Reino Unido

Motor 1665 cm³, seis en línea

Velocidad máxima 105 km/h

En 1926, el ingeniero jefe G. Roesch dio al Talbot uno de los motores de seis cilindros más suaves jamás construidos, que hizo de este sedán británico un coche refinado.

△ **Lincoln K V12 1934**

Origen Estados Unidos

Motor 6735 cm³, V12

Velocidad máxima 161 km/h

Este lujoso modelo ofrecía lo mejor de todo y fue pionero en obtener actualizaciones de diseño, como las luces delanteras integrales inclinadas y unas líneas aerodinámicas.

◁ **La Salle V8 1931**

Origen Estados Unidos

Motor 5840 cm³, V8

Velocidad máxima 129 km/h

GM lanzó el La Salle como una alternativa un poco menos costosa que el Cadillac. Estos coches elegantes e impresionantes se vendieron bien, ofreciendo una mecánica similar.

△ **Packard Super 8 1936**

Origen Estados Unidos

Motor 5342 cm³, ocho en línea

Velocidad máxima 145 km/h

Otro nuevo diseño de chasis mantuvo a Packard a la cabeza, con mejoras como frenos hidráulicos. Sin embargo, la competencia ya afectaba a las ventas.

△ **Packard Super 8 1938**

Origen Estados Unidos

Motor 5342 cm³, ocho en línea

Velocidad máxima 153 km/h

En 1938 se construyeron los últimos Super 8 de primera calidad de Packard. Tuvieron una carrocería muy distintiva, con parabrisas en V y líneas más curvas.

Rytecraft Scoota-car, *c.* 1937
Este microcoche de dos plazas, aquí junto a un sedán estadounidense en una calle de Londres, lo propulsaba un motor Villiers de 250 cm^3 y llegaba a 60 km/h. Se hicieron 1000 unidades. En el siglo XXI se siguen produciendo microcoches.

CPJ 359

Coches deportivos

Nuevos eventos en la década de 1920, como las Mille Miglia, en Italia y las 24 Horas de Le Mans, en Francia, aseguraron la prosperidad del automovilismo de competición en la siguiente década. Esto hizo que muchos fabricantes desarrollaran modelos para carretera y para pista. Marcas como Alfa Romeo y Aston Martin produjeron coches rápidos para los conductores con espíritu deportivo.

△ Salmson S4 1929
Origen Francia
Motor 1296 cm³, cuatro en línea
Velocidad máxima 90 km/h

Salmson, fabricante francés, ofreció el S4 en varios diseños; lo equipó con un moderno motor de doble árbol de levas.

△ Austin Seven Ulster 1930
Origen Reino Unido
Motor 747 cm³, cuatro en línea
Velocidad máxima 129 km/h

Esta versión de carreras del Austin Seven, con cuerpo de aluminio, de 1922, acrecentó la popularidad del modelo con sus éxitos en competición.

△ Aston Martin Le Mans 1932
Origen Reino Unido
Motor 1495 cm³, cuatro en línea
Velocidad máxima 137 km/h

El nombre del deportivo biplaza Le Mans de Aston Martin, se tomó para reconocer la participación de la marca en la célebre prueba francesa de resistencia.

◁ Aston Martin MkII 1932
Origen Reino Unido
Motor 1495 cm³, cuatro cilindros
Velocidad máxima 129 km/h

El MkII, epítome de pequeños coches británicos de la época, se hizo más bajo gracias a un chasis rediseñado.

▷ Alfa Romeo 8C 2600 1933
Origen Italia
Motor 2556 cm³, ocho en línea
Velocidad máxima 169 km/h

La versión más reciente del famoso 8C presentaba un motor más grande y fue utilizada con mayor éxito por el equipo oficial de competición de Alfa.

△ Alfa Romeo 8C 1934
Origen Italia
Motor 2336 cm³, ocho en línea
Velocidad máxima 169 km/h

Entre los muchos carroceros italianos que dieron cuerpo al modelo 8C de Vittorio Jano, uno de ellos fue el legendario Pinin Farina.

▽ Alfa Romeo 8C 2300 1931
Origen Italia
Motor 2336 cm³, ocho en línea
Velocidad máxima 169 km/h

El exitoso 8C, diseñado en 1931 por el genio Vittorio Jano, dominó las competencias Blue Riband, como las Mille Miglia en Italia, a comienzos de la década de 1930.

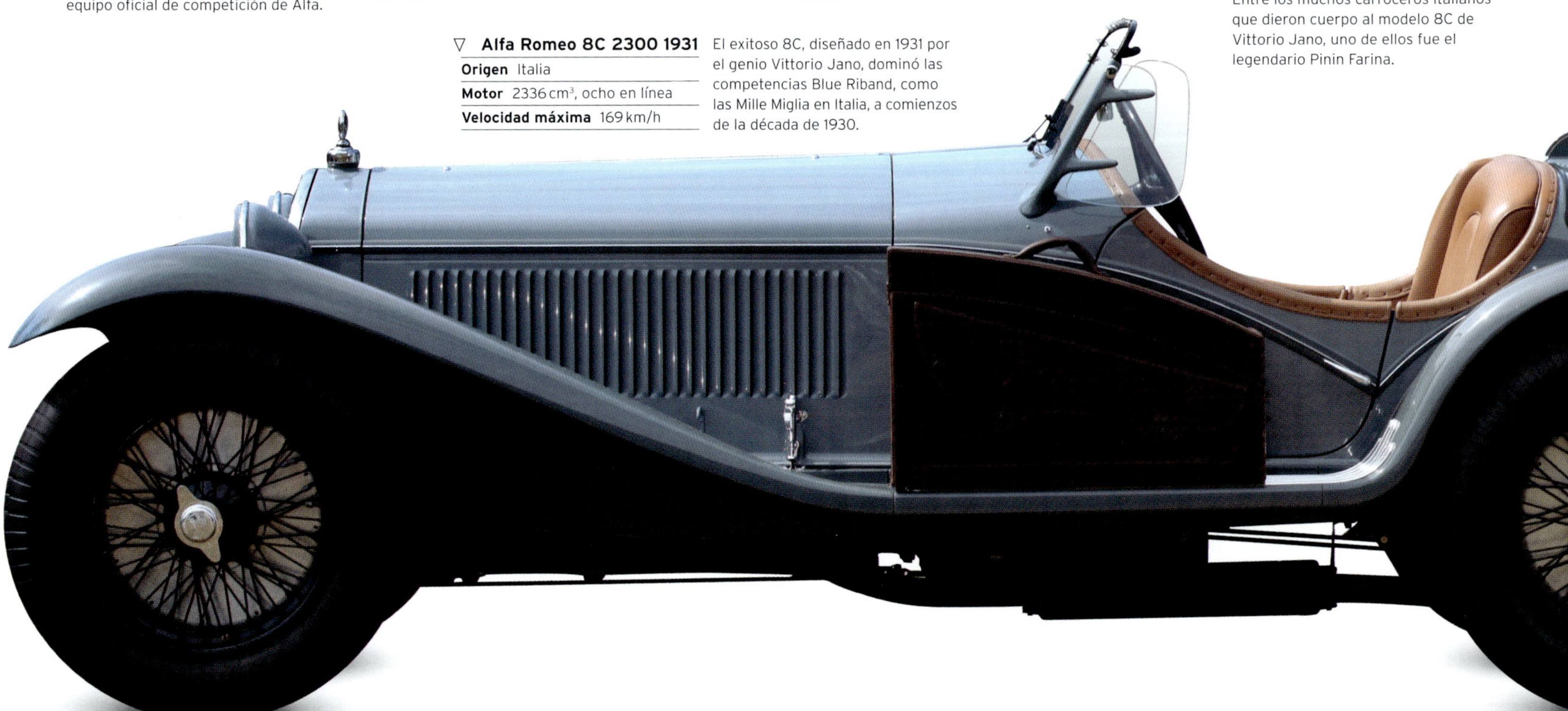

▷ **MG PB 1935**

Origen Reino Unido

Motor 939 cm³, cuatro en línea

Velocidad máxima 122 km/h

La revisión del MG PA de 1934, llevó al PB, modelo más grande, disponible en *coupé* y convertible.

◁ **MG TA Midget 1936**

Origen Reino Unido

Motor 1292 cm³, cuatro en línea

Velocidad máxima 127 km/h

El TA Midget presentó frenos hidráulicos y caja de cambios sincronizada en posteriores modelos.

▷ **Fiat Balilla 508S 1933**

Origen Italia

Motor 995 cm³, cuatro en línea

Velocidad máxima 113 km/h

Un año después del lanzamiento del nuevo Balilla de Fiat en 1932, se presentó la versión Sports (S) del modelo familiar, con potencia adicional.

△ **Jaguar SS100 1936**

Origen Reino Unido

Motor 2663 cm³, seis en línea

Velocidad máxima 153 km/h

Del SS100 salieron unas 200 unidades, que fueron algunos de los últimos con la «SS» en el nombre, que pronto se retiró.

▷ **Morgan Super Sport de 3 ruedas 1936**

Origen Reino Unido

Motor 1096 cm³, dos cilindros en V

Velocidad máxima 113 km/h

Morgan amplió la tecnología en sus coches de tres ruedas; se podían elegir modelos de tres velocidades.

▽ **Morgan 4/4 1936**

Origen Reino Unido

Motor 1122 cm³, cuatro en línea

Velocidad máxima 129 km/h

En 1936, después de 27 años haciendo coches de tres ruedas, Morgan lanzó el Evergreen 4/4, primero de cuatro ruedas.

△ **AC 16/80 1936**

Origen Reino Unido

Motor 1991 cm³, seis en línea

Velocidad máxima 129 km/h

En 1919 se introdujo por primera vez el motor de seis cilindros en el elegante 16/80, que siguió usándose hasta el inicio de los años sesenta.

▽ **BSA Scout 1935**

Origen Reino Unido

Motor 1075 cm³, cuatro en línea

Velocidad máxima 97 km/h

En 1935 BSA, conocida marca fabricante de coches, motos y coches de tres ruedas, lanzó el Scout, su primer coche moderno de turismo deportivo.

△ **BMW 328 1936**

Origen Alemania

Motor 1971 cm³, seis en línea

Velocidad máxima 150 km/h

El aerodinámico 328, ganador en Le Mans y las Mille Miglia, fue uno de los mejores deportivos de la década de 1930.

▷ **Wanderer W25K 1936**

Origen Alemania

Motor 1963 cm³, seis en línea

Velocidad máxima 145 km/h

El esbelto y elegante W25K provenía de Wanderer, fabricante alemán que formaba parte del grupo automotor Auto Union, que incluía también a Audi.

Modelos para el mercado de masas

En esta década el automovilismo se popularizó entre las clases medias de Europa y Estados Unidos. Los clientes más exigentes elegían fiabilidad y potencia, espacio y precio. En Estados Unidos se crearon marcas como Pontiac, para el mercado de masas. Las innovaciones estaban muy relacionadas con la comodidad, como la transmisión automática. En Europa, Citroën popularizó la tracción delantera y la estructura monocasco.

△ Citroën 11 Large 1935
Origen Francia
Motor 1911 cm^3, cuatro en línea
Velocidad máxima 122 km/h

Con la serie Traction Avant, de monocasco y tracción delantera, A. Citroën omitió lo convencional. Como los coches funcionaron tan bien, se hicieron hasta 1957.

◁ Singer Nine Le Mans 1933
Origen Reino Unido
Motor 972 cm^3, cuatro en línea
Velocidad máxima 113 km/h

El potente motor del Singer, con árbol de levas en cabeza, fue su mejor argumento de ventas. El excelente deportivo compitió con MG en Reino Unido.

▷ Austin 10/4 1935
Origen Reino Unido
Motor 1125 cm^3, cuatro en línea
Velocidad máxima 89 km/h

El 04/10 fue el modelo de Austin más vendido de 1932 a 1940, pues los clientes dejaban el pequeño Austin Seven de la década de 1920 por un coche más amplio y veloz.

△ Pontiac Six 1935
Origen Estados Unidos
Motor 3408 cm^3, seis en línea
Velocidad máxima 121 km/h

Con un motor de seis cilindros y carrocería con rejilla tipo careta de esgrimista y un diseño en forma de torreta, la compañía fue quinta en ventas en Estados Unidos, en 1939.

△ Rover 14 1934
Origen Reino Unido
Motor 1577 cm^3, seis en línea
Velocidad máxima 111 km/h

El Rover 14, estilizado, con motor de seis cilindros y hecho para la clase media, se vendió muy bien en Reino Unido, a lo largo de la década de 1930.

◁ Ford V8-81 1938
Origen Estados Unidos
Motor 3622 cm^3, V8
Velocidad máxima 137 km/h

El motor del V8 de Ford daba mayor rendimiento que ningún otro, en relación con el precio. Esto lo convirtió en un éxito mundial, como los modelos A y T.

▷ Renault Juvaquatre 1938
Origen Francia
Motor 1003 cm^3, cuatro en línea
Velocidad máxima 97 km/h

Hasta 1960 se vendió una versión familiar del primer modelo Renault de estructura unitaria. Tenía una mecánica convencional con frenos mecánicos y tres velocidades.

△ Chevrolet EA Master 1935
Origen Estados Unidos
Motor 3358 cm^3, seis en línea
Velocidad máxima 137 km/h

En 1935, al crecer las ventas de coches en Estados Unidos, Chevrolet colocó más de medio millón de unidades de la serie E. Era sensible, elegante y moderno.

◁ **Hudson Eight 1936**

Origen Estados Unidos

Motor 4168 cm³, ocho en línea

Velocidad máxima 145 km/h

En la década de 1930, Hudson subió poco a poco de categoría y perdió cuota de mercado; pero este coche resistente y potente, se vendió bien por su tamaño.

△ **Hanomag Garant 1936**

Origen Alemania

Motor 1097 cm³, cuatro en línea

Velocidad máxima 84 km/h

El Garant, coche más convencional que el Kommisbrot, fue muy popular. Hanomag no produjo después de la Segunda Guerra Mundial, pese a crear un prometedor prototipo en 1951.

▷ **Plymouth P3 1937**

Origen Estados Unidos

Motor 3300 cm³, seis en línea

Velocidad máxima 121 km/h

Esta marca, caballo de batalla de Chrysler, fue fenómeno de ventas en Estados Unidos con sus coches resistentes a muy buen precio. En 1937 se vendieron 566 128.

▷ **Dodge D5 1937**

Origen Estados Unidos

Motor 3570 cm³, seis en línea

Velocidad máxima 137 km/h

Aunque su carrocería era similar a la de otro Chrysler, esto no impidió que Dodge vendiera 295 000 D5 en 1937, gracias a la demanda de coches de gama media en Estados Unidos.

△ **Oldsmobile Six 1935**

Origen Estados Unidos

Motor 3530 cm³, seis en línea

Velocidad máxima 129 km/h

Oldsmobile fue marca dominante de GM. Se promocionaron ventajas únicas como frenos hidráulicos, marchas sincronizadas y caja de cambios automática opcional.

◁ **Dodge D11 1939**

Origen Estados Unidos

Motor 3570 cm³, seis en línea

Velocidad máxima 137 km/h

Dodge, absorbida por Chrysler en 1928, celebró su 25.º aniversario con el moderno parabrisas en V y unas elegantes luces delanteras, avanzándose a los diseños de la posguerra.

◁ **Mercedes-Benz 260D 1936**

Origen Alemania

Motor 2545 cm³, cuatro en línea

Velocidad máxima 97 km/h

El 260D, al parecer el primer coche de producción con un motor diésel, era duradero, pero lento y ruidoso. Sin embargo, el motor diésel fue señal de lo que vendría.

▽ **Mercedes-Benz 170H 1936**

Origen Alemania

Motor 1697 cm³, cuatro en línea

Velocidad máxima 109 km/h

Cuando Adolf Hitler exigió un «coche del pueblo» para movilizar a Alemania, Mercedes-Benz respondió con los poco exitosos 130 y 170 de motor trasero, que tenían techo abierto y protección lateral.

Volkswagen flat-four

Hitler encargó a Ferdinand Porsche un coche para el pueblo (*Volks Wagen*) y este diseñó un motor enfriado por aire en lugar de agua. Así ahorraba el peso del sistema de refrigeración por agua. Después de la Segunda Guerra Mundial este motor tuvo unas grandes ventas hasta que dejó de fabricarse en 2003.

ASIMILANDO UN GOLPE

Una característica clave de este motor es el diseño de sus cuatro cilindros opuestos horizontalmente, configuración que se conoce como «flat-four» (cuatro cilindros opuestos) o «boxer». El flat-four, mucho menos común ahora que el motor de cuatro en línea, tiene dos ventajas principales: un centro de gravedad más bajo (que da estabilidad en carretera) y la reducción de las vibraciones (mejora la suavidad). En cada par de cilindros opuestos, a ambos lados del cigüeñal central, los pistones se mueven en oposición, como boxeadores dando golpes. Esto reduce las vibraciones secundarias del movimiento desigual de masas dentro del motor.

ESPECIFICACIONES DEL MOTOR	
Fechas de producción	1936-2003
Cilindros	Cuatro, opuestos horizontalmente
Configuración	Longitudinal, montado atrás
Capacidad del motor	1131 cm³ (aumentada a 2,0 litros)
Potencia	24 CV a 3300 rpm; luego 70 CV
Tipo	Convencional de cuatro tiempos, refrigerado por aire
Culata	OHV accionada por empujadores y balancines; dos válvulas por cilindro
Alimentación	Carburador
Diámetro y carrera	75 mm x 64 mm
Potencia	21,2 CV/litro
Compresión	5,8:1

▷ **Ver pp. 352-353** Cómo funciona un motor

No fueron los primeros flat-four

Aunque el motor flat-four refrigerado con aire siempre se asociará con Volkswagen, Ferdinand Porsche no fue el primero en reconocer sus ventajas de sencillez, buen funcionamiento y bajo centro de gravedad. El fabricante de automóviles checoslovaco Tatra había utilizado este tipo de motor desde mediados de la década de 1920.

Sunbeam Silver Bullet, Daytona Beach, 1930
En 1930 el Silver Bullet, construido en Gran Bretaña, intentó conseguir el Récord Mundial de Velocidad en Tierra. Pese a su motor de avión de 4000 CV y su forma aerodinámica, no logró la esperada máxima velocidad de 402 km/h.

ROLAND DAVIES

Coches aerodinámicos

En la década de 1930 casi todos los conductores estaban satisfechos con sus coches espaciosos, verticales, de frente liso y de fácil acceso. Pero ahora que los automóviles podían superar fácilmente los 130 km/h, algunos diseñadores e ingenieros en Europa y Estados Unidos comenzaron a pensar en explorar el potencial de la aerodinámica para aumentar considerablemente las velocidades máximas y mejorar la estabilidad.

△ Pierce Silver Arrow 1933

Origen Estados Unidos

Motor 7566 cm³, V12

Velocidad máxima 185 km/h

Solo se construyeron cinco Silver Arrow con esta forma. Diseñado por J. R. Hughes, causó sensación en el Salón de Nueva York de 1933, pero era demasiado costoso.

▽ Bugatti Tipo 50 1931

Origen Francia

Motor 4972 cm³, ocho en línea

Velocidad máxima 177 km/h

Jean Bugatti diseñó este *coupé* Profilé, que tenía el parabrisas de mayor inclinación jamás visto en un automóvil de carretera. Combinó su chasis de lujo con un motor de doble árbol de levas.

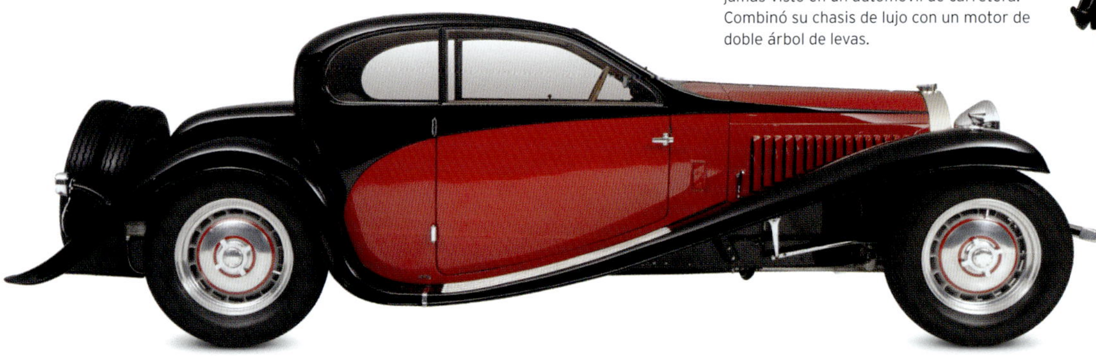

△ Peugeot 402 1935

Origen Francia

Motor 1991 cm³, cuatro en línea

Velocidad máxima 121 km/h

El 402 tuvo más éxito que la mayoría de los coches aerodinámicos de la década, por su bajo precio (vendió 75 000 unidades) y por su chasis independiente; se ofrecían 16 estilos de carrocería.

▷ Cord 810 1936

Origen Estados Unidos

Motor 4730 cm³, V8

Velocidad máxima 150 km/h

El brillante Cord no solo ostentaba un estilo aerodinámico con faros *pop-up*, sino que tenía tracción delantera con suspensión con brazo de arrastre y cambio eléctrico.

△ Renault Viva Gran Sport 1936

Origen Francia

Motor 4085 cm³, seis en línea

Velocidad máxima 143 km/h

Con una rejilla en V que forma parte del cuerpo y con faros carenados en las aletas delanteras, fue un coche muy adelantado para la época.

▽ Cord Phantom Corsair 1938

Origen Estados Unidos

Motor 4730 cm³, V8

Velocidad máxima 185 km/h

Diseñado por R. Heinz y por los carroceros Bohmann & Schwartz a partir del Cord 810, apareció en la película *The Young in Heart* (1938).

▷ Alfa Romeo 6C 2300 Aerodinámico 1935

Origen Italia

Motor 2309 cm³, seis en línea

Velocidad máxima 193 km/h

Este coche, desarrollado de forma secreta por Vittorio Jano y Gino y Oscar Jankovits a petición de Benito Mussolini, originalmente iba a ser un V12, pero fue equipado con un motor de seis cilindros.

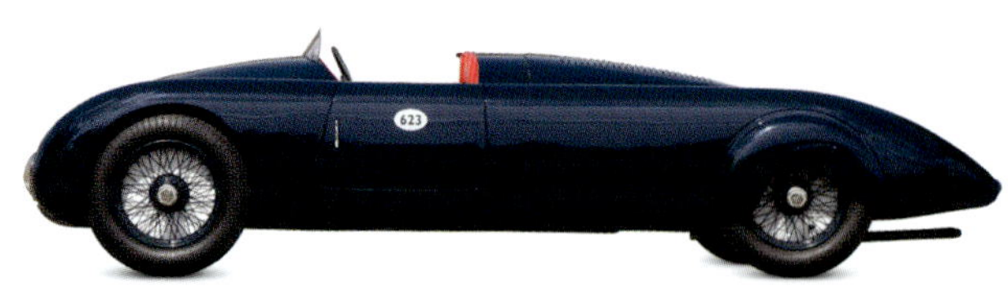

▷ Alfa Romeo 8C 2900B Le Mans Coupé 1938

Origen Italia

Motor 2905 cm3, ocho en línea

Velocidad máxima 225 km/h

Este *coupé* aerodinámico, conducido por R. Sommer y C. Biondetti, logró la vuelta más rápida (156 km/h) y lideró 219 vueltas en Le Mans (1938), hasta que un neumático explotó.

△ **Steyr 50 1936**

Origen Austria

Motor 978 cm^3, cuatro en línea

Velocidad máxima 85 km/h

Este coche austríaco en forma de lágrima y hecho para el pueblo, era más potente que muchos otros, por lo que podía trepar empinados puertos alpinos. Hasta 1940 se vendieron unos 12 000 Steyr 50.

△ **Mercedes-Benz 150H Sport Roadster 1934**

Origen Alemania

Motor 1498 cm^3, cuatro en línea

Velocidad máxima 125 km/h

H. Nibel y M. Wagner crearon este prototipo de carreras de motor central; solo se hicieron 20 unidades. Tenía nuevas características, como suspensión trasera de eje oscilante y ruedas de disco.

▷ **Tatra T87 1936**

Origen Checoslovaquia

Motor 2968 cm^3, V8

Velocidad máxima 159 km/h

El Tatra de motor trasero, con una excepcional carrocería aerodinámica diseñada por Paul Jaray y Hans Ledwinka, fue tan eficaz como poco convencional.

◁ **Chrysler CU Airflow Eight 1934**

Origen Estados Unidos

Motor 5301 cm^3, ocho en línea

Velocidad máxima 145 km/h

El Airflow, con carrocería monocasco desarrollada en túnel de viento, cuerpo bajo y facilidad de conducción, se adelantó a su tiempo, pero tuvo malas ventas por su calidad.

◁ **Lincoln-Zephyr 1936**

Origen Estados Unidos

Motor 4378 cm^3, V12

Velocidad máxima 145 km/h

Sus luces delanteras carenadas y diseño aerodinámico en estructura monocasco dieron al Zephyr un aspecto muy moderno, pero aún tenía motor de válvulas laterales y frenos mecánicos.

△ **Lagonda V12 Lancefield Le Mans Coupé 1939**

Origen Reino Unido

Motor 4479 cm^3, V12

Velocidad máxima 206 km/h

Lagonda mejoró su suerte en los años treinta con un magnífico motor V12, que propulsó dos biplazas que terminaron 3.º y 4.º en Le Mans (1939). Este *coupé* se terminó tarde y no participó.

▷ **Panhard et Levassor X77 Dynamic 1936**

Origen Francia

Motor 2863 cm^3, seis en línea

Velocidad máxima 145 km/h

Pese a su avanzada estructura monocasco, suspensión delantera independiente por barra de torsión y una posición de conducción casi central, no fue un coche popular.

Lincoln-Zephyr

Lincoln, marca propiedad de Ford, tradicionalmente se ha asociado con el lujo y precios altos, pero en 1936 ofreció a sus compradores su modelo más barato, el Zephyr. Este coche, el primer Lincoln construido en monocasco de acero y propulsado por un nuevo motor V12, cautivó con su diseño atrevido y elegante. Lanzado en el Salón del Automóvil de Nueva York de 1936, el Zephyr se convirtió en uno de los coches de la marca de mayor venta en la década de 1930.

AUNQUE EL DISEÑO AERODINÁMICO no dio buenos frutos a Chrysler en 1934 con su radical gama de Airflow, esto no impidió que Ford lanzara su propio modelo elegante dos años después. Aunque fue un gran riesgo, el Lincoln-Zephyr estuvo respaldado por una inteligente jugada de marketing: ofrecer lujo a un precio reducido, en momentos en que otros fabricantes de coches de lujo tenían dificultades. Inicialmente se presentó como un aerodinámico sedán de dos o de cuatro puertas. A la gama se añadieron después este *coupé* de tres ventanas y un descapotable en 1937.

La Segunda Guerra Mundial detuvo la producción de coches hasta 1942. Cuando en 1946 el modelo regresó, se retiró el nombre Zephyr, pero el coche tuvo otros dos años gloriosos bajo la bandera de Lincoln. Las amplias líneas en forma de lágrima del Zephyr contrastaban con las de los modelos de Cadillac y Packard, otros fabricantes de lujo contemporáneos, e incidirían en la dirección de sus futuros diseños. El modelo Lincoln marcó el camino para uno de los automóviles de mayor influencia en Estados Unidos, la primera generación de Continental, de 1939 a 1948.

ESPECIFICACIONES	
Modelo	Lincoln-Zephyr (1936)
Ensamblaje	Detroit, USA
Producción	29 997 (1937)
Construcción	Monocasco de acero
Motor	4378 cm³, V12
Potencia	110 CV
Transmisión	Manual de tres velocidades
Suspensión	Ballestas delante y detrás
Frenos	De tambor, delante y detrás
Velocidad máxima	145 km/h

Del ferrocarril a la carretera
El nombre del modelo Zephyr vino de la Pioneer Zephyr, locomotora diésel con carrocería de acero y diseño futurista. Funcionó desde 1934 y tuvo varios récords de velocidad en su época, promoviendo los viajes en tren en Estados Unidos.

VISTA FRONTAL

VISTA TRASERA

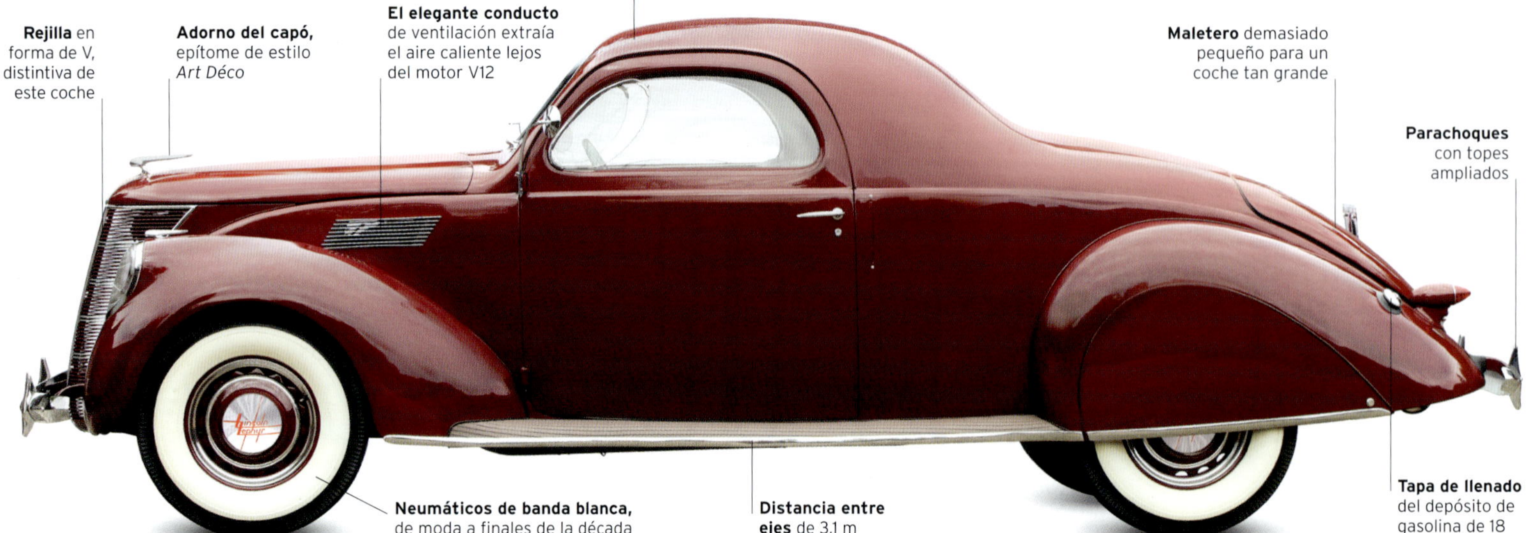

Imponente en carretera
El frontal del Lincoln-Zephyr, dominado por su distintiva parrilla y unas curvas dramáticas, rezumaba estilo *Art Déco*. El modelo fue concebido originalmente por John Tjaarda, de la Briggs Manufacturing Company, que durante varios años había suministrado carrocerías a Ford y a otros fabricantes de coches. El tren delantero del Zephyr fue modificado después por Edsel Ford y por el diseñador de la casa, Eugene «Bob» Gregorie.

EL EXTERIOR

Los detalles son evidentes en el Lincoln-Zephyr, aunque el marketing también destacó los beneficios del chasis combinado y la unidad del cuerpo: «Ningún otro coche ofrece la misma protección, el mismo confort». Aunque a los perfiles esbeltos se les fueron agregando bordes rectos a partir de 1942, antes de esta época el Zephyr era líder del estilo aerodinámico de Estados Unidos.

1. Adorno del capó, que también sirve para abrirlo **2.** Emblema montado en la rejilla **3.** Faros en lágrima, estilo *Art Déco* **4.** En 1938 se redujo el tamaño de la rejilla y se movió más abajo en el tren delantero **5.** Conducto de ventilación que imita el estilo de rejilla **6.** Bisagra externa de puerta **7.** Manillas para las puertas **8.** Neumáticos de banda blanca en llantas de 17" **9.** Indicador de dirección **10.** Ventana lateral y retrovisor **11.** Faro trasero de línea aerodinámica **12.** Manilla de abertura del maletero

1

2

3

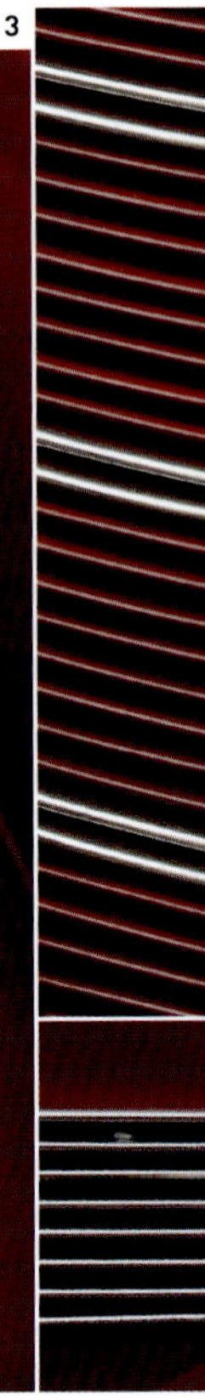

EL INTERIOR

Pese a ser el Lincoln más barato hasta la fecha, el habitáculo del Zephyr no descuidaba ningún detalle. Algunos modelos, sobre todo los descapotables, se tapizaban en cuero rojo, marrón o gris, y tenían salpicaderos de madera del mismo color que la pintura exterior. De 1937 a 1940, tuvieron un inusual diseño de instrumentos, con los controles principales en el centro; desde 1940, el velocímetro se puso delante del conductor.

13. Dial del velocímetro, que llega hasta 100 millas (160 km/h) **14.** Controles secundarios **15.** Nivel de combustible y presión del aceite **16.** Banqueta con capacidad para tres ocupantes **17.** Manivela para la ventana **18.** Palanca del freno de mano

15

16

13

14

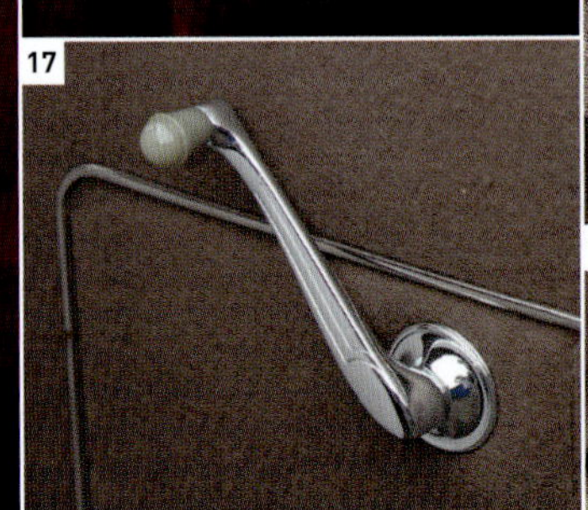
17

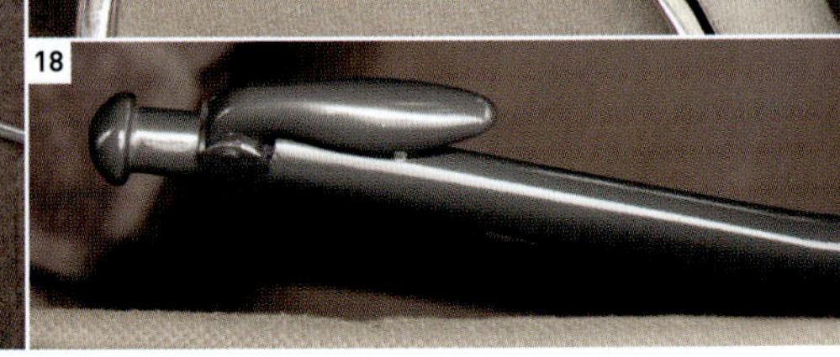
18

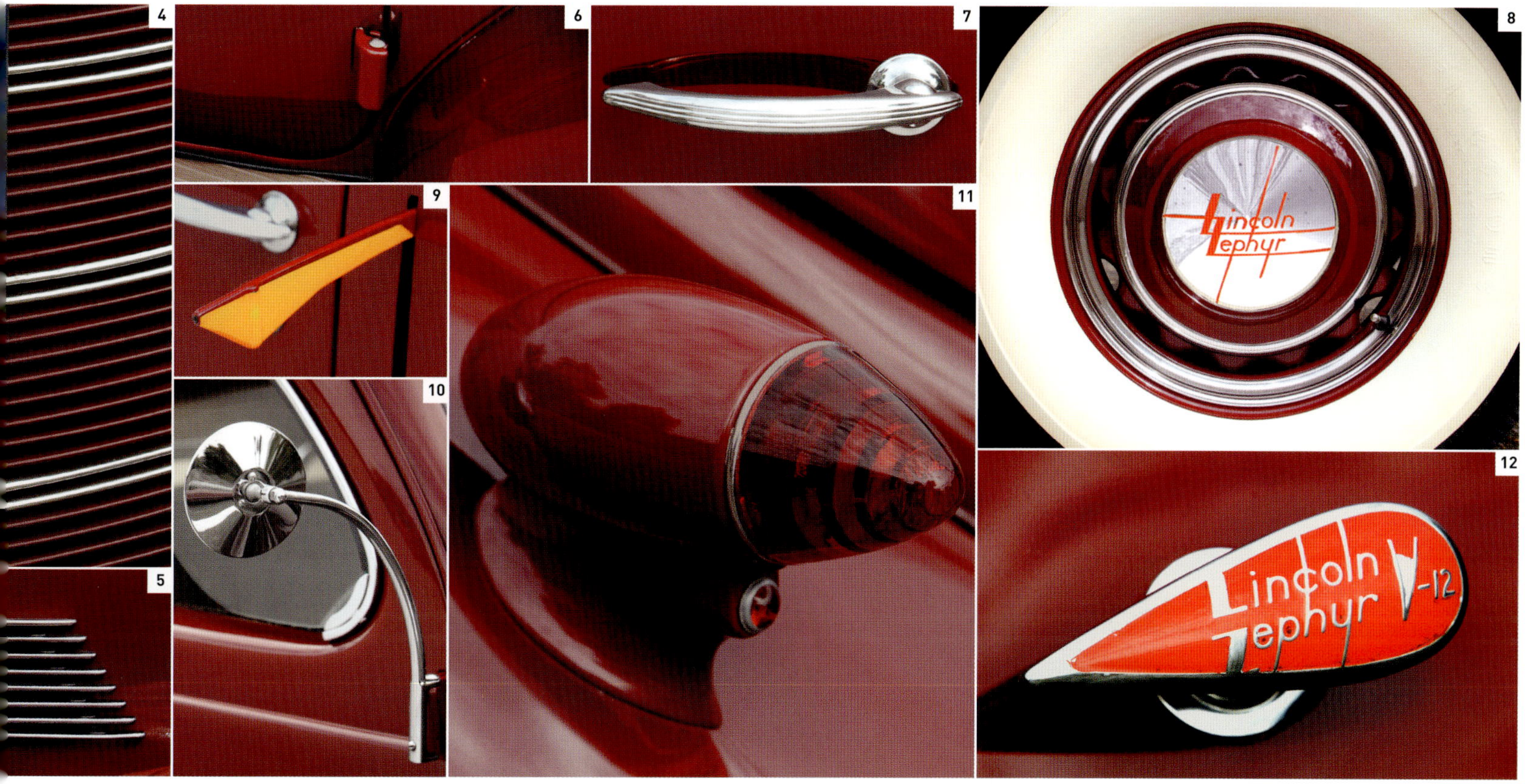

BAJO EL CAPÓ

Publicitado por Lincoln como un «motor potente pero silencioso», el bloque V12 del Zephyr se basó en el motor Ford V8 de culata plana. Fue el único motor de este tipo disponible en su sector en aquel momento. La unidad de 110 CV, con un consumo de unos 13,5 l/100 km, fue ampliada en 1940 a 4785 cm³, lo que dio 10 CV adicionales. El cambio final de cilindrada se hizo en 1942, cuando se le adaptó un motor de 4949 cm³.

19. Claxon **20.** Carburador doble Stromberg **21.** Culatas de aluminio, luego de hierro fundido **22.** Rueda de repuesto y sujeción en el maletero

Diseños magníficos y exóticos

Esta década vivió el máximo florecimiento del arte del carrocero. A los chasis más exóticos se les daba cuerpo con la carrocería más elegante, aerodinámica, lujosa e incluso extravagante, jamás vista. Eran adaptaciones de los coches de carreras de última tecnología y se lograba un gran rendimiento en carretera. No es de extrañar que Francia, tan consciente del estilo, contribuyera mucho en este período. Los coches franceses, incluso los de tamaño medio, se dotaban de unas carrocerías impresionantes.

△ Cadillac V16 roadster de dos plazas 1930

Origen Estados Unidos
Motor 7413 cm³, V16
Velocidad máxima 153 km/h

El Cadillac V16 fue el máximo símbolo de prestigio en Estados Unidos, con alto rendimiento. Este raro biplaza era de Otis Chandler, editor de *Los Angeles Times*.

▷ Alfa Romeo 8C 2900B Coupé 1938

Origen Italia
Motor 2905 cm³, ocho en línea
Velocidad máxima 161 km/h

El 2900B, basado en el chasis del 8C 35 de competición, era el mejor supercoche de carretera de Alfa Romeo. Touring vendió unos cuantos con este elegante cuerpo.

◁ Hispano-Suiza K6 1934

Origen Francia
Motor 5184 cm³, seis en línea
Velocidad máxima 145 km/h

Modelo final de este ilustre fabricante de coches de París, que tuvo carrocerías excelentes. Este sedán tenía puertas superpuestas, un estilo que renació 70 años después.

▷ Lancia Astura 1931

Origen Italia
Motor 2973 cm³, V8
Velocidad máxima 127 km/h

El Astura, con su motor V8 de ángulo estrecho, fue uno de los mejores chasis de Italia antes de la guerra. El cuerpo de este Cabriolet de la Serie 4 fue hecho por Pinin Farina.

▷ Auburn Speedster 1935

Origen Estados Unidos
Motor 4596 cm³, ocho en línea
Velocidad máxima 167 km/h

En 1935 y 1936 solo se fabricaron 500 Speedsters, lo que los hizo muy apetecibles. Cada uno de ellos se probó a 160 km/h, velocidad que se logró gracias a los 148 CV del motor sobrealimentado.

◁ Bugatti Atalante Tipo 57SC 1935

Origen Francia
Motor 3257 cm³, ocho en línea
Velocidad máxima 193 km/h

Solo se fabricaron 17 de estos vehículos con suspensión baja y muy elegantes. Diseñados por J. Bugatti, tenían motores con doble árbol de levas y suspensión delantera independiente.

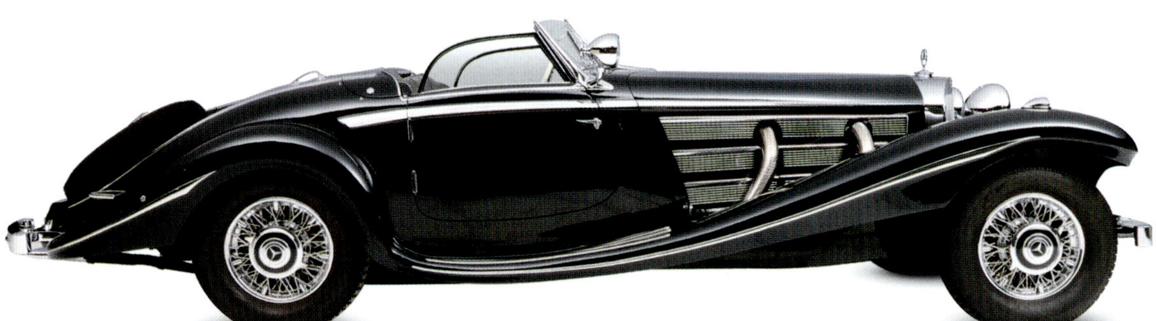

◁ Mercedes-Benz 500K Special Roadster 1934

Origen Alemania
Motor 5018 cm³, ocho en línea
Velocidad máxima 164 km/h

El 500K tuvo la primera suspensión completamente independiente de la historia, con muelles helicoidales y amortiguadores de impacto. Ofrecía comodidad y rendimiento inigualables.

◁ Peugeot 401 Eclipse 1934

Origen Francia

Motor 1720 cm³, cuatro en línea

Velocidad máxima 109 km/h

G. Paulin patentó el techo duro retráctil a motor. Varios Peugeot lo usaron, incluyendo 79 del 401. El sistema se popularizó 70 años después.

◁ Citroën 11 Normale Roadster 1935

Origen Francia

Motor 1911 cm³, cuatro en línea

Velocidad máxima 109 km/h

El Citroën 11 fue uno de los coches más revolucionarios de la década de 1930. Era un monocasco con tracción a las ruedas delanteras, motor de camisa húmeda y marchas sincronizadas.

△ Peugeot 402 Darl'Mat 1938

Origen Francia

Motor 1991 cm³, cuatro en línea

Velocidad máxima 153 km/h

Un cuerpo exótico y costoso hecho por Paulin, con parabrisas retráctil, hizo de este uno de los Peugeot más deseables. Este coche logró un quinto lugar en Le Mans en 1938.

▽ Delahaye 135M Figoni et Falaschi 1936

Origen Francia

Motor 3557 cm³, seis en línea

Velocidad máxima 169 km/h

El chasis deportivo 135, especialmente en forma 135M con motor más grande, dio lugar a algunas carrocerías verdaderamente extravagantes. Este vehículo fue hecho por el carrocero más aventurero de París, Figoni et Falaschi.

△ Marmon Sixteen 1932

Origen Estados Unidos

Motor 8049 cm³, V16

Velocidad máxima 171 km/h

El Marmon Sixteen, más rápido que los V16 de Cadillac, se publicitó como «El coche más avanzado del mundo», por su motor de aluminio fundido. Fue hecho por Le Baron.

△ Lincoln Continental 1939

Origen Estados Unidos

Motor 4378 cm³, V12

Velocidad máxima 145 km/h

El Continental, inicialmente construido a mano, fue el mejor coche de Lincoln y se hizo para Edsel Ford, quien decidió ponerlo en producción.

△ Talbot T150C SS 1937

Origen Francia

Motor 3994 cm³, seis en línea

Velocidad máxima 185 km/h

A. Lago revivió Talbot con motores y suspensión modernos. El «Lágrima» era tan bueno en Le Mans como atravesando la Riviera.

BMW 319, 1937

Grandes marcas
Historia de BMW

BMW comenzó como fabricante de motores aeronáuticos y luego añadió motocicletas y automóviles. Tras estar casi en la bancarrota en la década de 1950, se recuperó en los años sesenta, con el éxito de los modelos Neue Klasse. Desde entonces ha crecido hasta ser una de las marcas más respetadas y líder en sedanes deportivos.

BMW NACIÓ en los años de auge de la industria aeronáutica. En 1911, Gustav Otto (hijo de Nikolaus Otto, pionero del motor de gasolina) fundó una fábrica de aviones cerca de Múnich y en 1913 K. Rapp inició una fábrica de motores para avión. Después de que Rapp se retirara, su compañía se reorganizó como la Bayerische Motoren Werke, o BMW. En 1917 se fusionó con la compañía aérea de la que Otto se había retirado.

Emblema de BMW
(lanzado en 1917)

BMW inició la fabricación de coches en 1929 tras comprar la empresa Dixi, constructora del Austin Seven bajo licencia, en Eisenach. BMW comenzó a producir sus propios coches en 1932, con el AM-1 3/20. El 303 de 1934 tenía motor de seis cilindros y fue el primer coche con parrilla doble con forma de riñón, que aún sigue usándose. El mejor BMW de los años de entreguerras fue el 328 de 1936, que dominó las carreras europeas de finales de 1930. Durante la Segunda Guerra Mundial hizo motocicletas, coches y motores aeronáuticos para el gobierno alemán; sus fábricas se vieron muy afectadas por bombardeos de los aliados. Tras la división de Alemania en la posguerra, la fábrica de la empresa en Eisenach quedó en la zona este, controlada por los soviéticos. Se reanudó la producción de motos y coches, vehículos que llevaban el emblema EMW (Eisenacher Motoren Werke). Posteriormente, la fábrica fue sede de la marca Wartburg, que siguió hasta 1991. Bristol, en Inglaterra, también construyó coches basados en diseños BMW. La fábrica de Múnich, en la zona occidental bajo control aliado, reinició la producción de motocicletas en 1948. En 1951, comenzando con el 501, se fabricó una gama de coches de lujo. El coste del 501 era cuatro veces el salario medio alemán. Incluso quienes podían permitírselo, preferían comprar un modelo Mercedes-Benz. Los BMW con motor V8, como el veloz 507, fueron impresionantes pero no rentables. El pequeño Isetta «coche burbuja», lanzado en Italia en 1953, fue un éxito rotundo. BMW compró los derechos, le puso su propio motor y lo lanzó de nuevo en 1955. En ocho años se fabricaron más de 160000 unidades. La empresa produjo una gama de coches más grandes, aunque continuaba con problemas financieros; en 1959 estaba casi en quiebra.

La suspensión en la Serie 5 de BMW
La tercera generación de la Serie 5 de BMW (1995), usaba aluminio en la suspensión y la dirección –lo que ayudó con el peso–, mejoras estructurales y un sutil aumento de tamaño.

> «Tienen esa **capacidad** increíble para producir… motores **atrevidos** y **fiables**».
>
> GORDON MURRAY, DISEÑADOR DEL MCLAREN F1 (MOTOR BMW), 1994

La familia Quandt la rescató e hizo mejoras administrativas. Tras el exitoso cambio de gestión llegó la Serie Neue Klasse con el 1500 en 1961; empezó así una época de seguridad financiera. BMW produjo coches más apetecibles y los nuevos motores OHC. Para satisfacer la gran demanda de producción de esta serie, compró Glas, una fábrica de automóviles de Dingolfin.

La nueva Serie Seis de sedanes y *coupés* de lujo de seis cilindros amplió la gama de BMW durante la década de 1960, mientras que la Serie 5, que se inició en 1972, redefinió el coche ejecutivo de rango medio, al ofrecer motores eficientes, estilo de corte limpio y seguridad. Mientras tanto, el 3,0 CSL, una variación liviana del *coupé* Nueva Serie Seis de BMW, venció al Capri RS de Ford en el Campeonato Europeo de Coches de Turismo. La crisis del petróleo de 1973 impidió que el CSL para carreteras y el turbo 2002, lanzados ese año, fueran exitosos. También tuvo problemas con el M1, que comenzó su producción limitada en 1979.

Durante la década de 1970, BMW estableció una gama bien estructurada; presentó el compacto Serie 3 en 1975, el *coupé* Serie 6 en 1976 y el Serie 7 en 1977. En 1981 se hizo una segunda generación de la Serie 5, y BMW se convirtió en proveedor de motores para el equipo Brabham de Fórmula 1, con un turbo de 1,5 litros. Basado

El Isetta, «coche burbuja»
Este coche biplaza se propulsaba con un motor de motocicleta de un cilindro y cuatro tiempos.

501

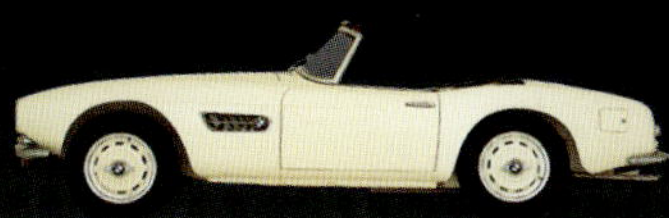

507

3,0 CSL

M3

1911 G. Otto crea una compañía aeronáutica.
1913 K. Rapp crea una fábrica de motores de avión.
1917 Rapp se retira; la firma ahora se llama (BMW) Bayerische Motoren Werke y se une con la compañía aeronáutica.
1923 BMW produce la R32, su primera moto.
1929 BMW compra la marca Dixi; el Dixi 3/15 DA-2 es el primer coche BMW.
1932 3/20 AM-1 primer coche BMW alemán.
1936 BMW lanza el 328, coche ganador de varias competiciones.

1945 La fábrica de BMW en Eisenach ahora es controlada por los soviéticos.
1948 La fábrica de Múnich reinicia la producción de motocicletas.
1951 El 501 es el primer modelo producido en Múnich.
1955 BMW lanza su versión del Isetta, el «coche burbuja».
1959 La familia Quandt interviene para evitar la venta de BMW a Daimler-Benz.
1961 El 1500 es el primer coche Neue Klasse.
1967 BMW adquiere la marca Glas.

1972 Lanzamiento de la Serie 5 E12.
1973 El 3,0 CSL gana el Campeonato Europeo de Coches de Turismo.
1975 Lanzamiento del BMW Serie 3.
1979 Se inicia la producción del supercoche M1.
1983 El motor turbo de BMW lleva a Nelson Piquet, de Brabham, a ganar el Campeonato Mundial de Fórmula 1.
1987 El M3 gana el Campeonato Europeo de Coches de Turismo, repitiendo en 1988.
1990 BMW empieza a suministrar motores para el coche F1 de McLaren.

1994 BMW compra el grupo británico Rover.
1998 BMW compra la marca Rolls-Royce.
2000 BMW vende Rover. Se convierte en proveedor de motores de Fórmula 1 para Williams.
2013 Se crea la Serie 4 para identificar a los derivados deportivos de la Serie 73.
2014 El Serie 2 Active Tourer se convierte en el primer monovolumen compacto de BMW.
2020 El SUV eléctrico de lujo iX ofrece una autonomía de 600 km.

en el motor Neue Klasse de 1961, el turbo llevó a Nelson Piquet a la victoria en el Campeonato Mundial de 1983.

A mediados de la década de 1980, BMW instaló el motor M1 de 24 válvulas en coches de las Series 5 y 6, para producir la Serie M. El motor también fue probado en un Serie 3, pero su peso era excesivo. En cambio, el ingeniero Paul Rosche desarrolló un motor de 16 válvulas y cuatro cilindros para el M3 del año 1988, que permitió dominar en las parrillas de las carreras de turismos, como lo hizo el 328, medio siglo antes. En 1990, BMW fue el proveedor de los motores del modelo McLaren F1 de carretera y en 1999 ganó las 24 Horas de Le Mans con Williams. En el año 2000 desarrolló un motor V10 de Fórmula 1 para Williams y continuó siendo su proveedor de motores hasta el 2005. Después de romper con Williams, BMW se convirtió en el propietario del equipo Sauber de Fórmula 1 entre 2006 y 2009.

A partir del año 2000, BMW amplió su gama de coches con la nueva generación de las Series 3, 5 y 7, los coches deportivos de la serie Z y los SUV Serie X. En 2001, el jefe de diseño, Chris Bangle, rediseñó los coches con «Flame surfacing», utilizando las curvas y los ángulos de un coche para capturar la esencia de una llama ardiente. En la década de 1990, BMW amplió sus operaciones con la compra del grupo británico Rover en 1994 y la marca Rolls-Royce en 1998. En el año 2000 vendió Rover pero en cambio decidió mantener la marca Mini, una inversión que en 2001 se vio premiada con un éxito espectacular.

BMW ha ido ampliando su gama de manera gradual para incorporar berlinas deportivas y de lujo junto con los correspondientes SUV de su serie X, que se fabrican y ensamblan en plantas de todo el mundo. En el ámbito eléctrico, el coche urbano i3 y el deportivo híbrido enchufable i8 fueron novedades absolutas en 2014, mientras que en 2020 presentó el iX, un SUV de lujo totalmente eléctrico.

BMW 328
El 328, producido de 1936 a 1940, fue uno de los mejores coches deportivos de su tiempo. Tenía un cuerpo aerodinámico bellamente decorado, un bastidor tubular ligero y un motor seis cilindros y 1971 cm³ con cámaras de combustión hemisféricas.

Vehículos deportivos de gran alcance

A pesar de la Gran Recesión, en la década de 1930 pequeños fabricantes hicieron coches de turismo y deportivos con grandes motores y, a medida que la economía mejoraba, cada vez más refinados. Las nuevas carreteras permitían ir a altas velocidades y recorrer cómodamente largas distancias en un par de horas, como París-Montecarlo o Londres-Edimburgo.

△ Bentley 4 litros 1931
Origen Reino Unido
Motor 3915 cm^3, seis en línea
Velocidad máxima 129 km/h

Los magníficos modelos de 8 litros y de 4 litros, fueron los actos finales de la compañía independiente Bentley, que fue absorbida por Rolls-Royce.

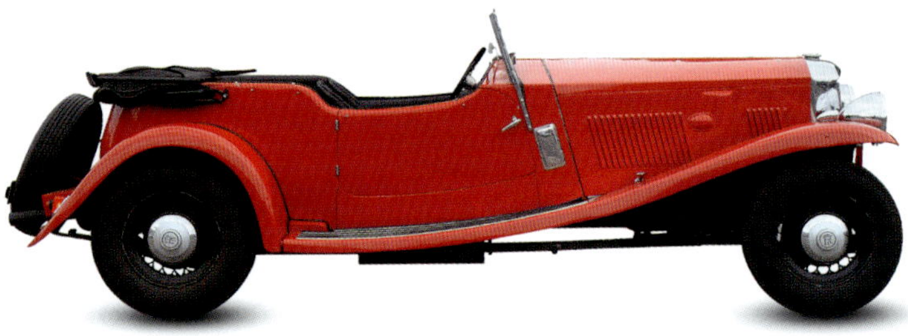

▷ Delahaye T135 1935
Origen Francia
Motor 3227 cm^3, seis en línea
Velocidad máxima 161 km/h

El T135, llamado «Coupé de los Alpes» después de su éxito en el desafiante Rallye Alpine, contaba con un motor de camión modificado. El coche se comportó bien en carreteras y pistas, y lucía fabuloso.

△ Railton Eight 1933
Origen Reino Unido
Motor 4010 cm^3, ocho en línea
Velocidad máxima 145 km/h

R. Railton montó carrocerías deportivas inglesas en el imponente chasis estadounidense Terraplane. El resultado fue el Eight, un deportivo rápido y con un precio competitivo.

△ SS I 1933
Origen Reino Unido
Motor 2552 cm^3, seis en línea
Velocidad máxima 121 km/h

Al principio, William Lyons fabricó motocicletas y carrocerías para Austin Seven. Su primer coche completo fue el SS *coupé* en 1931, que también tuvo versión de turismo en 1933.

◁ Daimler LQ20 Special 1934
Origen Reino Unido
Motor 2700 cm^3, seis en línea
Velocidad máxima 121 km/h

La gama de Daimler ofrecía a propietarios y conductores motores derivados de Lanchester, embrague de fluido y servofreno. A diferencia del ligero Special que se muestra aquí, por lo general estos coches eran sedanes de carrocería pesada.

◁ Lagonda 3 litros 1933
Origen Reino Unido
Motor 3181 cm^3, seis en línea
Velocidad máxima 132 km/h

Para Lagonda fue difícil vender sus turismos de lujo en la recesión, pero su modelo de 3 litros ya era un buen coche deportivo de gran rendimiento. Ofrecía la opción de transmisión con preselección.

△ Mercedes-Benz 540K 1936
Origen Alemania
Motor 5401 cm^3, ocho en línea
Velocidad máxima 171 km/h

El Mercedes-Benz 540K, al doble del precio del Cadillac V16, fue un excelente gran turismo, con la suspensión independiente, frenos asistidos y motor sobrealimentado que lograba 180 CV.

◁ Hotchkiss 680 1936

Origen Francia

Motor 3015 cm³, seis en línea

Velocidad máxima 137 km/h

Para su modelo de 3 litros de 1935, Hotchkiss introdujo nuevas carrocerías aerodinámicas y marchas sincronizadas, que lo hicieron un buen coche de turismo. En 1936 aparecieron brevemente los frenos hidráulicos.

△ Hotchkiss AM80S 1933

Origen Francia

Motor 3485 cm³, seis en línea

Velocidad máxima 145 km/h

Hotchkiss produjo buenos coches deportivos, de los cuales el AM80S tenía el motor más potente de 100 CV. Siguientes versiones ganaron dos veces el Rally de Montecarlo.

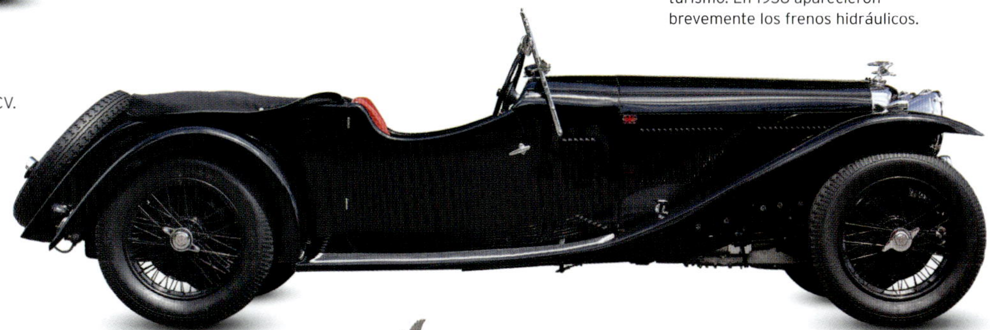

△ Alvis Speed 20 1932

Origen Reino Unido

Motor 2511 cm³, seis en línea

Velocidad máxima 143 km/h

La serie Speed 20 fue el intento de Alvis para competir con los modelos de lujo de Bentley. Estos automóviles de gran alcance y de tres carburadores en realidad eran coches de turismo y no coches deportivos.

◁ Alvis Speed 25 1937

Origen Reino Unido

Motor 3571 cm³, seis en línea

Velocidad máxima 156 km/h

Alvis refinó el Speed 20 con suspensión delantera independiente y caja de cambios sincronizada. Luego le agregó un motor más grande y servofreno para crear este Speed 25.

△ Jensen Tipo S 1937

Origen Reino Unido

Motor 3622 cm³, V8

Velocidad máxima 130 km/h

El Tipo S fue el primer coche de los hermanos Jensen, que empezaron como carroceros. Lo fabricaron en *coupé* descapotable, sedán o turismo, con opción de motor de 2,2 litros.

▷ Triumph Dolomite Roadster 1938

Origen Reino Unido

Motor 1991 cm³, seis en línea

Velocidad máxima 129 km/h

El Dolomite, diseñado por Walter Belgrove, fue un coche llamativo, con su motor de tres carburadores y parrilla en cascada. Tenía tres asientos delante, y dos plazas en la parte trasera.

▷ Delage D6-75 1938

Origen Francia

Motor 2998 cm³, seis en línea

A pesar de estar prácticamente en quiebra y cerca de una toma de control por Delahaye en 1935, Delage siguió haciendo excelentes coches deportivos en la década de 1930. Esta réplica del TT es más deportiva que la mayoría de los D6-75.

La década de 1940

Austeridad y utilidad | *Pick-ups y station wagons* | **Autos** *fastback* **y mucho dinero**

Coches grandes

Después de la Segunda Guerra Mundial, pocos en Europa podían adquirir grandes sedanes de lujo. Los diseños eran conservadores, y solo figuras como ministros, embajadores o médicos podían justificar un coche grande y potente para su trabajo. En su mayoría, los coches eran actualizaciones de modelos anteriores a la guerra, con motores pesados y de gran cilindrada, muchos aún con válvulas laterales y cajas de cambios de tres velocidades.

▷ Isotta-Fraschini 8C Monterosa 1947

Origen Italia

Motor 3400 cm³, V8

Velocidad máxima 161 km/h

Inspirado por Tatra, el fabricante de motores Fabio Rapi trató de hacer un coche de lujo avanzado, con el motor V8 montado atrás, resortes de goma y cuerpo monocasco aerodinámico. Solo se construyeron cinco unidades.

▷ Daimler DE36 1946

Origen Reino Unido

Motor 5460 cm³, ocho en línea

Velocidad máxima 134 km/h

Este coche de la posguerra se entregó a siete familias reales del mundo, incluyendo los Windsor. Tuvo el último motor ocho en línea de producción en Reino Unido.

◁ Bentley MkVI 1946

Origen Reino Unido

Motor 4257 cm³, seis en línea

Velocidad máxima 161 km/h

Tenían un precio menor al Rolls-Royce equivalente. El 80 % de ellos tenían el cuerpo de acero, más barato que las carrocerías clásicas.

▷ Opel Kapitän 1948

Origen Alemania

Motor 2473 cm³, seis en línea

Velocidad máxima 126 km/h

El monocasco Kapitän, reintroducido en 1948, ayudó a Opel a reencontrar su camino después de la guerra. Era práctico y popular: hasta 1951 se vendieron 30 431 unidades.

△ Wolseley 6/80 1948

Origen Reino Unido

Motor 2215 cm³, seis en línea

Velocidad máxima 127 km/h

Este fiable sedán se convirtió en el coche de la policía en Reino Unido de los años cuarenta. Se utilizaba en seguimientos y era un vehículo muy robusto.

▷ Humber Pullman II 1948

Origen Reino Unido

Motor 4086 cm³, seis en línea

Velocidad máxima 126 km/h

Esta imponente limusina fue uno de los coches favoritos de los funcionarios del gobierno británico. El chasis era el de un Super Snipe alargado, y necesitaba un árbol de transmisión de dos piezas.

◁ Humber Super Snipe II 1948

Origen Reino Unido

Motor 4086 cm³, seis en línea

Velocidad máxima 132 km/h

El Super Snipe, favorito de los banqueros y los funcionarios del gobierno, era el epítome del gusto conservador. Su motor era el que usaban los coches del ejército británico durante la guerra.

▽ Rolls-Royce Silver Wraith 1946

Origen Reino Unido
Motor 4257 cm³, seis en línea
Velocidad máxima 137 km/h

El coche más lujoso de la posguerra en Reino Unido, tenía carrocería a medida, por lo general en paneles de aluminio. Su motor creció gradualmente hasta 1959.

△ Ford V8 Pilot 1947

Origen Reino Unido
Motor 3622 cm³, V8
Velocidad máxima 127 km/h

Con motor V8 de culata plana, con una buena potencia. Fue un coche inapropiado para la austeridad de la posguerra en Reino Unido.

▷ Lagonda 2,6 litros 1948

Origen Reino Unido
Motor 2580 cm³, seis en línea
Velocidad máxima 145 km/h

El Lagonda, un convertible y sedán de lujo diseñado por el gran W. O. Bentley, tenía suspensión totalmente independiente y un motor de 2,6 litros con doble árbol de levas, que posteriormente se montó en los Aston Martin.

△ Delahaye 235 1951

Origen Francia
Motor 3557 cm³, seis en línea
Velocidad máxima 177 km/h

El 235 es una versión actualizada del 135 de la preguerra. De este 235 Delahaye fabricó 85 unidades entre 1951 y 1954. La carrocería individualizada era cara, y se reemplazó por una de fábrica.

▷ Austin A135 Princess 1947

Origen Reino Unido
Motor 3995 cm³, seis en línea
Velocidad máxima 142 km/h

El A135 mejoró con tres carburadores y carrocería de aluminio hecha por Vanden Plas. Esta es la limusina siguiente, de gran distancia entre ejes.

◁ Austin A125 Sheerline 1947

Origen Reino Unido
Motor 3995 cm³, seis en línea
Velocidad máxima 130 km/h

Su estilo de bordes agudos y sus faros enormes lograron que este gran Austin luciera como un Bentley. El rendimiento de su motor, derivado del de un camión, era limitado.

Diseños estadounidenses

En la posguerra hubo una gran demanda de coches en Estados Unidos. Los fabricantes se apresuraron a producirlos y trabajaron, ante todo, con diseños de carrocerías anteriores a la guerra. Los estilos eran más desarrollados que los europeos, ya que el país entró en la guerra más tarde. En 1949 se satisfizo la demanda y se fabricaron diseños más aerodinámicos, así como los primeros coches con aletas y cromados.

△ Lincoln 1946

Origen Estados Unidos

Motor 4998 cm³, V12

Velocidad máxima 148 km/h

En 1969, Lincoln, la marca de lujo de Ford, aún hacía coches con el estilo de preguerra. Eran buenos, pero el público buscaba algo más moderno.

△ Kaiser Frazer F47 1946

Origen Estados Unidos

Motor 3707 cm³, seis en línea

Velocidad máxima 132 km/h

El Frazer fue el primer coche estadounidense con un auténtico diseño de posguerra: carrocería de ancho completo sin molduras en las alas delanteras o traseras. Lo diseñó Howard «Dutch» Darrin.

◁ Buick Roadmaster Sedanette 1949

Origen Estados Unidos

Motor 5247 cm³, ocho en línea

Velocidad máxima 140 km/h

El Buick Sedanette de 1949 era de unas proporciones exquisitas. Sus líneas, muy aerodinámicas, resaltaban las barras laterales cromadas, las cubiertas de las ruedas traseras y los respiraderos al estilo de los aviones de combate.

△ Chrysler Windsor Club Coupé 1946

Origen Estados Unidos

Motor 4107 cm³, seis cilindros

Velocidad máxima 132 km/h

El Chrysler Windsor era un Chrysler Royal con un mejor ajuste y asientos en tela de dos tonos. Este *coupé* muestra el estilo de la posguerra en la parte trasera, a pesar de las alas fijas que sobresalen.

▷ Buick Super 1946

Origen Estados Unidos

Motor 4064 cm³, ocho en línea

Velocidad máxima 140 km/h

El estilo de Buick en la posguerra fue una ligera actualización de sus modelos de 1942, pero aun así era más moderno que el de la mayoría de sus rivales. Los descapotables, elegantes y atractivos, resultaban especialmente apetecibles.

△ Chevrolet Stylemaster 1946

Origen Estados Unidos

Motor 3548 cm³, seis en línea

Velocidad máxima 132 km/h

El coche estadounidense de mayor venta mostraba un estilo de preguerra y un precio muy competitivo. Su motor Stovebolt Six se remontaba a 1937.

◁ **Tucker 48 1948**

Origen Estados Unidos
Motor 5475 cm³, seis en oposición
Velocidad máxima 211 km/h

Incluso sin la personalidad de su promotor P. Tucker, este coche se habría llevado todos los titulares. Tenía un motor trasero de helicóptero, de gran rendimiento.

▽ **Pontiac Chieftain Convertible 1949**

Origen Estados Unidos
Motor 4079 cm³, ocho en línea
Velocidad máxima 137 km/h

El éxito de los Pontiac en 1949 fueron los cuerpos bajos y elegantes de anchura completa. Se mejoraron los motores de seis y ocho cilindros con válvulas laterales de antes de la guerra.

◁ **Ford Custom V8 1949**

Origen Estados Unidos
Motor 3917 cm³, V8
Velocidad máxima 137 km/h

El nuevo estilo de Ford llegó en 1949. Era limpio, bajo, moderno y cuadrado, características que se verían pronto también en los Ford europeos. El público se lanzó a comprar los nuevos modelos.

▽ **Dodge Coronet 1949**

Origen Estados Unidos
Motor 3769 cm³, seis en línea
Velocidad máxima 129 km/h

El nuevo aspecto cuadrado de Dodge se presentó en 1949. En aquel momento los automóviles de Estados Unidos no diferían mucho de los de Europa, salvo en los cromados. Pero esto cambiaría.

△ **Cadillac Fleetwood 60 Special 1947**

Origen Estados Unidos
Motor 5670 cm³, V8
Velocidad máxima 145 km/h

En 1947, Cadillac seguía haciendo coches con estilo preguerra, agregándoles cada vez más cromo. A este lujoso coche se le adaptaron puertas ligeramente más anchas.

◁ **Hudson Super Six 1948**

Origen Estados Unidos
Motor 4293 cm³, seis en línea
Velocidad máxima 145 km/h

Hudson, una de las pocas empresas estadounidenses pequeñas en la producción de coches de posguerra, sobresalió con sus modelos de construcción baja «step-down» de 1948 y motores Super Six, nuevos y potentes.

△ **Cadillac Series 62 Club Coupé 1949**

Origen Estados Unidos
Motor 5424 cm³, V8
Velocidad máxima 148 km/h

El diseño de carrocería de General Motors en 1948 tenía aletas de cola inspiradas en el avión de combate Lockheed P38. En 1949 se introdujo un nuevo motor OHV.

▽ **Chevrolet Fleetline Deluxe 1949**

Origen Estados Unidos
Motor 3548 cm³, seis en línea
Velocidad máxima 129 km/h

En 1949, Chevrolet adoptó aletas delanteras totalmente incorporadas. Pese a que aún tenían un estilo conservador, la marca seguía siendo líder en el mercado.

▽ **Packard Super Eight convertible 1948**

Origen Estados Unidos
Motor 5359 cm³, ocho en línea
Velocidad máxima 158 km/h

1948 fue el mejor año de Packard, con su exitoso estilo «bañera» limpio y moderno. Pero, a diferencia de sus rivales, la pequeña empresa no podía renovar diseño todos los años.

△ **Oldsmobile 88 Club Sedan 1949**

Origen Estados Unidos
Motor 4977 cm³, V8
Velocidad máxima 161 km/h

Los Oldsmobile de 1949 tuvieron una gran demanda, debido tanto al diseño futurista como al nuevo motor Rocket V8 de altas prestaciones y a la transmisión automática Hydramatic.

◁ **Studebaker Champion 1950**

Origen Estados Unidos
Motor 2779 cm³, seis en línea
Velocidad máxima 132 km/h

En 1947, Studebaker fue la primera gran marca en introducir un diseño propio de posguerra. En 1950, el Champion fue su primera gran modificación, con un morro más largo y líneas aerodinámicas.

Jeep, 1942
Hecho por Ford y Willys, el Jeep era un taxi usado en los campos de batalla por el ejército estadounidense. Estos soldados no podían imaginar que aquellos coches tendrían un uso lúdico en tiempos de paz.

Vehículos prácticos de uso diario

La demanda y la escasez de la Segunda Guerra Mundial significó que en la década de 1940 el transporte tuviera que concentrarse en lo práctico, sin adornos o lujos. Todoterrenos y camionetas *pick-up* fueron vitales para trasladar alimentos y suministros, y los vehículos fuertes transportaban tropas por terrenos agrestes. Mientras la economía se recuperaba después de la guerra, la gente pedía vehículos sencillos pero robustos.

▽ Humber Super Snipe staff car 1938

Origen Reino Unido

Motor 4086 cm^3, seis en línea

Velocidad máxima 126 km/h

Este Humber fue el vehículo perfecto para el transporte de los oficiales británicos durante la Segunda Guerra Mundial. Pese a ser grande y pesado, era rápido y muy fuerte.

△ Ford F1 1948

Origen Estados Unidos

Motor 3703 cm^3, V8

Velocidad máxima 112 km/h

El camión de 1948, atractivo, bien proporcionado y potente, con motor V8, fue diseñado por Bob Gregorie siguiendo las líneas de la gama Ford de 1939. Siempre fue muy popular.

△ Citroën 11 Large 1935

Origen Francia

Motor 1911 cm^3, cuatro en línea

Velocidad máxima 105 km/h

El más grande de los innovadores Citroën de tracción delantera, medía más de 4,5 m de largo. Con tres filas de asientos, era ideal para familias grandes o para taxis.

▽ International Harvester Serie K pick-up 1941

Origen Estados Unidos

Motor 3507 cm^3, seis en línea

Velocidad máxima 105 km/h

El *pick-up* se convirtió en el transporte estándar en zonas rurales de Estados Unidos, en la década de 1940. International Harvester, fabricante de máquinas agrícolas, empezó a construir camiones ligeros en 1909.

△ Volkswagen Kübelwagen 1940

Origen Alemania

Motor 985 cm^3, cuatro opuestos

Velocidad máxima 80 km/h

El transporte militar de F. Porsche, basado en el Escarabajo, sirvió en los terrenos de batalla, aunque solo tenía tracción en dos ruedas. Se hicieron 50 435 entre 1940 y 1945.

△ Volkswagen Schwimmwagen Tipo 166 1941

Origen Alemania

Motor 1131 cm^3, cuatro opuestos

Velocidad máxima 76 km/h

El Schwimmwagen, anfibio del que se hicieron 15 584 unidades, tenía tracción en las cuatro ruedas en primera marcha, con dos diferenciales de deslizamiento limitado y hélice para el agua.

▷ Chevrolet Stylemaster Van 1946

Origen Estados Unidos

Motor 3548 cm^3, seis en línea

Velocidad máxima 140 km/h

Esta furgoneta de gran capacidad fue ideal para transportar cargas en zonas rurales. El duradero motor «Stovebolt Seis» introducido en 1937 la convirtió en un gran éxito.

◁ **Standard Vanguard 1948**

Origen Reino Unido

Motor 2088 cm³, cuatro en línea

Velocidad máxima 124 km/h

El sueño de posguerra de John Black, director de Standard, fue construir un coche para exportar a todo el mundo. Sin embargo, las ventas se limitaron a los países de la Mancomunidad Británica.

▽ **Land-Rover Serie I 1948**

Origen Reino Unido

Motor 1595 cm³, cuatro en línea

Velocidad máxima 89 km/h

Maurice Wilks, director de Rover, concibió este 4x4 utilitario para las familias de agricultores, a fin de transportarlos al campo, llevar a los niños a la escuela y cargar productos del mercado.

▷ **Land Rover Serie I Station Wagon 1948**

Origen Reino Unido

Motor 1595 cm³, cuatro en línea

Velocidad máxima 89 km/h

El Land Rover, mucho más versátil que el Jeep que lo inspiró y más apetecido, llevó a la demanda de un vehículo más civilizado: el Station Wagon de siete asientos cumplió con ese requisito.

◁ **Willys MB «Jeep» 1941**

Origen Estados Unidos

Motor 2199 cm³, cuatro en línea

Velocidad máxima 97 km/h

Willys, Ford y Bantam compitieron por un contrato con el Ejército de los Estados Unidos, para construir un vehículo de reconocimiento ligero y tracción en las cuatro ruedas. Willys ganó el contrato con el MB y Ford lo fabricó como el Ford GPW.

▽ **Willys Jeep Jeepster 1948**

Origen Estados Unidos

Motor 2199 cm³, cuatro en línea

Velocidad máxima 97 km/h

El diseñador B. Stevens quiso crear un deportivo divertido a partir del jeep de la guerra. Solo tenía tracción trasera y su decoración usaba mucho cromo.

△ **Jowett Bradford 1946**

Origen Reino Unido

Motor 1005 cm³, dos opuestos

Velocidad máxima 85 km/h

El motor Jowett de dos cilindros opuestos se remonta a 1910, pero pronto pasó a propulsar este coche de finca. Fue un típico transporte funcional construido en Yorkshire.

◁ **Hillman Minx Phase III estate 1949**

Origen Reino Unido

Motor 1185 cm³, cuatro en línea

Velocidad máxima 95 km/h

Los *estate cars*, coches para fincas, fueron prácticos caballos de batalla, y Hillman fue una de las primeras marcas británicas en producir una carrocería para estos coches, adaptada de una furgoneta Commer monocasco.

La Serie F de Ford

Durante casi un siglo, los *pick-up* han formado parte de la sociedad estadounidense, y especialmente la Serie F de Ford, que fue el primer vehículo civil totalmente nuevo de Ford al reanudar su producción después de la guerra. Fue anunciado con el lema «Hecho más fuerte para que dure más». La serie tuvo tanto éxito que durante más de dos décadas fueron los vehículos de mayor venta en Estados Unidos, y ha estado en producción continua desde su lanzamiento en 1948.

LA EXPERIENCIA DE FORD al producir camionetas *pick-up* desde la década de 1920 implicó que, tras la Segunda Guerra Mundial, la empresa pudiera construir una línea nueva de coches utilitarios. Los *pick-ups* de la Serie F de 1948, conocidos como «Hechos con algo más», por sus características adicionales, ofrecían variantes de carga útil de 1/2 tonelada (F-1), 3/4 tonelada (F-2) y 1 tonelada (F-3), además de verdaderos caballos de batalla, como el F-5, con gran capacidad. Los de la Serie F no se parecían a ningún otro *pick-up* anterior, con cabinas individuales, separadas de la plataforma, eran diferentes a los que, antes de la guerra, pasaban por *pick-ups*. Ford anunció sus nuevas camionetas, con frases como «¡Lo más novedoso bajo nuestra bandera! ¡Emocionantemente modernos!». Bajo el brillante exterior, nuevos motores daban más potencia y economía. Esta combinación cautivó de inmediato a los estadounidenses. En 1948 se vendieron casi 110 000 F-1; fue el año más exitoso de Ford en venta de camiones. Tal fue el impacto, que los descendientes de la Serie F aún se venden a raudales, más de 60 años después.

ESPECIFICACIONES	
Modelo	Ford F-1 (primera generación, 1948-52)
Ensamblaje	Estados Unidos
Producción	628 318
Construcción	Chasis rígido
Motor	3523/3703 cm³ seis en línea, 3916 cm³ en V8
Potencia	95-106 CV a 3300-3800 rpm
Transmisión	Manual, de tres o cuatro velocidades
Suspensión	Ballestas delanteras y traseras
Frenos	Tambores delanteros y traseros
Velocidad máxima	113 km/h

La herencia del *pick-up*
El famoso logotipo de Ford se patentó en 1909, tras haber sido usado por la empresa en varias formas durante el inicio de la década. Un par de años más tarde se le añadió el óvalo de fondo. En el F-1 el logo solo se puso sobre el acero de la puerta trasera.

VISTA FRONTAL

VISTA TRASERA

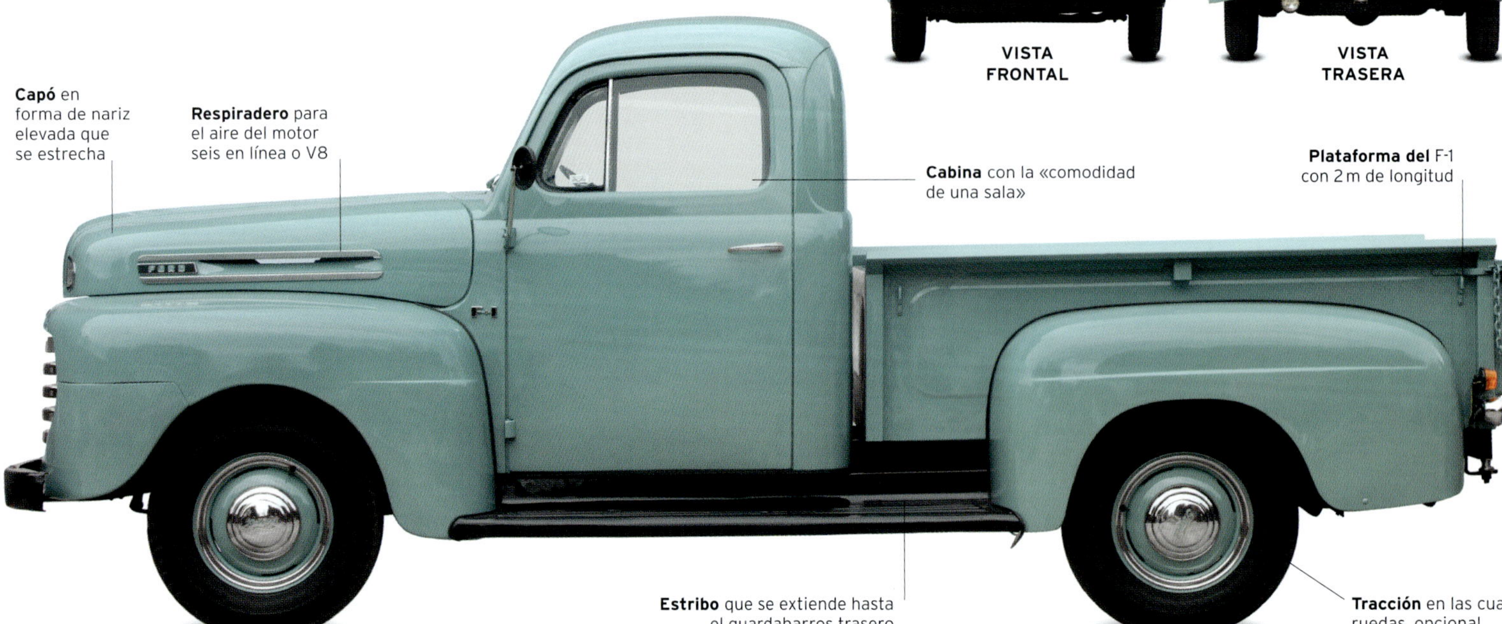

Viaje cómodo

El famoso «*pick-up* de un millón de dólares» de la Serie F, que fue el resultado de un programa de desarrollo, buscaba darle al conductor y a dos pasajeros la comodidad, el espacio y la visibilidad que no habían tenido antes en un *pick-up*. En el exterior, como se aprecia en este F-1 de 1948, la parte delantera era un audaz esfuerzo de diseño, consistente en una línea del capó elevada, con rejillas de ventilación, parrilla cromada horizontal de cinco barras y faros instalados a ambos lados de las barras.

EL EXTERIOR

Al hacer la cabina separada de la zona de carga trasera, Ford pudo ofrecer más de 139 combinaciones chasis-carrocería. Esto hizo que la serie F ofreciera gran variedad de estilos, incluyendo furgones, *pick-ups* y camiones de plataforma, con capacidad de carga bruta de hasta 10 000 kg, incluido el peso del vehículo. El gran énfasis en investigación y desarrollo que Ford dio a la Serie, logró combinar forma y función, objetivo que se cumplió en estos vehículos utilitarios con visión futurista.

1. En 1953 se cambió el nombre de F-1 a F-150 **2.** Salidas de aire del capó **3.** En el modelo de 1951, faros y parrilla se rediseñaron **4.** Logo alternativo **5.** Manilla externa **6.** Tapa del depósito de gasolina (64 litros), montado en la cabina **7.** Tapacubos opcionales **8.** Cadena de la puerta trasera **9.** Luz de posición e intermitente **10.** Portón trasero **11.** Piso de plataforma de madera

3

1

2

4

5

6

11

7

8

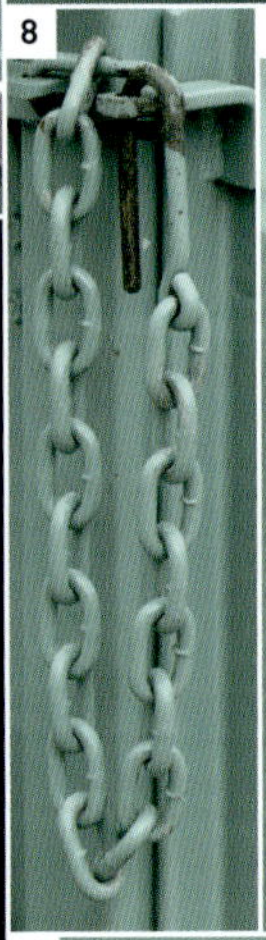

9

10

12

EL INTERIOR

En la nueva Serie F se dio gran importancia a la calidad del viaje. Incluía cojines adicionales y casquillos de goma suplementarios (para absorber energía), que permitían niveles de conducción y estabilidad en carretera similares a los de los coches. El interior, antes sobrio, que solo ponía énfasis en la funcionalidad, dio paso a lujos, entre ellos un asiento tipo poltrona, control de tres vías para el aire de la cabina y un parabrisas de máxima visibilidad. También tenía parasol para el pasajero, limpiaparabrisas y bocina adicional.

12. El metal pintado de la cabina indica su carácter estrictamente utilitario **13.** Elevalunas y manilla interior de la puerta **14.** Ranuras de ventilación **15.** Cenicero pequeño en el salpicadero **16.** Compartimento de almacenaje **17.** Asiento de muelles con capacidad para tres personas **18.** Unidad de calefacción **19.** Pedales de embrague y de freno

15

16

13

14

17

18

19

BAJO EL CAPÓ

La situación financiera de la posguerra exigía vehículos económicos. Esto significó dos nuevas unidades de F-1, uno de seis cilindros y 3703 cm^3 y otro de motor V8 y 3916 cm^3, que se muestra aquí. El primero fue sustituido en 1952 (último año de modelos de primera generación), por uno de seis cilindros y 3523 cm^3 con válvulas en culata, que casi igualó al V8 en rendimiento. Estos motores eran fuertes y fiables, pero consumían poco y necesitaban poco mantenimiento, por lo que tenían gastos de funcionamiento muy bajos.

20

20. Los motores de la Serie F se promocionaron como «Los más modernos en camiones/camionetas»

Deportivos y descapotables

Después de la Segunda Guerra Mundial se pidió a los fabricantes británicos de coches, que ayudaran a restablecer la maltrecha balanza de pagos de Reino Unido. Se fabricaron deportivos para vender en el mercado estadounidense, donde los coches eran voluminosos y poco ágiles como para competir con los europeos. Pocos coches británicos durarían hasta bien entrada la siguiente década (una excepción fue el Jaguar XK120) y la Europa continental solo vio la construcción de un puñado de coches deportivos caros.

△ Bristol 400 1947
Origen Reino Unido
Motor 1971 cm³, seis en línea
Velocidad máxima 151 km/h

Bristol Aeroplanes hizo un diseño modificado del BMW de la preguerra, llevado a Reino Unido como «indemnización de guerra». Fue un buen deportivo y se vendió bien.

△ Riley RMC Roadster 1948
Origen Reino Unido
Motor 2443 cm³, cuatro en línea
Velocidad máxima 161 km/h

Este Roadster, intento a medias de hacer un deportivo a partir de un sedán deportivo cuatro puertas, tenía tres asientos y cola larga. Solo se hicieron 507 unidades.

▷ Bristol 402 1948
Origen Reino Unido
Motor 1971 cm³, seis en línea
Velocidad máxima 158 km/h

Un viaje por Italia le dio al Bristol un estilo atractivo de posguerra para el sedán 401 y para este descapotable de cuatro asientos, con techo oculto y ventanas manuales.

◁ Jaguar XK120 1948
Origen Reino Unido
Motor 3442 cm³, seis en línea
Velocidad máxima 201 km/h

William Lyons diseñó su 120 como un simple banco de pruebas para el nuevo motor XK con doble árbol de levas. Sin embargo, la enorme demanda lo convenció de ponerlo en producción.

△ Ferrari 166 MM Barchetta 1949
Origen Italia
Motor 1995 cm³, V12
Velocidad máxima 201 km/h

Fue el primer coche de carreras producido totalmente por Ferrari. En general usaba esta fabulosa carrocería Barchetta; ganó las Mille Miglia, Spa y Le Mans en 1949.

Fórmula 1

Al reanudarse las carreras de Fórmula 1 en 1946 al final de la Segunda Guerra Mundial, el Mercedes Silver Arrows, casi imbatible en los años treinta, ni siquiera se presentó. Las nuevas normas permitían motores sobrealimentados de 1,5 litros o motores de 4,5 litros no sobrealimentados. Los pequeños coches italianos Alfa Romeo y Maserati dominaron; el único que los derrotó en la década de 1940 fue el coche francés Talbot-Lago.

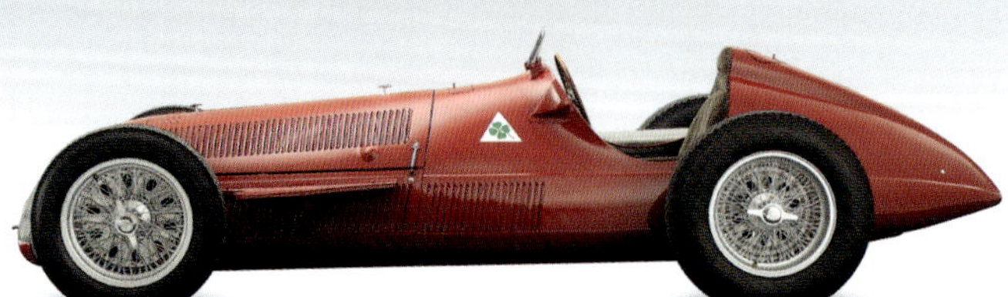

△ Alfa Romeo 158 Alfetta 1948
Origen Italia
Motor 1479 cm³, ocho en línea
Velocidad máxima 290 km/h

El sobrealimentado 158/159, uno de los más exitosos coches de Fórmula 1 de la historia, ganó 47 de los 54 grandes premios en los que participó. Su excelente motor alcanzaba 350 CV.

▷ **Talbot-Lago T26 Grand Sport 1947**

Origen Francia
Motor 4482 cm³, seis en línea
Velocidad máxima 193 km/h

El máximo *Grand Tourer* de la década de 1940 disfrutó de una amplia gama de fabulosas carrocerías, ninguno tan fino como esta de Saoutchik. Una versión más ligera ganó Le Mans en 1950.

◁ **MG TC 1945**

Origen Reino Unido
Motor 1250 cm³, cuatro en línea

El TC, atractivo, ligero y divertido, pero de diseño antiguo, se vendió con la misma rapidez con que MG lo fabricaba en los primeros años de la posguerra.

▽ **MG YT 1948**

Origen Reino Unido
Motor 1250 cm³, cuatro en línea
Velocidad máxima 114 km/h

El versátil YT, un coche deportivo de MG diseñado para uso familiar, se fabricó exclusivamente para exportación. Entre 1948 y 1950 solo se vendieron 877 unidades.

△ **MG TD 1949**

Origen Reino Unido
Motor 1250 cm³, cuatro en línea
Velocidad máxima 129 km/h

El TD aún parecía un coche de la preguerra; era redondeado, fácil de ajustar y con una versión de volante a la izquierda. Entre 1950 y 1953 se vendieron 29 664 en todo el mundo.

◁ **Austin A90 Atlantic 1949**

Origen Reino Unido
Motor 2660 cm³, cuatro en línea
Velocidad máxima 146 km/h

L. Lord intentó hacer un coche atractivo para los estadounidenses. A pesar de la publicidad de los récords en la pista de Indianápolis, el coche resultó demasiado pequeño y costoso para ser popular.

△ **Healey Silverstone 1949**

Origen Reino Unido
Motor 2443 cm³, cuatro en línea
Velocidad máxima 172 km/h

D. Healey agregó el motor Riley con doble árbol de levas a su propio chasis, logrando un buen comportamiento. El resultado fue este coche ideal para la competición de carretera.

◁ **Allard P1 1949**

Origen Reino Unido
Motor 3622 cm³, V8
Velocidad máxima 137 km/h

Sydney Allard incorporó el motor Ford V8 de válvulas laterales a un chasis deportivo con carrocería ligera. De esta manera produjo el P1, con el que ganó el Rally de Montecarlo en 1952.

◁ **Maserati 4CLT/48 1948**

Origen Italia
Motor 1491 cm³, cuatro en línea
Velocidad máxima 270 km/h

Con un nuevo chasis tubular y sobrealimentadores dobles, en 1948 el Maserati 4CLT de 16 válvulas se hizo más poderoso y competitivo; ganó numerosos grandes premios en 1948 y en 1949.

△ **Talbot-Lago T26C 1948**

Origen Francia
Motor 4482 cm³, seis en línea
Velocidad máxima 270 km/h

Por su resistencia y fiabilidad y a pesar de su peso, en 1949 el T26C obtuvo dos victorias en grandes premios. Llevaba caja de cambios con preselector y no estaba sobrealimentado.

Jaguar XK seis en línea

El Jaguar XK seis en línea, uno de los motores más emblemáticos en la historia del automovilismo, era ligero, potente y fiable, y se mantuvo sin cambios esenciales durante casi 40 años. Utilizado en el XK120 original, también se usó en los coches deportivos XK140, XK150, en los tipo E y C y en los coches de carreras tipo D. También de fabricaron varias gamas de sedán.

MOTOR EMBLEMÁTICO PARA COCHES DEPORTIVOS

Antes de la Segunda Guerra Mundial, cuando Jaguar se conocía como SS Cars, los motores se compraban a Standard. La idea de producir un motor propio surgió durante la guerra. Un equipo de ingenieros, dirigido por su fundador, William Lyon, y que incluyó a William Heynes, Walter Hassan y Claude Baily, planificó el motor en detalle mientras vigilaban la presencia de bombarderos desde el techo de la fábrica en Coventry. Harry Weslake diseñó la culata de aluminio. El motor XK permitió a la ahora llamada Jaguar Cars no depender de proveedores externos.

ESPECIFICACIONES DEL MOTOR	
Fechas de producción	1949-1986
Cilindros	Seis en línea
Configuración	Montaje delantero, longitudinal
Cilindradas del motor	2,4 litros, 2,8 litros, 3,4 litros, 3,8 litros y 4,2 litros
Potencia	133 CV (2,4) a 265 CV (3,8 y 4,2)
Tipo	Motor convencional de gasolina, de cuatro tiempos, refrigerado por agua, con pistones alternativos, delco de encendido y cárter húmedo o seco
Culata	DOHC con taqués de cubo; dos válvulas por cilindro
Alimentación	Tres carburadores SU HD.8
Diámetro y carrera	87 mm x 106 mm
Potencia	260 CV a 4000 rpm
Compresión	9,0:1

▷ **Ver pp. 352-353** Cómo funciona un motor

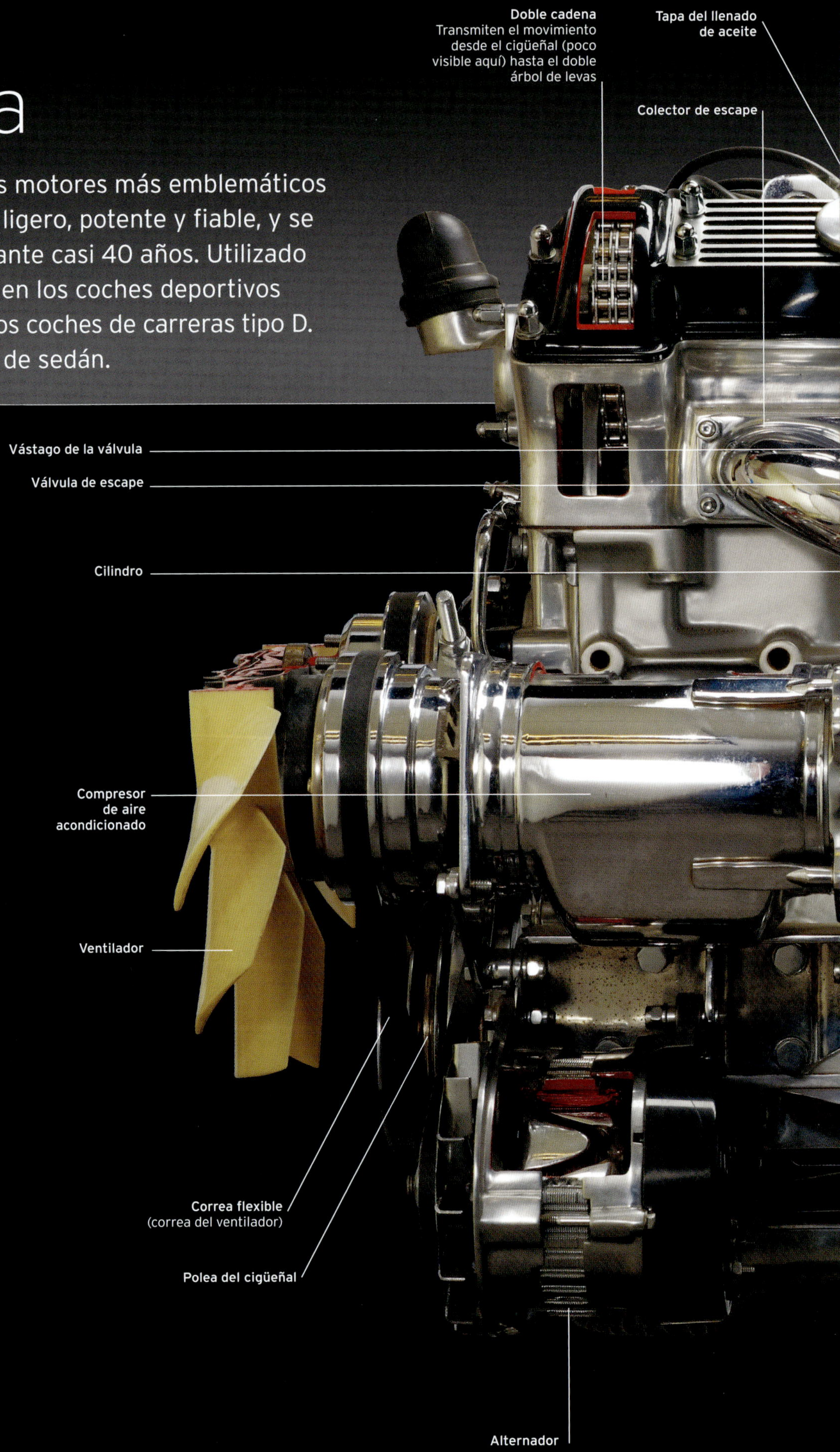

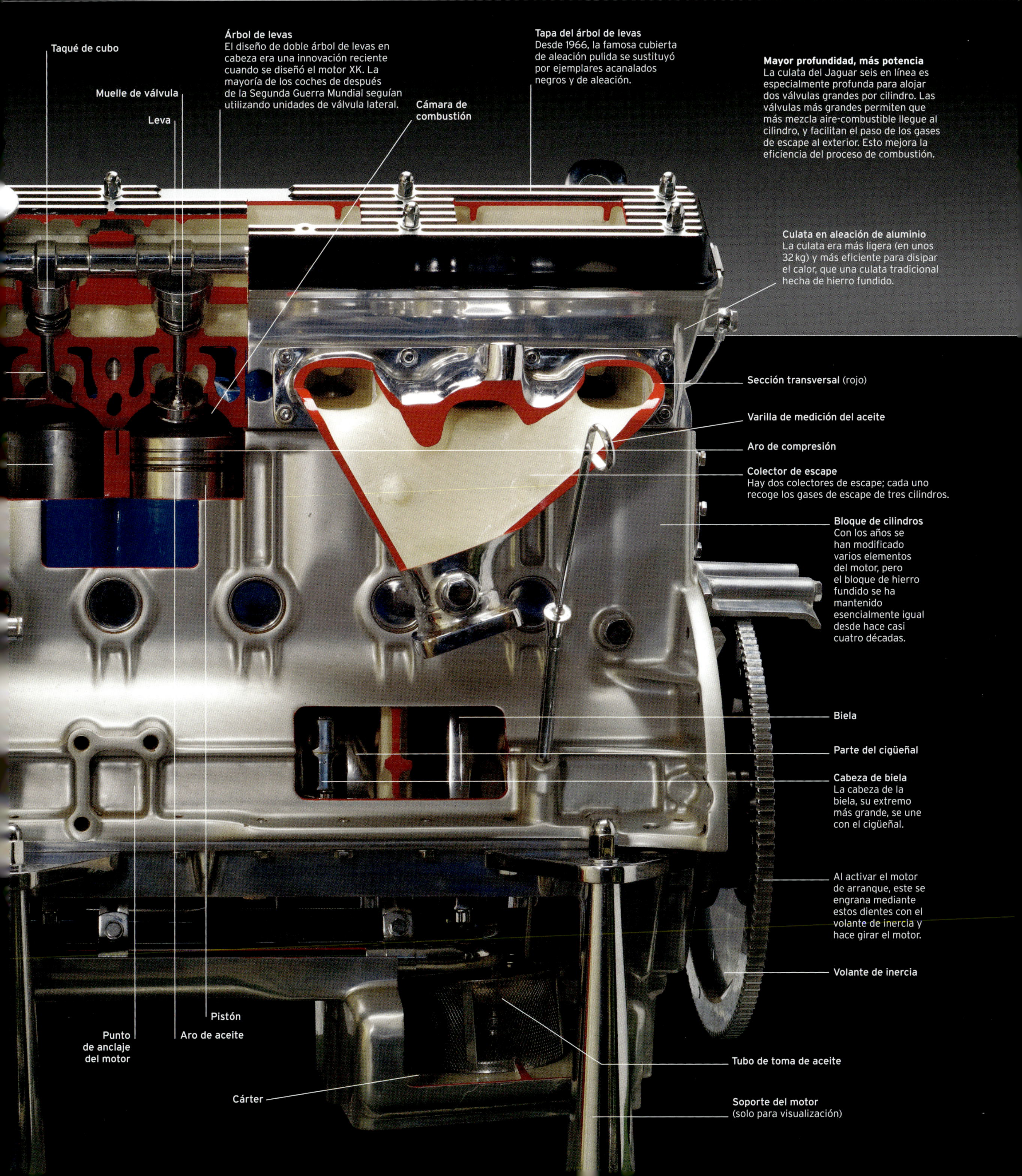
Taqué de cubo
Árbol de levas
El diseño de doble árbol de levas en cabeza era una innovación reciente cuando se diseñó el motor XK. La mayoría de los coches de después de la Segunda Guerra Mundial seguían utilizando unidades de válvula lateral.
Tapa del árbol de levas
Desde 1966, la famosa cubierta de aleación pulida se sustituyó por ejemplares acanalados negros y de aleación.
Mayor profundidad, más potencia
La culata del Jaguar seis en línea es especialmente profunda para alojar dos válvulas grandes por cilindro. Las válvulas más grandes permiten que más mezcla aire-combustible llegue al cilindro, y facilitan el paso de los gases de escape al exterior. Esto mejora la eficiencia del proceso de combustión.
Muelle de válvula
Leva
Cámara de combustión
Culata en aleación de aluminio
La culata era más ligera (en unos 32 kg) y más eficiente para disipar el calor, que una culata tradicional hecha de hierro fundido.
Sección transversal (rojo)
Varilla de medición del aceite
Aro de compresión
Colector de escape
Hay dos colectores de escape; cada uno recoge los gases de escape de tres cilindros.
Bloque de cilindros
Con los años se han modificado varios elementos del motor, pero el bloque de hierro fundido se ha mantenido esencialmente igual desde hace casi cuatro décadas.
Biela
Parte del cigüeñal
Cabeza de biela
La cabeza de la biela, su extremo más grande, se une con el cigüeñal.
Al activar el motor de arranque, este se engrana mediante estos dientes con el volante de inercia y hace girar el motor.
Volante de inercia
Pistón
Punto de anclaje del motor
Aro de aceite
Tubo de toma de aceite
Cárter
Soporte del motor (solo para visualización)

Jaguar Tipo D en Le Mans, 1957

Grandes marcas

Historia de Jaguar

La empresa de William Lyons, tras construir motocicletas con sidecar en un pequeño taller de una ciudad costera del noroeste de Inglaterra, se convirtió en fabricante de coches deportivos y sedanes de alta calidad. Durante décadas, Jaguar ha sido sinónimo de coches rápidos y refinados.

AMANTES DE LAS MOTOCICLETAS, William Lyons y William Walmsley iniciaron la Swallow Sidecar Company en Blackpool, Lancashire, en 1922. Swallow Sidecars rápidamente se hizo popular por su alta calidad y su aspecto elegante. En 1927 comenzó a hacer carrocerías para los Austin Seven. En la década de 1920 las carrocerías de Swallow, diseñadas por Lyons, dieron al Seven un toque de estilo único.

En 1928, la empresa se trasladó a la ciudad de Coventry en Midlands, donde Lyons amplió la gama de carrocerías de Swallow. En 1931, Swallow se lanzó a fabricar coches propios; el SS1 y SS2. Ambos montaban la elegante carrocería de Lyons sobre chasis hechos por Standard, otra empresa de Coventry. En 1934, Swallow cambió su nombre a SS Cars cuando Walmsley dejó la empresa. En 1935 Lyons dio a conocer su primer coche deportivo, el Jaguar SS90. El año siguiente lanzó el más célebre de los primeros coches de Lyons, el Jaguar SS100, que alcanzaba 160 km/h.

Emblema de Jaguar
(lanzado en 1935)

Después de la Segunda Guerra Mundial, se eliminaron las letras SS por su connotación nazi y pasaron a usar Jaguar para todos sus coches. Durante la guerra, los ingenieros de Jaguar habían empezado a trabajar en un nuevo motor de 3,4 litros y doble árbol de levas; este se convirtió en un elemento característico de la marca durante las siguientes cuatro décadas. Se presentó en el deportivo XK120 en el London Motor Show de 1948. El XK120 dio altos niveles de rendimiento a un precio inferior a 1000 libras. Los famosos coches de carreras tipos C y D, con motor XK120 y equipados con frenos de disco y aerodinámica de baja resistencia, ganaron la carrera de las 24 Horas de Le Mans cinco veces en la década de 1950. Junto a la línea de coches deportivos XK, que evolucionó con los XK140 y XK150 a finales de la década de 1950, Jaguar ofreció sedanes rápidos y sofisticados. El MkVII fue el máximo sedán Jaguar de esta época. Combinaba elegancia, potencia del motor XK y un sofisticado chasis, ofreciendo un manejo excelente. La publicidad de la época (y durante muchos años más) utilizaba el lema «Gracia, espacio, ritmo», que resumía bien esta gama. De la misma manera que el XK120 lo había hecho en 1948, el tipo E de Lyons impresionó en 1961 al mundo automovilístico con su rendimiento, apariencia impresionante y precio. El tipo E, una vez más impulsado por el motor XK, ahora de 3,8 litros, se basó en la misma estructura monocasco que el Tipo D, ganador en Le Mans. El coche también tenía la forma elegante y aerodinámica del tipo D. Disponible en versiones *coupé* de techo fijo y *roadster* abierto, el tipo E fue un gran éxito. Se vendió bien, al igual que los sedanes 1960 de Jaguar (el MkX y el compacto MkII).

A mediados de la década de 1960, Jaguar es enfrentó a dos problemas: William Lyons estaba a punto de jubilarse y no tenía sucesor, y la Pressed Steel Company, que construía las carrocerías de Jaguar, había sido absorbida por la rival BMC. En 1966 todo se solucionó, cuando BMC y Jaguar se unieron y formaron British Motor Holdings, que dos años más tarde se fusionó con el grupo Leyland e hicieron la British Leyland. Mientras que el sedán XJ de 1968 y el motor V12 introducido en 1971 en el tipo E fueron grandes logros técnicos, la década de 1970 también vio el lanzamiento del controvertido XJ-S y el fracaso del programa del *coupé* de carreras XJ. Dentro del vasto conglomerado British Leyland, ahora de propiedad del Estado, la calidad de los Jaguar se vio deteriorada. La privatización se produjo en 1984 y

> «La **impresión que queda**... es su combinación de **rendimiento extravagante** y funcionamiento silencioso y **sin esfuerzo**».
>
> WILLIAM BODDY COMENTANDO EL XK120, *MOTOR SPORT MAGAZINE*, 1951

«Gracia, espacio, ritmo», comienzos de 1960
Este anuncio, que deja que los coches lo digan todo, muestra el MkII, MkX y el tipo E y ofrece «una experiencia automovilística inigualable, que ningún otro coche le puede ofrecer».

Jaguar V12
El motor V12, usado por primera vez en el Tipo E de la Serie 3 de 1971, propulsó los automóviles Jaguar hasta 1996, cuando se cambió por el AJ-V8. Se basó en un coche prototipo Le Mans, el XJ13, que nunca corrió.

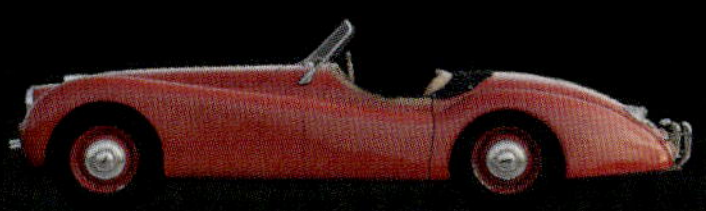

XK120

TIPO D

TIPO E

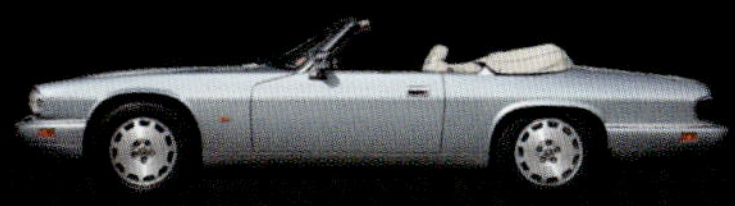

XJS

1922 W. Lyons y W. Walmsley crean la Swallow Sidecars.
1927 Swallow hace carrocerías para A. Seven.
1931 Lanzamiento del primer coche de Swallow, el SS1.
1934 La compañía cambia su nombre por el de SS Cars Limited.
1935 Lanzamiento del SS90 y el SS100.
1945 SS Cars se convierte en Jaguar Cars.
1948 Jaguar lanza el XK120 y el motor XK.
1951 P. Walker y P. Whitehead ganan en Le Mans con un Jaguar XK120C.
1953 T. Rolt y D. Hamilton ganan en Le Mans con un Jaguar tipo C.
1955 El Jaguar tipo D gana en Le Mans y repite su hazaña en 1956 y 1957.
1956 Lanzamiento del 2,4 litros, el primer Jaguar con cuerpo monocasco.
1960 Jaguar compra Daimler a BSA.
1961 Presentación del tipo E y del sedán MkX; Jaguar adquiere Guy Motors.
1962 Lanzamiento del Daimler 2,5 litros, el primer híbrido Jaguar-Daimler.
1966 Jaguar se fusiona con la British Motor Corporation y se forma la British Motor Holdings (BMH).
1968 BMH y Leyland se fusionan y forman la British Leyland Motor Corporation.
1988 J. Dumfries, A. Wallace y J. Lammers ganan Le Mans en el XJR-9.
1988 Con un Jaguar, M. Brundle gana el Mundial de Coches Sport.
1989 Ford adquiere Jaguar por 1600 millones de libras.
1990 J. Nielsen, P. Cobb y M. Brundle ganan las 24 horas de Le Mans en el XJR-12.
1998 El nuevo modelo tipo S es un gran éxito.
1999 Jaguar entra a formar parte del Premier Automotive Group de Ford.
2001 Llueven críticas a la justificación del nuevo sedán compacto tipo X.
2008 Ford vende Jaguar a Tata.
2013 El tipo F es el nuevo deportivo de Jaguar.
2015 Lanzamiento de la berlina deportiva XE.
2016 Se aborda el mercado SUV con el F-Pace, seguido del E-Pace.
2018 El audaz I-Pace es un SUV eléctrico puro con un nuevo estilo distintivo.

bajo la dirección de John Egan, Jaguar prosperó una vez más. El XJ-S había demostrado su éxito en las carreras de coches de turismo con el equipo Tom Walkinshaw Racing, y Jaguar se apoyó en ello para regresar a Le Mans en 1988. Con motores V12 basados en unidades de coches de carretera de Jaguar, los coches deportivos XJR-9 y XJR-12 ganaron en Le Mans en 1988 y 1990, respectivamente.

En 1989 se supo que GM, Daimler-Benz y Ford estaban interesados por Jaguar. Ford la adquirió por 1600 millones de libras y actualizó las fábricas de la firma. La rejuvenecida Jaguar desarrolló nuevos sedanes XJ y un *coupé* deportivo XK con motor V8, al tiempo que reducía costos y mejoraba la calidad. En 1999, Jaguar se convirtió en parte del Premier Automotive Group de Ford, que incluía las marcas Aston Martin, Land Rover, Lincoln y Volvo. Ford también compró el equipo de Fórmula 1 de Jackie Stewart y lo rebautizó como Jaguar, pero esta aventura de carreras no tuvo éxito.

Con una gran presión por tener que concentrarse en sus negocios principales, al ver que su cuota en el mercado se estaba reduciendo drásticamente en el nuevo milenio, en 2008 Ford vendió Jaguar y Land Rover al grupo indio Tata por 1150 millones de libras. Tata heredó planes muy avanzados de nuevos modelos, incluyendo un sedán XF de tamaño medio y un nuevo XJ, que fueron lanzados con grandes éxitos y elogios. En 2010, Jaguar había vuelto a los beneficios. Las estructuras de aluminio, compartidas con Land Rover, apuntalaron los nuevos modelos, incluido el radical SUV eléctrico Jaguar I-Pace de 2018.

Jaguar XK140, 1954
El Jaguar XK140, sucesor del muy exitoso XK120, tenía un motor más potente. Otras mejoras incluyeron frenos y suspensión mejorados.

Coches pequeños

Después de la Segunda Guerra Mundial se dio una nueva revolución en el automovilismo. Muchos soldados enviados al exterior por primera vez hicieron viajes largos. Una vez en casa, querían poder llevar a sus familias más allá de los lugares conocidos. Para satisfacer esta nueva demanda, los fabricantes construyeron coches para las masas, muchos de los cuales se vendieron en gran cantidad.

◁ Morris Eight Serie E 1938

Origen Reino Unido

Motor 918 cm³, cuatro en línea

Velocidad máxima 93 km/h

El Morris Serie E, un modelo de la preguerra lo bastante moderno para seguir siendo producido después de la guerra, se vendió bien hasta que el nuevo Morris Minor estuvo listo para darle el relevo.

▷ Morris Minor 1948

Origen Reino Unido

Motor 918 cm³, cuatro en línea

Velocidad máxima 100 km/h

El ingenioso coche de Alec Issigonis tenía estructura monocasco, suspensión delantera con barra de torsión, cuatro marchas y unas líneas modernas.

△ Volkswagen 1945

Origen Alemania

Motor 1131 cm³, cuatro opuestos

Velocidad máxima 101 km/h

El Escarabajo, diseñado por Ferdinand Porsche antes de la guerra, llegaría a ser el coche más vendido de todos los tiempos, gracias a su motor fiable, buen espacio y precio bajo.

△ Toyota Model SA 1947

Origen Japón

Motor 995 cm³, cuatro en línea

Velocidad máxima 93 km/h

El SA fue el primer modelo nuevo japonés de la posguerra, imitando muchas características del Escarabajo de Volkswagen, pero con motor tipo Ford montado adelante, no atrás.

▷ Ford Taunus G93A 1948

Origen Alemania

Motor 1172 cm³, cuatro en línea

Velocidad máxima 97 km/h

Esta versión alemana del Ford Prefect E93A británico contaba con un diseño mucho más moderno que su homólogo. Bajo el capó era exactamente igual.

◁ Standard 8 HP 1945

Origen Reino Unido

Motor 1009 cm³, cuatro en línea

Velocidad máxima 97 km/h

En 1945, Standard produjo de nuevo su Eight de la preguerra, mejorado con caja de cuatro velocidades. Se vendieron 53 099 unidades en tres años.

◁ Datsun DB 1948

Origen Japón

Motor 722 cm³, cuatro en línea

Velocidad máxima 80 km/h

Fue el primer coche japonés con apariencia moderna, con su diseño basado en el Crosley de Estados Unidos. El DB utilizó un chasis de camión Datsun de la preguerra y motor de válvulas laterales.

▷ Crosley 1948

Origen Estados Unidos

Motor 721 cm³, cuatro en línea

Velocidad máxima 113 km/h

El Crosley, con sus lados planos, parecía una gran promesa con su motor único de acero con árbol de levas en cabeza, pero no fue capaz de conquistar al público del mercado estadounidense.

△ Citroën 2CV 1948

Origen Francia

Motor 375 cm³, dos opuestos

Velocidad máxima 63 km/h

El 2CV, derivado de un plan hecho en los años treinta para reemplazar la carreta de caballos en la Francia rural, triunfó en el campo y la ciudad. Su apariencia tosca desmentía su ingeniería innovadora.

▽ Fiat 500C 1949

Origen Italia

Motor 569 cm³, cuatro en línea

Velocidad máxima 97 km/h

Esta fue la versión final del brillante Topolino de Dante Giacosa en 1937, que movilizó a la población italiana, con su convencional diseño.

◁ Renault 4CV 1946

Origen Francia

Motor 760 cm³, cuatro en línea

Velocidad máxima 92 km/h

El 4CV lucía similar a su rival británico, el Morris Minor, pero tenía suspensión independiente y motor trasero. Rápidamente llegó a vender un millón de vehículos.

◁ MG tipo Y 1947

Origen Reino Unido

Motor 1250 cm³, cuatro en línea

Velocidad máxima 114 km/h

MG alargó el pequeño chasis del deportivo TC y le agregó paneles de carrocería del Morris Eight de antes de la guerra, para crear este sedán anticuado pero encantador, del cual se vendieron 6158 entre 1947 y 1951.

▷ Panhard Dyna 110 1948

Origen Francia

Motor 610 cm³, dos en oposición

Velocidad máxima 109 km/h

El Dyna 110, diseñado por Jean Albert Grégoire, tenía estructura de aluminio, motor refrigerado por aire, tracción delantera y suspensión independiente.

△ Austin A40 Devon 1947

Origen Reino Unido

Motor 1200 cm³, cuatro en línea

Velocidad máxima 108 km/h

El diseño del primer coche de Austin en la posguerra, hecho a partir de un Chevrolet, tenía una extraña apariencia abultada. Se vendió bien gracias a su motor de válvulas en culata.

◁ Bond Minicar 1948

Origen Reino Unido

Motor 122 cm³, un cilindro

Velocidad máxima 61 km/h

Fue popular por el racionamiento de gasolina y los bajos impuestos para coches de tres ruedas en Gran Bretaña. El motor de dos tiempos giraba con la rueda delantera.

▷ Saab 92 1949

Origen Suecia

Motor 764 cm³, dos en línea

Velocidad máxima 105 km/h

Saab, fabricante de aviones, dio a su 92 el diseño más aerodinámico de la época, tracción delantera y motor de dos tiempos. El 92 fue un coche muy exitoso en rallies.

El Escarabajo de Volkswagen

Fue el éxito más extraordinario en la industria del automóvil. Hitler le encargó al ingeniero F. Porsche un diseño de bajo coste. Su producción comenzó tras la Segunda Guerra Mundial y continuó, en Alemania, hasta 1978 y 1980 para el Cabrio. En América Latina se fabricó hasta 2003. Se produjeron un total de más de 21 millones de unidades, récord histórico para un mismo modelo.

ESTE COCHE fue diseñado para que su fabricación fuera económica y se adecuara a las condiciones de las carreteras alemanas a finales de la década de 1930. Su motor refrigerado por aire era simple mecánicamente, por lo que no se recalentaba; su moderada potencia garantizaba una gran fiabilidad. El motor de aleación trasero permitía ahorrar peso al eliminar los pesados eje y árbol de transmisión de un coche de tracción trasera. Su buena aerodinámica permitía un fácil desplazamiento por las nuevas autopistas alemanas a pesar del reducido tamaño del motor. La suspensión suave con barra de torsión y sus ruedas grandes le permitían circular por irregulares caminos rurales y por las calles empedradas de las ciudades. Los costes se mantuvieron gracias a su caja de cambios no sincronizada y sus frenos por cable, características del modelo básico hasta la década de 1960.

VISTA FRONTAL

VISTA TRASERA

El nombre que sobrevivió a Hitler
El *Volkswagen*, o «Coche del Pueblo», se rebautizó en 1938 como *KdFWagen*, o «Coche de potencia para disfrutar», en referencia a la división de ocio del movimiento sindical nazi. Cuando comenzó la producción, se volvió a usar su nombre original.

ESPECIFICACIONES	
Modelo	Volkswagen Escarabajo, 1945-2003
Ensamblaje	Principalmente en Wolfsburg, Alemania
Producción	21 529 464
Construcción	Chasis en plataforma, carrocería de acero
Motor	1131 cm³, cuatro opuestos, refrigerado por aire
Potencia	24 CV a 3300 rpm
Transmisión	Manual, cuatro velocidades
Suspensión	Independiente, con barras de torsión
Frenos	De tambor
Velocidad máxima	113 km/h

Evolución, no revolución
Este Escarabajo de 1948 es un modelo estándar desprovisto de cualquier adorno, a diferencia de los modelos mucho mejor presentados para exportación más comunes disponibles a partir de 1949. El estilo básico del Escarabajo se conservó hasta el final de la producción, pero los faros reclinados se reemplazaron por unidades más verticales en la remodelación de 1969.

EL EXTERIOR

F. Porsche racionalizó la tendencia aerodinámica de la década de 1930 y dio al Escarabajo formas suaves que reducían el consumo de combustible. Aunque llegó a considerarse obsoleto, pasó a ser intemporal. Solo hubo dos rediseños significativos: en 1968, cuando la parte frontal se hizo más cuadrada, y en 1972, cuando el 1302 recibió un parabrisas curvo para convertirse en el 1303.

1. Modelo básico, aro sin cromar **2.** Manilla del capó sin seguro **3.** En los primeros modelos estándares, bocina exterior **4.** Indicadores emergentes hasta 1960 en Europa **5.** Luz «Nariz del maletero» (hasta 1952) **6.** Luces traseras redondas (ovaladas desde 1953) **7.** Ventana trasera dividida hasta marzo de 1953

1

2

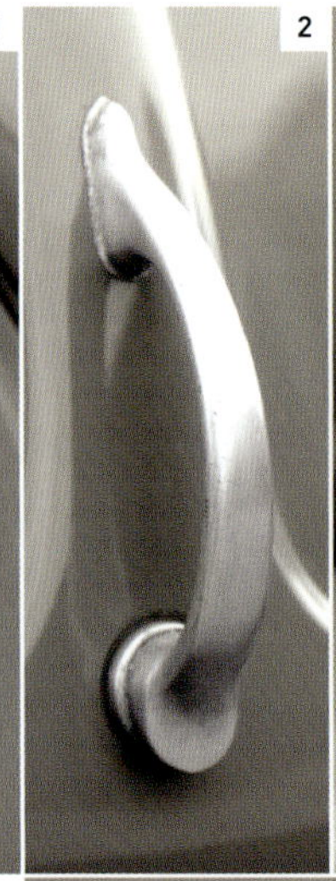

3

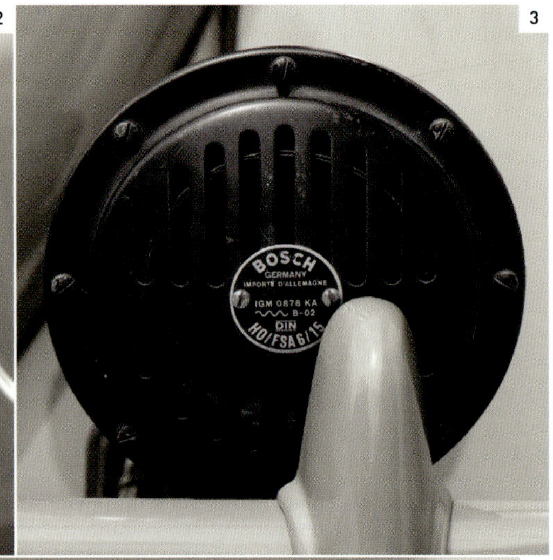

4

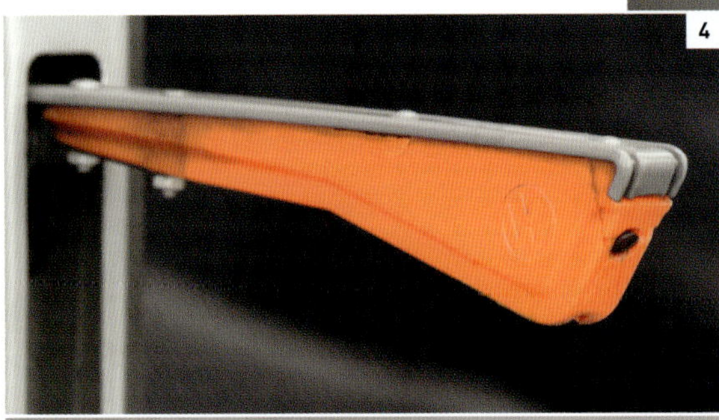

5

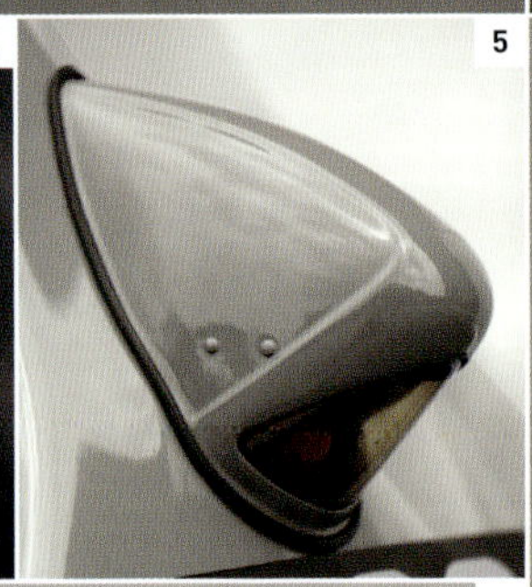

6

7

EL INTERIOR

El interior del Escarabajo nunca fue muy amplio; el maletero tampoco era especialmente espacioso, al menos hasta que llegó el 1302, cuya capacidad de carga aumentó nada menos que en un 85 por ciento. Por tanto, no había demasiado espacio detrás del asiento trasero, cuyo respaldo se plegaba hacia delante. El salpicadero fue siempre escaso; solo el 1303 tenía un salpicadero moderno, moldeado en plástico.

8

8. Salpicadero original en todos los coches, menos en los últimos de ventanas divididas **9.** Volante de radios delgados (modelo básico) **10.** Palanca del estárter en el suelo **11.** Interruptor indicador en el salpicadero **12.** Repisa de mimbre bajo el salpicadero (accesorio) **13.** Asientos tapizados en tela, típicos de los coches europeos de la década de 1940 **14.** Respaldo abatible para acceder atrás

15

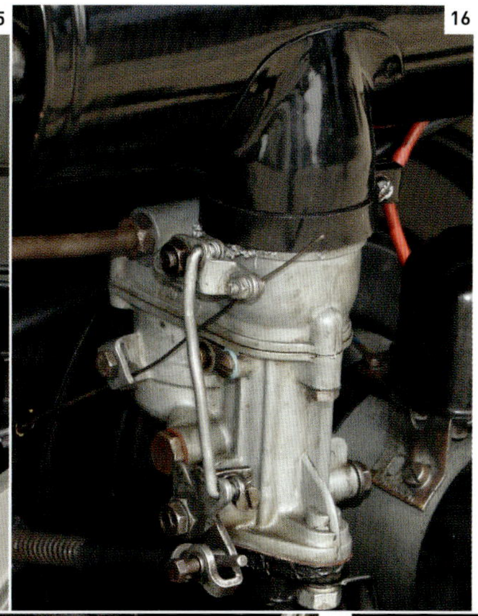
16

BAJO EL CAPÓ

El motor de cuatro cilindros opuestos y refrigeración por aire, originalmente fue una unidad de 985 cm^3. Entró en producción tras la Segunda Guerra Mundial, y tenía una cilindrada de 1131 cm^3 y una potencia de 24 CV. En 1954 se amplió a 1192 cm^3. En 1966 se introdujo un nuevo modelo de 1300 cm^3, y en 1967, una variante de 1500. En 1970, lo sustituye el 1302S de 1584 cm^3. El nuevo motor tenía una potencia de 50 CV, una cifra modesta, fiel a la filosofía Volkswagen.

15. Compartimento motor espacioso; menos en los últimos modelos **16.** Carburador Solex **17.** Rueda de repuesto en el maletero **18.** Tapa del depósito de combustible; bajo el capó hasta 1968

17

18

9

10

11

12

13

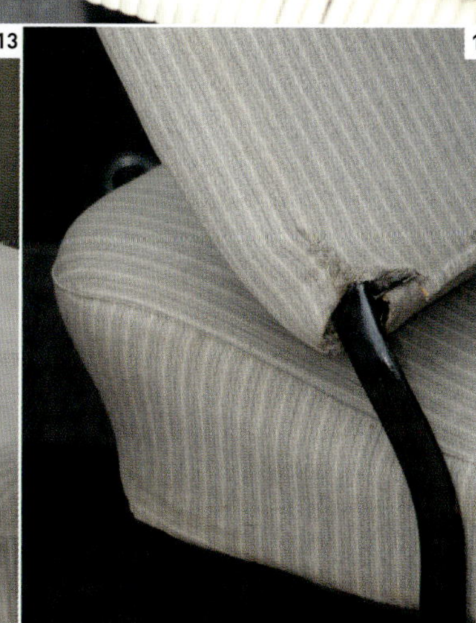
14

Citroën 5CV, década de 1920

Grandes marcas
Historia de Citroën

André Citroën fue uno de los primeros visionarios de la industria del automóvil. Pese a sus humildes comienzos, su marca llegó a encarnar todo lo que podía ser original y atrevido en el diseño de un coche. Citroën produjo una serie de automóviles excepcionales, eminentemente franceses, usando la intuición y el intelecto.

NACIDO EN PARÍS en 1878, el interés de André Citroën por la ingeniería se produjo durante una visita a un tío suyo en Polonia en 1901, que había patentado un mecanismo de engranajes con dientes de doble hélice (esta misma forma sería usada más tarde en su famoso logotipo de Citroën). A su regreso, Citroën creó una pequeña fábrica en la capital francesa para hacer los engranajes y permitió a otras empresas, como Skoda, producirlos bajo licencia.

Emblema de Citroën

Tras estallar la Primera Guerra Mundial en 1914, el astuto André se las ingenió para convertirse en productor de municiones. Cuando la guerra terminó en 1918, su empresa había suministrado más de 23 millones de proyectiles para el ejército francés.

Publicidad por todo lo alto
La más famosa acción publicitaria de André Citroën fue tener su nombre engalanando la Torre Eiffel entre 1925 y 1934.

Ahora un hombre rico, Citroën inició la fabricación de coches un año después. Cuando su prototipo tipo 10 CV salió al mercado en mayo de 1919 causó furor, pues redujo los precios en comparación a sus rivales. En esa época era común comprar solo el chasis de un fabricante y luego encargar la carrocería; pero su coche venía completo, equipado con muchos artículos que solo poseían vehículos más caros. En dos semanas, Citroën tuvo 16 000 pedidos. Alentado por este éxito, A. Citroën se dedicó a desarrollar una gama de modelos. Reconoció el valor del mercadeo, ideándose formas ingeniosas para promocionar sus coches. El pequeño 5 CV de 856 cm³ y de tres asientos, lanzado en 1922, era un coche para abrir mercado. La jugada maestra de Citroën fue dirigir sus coches a las mujeres, que lo compraron en masa. Pequeño pero muy completo, venía con motor de arranque eléctrico y no necesitaba una manilla para ponerlo en marcha.

Citroën no escatimó gastos buscando la siguiente novedad en automovilismo. A principios de 1934 su gama era de 76 modelos, con cambios continuos de chasis y carrocerías. Además, algunas partes eran intercambiables entre los modelos; los gastos de reequipamiento de la fábrica para hacer cada nuevo modelo devoraron sus finanzas. Sin embargo, A. Citroën seguía ampliando fronteras. El innovador 7 CV, lanzado en abril de 1934, tenía chasis y cuerpo integrados y tracción delantera. Citroën se inspiró para elegir el jefe de diseño del 7 CV: habría podido escoger a los mejores carroceros, pero el encargado fue el escultor italiano F. Bertoni, que no tenía experiencia en automóviles.

El 7 CV fue el primero de una nueva familia de coches de tracción delantera que se enmarcaría bajo el estandarte «Tracción delantera». Si bien estos modelos serían reconocidos con justicia como clásicos en generaciones venideras, inicialmente los clientes tuvieron problemas, con cajas de cambios que causaban problemas y grietas que aparecían en las carrocerías. La mayoría de estos problemas se resolvieron con rapidez, pero empañaron la reputación de la empresa. La obsesión de A. Citroën de gastar lo que fuera necesario para eclipsar a su rival Renault, aunada a la vertiginosa rapidez con que lanzaba nuevos modelos, llegó a su punto culminante en diciembre de 1934, cuando los acreedores obligaron a la compañía a declararse en bancarrota. El mayor acreedor, el fabricante de neumáticos Michelin, tomó el control.

> «Las **primeras palabras** de un **bebé deberían** ser mamá, papá y **Citroën**».
>
> ANDRÉ CITROËN, 1927

André Citroën murió seis meses más tarde, pero la empresa siguió con su espíritu pionero, en particular con el 2 CV. Este coche bicilíndrico, de cuatro puertas, introducido en 1948, fue recibido inicialmente con burla; pero era barato y resistente, y se mantuvo en producción 42 años. Al contrario, el DS 19 fue tan atrevido como simplista fue el 2 CV. Se lanzó en 1955 con suspensión hidroneumática y un cuerpo aerodinámico de Bertoni.

En 1963 Citroën compró la debilitada marca Panhard, al tiempo que trabajaba en estrecha colaboración con Fiat en proyectos conjuntos. Sin embargo, en 1968 Citroën tuvo que ser rescatada por el gobierno francés después de comprar Maserati, fabricante italiano de coches deportivos. La compra fue un error costoso, y en términos de nuevos modelos solo produjo poco más que el muy admirado, pero jamás rentable, superauto SM con motor Maserati. Citroën seguía perdiendo dinero, pero nuevos modelos como el pequeño sedán GS (elegido Coche Europeo del Año en 1971) ayudaron de forma provisional a impulsar sus finanzas. Con todo, la marca perdió su independencia en 1974,

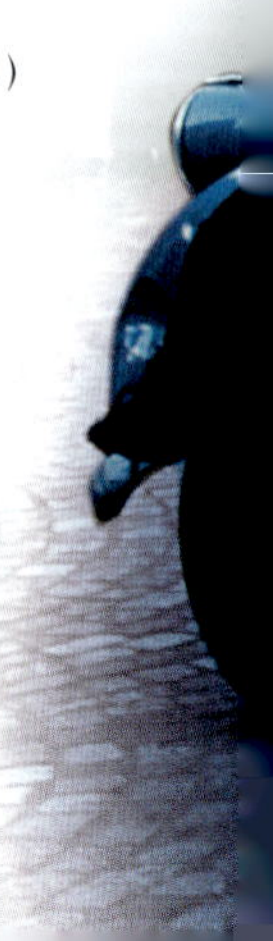

Atractivo universal
El 2 CV, de apariencia sencilla y casi rústica, se diseñó para circular por caminos rurales desiguales. Pero su tamaño y funcionamiento económico lo hicieron apropiado para la ciudad, como se aprecia en esta foto en París.

10 CV TIPO A

- **1919** A. Citroën lanza el 10 CV Tipo A.
- **1922** Lanzamiento del diminuto 5 CV de 856 cm³.
- **1922** Un Citroën-Kegresse atraviesa el Desierto del Sahara.
- **1924** Citroën presenta el B10, primer coche en Europa con carrocería en acero.
- **1925** Citroën inicia un patrocinio de nueve años de la Torre Eiffel.
- **1933** El modelo Rosalie es el primer coche de producción estándar en el mundo en usar un motor diésel.

2 CV

- **1934** Se lanza la serie Tracción delantera, comenzando con el modelo 7 CV.
- **1934** Citroën entra en quiebra; Michelin, la marca de neumáticos, asume el control.
- **1935** Muere André Citroën.
- **1948** Se expone el 2 CV en el Salón de París.
- **1955** El sedán DS 19 va al Salón de París.
- **1963** Citroën controla al rival Panhard; en 1967 deja de producir estos coches.
- **1967** Citroën comienza una empresa conjunta con NSU, con el fin de desarrollar motores rotativos.

DS DESCAPOTABLE

- **1968** Citroën adquiere Maserati.
- **1971** GS es elegido Coche Europeo del Año.
- **1974** Peugeot adquiere un 38,2 por ciento de participación en Citroën.
- **1975** El sedán CX es elegido el Coche Europeo del Año.
- **1976** Peugeot aumenta a un 90 por ciento su participación en Citroën.
- **1986** Citroën Sport hace un intento fallido para ganar el Campeonato Mundial de Rallies con el BX 4TC.
- **1993** Cesa la producción del 2 CV.

CX

- **1993** El equipo Citroën gana su primer título en el Rally Raid de constructores.
- **2004** Sébastien Loeb con Citroën gana el primero de nueve títulos consecutivos en el Campeonato Mundial de Rallies.
- **2009** Citroën lanza el «antirretro» DS3 *hatchback*.
- **2014** El nuevo C4 Cactus define la marca: práctico, elegante y espacioso.
- **2020** El Ami es un coche urbano eléctrico biplaza de bajo coste para comprar o alquilar.

cuando su rival Peugeot compró un 38,2 por ciento de sus acciones; dos años más tarde elevó su participación al 90 por ciento. Algunos consideran que el CX, que emuló al GS, al ser elegido Coche Europeo del Año en 1975, fue el último Citroën «de verdad», ya que con Peugeot se presentó un cambio ético gradual. Los productos Citroën, como el pequeño *hatchback* 1986 AX, se volvieron más convencionales, para atraer a un mercado más amplio. Esta tendencia continuó en la década de 1990, pero los modelos de Citroën eran cada vez más parecidos a sus homólogos de Peugeot, incluyendo el Saxo de 1995 y el Xsara de 1997, ambos de grandes ventas. El resultado fue que la marca Citroën sufrió un problema de imagen; sin embargo, se las arregló para vender casi 1,4 millones de automóviles en 2003. En los últimos años Citroën ha ganado una excelente reputación en los rallies, basada en su compromiso de presentar nueva tecnología en sus coches de competición. Así, en 2004, el piloto francés Sébastien Loeb obtuvo con Citroën el primero de sus nueve títulos consecutivos en el Campeonato Mundial de Rallies. DS Automobiles se convirtió en 2015 en una marca premium independiente, tanto en Europa como en China, un año después de que Linda Jackson fuera nombrada una de las pocas mujeres directivas de la industria.

Xsara Picasso
En 1998, Citroën presentó el Xsara Picasso para competir con el Renault Megane Scenic compacto MPV. En esta imagen se ve cómo los componentes del Xsara regular fueron incorporados en un MPV compacto.

Sedanes de gama media

Al terminar la Segunda Guerra Mundial, los dueños de las fábricas se apresuraron a usar su infraestructura en la producción de coches. Contaban con el dinero recogido en la guerra, pero había escasez de materia prima, sobre todo acero. Para empezar, muchos recurrieron a las técnicas antiguas de estructura, con bastidores de madera, paneles de carrocería de aluminio y techos de tela. Se hicieron modelos de preguerra y también nuevos diseños.

△ Rover 10 1945

Origen Reino Unido

Motor 1389 cm³, cuatro en línea

Velocidad máxima 105 km/h

El 10 CV fue un sedán de la década de 1930, de lujoso diseño y poca potencia, cuya producción continuó en la posguerra. El siguiente modelo, el P3, era igual pero más potente. Se produjo en 1948 y 1949.

▷ Riley RMB 1946

Origen Reino Unido

Motor 2443 cm³, cuatro en línea

Velocidad máxima 153 km/h

En el RM solo su apariencia era de la preguerra, pues fue uno de los primeros nuevos modelos británicos de posguerra. En su forma de 2,5 litros, era un sedán deportivo dinámico, con un alto estándar de construcción.

▷ Daimler DB18 1945

Origen Reino Unido

Motor 2522 cm³, seis en línea

Velocidad máxima 116 km/h

El más pequeño de los automóviles Daimler anterior a la guerra, fue una elección obvia para lanzarlo de nuevo en la posguerra. Bien diseñado y manejable, emanaba calidad, no opulencia.

▷ Alvis TA14 1946

Origen Reino Unido

Motor 1892 cm³, cuatro en línea

Velocidad máxima 119 km/h

Alvis volvió al mercado tras la guerra con un sedán de calidad. Su estilo y chasis se basaron bastante en la década de 1930, con ejes sólidos y frenos mecánicos.

◁ Mercedes-Benz 170V 1946

Origen Alemania

Motor 1697 cm³, cuatro en línea

Velocidad máxima 108 km/h

El 170V, lanzado en 1936 y muy exitoso debido a su construcción de calidad, buen funcionamiento y suspensión independiente, fue reintroducido en la posguerra.

▽ Peugeot 203 1948

Origen Francia

Motor 1290 cm³, cuatro en línea

Velocidad máxima 114 km/h

Los Peugeot de la posguerra se construyeron para ser resistentes. El 203, en particular, tenía un cuerpo moderno y espacioso, un motor poderoso para su tamaño y una mecánica muy resistente. Se fabricó hasta 1960.

△ AC 2 litros 1947

Origen Reino Unido

Motor 1991 cm³, seis en línea

Velocidad máxima 129 km/h

El AC era un coche rápido y atractivo, a pesar de que tenía un chasis anterior a la guerra, ejes rígidos y un potente motor diseñado en 1919.

◁ Triumph 1800 1946

Origen Reino Unido

Motor 1776 cm³, cuatro en línea

Velocidad máxima 121 km/h

Standard compró Triumph en 1945 y la reintrodujo como una marca de lujo con estilo de última generación. El motor 1800 se amplió en 1949 y duró hasta 1954.

△ **Jowett Javelin 1947**
Origen Reino Unido
Motor 1486 cm³, cuatro opuestos
Velocidad máxima 126 km/h

Fue el resultado del valiente intento de una pequeña empresa de Yorkshire para hacer un novedoso coche. Tenía un motor moderno y era aerodinámico, con buen comportamiento.

△ **Volvo PV444 1947**
Origen Suecia
Motor 1414 cm³, cuatro en línea
Velocidad máxima 122 km/h

De estructura monocasco y con un nuevo motor de válvulas en culata. Más adelante mejoró para dar el doble de potencia y una velocidad máxima de 153 km/h, muy adelantado a su época.

▽ **Sunbeam-Talbot 90 1948**
Origen Reino Unido
Motor 1944 cm³, cuatro en línea
Velocidad máxima 124 km/h

El 90, producido como sedán de cuatro puertas, o descapotable de dos puertas, tuvo un atractivo aspecto de posguerra, pero el tren delantero todavía era rígido.

△ **Vauxhall Velox 1948**
Origen Reino Unido
Motor 2275 cm³, seis en línea
Velocidad máxima 119 km/h

Tenía diseño de preguerra mejorado, con un poderoso motor de seis cilindros. Se vendió bien por su rendimiento y calidad. En 1951 se relanzó, con un diseño renovado.

△ **Tatra T600 Tatraplan 1948**
Origen Checoslovaquia
Motor 1952 cm³, cuatro opuestos
Velocidad máxima 129 km/h

Con un coeficiente de solo 0,32, era extremadamente aerodinámico. El motor refrigerado por aire iba detrás y permitía un amplio espacio interior para seis personas.

△ **Humber Hawk III 1948**
Origen Reino Unido
Motor 1944 cm³, cuatro en línea
Velocidad máxima 114 km/h

El MK III, uno de los primeros automóviles británicos con parabrisas curvo en una carrocería moderna, tenía motor de válvulas laterales y chasis de la preguerra, pero ahora con suspensión delantera independiente.

△ **Holden 48-215 «FX» 1948**
Origen Australia
Motor 2171 cm³, seis en línea
Velocidad máxima 129 km/h

GM adquirió Holden de Australia en 1931. Holden forjó su propia identidad de posguerra con este monocasco (diseñado para Chevrolet). Sin embargo, resultó ser muy pequeño para el mercado estadounidense.

△ **Morris Oxford MO 1948**
Origen Reino Unido
Motor 1476 cm³, cuatro en línea
Velocidad máxima 114 km/h

Era un Morris Minor grande, con igual suspensión delantera de barra de torsión, dirección de cremallera, y piñón y frenos hidráulicos. A pesar del bajo rendimiento se vendieron 159 960 en seis años.

△ **Fiat 1500 1949**
Origen Italia
Motor 1493 cm³, seis en línea
Velocidad máxima 121 km/h

Última versión del coche introducido en 1935. El diseño aerodinámico tenía chasis de túnel central, suspensión delantera independiente y válvulas en culata.

△ **Hansa 1500 1949**
Origen Alemania
Motor 1498 cm³, cuatro en línea
Velocidad máxima 121 km/h

Sorprendentemente moderno para su época, tenía un chasis de túnel central y suspensión independiente. Fue pionero en usar luces de dirección intermitentes. Podía llevar seis personas.

La década de 1950

Curvas y aletas de cola | Descapotables y cromados

Rosados y pasteles | Coches burbuja y *spyders*

DEFROST
GASOLINE

Coches económicos

En la década de 1950, Europa se centró en coches familiares pequeños y económicos, con una amplia gama de vehículos prácticos y mucho más espacio, velocidad y comodidad que sus equivalentes de preguerra. Sin embargo, algunas marcas, como Ford, rompieron la tendencia de modernización, y durante toda la década vendieron coches de la preguerra a precios muy bajos, perjudicando los modelos más avanzados.

◁ Wolseley 1500 1957
Origen Reino Unido
Motor 1489 cm³, cuatro en línea
Velocidad máxima 126 km/h

Morris recicló la plataforma del Minor y lo equipó con un motor más grande para hacer este lujoso Wolseley (también disponible bajo el nombre de Riley), un coche popular del que se vendieron más de 140 000 unidades.

△ Ford Prefect E493A 1949
Origen Reino Unido
Motor 1172 cm³, cuatro en línea
Velocidad máxima 97 km/h

Para disimular el origen de preguerra de sus coches, Ford agregó faros en el carenado y accesorios internos de calidad. El Prefect se vendió bien en el Reino Unido de la posguerra.

△ Ford Popular 103E 1953
Origen Reino Unido
Motor 1172 cm³, cuatro en línea
Velocidad máxima 97 km/h

El 103E, una resaca de los años treinta, tenía frenos de varilla, motor de válvulas laterales, tres velocidades y estilo de preguerra. Era básico, barato y estuvo en producción hasta 1959.

▷ Ford Anglia 100E 1953
Origen Reino Unido
Motor 1172 cm³, cuatro en línea
Velocidad máxima 113 km/h

Ford fabricó coches de antes de la guerra a lo largo de la década de 1950, pero con este sedán de aspecto moderno actualizó sus coches. Se vendió bien, pese a tener motor de válvulas laterales y tres velocidades.

△ Ford Anglia 105E 1959
Origen Reino Unido
Motor 997 cm³, cuatro en línea
Velocidad máxima 122 km/h

El 105E, el modelo final de la serie Anglia, estaba totalmente actualizado con un diseño ultramoderno de influencia estadounidense, cuadrado, nuevo motor de alto régimen de giro y caja de cuatro velocidades. Este es el Super de 1197 cm³.

◁ Renault Dauphine 1956
Origen Francia
Motor 845 cm³, cuatro en línea
Velocidad máxima 106 km/h

El Dauphine fue una actualización del 4CV de motor trasero de la posguerra. Con un motor ligeramente más grande, más espacio interior y un atractivo cuerpo, vendió más de 2 millones de coches en 12 años.

△ DKW Sonderklasse 1953
Origen Alemania
Motor 896 cm³, tres en línea
Velocidad máxima 121 km/h

El DKW Sonderklasse, con su ligero motor de dos tiempos refrigerado por aire y estilo aerodinámico, desarrollaba más velocidad de la que su pequeño motor sugería. Modelos posteriores alcanzarían los 142 km/h.

▷ Morris Minor Traveller 1953
Origen Reino Unido
Motor 1098 cm³, cuatro en línea
Velocidad máxima 100 km/h

El atractivo y práctico Traveller, revestido en madera, fue una adición popular a la exitosa gama Morris Minor. Tenía puertas traseras con bisagras laterales y un asiento posterior abatible para aumentar el espacio.

◁ **Simca Aronde Plein Ciel 1957**

Origen Francia

Motor 1290 cm³, cuatro en línea

Velocidad máxima 132 km/h

Simca comenzó produciendo Fiats bajo licencia, pero el Aronde fue su primer diseño nuevo. La carrocería de este Plein Ciel, elegante pero costosa, fue construida por Facel.

◁ **Nash Metropolitan 1954**

Origen Reino Unido/Estados Unidos

Motor 1489 cm³, cuatro en línea

Velocidad máxima 121 km/h

Este *coupé* pequeño, construido en Gran Bretaña, fue ante todo para el mercado estadounidense. Se vendía a mujeres ricas, que querían ir por la ciudad.

△ **Fiat 600 1955**

Origen Italia

Motor 633 cm³, cuatro en línea

Velocidad máxima 100 km/h

Este Fiat 600 de motor trasero, con suspensión totalmente independiente y estructura monocasco, era pequeño; cabían cuatro personas.

△ **Fiat 600 Multipla 1956**

Origen Italia

Motor 633 cm³, cuatro en línea

Velocidad máxima 89 km/h

Aunque solo medía unos 3,5 m de largo, este coche podía llevar a seis adultos. Fue pionero del MPV (vehículo multipropósito), muy popular en la década de 1990.

△ **Austin A40 1958**

Origen Reino Unido

Motor 948 cm³, cuatro en línea

Velocidad máxima 116 km/h

Después de que Felipe de Edimburgo se refiriera a la apariencia rechoncha de los coches Austin, la compañía llamó a Pinin Farina, quien convirtió el adusto A40 en este sedán estilizado.

△ **Škoda Octavia 1959**

Origen Checoslovaquia

Motor 1089 cm³, cuatro en línea

Velocidad máxima 121 km/h

Este popular coche checo, lanzado en 1954 como el 440, presentaba buena relación calidad-precio, pero la suspensión trasera de eje oscilante causaba problemas en las curvas a los conductores inexpertos.

antic
Sale
Phillips 66
EN PROP.
LEE
PHILCHE
Phillips 66
10,000 LAKES
ME 8902
MINNESOTA

De Soto, mediados de la década de 1950
El auge económico estadounidense de posguerra, y las nuevas autopistas y estaciones de servicio generaron un aumento en las ventas de coches. En la imagen, un De Soto en una estación de servicio Phillips 66.

Aletas y cromo de Detroit

La prosperidad de la posguerra en Estados Unidos trajo el período más extravagante en la historia del diseño de coches. Los fabricantes los adornaban con grandes cantidades de cromo y excentricidades como las grandes aletas y detalles inspirados en el diseño de los aviones. Tanto coches como motores alcanzaron proporciones enormes, llegando a su punto culminante en 1959, tras lo que hubo una cierta moderación en los modelos.

▷ Chevrolet Bel Air 1953

Origen Estados Unidos
Motor 3859 cm³, seis en línea
Velocidad máxima 140 km/h

En 1953 se hicieron 250 000 sedanes Bel Air, el modelo de lujo de Chevrolet, auspiciados por un precio competitivo y un diseño atractivo con cantidades de cromo cada vez mayores.

△ Plymouth Fury 1959

Origen Estados Unidos
Motor 5205 cm³, V8
Velocidad máxima 167 km/h

Plymouth llevaba una trayectoria ascendente desde 1955, con nuevos y vistosos diseños y un excelente motor V8. El Fury fue uno de sus modelos con más estilo.

◁ Chevrolet Bel Air 1957

Origen Estados Unidos
Motor 4343 cm³, V8
Velocidad máxima 171 km/h

Los Chevrolet 1957, vistos como pequeños Cadillacs, con sus icónicas aletas y opciones V8, hoy en día están entre los clásicos más populares de la marca.

△ Chrysler New Yorker 1957

Origen Estados Unidos
Motor 6424 cm³, V8
Velocidad máxima 187 km/h

La visión del diseñador V. Exner y la suspensión delantera de barra de torsión, dieron a Chrysler el premio Coche del Año de *Motor Trend* (1957). Esto ayudó a su maltrecha economía.

▷ Lincoln Continental Mark II 1956

Origen Estados Unidos
Motor 6030 cm³, V8
Velocidad máxima 174 km/h

En 1956, Lincoln lanzó de nuevo su línea Continental de primerísima calidad, con un *coupé* de dos puertas, de cuerpo excepcional y bien proporcionado, aunque grande. El precio era de casi 10 000 dólares.

◁ Lincoln Capri 1958

Origen Estados Unidos
Motor 7046 cm³, V8
Velocidad máxima 177 km/h

Con la creencia de que lo más grande era lo mejor, la exclusiva marca de Ford construyó el coche más grande de la posguerra. El Capri, de más de 5,8 m de largo, estaba propulsado por un motor V8 de 375 CV.

▷ Pontiac Bonneville Custom 1959

Origen Estados Unidos
Motor 6375 cm³, V8
Velocidad máxima 183 km/h

En la última parte de la década de 1950 Pontiac se reinventó como una marca deportiva, con un diseño bajo y potentes motores V8, ganando muchas carreras de coches de serie en 1959.

▽ Edsel Corsair 1959

Origen Estados Unidos
Motor 5440 cm³, V8
Velocidad máxima 192 km/h

Ford presentó el Edsel en 1957 para el mercado de gama media en Estados Unidos, pero no tuvo éxito y lo retiró en 1959. Solo se fabricaron 1343 unidades de este Corsair atractivo y de gran alcance.

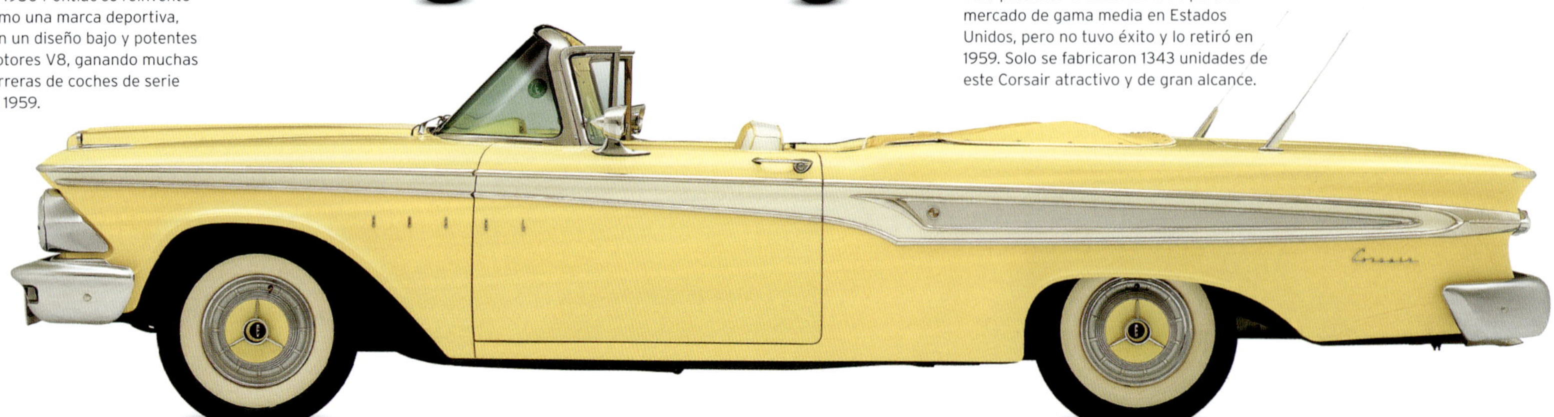

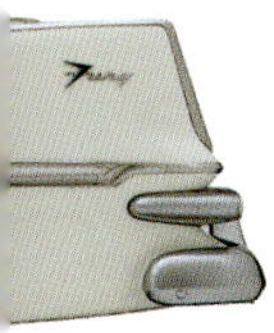

▷ Ford Fairlane 500 Club Victoria 1959

Origen Estados Unidos

Motor 4785 cm^3, V8

Velocidad máxima 158 km/h

Los Ford de 1959 ganaron la Medalla de Oro al Diseño Original en la Feria Mundial de Bruselas y fueron bien recibidos. Este Club Victoria de dos puertas era una relativa rareza: solo se vendieron 23 892 unidades.

△ Studebaker Silver Hawk 1957

Origen Estados Unidos

Motor 4736 cm^3, V8

Velocidad máxima 185 km/h

Studebaker, uno de los más antiguos fabricantes de coches para carretera del mundo, presentó un estilo característico después de la guerra. La carrocería de dos puertas se inició en 1953 y las aletas crecieron hasta 1957.

▷ Buick Roadmaster Riviera 1957

Origen Estados Unidos

Motor 5965 cm^3, V8

Velocidad máxima 188 km/h

El Buick Riviera de techo duro apareció en 1954. En 1957 tenía montones de cromo y aletas grandes, pero la popularidad de Buick estaba en decadencia pese a sus motores de 250/300 CV.

▽ Buick Limited Riviera 1958

Origen Estados Unidos

Motor 5965 cm^3, V8

Velocidad máxima 185 km/h

Hacia 1958, Buick puso un gran énfasis en sus aletas ya en uso. Los modelos Limited de 300 CV eran más lujosos y largos, pero las ventas decayeron.

▽ Cadillac Series 62 Club Coupé 1952

Origen Estados Unidos

Motor 5424 cm^3, V8

Velocidad máxima 158 km/h

Como se ve en la parte trasera de este *coupé* de lujo de 190 CV, Cadillac fue pionero del estilo que ocupó el más alto lugar en el mercado estadounidense.

▷ Cadillac Series 62 Convertible Coupé 1958

Origen Estados Unidos

Motor 5981 cm^3, V8

Velocidad máxima 187 km/h

Su diseño renovado llevó a Cadillac a actualizarse en 1957. Al igual que sus aletas, en 1958, el motor también creció y este modelo alardeaba de sus 310 CV en su forma estándar.

▷ Cadillac Series 62 Sedan 1959

Origen Estados Unidos

Motor 6391 cm^3, V8

Velocidad máxima 183 km/h

Las grandes aletas del Cadillac de 1959 estaban divididas por las luces traseras de doble bala y el motor tenía 325 CV. Fue el más extravagante de los coches estadounidenses de la década.

Lujo y alto rendimiento

La década de 1950 marcó el lento inicio de la recuperación económica después de la Segunda Guerra Mundial. Con la prosperidad llegó una creciente demanda de coches más lujosos. Con la mejora de las carreteras y al ampliarse los horizontes de la gente, muchos querían coches de máximo rendimiento. Se esperaba que los mejores coches de la posguerra alcanzaran los 160 km/h (o más si eran coches deportivos de verdad).

△ Rolls-Royce Silver Dawn 1949
Origen Reino Unido
Motor 4566 cm^3, seis en línea
Velocidad máxima 140 km/h

Rolls-Royce presumía de producir los mejores coches del mundo. Este fue su coche más pequeño, y aun así sigue siendo el más lujoso para cuatro pasajeros.

◁ Rolls-Royce Silver Cloud I 1955
Origen Reino Unido
Motor 4887 cm^3, seis en línea
Velocidad máxima 171 km/h

El hecho de que aún se construyeran en chasis independiente hizo que los Rolls-Royce pudieran equiparse fácilmente con carrocerías de lujo. Esta es de Hooper & Co.

▽ Bristol 403 1953
Origen Reino Unido
Motor 1971 cm^3, seis en línea
Velocidad máxima 167 km/h

Derivado de los sobresalientes BMW de la preguerra, tenía 100 CV, lo cual produjo un gran efecto en este coche aerodinámico, de alta calidad y de cuatro asientos.

▷ Jaguar MkVII 1951
Origen Reino Unido
Motor 3442 cm^3, seis en línea
Velocidad máxima 164 km/h

El Mark VII fue el coche para el que William Lyons se estaba preparando, cuando produjo el impresionante XK120. El MkVII, rápido, elegante y lujoso, fue un gran sedán.

◁ Jaguar XK140 FHC 1955
Origen Reino Unido
Motor 3442 cm^3, seis en línea
Velocidad máxima 200 km/h

Al ver la insaciable demanda por sus coches deportivos XK, Jaguar produjo variantes, entre ellas este *coupé* de culata fija e interior de madera y cuero.

△ Jaguar XK150 FHC 1957
Origen Reino Unido
Motor 3781 cm^3, seis en línea
Velocidad máxima 212 km/h

Vendido inicialmente como un 3,4 litros un poco menos potente, luego fue un deportivo 2+2 muy civilizado, capaz de andar todo el día a 160 km/h en relativo silencio.

▽ Jaguar MkIX 1959
Origen Reino Unido
Motor 3781 cm^3, seis en línea
Velocidad máxima 183 km/h

Este fue el último sedán Jaguar de chasis separado, de 220 CV, con dirección asistida y frenos de disco que lo convirtieron en un expreso, civilizado pero muy pesado.

△ **Mercedes-Benz 300 1951**

Origen Alemania
Motor 2996 cm³, seis en línea
Velocidad máxima 166 km/h

Primer coche alemán de prestigio posterior a la Segunda Guerra Mundial. Se planeó para ser muy durable; durante más de diez años se hicieron unas mil unidades al año.

△ **Facel Vega FVS 1954**

Origen Francia
Motor 5801 cm³, V8
Velocidad máxima 216 km/h

Facel Vega, una de las primeras marcas europeas en usar motores estadounidenses V8 (en este caso, de Chrysler), ofreció un excelente Grand Routier en el elegante FVS.

◁ **Lancia Aurelia B20 GT 1953**

Origen Italia
Motor 2451 cm³, V6
Velocidad máxima 185 km/h

El Aurelia, de brillante ingeniería con el primer motor V6 de producción y suspensión trasera de arrastre, se fabricó buscando la perfección, sin importar el coste.

△ **Mercedes-Benz 300 SL 1954**

Origen Alemania
Motor 2996 cm³, seis en línea
Velocidad máxima 208 km/h

El 300 SL, uno de los coches más emblemáticos de la década, con puertas de ala de gaviota y motor de 250 CV con inyección de gasolina y cárter seco, fue un *coupé* deportivo sobresaliente.

▷ **Tatra 603 1956**

Origen Checoslovaquia
Motor 2474-2545 cm³, V8
Velocidad máxima 161 km/h

Este sedán aerodinámico y de primerísima calidad fue construido principalmente para diplomáticos checos. El 603 tiene un diseño compacto y motor V8 refrigerado por aire, montado atrás.

△ **Ferrari 250GT 1956**

Origen Italia
Motor 2953 cm³, V12
Velocidad máxima 233 km/h

Primer GT de gran producción de Ferrari, con un potente V12 equipado con tres carburadores Weber y montado en un lujoso *coupé* 2+2 diseñado por Pinin Farina.

△ **Kaiser Darrin 1954**

Origen Estados Unidos
Motor 2641 cm³, seis en línea
Velocidad máxima 154 km/h

H. Kaiser empezó a hacer coches después de la guerra, como este que tenía cuerpo de fibra de vidrio. Fue diseñado por H. Darrin.

△ **Bentley Continental Tipo R 1952**

Origen Reino Unido
Motor 4566 cm³, seis en línea
Velocidad máxima 193 km/h

Rolls-Royce finalmente sacó partido de su filial Bentley, con este sedán *Grand Touring* de extraordinaria carrocería, epítome de lujo y velocidad.

◁ **Bentley S2 1959**

Origen Reino Unido
Motor 6230 cm³, V8
Velocidad máxima 182 km/h

Rolls-Royce y Bentley se encontraban en una situación de desventaja en Estados Unidos, ya que sus motores de seis cilindros eran considerados de baja gama. Esto cambió con el lanzamiento de este suave V8.

△ **Aston Martin DB2/4 1953**

Origen Reino Unido
Motor 2580 cm³, seis en línea
Velocidad máxima 187 km/h

Con motor de W. O. Bentley de doble árbol de levas en cabeza y chasis tubular, este exclusivo coche daba linaje y clase en las carreras.

△ **Aston Martin DB4 1958**

Origen Reino Unido
Motor 3670 cm³, seis en línea
Velocidad máxima 227 km/h

Al final de la década, el Aston Martin era considerado un coche de lujo, con un exótico estilo italiano hecho por Touring. Su motor de doble árbol de levas daba 240 CV.

Fotografía de Henry Ford en 1946, sentado en el «carruaje sin caballos» que construyó en 1896

Grandes marcas

Historia de Ford

Henry Ford fue el primer fabricante de automóviles que aprovechó al máximo las técnicas de producción masiva. Del modelo T se vendieron millones y, desde entonces, la Ford Motor Company creció hasta convertirse en un gigante mundial, el único fabricante de coches de Estados Unidos que sobrevivió sin la ayuda del gobierno a la recesión de la primera década del nuevo milenio.

HENRY FORD nació en una granja en Dearborn, Michigan, en 1863. A los 16 años fue a Detroit a formarse como mecánico. En 1891 trabajó para la compañía Detroit Edison; en su tiempo libre experimentaba con motores. En el año 1896 construyó su primer «carruaje sin caballos». Su segundo coche (1898), impresionó al empresario W. H. Murphy, quien financió una empresa de producción de coches, con Ford a cargo de la parte técnica. Ford quería convertir su prototipo en un vehículo de producción, y la Detroit Automobile Company tuvo grandes pérdidas. Una reestructuración de la compañía dio a Ford más oportunidad de probar nuevas ideas. El resultado fue un coche de carreras que venció al Winton en una carrera de 16 km, en octubre de 1901. Pero la empresa aún no tenía productos rentables y se cerró a finales de año. La nueva empresa, Henry Ford Motor Company, se concentró en coches de carretera, pero no lograba un coche completo en producción. Los directores contrataron a Henry M. Leland como consultor y Ford decidió seguir su camino; luego la compañía se convirtió en Cadillac. En junio de 1903, Ford fundó su propia empresa, la Ford Motor Company, con la que tendría éxito. El primer coche de producción fue el Modelo A de dos cilindros. En 1904, usó otro de sus primeros coches de carreras, el 999, para establecer un récord de velocidad en tierra de 147 km/h. A. Malcomson, socio de Ford, quería llevar la empresa a mercados más elevados. El resultado fueron el Modelo B de cuatro cilindros y el Modelo K de seis cilindros. Ford quería centrarse en coches de bajo precio y en 1906 compró la participación de Malcomson, y reorientó la compañía para producir modelos pequeños y económicos. El más exitoso de ellos fue el Modelo T, introducido en 1908.

Emblema de Ford
(introducido en 1927)

Ford Mustang Cobra Jet 428
El Mustang de 1964 inspiró el término «pony car», que se utiliza para describir una nueva clase de compactos con motores grandes, a precios asequibles y con una imagen deportiva. El Cobra Jet 428 (1968) fue uno de los coches de producción más rápidos de su época.

MODELO A

THUNDERBIRD LANDAU

CAPRI

SIERRA COSWORTH RS500

1896 Henry Ford construye su primer coche.
1903 Se funda la Ford Motor Company. Sale el Modelo A, primer de producción.
1908 Lanzamiento del Modelo T.
1922 Ford compra Lincoln.
1927 Después de más de 15 millones fabricados, termina la producción del Modelo T; se lanza un nuevo Modelo A.
1932 El Ford Modelo 18 es el primer coche con motor V8 a precio asequible.
1943 Edsel Ford muere de cáncer.
1945 Henry Ford II asume la presidencia de la Ford Motor Company.
1947 Henry Ford fallece a los 83 años.
1954 El Thunderbird, en parte deportivo, en parte gran turismo, crea la nueva clase de coches: «el coche personal».
1962 En Gran Bretaña, Ford presenta el sedán familiar Cortina. Comienza una nueva línea de coches de éxito en toda Europa hasta la década de 1980.
1964 Lanzamiento del Mustang, el *pony car*, con motor de alto rendimiento en un cuerpo compacto.
1967 Ford financia el motor Cosworth DFV V8; llegarán a ser los motores con más éxito en la historia de la Fórmula 1.
1969 En Europa, Ford lanza el Capri *coupé*, vendido hasta la década de 1980.
1978 En Estados Unidos, Ford llama a revisión los coches Pinto.
1982 Se lanza el aerodinámico Sierra.
1987 Ford adquiere Aston Martin.
1989 Ford compra Jaguar.
1990 Lanzamiento del Explorer, el SUV más popular de Estados Unidos.
1998 El Ford Focus es elogiado por su comodidad, suspensión y rendimiento.
1999 Ford adquiere el equipo Stewart de Fórmula 1.
2002 El Fiesta es el último coche de Ford fabricado en Reino Unido.
2015 Se lanza la sexta generación Mustang.
2020 El Mustang Mach-E es un SUV totalmente eléctrico.
2021 Después de 25 años, el Ford Bronco regresa como un todoterreno de estilo retro.

Ford Consul Cortina de juguete
El Cortina, lanzado en Reino Unido en 1962, inicialmente como Consul Cortina, fue un popular de tamaño medio. La espaciosa versión familiar fue líder en su clase.

Con un nuevo motor de cuatro cilindros, transmisión epicicloidal fácil de usar y estilo moderno, el Modelo T era más avanzado que cualquier otro, y se vendía por 850 dólares. Las ventas aumentaron y el precio cayó, lo que impulsó mejoras en la fabricación. En 1913 Ford se convirtió en la primera marca en producir coches en línea de montaje en movimiento, lo que redujo el tiempo de construcción del Modelo T (de 14 horas a solo 93 minutos). Este modelo fue la base para hacer muchos vehículos militares para los aliados, en la Primera Guerra Mundial.

En 1919, Henry Ford nombró presidente de la compañía a su hijo, Edsel. En 1922, Ford compró la Lincoln, que, irónicamente, había sido creada por Henry Leland, quien en 1902 había sacado a Ford de la compañía que llevaba su propio nombre. En los cinco años siguientes no hubo nuevos modelos, solo versiones revisadas del Modelo T. En 1927, Ford admitió que este había quedado obsoleto. La producción se detuvo durante seis meses, mientras se creaba el nuevo Modelo A. A lo largo de la década de 1930 siguieron otros, como el Modelo Y de 1932, el primer Ford diseñado para Europa.

En la Segunda Guerra Mundial las perfeccionadas técnicas de Ford se aplicaron para producir jeeps, tanques, motores, aviones y otros equipos para los aliados. En 1943, Henry tuvo que hacerse cargo de la empresa nuevamente, cuando su hijo Edsel murió de cáncer. El hijo de Edsel, Henry Ford II, se convirtió en el presidente en 1945 tras la muerte de su abuelo en 1947.

> «Si **reduzco el precio** de nuestro coche en **un dólar**, gano mil **clientes nuevos**».
>
> HENRY FORD HABLANDO DEL MODELO T, 1913

Después de la guerra, Ford se concentró en coches de buen precio para el mercado masivo, tanto en Estados Unidos como en Europa. La mayor fortaleza de la marca fue su acertada planificación de productos, que dio lugar a éxitos como el lujoso Thunderbird deportivo (1954) y el Mustang compacto (1964). En Europa, Ford lideró las ventas con los modelos Anglia, Taunus, Cortina y Escort. La campaña de Ford de la década de 1960, «Total Performance», se propuso ser líder en el deporte del motor. Ganó las 24 Horas de Le Mans con el GT40 y comenzó a dominar la Fórmula 1 con un motor V8 diseñado por Cosworth. En la década de 1970, los Ford Escort RS llevaron a la marca al frente de los rallies europeos.

La reputación de la compañía sufrió un duro golpe en la década de 1970, cuando tuvo que llamar a revisión los Ford Pinto en Estados Unidos, por fallos de seguridad. También encontró dificultades para afrontar la crisis energética de la década de 1980. Los coches Ford, devoradores de combustible, perdían terreno frente a modelos más económicos importados de Japón. La empresa tuvo que depender de los beneficios de sus ramificaciones europeas con mejores resultados. En la década de 1980 las formas aerodinámicas, se convirtieron en una característica de éxito comercial de Ford a escala global, con la introducción del Taurus y el Sierra. Desde finales de la década de 1990, el diseño llamativo se convirtió en una fortaleza de Ford, bajo la dirección del diseñador J. Mays. Un magnífico comportamiento caracterizó los productos Ford gracias a su director técnico, Richard Parry-Jones.

A partir de 2006, Ford tuvo pérdidas significativas, al igual que otros fabricantes de automóviles de Estados Unidos, pero luchó para no depender del gobierno para sobrevivir a la crisis económica mundial. Para liberar capital de trabajo, vendió adquisiciones como Hertz, Aston Martin, Jaguar, Land Rover y Volvo, e hipotecó fábricas y otros activos. La medida funcionó. En 2018 Ford anunció que se concentraría únicamente en SUV y camiones, excepto el Mustang, que se relanzó en 2015 como coche global.

Motor EcoBoost de 1,6 litros, 2010
El motor EcoBoost de Ford utiliza dos turbos e inyección directa para generar más potencia en consonancia con el tamaño del motor, pero con más eficiencia y menos emisiones.

Coches de carreras

La década de 1950 estuvo marcada por el éxito de los coches de carreras con motor delantero, sobre todo en el caso de los sport. Dominaron las marcas europeas de automóviles deportivos derivados de los de carretera, distanciándose cada vez más de sus orígenes de calle. Los frenos de disco resultaron una gran ventaja y fueron adoptados rápidamente, junto con otras mejoras como la inyección de combustible.

▷ Talbot-Lago T26 Grand Sport 1951

Origen Francia

Motor 4483 cm³, seis en línea

Velocidad máxima 201 km/h

El Grand Sport, basado en el chasis y el motor de un coche de competición de Fórmula 1, fue un coche de carreras a comienzos de la posguerra que ganó las 24 Horas de Le Mans en 1950.

△ Ferrari 375 MM 1953

Origen Italia

Motor 4522 cm³, V12

Velocidad máxima 241 km/h

A comienzos de su brillante carrera deportiva, el Mille Miglia 375, ante todo construido para competición, ganó las 24 Horas de Spa, las 12 Horas de Pescara y los 1000 Km de Buenos Aires.

△ Kurtis-Chrysler 500S 1953

Origen Estados Unidos

Motor 6424 cm³, V8

Velocidad máxima 233 km/h

Eficaz coche que compitió en carreras de resistencia en Norteamérica y en la Panamericana. Su ligera carrocería es de aluminio y el motor es un V8 Hemi de Chrysler.

◁ Ferrari 250 GT SWB 1959

Origen Italia

Motor 2953 cm³, V12

Velocidad máxima 257 km/h

El exuberante SWB diseñado por Pinin Farina, dominó la categoría Grupo III (2 a 3 litros), ganando muchas carreras de manera categórica. Fue igualmente bueno en carretera.

△ Abarth 205 1950

Origen Italia

Motor 1089 cm³, cuatro en línea

Velocidad máxima 174 km/h

El 205, primer coche completo del preparador Carlo Abarth, utilizó un motor Fiat adaptado en una carrocería de G. Michelotti. Fue un coche de éxito en carreras de resistencia.

▽ Lotus Eleven 1956

Origen Reino Unido

Motor 1098 cm³, cuatro en línea

Velocidad máxima 180 km/h

El elegante Lotus Eleven marcó un paso adelante en el profesionalismo de Lotus y resultó un gran éxito. Llegó séptimo en Le Mans 1956, compitiendo contra muchos coches con motores mayores.

△ Pupulidy-Porsche Special 1954

Origen Estados Unidos

Motor 1582 cm³, cuatro opuesto

Velocidad máxima 209 km/h

E. Pupulidy hizo una carrocería inspirada en los Silver Arrows de Mercedes. La montó en una plataforma de VW y ganó la primera carrera en que participó, la Nassau Speed Week, en las Bahamas.

▷ Porsche 550/1500 RS 1953

Origen Alemania

Motor 1498 cm³, cuatro opuestos

Velocidad máxima 219 km/h

Cuando Porsche diseñó un nuevo motor con doble árbol de levas a cada lado para su coche de carreras 550, lo convirtió en ganador. James Dean falleció en un accidente en este coche.

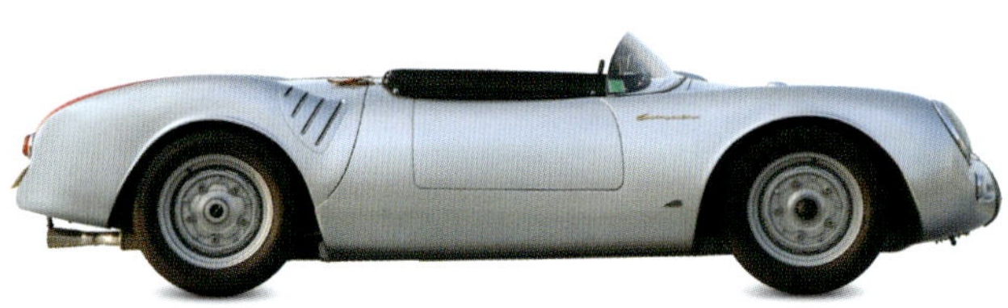

◁ Porsche 550 Coupé 1953

Origen Alemania

Motor 1488 cm³, cuatro opuestos

Velocidad máxima 200 km/h

Fue el primer Porsche construido de manera específica como coche de carreras. Unidades 550 de motor central ganaron todas las carreras de su categoría en 1953, desde Le Mans hasta la Carrera Panamericana.

△ **Aston Martin DBR1 1956**

Origen Reino Unido
Motor 2922 cm³, seis en línea
Velocidad máxima 249 km/h

El Aston Martin de carreras más exitoso hasta el 2010, tuvo seis victorias en circuitos como Le Mans, Nürburgring, Goodwood y Spa.

△ **OSCA MT4 1953**

Origen Italia
Motor 1490 cm³, cuatro en línea
Velocidad máxima 193 km/h

El MT4, con diseño Maserati y motor con doble árbol de levas y doble bujía, fue mejor de lo esperado. En 1954 ganó las 12 Horas de Sebring (Estados Unidos).

△ **Aston Martin DBR2 1957**

Origen Reino Unido
Motor 3670 cm³, seis en línea
Velocidad máxima 257 km/h

Aston fabricó dos coches para correr, con motor de 3,7 litros, semichasis de túnel y diseño como el del DBR1. En Estados Unidos corrieron con el motor de 4,2 litros.

△ **Maserati 250F 1954**

Origen Italia
Motor 2494 cm³, seis en línea
Velocidad máxima 290 km/h

El 250F compitió en los siete años con motores de 2,5 litros en la Fórmula 1. Ganó ocho carreras, y dio el Campeonato del Mundo a Juan Manuel Fangio en 1957.

◁ **Panhard 750 Spider 1954**

Origen Francia/Italia
Motor 745 cm³, dos opuestos
Velocidad máxima 145 km/h

Este modelo único, construido por Tino Bianchi en un chasis de Panhard Dyna en 1950, con estructura de GILCO y carrocería de Colli, compitió en las Mille Miglia de 1955 en Italia.

△ **Alfa Romeo 1900SSZ 1954**

Origen Italia
Motor 1975 cm³, cuatro en línea
Velocidad máxima 188 km/h

El Alfa Romeo 1900, conocido como «el coche familiar que gana carreras», dio lugar a este coche ligero de carrocería especial diseñada por Zagato, exitoso en carreras de larga distancia.

▷ **Mercedes-Benz W196 1954**

Origen Alemania
Motor 2496 cm³, seis en línea
Velocidad máxima 299 km/h

Mercedes-Benz regresó a la Fórmula 1 con un complejo chasis de estructura tubular, válvulas desmodrómicas e inyección de combustible. El W196 dio dos títulos mundiales a Juan Manuel Fangio.

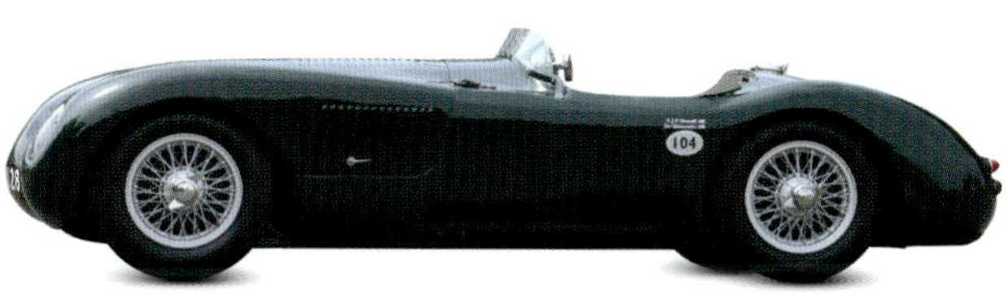

◁ **Jaguar Tipo C 1951**

Origen Reino Unido
Motor 3442 cm³, seis en línea
Velocidad máxima 232 km/h

Este coche de espíritu deportivo fue construido para ganar Le Mans; lo logró en 1951 y 1953 (siendo pionero en el uso de frenos de disco en 1953). Derivaba del XK120, con un chasis tubular ligero.

▽ **Jaguar Tipo D 1956**

Origen Reino Unido
Motor 3781 cm³, seis en línea
Velocidad máxima 269 km/h

Tras el Tipo C, derivado del XK, Jaguar produjo este coche ligero, con sección central en monocasco. Ganó en Le Mans en 1955, 1956 y 1957.

Coches deportivos

La demanda masiva de coches deportivos en los prósperos Estados Unidos de la posguerra forzó un rápido progreso en el diseño tanto allí como en Europa. Fue una era dorada para los coches deportivos, más bajos, lo que los diseñadores enfatizaron con líneas fluidas y hermosas. Se fabricaron algunos de los coches más atractivos de la historia.

△ Chevrolet Corvette 1953
Origen Estados Unidos
Motor 3859 cm³, seis en línea
Velocidad máxima 172 km/h

El Corvette, un coche soñado de Motorama, fue el primer coche con carrocería de plástico y representó un acto de confianza de Chevrolet.

△ Sunbeam Alpine 1953
Origen Reino Unido
Motor 2267 cm³, cuatro en línea
Velocidad máxima 193 km/h

Era pesado, pues se basaba en el chasis del Sunbeam-Talbot. La buena prensa por sus victorias en el Rallye Alpine y un récord de 193 km/h no bastaron para aumentar sus ventas.

△ Alfa Romeo Giulietta Spider 1955
Origen Italia
Motor 1290 cm³, cuatro en línea
Velocidad máxima 180 km/h

Este hermoso deportivo tenía un gran rendimiento, muy superior al que cabía esperar de su motor de 1,3 litros, con doble árbol de levas.

△ Jowett Jupiter 1950
Origen Reino Unido
Motor 1486 cm³, cuatro opuestos
Velocidad máxima 135 km/h

Aunque pesado, tenía un buen comportamiento por el motor bajo, horizontalmente opuesto. Era pequeño, y no se fabricaron muchos: se vendieron 899.

▷ Alfa Romeo 2000 Spider 1958
Origen Italia
Motor 1975 cm³, cuatro en línea
Velocidad máxima 179 km/h

Este elegante Alfa 2+2, por delante de los estándares contemporáneos británicos y estadounidenses, salvo por los frenos de tambor, iba equipado con una caja de cambios de cinco velocidades y motor de doble árbol de levas.

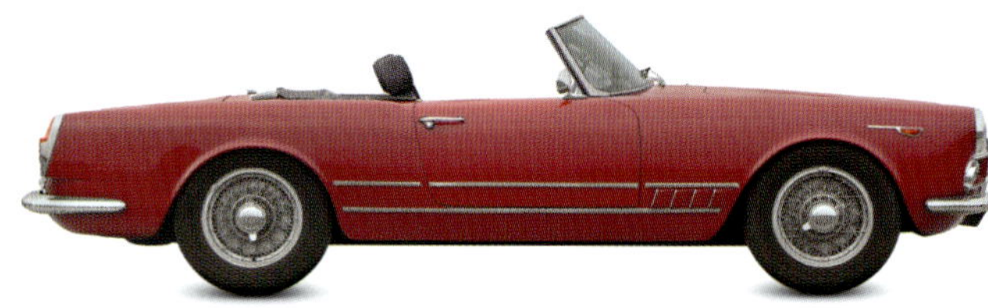

◁ Triumph TR2 1953
Origen Reino Unido
Motor 1991 cm³, cuatro en línea
Velocidad máxima 172 km/h

Para el desarrollo de este deportivo veloz y entretenido se contó con un presupuesto muy reducido. Fue un éxito inmediato en el mercado, y probablemente ganó más rallies que cualquier otro coche.

△ Arnolt Bristol 1953
Origen Estados Unidos Italia/Reino Unido
Motor 1971 cm³, seis en línea
Velocidad máxima 175 km/h

S. H. «Wacky» Arnolt, de Indiana, encargó a Bristol la construcción de un chasis en Inglaterra. Los Bertone de Italia se ocuparon de hacerle la carrocería. Solo se fabricaron 142 unidades.

▷ Jaguar XK140 1955
Origen Reino Unido
Motor 3442 cm³, seis en línea
Velocidad máxima 200 km/h

El XK120 se convirtió en el XK140, con dirección de cremallera y piñón, más potencia y más espacio interior. Los clientes podían escoger entre un *roadster* descapotable o un *coupé* de techo fijo.

▽ BMW 507 1956
Origen Alemania
Motor 3168 cm³, V8
Velocidad máxima 217 km/h

Solo se hicieron 250 unidades de este espectacular deportivo. Era tan bueno que el campeón mundial de motociclismo, John Surtees, compró uno.

△ MGA 1955

Origen Reino Unido
Motor 1489 cm^3, cuatro en línea
Velocidad máxima 161 km/h

Líneas hermosas, 161 km/h de velocidad punta y una opción de *coupé* con techo complementaban el chasis independiente del MGA. Se vendió bien, sobre todo en Estados Unidos.

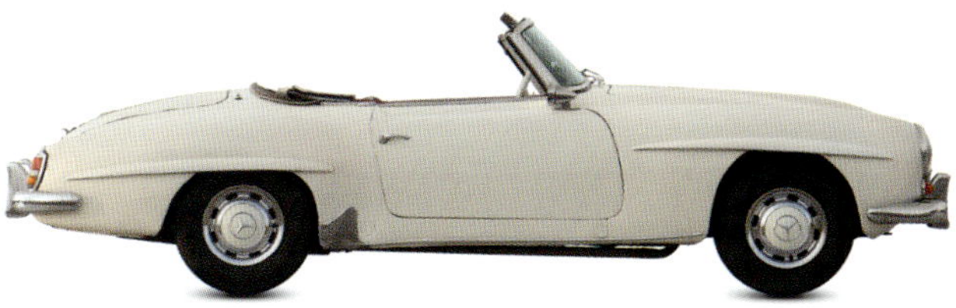

◁ Mercedes-Benz 190 SL 1955

Origen Alemania
Motor 1897 cm^3, cuatro en línea
Velocidad máxima 172 km/h

El 190, lanzado poco después del Gullwing 300 SL, de forma similar pero más rápido, fue un coche de lujo para dos, construido con las pautas de calidad propias de Mercedes-Benz.

△ Daimler SP250 1959

Origen Reino Unido
Motor 2548 cm^3 V8
Velocidad máxima 193 km/h

El fabricante de sedanes de lujo tenía un nuevo motor V8 de aluminio. Lo usó en un deportivo con carrocería de fibra de vidrio y chasis copiado del Triumph.

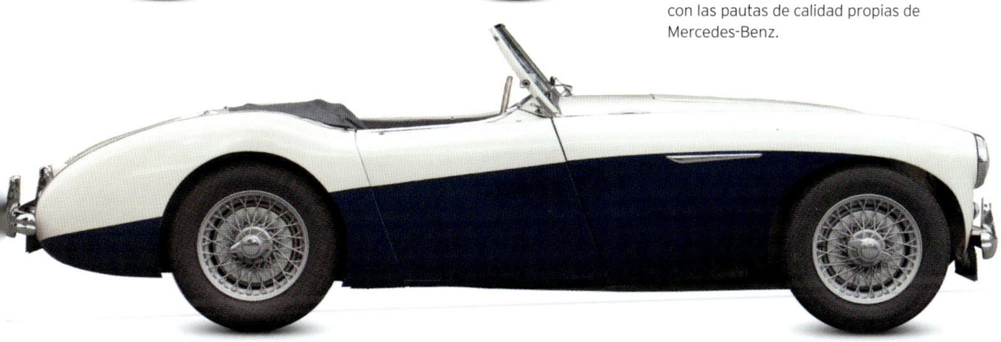

△ Austin-Healey 100/4 1952

Origen Reino Unido
Motor 2660 cm^3, cuatro en línea
Velocidad máxima 166 km/h

D. Healey concibió un coche deportivo barato, con partes del Austin Atlantic. Gerry Coker diseñó la excelente carrocería y Austin compró los derechos.

△ Austin-Healey Sprite 1958

Origen Reino Unido
Motor 948 cm^3, cuatro en línea
Velocidad máxima 138 km/h

El «Frogeye» Sprite («Bugeye» en Estados Unidos), para la parte baja del mercado, mostró que no era necesario que los deportivos fueran rápidos.

△ Porsche 356A 1955

Origen Alemania
Motor 1582 cm^3, cuatro opuestos
Velocidad máxima 161 km/h

Lanzado en 1950, dejó sus raíces de VW para convertirse, a finales de la década, en un bólido de 177 km/h, alcanzando 201 km/h en su forma Carrera de doble árbol de levas.

◁ AC Ace 1956

Origen Reino Unido
Motor 1971 cm^3, seis en línea
Velocidad máxima 188 km/h

El Ace, inspirado en Ferrari y lanzado en 1954 con motor propio AC y con suspensiones independientes de semiballestas, utilizaba un motor Bristol de 120 CV. Más tarde dio lugar al Cobra.

△ Lotus Elite 1957

Origen Reino Unido
Motor 1216 cm^3, cuatro en línea
Velocidad máxima 190 km/h

Primer monocasco de fibra de vidrio del mundo: sofisticado, muy aerodinámico, potente motor Coventry Climax y suspensión flexible.

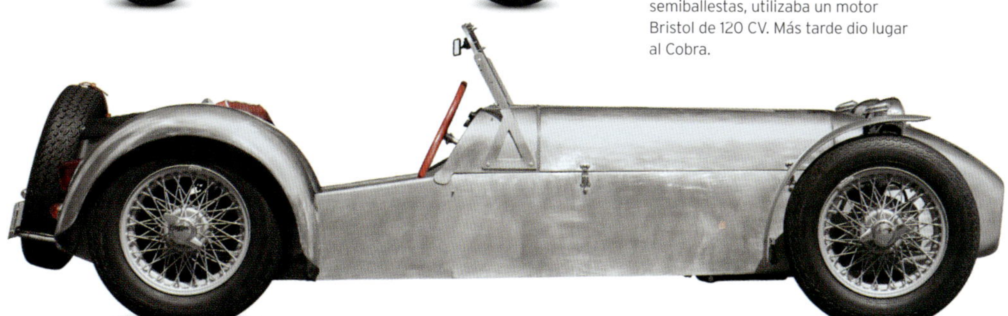

△ Lotus 7 1957

Origen Reino Unido
Motor 1172 cm^3, cuatro en línea
Velocidad máxima 137 km/h

Se vendían principalmente como kits ofreciendo varias opciones de motorización. Su bajo peso y buena suspensión los hicieron rápidos y eficaces en competición.

Chevrolet Corvette

Este descapotable de 1953, biplaza de fibra de vidrio al estilo de los modelos europeos de la época, fue el primer deportivo de producción estadounidense. Inicialmente equipado con motor de seis cilindros, comenzó a desarrollar su potencial solo cuando se le montó un motor V8. El modelo se mantuvo con rediseños, como el Sting Ray Coupé de 1963 con pantalla dividida y el «Mako Shark» Stingray de 1968. Con unas ventas de unos 1,5 millones hasta hoy, es el deportivo más antiguo de Estados Unidos aún en producción.

EL CORVETTE, IDEA ORIGINAL de Harley Earl, jefe de diseño de General Motors, fue lanzado con grandes elogios en el salón de ventas Motorama de GM en 1953. Pero el modelo tuvo un comienzo lento y solo se vendieron 300 en su primer año. A pesar de su estilo brioso, su motor de seis cilindros era insuficiente para los compradores estadounidenses, sedientos de potencia. A punto de desaparecer, su suerte cambió en 1955 con el V8 de 4342 cm^3, con transmisión manual. Además de esto, un rediseño de la carrocería en 1956 y mejoras en el motor en los años siguientes llevaron a la primera generación del Corvette a convertirse en uno de los mejores automóviles de Estados Unidos. La adornada segunda generación y las potentes segunda y tercera series llevaron el modelo a la década de 1980. Ahora en su sexta generación, el diseño del Corvette ve un retorno a sus raíces de influencia europea.

Abanderado
El logotipo del Corvette, diseñado en 1953 por Robert Bartholomew, de Chevrolet, tiene dos banderas, una a cuadros para reflejar su carácter de carreras, y la otra con una flor de lis, como saludo a las raíces francesas de Louis Chevrolet, fundador de la compañía.

VISTA FRONTAL

VISTA TRASERA

VISTA LATERAL CON LA CAPOTA CERRADA

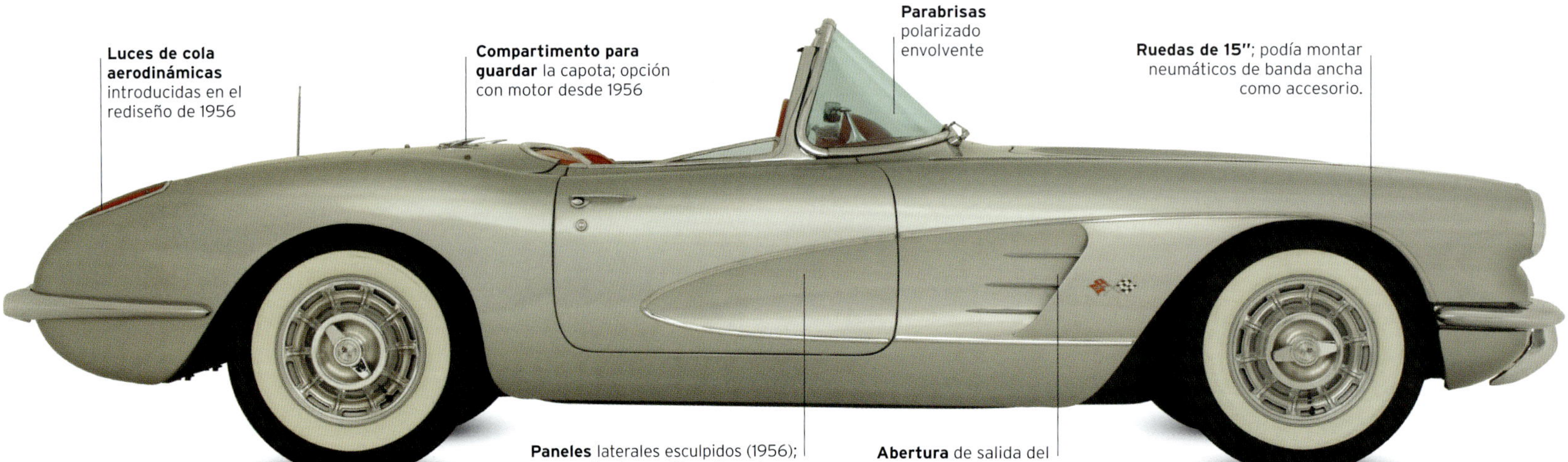

ESPECIFICACIONES	
Modelo	Chevrolet Corvette MkI (1953-62)
Ensamblaje	Michigan y Misuri, Estados Unidos
Producción	68 915
Construcción	Estructura de tubos soldados
Motor	4291 cm³, V8
Potencia	150-360 CV a 4200-6200 rpm
Transmisión	Powerglide automática, dos velocidades
Suspensión	Delantera independiente, eje rígido atrás
Frenos	Tambores delante y atrás
Velocidad máxima	229 km/h

Diseño agresivo
Harley Earl reconoció que el estilo de dientes abiertos de la parrilla se copió de los modelos de Ferrari de la época. Al combinarlo con el capó estriado y cuatro faros (introducidos en 1958 para sustituir los dos de los primeros modelos), este Corvette de 1959 tenía un aspecto delantero agresivo. Este sería aún más audaz en las generaciones posteriores del modelo.

EL EXTERIOR

La carrocería de fibra de vidrio del Corvette lo distinguía de sus rivales: un anuncio de 1959 llevaba el encabezamiento «Hecho de un molde diferente». En un nivel práctico, le dio al modelo ventajas de ahorro de peso frente a la competencia. En un rediseño en 1956 incluyó paneles abovedados o esculpidos en la carrocería y luces posteriores rediseñadas. Este Inca Silver fue una de las siete opciones de color disponibles en el año 1959.

1. Banderas junto a la ranura de ventilación **2.** Tapacubos desmontables muy elaborados **3.** Doble faro en cada lado (1958) **4.** Parrilla dentada hasta 1961 **5.** Luces traseras, rediseñadas en 1961, con la clásica «cola de pato». **6.** Doble tubo de escape en el parachoques trasero

1

2

3

4

5

6
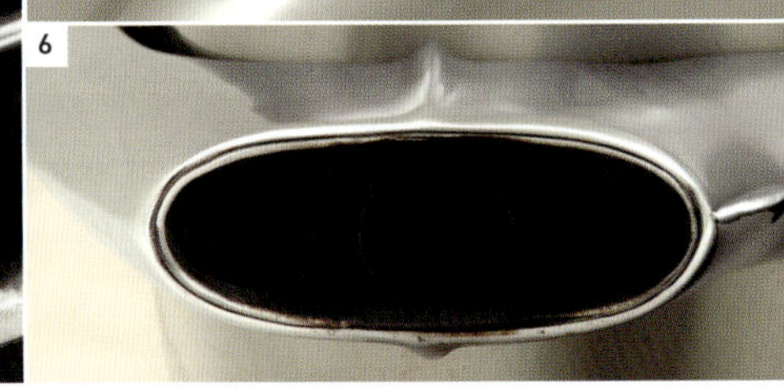

EL INTERIOR

Los modelos de 1953 tenían los instrumentos a la derecha del volante, pero en 1958 se colocaron frente al conductor. Los colores interiores incluían rojo, negro y turquesa; había opción de ventanas eléctricas y luces de cortesía. Lo importante era el rendimiento del coche y, en 1959, Chevrolet lo promocionó como «un refinado instrumento diseñado para el placer de conducir».

7. Habitáculo con volante deportivo, salpicadero de vinilo y barra de apoyo **8.** Entre otros instrumentos, velocímetro (llegaba a 260 km/h), cuentarrevoluciones y nivel de carga de batería **9.** Radio, calefacción y reloj eléctrico **10.** Palanca de cambios en T, nueva a partir de 1959 **11.** El nombre Corvette tomado de un tipo de buque de guerra **12.** Mecanismo de la capota **13.** Parte interna de la puerta **14.** Soporte de cromo para el brazo (1959).

7

BAJO EL CAPÓ

En 1956 se reemplazó el motor seis en línea por uno de V8 de 4637 cm³ (1957). Al combinarlo con la opción de inyección de combustible, Chevrolet afirmó que el Corvette era el primer coche con «un CV por cm³». En un momento en el que velocidad y potencia eran vitales, estas cifras de potencia permitieron al Corvette aumentar las ventas y su popularidad.

15. Cierre del capó **16.** Bisagra del capó, desbloqueo por medio de cable **17.** En 1959 las opciones de motor eran versiones V8 de 4637 cm³ de dos carburadores (mostrado aquí) o de inyección de combustible

15

16

17

8

9

10

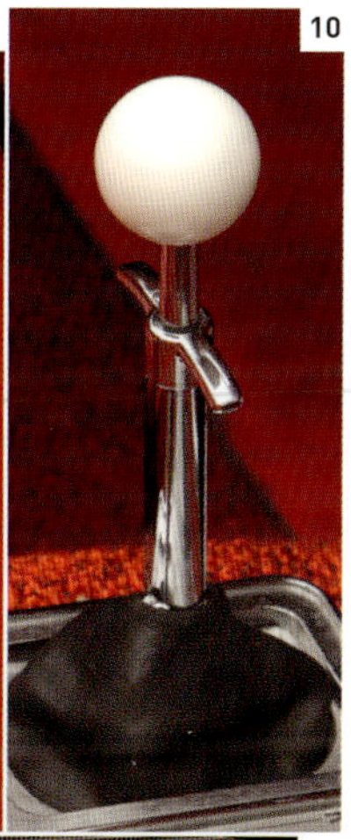

13

11

12

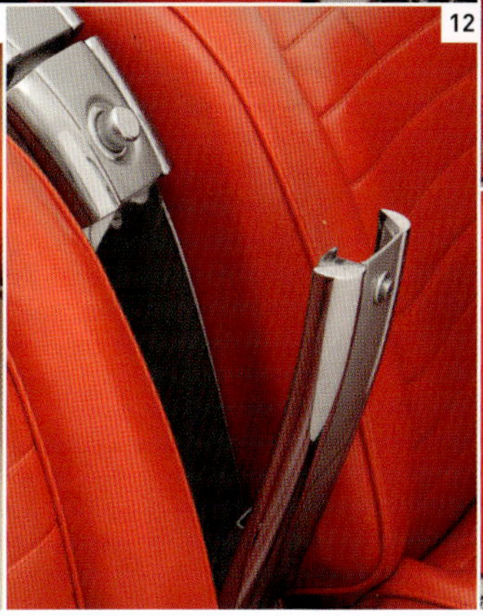

14

Motor Chevrolet V8 Pequeño

El motor de bloque pequeño de Chevrolet, producido en muchas variantes con una vida útil de 55 años, personifica el motor V8 de 90 grados de hierro fundido estadounidense, con accionamiento de válvulas con empujadores. Rápidamente se hizo popular como motor de competición y propulsó muchos deportivos y *pony cars* emblemáticos, como los Chevrolet Camaro y Corvette, y el Firebird de Pontiac.

PEQUEÑO BLOQUE, CARRERA CORTA

El pequeño bloque de Chevrolet, apodado «Superratón» por un personaje animado, tenía un gran rendimiento, en parte por las dimensiones supercuadradas de los cilindros (el diámetro es mayor que la carrera del pistón). Una carrera corta reduce la aceleración máxima y las fuerzas de inercia que actúan en los pistones, lo que permite altos regímenes de giro para aumentar la potencia. Hubo versiones menos potentes en modelos familiares; también se usó en navegación. Se han fabricado más de 90 millones de unidades.

ESPECIFICACIONES DEL MOTOR	
Fechas de producción	1955 hasta la fecha
Cilindros	Ocho cilindros en dos bancadas, V de 90°
Configuración	Montaje delantero, longitudinal
Cilindrada del motor	4291 cm³. Últimamente 6570 cm³
Potencia	162 CV a 4400 rpm. Luego 375 CV
Tipo	Motor de gasolina, cuatro tiempos, refrigerado con agua, con pistones alternativos, encendido por delco y cárter húmedo
Culata	OHV accionada por empujadores y balancines; dos válvulas por cilindro
Sistema de alimentación	Carburador; posteriormente inyección
Diámetro y carrera	95,3 mm x 76,2 mm
Potencia específica	37,8 CV/litro
Compresión	8,0:1

▷ **Ver pp. 352-353** Cómo funciona un motor

Segundo V8 de Chevrolet
Dado su éxito posterior, es sorprendente que este fuera solo el segundo motor V8 que Chevrolet había diseñado; el primero apareció muchas décadas antes, a principios de 1917. Pese a la poca experiencia en V8, Chevrolet dio en el clavo con la filosofía del diseño, que implica mantener el motor lo más simple, compacto y ligero posible, pero buscando lograr la mayor potencia posible.

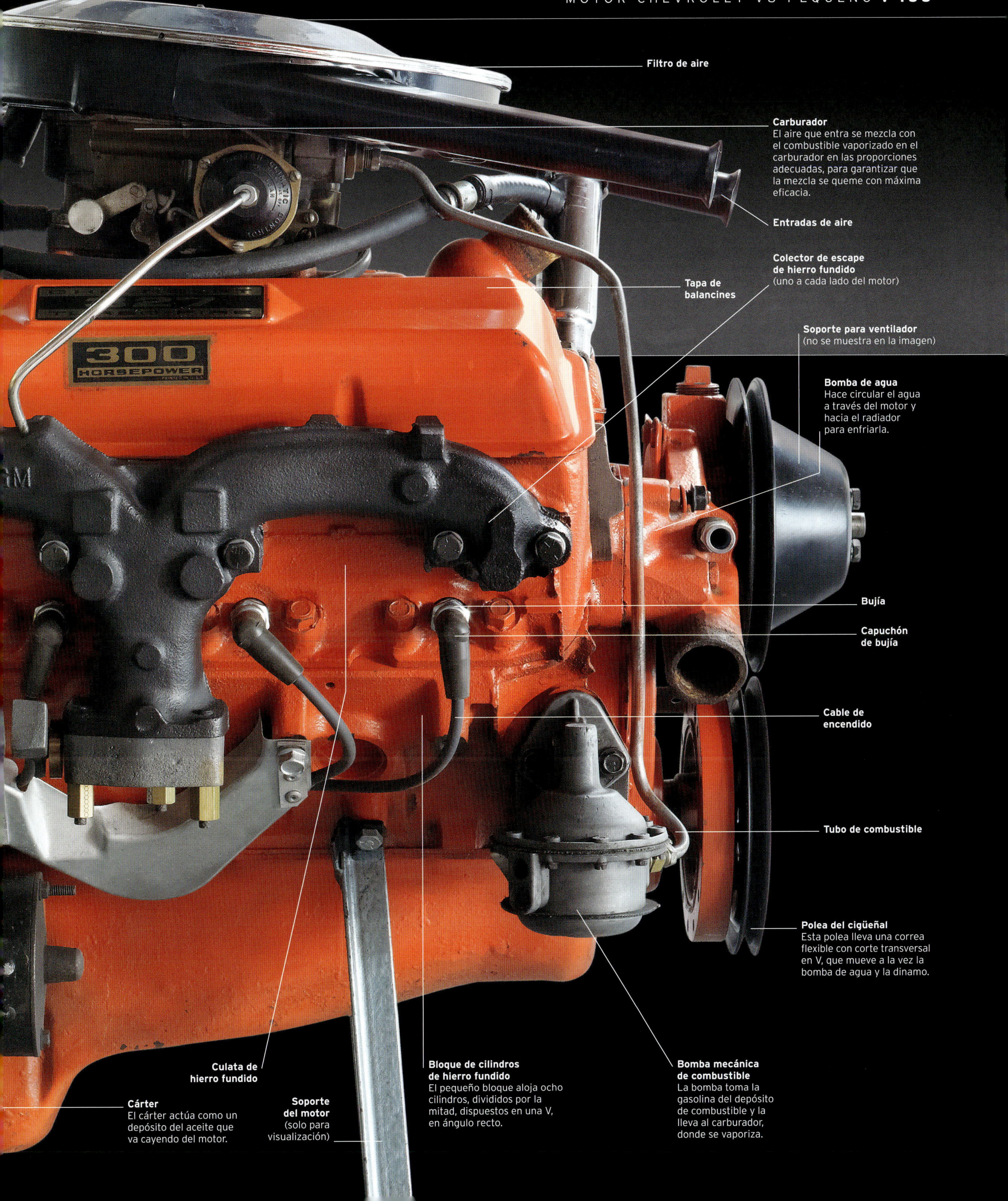
300
HORSEPOWER
GM
Filtro de aire
Carburador
El aire que entra se mezcla con el combustible vaporizado en el carburador en las proporciones adecuadas, para garantizar que la mezcla se queme con máxima eficacia.
Entradas de aire
Colector de escape de hierro fundido
(uno a cada lado del motor)
Tapa de balancines
Soporte para ventilador
(no se muestra en la imagen)
Bomba de agua
Hace circular el agua a través del motor y hacia el radiador para enfriarla.
Bujía
Capuchón de bujía
Cable de encendido
Tubo de combustible
Polea del cigüeñal
Esta polea lleva una correa flexible con corte transversal en V, que mueve a la vez la bomba de agua y la dinamo.
Culata de hierro fundido
Cárter
El cárter actúa como un depósito del aceite que va cayendo del motor.
Soporte del motor
(solo para visualización)
Bloque de cilindros de hierro fundido
El pequeño bloque aloja ocho cilindros, divididos por la mitad, dispuestos en una V, en ángulo recto.
Bomba mecánica de combustible
La bomba toma la gasolina del depósito de combustible y la lleva al carburador, donde se vaporiza.

Coches burbuja y microcoches

Los fabricantes siempre habían hecho coches pequeños y económicos, pero los consumidores rara vez los compraban. La Crisis de Suez de 1956 y el racionamiento de gasolina, cambiaron esa actitud y economizar combustible se volvió una prioridad. Los microcoches pasaron a primer plano y se lanzaron nuevos modelos al mercado. Pero pronto fueron reemplazados por pequeños coches convencionales, como los Fiat 500 y Mini.

△ Inter 175 Berline 1953

Origen Francia

Motor 175 cm^3, un cilindro

Velocidad máxima 80 km/h

Con asientos en tándem y creado por una empresa de aviación francesa, tenía ruedas delanteras plegables que le permitían el paso por una puerta o corredor estrecho, para ser almacenado.

△ Heinkel Cabin Cruiser 1957

Origen Alemania

Motor 204 cm^3, un cilindro

Velocidad máxima 80 km/h

Su construcción ligera, propia de una compañía de aviones, y un conjunto armónico permitieron a los Heinkel llevar dos adultos y dos niños, e ir tan rápido como un BMW Isetta.

△ Vespa 400 1957

Origen Italia/Francia

Motor 393 cm^3, dos en línea

Velocidad máxima 84 km/h

Este biplaza de Piaggio, hecho en Francia, era sofisticado para su época, con motor trasero enfriado por ventilador y suspensión independiente.

△ Austin Mini Seven 1959

Origen Reino Unido

Motor 848 cm^3, cuatro en línea

Velocidad máxima 116 km/h

El Mini tenía el brillante diseño de Issigoni, motor transversal, caja de cambios en el cárter y cuatro asientos. Gracias a su precio reemplazó a los burbuja del mercado.

△ Frisky Family Three 1958

Origen Reino Unido

Motor 197 cm^3, un cilindro

Velocidad máxima 71 km/h

Henry Meadows Ltd hizo coches Frisky de cuatro ruedas desde 1957, basados en el prototipo de Michelotti. Los de tres ruedas pagaban menos impuestos en Gran Bretaña.

△ Fiat Nuova 500 1957

Origen Italia

Motor 479 cm^3, dos en línea

Velocidad máxima 82 km/h

El 500 de D. Giacosa, de dos plazas, tuvo un comienzo lento. El rediseño del interior y mayor potencia lograron ventas de 3,4 millones de unidades.

▷ Berkeley SE492 1958

Origen Reino Unido

Motor 492 cm^3, tres en línea

Velocidad máxima 129 km/h

Este coche deportivo de fibra de vidrio brillante y monocasco de aluminio tenía motor transversal, tracción delantera y suspensión totalmente independiente, pero no tuvo éxito por usar motores de motocicleta, poco fiables.

▷ Goggomobil Dart 1959

Origen Alemania/Australia

Motor 392 cm^3, dos en línea

Velocidad máxima 105 km/h

El australiano Bill Buckle diseñó esta carrocería deportiva para acoplarla al chasis y mecánica del Goggomobil alemán. De este modelo se vendieron 700 con motores de 300 o 400 cm^3.

◁ **Subaru 360 1958**

Origen Japón

Motor 356 cm³, dos en línea

Velocidad máxima 97 km/h

Este monocasco de cuatro plazas, con motor trasero enfriado por aire, vendió 392 000 unidades. Fue el coche del pueblo en Japón en la década de 1960.

△ **Zündapp Janus 1957**

Origen Alemania

Motor 250 cm³, un cilindro

Velocidad máxima 80 km/h

El motor central, asientos «back-to-back» (contiguos) para cuatro adultos y gran calidad de construcción, hicieron de este uno de los más completos microcoches. Pero no se vendió bien por ser muy poco convencional.

△ **BMW Isetta 300 1955**

Origen Alemania

Motor 298 cm³, un cilindro

Velocidad máxima 80 km/h

Producido por BMW con licencia de Iso, fue el arquetípico coche burbuja. Con dos plazas y una o dos ruedas traseras, era fiable.

▷ **BMW 600 1957**

Origen Alemania

Motor 582 cm³, dos opuestos

Velocidad máxima 100 km/h

Los clientes del Isetta querían un biplaza; BMW los complació con el 600, con una sola puerta para los asientos traseros. Hacia 1959, Michelotti transformó el 600 en un 700 más grande.

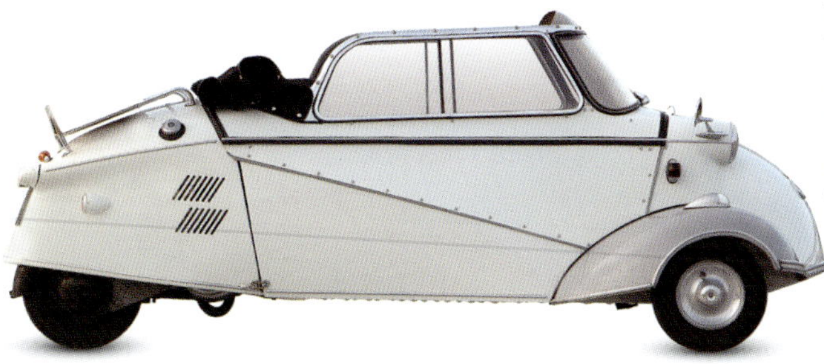

△ **Messerschmitt KR200 1956**

Origen Alemania

Motor 191 cm³, un cilindro

Velocidad máxima 97 km/h

El concepto de F. Fend de un coche para exmilitares discapacitados se volvió un coche burbuja de asientos en tándem, cubierta tipo aeronave y manillar de dirección.

△ **Messerschmitt TG500 1958**

Origen Alemania

Motor 490 cm³, dos en línea

Velocidad máxima 129 km/h

El Tiger de cuatro ruedas, con el doble de potencia que un KR200, sobresalió en carreras de poca cilindrada y pruebas de coches, por su bajo centro de gravedad y diminutas dimensiones.

△ **Scoota-car 1958**

Origen Reino Unido

Motor 197 cm³, un cilindro

Velocidad máxima 72 km/h

A pesar de llegar tarde al mercado, se construyeron unos 1500 en tres modelos diferentes de este microcoche británico de asiento en tándem. Conductor y pasajero se sentaban estilo escúter, a horcajadas sobre el motor.

△ **Bambino 200 1955**

Origen Países Bajos

Motor 191 cm³, un cilindro

Velocidad máxima 85 km/h

Este Fuldamobil alemán de motor trasero, fue construido bajo licencia en los Países Bajos y también en América del Sur, Gran Bretaña, Suecia, Grecia, la India y Sudáfrica.

▷ **Peel P50 1963**

Origen Reino Unido

Motor 49 cm³, un cilindro

Velocidad máxima 61 km/h

La tendencia a la miniaturización de finales de la década produjo el coche más pequeño del mundo. En este utilitario solo cabía una persona y una maleta.

Austin Mini Seven

El Mini, concebido como una alternativa a los «coches burbuja» populares en la época de la crisis de Suez de 1956, revolucionó el diseño de los coches pequeños. Su tracción delantera y motor transversal establecieron el patrón para el automóvil moderno, poniendo a su fabricante BMC (British Motor Corporation) a la vanguardia tecnológica. Fue un emblema de los coches de estilo independiente de la década de 1960, con su encanto impulsado por el éxito de la versión Cooper en rallies. Fabricado en varios países, al finalizar su producción en 2000, superaba los 5 millones de unidades.

EL ATRACTIVO DEL MINI no radicaba solo en su pequeño tamaño y líneas funcionales. Lo más asombroso era su conjunto: carrocería de 3 metros de largo, capacidad para 4 personas y sus equipajes, y motor de cuatro cilindros. Tenía un excelente agarre y comportamiento y pronto se convirtió en el favorito de los conductores. De él derivaron el deportivo Cooper, el más lujoso Wolseley Hornet y el Riley Elf, el Moke tipo jeep, una camioneta y un *pick-up*. En 1969 se introdujo el elitista Clubman, con su morro alargado. Mecánicamente, el coche se perfeccionó poco a poco, pero el único cambio significativo fue la suspensión independiente de caucho más suave y fluida, que fue introducida en 1964 y retirada en 1971. Finalmente, el coche ya no pudo competir con la nueva generación de «urbanitas» (superminis) más grandes y cómodos, y las ventas decayeron.

VISTA FRONTAL

VISTA TRASERA

Un toque de tradición
El emblema de Austin, que llevan otros modelos de BMC salidos de Longbridge, incorpora una inscripción evolucionada de la usada desde la década de 1920, especialmente en los Austin Seven originales de 1922 a 1939.

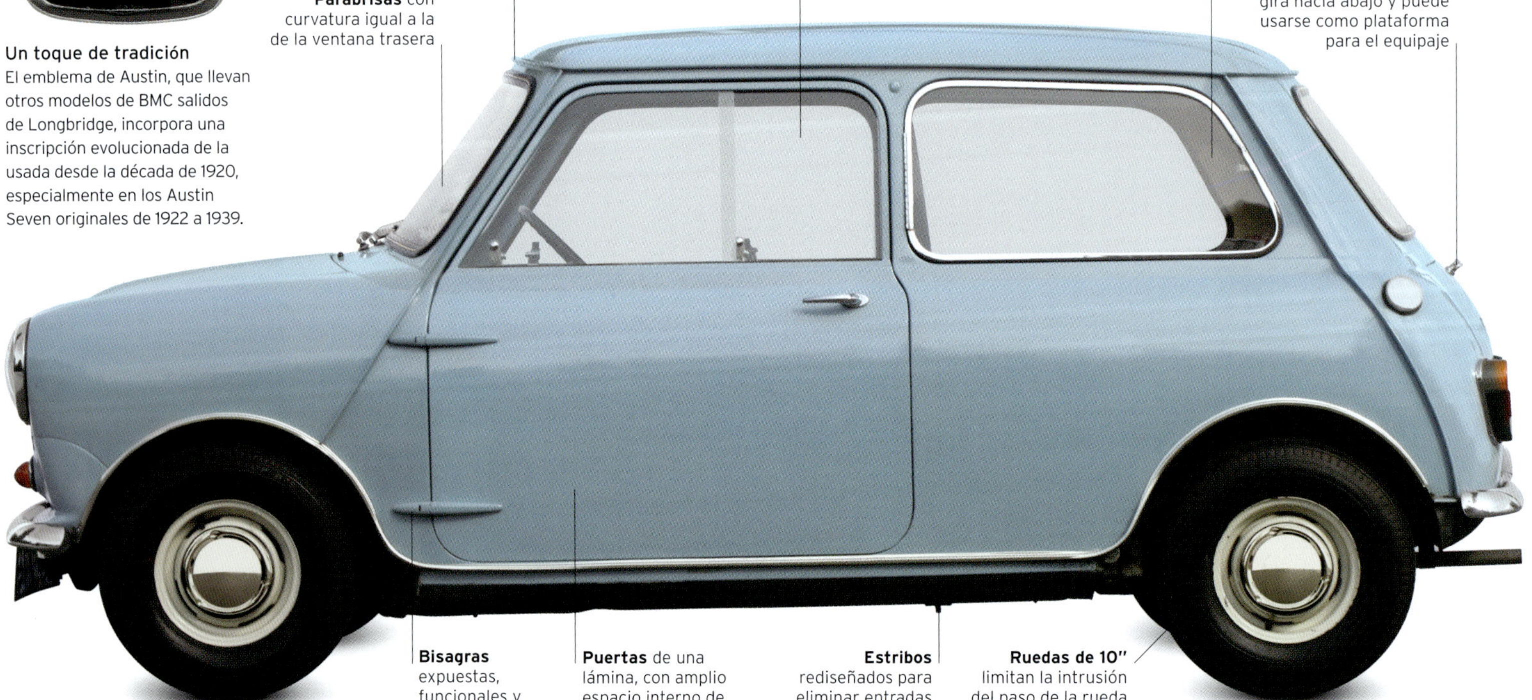

Forma después de función
La apariencia austera del Mini se caracterizó por una clara falta de adornos. Su creador, Alec Issigonis, mostraba desdén por el estilo, pero tenía buen ojo para las líneas. En gran parte, el Mini en su forma original fue obra suya, refinada por su carrocero, con participación limitada del jefe de diseño de BMC. Irónicamente, su sencilla funcionalidad fue lo que finalmente posicionó al Mini como un icono de la moda.

ESPECIFICACIONES			
Modelo	Austin Mini MkI, 1959-67	Potencia	34 CV a 5500 rpm
Ensamblaje	Principalmente Longbridge, Reino Unido	Transmisión	Manual, cuatro velocidades
Producción	435 000	Suspensión	Conos de caucho o hidrolástica
Construcción	Monocasco de acero (subchasis separados)	Frenos	Tambores delante y detrás
Motor	848 cm^3, OHV cuatro en línea	Velocidad máxima	117 km/h

EL EXTERIOR

«Si no fuera tan feo, me pegaría un tiro», dijo un ingeniero italiano del automóvil después de probar un prototipo de Mini. Sin embargo, al genial diseñador Battista «Pinin» Farina le pareció difícil mejorar su forma. Siempre hubo dos escuelas de pensamiento sobre el Mini: los que querían un poco más de estilo y los que apreciaron su carácter funcional y atrevido.

1. Nombre «Seven» (hasta 1962) **2.** Gancho externo de abertura del capó **3.** Sencilla parte delantera **4.** Bisagras tipo torpedo **5.** Manillas; luego se modificarían para seguridad peatones **6.** Tapacubos más anchos en el De Luxe **7.** Ventanas deslizantes (hasta 1969) **8.** Pestillo para abrir la ventana trasera **9.** Luces traseras; para el MkII fueron rediseñadas **10.** Manilla de maletero curva, usada en los MkI y MkII

1

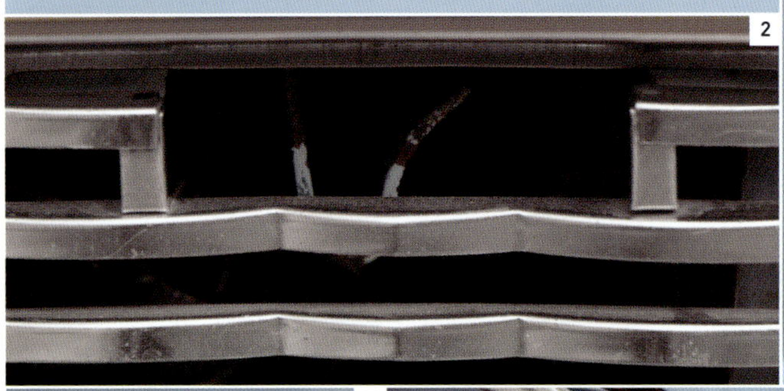
2

3

4

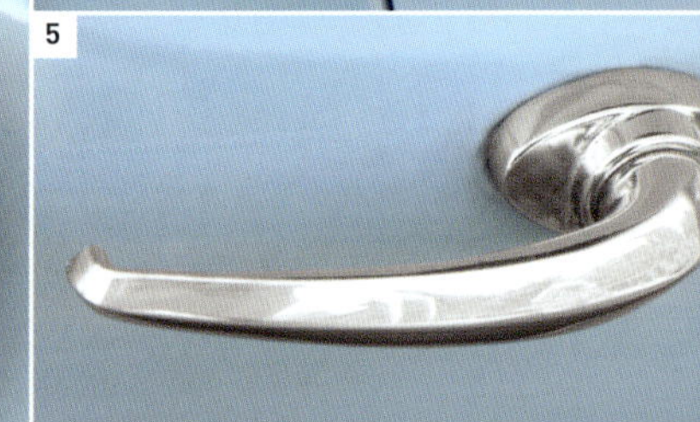
5

6

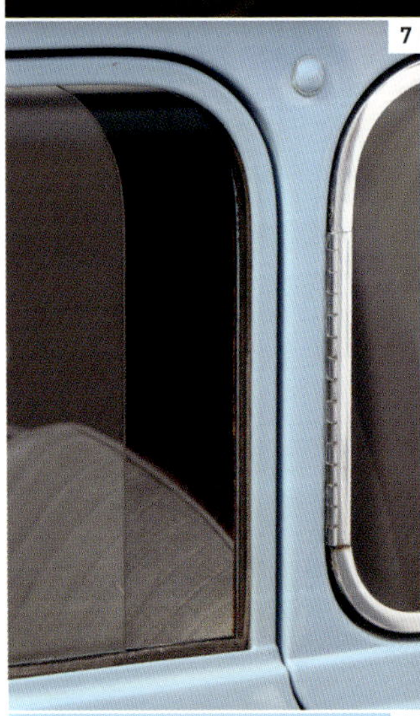
7

8

9

10

EL INTERIOR

En los primeros Mini el objetivo era ganar espacio. Además de los compartimentos en las puertas (hasta 1969), había huecos similares a ambos lados del asiento trasero, con espacio para depositar objetos. El salpicadero, al principio, solo llevaba un instrumento y daba sensación de amplitud. Los delgados asientos verticales ahorraban espacio pero eran incómodos.

11. Emblema de Austin, repetido en el botón del cláxon **12.** Tablero básico para interruptores **13.** Velocímetro central para los LHD y RHD **14.** Palanca de cambios «varita mágica» no muy precisa **15.** Limpiaparabrisas, no estándar **16.** Asientos verticales; acomodan a 4 personas en solo 3 m de largo **17.** Tapicería delgada para ganar espacio interior **18.** Pestillos metálicos de ventanas hasta 1963. Después fueron de plástico **19.** Palanca de puerta, no estándar

11

BAJO EL CAPÓ

El secreto del uso del espacio del Mini es el motor transversal y la transmisión en el cárter, no en una caja de cambios acoplada al motor. Para cambiar de marcha había una palanca larga y esbelta, que salía del suelo junto a los pies; en los Cooper el mecanismo era más preciso y fácil de usar.

20. Cierre del capó **21.** Motor transversal serie A
22. Embrague con accionamiento hidráulico
23. Batería y rueda de repuesto en el maletero

21

20

22

23

12

13

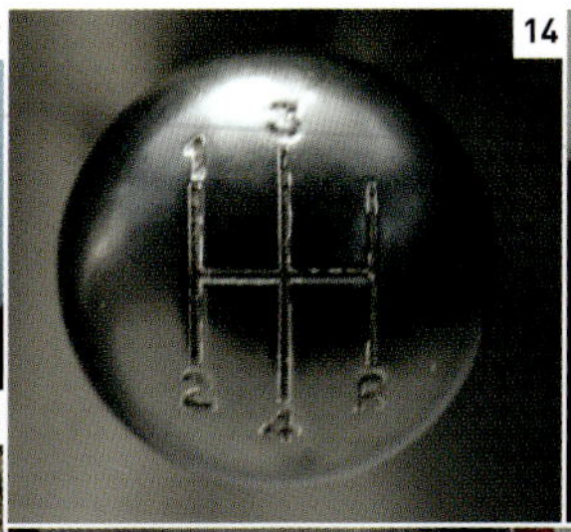
14

15

16

17

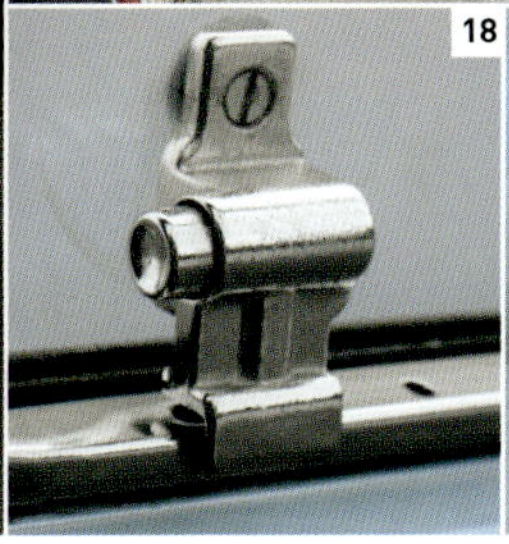
18

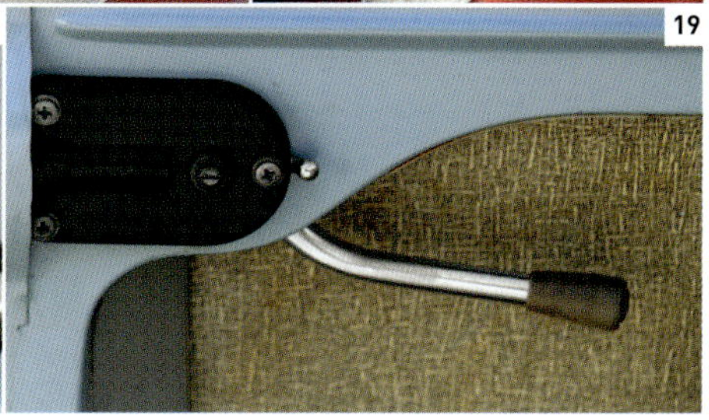
19

Fiat Nuova 500, 1957
Con el Nuova 500 (*cinquecento*), Fiat creó un coche urbano barato y práctico al que podían aspirar los dueños de escúteres. Consumía poco combustible y fue un icono instantáneo para el milagro económico de la posguerra italiana.

TERIA
CERIA
Profumeria

Los grandes sedanes

En los Estados Unidos de la década de 1950, los sedanes eran grandes y las ventas enormes, justificando mejoras y rediseños anuales. En Europa, la economía era menos boyante y en los años de austeridad de la posguerra la demanda era limitada. El resultado fue que se hicieron coches de la preguerra actualizados hasta bien entrada la década, especialmente los fabricantes que no podían asumir el costo de la tecnología de la estructura monocasco ni grandes cambios de ingeniería.

▷ Daimler Conquest Century 1954

Origen Reino Unido

Motor 2433 cm³, seis en línea

Velocidad máxima 145 km/h

Daimler hacía buenos coches, pero le costó actualizarlos en la década de 1950. Los cambios de rendimiento del Century le dieron más potencia que al básico Conquest.

△ Hudson Hornet 1954

Origen Estados Unidos

Motor 5047 cm³, seis en línea

Velocidad máxima 171 km/h

Este fue el último año de la serie de piso bajo de Hudson (1948) con motor Super Six. Se modificó hasta llegar al Hornet vencedor en las carreras NASCAR (1951).

▽ Mercury Monterey 1954

Origen Estados Unidos

Motor 4195 cm³, V8

Velocidad máxima 161 km/h

El primer motor Mercury totalmente nuevo desde 1939 propulsó un coche limpio, de estilo moderno, disponible con techo de plexiglás verde, 50 años adelantado a su época.

△ Oldsmobile Super 88 1955

Origen Estados Unidos

Motor 5309 cm³, V8

Velocidad máxima 163 km/h

Con estilo Futuramic y motor Rocket V8, Oldsmobile dominó la NASCAR a comienzos de la década de 1950.

△ De Soto Firedome 1953

Origen Estados Unidos

Motor 4524 cm³, V8

Velocidad máxima 148 km/h

De Soto presentó el Firedome como su principal modelo (1952). Su nombre alude a las eficientes cámaras de combustión hemisféricas en su nuevo motor V8, que lograban 160 CV.

△ Alvis TC21/100 Grey Lady 1954

Origen Reino Unido

Motor 2993 cm³, seis en línea

Velocidad máxima 161 km/h

Alvis mantuvo la venta del gran sedán de posguerra con ruedas de radios, tomas de aire en el capó y potenciando el motor a 100 CV. Con diseño moderno, Graber lo rescató en 1956.

◁ Austin A99 Westminster 1959

Origen Reino Unido

Motor 2912 cm³, seis en línea

Velocidad máxima 158 km/h

El Westminster de Austin fue un sedán distinguido y grande con estilo Pininfarina para la década de 1960. Tenía un precio competitivo, con frenos asistidos y caja de cambios de sobremarcha o automática.

◁ Renault Frégate 1951

Origen Francia

Motor 1997 cm³, cuatro en línea

Velocidad máxima 126 km/h

Renault, que fue nacionalizada después de la guerra, necesitaba un sedán de lujo. El Frégate se demoró en entrar en producción y fue superado por el Citroën DS.

▷ Vauxhall Cresta 1955

Origen Reino Unido

Motor 2262 cm³, seis en línea

Velocidad máxima 129 km/h

El parentesco del Vauxhall con General Motors era manifiesto en el cromado Cresta; su diseño era el de un Chevrolet de 1949. Se vendió muy bien en Gran Bretaña.

▷ Rambler Ambassador 1958

Origen Estados Unidos

Motor 5359 cm³, V8

Velocidad máxima 153 km/h

AMC, único gran fabricante de coches de Estados Unidos que aumentó ventas en la recesión de 1958 gracias a los modelos Rambler, se formó al fusionarse Nash y Hudson en 1954.

◁ Chevrolet Bel Air Nomad 1956

Origen Estados Unidos

Motor 4343 cm³, V8

Velocidad máxima 174 km/h

Los Chevrolet de mediados de la década de 1950 tenían un diseño deportivo, bajo, y un potente motor V8, que hicieron que este modelo campestre fuera muy divertido. De 1,6 millones de Chevrolet 1956, solo 7886 fueron Nomads.

△ Lancia Flaminia 1957

Origen Italia

Motor 2458 cm³, V6

Velocidad máxima 164 km/h

El diseño de Pinin Farina dio al Lancia Flaminia cierta similitud con el Westminster Austin, aunque fue mejor, con suspensión De Dion y un buen comportamiento.

▽ Armstrong Siddeley Sapphire 1953

Origen Reino Unido

Motor 3435 cm³, seis en línea

Velocidad máxima 161 km/h

Lujoso, con caja de cambios Hydramatic o de preselección, se siguió vendiendo a clientes tradicionales que consideraban que el Jaguar era demasiado moderno.

◁ Rover 90 1957

Origen Reino Unido

Motor 2639 cm³, seis en línea

Velocidad máxima 146 km/h

Cuando en 1950 fue lanzada la gama P4 de Rover, esta tenía un buen estilo, aún fresco en la década de 1960. La construcción separada del chasis y sus accesorios de alta calidad los hicieron muy sólidos.

△ Peugeot 403 1955

Origen Francia

Motor 1468 cm³, cuatro en línea

Velocidad máxima 122 km/h

Era robusto y bien diseñado, y se vendieron más de un millón de unidades. La versión 404 aún se ve en África y América del Sur.

▷ BMW 502 1955

Origen Alemania

Motor 3168 cm³, V8

Velocidad máxima 169 km/h

El motor V8 de aluminio de BMW salió al mercado en 1954 con 2580 cm³, pero al año siguiente aumentó para dar a ese sedán grande el rendimiento acorde con su impresionante apariencia y calidad de accesorios.

◁ Humber Hawk VI 1954

Origen Reino Unido

Motor 2267 cm³, cuatro en línea

Velocidad máxima 134 km/h

Los Hawk, los últimos sedanes de chasis separado, eran sólidos y cómodos. Tenían buena velocidad de crucero, gracias a su transmisión de sobremarcha, pero aceleración lenta.

△ Humber Super Snipe 1959

Origen Reino Unido

Motor 2651 cm³, seis en línea

Velocidad máxima 148 km/h

Humber adoptó la estructura monocasco, pero en este Super Snipe usó un motor de seis cilindros, algo pequeño. Modelos posteriores con motor de 3 litros tuvieron mejor rendimiento.

Coches familiares

Los coches familiares de la década de 1950 eran similares a los de hoy en cuanto a espacio, comodidad y economía de combustible. Las grandes diferencias eran en diseño, seguridad y rendimiento, y en el ruido a altas velocidades. Cualquiera de estos familiares podía viajar en un día, con comodidad, entre Barcelona y Madrid. Con respecto a los coches familiares de los años treinta, supusieron una gran mejora.

△ Volvo Amazon 1956
Origen Suecia
Motor 1583 cm³, cuatro en línea
Velocidad máxima 145 km/h

Ligero y de construcción sólida, comenzó con el 121 de cuatro puertas y 60 CV, constantemente mejorado. En la versión de dos puertas se vendió hasta 1970.

△ Alfa Romeo 1900 1950
Origen Italia
Motor 1884 cm³, cuatro en línea
Velocidad máxima 166 km/h

O. Satta llevó a Alfa Romeo al éxito en la posguerra con este sedán moderno, un monocasco con motor de doble árbol de levas y diseño aerodinámico total.

◁ Volvo PV444 1957
Origen Suecia
Motor 1583 cm³, cuatro en línea
Velocidad máxima 153 km/h

Era robusto, festivo y popular en la década de 1950, con su excelente caja sincronizada de cuatro velocidades. Desde 1958 se sustituyó por el PV544.

△ Riley RME 1952
Origen Reino Unido
Motor 1496 cm³, cuatro en línea
Velocidad máxima 126 km/h

El Riley, que también se hizo en una versión de 2,5 litros, era de construcción anticuada, pero fue un deportivo de calidad, para clientela selecta.

△ Borgward Isabella TS 1954
Origen Alemania
Motor 1493 cm³, cuatro en línea
Velocidad máxima 150 km/h

Sedán deportivo de dos puertas y bien fabricado, en siete años vendió más de 200 000 unidades. Pero la compañía familiar no se salvó de la quiebra (1961).

△ Ford Consul MkII 1956
Origen Reino Unido
Motor 1703 cm³, cuatro en línea
Velocidad máxima 130 km/h

En Gran Bretaña, los coches pequeños de Ford conservaron el estilo anterior a la guerra. Los familiares de gama media tenían un perfil estadounidense moderno.

△ Ford Zephyr MkII 1956
Origen Reino Unido
Motor 2553 cm³, seis en línea
Velocidad máxima 145 km/h

EL Zephyr tuvo un rendimiento destacado, gracias a su motor de seis cilindros y peso ligero. Los modelos con sobremarcha tenían una opción de seis velocidades.

▷ Fiat 1200 Granluce 1957
Origen Italia
Motor 1221 cm³, cuatro en línea
Velocidad máxima 137 km/h

Este sedán pequeño pero cómodo, fácil de conducir en carretera, vendió más de 400 000 unidades en tres años. Tuvo una atractiva versión biplaza descapotable.

◁ MG Magnette ZA 1954
Origen Reino Unido
Motor 1489 cm³, cuatro en línea
Velocidad máxima 129 km/h

Con carrocería Wolseley y un motor Austin, tenía dos carburadores, dirección de cremallera, y piñón y molduras de cuero y madera.

△ Austin A40 Somerset 1952

Origen Reino Unido

Motor 1200 cm^3, cuatro en línea

Velocidad máxima 113 km/h

Sólido, cómodo, espacioso y ágil a pesar de su pequeño motor, dio unas grandes ventas a Austin: 173 306 unidades en dos años.

△ Austin A50/A55 Cambridge 1955

Origen Reino Unido

Motor 1489 cm^3, cuatro en línea

Velocidad máxima 121 km/h

La estructura monocasco del sucesor del Somerset lo dotó de líneas bajas y menor peso. El motor más grande lo hizo un útil coche de familia para la década de 1950.

▷ Henry J 1951

Origen Estados Unidos

Motor 2641 cm^3, seis en línea

Velocidad máxima 132 km/h

Kaiser-Frazer trató de impulsar sus débiles ventas con este sedán económico a precio reducido, con motor Willys de cuatro o seis cilindros. Se produjo hasta 1954.

△ Mercedes-Benz 220 1954

Origen Alemania

Motor 2195 cm^3, seis en línea

Velocidad máxima 163 km/h

Primer sedán monocasco de Mercedes. En 1953 iba equipado con un motor de cuatro cilindros y en 1954, con uno de seis. Sólidos y bien construidos, fue un modelo que vendió bien.

△ Vauxhall PA Velox 1957

Origen Reino Unido

Motor 2262 cm^3, seis en línea

Velocidad máxima 140 km/h

La propiedad estadounidense de la marca era evidente en el estilo del parabrisas envolvente. Su aspecto alejó al comprador británico más conservador.

▷ Hindustan Ambassador 1958

Origen India

Motor 1489 cm^3, cuatro en línea

Velocidad máxima 117 km/h

El coche más conocido de la India, aún en producción local, es un Morris Oxford Serie II. Actualizado en los últimos años, desde 1992 utiliza un motor Isuzu.

◁ Volkswagen Kombi 1950

Origen Alemania

Motor 1131 cm^3, cuatro opuestos

Velocidad máxima 93 km/h

Volkswagen utilizó la plataforma y el motor del Escarabajo para producir la gama de camioneta, *pick-up*, campero y minibús Kombi.

△ Simca Aronde 1958

Origen Francia

Motor 1290 cm^3, cuatro en línea

Velocidad máxima 132 km/h

El Aronde, descapotable o *coupé*, vendió más de un millón en la década de 1950. Fiable y espacioso tenía un rendimiento modesto.

△ Wolseley 15/60 1959

Origen Reino Unido

Motor 1489 cm^3, cuatro en línea

Velocidad máxima 124 km/h

Pinin Farina dio al Wolseley (y luego a Austin, Morris, MG y Riley) nueva apariencia y un fuerte toque de diseño estadounidense. Este fue un coche cómodo y duradero.

Walter P. Chrysler con el Chrysler Six, en 1924

Grandes marcas

Historia de Chrysler

Cuando Walter P. Chrysler decidió competir con los gigantes Ford y General Motors (GM) inició un camino que llevaría a su empresa a ser uno de los mayores fabricantes. Al hacerse con marcas como Dodge, Plymouth y DeSoto, Chrysler ha hecho algunos de los coches más emblemáticos de Estados Unidos.

NACIDO EN KANSAS, Walter P. Chrysler labró su camino en el negocio ferroviario antes de entrar en la industria automotriz. Fue gerente de producción de la marca Buick de GM en 1911 y su presidente de 1916 a 1919. Para entonces, Chrysler había convertido a Buick en la división más rentable de GM. Después de salir de Buick, fue reclutado para transformar destinos: primero el de Willys-Overland y el de Maxwell Motor Corporation. Pero Chrysler, interesado en desarrollar su propio modelo, construyó su primer coche (el Chrysler Six) y lo presentó en el New York Auto Show de 1924.

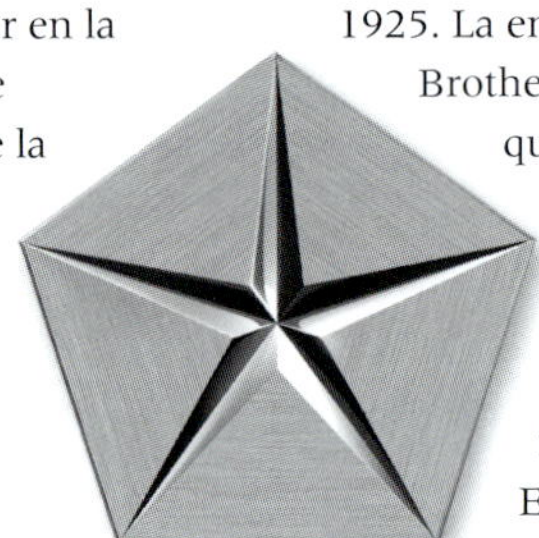

Emblema de Chrysler (introducido en 1962)

Alentado por la positiva reacción, formó Chrysler Motor Corporation en 1925. La empresa adquirió Dodge Brothers en 1928, en un acuerdo que cambió la industria automovilística del país y puso a Chrysler, junto a Ford y GM, como uno de los «Tres Grandes» fabricantes de coches de Estados Unidos. En el mismo año, se establecieron dos nuevas marcas subsidiarias bajo el paraguas Chrysler: Plymouth, para atender al sector de precios bajos del mercado, y DeSoto, para el de precio medio. En los años treinta hubo modelos innovadores de Plymouth, como el moderno PA de 1931 que, con carrocería de acero y buen precio, vendió más de 100 000 unidades. El emblemático edificio Chrysler se terminó en 1931 como nueva sede en Nueva York. La hábil dirección de Chrysler aseguró que la marca pudiera sobrellevar la Gran Depresión de principios de 1930 e incluso llegó a desarrollar modelos de vanguardia: el diseño Airflow, visto por primera vez en coches Chrysler de 1934, ofreció una apariencia racional y aerodinámica. Pero estos coches elegantes, desarrollados en túnel de viento, tenían problemas de calidad, por lo que la mayoría de los compradores del país eligió los Plymouth y DeSoto tradicionales.

> «**Me gusta** construir y hacer cosas. Me estoy divirtiendo **mucho**».
>
> WALTER P. CHRYSLER, 1928

Edificio Chrysler, Nueva York
Con 319 m de altura, por poco tiempo fue el edificio más alto del mundo. Cubierto de piedra plateada, se decoró con tapacubos Chrysler, tapas de radiador y piezas de capó.

En 1939 Plymouth había registrado más de 3 millones de unidades vendidas, pero la muerte de Walter P. Chrysler en 1940 fue un golpe para la empresa. Incluso antes de que Estados Unidos entrara en guerra en diciembre de 1941, Chrysler había reorientado parte de su capacidad para construir tanques para los aliados. La producción de coches cesó a principios de 1942, pero se reanudó después de la guerra, con modelos austeros.

En 1951, Chrysler introdujo el primer sistema de dirección asistida del mundo, y el nuevo motor V8 de 5,4 litros, FirePower. El V8, llamado «Hemi» a causa de su cámara de combustión hemisférica, sustituyó la configuración de ocho en línea utilizada desde la década de 1930. El Hemi, instalado inicialmente en Chryslers de primera calidad como el Saratoga, se usó luego, con menor cilindrada, en DeSoto y Dodge.

Virgil Exner, antes diseñador de GM y Studebaker, que se unió a Chrysler en 1949, fue responsable del estilo «Forward Look» («Visión futurista»), que transformó la imagen desgarbada de la empresa después de la guerra. Las mejores creaciones ultraelegantes de Exner se produjeron en 1957, con

Anuncio de revista (1957) para las marcas de Chrysler. Muestra el estilo de aletas y cromo del programa «Visión futurista» de V. Exner.

una gama de modelos con líneas hermosas, aletas y cromados. El galardonado New Yorker de 1957 fue el resumen de esta nueva dirección futurista, mientras que el Fury de 1959 de Plymouth fue otro diseño clásico de Exner. Exner dejó la empresa en 1961, año en que Chrysler eliminó la división DeSoto. Incluso sin él, Chrysler siguió innovando. Inició la década de 1960 como el único de los Tres Grandes en utilizar la estructura monocasco. En 1964 el Plymouth Barracuda se convirtió en el primer *pony car*, un nuevo tipo de coche con motor de alto rendimiento dentro de una carrocería compacta. Pero otro *pony*, el Mustang de Ford, que tomó el nombre de esta raza de caballos, se llevó todos los aplausos de la crítica y el éxito comercial. Sin inmutarse, Chrysler desarrolló más modelos de alto rendimiento, con estructuras más

PLYMOUTH P3

CHRYSLER NEW YORKER

PLYMOUTH BARRACUDA

DODGE CHARGER

1925 Se crea Chrysler Motor Corporation. El Chrysler Six es el primer modelo.
1928 Chrysler adquiere Dodge Brothers; Plymouth y DeSoto son subsidiarias de Chrysler.
1931 Termina la construcción de la nueva sede, el Edificio Chrysler, en Nueva York.
1934 Diseño Airflow en los modelos de Chrysler y DeSoto, primeros del país desarrollados en túnel de viento.
1937 El coche número 2 millones de Plymouth, sale de la línea de producción.

1940 Muere Walter P. Chrysler.
1941 Chrysler Town y Country es el primer *station wagon* con diseño aerodinámico.
1951 Chrysler introduce la dirección asistida Hydraguide y el motor V8 Hemi.
1955 Virgil Exner lanza su estilo «Forward Look» en el Chrysler 300.
1956 Chrysler pone radio en sus modelos y transmisión automática de tres marchas.
1957 Sus modelos futuristas son muy elogiados; en particular, el New Yorker exhibe el toque estilístico de Exner.

1964 El Plymouth Barracuda es el primer *pony car* del mundo; Chrysler adquiere una buena participación en el British Rootes Group.
1966 El Dodge Charger, el *muscle car* de alto rendimiento, entra en producción.
1978 Lee Iacocca, nuevo jefe de Chrysler, reestructura la compañía.
1983 El Dodge Caravan es el primer miniván.
1987 Chrysler compra AMC y su marca Jeep.
1991 Se presenta el deportivo V10 Dodge Viper; el Viper se fabrica 19 años.

1998 Daimler-Benz compra Chrysler y conforma la DaimlerChrysler.
2007 Cerberus Capital Management adquiere Chrysler a Daimler-Benz.
2009 Después de un 2008 desastroso para la industria automovilística, en su conjunto, Chrysler es rescatada por Fiat.
2011 El Chrysler 300 también se vende como Lancia.
2017 Se lanza el monovolumen Pacifica, con opción híbrida.

grandes; un ejemplo notable de estos *muscle cars* fue el Dodge Charger de 1966. Chrysler también se expandió en el mundo, con acciones en el grupo británico Rootes, en el francés Simca y en la empresa española Barreiros.

A mediados de los años setenta la crisis energética mundial hizo poco popular la gama de coches Chrysler de grandes motores. Para afrontar una crisis financiera en 1978, Chrysler reclutó a Lee Iacocca, expresidente de Ford, quien pidió ayuda al gobierno para rescatar su economía, vendió activos externos y despidió a miles de empleados. También desarrolló modelos de éxito, como una gama de compactos y, en 1983, el primer miniván del mundo: el Dodge Caravan.

Las medidas de Iacocca dieron resultado y, de nuevo en marcha, la empresa compró la American Motors Corporation (AMC) en 1987. Esto le dio a Chrysler la emblemática marca Jeep, que desarrollaría ampliamente. La recesión de 1990 golpeó a la empresa, aunque salió adelante. A mediados de la década, modelos como el biplaza deportivo Dodge Viper le ayudaron a convertirse en uno de los fabricantes de coches con más beneficios de Estados Unidos. En 1998, Daimler-Benz adquirió Chrysler y formó la DaimlerChrysler Corporation. Rumbo al nuevo milenio, modelos como el ejecutivo 300 y el compacto Neón fueron éxito mundial. Pero tras ser absorbida (2007) por una sociedad de capital riesgo, Chrysler fue doblegada por la crisis económica que afectó con fuerza a la industria del automóvil en 2008. Fiat intervino entonces para crear una nueva multinacional del automóvil, Fiat Chrysler Automobiles, o FCA. En el año 2020, la gama de automóviles de lujo de Chrysler se componía de los modelos 300, Pacifica y Voyager.

Plymouth Road King
Los Plymouth de bajo precio permitieron a muchas familias tener su primer coche. Eran coches duraderos. Aquí se muestra en 1953 este sedán Road King de cerca de 1940.

Estilo descapotable

Antes de la Segunda Guerra Mundial los coches abiertos eran, en general, la opción barata. En los años cincuenta se volvieron de lujo y eran muy deseados. Como los fabricantes se pasaron a la estructura monocasco, hacer descapotables era más costoso que cuando se hacían en chasis separado. Con precios más altos, los coches abiertos tenían que ser lujosos y sofisticados, y se usaban en transporte recreativo.

△ Buick Roadmaster 1951
Origen Estados Unidos
Motor 5247 cm^3, ocho en línea
Velocidad máxima 137 km/h

Tener un Roadmaster daba estatus en la posguerra de Estados Unidos. Fue el mejor modelo de Buick, con transmisión automática. Al siguiente año comenzó la era de las aletas.

◁ Healey Tipo G 1951
Origen Reino Unido
Motor 2993 cm^3, seis en línea
Velocidad máxima 161 km/h

Derivado del Nash-Healey, hecho para Estados Unidos, Healey solo construyó 25 tipo G con motor Alvis, vendidos sobre todo en Reino Unido.

△ Austin-Healey 3000 MkI 1959
Origen Reino Unido
Motor 2912 cm^3, seis en línea
Velocidad máxima 183 km/h

El 3000, suave y potente, con motor derivado del Austin Westminster, estaba disponible como biplaza o como descapotable 2+2, y se vendió particularmente bien en Estados Unidos.

△ Ford Thunderbird 1954
Origen Estados Unidos
Motor 4785 cm^3, V8
Velocidad máxima 185 km/h

El «T-Bird», la respuesta de Ford al Chevrolet Corvette y a los coches deportivos europeos, tenía motor V8 de 198 CV y techo de fibra de vidrio. La capota de lona era opcional.

◁ Ford Fairlane 500 Skyliner 1958
Origen Estados Unidos
Motor 5440 cm^3, V8
Velocidad máxima 193 km/h

Los Ford modelo 1959 se consideran los más elegantes de su historia. Este fue el último año para el notable Skyliner de techo rígido plegable, una característica que estaba 50 años por delante de su época.

△ Chevrolet Bel Air 1955
Origen Estados Unidos
Motor 4343 cm^3, V8
Velocidad máxima 161 km/h

En 1955 renació Chevrolet, gracias a un nuevo estilo de carrocería y, ante todo, por el nuevo motor V8, que lanzó en el Bel Air con 162/180 CV.

▷ Morris Minor 1000 Tourer 1956
Origen Reino Unido
Motor 948 cm^3, cuatro en línea
Velocidad máxima 117 km/h

El brillante Morris Minor, lanzado originalmente en 1948, ofreció a millones de personas un transporte diario práctico, espacioso y económico; el Tourer de 4 a 5 plazas sigue siendo popular hoy en día.

▷ Chevrolet Bel Air Convertible 1957
Origen Estados Unidos
Motor 4638 cm^3, V8
Velocidad máxima 193 km/h

El Bel Air, con 283 CV, inyección Ramjet de combustible y altas prestaciones, es uno de los Chevrolet más buscados, con un diseño aún por igualar.

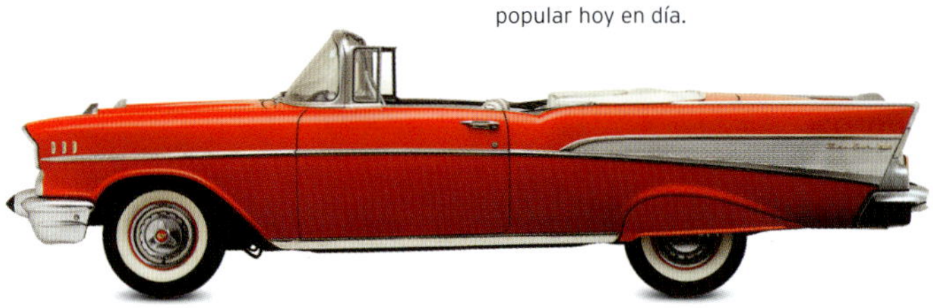

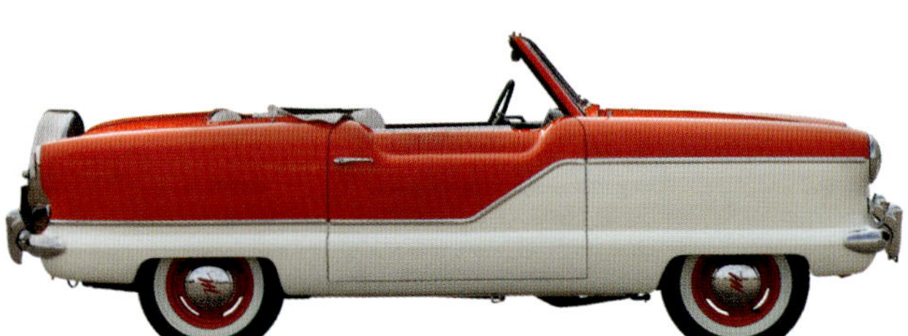

◁ Nash Metropolitan 1500 1954
Origen Reino Unido
Motor 1489 cm^3, cuatro en línea
Velocidad máxima 121 km/h

Austin de Inglaterra fabricó la notable cifra de 95 000 de estos pequeños y divertidos coches para el mercado norteamericano, bautizándolos Nash o Hudson. Además hizo cerca de 10 000 para otros mercados.

◁ Mercedes-Benz 300 SL Roadster 1957

Origen Alemania

Motor 2996 cm³, seis en línea

Velocidad máxima 208 km/h

El 300 SL, rápido, exótico y derivado del legendario Gullwing, tenía inyección de combustible, lujo y una construcción de calidad impecable. Costoso, solo se hicieron 1858.

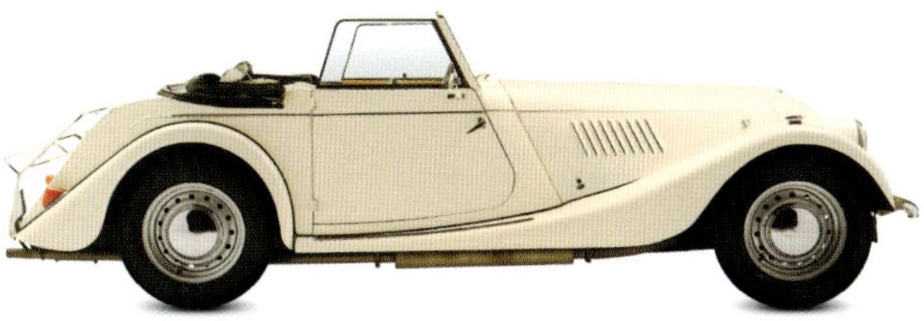

△ Morgan Plus Four TR 1954

Origen Reino Unido

Motor 1991 cm³, cuatro en línea

Velocidad máxima 154 km/h

Una de las formas de coches de más larga vida, tuvo su raíz en la versión *roadster*. Este es el Drophead Coupé, deportivo divertido y potente.

▷ Volkswagen Karmann Ghia 1957

Origen Alemania

Motor 1192 cm³, cuatro opuestos

Velocidad máxima 124 km/h

Karmann encontró un nicho de mercado adaptando hermosas carrocerías de *coupé* y *cabriolet* diseñadas por Ghia, al chasis del Escarabajo de VW. Mejoraron constantemente a medida que se usaron motores de 1300 y 1500 cm³.

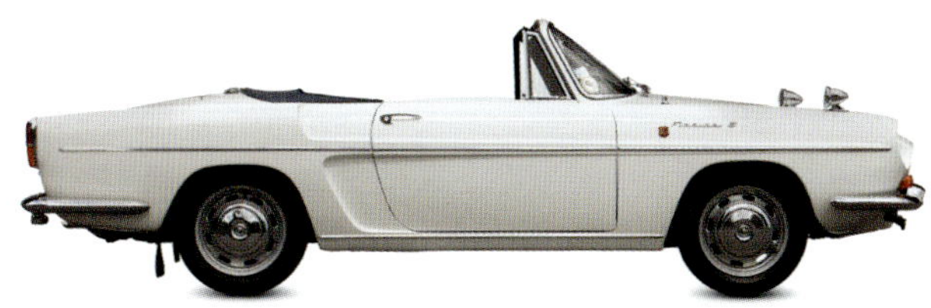

△ Renault Floride/Autoavelle 1958

Origen Francia

Motor 845 cm³, cuatro en línea

Velocidad máxima 122 km/h

El Floride, coche de poca potencia que inicialmente montaba el motor del Renault 4CV, se convirtió en el Autoavelle con un motor de 956/1108 cm³ y hasta 143 km/h.

△ Lancia Aurelia B24 Spider 1955

Origen Italia

Motor 2451 cm³, V6

Velocidad máxima 185 km/h

El Aurelia 1950 de Lancia tuvo el primer V6 de producción en el mundo y suspensión trasera independiente de arrastre; el B24 también, pero en un dos plazas descapotable.

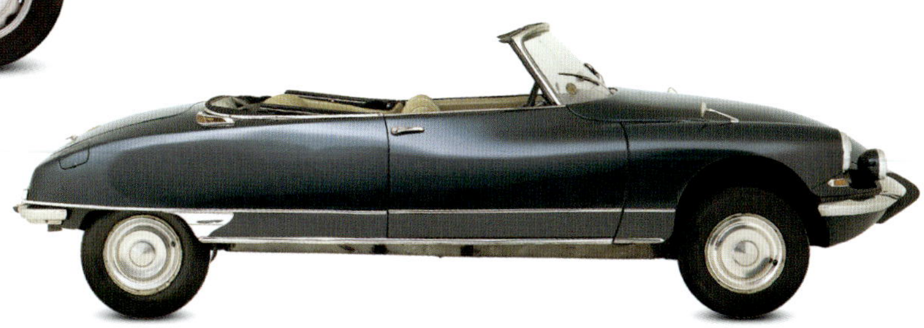

△ Citroën DS 1961

Origen Francia

Motor 1911 cm³, cuatro en línea

Velocidad máxima 138 km/h

El DS, introducido en 1955, sorprendió al público con sus frenos, dirección y suspensión hidroneumáticos. Esta versión, un descapotable de lujo, apareció cinco años después.

◁ Škoda Felicia Super 1959

Origen Checoslovaquia

Motor 1221 cm³, cuatro en línea

Velocidad máxima 140 km/h

Montado sobre chasis de túnel central tubular, era agradable de conducir. Su suspensión trasera de eje oscilante era impredecible.

▽ Cadillac Eldorado 1959

Origen Estados Unidos

Motor 6390 cm³, V8

Velocidad máxima 193 km/h

Las aletas más grandes llegaron en 1959. Las más espectaculares eran las del Eldorado de 345 CV, que tenía suspensión de aire y todo asistido.

Citroën DS

Cuando se lanzó en 1955, el DS de Citroën era el coche más avanzado. Bajo su elegante carrocería había un complejo sistema hidroneumático que accionaba los frenos, la dirección y la suspensión autonivelante, y permitía el funcionamiento automático del embrague y la asistencia a las velocidades. Se fabricaron casi 1,5 millones de la familia DS, el último en 1975. Realmente seductor para conducir, se convirtió en un emblema de alta tecnología en una Francia que resurgía.

El DS fue un coche innovador en todos los aspectos de su diseño, desde su carrocería aerodinámica hasta su inusual método de ensamblaje, con paneles exteriores atornillados a un esqueleto o unidad interna de base. El elemento técnico clave fue el sistema hidroneumático, pero hubo más novedades, como frenos de disco delante, suspensión delantera diseñada especialmente para mejorar la estabilidad y la amplia utilización de diferentes tipos de plástico. Al igual que todos los Citroën después del Traction Avant de 1934, el DS tenía tracción delantera, motor longitudinal y caja de cambios montada delante del motor. La inusual suspensión delantera utilizaba brazos dobles, mientras que detrás tenía brazos de arrastre. El modelo ID, no tan bien equipado, fue lanzado en 1956, con un sistema hidroneumático simplificado, un embrague ortodoxo y cambio manual; sus especificaciones se fueron acercando a las del DS con los años.

VISTA FRONTAL

VISTA TRASERA

Los chevrones de Citroën
El emblema de Citroën, utilizado desde el primer coche de 1919, tiene dos chevrones, que representan el patrón helicoidal de los engranajes con los cuales André Citroën, fundador de la marca, consiguió fama, nombre y fortuna, después de idear una manera de producir en masa esta forma de rueda dentada.

VISTA LATERAL CON CAPOTA CERRADA

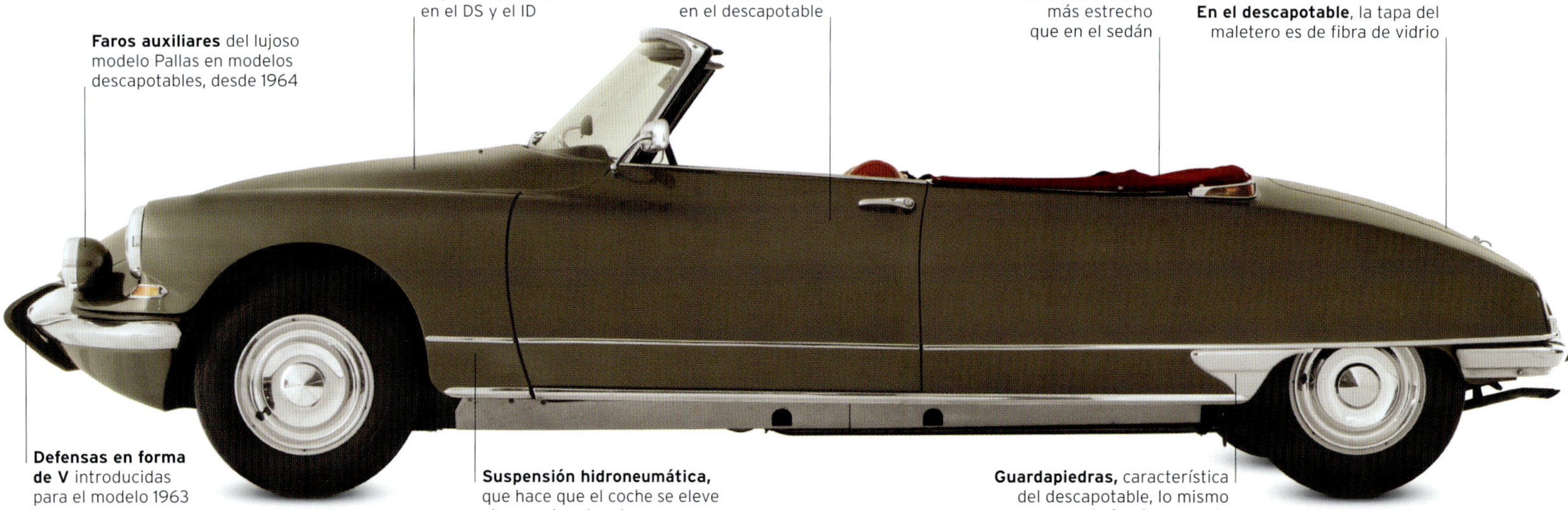

ESPECIFICACIONES	
Modelo	Citroën DS/ID, 1955-75
Ensamblaje	Principalmente en París, Francia
Producción	1455746
Construcción	Esqueleto de carrocería y chasis de acero
Motor	2175 cm³, OHV cuatro en línea (DS21)
Potencia	109 CV a 5500 rpm (DS21)
Transmisión	Cuatro velocidades, operación hidráulica
Suspensión	Hidroneumática, toda independiente
Frenos	Discos delanteros interiores, tambores traseros
Velocidad máxima	171 km/h

Del «tiburón peregrino» al «ojo de gato»
El DS21 cuenta con entradas de aire bajas, en lugar de una parrilla convencional. En 1963 se remodeló la parte delantera, con parachoques en forma de V y tres entradas de aire por debajo del parachoques, tal como se aprecia aquí. Este frontal de «tiburón peregrino» fue rediseñado en 1968. Recibió dos luces «ojos de gato» dobles; según el modelo, las luces interiores giraban y las externas eran autonivelantes.

EL EXTERIOR

El descapotable DS21 de 1963 fue uno de los 1365 producidos para Citroën por el carrocero Chapron entre 1960 y 1971. Las alas traseras las formaban dos paneles y las puertas se alargaron con elementos de dos puertas estándares. Hasta 1965 hubo una versión de transmisión manual. Después, el motor del DS21 se estandarizó, así como ciertos elementos exclusivos de los Pallas.

1. Chevrones dorados indican un DS; plateados, un ID **2.** Emblema DS21 de 1965 a 1972 **3.** Faros auxiliares del modelo Pallas de lujo, adaptados del indicador del Pallas 64 y del Special **4.** Manillas de puerta originales que en 1971 se empotraron **5.** Tapacubos completos **6.** Luces posteriores redondas en descapotables **7.** Indicadores traseros en «Boomerang»

3

1
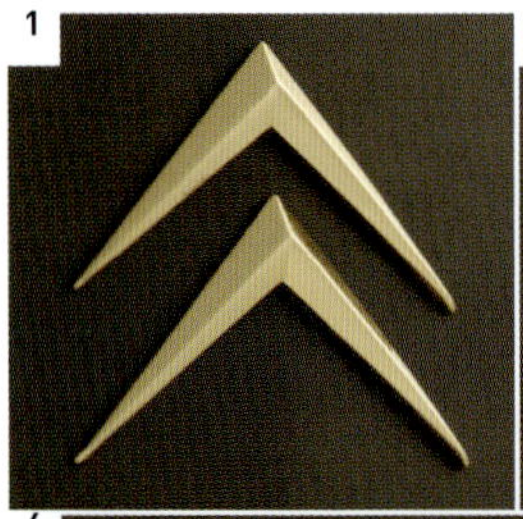

2

4
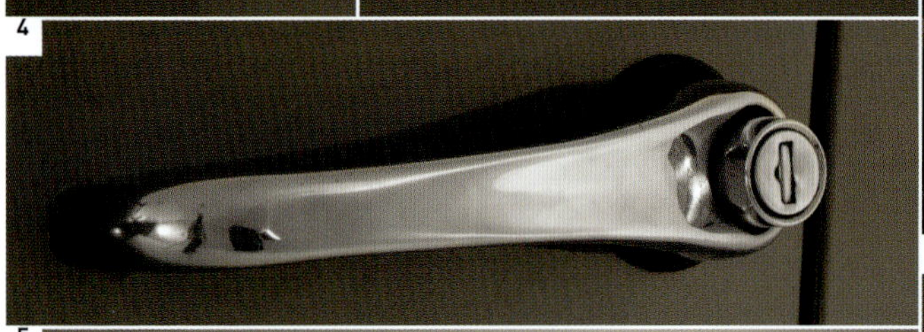

5

6

7
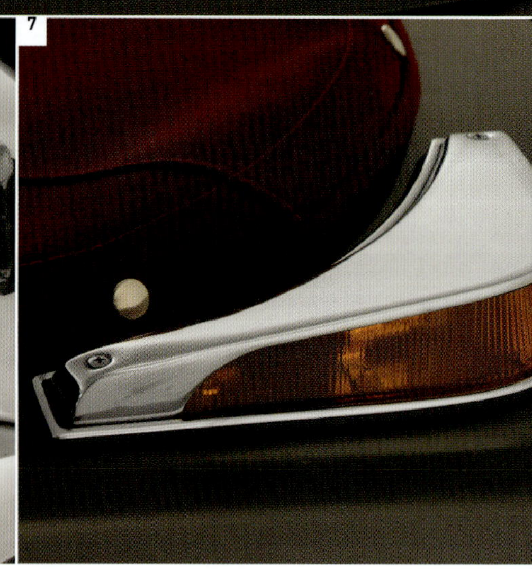

EL INTERIOR

El descapotable, siendo un modelo costoso de primerísima calidad, siempre tuvo un alto nivel de equipamiento. Los asientos eran de cuero, fuera DI o DS, al principio lisos delante y, a partir de 1965, del tipo Pallas, plisados. Hasta 1968, el tablero inferior se pintó en el mismo color que el exterior del coche. El interior podía albergar cómodamente a cuatro personas, y la capota se plegaba en un hueco, de modo que al estar guardada quedaba plana.

8. Segunda variante del salpicadero del DS, menos llamativo que el original de plástico **9.** Volante de un solo radio **10.** Luz interior baja que sustituye la lateral del Pallas **11.** Apoyabrazos plegable implantada a partir de los modelos Pallas de 1972 **12.** Manivelas de puertas del DS cromadas; en casi toda la serie ID eran de plástico **13.** «Radioën», marca propia de la radio para coches de Citroën **14.** Asientos tipo Pallas para el modelo de 1966

8

9
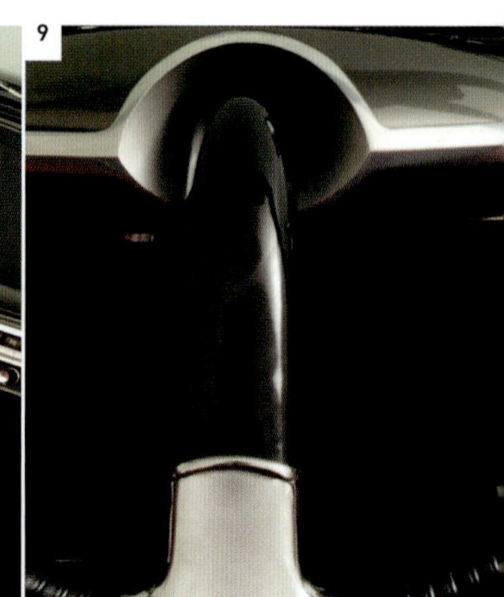

BAJO EL CAPÓ

El motor con culata de aleación de flujo cruzado, con cámaras de combustión hemisféricas, derivaba de la unidad del Traction Avant de 1934. En 1966 fue actualizado; se aumentó el diámetro y se acortó la carrera. La versión de inyección del DS23 daba 130 CV. Desde 1963, el DS también disponía de transmisión manual que en 1970 pasó a ser de cinco velocidades y en 1971 se amplió con una transmisión automática convencional.

15. El motor del DS21 desarrolla 109 CV, con par mejorado
16. Una de las cuatro esferas hidroneumáticas para suspensión
17. Rueda de repuesto bajo el capó, libera espacio en el maletero

15

16

17

10

11

12

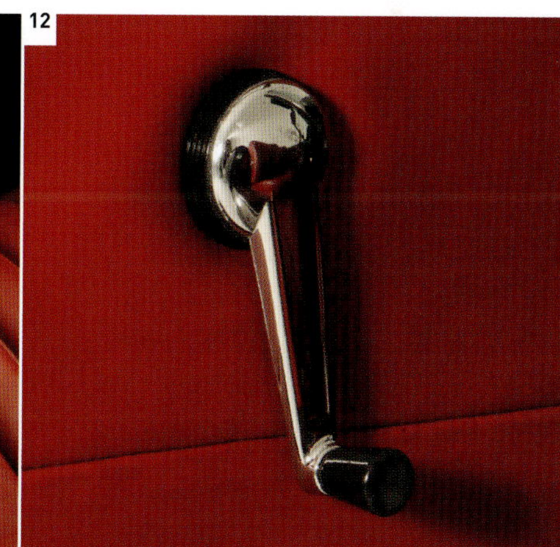

13

14

FUEL
10 20 30 40 50 60 70 80 90 100 110 120
FORD
MUSTANG
BRAKE

La década de 1960

Mustangs y *pony cars* | Bloques grandes y *baby-boomers* | **Minis y *muscle cars***

Coches familiares

En la década de 1960, los fabricantes de coches en Europa y Japón gozaron de mucha libertad en sus diseños de compactos para la familia. Optaron por motor y tracción delanteros, motor delante y tracción trasera, o motor y tracción traseros. El estilo fue también flexible, lo que llevó a la producción de una gran variedad de automóviles, cada uno con su propia identidad.

△ Peugeot 404 1960
Origen Francia
Motor 1618 cm^3, cuatro en línea
Velocidad máxima 135 km/h

Coches familiares duraderos y con buena ingeniería. Rodaron por el mundo y aún se usan en algunos lugares. Se construyeron unos tres millones de unidades.

◁ Wolseley Hornet 1961
Origen Reino Unido
Motor 848 cm^3, cuatro en línea
Velocidad máxima 114 km/h

BMC amplió el mercado del Mini al incorporarle una rejilla Wolseley, maletero más grande y mejorar la estética. En 1963 la cilindrada pasó a 998 cm^3 y en 1964 se montó suspensión hidrolástica.

△ Mini Moke 1964
Origen Reino Unido
Motor 848 cm^3, cuatro en línea
Velocidad máxima 135 km/h

El Moke, un divertido derivado del Mini, originalmente se diseñó como vehículo todoterreno de reconocimiento para el ejército británico, pero tuvo más éxito como coche para la playa.

△ Triumph Herald 1200 1961
Origen Reino Unido
Motor 1147 cm^3, cuatro en línea
Velocidad máxima 124 km/h

Triumph aprovechó al máximo sus limitados recursos y fabricó este coche pequeño de chasis separado, con suspensión independiente, gran radio de giro y diseño de lujo.

△ Lancia Flavia 1961
Origen Italia
Motor 1488 cm^3, cuatro opuestos
Velocidad máxima 150 km/h

El Flavia tenía un motor *boxer* de aluminio y frenos de disco de doble circuito servoasistidos. En 1963, la cilindrada aumentó a 1,8 litros, y en 1965 dispuso de inyección.

△ Ford Cortina Mk I GT 1963
Origen Reino Unido
Motor 1498 cm^3, cuatro en línea
Velocidad máxima 151 km/h

Sin ser demasiado innovador (salvo por la ventilación de aire en 1965), fue popular por su espaciosa carrocería, la caja de cambios sincronizada y un motor supercuadrado de baja fricción.

△ MG 1100 1962
Origen Reino Unido
Motor 1098 cm^3, cuatro en línea
Velocidad máxima 137 km/h

La gama 1100/1300 de BMC se vendió bien. El espacio interior aumentó debido al motor transversal y tracción delantera. La suspensión hidrolástica ofrecía comodidad.

◁ Hillman Minx/Hunter 1966

Origen Reino Unido

Motor 1725 cm^3, cuatro en línea

Velocidad máxima 148 km/h

El Rootes Group de Chrysler produjo este sedán familiar bien concebido y de buen rendimiento. Se fabricó durante diez años en Reino Unido, y luego varias décadas más en Irán.

△ Sunbeam Rapier IV 1963

Origen Reino Unido

Motor 1592 cm^3, cuatro en línea

Velocidad máxima 148 km/h

Lanzado en 1955, el sedán de dos puertas y 1390 cm^3 basado en el Hillman Minx, dio vida al nombre Sunbeam con victorias en rallies.

▷ Hillman Imp 1963

Origen Reino Unido

Motor 875 cm^3, cuatro en línea

Velocidad máxima 126 km/h

El coche pequeño del Rootes Group tenía un magnífico motor trasero de aluminio. En más de 13 años vendió medio millón de unidades, pero fue superado en ventas por el Mini.

△ Renault 8 Gordini 1964

Origen Francia

Motor 1108 cm^3, cuatro en línea

Velocidad máxima 171 km/h

Motor trasero, frenos de disco y caja de cambios de cinco velocidades lograron que este coche fuera inusualmente rápido para un motor tan pequeño.

◁ Citroën Ami 6 1961

Origen Francia

Motor 602 cm^3, dos opuestos

Velocidad máxima 109 km/h

Cuando Citroën dotó el 2 CV con esta carrocería, esto le ayudó a vender otros 1,8 millones de coches pequeños entre 1961 y 1978. En 1969 se le cambió la ventana trasera *notchback*.

◁ Amphiauto 1961

Origen Alemania

Motor 1147 cm^3, cuatro en línea

Velocidad máxima 113 km/h

Tras una enorme inversión en investigación, Hans Trippel diseñó este coche anfibio. Utilizó un motor Triumph Herald de colocación trasera y dirección con las ruedas delanteras.

◁ Fiat 124 1966

Origen Italia

Motor 1197 cm^3, cuatro en línea

Velocidad máxima 137 km/h

Coches como el 124 fueron claves para el éxito de Fiat en la década de 1960. Ofrecían gran capacidad de carga y rendimiento, y buen comportamiento. El modelo sobrevivió muchas décadas como un Lada ruso.

◁ Volkswagen 1600 Fastback 1966

Origen Alemania

Motor 1584 cm^3, cuatro opuestos

Velocidad máxima 134 km/h

El 1600, más rápido que un Escarabajo y con frenos de disco delanteros, mejoró en 1968 con el sistema eléctrico de 12 voltios, inyección y suspensión delantera MacPherson.

▷ Honda N360 1967

Origen Japón

Motor 354 cm^3, dos en línea

Velocidad máxima 116 km/h

Honda obtuvo 27 CV del motor 360 con árbol de levas en cabeza. El mejor rendimiento permitió vender este coche en otros mercados.

◁ Toyota Corolla 1966

Origen Japón

Motor 1077 cm^3, cuatro en línea

Velocidad máxima 137 km/h

El Corolla, el primero de una línea muy exitosa, no tenía nada excepcional, pero estaba bien diseñado y era fiable, siendo un coche ideal para la familia.

Coches de carreras con motor central o trasero

En la década de 1960, muchos constructores de coches de carreras se dieron cuenta de las ventajas de cambiar el motor de su posición tradicional en la parte delantera al centro o detrás. La mejor distribución del peso era solo una de las ventajas de esta configuración. Las marcas que adoptaron esta distribución para sus coches pronto vieron los frutos de un comportamiento superior y un mejor rendimiento en la pista.

△ Huffaker-Offenhauser Special 1964

Origen Estados Unidos
Motor 4179 cm³, cuatro en línea
Velocidad máxima 290 km/h

Solamente se construyeron tres Huffaker-Offenhauser Special para las carreras de IndyCar, presentando este modelo un sistema de suspensión líquida y motor trasero.

△ Simca Abarth GT 1962

Origen Francia/Italia
Motor 1288 cm³, cuatro en línea
Velocidad máxima 230 km/h

Abarth, preparador italiano de coches de competición, montó un nuevo motor de 1300 cm³ en el Simca 1000 francés, convirtiéndolo en un coche ganador en 1962 y 1963.

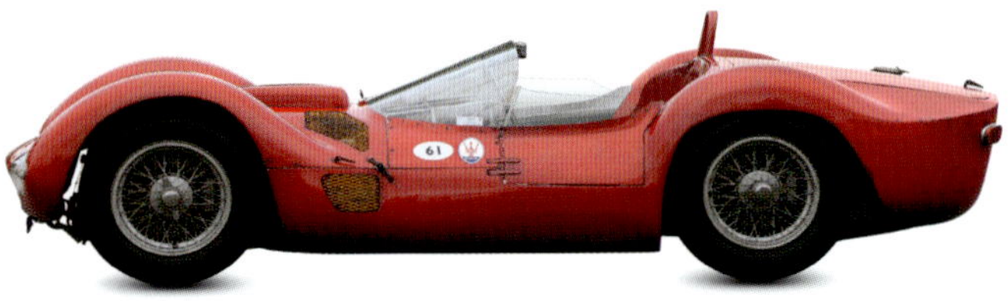

△ Maserati Tipo 61 «Birdcage» 1959

Origen Italia
Motor 2890 cm³, cuatro en línea
Velocidad máxima 285 km/h

El 61, que se conoció como «Birdcage» por su complicado chasis tubular, compitió en Le Mans y en otras carreras de resistencia entre 1959 y 1961.

▷ Lola T70 1965

Origen Reino Unido
Motor 4736-5735 cm³, V8
Velocidad máxima 322 km/h

El T70 compitió con éxito tanto en Europa como en América. Era propulsado por un motor Ford o Chevrolet V8.

◁ Ford GT40 MkII 1966

Origen Estados Unidos
Motor 6997 cm³, V8
Velocidad máxima 322 km/h

Dos años después de su lanzamiento en 1964, al legendario GT40 se le aumentó la potencia, y el MKII barrió en 1966 en la carrera de las 24 Horas de Le Mans.

▷ Jaguar XJ13 1966

Origen Reino Unido
Motor 4994 cm³, V12
Velocidad máxima 282 km/h

Jaguar solo construyó una unidad del impresionante XJ13, que pese a su nuevo motor V12 de 502 CV no se consideró lo bastante competitivo para competir en Le Mans.

▷ Eisert Indy Racer 1964

Origen Estados Unidos
Motor 4949 cm³, V8
Velocidad máxima 290 km/h

El Eisert, influido por los Lotus de Fórmula 1 de la época, fue construido especialmente para competir en carreras de IndyCar a mediados del decenio de 1960.

△ Alfa Romeo Tipo 33.2 1967

Origen Italia
Motor 1995 cm³, V8
Velocidad máxima 261 km/h

La decisión de Alfa de desarrollar un nuevo prototipo deportivo en la década de 1960 dio sus frutos con el Tipo 33.2, que ganó su primera carrera en 1967.

△ Howmet TX 1968

Origen Estados Unidos
Motor 2958 cm³, turbina de gas
Velocidad máxima 290 km/h

El Howmet, que compitió en pruebas de resistencia de alto nivel durante la temporada de 1968, montaba un novedoso motor de turbina de gas.

△ **Lotus 49 1967**

Origen Reino Unido
Motor 2993 cm³, V8
Velocidad máxima 290 km/h

El legendario 49, producto de una colaboración entre Lotus, Ford y Cosworth, fue conducido por los mejores pilotos de Fórmula 1 de la década de 1960.

△ **Matra Cosworth MS10 1968**

Origen Francia
Motor 2993 cm³, V8
Velocidad máxima 290 km/h

Matra se inició en Fórmula 1 en 1967 con el MS10, que compartió con el Lotus 49 el mismo impresionante motor Cosworth.

△ **Ferrari 312/68 1968**

Origen Italia
Motor 2989 cm³, V12
Velocidad máxima 310 km/h

La versión de 1968 del coche de carreras Ferrari 312 de F1, que se dio a conocer dos años antes, fue la mejor, y ganó con Jacques «Jacky» Ickx el Gran Premio de Francia.

▽ **Ferrari 312 P 1969**

Origen Italia
Motor 2990 cm³, V12
Velocidad máxima 320 km/h

El prototipo Ferrari 312 P, que corrió por vez primera en 1969, compitió en pruebas de resistencia de alto perfil, como los 1000 Km de Spa y las 24 Horas de Le Mans.

△ **March 707 1970**

Origen Reino Unido
Motor 8226 cm³, V8
Velocidad máxima 322 km/h

El March, diseñado a finales de la década de 1960, compitió en la serie de carreras North American CanAm con el modelo 707, propulsado por un potente motor V8 de Chevrolet.

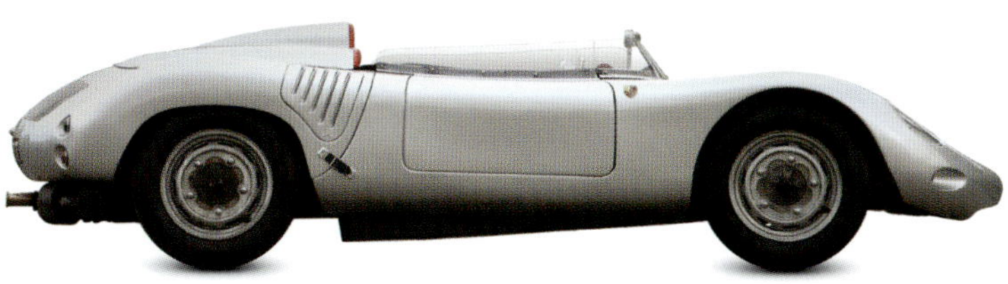

△ **Porsche 718 RS 1957**

Origen Alemania
Motor 1587 cm³, cuatro opuestos
Velocidad máxima 225 km/h

El 718 de Porsche, con su capota abierta, logró un buen número de podios, entre ellos un tercer lugar en Le Mans en 1958. Continuó obteniendo victorias hasta comienzos de la década de 1960.

△ **Porsche 906 1966**

Origen Alemania
Motor 1991 cm³, seis opuestos
Velocidad máxima 280 km/h

El 906 de 1966, el primer Porsche en incorporar puertas en ala de gaviota, salió a las pistas con clase y muchas victorias en su año de debut.

◁ **Porsche 917K 1970**

Origen Alemania
Motor 4494 cm³, doce opuestos
Velocidad máxima 320 km/h

El legendario 917K, concebido en la década de 1960 para ganar las 24 Horas de Le Mans de 1970, venció ese año y también en 1971.

Sedanes deportivos y ejecutivos

Estos coches, una nueva generación de sedanes, fueron destinados a un uso prolongado y constante. Permitían adelantar con facilidad y mantener altas velocidades de crucero sin esfuerzo, a diferencia de vehículos anteriores cuyos motores se recalentaban o parecía que iban a explotar en cualquier momento. Gran parte de la técnica de estos coches se derivó de la pista de competición, donde los sedanes inspiraron a los ingenieros.

△ Vauxhall Cresta PB 1962

Origen Reino Unido
Motor 3294 cm³, seis cilindros
Velocidad máxima 150 km/h

El Cresta fue un coche grande y cómodo de la rama británica de General Motors. Desde 1965 tuvo transmisión automática.

▷ Austin/Morris Mini Cooper 1961

Origen Reino Unido
Motor 1275 cm³, cuatro cilindros
Velocidad máxima 161 km/h

El Mini no se concibió para la competición, pero John Cooper, cuyos coches corrían en Fórmula 1, vio su potencial. Su excepcional estabilidad en carretera se complementó con motores preparados y frenos de disco.

△ Ford Zephyr MkIII 1962

Origen Reino Unido
Motor 2553 cm³, seis cilindros
Velocidad máxima 153 km/h

En este sedán británico, Ford ofreció motores de cuatro o seis cilindros, frenos delanteros de disco, caja de cambios sincronizada y transmisión automática.

△ Volvo 122S 1961

Origen Suecia
Motor 1778 cm³, cuatro cilindros
Velocidad máxima 161 km/h

En este robusto y veloz sedán deportivo el motor era una unidad de 100 CV. Fue un gran competidor. En Suecia fue conocido como «Amazona».

△ Ford Falcon 1964

Origen Australia
Motor 3277 cm³, seis cilindros
Velocidad máxima 169 km/h

Este Falcon fue el primero diseñado y producido en Australia. Sus robustas características inspiraron a sus sucesores.

▷ Wolseley 6/110 1961

Origen Reino Unido
Motor 2912 cm³, seis cilindros
Velocidad máxima 163 km/h

El 6/110 era un coche pesado, por lo que carecía de «chispa» a pesar de su motor de 120 CV. El modelo de lujo se podía mejorar con aire acondicionado opcional y dirección asistida.

▽ Rover P6 2000 TC 1963

Origen Reino Unido
Motor 1978 cm³, cuatro cilindros
Velocidad máxima 174 km/h

El P6 aportó deportividad y seguridad a los sedanes, el TC con dos carburadores, brío, y el P6 3500, en versión posterior, un motor V8.

▽ **Jaguar XJ6 1968**

Origen Reino Unido
Motor 4235 cm³, seis cilindros
Velocidad máxima 200 km/h

El XJ6, aclamado como el mejor sedán del mundo, ofrecía un perfecto equilibrio entre confort de marcha, buena estabilidad y un excelente rendimiento.

◁ **Daimler 2,5 litros V8-250 1962**

Origen Reino Unido
Motor 2548 cm³, V8

Después de que Jaguar asumiera el control de Daimler en 1960, creó este modelo compacto de lujo, uniendo el refinado motor V8 del SP250 con la carrocería del Jaguar MkII. Casi todos fueron automáticos.

△ **Jaguar Mk2 1959**

Origen Reino Unido
Motor 3781 cm³, seis cilindros
Velocidad máxima 201 km/h

Para muchos, este Jaguar es el gran sedán deportivo de los años sesenta. La versión de 3,8 litros fue un gran coche de carreras y el 3,4 litros era popular en carretera.

▷ **Triumph 2000 1963**

Origen Reino Unido
Motor 1998 cm³, seis cilindros
Velocidad máxima 150 km/h

El 2000, un coche con estilo y muy querido entre los ejecutivos de negocios de la década de 1960, tenía suspensión independiente completa, frenos de disco delanteros y diseño italiano de Giovanni Michelotti.

▷ **Humber Hawk MkIV 1964**

Origen Reino Unido
Motor 2267 cm³, cuatro cilindros
Velocidad máxima 134 km/h

Los coches ejecutivos más grandes de Humber, como este MkIV, modificaron de la ventana trasera en sus últimos tres años. Aún llevaban cambio de velocidades en columna.

◁ **Isuzu Bellett 1963**

Origen Japón
Motor 1991 cm³, cuatro cilindros
Velocidad máxima 190 km/h

El estupendo Bellet, poco conocido en Occidente, fue uno de los primeros sedanes deportivos de Japón; en su versión GT-R, fue una estrella de la producción japonesa de coches de carreras. Se hicieron más de 170 000.

▷ **Holden Monaro 1968**

Origen Australia
Motor 5736 cm³, V8
Velocidad máxima 185 km/h

El Monaro fue un *coupé* deportivo de cuatro plazas, derivado directamente del sedán Kingswood/Brougham de la serie HK. La mejor versión del Monaro fue el Bathurst 327 GTS de 5,7 litros.

△ **Nissan Skyline GT-R 1969**

Origen Japón
Motor 1998 cm³, seis cilindros
Velocidad máxima 200 km/h

El motor de doble árbol de levas del GT-R, convirtió este sedán en un vencedor de carreras, que obtuvo 50 triunfos en sus tres primeros años.

Aston Martin 1,5 litros, 1922

Grandes marcas
Historia de Aston Martin

Reconocida mundialmente por el prestigio como fabricante de coches, es un excelente ejemplo de una pequeña marca británica que hace coches deportivos contra pronósticos comerciales, y sobrevive en el tiempo gracias al apoyo de propietarios devotos y seguidores persistentes.

ASTON MARTIN FUE FUNDADA en 1913 en Londres, por Robert Bamford y Lionel Martin. Entusiastas conductores, construyeron su coche deportivo con un viejo chasis de Isotta Fraschini y un motor Coventry-Simplex de 1,4 litros, y lo inscribieron para una contrarreloj en 1914. Se comportó tan bien en una subida a la colina Aston Clinton, Buckinghamshire, que bautizaron el coche Aston Martin, y lo registraron para carretera en 1915. La Primera Guerra Mundial impidió que el coche entrara en producción y, cuando Martin y Bamford fueron llamados a filas, vendieron la maquinaria a Sopwith, fabricantes de aeronaves. Después de la guerra se reanudó la sociedad, que fue acosada por problemas financieros. Bamford finalmente se retiró en 1920. Con la ayuda de su esposa Kate, Martin logró ser fabricante de coches. Relanzó el Aston Martin como un sencillo coche deportivo en 1921, con un motor ligero de cuatro cilindros y 1,5 litros. Aunque el coche obtuvo una formidable reputación en las pistas, su fabricación fue lenta y caótica. Después de varios cambios de propietarios, la empresa se trasladó a Feltham, Middlesex, en 1926. Un año más tarde un nuevo coche de 1,5 litros fue diseñado por los hermanos italianos Bertelli, Augusto supervisando la mecánica y Enrico la carrocería. A pesar de los constantes problemas internos, el público consideraba que Aston Martin producía exclusivos coches deportivos rápidos y sólidos. Los coches demostraron ser muy competitivos en las 24 Horas de Le Mans, donde debutaron en 1928.

Emblema de Aston Martin (introducido en 1932)

Anuncio del DBS, 1968
El DBS, producido de 1967 a 1972, fue el último modelo de la era de David Brown. Tenía cuatro asientos y motor de 4 litros.

Durante la Segunda Guerra Mundial, Aston Martin fabricó componentes para aeronaves. Después de la guerra, casi en bancarrota como siempre, fue comprada por David Brown, un industrial de Yorkshire que también adquirió la marca Lagonda y combinó lo mejor de ambas tradiciones en el deportivo DB2, con la unión del chasis del Aston y el motor de seis cilindros y 2,6 litros del Lagonda. Aún en su forma de prototipo, el DB2 terminó Le Mans en 1949. El futuro de Aston Martin como una gran marca quedó escrito en Le Mans 1950, cuando Abecassis/Macklin llevaron un DB2 al quinto lugar en la general y ganaron la clase de 3 litros; Parnell/Brackenbury terminaron sextos en la general y segundos en la clase de 3 litros. Para la carrera de 1951, el equipo de la fábrica destacó con tres DB2 que terminaron tercero, quinto y séptimo, mientras que dos DB2 privados llegaron 10.º y 11.º. Que los cinco coches que habían empezado lograran acabar la dura prueba francesa fue un logro sorprendente para un biplaza casi estándar de carretera como el DB2. Otro gran logro para Aston Martin fue ganar el Campeonato Mundial de Constructores de Coches Sport en 1959, con el coche de carreras DBR1.

> «Debe ocupar un sitio **de privilegio en la lista** de los coches de **gran turismo** más atractivos del mundo».
>
> REVISTA *AUTOSPORT* ACERCA DEL DB4GT, 1962

Brown intuyó que para que los costosos Aston Martin de carretera hechos a mano fueran rentables, debían ser robustos y suntuosos. Tras adquirir la carrocera Tickford en 1955, los interiores de los Aston se hicieron más lujosos y las pinturas más brillantes, y se agregó tecnología moderna, como frenos de disco, sobremarcha y transmisión automática, que llegó en 1959. Para el DB4 de 1958, Aston Martin utilizó la carrocera italiana Carrozzeria Touring, que ofreció un estilo elegante y un método de construcción ligera. Pero el DB4 conservó una ventaja valiosa: los DB4 GT y los Zagato GT eran coches temibles en pista. El DB5, lanzado en 1964, era una evolución aerodinámica y potente del DB4 y tuvo un papel estelar en la película *Goldfinger* (1964) como coche de James Bond. Esta fama en la gran pantalla hizo que la marca Aston Martin se identificara con el agente secreto tranquilo pero despiadado. Un coche DB5 original de la película se vendió por 2,6 millones de libras en 2010.

El DB6 de 1965 y el DBS de 1967 antecedieron a un nuevo motor V8 en 1969, pero la era dorada terminó tres años más tarde cuando David Brown vendió la compañía. Con dificultades, la empresa se abrió camino en las décadas de 1970 y 1980, y siguió a flote gracias a la limusina Lagonda, muy valorada en Oriente Medio. Solo en 1987, cuando Ford compró la empresa, hubo solidez financiera.

La nueva administración decidió continuar haciendo a mano el Aston Martin, ahora encarnado en el Virage, junto a un nuevo modelo de producción en línea, llamado DB7, que sería más pequeño y barato.

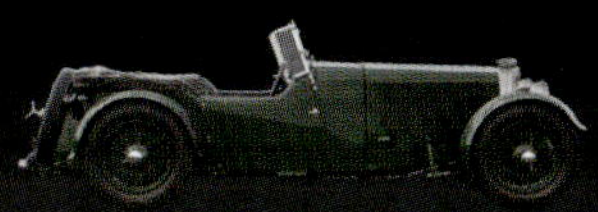

1,5 LITROS MKII

DB4

V8

V12 VANTAGE

1913 Se funda en Londres Bamford & Martin Limited.
1915 Se registra el primer coche Aston Martin.
1921 Llegan los primeros coches de producción de 1,5 litros, y aparece el primero de competición.
1927 Lanzamiento del coche de 1,5 litros en formas T de turismo y S deportivo.
1928 Aston Martin International utiliza lubricación por cárter seco.
1936 El coche de 2,0 litros 15/98 reemplaza al de 1,5 litros, simplificándolo.
1949 El prototipo DB2 compite en Le Mans.
1955 Aston Martin adquiere Tickford.
1958 Presentación del DB4 con su nuevo motor de 3,7 litros y 240 CV.
1959 Aston Martin gana el Mundial de Coches Sport con el DBR1.
1964 Lanzamiento del DB5.
1965 El DB6 reemplaza el DB5.
1967 El DBS ofrece un diseño moderno y, desde 1969, un nuevo motor V8.
1976 Presentación del Aston Martin Lagonda de cuatro puertas, que llega a los consumidores cuatro años después.
1978 El convertible Volante se suma a la gama V8.
1984 Se fabrica el Aston Martin 10 000.
1990 Comienza la venta del Aston Martin Virage.
1987 Ford adquiere Aston Martin y da estabilidad financiera a la compañía.
1993 Lanzamiento del DB7, un Aston Martin más pequeño y más barato; hasta 2001, se habían fabricado 5000.
2001 Aston Martin presenta el Vanquish V12.
2003 El DB9 sustituye al DB7, con motor V12 como estándar. Se abre en Gaydon una fábrica especialmente construida.
2005 Sale a la venta el V8 Vantage, rival del Porsche 911, y se crea una nueva división de carreras.
2006 Se fabrica el Aston Martin 30 000.
2009 Se presenta el supercoche One-77.
2010 El Rapide es un nuevo modelo de cuatro puertas.
2015 Se fabrican diez DB10 exclusivamente para la película *Spectre* de James Bond.
2020 El DBX es el primer SUV de lujo.

El DB7, con algunos componentes de Jaguar, se lanzó en 1993 y fue muy popular, al igual que su sucesor, el DB9 (no hubo DB8), presentado en 2003. Luego, con su propio coche deportivo compacto, Aston se enfrentó al Porsche 911. Se construyó una planta de montaje nueva en Gaydon, Warwickshire, para fabricar el aclamado V8 Vantage, que llegó en 2005. En 2007, Ford vendió Aston Martin a un grupo de inversión kuwaití liderado por David Richards, fundador del equipo de rallies Prodrive. Antes de este cambio, Aston Martin había regresado al mundo del deporte. Logró varias victorias consecutivas en Le Mans en la clase GT1 en 2007 y 2008, siguió un cuarto puesto en la general en 2009 con una nueva clase de coche, el LMP1, que fue el coche de gasolina más rápido. En 2009, en su debut, el V12 Vantage GT ganó las 24 Horas de Nürburgring. En 2009 se presentó el urbano Cygnet, producido con Toyota. Siguieron otros nuevos modelos, como el Rapide en 2010, el DB11 en 2015 y en 2020 el SUV DBX, producido en una nueva fábrica en el sur de Gales. En 2018 salió a bolsa y Mercedes-Benz tomó una participación del 20 %.

Aston Martin DB7
El DB7, introducido en 1993, cuando Aston Martin y Jaguar eran propiedad de Ford, utilizó la mecánica del Jaguar XJS, aunque el diseño del DB7 era muy diferente.

Licencia para emocionar
Desde 1964, los Aston Martin han participado junto al agente 007 en muchas películas de James Bond. En épocas más recientes, el DBS que se muestra aquí apareció en *Casino Royale* (2006), y el DBS V12 en *Quantum of Solace* (2008).

Sedanes y *coupés* deportivos

Las grandes tendencias en Estados Unidos en esta década fueron las líneas limpias y suaves, tras la reacción de los diseñadores en contra de las aletas y el cromo excesivo. Los fabricantes estadounidenses encontraron su nicho de coches deportivos con los *pony cars*, compactos y asequibles, inspirados en Ford. El estilo «botella de Coca-Cola» se vería en los mercados de todo el mundo en poco tiempo.

△ **Buick Riviera 1963**
Origen Estados Unidos
Motor 6571 cm³, V8
Velocidad máxima 193 km/h

El lujoso Buick Riviera de 1963, largo, bajo y ágil, fue uno de los ejemplos más claros del estilo «botella de Coca-Cola», que se extendió en la industria en la década de 1960.

△ **Buick Skylark 1961**
Origen Estados Unidos
Motor 3528 cm³, V8
Velocidad máxima 169 km/h

Buick presentó el *coupé* deportivo Skylark con grandes elogios. Con sus líneas limpias y bajas, Buick finalmente abandonó las aletas de la década de 1950, tomando ahora una apariencia popular.

△ **Plymouth Barracuda 1964**
Origen Estados Unidos
Motor 4473 cm³, V8
Velocidad máxima 171 km/h

Plymouth sufrió en la década de 1960 hasta que el Barracuda le permitió una notable recuperación. Nunca se acercó al éxito de su rival, el Ford Mustang.

△ **Chrysler 300F 1960**
Origen Estados Unidos
Motor 6768 cm³, V8
Velocidad máxima 193 km/h

Los «Coches de Letras» de la Serie 300 fueron las máquinas más poderosas de Chrysler: el F de 1960 era un monocasco con toma de aire en el capó, pero aún conservaba las aletas.

△ **Studebaker Gran Turismo Hawk 1962**
Origen Estados Unidos
Motor 4736 cm³, V8
Velocidad máxima 177 km/h

La adquisición por Packard en 1954 no ayudó a Studebaker mucho tiempo y tuvo que cerrar en 1969. El Hawk impulsó las ventas brevemente en 1962.

◁ **Ford Thunderbird Landau 1964**
Origen Estados Unidos
Motor 6392 cm³, V8
Velocidad máxima 190 km/h

El mismo año en que Ford lanzó el Mustang, el Thunderbird recibió un nuevo aspecto, con un capó más largo, un techo más corto y mayor potencia. Las ventas subieron un 50 por ciento.

Ford Mustang

Tras el éxito del sedán compacto Falcon, Ford vio un nicho para su mini-Thunderbird basado en la plataforma del Falcon, y creó un nuevo mercado con el popular Mustang. Logró un récord vendiendo 418 000 en el primer año, que habrían sido más de haber logrado mayor rapidez de fabricación.

▷ **Ford Mustang *coupé* de techo duro 1964**
Origen Estados Unidos
Motor 4727 cm³, V8
Velocidad máxima 187 km/h

El Mustang se vendió en forma de *coupé*, descapotable y más tarde como *coupé fastback*, con motores que iban desde 3,3 litros seis en línea, hasta 4,7 litros V8. Este coche de techo duro fue, sin duda alguna, el más popular.

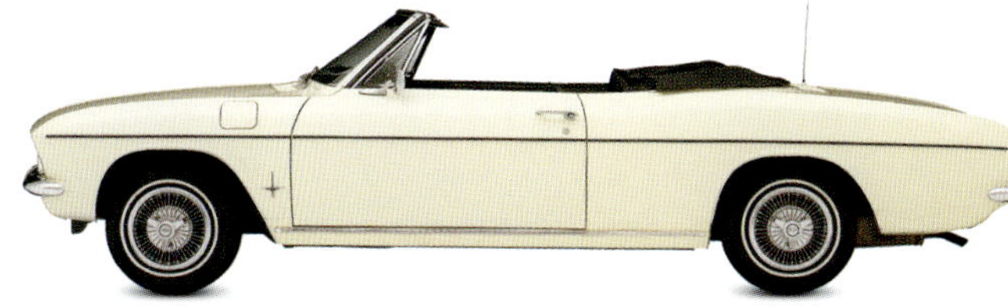

△ Chevrolet Corvair Monza 1965
Origen Estados Unidos
Motor 2687 cm³, seis opuestos
Velocidad máxima 145 km/h

Este coche, con motor de aluminio atrás, era revolucionario para la mayoría de los estadounidenses. El fiscal R. Nader lo criticó, pero encantó a los aficionados.

◁ Chevrolet Camaro 327 1967
Origen Estados Unidos
Motor 5359 cm³, V8
Velocidad máxima 196 km/h

Tres años le llevó a Chevrolet poder responder a los Mustang de Ford. Con el Camaro ofreció una gran variedad de paquetes de rendimiento en una carrocería suave y atractiva.

△ Pontiac Tempest GTO 1966
Origen Estados Unidos
Motor 6375 cm³, V8
Velocidad máxima 196 km/h

El compacto Tempest ayudó a Pontiac a convertirse en la tercera marca en ventas en Estados Unidos en los años sesenta. El GTO fue un verdadero bólido de carreras.

△ Mercury Cougar 1967
Origen Estados Unidos
Motor 4727 cm³, V8
Velocidad máxima 180 km/h

En 1957, Mercury entró en el mercado de los *pony cars*, enfrentándose al Chevrolet Camaro. Su diseño elegante tuvo gran éxito y vendió 150 000 unidades en su primer año.

◁ Oldsmobile Starfire 1964
Origen Estados Unidos
Motor 6456 cm³, V8
Velocidad máxima 174 km/h

Oldsmobile entró en el mercado de los coches de lujo personales con el Starfire, usando su opción de motor más poderosa en una imponente carrocería cuadrada de dos puertas.

△ Mercury Cyclone 1968
Origen Estados Unidos
Motor 4949 cm³, V8
Velocidad máxima 185 km/h

Fue el *Grand Tourer* de Mercury desde 1964, con diseño «botella de Coca-Cola» de 1966. Lucía especialmente en la carrocería más popular del *coupé fastback*.

◁ Dodge Charger R/T 1968
Origen Estados Unidos
Motor 5211 cm³, V8
Velocidad máxima 182 km/h

La «Fiebre de los Dodge» llegó con el rediseño de 1968, cuando la marca tuvo ventas récord, ayudada por el nuevo y muy suave Charger V8 estilo «botella de Coca-Cola».

△ Ford Mustang 1965
Origen Estados Unidos
Motor 4727 cm³, V8
Velocidad máxima 187 km/h

En los dos primeros años se vendieron más de dos millones de unidades. El diseño fue tan apreciado que ganó el Tiffany Award.

△ Ford Mustang Fastback 1965
Origen Estados Unidos
Motor 4727 cm³, V8
Velocidad máxima 187 km/h

La carrocería Fastback, comercializada como 2+2, se unió a la gama en 1965 y se vendió más que el descapotable. En 1966, Mustang obtuvo el 7,1 por ciento de las ventas estadounidenses.

◁ Ford Mustang Boss 302 1969
Origen Estados Unidos
Motor 4942 cm³, V8
Velocidad máxima 195 km/h

Con la competencia del Camaro, el Mustang creció en 1969 tanto en apariencia como también en rendimiento, con los excelentes Boss 302 y Boss 429.

Ford Cosworth DFV V8

Cuando Colin Chapman, fundador de Lotus, insatisfecho con los motores a su disposición, pidió a Ford la construcción de un nuevo motor para la Fórmula 1, Ford recurrió a Keith Duckworth, de Cosworth. El motor que diseñó se convirtió en leyenda, pues ganó doce títulos entre 1968 y 1982.

FÓRMULA 1 SUPERSTAR

Cosworth dio a este motor el nombre de DFV (doble cuatro válvulas), ya que tenía dos bancadas de cuatro cilindros dispuestos en una V de 90 grados, cada cilindro con dos válvulas de admisión y dos de escape. Las primeras iban en la parte superior del motor para dar una vía sin obstáculos al aire que entraba de las trompetas de admisión. Un cigüeñal plano operaba cada bancada de cilindros de cuatro en línea, para explotar los efectos de onda en los tubos de escape, lo que ayudaba a extraer los gases de los cilindros. El DFV, potente, fiable, compacto y robusto, también fue popular por su precisa construcción.

ESPECIFICACIONES DEL MOTOR	
Fechas de producción	1967-1986
Cilindros	Ocho cilindros en dos bancadas, en V de 90 grados
Configuración	Longitudinal, montado en el centro
Cilindrada	2993 cm^3
Potencia	408 CV a 9000 rpm, finalmente 510 CV a 11 200 rpm
Tipo	Motor de cuatro tiempos, de gasolina, refrigerado por agua, con pistones alternativos
Culata	DOHC por bancada, con taqués de cubo; cuatro válvulas por cilindro
Alimentación	Inyección Lucas
Calibre y carrera	85,7 mm x 64,8 mm
Potencia específica	136 CV/litro, 2,52 CV/kg
Compresión	11,0:1

▷ **Ver pp. 352-353** Cómo funciona un motor

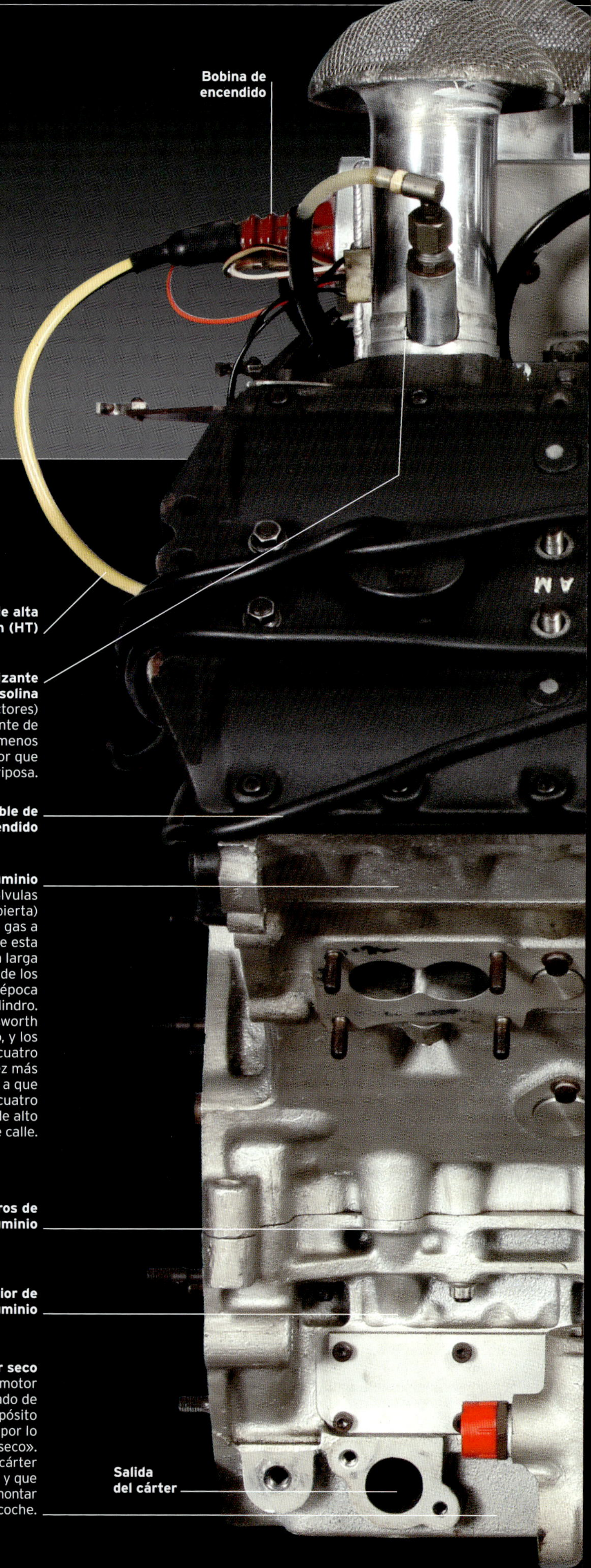

Filtro de aire de malla gruesa
Los grandes agujeros en la malla aseguran que el aire que entra por las trompetas de admisión encuentre una resistencia mínima.

Trompetas de admisión
Crean un efecto de «ondas ram», en que las ondas de presión que chocan con los extremos abiertos de las trompetas fuerzan que entre más mezcla aire-combustible en los cilindros a velocidades críticas de motor.

Inyector
El combustible es introducido en los inyectores por una bomba Lucas.

Árbol de levas de admisión (por debajo de la cubierta)

Soporte del motor
Fijado al chasis mediante los soportes, el motor forma parte integrante de la estructura del monoplaza.

Cubierta del árbol de levas

Árbol de levas de escape
(debajo de la cubierta)
Como el árbol de levas de admisión, el árbol de levas de escape está accionado por un tren de engranajes de alta precisión, y no por una correa o cadena.

Un problema oculto
Cuando el DFV ganó su primera carrera de Fórmula 1 en el Lotus 49 en 1967, pocos espectadores podían sospechar que había un problema de diseño grave. Breves episodios de par excesivo (fuerza de torsión) en el engranaje de los árboles de levas amenazaban con dañar el motor. El problema fue resuelto por Duckworth, añadiendo un «eje de pluma» elástico, que redujo la severidad de estos picos de par.

Espárragos para montar el colector de escape

Salida de gases

Correa de transmisión
Por debajo de esta cubierta, una correa dentada acciona auxiliares del motor, como las bombas de aceite y agua.

Bomba de agua

Varillaje auxiliar del acelerador

Bomba de aceite de barrido
Transfiere el aceite del cárter al depósito de aceite. Incorpora un separador aire/aceite giratorio, que elimina el aire y los gases de combustión del aceite.

Grandes limusinas de lujo

La década de 1960 vio el florecimiento final del coche de lujo de chasis separado. Estos coches grandes, pesados, tradicionales y opulentos, fueron reemplazados gradualmente por modelos de lujo más ligeros, eficientes, modernos, elegantes y monocasco, con un rendimiento significativamente mayor y líneas más bajas. La década también vio la aparición de coches de lujo mucho más pequeños basados en modelos populares, ideales para ser conducidos en las congestionadas ciudades.

◁ **GAZ Chaika 1959**

Origen Unión Soviética

Motor 5522 cm³, V8

El Chaika, copia fiel de un Packard de 1955, se construyó hasta 1981. Era estrictamente para funcionarios del Partido, académicos, científicos y otras personalidades autorizadas por el gobierno soviético.

▷ **Cadillac Calais 1965**

Origen Estados Unidos

Motor 7030 cm³, V8

Velocidad máxima 193 km/h

Cada Cadillac era un coche de lujo; este modelo llevaba ventanas laterales curvas, retrovisores exteriores de control remoto, dirección asistida de relación variable y asientos con calefacción.

△ **Nissan Cedric 1962**

Origen Japón

Motor 1883 cm³ cuatro en línea

Velocidad máxima 145 km/h

El sedán grande de Nissan, poco visto fuera de Japón, se inspiró en el estilo estadounidense, pero con un motor de 1,5 a 2,8 litros. Fue el primer diseño monocasco de Nissan.

△ **Nissan President 1965**

Origen Japón

Motor 3988 cm³, V8

Velocidad máxima 185 km/h

El mejor Nissan de 1965 superó al Cedric. Tenía motor V6 de 3,0 litros o V8 de 4,0 litros y, a partir de 1971, ABS. El primer ministro de Japón utilizaba uno de ellos.

▷ **Mercedes-Benz 300 SEC 1962**

Origen Alemania

Motor 2996 cm³, seis en línea

Velocidad máxima 200 km/h

El 300 SEC, uno de los mejores automóviles de Alemania de la década de 1960, montaba un motor de seis cilindros con inyección de gasolina en un *coupé* sofisticado o en convertible.

△ **Mitsubishi Debonair 1964**

Origen Japón

Motor 1991 cm³, seis en línea

Velocidad máxima 154 km/h

Este coche de lujo fue similar a uno estadounidense de inicios de la década. En los años setenta se le puso un motor más grande y hasta 1986 tuvo pocos cambios.

△ **Mercedes-Benz 600 1963**

Origen Alemania

Motor 6332 cm³, V8

Velocidad máxima 209 km/h

Desde 1963 hasta 1981, Mercedes ofreció este gran sedán, que permitía que las personalidades viajaran en una cabina aislada a velocidades de hasta 193 km/h. Solo se hicieron 2677 unidades.

▷ **Rolls-Royce Silver Cloud III 1962**

Origen Reino Unido

Motor 6230 cm³, V8

Velocidad máxima 177 km/h

El Silver, el último de los conocidos Rolls-Royce de chasis separado, era tradicional e indulgente, pero con un maravilloso interior de madera y cuero; también tenía un motor V8 y modernos faros dobles.

◁ **Checker Marathon Limousine 1963**

Origen Estados Unidos

Motor 4637 cm^3, V8

Velocidad máxima 145 km/h

Checker fabricó taxis desde 1923 hasta 1959, y luego produjo unos cuantos coches, limusinas y familiares derivados de taxis. Esta limusina de ocho puertas ofrece un interior muy espacioso.

▷ **Bentley S3 Continental 1962**

Origen Reino Unido

Motor 6230 cm^3, V8

Velocidad máxima 185 km/h

El majestuoso Bentley S3 también se produjo en una versión de carrocería Continental. Era un modelo más rápido y ligero, con carrocería de aluminio y líneas deportivas.

◁ **Lincoln Continental Convertible 1961**

Origen Estados Unidos

Motor 7043 cm^3, V8

Velocidad máxima 185 km/h

El diseño del Continental de 1961 fue muy influyente en esta década. Asientos, ventanas, frenos, dirección y caja de cambios eran totalmente asistidos.

▽ **Chrysler New Yorker 1960**

Origen Estados Unidos

Motor 6767 cm^3, V8

Velocidad máxima 196 km/h

Chrysler comenzó a producir sus primeras carrocerías monocasco en 1960. El New Yorker fue su coche más largo y lujoso, con 350 CV, lo que le permitía correr por las autopistas.

△ **Humber Imperial 1964**

Origen Reino Unido

Motor 2965 cm^3, seis en línea

Velocidad máxima 161 km/h

El Grupo Rootes de Chrysler detuvo 10 años la producción del gran modelo Imperial. La reanudó entre 1964 y 1967 con este sedán grande y muy bien equipado.

△ **Rolls-Royce Phantom VI 1968**

Origen Reino Unido

Motor 6230 cm^3, V8

Velocidad máxima 163 km/h

El Phantom VI, enorme, pesado y totalmente hecho a la medida, era un símbolo de estatus de estrellas del rock o de la realeza. Basado en un diseño de 1950 al que se agregaron faros dobles, se fabricaron 409 hasta 1992.

◁ **Radford Mini De Ville 1963**

Origen Reino Unido

Motor 1275 cm^3, cuatro en línea

Velocidad máxima 153 km/h

Harold Radford produjo excelentes Minis, lujosos interiores y motores afinados. Entre sus clientes estuvo el actor británico Peter Sellers.

△ **Jaguar MkX 1962**

Origen Reino Unido

Motor 3781 cm^3, seis en línea

Velocidad máxima 193 km/h

Este modelo de lujo, con chasis monocasco, suspensión trasera independiente e interior de madera y cuero fue ideal para Estados Unidos.

△ **Daimler DS420 1968**

Origen Reino Unido

Motor 4235 cm^3, seis en línea

Velocidad máxima 177 km/h

Jaguar basó esta limusina clásica en su plataforma MkX/420G y la extendió en la parte posterior. Este modelo es de Vanden Plas, pero de 1979 a 1992 lo produjo Jaguar.

BMC Mini, 1968
El Mini, uno de los artífices de la «sociedad sin clases», era práctico y agradable de conducir. Atrajo a aristócratas y personalidades como la modelo Twiggy, que aquí conduce el Mini con el que aprobó su examen de conducir en 1968.

Austin Seven, década de 1920

Grandes marcas
Historia de Austin

Hasta su desaparición en 1988, Austin fue un pilar de la industria automovilística británica, llevando la alegría del coche a miles de personas corrientes con modelos como el Seven, el A30, el Mini y el Metro. Otros hitos de la historia incluyen los coches deportivos Austin-Healey y el Maxi, primer *hatchback* de Gran Bretaña.

HERBERT AUSTIN, hijo de un granjero de Buckinghamshire, nació en 1866. A los 17 años un tío australiano lo llevó a Melbourne, donde aprendió mecánica en una empresa de ingeniería, y estudió arte y diseño. En 1887 se convirtió en gerente de una empresa de ingeniería de Melbourne, a través de la cual conoció al inmigrante irlandés Frederick Wolseley, fabricante de máquinas para esquilar ovejas. La empresa en la que trabajaba Austin hacía componentes para Wolseley y, juntos, perfeccionaron el diseño de estas máquinas. Cuando Wolseley se mudó a Gran Bretaña, se llevó a Austin, de 27 años, para establecer la fábrica en Birmingham.

Emblema de Austin (introducido en 1931)

Administrada por Austin, la Wolseley Sheep Shearing Machine Company se expandió; fabricaban máquinas y componentes de bicicletas. Austin vio por primera vez un automóvil en París en 1894 y al año siguiente construyó un prototipo de tres ruedas y dos caballos de potencia. La junta directiva de Wolseley accedió a invertir en la empresa de Austin, que presentó el primer coche Wolseley en la National Cycle Exhibition celebrada en Crystal Palace, Londres (1896). Con el nombre de Wolseley Autocar Nº 1, en 1898 completó una prueba por carretera de 400 km de ida y vuelta entre Birmingham y Rhyl. En 1899 le siguió el Wolseley Voiturette, una derivación de cuatro ruedas. Al año siguiente ganó el rally de 1600 km del Auto Club de Gran Bretaña. Austin anhelaba tener su propia empresa y en septiembre de 1905 se instaló en Longbridge, cerca de Birmingham, para iniciar allí su fábrica. Tras conseguir financiación de bancos y contactos de negocios, fundó la Austin Motor Company en diciembre de 1905. Después de cuatro meses de actividad frenética, en abril de 1906 salió el primer modelo de 20 CV. A finales del año, los cincuenta trabajadores habían producido veintiséis coches. Austin abrió salas de exhibición para comercializarlos en Norwich, Manchester y luego en Londres.

"The Austin" Trabajadores dando los toques finales a sedanes Austin 12 y furgonetas en la fábrica de Longbridge, en 1947. La fuerza de trabajo se refería a la planta como "The Austin".

Se propuso «motorizar las masas» y crear «una máquina que produjera coches de principio a fin»; la fábrica hacía todo, menos ruedas y vidrios. El crecimiento de la empresa en la Primera Guerra Mundial se impulsó con pedidos de municiones, tanques y aviones. La nómina llegó a 20000 en 1918, pero la poca demanda de coches grandes y señoriales que hubo durante la posguerra en Gran Bretaña casi llevó a Austin a la bancarrota. Como último recurso, Herbert Austin pidió a su personal que renunciara al sueldo de un mes; así lo hicieron y la empresa sobrevivió. La marca tuvo éxito en 1922 con el Austin Seven, ya que se adaptaba perfectamente a la época, pues era un verdadero «coche en miniatura», barato y económico. Pero el bajo precio de los Seven dio un margen reducido. Durante la Segunda Guerra Mundial, Austin siguió fabricando coches, pero también camiones y aeronaves, incluyendo bombarderos Lancaster. Cuando H. Austin murió en 1941, había fabricado más de 865000 coches.

En 1947 se hizo el Austin número 1 millón, firmado por todo el equipo de producción y en 1952 el número 2 millones. En esta etapa, Austin fue el mayor exportador mundial de coches a Estados Unidos (pronto superado por Volkswagen). La fabricación de coches bajo licencia de Austin ayudó a la fundación de BMW como constructor en Alemania en 1930. También dio lugar a un crecimiento masivo de Nissan en Japón. En 1952 se fusionaron Austin y la Organización Nuffield, fabricante de coches Morris, formando la British Motor Corporation (BMC). En el mismo año la empresa conjunta, con el ingeniero y diseñador Donald Healey, logró la producción de una gama de coches deportivos Austin-Healey, comenzando con el 100/4. Esta asociación duró veinte años.

> «Si un coche es **británico, mejor y más barato,** ¿qué más se puede pedir?»
>
> HERBERT AUSTIN, 1924

Ante la escasez de combustible en el Reino Unido por la Crisis de Suez de 1956, BMC lanzó en 1959 el compacto y económico Mini que, diseñado por Alec Issigonis y producido bajo las marcas Austin y Morris, revolucionó el diseño de coches pequeños con su tracción delantera y su caja de cambios transversal. La gente se enamoró de este coche, que estuvo en producción hasta el año 2000. En 1965 se alcanzó la mayor producción anual de su historia en Longbridge con 377000 coches (sobre todo Mini y 1100/1300). A mediados de la década de 1960, BMC y Austin pasaron por varias fusiones, dando lugar a la

AUSTIN SEVEN ULSTER

AUSTIN 12

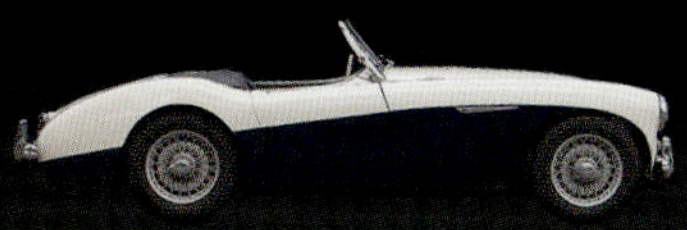

AUSTIN-HEALEY 100/4

AUSTIN/MORRIS MINI

1905 Creación de la Austin Motor Company en Birmingham, Reino Unido.
1906 Lanzamiento del primer Austin, el 20 CV, con motor vertical y depósito de combustible montado atrás.
1922 El Austin Seven es el 4 cilindros más pequeño que se vende en Gran Bretaña.
1930 Sale a la venta una versión de fabricación estadounidense del Austin Seven.
1932 Lanzamiento del Austin 12, que pronto es uno de los coches para la familia de mayor venta en el mercado británico.
1936 Austin fabrica su propio coche monoplaza de carreras, con motor de 750 cm³ y doble árbol de levas en culata.
1945 El sedán 16 es el primer modelo de Austin que tiene motor con válvulas en la culata.
1948 El A90 Atlantic no logra conquistar clientes en Estados Unidos.
1951 El coche económico A30, de 803 cm³, es un éxito; es el primer modelo monocasco de Austin (chasis y carrocería integrados).
1952 Lanzamiento de la gama de coches deportivos Austin-Healey, con el 100/4; Austin y la Nuffield Organization se fusionan para formar la British Motor Corporation (BMC).
1954 Austin comienza a fabricar el Metropolitan para Nash Motors.
1958 El A40 se destaca por el diseño de la compañía italiana Pinin Farina.
1959 El Mini de Austin/Morris es el punto de referencia para diseñar un coche pequeño.
1962 El coche de familia Austin/Morris 1100 utiliza suspensión hidrolástica.
1968 Austin se convierte en British Leyland.
1969 Sale a la venta el primer *hatchback* británico, el Austin Maxi.
1973 Lanzamiento del coche Austin Allegro.
1980 Presentación del Metro.
1982 British Leyland pasa a ser un Austin Rover.
1983 El Maestro ofrece ayuda de voz, con un sintetizador que alerta al conductor en caso de problemas.
1984 El Montego es el último modelo nuevo producido bajo la marca Austin.
1988 Se fabrica el último coche Austin.

Barato y divertido
El curvilíneo A30, lanzado en 1951, se diseñó para reemplazar al Austin Seven y competir con el Morris Minor. Por su bajo costo fue el primer coche para muchas familias.

creación, en 1968, del conglomerado British Leyland, que continuó produciendo coches con el nombre de Austin. La década de 1970 trajo a la marca altibajos y el Austin Allegro de 1973 pecó de mal diseño y poca calidad. Ante el riesgo de quiebra, British Leyland fue nacionalizada en 1975. Pero también hubo éxitos notables. El supermini Metro de 1980 (primer modelo de Austin construido con la ayuda de ordenadores y robots soldadores) resultó un rival de peso para el Ford Fiesta y el Renault 5. British Leyland, que aún arrastraba problemas, fue rebautizada en 1982 como Austin Rover. Austin siguió siendo la marca dominante y a sus deportivos se les dio el emblema MG; la marca Rover se concentró en modelos más lujosos. Lanzado en 1983, el Maestro, el *hatchback* de cinco puertas que sustituyó a los Allegro y Maxi, logró una parte considerable del mercado del coche familiar en Reino Unido. El Montego de 1984 fue el último modelo que se lanzó bajo la marca Austin, que fue eliminada en 1988, dos años después de que Austin Rover fuera privatizada y vendida a la British Aerospace, convirtiéndose en el Rover Group. Todos los coches fabricados a partir de entonces se hicieron como Rovers o MG.

Austin Maxi, 1969
El Maxi de cinco puertas y cinco velocidades fue el último diseño de Alec Issigonis. En esta publicidad se destacan las facetas de ocio del primer *hatchback* británico.

Coupés compactos

Varios fabricantes pequeños especializados crearon muchos coches GT en Europa en la década de 1960 que, con su ingenio e inventiva, rivalizaban con los de los grandes fabricantes. Los *coupés* de techo duro fueron cada vez más populares. Apareció la tendencia a la tracción delantera y diseños con motor central. Las pruebas de aerodinámica dieron formas muy eficientes.

◁ TVR Grantura 1958

Origen Reino Unido

Motor 1798 cm³, cuatro en línea

Velocidad máxima 174 km/h

El TVR no fue diseñado expresamente, sino producto del desarrollo. Su aspecto fresco y robusto, así como su buen rendimiento por su peso ligero, significó un volumen de ventas pequeño pero constante, y éxitos en competiciones en la década de 1960.

△ Porsche 356B 1959

Origen Alemania

Motor 1582 cm³, cuatro opuestos

Velocidad máxima 179 km/h)

EL 1960, el deportivo Porsche de 1950 basado en VW, había hecho un largo camino desde su inicio. Este sofisticado *coupé* 2+2, bien construido, tenía buen precio.

△ Gilbern GT 1959

Origen Reino Unido

Motor 1622 cm³, cuatro en línea

Velocidad máxima 161 km/h

Único fabricante galés de coches de éxito, utilizó un chasis de estructura tubular, atractiva carrocería de fibra de vidrio e interior de alta calidad para vender este hermoso *coupé* con motor MGA/B/Midget.

△ Volvo P1800 1961

Origen Suecia

Motor 1778 cm³, cuatro en línea

Velocidad máxima 171 km/h

El P1800, inicialmente ensamblado en Gran Bretaña por Jensen, pronto se trasladó a Suecia para mejorar su calidad; fue un *Grand Tourer* biplaza elegante e increíblemente duradero.

△ NSU Sport Prinz 1959

Origen Alemania

Motor 598 cm³, dos en línea

Velocidad máxima 122 km/h

La compañía Bertone hizo maravillas para crear este *coupé* poco atractivo para NSU, fabricante independiente. En esta década se vendieron más de 20 000.

△ Ogle SX1000 1962

Origen Reino Unido

Motor 1275 cm³, cuatro en línea

Velocidad máxima 177 km/h

El diseñador industrial David Ogle creó este *coupé* tipo burbuja, ocultando con éxito la mecánica del Mini-Cooper. Lamentablemente se hicieron muy pocas unidades.

△ Matra Djet 1962

Origen Francia

Motor 1108 cm³, cuatro en línea

Velocidad máxima 190 km/h

Este aerodinámico coche diseñado por René Bonnet y construido por Matra, fue pionero entre los deportivos de carretera de motor central. Montaba el ágil motor Renault Gordini.

△ Broadspeed GT 1965

Origen Reino Unido

Motor 1275 cm³, cuatro en línea

Velocidad máxima 182 km/h

Ralph Broad, fundador de Broadspeed, tomó el Mini Cooper 1275S y le agregó una aerodinámica parte trasera de fibra de vidrio que, con alguna mejora del motor, lo convirtió en un verdadero bólido.

◁ Marcos 1800 1964

Origen Reino Unido

Motor 1778 cm³, cuatro en línea

Velocidad máxima 185 km/h

Dennis Adams diseñó este biplaza realmente bajo, al que puso asientos fijos cómodos y pedales ajustables. Dentro del capó largo y bajo albergó una amplia gama de motores.

◁ **Ford Consul Capri 1961**

Origen Reino Unido

Motor 1498 cm³, cuatro en línea

Velocidad máxima 134 km/h

El primer intento de Ford de hacer un *coupé* deportivo para Europa fue un fracaso: su diseño era demasiado estadounidense. Solo se vendieron 18 000 en tres años.

◁ **Lancia Fulvia Coupé 1965**

Origen Italia

Motor 1216 cm³, V4

Velocidad máxima 161 km/h

Lancia burló lo convencional con este *coupé* 2+2 diseñado por Pietro Castagnero, bellamente construido, con motor V4 de doble árbol de levas y tracción delantera.

△ **Ford Capri 1969**

Origen Reino Unido

Motor 1599 cm³, cuatro en línea

Velocidad máxima 161 km/h

Cinco años después de que el Mustang se hiciera con el mercado de Estados Unidos, Ford logró lo mismo en Europa con el Capri, con motor de 1300 a 3000 cm³.

△ **Saab Sonett 1966**

Origen Suecia

Motor 1498 cm³, V4

Velocidad máxima 161 km/h

Tracción delantera, rueda libre, y cambio de marchas en columna derivaban del sedán del Sonett. Su carrocería en fibra de vidrio tenía muy buen aspecto.

◁ **Lotus Elan +2 1967**

Origen Reino Unido

Motor 1558 cm³, cuatro en línea

Velocidad máxima 198 km/h

Lotus, pensando en no perder a sus fieles compradores de biplazas cuando empezaran a tener familia, desarrolló este lujoso Elan 2+2, aún con excelente chasis de túnel central.

△ **Triumph GT6 1966**

Origen Reino Unido

Motor 1998 cm³, seis en línea

Velocidad máxima 180 km/h

Con el chasis y motor 2000 del Spitfire y la elegante carrocería de Michelotti, se hizo el GT6, conocido como un Mini Tipo E. Este es el rediseño de 1970.

△ **Unipower GT 1966**

Origen Reino Unido

Motor 1275 cm³, cuatro en línea

Velocidad máxima 192 km/h

El más atractivo de los coches inspirados en Mini, tenía motor trasero y un ligero chasis tubular al cual iba adherida la carrocería de fibra de vidrio.

◁ **Alfa Romeo 1750 GTV 1967**

Origen Italia

Motor 1779 cm³, cuatro en línea

Velocidad máxima 187 km/h

La serie Giulia de Alfa Romeo, lanzada en 1962-63, tuvo un éxito enorme. Este coche fue el perfecto *coupé* compacto deportivo de cuatro asientos, motor de doble árbol de levas y buen comportamiento.

△ **Sunbeam Rapier H120 1969**

Origen Reino Unido

Motor 1725 cm³, cuatro en línea

Velocidad máxima 171 km/h

En el Rapier, cuyo diseño derivaba del Plymouth Barracuda, se veía la propiedad estadounidense de Sunbeam. Fue un coche deportivo con preparación de Holbay.

GT potentes

En rendimiento, los coches GT más potentes de la década de 1960 estaban a la par con sus equivalentes de hoy gracias a su eficiente aerodinámica e ingeniería. Los conductores de supercoches modernos pueden observar diferencias en aparatos electrónicos, insonorización y ayudas al conductor, pero no en rendimiento. La década de 1960 también produjo algunos de los mejores diseños jamás vistos.

△ Bristol 407 1962

Origen Reino Unido

Motor 5130 cm³, V8

Velocidad máxima 196 km/h

La marca British Bristol usó un motor Chrysler V8 en su 407 y dio a este coche de lujo de cuatro plazas la potencia necesaria para justificar sus pretensiones como símbolo de estatus.

△ Aston Martin DB5 1964

Origen Reino Unido

Motor 3995 cm³, seis en línea

Velocidad máxima 238 km/h

Al DB5 se le pusieron los faros carenados del DB4 GT, un motor Vantage de 314 CV más potente y caja de cambios ZF de cinco velocidades.

◁ Aston Martin DB6 1965

Origen Reino Unido

Motor 3995 cm³, seis en línea

Velocidad máxima 225 km/h

La carrocería de este lujoso y pesado modelo era un poco más espaciosa que la del DB5. La cola ascendente armonizaba con el frontal ligeramente carenado y lograba mejorar la estabilidad aerodinámica.

△ Ferrari 400 GT Superamerica 1961

Origen Italia

Motor 3967 cm³, V12

Velocidad máxima 257 km/h

Cada Superamerica 400 se hacía a demanda y según las especificaciones del cliente. El GT, con su cuerpo aerodinámico diseñado por Pininfarina, tuvo niveles impresionantes en su rendimiento.

△ Ferrari 275 GTB 1965

Origen Italia

Motor 3286 cm³, V12

Velocidad máxima 246 km/h

El diseño de proporciones perfectas de Pininfarina, la caja de cambios de cinco velocidades y su suspensión independiente mostraron que Ferrari evolucionaba con el tiempo. Las versiones con seis carburadores alcanzaban 265 km/h.

△ Chevrolet Corvette Sting Ray 1963

Origen Estados Unidos

Motor 5360 cm³, V8

Velocidad máxima 237 km/h

Un rediseño de 1963, dotó al Corvette de un aerodinámico nuevo perfil y faros que podían ocultarse. Se ofreció en versiones de techo rígido o como descapotable.

△ Ferrari Dino 246 GT 1969

Origen Italia

Motor 2418 cm³, V6

Velocidad máxima 238 km/h

Enzo Ferrari dio a este biplaza, de motor central, el nombre de su hijo Dino; posteriores versiones solo salieron con el nombre Ferrari. El diseño es de Pininfarina.

△ Facel Vega Facel II 1962

Origen Francia

Motor 6286 cm³, V8

Velocidad máxima 214 km/h

El Facel II, grande y audaz, con motor V8 de Chrysler, se ceñía a la tradición del *Grand Routier*. Solo se hicieron 180 unidades de este coche caro y exclusivo.

▷ Jaguar Tipo E 1961

Origen Reino Unido

Motor 3781 cm³, seis en línea

Velocidad máxima 225 km/h

Con este Tipo E, Malcolm Sayer y William Lyons de Jaguar crearon uno de los coches deportivos más hermosos y eficientes de todos los tiempos. El Tipo E tuvo un gran rendimiento tanto en carretera como en competición.

△ **Ford Mustang GT500 1967**

Origen Estados Unidos
Motor 7010 cm³, V8
Velocidad máxima 216 km/h

Carroll Shelby encajó el bloque grande del motor Ford V8 en el Mustang para crear el GT500 de 355 CV, que ofreció gran rendimiento en un coche de lujo.

△ **Gordon-Keeble 1964**

Origen Reino Unido
Motor 5395 cm³, V8
Velocidad máxima 219 km/h

Este excelente GT, con ingeniería británica, un potente motor V8 estadounidense y hermoso diseño italiano, ofrecía una combinación de velocidad y diseño.

△ **Iso Grifo A3C 1965**

Origen Italia
Motor 5359 cm³, V8
Velocidad máxima 274 km/h

Giotto Bizzarrini diseñó el A3C para carreras a partir de su *coupé* biplaza y en 1965 ganó su clase en las 24 Horas de Le Mans.

△ **Lamborghini 400GT/ Monza 1966**

Origen Italia
Motor 3929 cm³, V12
Velocidad máxima 251 km/h

Lamborghini y Ferrari lucharon por ser la mejor marca italiana de supercoches. El 400 GT, con un motor V12 de 4 árboles de levas, fue una versión más avanzada que las de Ferrari. El Monza 1966 derivó del 400 GT.

△ **Lamborghini Miura 1966**

Origen Italia
Motor 3929 cm³, V12
Velocidad máxima 285 km/h

Lamborghini eclipsó a Ferrari al presentar el sobresaliente Miura, primer supercoche con motor central. El impresionante diseño lo hizo Marcello Gandini para Bertone.

◁ **Lamborghini Islero 1968**

Origen Italia
Motor 3929 cm³, V12
Velocidad máxima 257 km/h

Este rediseño sencillo y elegante del Lamborghini 400 GT 2+2 fue obra de Carrozzeria Marazzi. Desafortunadamente no tuvo el atractivo comercial que los grandes diseñadores podían crear.

△ **Jensen Interceptor 1967**

Origen Reino Unido
Motor 6276 cm³, V8
Velocidad máxima 214 km/h

Jensen encargó a Vignale, empresa italiana, el diseño de una nueva carrocería para este Chrysler *coupé* con motor V8. El resultado fue un 2+2 verdaderamente elegante y práctico.

▷ **Studebaker Avanti 1962**

Origen Estados Unidos
Motor 4736 cm³, V8
Velocidad máxima 193 km/h

El Avanti, con carrocería de fibra de vidrio, fue una jugada astuta para un fabricante pequeño como Studebaker, pero no salvó a la compañía. Hasta 1991 se hicieron cantidades pequeñas de manera privada.

◁ **Maserati Ghibli 1967**

Origen Italia
Motor 4719 cm³, V8
Velocidad máxima 248 km/h

El magnífico motor Maserati V8 permitió a este *coupé* de lujo convertirse en un supercoche. La carrocería, de proporciones aerodinámicas perfectas, fue diseñada por Ghia de Italia.

Maniquís de Volkswagen para ensayos de choque, *c.* 1968. Con las estrictas normas de seguridad impuestas en los años sesenta, los fabricantes fueron los responsables de que estas se cumplieran. Los cinturones de seguridad eran probados con maniquís de tamaño natural.

Coches deportivos

A pesar de la variedad de modelos atractivos y potentes, el coche deportivo abierto estaba en declive en la década de 1960, a medida que los Gran Turismo de techo cerrado se hacían más populares. Casi todos estos coches se lanzaron en la primera mitad de la década y muchos se concibieron en los años cincuenta. Ahora también Japón se uniría a Estados Unidos y Europa en el mercado mundial.

△ MG Midget 1961
Origen Reino Unido
Motor 948 cm^3, cuatro en línea
Velocidad máxima 138 km/h

Pequeño, bonito y divertido de conducir a velocidad moderada, fue construido con motores de hasta 1500 cm^3. Este coche llegó a la década de 1980.

△ Ferrari 250 California Spider 1959
Origen Italia
Motor 2953 cm^3, V12
Velocidad máxima 233 km/h

El California Spider, uno de los Ferrari más bellos y atractivos de la historia, vale hoy millones; era un coche para estrellas de cine, y fue también una estrella él mismo.

△ Jaguar Tipo E 1961
Origen Reino Unido
Motor 3781 cm^3, seis en línea
Velocidad máxima 240 km/h

Con motor de doble árbol de levas en culata, frenos de disco y suspensión independiente, este coche fue una ganga comparado con otros similares.

△ Maserati Mistral Spider 1963
Origen Italia
Motor 3692 cm^3, seis en línea
Velocidad máxima 233 km/h

Maserati puso inyección de combustible en su coche de seis cilindros con doble árbol de levas para lograr un rendimiento similar al Jaguar. Encargó a Frua que diseñara la carrocería biplaza.

△ Lotus Super Seven 1961
Origen Reino Unido
Motor 1498 cm^3, cuatro en línea
Velocidad máxima 166 km/h

Diseño de la década de 1950 del que gracias a su estilo atemporal, sin concesiones, y a su manejo sencillo, aún se hacen versiones.

▷ Lotus Elan 1962
Origen Reino Unido
Motor 1558 cm^3, cuatro en línea
Velocidad máxima 196 km/h

Los Lotus eran diseñados para ser ligeros y tenían un excelente rendimiento. El Elan de fibra de vidrio tenía un chasis de acero. Su conducción era muy agradable.

◁ Austin-Healey 3000 MkIII 1963
Origen Reino Unido
Motor 2912 cm^3, seis en línea
Velocidad máxima 195 km/h

Introducido en 1953 con un motor de cuatro cilindros, el «Big Healey» fue un cómodo deportivo 2+2. Su construcción de perfil bajo y suaves curvas descendentes lo hicieron atractivo.

◁ Innocenti Spider 1961
Origen Italia
Motor 948 cm^3, cuatro en línea
Velocidad máxima 138 km/h

Innocenti pidió a Ghia una carrocería lujosa para la mecánica del Austin-Healey Sprite. Tenía maletero, ventanas manuales y calefacción.

▷ Mercedes-Benz 230 SL 1963
Origen Alemania
Motor 2306 cm^3, seis en línea
Velocidad máxima 193 km/h

El 230 SL podía parecer un sofisticado coche de turismo con su techo de pagoda y versión automática. Pero ganó la Lieja-Sofia-Lieja en 1963.

△ MGB 1962

Origen Reino Unido

Motor 1798 cm^3, cuatro en línea

Velocidad máxima 166 km/h

Fue el deportivo más vendido de Gran Bretaña, con más de medio millón entre 1962 y 1980. Robusto, fiable y espacioso, era un coche de proporciones perfectas.

△ Chevrolet Corvette Sting Ray 1965

Origen Estados Unidos

Motor 5360 cm^3

Velocidad máxima 237 km/h

Un impresionante rediseño en 1963 convirtió el Corvette en el Sting Ray, con una línea moderna imponente, patente en el increíble modelo L84, con un motor de inyección de 375 CV.

△ Triumph TR4A 1964

Origen Reino Unido

Motor 2138 cm^3, cuatro en línea

Velocidad máxima 175 km/h

En 1961, Giovanni Michelotti rediseñó el deportivo TR de chasis separado y, en 1964, Triumph le agregó suspensión trasera independiente.

△ Sunbeam Tiger 1964

Origen Reino Unido

Motor 4261 cm^3, V8

Velocidad máxima 188 km/h

Carroll Shelby ayudó a Rootes a desarrollar el Tiger a partir del Sunbeam Alpine. El nuevo motor le dio la potencia para ganar carreras.

△ AC Cobra 427 1965

Origen Estados Unidos/Reino Unido

Motor 6997 cm^3, V8

Velocidad máxima 264 km/h

El diseñador Carroll Shelby montó un motor Ford V8 en el coche británico AC Ace y lo coronó con esta versión de bloque grande. Un coche de carreras en carretera, con gran aceleración.

▽ Datsun Fairlady 1965

Origen Japón

Motor 1595 cm^3, cuatro en línea

Velocidad máxima 161 km/h

Este coche eclipsó a los de MGB. Derivado del anterior de 1500 cm^3 de 1961, impactó a los estadounidenses, quienes consideraron empezar a comprar coches japoneses.

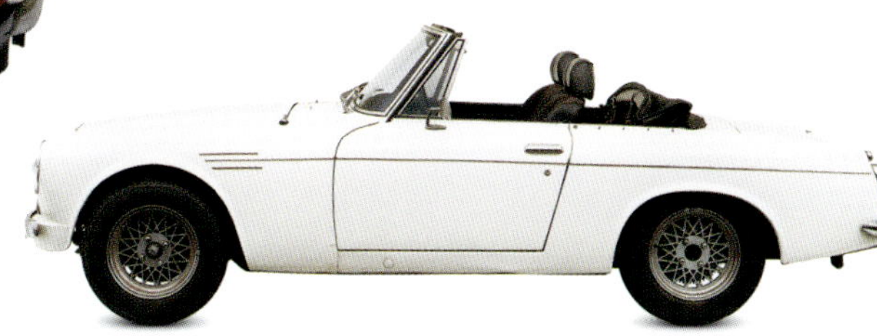

◁ Alfa Romeo Duetto Spider 1966

Origen Italia

Motor 1570 cm^3, cuatro en línea

Velocidad máxima 179 km/h

Pininfarina diseñó este encantador *roadster*, cuya conducción es un placer, con motor de doble árbol de levas y frenos de disco. Seguía en producción en la década de 1990.

△ Vignale Gamine 1967

Origen Italia

Motor 499 cm^3, dos en línea

Velocidad máxima 97 km/h

Reconocido por millones de niños como el coche de Noddy, se basó en la mecánica del Fiat 500. No se vendió bien por su alto coste.

▽ Fiat Dino Spider 1967

Origen Italia

Motor 1987 cm^3, V6

Velocidad máxima 204 km/h

Diseñado por Pininfarina, contaba con motor Ferrari V6 y caja de cinco velocidades. Con el emblema de Ferrari, y no el de Fiat, hubiera doblado las ventas.

Mercedes-Benz 280 SL

La clase SL de *roadsters* deportivos de Mercedes-Benz de la década de 1960 era famosa por su elegante estilo. También conocida como W113 dentro de la empresa, se hicieron entre 1963 y 1971. El 230 SL de techo de pagoda de 1963 ofreció buen rendimiento y un excelente comportamiento, además de comodidad y sofisticación. Fue seguido en 1967 por el 250 SL con motor más grande y por el 280 SL en 1968. Con más potencia, ambos conservaron el estilo de la clase SL.

LA SERIE SL DE MERCEDES-BENZ estuvo definida por el estilo elegante de su techo duro opcional. Los modelos 230 SL, 250 SL, 280 SL tenían techos con rebordes exteriores elevados. Algunos comentaristas compararon esta forma con los tejados de los edificios chinos, y de ahí nació el «techo de pagoda». Su compacidad y elegancia, obra de Paul Bracq, diseñador jefe de Mercedes, resaltaron su construcción baja y ancha. El SL adoptó su diseño estructural básico del Heckflosse de 1959 o del sedán Fintail. Tenía una carrocería de acero soldada a una fuerte y resistente plataforma, y una jaula protectora alrededor del habitáculo con zonas de deformación en la parte delantera y trasera para absorber los impactos. El SL, el primer coche deportivo en el mundo con esta nueva tecnología de seguridad, fue el más seguro de la era *roadster*. El motor original del SL, de seis cilindros, 2306 cm³ y 150 CV, fue sometido a dos revisiones. En 1967 lo sustituyó un motor de carrera larga de 2496 cm³, que daba más par. El depósito de gasolina se amplió y se añadieron frenos traseros de disco. Aquí se muestra la versión de 1968, equipada con un motor de mayor cilindrada, el M130 de 2778 cm³, que propulsó el SL hasta 1971.

ESPECIFICACIONES	
Modelo	Mercedes-Benz 280 SL W113 (1968-71)
Ensamblaje	Stuttgart, Alemania
Producción	23 885
Construcción	Chasis de acero de una sola pieza
Motor	2778 cm³, SOHC, seis en línea
Potencia	170 CV a 5750 rpm
Transmisión	Automática, de cuatro velocidades
Suspensión	Muelles helicoidales
Frenos	Discos delante y detrás
Velocidad máxima	200 km/h

Alianza alemana
Daimler (fabricante de coches Mercedes) y Benz fueron pioneros del automóvil en el siglo XIX. En 1926 se fusionaron y por ello el emblema de Mercedes-Benz combina la estrella de tres puntas de Daimler con la corona de laurel de Benz.

VISTA FRONTAL

VISTA TRASERA

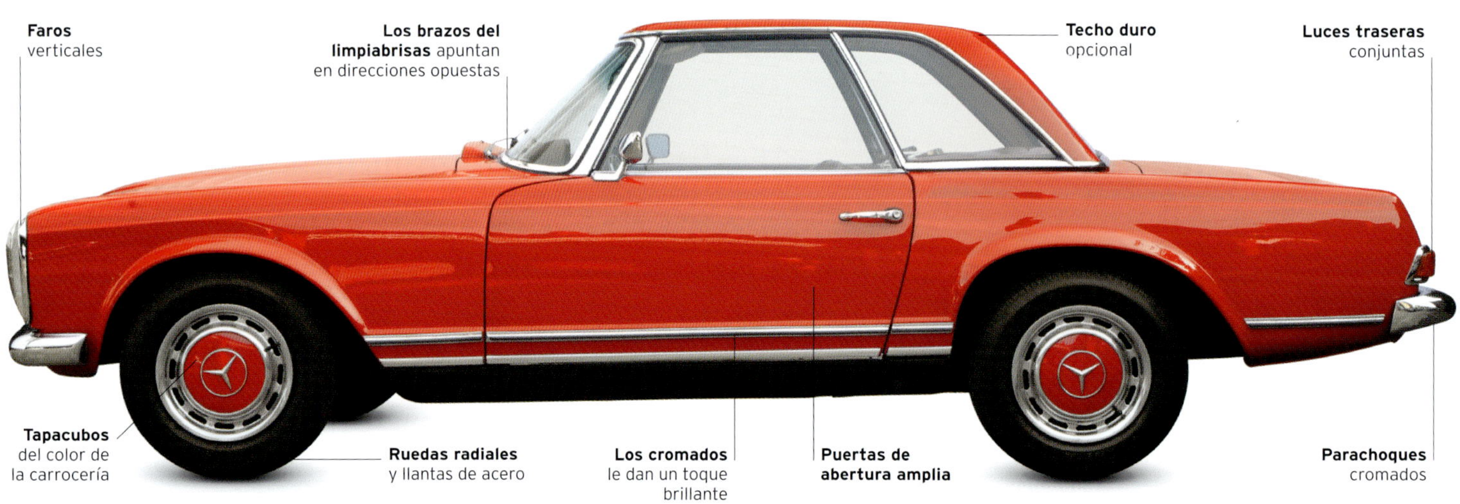

Coches deportivos sofisticados
El 280 SL que se muestra aquí, de construcción baja y ancha, *Lichtenheit*, luces verticales y una estrella de tres puntas de gran tamaño, se impuso como un coche de lujo sofisticado, muy personal, de gran calidad y buen gusto. Con el suave pero potente motor de seis cilindros y gran facilidad de conducción en carretera, tuvo un rendimiento acorde a su imponente aspecto.

EL EXTERIOR

El diseño del 280 SL fue una combinación de elegancia, buenas proporciones y ostentación. Era muy distinto de los coches a los que sustituyó: el rápido pero costoso *roadster* 300 SL, y el asequible pero lento 190 SL, con techo duro removible.

1. Prominente logotipo de la estrella de tres puntas de Mercedes-Benz **2.** 280 SL, última variación del W113 **3.** Luces verticales similares a las de los sedanes Mercedes **4.** Manilla de puerta de seguridad **5.** Tapa de llenado en la cola **6.** Brazos de limpiabrisas opuestos **7.** Cromo en las puertas **8.** Luz trasera con marco cromado **9.** Escape doble en todos los modelos **10.** Llantas de acero con tapacubos del mismo color que la carrocería del coche

3

4

5

6

7

1

2

8

9

10

EL INTERIOR

Los entusiastas de los coches deportivos no se dejaron impresionar por el 280 SL: les pareció demasiado civilizado. Las puertas se abrían ampliamente, mostrando un interior bien tapizado con alfombras y asientos en vinilo o cuero. La bandeja entre los asientos con un cenicero delante era una novedad. En todas partes había cromados, como en el volante, el salpicadero e incluso en los controles de ajuste de los asientos. El salpicadero, pintado del mismo color del exterior, era una prueba más de la meticulosidad de Mercedes-Benz.

11. Interiores tapizados en cuero o vinilo **12.** Anillo metálico interior en el volante que acciona el claxon **13.** Rejilla de ventilación del parabrisas de madera **14.** Guantera espaciosa **15.** Rejilla de ventilación en el salpicadero **16.** Controles de los asientos **17.** Selector de transmisión automática **18.** Asiento lateral opcional

11

BAJO EL CAPÓ

El motor del 230 SL original derivaba del que montaba el sedán 230. Tenía 2,3 litros, árbol de levas en cabeza, seis cilindros en línea, bloque y culata de aleación, y cigüeñal con cuatro cojinetes. En 1967, fue reemplazado por uno de 2,5 litros, que era mucho más que una versión de carrera larga del 2,3. Tenía siete cojinetes que lo hacían más suave y fiable, aunque esto limitaba sus revoluciones. Para el 280 SL, Mercedes separó más los cilindros para aumentar su diámetro hasta 8,65 cm, con lo cual se consiguieron 2778 cm³ y 170 CV.

19. De todos los de la serie W113, de 2,8 litros y seis cilindros en línea, el 280 SL tuvo el motor más grande. Al igual que sus antecesores 230 SL y 250 L, la alimentación era por inyección

12

13

14

18

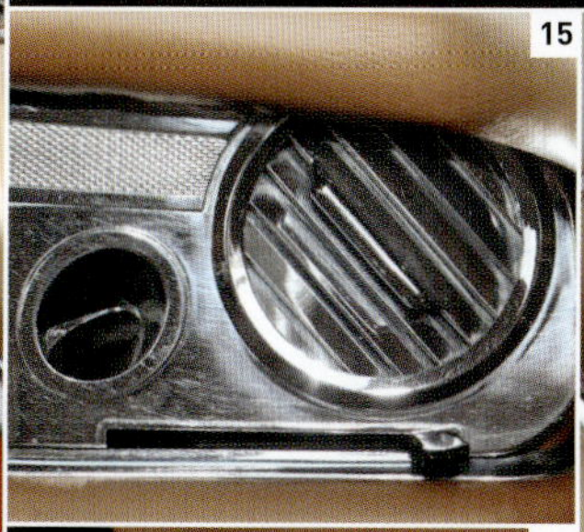

15

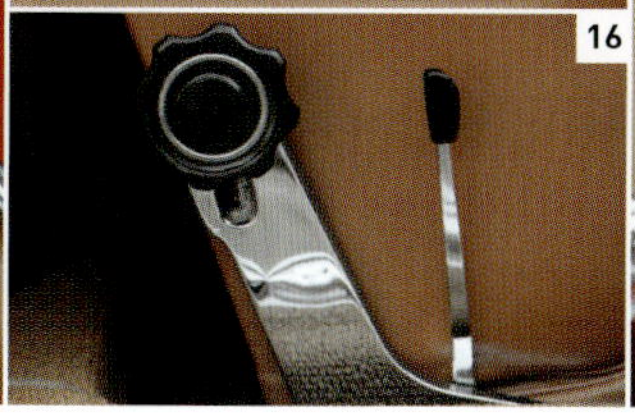

16

17

La década de 1970

Supercoches y superminis | Crisis e inyección de combustible
***Hatchbacks* y parachoques grandes**

Supercoches

La década de 1970 presenció un cambio drástico en el diseño de coches, alejándose de las curvas fluidas de la década anterior. Ahora, líneas fuertes y agudas dominaban en dramáticos perfiles de cuña. Como la televisión aumentó la influencia de las competiciones automovilísticas, los fabricantes crearon supercoches nuevos, para estar a la par de los que acaparaban los titulares de prensa por sus victorias.

△ Monteverdi 375C 1967

Origen Suiza/Italia

Motor 7206 cm^3, V8

Velocidad máxima 249 km/h

Único fabricante de coches suizo. Encargó el diseño de sus coches a Fissore y su construcción a Frua, con motor «Hemi» de Chrysler. Solo se fabricaron hasta 1973.

▷ De Tomaso Pantera 1969

Origen Italia

Motor 5763 cm^3, V8

Velocidad máxima 257 km/h

Este coche, con motor grande Ford V8 en un traje italiano, diseñado por Ghia y construido por De Tomaso en Italia, inicialmente se hizo en sociedad con Ford. Fue tan exitoso que se construyó hasta la década de 1990.

◁ Ferrari 365 GTB/4 Daytona 1968

Origen Italia

Motor 4390 cm^3, V12

Velocidad máxima 280 km/h

El último y más veloz de los biplazas Ferrari de motor delantero y tracción trasera tuvo su apogeo en la década de 1970: el 365 GTB/4, sencillo, potente y muy eficaz.

▽ Citroën SM 1970

Origen Francia

Motor 2670 cm^3, V6

Velocidad máxima 229 km/h

Este fue el resultado tras la compra de Maserati por Citroën: un supercoche francés aerodinámico e hidroneumático, con un potente motor V6 italiano.

▷ Ferrari 400 GT 1976

Origen Italia

Motor 4823 cm^3, V12

Velocidad máxima 251 km/h

Este ejecutivo de cuatro plazas es un coche civilizado, con caja de cambios automática y 241 km/h. Buen Ferrari, aunque no tan exótico como los demás.

◁ Ferrari 308 GTS 1978

Origen Italia

Motor 2926 cm^3, V8

Velocidad máxima 249 km/h

Ferrari eliminó el nombre de Dino de su pequeño coche deportivo de la década de 1970, y le dio un nuevo motor V8 de cuatro árboles de levas, montado central como en el 246 GT, con carrocería con techo duro o descapotable.

▷ Lancia Stratos 1973

Origen Italia

Motor 2418 cm^3, V6

Velocidad máxima 230 km/h

Este supercoche con diseño Bertone y motor de Dino Ferrari, fue el primer coche deportivo puro de Lancia, construido para homologar el modelo para rallies. Fue un ganador desde el principio.

◁ **BMW 3.0 CSL 1972**

Origen Alemania

Motor 3003 cm³, seis en línea

Velocidad máxima 214 km/h

El CSL, uno de los primeros «especiales de homologación» construido principalmente para fabricar piezas de alto rendimiento para coches de competición, fue también un fabuloso coche de carretera.

△ **BMW M1 1979**

Origen Alemania

Motor 3453 cm³, seis en línea

Velocidad máxima 261 km/h

BMW convirtió un proyecto para carreras en un supercoche de carretera. Su motor central de seis cilindros y 24 válvulas se montó en una carrocería estilizada hecha por Giorgetto Giugiaro sobre un chasis diseñado por Lamborghini.

△ **Jaguar Tipo E Series III 1971**

Origen Reino Unido

Motor 5343 cm³, V12

Velocidad máxima 241 km/h

Para cambiar el motor XK, Jaguar necesitaba uno con más de seis cilindros. Usó el V12 de aluminio en soporte Tipo E alargado.

△ **Porsche 911 1973**

Origen Alemania

Motor 2994 cm³, seis opuestos

Velocidad máxima 227 km/h

En 1975, el Porsche 911 incorporó parachoques para poder circular legalmente en Estados Unidos. El de la imagen está personalizado para recordar el anterior Carrera RS 2.7, que es hoy un modelo muy codiciado.

▷ **Porsche 934-5 1976**

Origen Alemania

Motor 2994 cm³, seis opuestos

Velocidad máxima 306 km/h

El 934, derivado del 911 Turbo de carretera, fue un coche de carreras de mucho éxito. En los años ochenta ganó campeonatos en Europa, Estados Unidos y Australia.

△ **Mercedes-Benz C111-II 1970**

Origen Alemania

Motor 4800 cm³ Wankel rotativo de 4 rotores

Velocidad máxima 300 km/h

Los C111 de Mercedes fueron coches experimentales, comenzando con el de motor Wankel de tres rotores de 1969. Esta versión Fase II daba 350 CV, pero consumía mucho combustible.

◁ **Lamborghini Countach LP400 1974**

Origen Italia

Motor 3929 cm³, V12

Velocidad máxima 274 km/h

Cuando Bertone diseñó este supercoche en forma de cuña no sospechó que entraría en producción, y que se seguiría construyendo hasta ya bien entrada la década de 1990.

▽ **Alfa Romeo Navajo 1976**

Origen Italia

Motor 1995 cm³, V8

Velocidad máxima 249 km/h

Bertone usó el chasis del Alfa Romeo Tipo 33 en competición, para realizar este *concept car* en cuña. El ángulo de sus alerones delantero y trasero cambiaba al aumentar la velocidad.

▷ **Vauxhall SRV Concept 1970**

Origen Reino Unido

Motor 2279 cm³, cuatro en línea

Velocidad máxima 225 km/h

GM envió a Wayne Cherry a Reino Unido para que reestructurara el departamento de diseño de Vauxhall. Este tenía la nariz caída que luego se impondría.

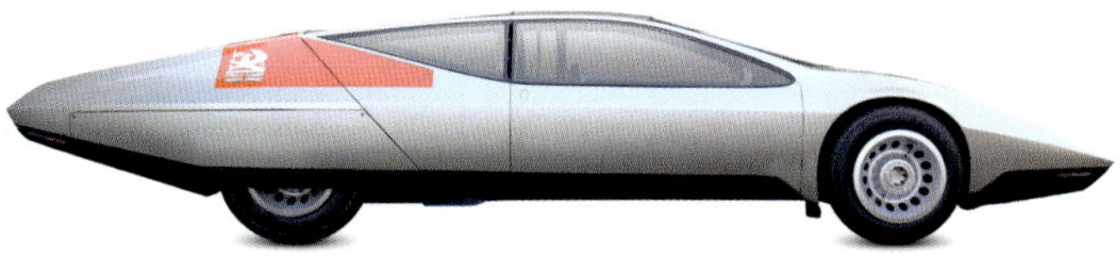

▷ **Aston Martin V8 1972**

Origen Reino Unido

Motor 5340 cm³, V8

Velocidad máxima 261 km/h

El gran Aston Martin V8, con una potencia de 282-438 CV, recibió el diseño aerodinámico de William Towns y fue un éxito. Se produjo durante dos décadas.

◁ **Lotus Esprit Turbo 1980**

Origen Reino Unido

Motor 2174 cm³, cuatro en línea

Velocidad máxima 238 km/h

Los coches Lotus de carretera alcanzaron el nivel de supercoches cuando al exótico Esprit, diseñado por Giugiaro, e introducido en 1976, se le añadió un turbocompresor.

Jaguar Tipo E

El Tipo E, codiciado por varias generaciones de aficionados, causó sensación en su presentación en 1961. Con un diseño llamativo y técnicamente avanzado, el Jaguar prometió una velocidad de 241 km/h por una fracción del costo de sus exóticos rivales italianos, e hizo que coches como el Aston Martin DB4 se consideraran demasiado caros y poco eficientes. En los últimos años, sin embargo, el tipo E quedó algo rezagado y el montaje de un motor V12 no fue muy bien aceptado en el importante mercado estadounidense.

AL TIPO E, con su aspecto de coche de carreras, se le podría perdonar cualquier cosa. Pero no era necesario: pese a su apariencia, era más sofisticado que cualquier rival. La carrocería monocasco, unida a un frontal atornillado de tubos cuadrados, evocaba la del tipo D de carreras. La suspensión tenía barras de torsión delante, pero detrás era nueva e independiente, con muelles helicoidales y cuatro amortiguadores. El resultado fue un excelente agarre y una conducción muy suave, en un momento en que la mayoría de los deportivos tenían suspensión rígida. El motor del tipo E, heredado del modelo XK150 anterior, era una versión de 3781 cm³ del famoso XK de doble árbol de levas y seis cilindros en línea del Jaguar.

En 1964 se montó una unidad de 4235 cm³ y la caja de cambios, fabricada por un antiguo proveedor de Jaguar, fue reemplazada por una propia. Dos años después, se aumentó la distancia entre ejes 2+2 del *roadster* y el *coupé* biplaza, con una línea de techo más alta y parabrisas vertical. Este chasis más largo fue la base de la Serie III de motor V12, introducida en 1971 para reemplazar a la Serie II a partir de 1968.

ESPECIFICACIONES	
Modelo	Jaguar Tipo E Serie III, 1971-74
Ensamblaje	Coventry, Inglaterra
Producción	72 507
Construcción	Monocasco de acero
Motor	5343 cm³, ohc V12 (Serie III)
Potencia	272 CV a 5850 rpm (Serie III)
Transmisión	Manual o automática (opcional)
Suspensión	Independiente; delantera por barra de torsión
Frenos	De disco en las cuatro ruedas
Velocidad máxima	241 km/h

Del Swallow al Jaguar
Jaguar comenzó su vida como fabricante de motocicletas con sidecar bajo la marca Swallow. Con su propia bandera llegó el coche SS1 en 1931, y en 1935 fue lanzado el Jaguar SS. Después de la Segunda Guerra Mundial, el prefijo «SS» fue abandonado por sus connotaciones nazis.

VISTA FRONTAL

VISTA TRASERA

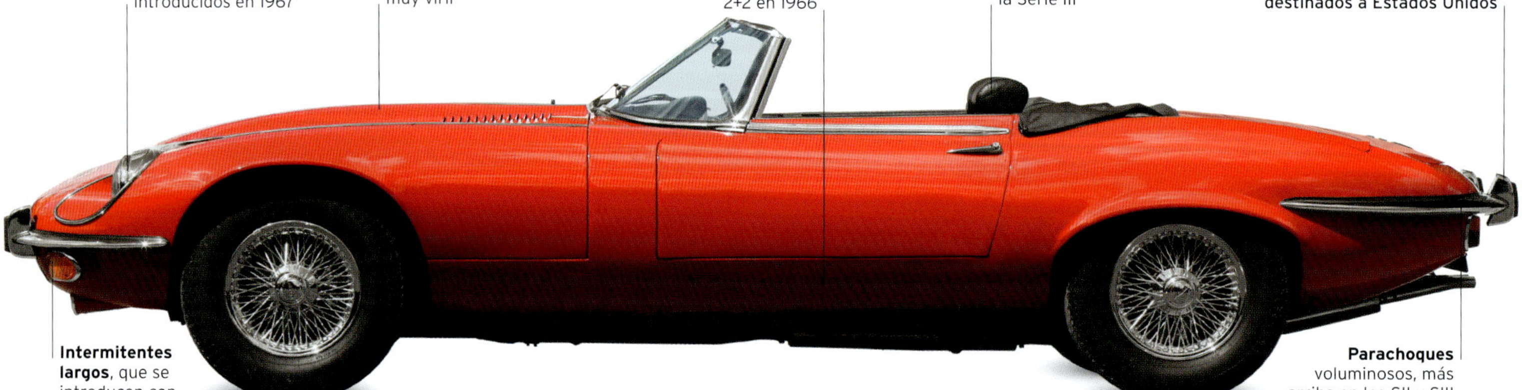

Un compromiso con la forma
El tipo E de la Serie III fue una versión que logró un cambio de imagen, más suave y menos agresiva que la original de hacía diez años. Las nuevas características incluyeron pasos de rueda sutilmente acampanados y una parrilla del radiador tipo «jaula de pájaros». La enorme joroba en la parte superior del capó permitía alojar el motor V12. Como antes, no había lugar para una placa de matrícula, que por lo general era un adhesivo de gran tamaño. No había otro coche igual en carretera, ni siquiera en Estados Unidos, donde este coche apareció en la película *Convoy* de 1978.

EL EXTERIOR

El Tipo E, incluso en su forma alargada y exuberante de la Serie III, sigue siendo impresionante. Las líneas básicas de nariz larga creadas por Malcolm Sayer, diseñador de Jaguar y experto en aerodinámica, son un desarrollo de la forma de los coches de carreras del Tipo D, que tuvieron gran éxito en la carrera de las 24 Horas de Le Mans. En ese momento se desarrolló todo el estilo Jaguar con la participación activa del fundador de la marca, William Lyons, que tenía gran talento para el diseño.

1. Emblema de Jaguar en placa sobre la rejilla **2.** Todos los SIII son V12, aunque se estudió un seis en línea **3.** Faros expuestos más eficientes **4.** Parrilla tipo «jaula de pájaros» **5.** Elegante manilla de puerta **6.** Tapacubos removibles sin orejas sobre ruedas opcionales de radios **7.** Lamas en el capó para evacuar el calor del motor **8.** Boca de llenado de combustible bajo tapa **9.** Las luces traseras, compartidas con algunos Lotus, aparecieron en 1968 en el SII **10.** Los cuatro tubos de escape del V12 fueron sustituidos por solo dos en 1973

3

1

2

4

5
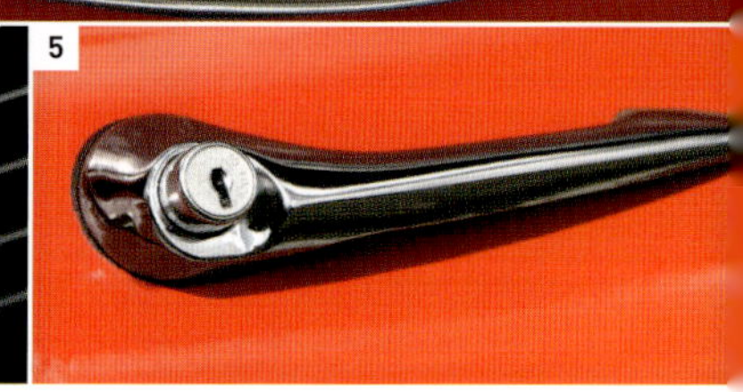

EL INTERIOR

El tipo E nunca fue espartano, pero a partir de la introducción del modelo de 4,2 litros en 1964, el interior fue un poco más lujoso. Lo más destacado fueron los asientos más cómodos, de respaldo cuadrado en lugar de los cúbicos anteriores, con apoyacabezas estándares en la Serie III. Solo los vehículos de 3,8 litros tenían una sección central estampada en el salpicadero, acompañada por una consola central con cubierta de aleación en las primeras versiones.

11. El interior del SIII es bastante similar al SII, con un nuevo volante forrado de cuero **12.** Instrumentos en blanco sobre negro **13.** Esferas con marcos de color negro mate **14.** Palanca del capó **15.** Unos interruptores basculantes reemplazan a los conmutadores anteriores **16.** Cuatro velocidades manuales; automática opcional en los 2+2 y los V12 **17.** Apoyabrazos **18.** Asientos de pliegues amplios (en el 4,2 de 1964)

12

13

14

11

15

6

7

8

9

10

16

17
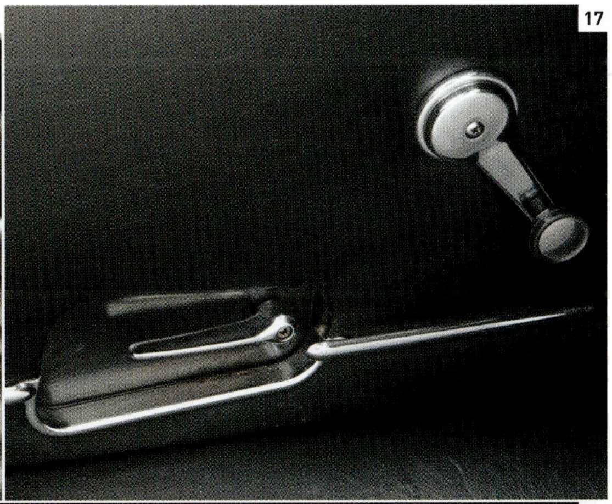

18

BAJO EL CAPÓ

La Serie III se caracteriza por las prestaciones de su motor V12, que le permite alcanzar una velocidad máxima cercana a 241 km/h, que nunca se había logrado con un coche de serie de seis cilindros. Los 272 CV son una cifra DIN más realista que los 265 CV que Jaguar había proclamado para los seis cilindros en línea de 3,8 y 4,2. Se obtienen con un árbol de levas único para cada bancada de cilindros.

19. El motor V12 fabricado completamente en aleación, tiene 5343 cm^3 y da 272 CV (DIN) a 5850 rpm, con un par máximo de 42,02 Nm a 3600 rpm. La alimentación se efectúa por medio de cuatro carburadores Stromberg.

19

Coches pequeños

El Mini revolucionó los coches pequeños en la década de 1960. En los años setenta las marcas lucharon por una parte de su mercado con interpretaciones propias de lo que un coche pequeño debía incluir. Casi todos mantuvieron el diseño del Mini con motor delantero y le agregaron un portón trasero, pero no montaban el motor transversal y algunos tenían tracción trasera. Otros ofrecieron más espacio que el Mini, pero ninguno igualó su brillante conjunto.

△ Datsun Cherry 100A 1970
Origen Japón
Motor 988 cm^3, cuatro en línea
Velocidad máxima 138 km/h

Este primer Datsun con tracción delantera se inspiró en el Mini, y vendió 390 000 en cinco años, período en el que Nissan vio crecer vertiginosamente su participación en el mercado mundial.

△ Fiat 127 1971
Origen Italia
Motor 903 cm^3, cuatro en línea
Velocidad máxima 134 km/h

Fiat comercializó coches rápidos y bien concebidos. El 127 fue un gran éxito; se vendieron unos 3,7 millones. La opción 1300 Sport tenía motor de 1300 cm^3 y alcanzaba los 153 km/h.

△ Mini Clubman 1969
Origen Reino Unido
Motor 998 cm^3, cuatro en línea
Velocidad máxima 121 km/h

Con una parte delantera más larga y moderna, mejor tapicería y con un motor de 1 o 1,1 litros, British Leyland se mantuvo presente en el mercado hasta la llegada del Metro en 1981.

△ Renault 5 1972
Origen Francia
Motor 956 cm^3, cuatro en línea
Velocidad máxima 138 km/h

Símbolo de clase y quizá el supermini más popular, vendió 5,5 millones en 12 años. Con precio razonable, seis motores (desde 782 hasta 1397 cm^3) y suspensión independiente.

◁ Volkswagen Polo 1975
Origen Alemania
Motor 895 cm^3, cuatro en línea
Velocidad máxima 129 km/h

El VW Polo tenía un nuevo motor delantero con cilindradas entre 0,9 y 1,3 litros, y árbol de levas en cabeza, suspensión independiente total y tracción delantera.

◁ Mazda Familia/323 1977
Origen Japón
Motor 985 cm^3, cuatro en línea
Velocidad máxima 129 km/h

El Familia, el primero de una larga y exitosa línea de pequeños Mazdas, era anticuado pero fiable, y tenía motor delantero y tracción trasera. Mazda introdujo la tracción delantera en 1980.

△ Mitsubishi/Colt Mirage 1978
Origen Japón
Motor 1244 cm^3, cuatro en línea
Velocidad máxima 145 km/h

Primer coche de Mitsubishi con tracción delantera, se vendió en algunos mercados como Colt. Un mecanismo multiplicador permitía tener ocho marchas hacia delante, para economía y rendimiento.

△ Opel Kadett 1973

Origen Alemania

Motor 993 cm³, cuatro en línea

Velocidad máxima 119 km/h

La versión alemana del coche T de General Motors tenía motores de 1,0 a 2,0 litros. Contrariamente al espíritu de diseño estadounidense, la tracción era trasera.

◁ Citroën 2 CV6 1970

Origen Francia

Motor 602 cm³, dos en oposición

Velocidad máxima 109 km/h

El 2 CV, gracias a su combinación de espacio interior, techo solar grande, elegante apariencia y economía, se mantuvo en producción hasta 1990, vendiendo casi 3,9 millones.

△ Toyota Starlet 1978

Origen Japón

Motor 993 cm³, cuatro en línea

Velocidad máxima 135 km/h

A la mayoría de Starlet, perjudicados por su obsoleta tracción trasera, se les incorporaron mejoras como cinco velocidades, para hacer frente a sus competidores de tracción delantera.

△ Citroën Visa 1978

Origen Francia

Motor 1124 cm³, cuatro en línea

Velocidad máxima 143 km/h

El liviano Visa, concebido como un sedán económico para sustituir al Ami, se convirtió en la opción de Citroën para participar en rallies a comienzos de la década de 1980. Tuvo motores de 653 cm³ en adelante.

◁ Peugeot 104 1973

Origen Francia

Motor 954 cm³, cuatro en línea

Velocidad máxima 135 km/h

Peugeot lanzó su primer supermini solo como un modelo de cinco puertas, algo inusual. Poco después le siguió uno de tres puertas. Su atractivo creció con un nuevo motor y suspensión independiente.

△ Ford Fiesta 1976

Origen España

Motor 957 cm³, cuatro en línea

Velocidad máxima 127 km/h

Primer supermini Ford para Europa, con cuatro velocidades, motor de 1600 cm³ y un precio competitivo. En 1983 se habían vendido más de 1,75 millones.

△ Vauxhall Chevette HS 1978

Origen Reino Unido

Motor 2279 cm³, cuatro en línea

Velocidad máxima 185 km/h

Vauxhall combinó un motor con doble árbol de levas y la tracción trasera para hacer un coche ganador en rallies. La mayoría fueron compactos de 1,3 litros.

◁ Talbot Sunbeam Lotus 1979

Origen Reino Unido

Motor 2174 cm³, cuatro en línea

Velocidad máxima 195 km/h

El Talbot Sunbeam tenía una plataforma acortada Avenger de tracción trasera, muy anticuada. Sin embargo, la adición de un potente motor Lotus lo hizo ideal para los rallies.

4x4 y todoterrenos

En los años setenta, Jeep y Land Rover tuvieron gran rivalidad en el mercado de los todoterreno (*off-roaders*). Hubo una fuerte inclinación hacia los coches recreativos todoterreno. En Estados Unidos, Reino Unido y en otros lugares se vendieron millares de *buggies* de fabricación local. Además de ser todoterrenos con tracción a las cuatro ruedas, fueron los primeros ejemplos de los menos serios *soft-roaders* de tracción a dos ruedas, que serían muy populares 30 años después.

▷ Toyota Land Cruiser FJ40 1960
Origen Japón
Motor 3878 cm^3, seis en línea
Velocidad máxima 135 km/h

Respuesta japonesa al Land Rover, este coche tuvo pocos cambios hasta 1984. Entre 1974 y 1976 se le agregaron frenos delanteros de disco y motor de 3,0 y 4,2 litros.

◁ Chevrolet Blazer K5 1969
Origen Estados Unidos
Motor 5735 cm^3, V8

Chevrolet acortó su camioneta *pick-up* y le añadió una cabina completa con tracción a dos o cuatro ruedas y motor de 6 u 8 cilindros, para competir con el Jeep, el Ford Bronco y el Scout. Se vendió bien.

△ Ford Bronco 1966
Origen Estados Unidos
Motor 2781 cm^3, seis en línea
Velocidad máxima 122 km/h

Creado por el mismo equipo que le dio el Mustang a Ford. Fue un intento por asumir el concepto del SUV, pero era muy pequeño para conquistar el mercado estadounidense. Desde 1978 los modelos fueron más grandes.

△ Subaru Leone Estate 1972
Origen Japón
Motor 1595 cm^3, cuatro opuestos
Velocidad máxima 140 km/h

Fue el primer coche para carretera con tracción a las cuatro ruedas (1600 en Reino Unido y Estados Unidos). Cuarenta años después los Subaru aún se rigen por su modelo.

▷ Suzuki Jimny LJ10 1970
Origen Japón
Motor 359 cm^3, dos en línea
Velocidad máxima 76 km/h

En 1967, Hope Motor Co. de Japón desarrolló un diseño para un 4x4 con un motor Mitsubishi; Suzuki lo compró y le instaló su propio motor, creando una línea exitosa de 4x4 pequeños.

Coches divertidos

Como los embotellamientos eran cada vez más frecuentes y los límites legislativos iban en aumento, los conductores aventureros buscaron emoción lejos del asfalto. En Estados Unidos los viejos Escarabajos recibían carrocerías abiertas y ligeras, para circular por dunas de arena. En Francia, Matra emulaba el Range Rover con un coche de tracción a dos ruedas; en Reino Unido los coches de tres ruedas estuvieron de moda por ocio.

▷ Meyers Manx 1964
Origen Estados Unidos
Motor 1493 cm^3, cuatro opuestos
Velocidad máxima 145 km/h

Bruce Meyers, de California, comenzó la locura de los *buggies* de dunas con su Manx, que ganó la carrera Baja 1000. Hasta 1971 vendió 6000 de estos coches, con carrocería de *roadster* en fibra de vidrio y plataforma de VW.

◁ **International Harvester Scout II 1971**

Origen Estados Unidos
Motor 4981 cm³, V8
Velocidad máxima 145 km/h

El Scout fue introducido en 1960 como el primer SUV del mundo. Con distancia entre ejes de 254 cm y motores de 4, 6 o V8 cilindros, se produjo hasta 1980.

▷ **Land Rover Series III 1971**

Origen Reino Unido
Motor 2286 cm³, cuatro en línea
Velocidad máxima 109 km/h

El Serie III, desarrollado a partir del Land Rover original de 1948, seguía siendo el punto de referencia del todoterreno de verdad. Tuvo una vida de 14 años, con un cambio sincronizado y nuevo salpicadero.

△ **Jeep Commando 1972**

Origen Estados Unidos
Motor 4980 cm³, V8
Velocidad máxima 145 km/h

El Comando fue la evolución máxima del Jeepster de la década de 1940, con cabina corta o total y una gama de motores AMC de 6 y 8 cilindros. En dos años se vendieron 20 223.

▽ **Range Rover 1970**

Origen Reino Unido
Motor 3528 cm³, V8
Velocidad máxima 159 km/h

La evolución del Land Rover era un coche confortable. Con asientos de vinilo y tablero de plástico, su interior podía lavarse con manguera. El lujo llegó en la década de 1980.

△ **Jeep Wagoneer 1972**

Origen Estados Unidos
Motor 5896 cm³, V8
Velocidad máxima 153 km/h

En 1970, AMC tomó el control de Jeep y mejoró sus coches con un motor nuevo. El Wagoneer fue el 4x4 de lujo original; en 1973 se le añadió la tracción Quadra-Track a las cuatro ruedas.

△ **Mercedes-Benz G-Wagen 1979**

Origen Austria
Motor 2299 cm³, cuatro en línea
Velocidad máxima 143 km/h

Este todoterreno fiable, costoso pero resistente, tenía tracción a dos o cuatro ruedas, marchas cortas como el Land Rover y muelles helicoidales en los ejes impulsores.

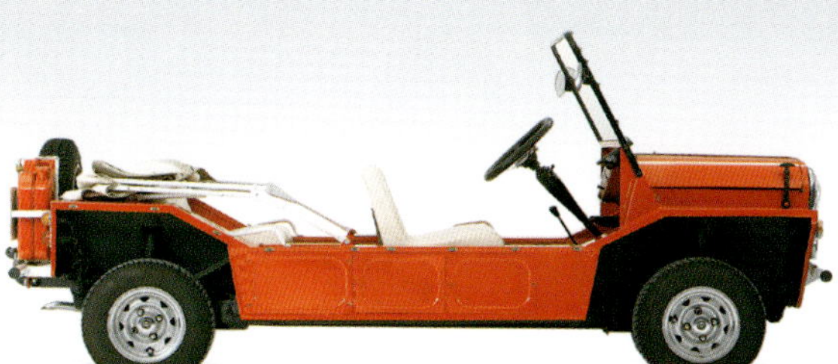

△ **Leyland Mini Moke 1968**

Origen Australia
Motor 998 cm³, cuatro en línea
Velocidad máxima 120 km/h

Los Moke, poco útiles en la lluviosa Inglaterra, servían en climas cálidos. De 1968 a 1971 se fabricaron en Australia y luego en Portugal.

△ **Bond Bug 1970**

Origen Reino Unido
Motor 700 cm³, cuatro en línea
Velocidad máxima 121 km/h

El Bug de tres ruedas encarnaba el espíritu de juventud, libertad, humor y optimismo en el que Gran Bretaña entró en la década de 1970. Menos de 3000 personas compraron uno.

△ **Matra-Simca Rancho 1977**

Origen Francia
Motor 1442 cm³, cuatro en línea
Velocidad máxima 143 km/h

Este *soft-roader* de tracción delantera era ideal en los caminos rurales demasiado exigentes para los coches de carretera. En 1979 pasó a llamarse Talbot.

Guy Moll al volante de un Alfa Romeo P3 en Berlín, 1934

Grandes marcas

Historia de Alfa Romeo

La marca Alfa Romeo, creada en 1920 en Milán, Italia, evoca recuerdos de sofisticados coches de carretera y un éxito legendario en competición. En los años treinta, los pilotos de Alfa Romeo fueron los mejores del mundo y sentaron las bases para muchos modelos de carretera con un diseño impecable.

PESE A CONSIDERARSE como una empresa cien por cien italiana, las raíces de Alfa Romeo se remontan a los inicios del siglo XX y a Alexandre Darracq, fabricante de coches francés, quien en 1906 buscaba expandir sus operaciones y abrió una fábrica en las afueras de Milán. La empresa fracasó y cuatro años después, un consorcio de inversores italianos asumió su control y creó una empresa llamada Alfa, siglas de Anonima Lombarda Fabbrica Automobili. El primer modelo con el emblema Alfa fue el 24 HP, diseñado por Giuseppe Merosi, ingeniero jefe de la compañía en 1910; tenía un motor de 4082 cm^3 con cuatro cilindros en línea. La participación del modelo en la carrera Targa Florio de 1911 en Sicilia fue una muestra de las intenciones deportivas de Alfa. En los siguientes doce años, Merosi desarrolló una serie de modelos exitosos, con motores desde 2413 cm^3 hasta 6082 cm^3, y con innovaciones como doble árbol de levas en cabeza. Al igual que muchos otros fabricantes, la Primera Guerra Mundial obligó a Alfa a producir componentes militares, como motores para aviones. En 1915, el empresario Nicola Romeo adquirió una participación en Alfa y, tras reanudar la fabricación de coches en la posguerra, en 1920 la compañía pasó a llamarse Alfa Romeo. Su primer coche fue el G1 con motor de 6,3 litros y seis cilindros en línea. En este modelo, pilotos como Giuseppe Campari, Enzo Ferrari y Uvo Sivocci, ganaron muchas competiciones. En 1923 hubo un importante acontecimiento, cuando Vittorio Jano sustituyó a Giuseppe Merosi como ingeniero jefe de Alfa Romeo. El exempleado de Fiat fue fundamental para el futuro éxito de Alfa Romeo. Jano desarrolló una serie de modelos que cimentaron la reputación de la marca, como fabricante de excelentes coches de carreras. Su creación inicial fue el P2, primer modelo de Alfa Romeo con motor de ocho cilindros, que ganó el primer Campeonato del Mundo de Grandes Premios en 1925 y varios títulos más

Emblema de Alfa Romeo
(introducido en 1971)

El Alfasud en competición
Con gran estilo y excelente comportamiento, el Alfasud fue uno de los modelos de mayor venta de la marca. Entre 1975 y 1981 se organizó un campeonato llamado Trofeo Alfasud, solo para estos coches.

8C 2300

1910 Se crea en Milán la compañía Alfa.
1911 El 24 HP, primer modelo de la marca, compite en la carrera Targa Florio.
1920 Dirigida por Nicola Romeo, la compañía cambia el nombre a Alfa Romeo.
1921 El G1 es su primer modelo.
1925 Un Alfa Romeo P2 gana el primer Campeonato Mundial.
1933 El gobierno italiano salva a Alfa Romeo de la bancarrota. IRI asume el control.
1938 Por décima vez desde 1928, Alfa Romeo gana las Mille Miglia.

1900 SSZ

1946 Se reanuda la fabricación de coches tras la Segunda Guerra Mundial.
1950 Nino Farina gana el Primer Campeonato Mundial de Fórmula 1 con un Alfa 158.
1959 Después de haber vendido más de 20 000 unidades desde su lanzamiento en 1950, el Alfa 1900 es reemplazado por el modelo 2000.
1966 Presentación del *roadster* Spider, que se producirá hasta 1993.
1967 Se presenta el Alfa Romeo Montreal

1300 DUETTO SPIDER

como *concept car* en la Expo 67 de Montreal; se empieza a producir tres años más tarde.
1971 La crítica aclama el Alfasud. Con su variante Sprint, venderán más de un millón de unidades antes de 1989.
1975 Alfa Romeo gana el Campeonato Mundial de Coches Sport, repitiendo dos años después.
1986 El Grupo Italiano Fiat asume el control de Alfa Romeo.
1995 Lanzamiento del coche deportivo GTV.

156

Tras muchos inconvenientes, Alfa Romeo se retira del mercado estadounidense.
1998 El 156 es Coche Europeo del Año.
2004 Lanzamiento del GT diseñado por Bertone, seguido por el Brera en 2005.
2010 Se presenta el *hatchback* Giulietta.
2014 El deportivo 4C se incorpora a la gama.
2015 Lanzamiento de la berlina Giulia, de tracción trasera.
2016 El Stelvio es el primer SUV producido por Alfa Romeo.

hasta el final de la década. En los años treinta los coches diseñados por Jano, como el P3, 6C 1750, 8C y 2300, permitieron a Alfa Romeo dominar los grandes premios, Le Mans y las Mille Miglia.

Tras la recesión de 1929, Alfa Romeo se sumió en una grave crisis financiera, hasta que en 1933 el gobierno italiano intervino para salvarla. Bajo el amparo de la empresa estatal IRI (Instituto per la Ricostruzione Industriale), se racionalizaron las operaciones de Alfa Romeo para que se concentrara en producir motores de avión y coches para compradores ricos. Algunos carroceros, como Pinin Farina (más tarde llamado Pininfarina) y Touring, diseñaron hermosas carrocerías para chasis Alfa Romeo, con modelos como el 8C 2900B (1938), que unían atributos de carretera y de carreras.

> «Aún siento por Alfa la **ternura** del **primer amor**. El **afecto puro** de un **niño** por su **madre**».
>
> ENZO FERRARI, 1952

La Segunda Guerra Mundial nuevamente interrumpió la producción de coches, y los bombardeos aliados a las fábricas de la empresa hicieron que la producción solo se reanudara en 1946, con coches más pequeños para el mercado familiar. El 1900, lanzado en 1950, fue el primer Alfa Romeo con chasis y carrocería integrados. Ese mismo año, Nino Farina ganó el primer Campeonato del Mundo de Fórmula 1 con el Alfa 158, que había dominado en las carreras desde su introducción en 1938. Los éxitos siguieron en 1951, cuando el 159, pilotado por Juan Manuel Fangio, ganó para Alfa Romeo su segundo Mundial de Fórmula 1. En el Salón del Automóvil de Turín de 1954, Alfa Romeo presentó el histórico Giulietta Sprint, de 1300 cm^3. Este coche utilizó el primer motor de aluminio de producción masiva en el mundo, con doble árbol de levas en cabeza y cuatro cilindros, que se incluiría en otros modelos durante más de cuarenta años. Basado en el éxito del Giulietta, en 1962 Alfa Romeo presentó el Giulia, que se produjo hasta 1970, con la fórmula ganadora de un motor potente, en un coche relativamente ligero, que generó muchos pedidos de exportación. Más duradero aún fue el emblemático *roadster* Spider introducido en 1966,

20/30 HP ES Deportivo
Este modelo de 4250 cm^3 fue el último de una serie de coches derivados del de 24 CV diseñado por Morosi en 1910.

que tuvo un papel estelar en la película *El graduado* de 1967. El Spider se produjo hasta 1993.

Alfa Romeo había dejado la Fórmula 1 en 1951, pero en la década de 1960 empezó a participar en el Campeonato Mundial de Sport Prototipos, venciendo en 1975 y 1977. Algunas versiones preparadas de coches Alfa Romeo para carretera, comenzaron a participar en rallies y en carreras de turismos y de serie GT, obteniendo muchos títulos desde la década de 1960 hasta el nuevo milenio. Durante la crisis económica mundial de la década de 1970 Alfa Romeo tuvo muchos problemas, pero se las arregló para producir una serie de coches de éxito. Modelos de diseño atrevido, como el Montreal 1970, fueron aclamados por la crítica, y coches como el Alfasud de 1971, que junto al Alfetta de 1972 vendieron más de un millón de unidades, forjaron una base sólida para la marca y se produjeron durante 18 y 15 años, respectivamente. El Alfasud se hacía en una nueva fábrica en Nápoles financiada por el gobierno italiano, para tratar de reducir el desempleo en el sur del país; de ahí el nombre del coche. Los continuos problemas financieros hicieron que Alfa Romeo pasara a ser controlada por Fiat en 1986. Durante varios años, la marca luchó por encontrar un lugar dentro de la gigantesca Fiat. En ese período, la escasa rentabilidad de las exportaciones a Estados Unidos y las dificultades para cumplir con la normativa de seguridad y emisiones estadounidenses obligaron a Alfa Romeo a dejar este mercado. Con el deportivo GTV, lanzado a bombo y platillo en 1995, Alfa Romeo pareció recuperar el buen camino. Tres años después, el alabado 156 obtuvo el premio al Coche Europeo del Año, hazaña que se repitió en 2001 con el compacto 147. Tras años ausente del mercado norteamericano, Alfa Romeo regresó en 2006. En 2014, su deportivo 4C con motor central reavivó el deseo por los biplazas abiertos italianos, aunque el SUV Stelvio ha sido más importante en ventas totales.

Alfa Romeo V6
El V6, diseñado por Giuseppe Busso, impulsó modelos de Alfa Romeo durante más de 25 años. Su capacidad varió de 2,0 a 3,2 litros. Arriba se muestra el motor de 2959 cm^3, del 164, lanzado en 1988.

Sedanes

Durante la década de 1970 se fabricaron numerosos automóviles innovadores, como los BMW de inyección, los Saab turbo y los Triumph de 16 válvulas. Para los principales sedanes fue una década tranquila; un gran número que estaban en producción en los años setenta aún se fabricaban en los ochenta sin cambios significativos.

◁ Morris Marina 1971

Origen Reino Unido

Motor 1798 cm^3, cuatro en línea

Velocidad máxima 138 km/h

El Marina, poco diferente en lo mecánico de los Morris Minor de 1948, se vendió sorprendentemente bien cuando el fabricante británico pasaba por tiempos difíciles. Con el nombre de Ital duró hasta 1984.

▷ Wartburg Knight 1966

Origen Alemania del Este

Motor 991 cm^3, tres en línea

Velocidad máxima 119 km/h

El Knight, coche de Alemania del Este con motor de dos tiempos, se vendió bien en Europa del Este durante la década de 1970. Pese a su precio increíblemente bajo, no logró buenas ventas en el resto de Europa.

△ Triumph Dolomite Sprint 1973

Origen Reino Unido

Motor 1998 cm^3, cuatro en línea

Velocidad máxima 115 mph (185 km/h)

Con poco presupuesto, Triumph hizo coches atractivos e innovadores. El Sprint retó al BMW serie 2002 y fue de los primeros sedanes familiares de 16 válvulas.

△ Citroën CX2400 1974

Origen Francia

Motor 2347 cm^3, cuatro en línea

Velocidad máxima 182 km/h

Este coche combinó todas las innovaciones de su predecesor, el Citroën DS, con un motor transversal (que daba mayor espacio), de 2,0 a 2,5 litros. Se fabricó hasta 1989.

△ Škoda 120S 1970

Origen Checoslovaquia

Motor 1174 cm^3, cuatro en línea

Velocidad máxima 138 km/h

El «coche del pueblo» de la Checoslovaquia comunista se vendió en Europa por su precio, aunque era ruidoso y difícil de conducir. Le fue muy bien en su clase, en diferentes rallies.

△ De Tomaso Deauville 1970

Origen Italia

Motor 5763 cm^3, V8

Velocidad máxima 230 km/h

Diseñado por Ghia, el Deauville sufrió por el hecho de parecerse al Jaguar XJ12, que ofrecía un rendimiento similar a la mitad de su precio.

◁ Hillman Avenger 1970

Origen Reino Unido

Motor 1498 cm^3, cuatro en línea

Velocidad máxima 146 km/h

El Avenger, un diseño totalmente nuevo para el Grupo Rootes de Chrysler de la década de 1970, era totalmente convencional y duró hasta 1981 en diversas formas.

▽ Saab 99 Turbo 1977

Origen Suecia

Motor 1985 cm^3, cuatro en línea

Velocidad máxima 196 km/h

Saab demostró al mundo que se podía utilizar turboalimentación en un sedán convencional, no solo en homologación de carreras. Se vendió bien y levantó la imagen integral de la empresa.

▷ **BMW 2002Tii Alpina A4S 1972**

Origen Alemania

Motor 1990 cm³, cuatro en línea

Velocidad máxima 209 km/h

La serie 02 de 1966 estableció a BMW como un gran fabricante de coches; vendió 750 000 en diez años. Su mejor modelo (aparte del Turbo) fue el Alpina A4S, con inyección de combustible.

◁ **BMW 520 1972**

Origen Alemania

Motor 1990 cm³, cuatro en línea

Velocidad máxima 171 km/h

La serie 5 fue clave para el éxito de BMW en la década de 1970. Combinaba apariencia elegante con una mecánica moderna. Ofrecía motor de cuatro o seis cilindros de 1,8 a 3,0 litros.

△ **Ford Escort Mk2 RS1800 1973**

Origen Reino Unido

Motor 1835 cm³, cuatro en línea

Velocidad máxima 180 km/h

Ford impulsó las ventas con sus éxitos en el deporte. El RS1800 con motor BDA fue un formidable coche de rallies. En 1979 ganó el Campeonato Mundial de Rallies.

▷ **Rover 3500 SD1 1976**

Origen Reino Unido

Motor 3528 cm³, V8

Velocidad máxima 201 km/h

A pesar de su apariencia avanzada, altas especificaciones y excelente dinámica, el SD1 se ganó pronto una reputación de mala calidad en la década de 1970. Los modelos posteriores se vendieron algo mejor.

△ **Ford Cortina MkV 1979**

Origen Reino Unido

Motor 1993 cm³, cuatro en línea

Velocidad máxima 166 km/h

Amplio, eficiente y barato, el Cortina cambió poco desde el MkIII (1970) hasta el MKV (1982). Vendió más de dos millones, sobre todo en Reino Unido.

△ **Cadillac Seville 1975**

Origen Estados Unidos

Motor 5737 cm³, V8

Velocidad máxima 185 km/h

GM le dio una línea algo más convencional a su marca de lujo Cadillac en 1975. Bill Mitchell la orientó al mercado de Mercedes y Rolls-Royce. Se vendió bien.

△ **Maserati Quattroporte II 1975**

Origen Italia

Motor 2965 cm³, V6

Velocidad máxima 201 km/h

Concebido cuando Maserati era de Citroën. Tenía motor Merak/SM y mucho equipo hidráulico SM. Solo se hicieron cinco unidades de estos modelos de cuatro puertas.

Coches deportivos

Las leyes de seguridad de Estados Unidos influyeron en el diseño de coches deportivos en esta década. A veces se sacrificaron bonitas formas en aras de grandes parachoques, o excelente rendimiento a cambio de motores de bajas emisiones. Los deportivos estaban en declive, mientras que los *hatchbacks* de moda caracterizados por el VW Golf GTI, llamaron la atención de los que buscaban emociones.

△ **Morgan 4/4 cuatro asientos 1969**
Origen Reino Unido
Motor 1798 cm^3, cuatro en línea
Velocidad máxima 169 km/h

Después de dos décadas, Morgan se dio cuenta de que algunos de sus clientes tenían familia, dando lugar a la reintroducción de un modelo de cuatro plazas.

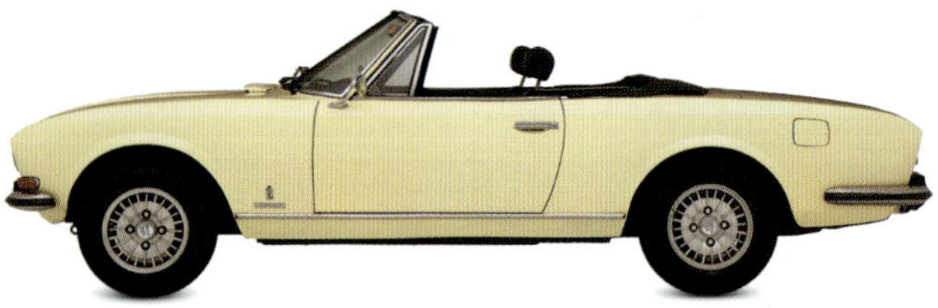

△ **Peugeot 504 Cabriolet 1969**
Origen Francia/Italia
Motor 2664 cm^3, V6
Velocidad máxima 177 km/h

Diseñado y construido por Pininfarina, de este coche de cuatro plazas también hubo una versión *coupé*; se usaron partes mecánicas de los sedanes 504 y 604.

◁ **MG Midget MkIII 1969**
Origen Reino Unido
Motor 1275 cm^3, cuatro en línea
Velocidad máxima 153 km/h

Actualizado para los años setenta, sus nuevas características incluían pasos de rueda traseros redondos, motor Mini Cooper tipo S y una capota mejor.

◁ **Triumph TR6 1969**
Origen Reino Unido
Motor 2498 cm^3, seis en línea
Velocidad máxima 193 km/h

El máximo deportivo británico tenía 150 CV, motor seis en línea de inyección, tracción trasera, aire fresco, escape trepidante, y un diseño esmerado y agradable.

△ **Triumph Stag 1970**
Origen Reino Unido
Motor 2997 cm^3, V8
Velocidad máxima 190 km/h

Rival británico del SL de Mercedes-Benz, tenía una característica barra antivuelco en forma de T. Su único motor V8 tuvo problemas iniciales, pero el diseño italiano fue un éxito.

△ **Triumph TR7 1975**
Origen Reino Unido
Motor 1998 cm^3, cuatro en línea
Velocidad máxima 177 km/h

El TR7 fue construido para cumplir con las nuevas leyes de seguridad, que incluían únicamente techo duro; cinco años más tarde se hizo un descapotable. Fue un coche agradable y un éxito en ventas.

△ **Triumph TR8 1980**
Origen Reino Unido
Motor 3528 cm^3, V8
Velocidad máxima 217 km/h

Al ponerle motor Rover V8 al TR8, se le dio un gran rendimiento como *roadster* o *coupé*. La línea TR se canceló en 1981, pues solo se habían vendido 2500 TR8, sobre todo en Estados Unidos.

△ **Mercedes-Benz 350 SL 1971**
Origen Alemania
Motor 3499 cm^3, V8
Velocidad máxima 203 km/h

Totalmente nuevo para esta década, compartía suspensión con la limusina Clase S. Potente y rápido, tenía techo rígido para el invierno.

△ **Lotus Elan Sprint 1971**
Origen Reino Unido
Motor 1558 cm^3, cuatro en línea
Velocidad máxima 193 km/h

Quinta, última y mejor versión de los coches deportivos modelo de Colin Chapman. Con 126 CV de potencia y caja de cinco velocidades. Se comportaba bien en carretera.

◁ **Jensen-Healey 1972**
Origen Reino Unido
Motor 1973 cm^3, cuatro en línea
Velocidad máxima 193 km/h

Este *roadster*, creado por el diseñador Donald Healey y construido por Jensen, usó un motor Lotus con doble árbol de levas. Muy agradable de conducir y con un consumo bajo, resultó ser algo temperamental.

▽ Matra-Simca Bagheera 1973

Origen Francia

Motor 1442 cm³, cuatro en línea

Velocidad máxima 177 km/h

Este *coupé* con motor central fue construido por una compañía aeroespacial, usando motores y transmisiones de coches familiares Simca. Entre sus facetas interesantes estaban sus tres asientos contiguos y la carrocería de plástico.

△ MGB GT 1974

Origen Reino Unido

Motor 1798 cm³, cuatro en línea

Velocidad máxima 169 km/h

Como el GT era más aerodinámico que el Roadster B de MG, tenía una velocidad máxima mucho mayor. También era más práctico, con su puerta trasera y mayor espacio para maletas.

△ MGB 1974

Origen Reino Unido

Motor 1798 cm³, cuatro en línea

Velocidad máxima 145 km/h

La era del MGB de «parachoques de caucho» comenzó en 1974. Esto, junto a una suspensión más alta y un motor limpio, lo hicieron legal para la venta en Estados Unidos.

△ Lancia Beta Montecarlo/Scorpion 1975

Origen Italia

Motor 1756 cm³, cuatro en línea

Velocidad máxima 193 km/h

Este biplaza con motor central tenía techo de acero o lona. Por problemas de frenos fue retirado entre 1978 y 1980. Regresó en forma de 2 litros.

△ Fiat X1/9 1972

Origen Italia

Motor 1290-1498 cm³, cuatro en línea

Velocidad máxima 177 km/h

El X1/9 puso los coches deportivos con motor central al alcance de las masas y siguió siendo popular en Europa y Estados Unidos, hasta 1989. Fue diseñado y construido por Bertone.

△ Panther Lima 1976

Origen Reino Unido

Motor 2279 cm³, cuatro en línea

Velocidad máxima 185 km/h

Este coche, alternativa al Morgan, parecía de los años treinta, pero era agradable de conducir gracias al motor Vauxhall II. La carrocería era de fibra de vidrio.

▽ TVR 3000S 1978

Origen Reino Unido

Motor 2994 cm³, V6

Velocidad máxima 201 km/h

TVR produjo este convertible tres décadas después de iniciarse en el negocio. Fue una versión libre del 3000M con motor Ford y bajo peso, que lo hicieron muy rápido.

El motor rotativo Wankel

Felix Wankel, diseñador alemán de motores para torpedo, estuvo más cerca que cualquier otro ingeniero de crear un sucesor para el motor de pistón. Su diseño rotativo era pequeño, ligero y casi sin vibraciones. Tanto NSU, como Curtiss-Wright, Mercedes-Benz, Rolls-Royce, y Citroën, lo experimentaron, pero Mazda logró el mayor desarrollo.

UN MOTOR QUE GIRA

A Wankel no le gustaba el motor de pistón por su complejidad y porque tenía que transformar el movimiento alternativo (de arriba a abajo) en movimiento circular en el cigüeñal. El diseño rotativo Wankel generaba un movimiento circular y, como los motores clásicos de pistones de dos tiempos, no tenía válvulas ni árbol de levas para controlar la admisión y el escape, cambiándolos por puertos sencillos. Tenía un rotor casi triangular (trocoidal), que giraba en una cámara en forma de dos círculos que se encuentran parcialmente. Los problemas iniciales de sellado de la punta del rotor se solucionaron, pero los de emisiones y ahorro de combustible resultaron fatales, y el diseño cayó en desuso.

ESPECIFICACIONES DEL MOTOR	
Fecha de producción	1967-1977
Cilindros	Cambiados por rotores dobles y cámara
Configuración	Montaje delantero, longitudinal
Cilindrada del motor	1990 cm^3
Potencia	113 CV a 5500 rpm
Tipo	Motor rotativo con rotores dobles, delco y cárter húmedo
Culata	N/A. Las válvulas se reemplazan por puertos de admisión y escape en la cámara del rotor
Alimentación	Dos carburadores Solex
Diámetro y carrera	No aplica (motor sin cilindros)
Potencia	56,8b CV/litro
Compresión	9,0:1

▷ **Ver pp. 352-353** Cómo funciona un motor

¿Renace el Wankel?
Los atributos de tamaño compacto, peso ligero y buen funcionamiento no fueron suficientes para asegurar el éxito del Wankel en el pasado. Pero Audi, la empresa que absorbió NSU, desarrolló recientemente un prototipo de coche eléctrico que utiliza un pequeño Wankel con un solo rotor como un «extensor de alcance» para recargar la batería. Quizá llegó finalmente hora del Wankel.

Coupés elegantes

La extravagancia de los años cincuenta y las líneas curvas de los sesenta desaparecieron. Con la década de 1970 llegaron perfiles de cuña, líneas rectas y formas angulares, y algunos coches se veían mejor que otros. Casi siempre los italianos parecían hacer los coches más impresionantes, pero, por primera vez, los diseñadores japoneses demostraron que lo hacían igual de bien.

△ Ford Capri RS 3100 1973
Origen Reino Unido
Motor 3093 cm³, V6
Velocidad máxima 198 km/h

Con su imagen emocionante, dada por coches de carreras como este, el Capri se siguió vendiendo en esta década: casi 750 000 unidades.

△ Opel Manta GT/E 1970
Origen Alemania
Motor 1897 cm³, cuatro en línea
Velocidad máxima 187 km/h

Pese a su diseño y a la fabricación de casi medio millón de coches, muchos Manta terminaron olvidados. Era un muy buen coche de turismo con motores de 1,2 a 1,9 litros.

▷ Ford Mustang III 1978
Origen Estados Unidos
Motor 4942 cm³, V8
Velocidad máxima 225 km/h

El Mustang de la tercera generación tenía cuatro plazas por primera vez, pues era un coche más grande basado en la plataforma Fox de Ford. Se produjo hasta 1994, con modificaciones.

△ Jaguar XJ12C 1975
Origen Reino Unido
Motor 5343 cm³, V12
Velocidad máxima 238 km/h

Para atraer adeptos para su *coupé* derivado del XJ6/12, British Leyland entró en competición con este coche (primera participación oficial desde 1956). Preparado por Broadspeed, consiguió la *pole* en Silverstone (1975).

▽ Chevrolet Monte Carlo 1970
Origen Estados Unidos
Motor 5735 cm³, V8
Velocidad máxima 185 km/h

Chevrolet lanzó un nuevo *coupé* para la década de 1970, más grande y lujoso que el Chevelle, pero que seguía siendo apto para la competición.

△ Rolls-Royce Corniche 1971
Origen Reino Unido
Motor 6750 cm³, V8
Velocidad máxima 193 km/h

El Silver Shadow era monocasco, pero esto no impidió que Rolls-Royce adaptara la estructura en este *coupé* de dos puertas. El Corniche también fue muy elegante.

▷ Datsun 260Z 1973
Origen Japón
Motor 2565 cm³, seis en línea
Velocidad máxima 201 km/h

La serie 240-280Z fue la que más coches deportivos vendió en la década de 1970, de una fuente poco probable en ese momento. Pero los coches japoneses estaban a punto de conquistar el mundo.

◁ Volkswagen Scirocco GTI 1974
Origen Alemania
Motor 1588 cm³, cuatro en línea
Velocidad máxima 185 km/h

Diseñado por Giorgetto Giugiaro y construido por Karmann sobre la plataforma del VW Golf, el Scirocco fue un éxito, con ventas de 504 200 en siete años, con tres especificaciones técnicas de motor: de 1,4 a 1,6 litros GTI.

◁ Buick Riviera 1971
Origen Estados Unidos
Motor 7458 cm³, V8
Velocidad máxima 201 km/h

El Riviera, el *coupé* de lujo de Buick, llegó a la década de 1970 con una nueva imagen sorprendente, con ventana trasera envolvente dividida y «caderas» acentuadas.

△ **Alfa Romeo Junior Zagato 1970**

Origen Italia

Motor 1290 cm^3, cuatro en línea

Velocidad máxima 169 km/h

En Zagato, Ercole Spada logró lo imposible: tomó un Alfa Romeo GT Junior y lo convirtió en algo aún más atractivo. Solo su coste frenó las ventas.

◁ **Lancia Gamma Coupé 1976**

Origen Italia

Motor 2484 cm^3, cuatro opuestos

Velocidad máxima 201 km/h

Una carrocería impresionante de dos puertas diseñada por Pininfarina transformó el gran sedán Gamma de Lancia. Mecánicamente muy sofisticado, pronto se convirtió en un coche apetecible.

△ **Maserati Kyalami 4.9 1976**

Origen Italia

Motor 4930 cm^3, V8

Velocidad máxima 257 km/h

Cuando Alejandro De Tomaso se hizo cargo de Maserati, creó el Longchamp 1972 diseñado por Ghia. Lo convirtió en Kyalami, seleccionando potentes motores Maserati V8.

▷ **Mazda RX-7 1978**

Origen Japón

Motor 2292 cm^3, Wankel dos rotores

Velocidad máxima 188 km/h

Mazda logró lo que NSU no pudo: la aceptación del motor rotativo como una opción seria; en siete años se vendieron 570 500.

△ **Porsche 911S 2.2 1970**

Origen Alemania

Motor 2195 cm^3, seis opuestos

Velocidad máxima 232 km/h

En esta década, el 911 mejoró llevando las ruedas posteriores 5,5 cm más atrás. El S, de inyección, se convirtió en un supercoche júnior.

◁ **Porsche 924 1976**

Origen Alemania

Motor 1984 cm^3, cuatro en línea

Velocidad máxima 201 km/h

Los puristas desaprueban el motor de la camioneta VW, pero el 924 con motor delantero fue un éxito de ventas de Porsche, expandiendo su mercado a otros conductores distintos al deportivo.

△ **Porsche 911T 2.4 Targa 1972**

Origen Alemania

Motor 2341 cm^3, seis opuestos

Velocidad máxima 206 km/h

Porsche presentó el Targa, un coche con aire fresco y protección contra vuelcos. Aunque más pesado y menos ostentoso que el *Coupé* 911, encontró un mercado que lo necesitaba.

△ **Suzuki SC100 Coupé 1978**

Origen Japón

Motor 970 cm^3, cuatro en línea

Velocidad máxima 122 km/h

Suzuki vendió 894 000 «Whizzkids» de motor trasero, aunque eran muy estrechos para cuatro plazas y su rendimiento era deficiente. El Mini era más espacioso y ágil.

Lunar Roving Vehicle de la NASA, 1971
Para el programa Apolo se fabricaron cuatro unidades. Equipado con baterías, tenía una estructura de aluminio, ruedas de titanio y antenas transmisoras de imágenes. Tres de ellos llegaron a la Luna y allí se quedaron.

Ferdinand Porsche con un prototipo Volkswagen

Grandes marcas

Historia de Volkswagen

Volkswagen comenzó en 1937 con el humilde Escarabajo, el coche más vendido de la historia. Después se convirtió en el mayor grupo automotor de Europa, con una amplia gama de productos y marcas, desde Škoda y SEAT para el mercado masivo, hasta marcas de lujo como Bugatti, Bentley y Lamborghini.

EN ALEMÁN, VOLKSWAGEN significa «coche del pueblo» y fue la visión de Adolf Hitler de un coche para las masas alemanas, la que llevó a crear la empresa. Hitler esbozó sus ideas en 1932, y en 1934 el reconocido ingeniero del automóvil Ferdinand Porsche fue contratado para diseñar el coche, conocido como KDF-Wagen. Los prototipos diseñados por Porsche y Erwin Komenda, en ejecución en 1938, tenían muchas similitudes con los productos de Tatra, el fabricante checo de coches. En respuesta, Tatra demandó a Volkswagen y la empresa checa fue compensada por daños y perjuicios muchos años después.

Emblema de Volkswagen (introducido en 1938)

Antes de la Segunda Guerra Mundial solo se hicieron unos pocos Volkswagen. Durante la guerra, el diseño se adaptó para producir vehículos militares, incluido el Schwimmwagen anfibio. En 1945 la fábrica de Volkswagen quedó bajo control de Estados Unidos y luego de los británicos, pero ningún fabricante de coches veía futuro para el curioso vehículo alemán con su chasis de plataforma sencilla, motor refrigerado por aire y montaje trasero, y suspensión por barra de torsión. Un oficial del ejército británico, el comandante Ivan Hirst, recibió la tarea de reorganizar la fábrica devastada por la guerra y finalmente poner Volkswagen en producción. Las fuerzas británicas en Alemania ordenaron 20 000 coches, y pronto se producían 1000 por mes. Con más mano de obra y materiales creció la producción, y en 1947 se empezaron a exportar. En 1950 se añadió a la línea un segundo modelo, la furgoneta (*van*) Tipo 2. En 1955 se habían fabricado más de 1 millón de coches y furgonetas Volkswagen. Simplicidad, fiabilidad y bajo costo fueron sus principales atractivos. Europa se recuperaba de la guerra, y el Volkswagen demostró ser el coche adecuado en el momento adecuado. Fue un éxito incluso en Estados Unidos, donde se convirtió en un coche de culto que se vendió por su imagen contracultural. La agencia Doyle Dane Bernbach produjo una serie clásica de anuncios que convirtió en poderosos argumentos de venta lo que para muchos estadounidenses podrían haber sido debilidades del Volkswagen: pequeño tamaño, motor de cuatro cilindros y la ausencia de rediseños anuales. El éxito del Escarabajo casi llevó a la caída de la compañía, que en la década de 1960 se basó en el Escarabajo y sus derivados, ignorando los avances tecnológicos y las mejoras en los niveles de vida que sus clientes estaban disfrutando en el auge económico de Alemania en la posguerra. En 1978 se dejó de producir en Alemania el Escarabajo *hatchback*, y el descapotable estuvo en venta hasta

Un campero para todos
La Camper van Tipo 2, una furgoneta querida por hippies, surfistas y familias, combinaba la libertad de la carretera con las comodidades básicas de la casa.

> «Nadie me dio **instrucciones** detalladas. Solo me dijeron **vaya** y **haga algo**».
>
> MAYOR IVAN HIRST, EL OFICIAL BRITÁNICO QUE REORGANIZÓ VOLKSWAGEN DESPUÉS DE LA SEGUNDA GUERRA MUNDIAL

ESCARABAJO (TIPO 1)

KOMBI (FURGONETA TIPO 2)

SCIROCCO

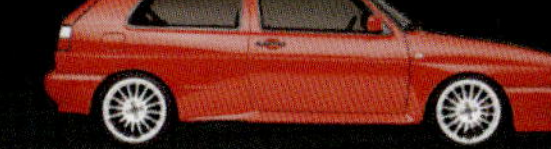

GOLF RALLYE

1932 Adolf Hitler esboza sus primeras ideas para el coche del pueblo.
1934 Ferdinand Porsche recibe la tarea de diseñar el Kdf-Wagen.
1938 Se exhiben prototipos finales de Volkswagen, pero antes de la Segunda Guerra Mundial, se fabrican pocos.
1945 La fábrica de Volkswagen reanuda producción dirigida por Ivan Hirst, mayor del ejército británico.
1950 Se lanza la Volkswagen Tipo 2, basada en el Escarabajo (Tipo 1).

1955 En la fábrica de Wolfsburg se construye el Volkswagen número 1 millón.
1965 Volkswagen compra Auto Union a Daimler-Benz, incluyendo las marcas Audi, DKW, Horch y Wanderer.
1969 Volkswagen toma el control de NSU y adopta como su VW K70 un sedán NSU que no se había lanzado.
1974 Volkswagen lanza el Scirocco y el Golf, seguidos por el Polo en 1975, sustituyendo al Escarabajo con coches enfriados por agua y tracción delantera.

1975 El Golf GTI resulta ser un éxito inesperado, convirtiéndose en parte principal de la gama Golf.
1978 Termina la producción del Escarabajo en Alemania. Se hace en México y Brasil.
1990 Volkswagen adquiere SEAT, fábrica española, anterior socio de Fiat.
1998 Volkswagen compra Lamborghini, Bentley y los derechos del nombre Bugatti.
1999 Volkswagen compra Škoda, fabricante checo de coches.

2000 Volkswagen funda la empresa Bugatti Automobiles SAS en Château Saint Jean en Dorlisheim, Francia.
2003 Con más de 21 millones producidos en todo el mundo, finaliza la producción del Escarabajo en México.
2010 Volkswagen y Porsche se fusionan.
2016 El SUV Tiguan MkII es un éxito mundial.
2019 Se crea la marca Jetta para el mercado chino.
2020 El ID.3 lidera la nueva gama de coches eléctricos.

1980. Luego se trasladó su fabricación a Brasil y México, donde se siguió vendiendo mucho. Los sustitutos del Escarabajo fueron el Golf y el Polo, modernos *hatchbacks* de tracción delantera, que aparecieron a mediados de la década de 1970. Aunque no fueron los únicos VW con tracción delantera, ya que los *hatchbacks* K70 y Passat la tenían, el Golf y el Polo fueron las primeras alternativas directas al Escarabajo.

Un coche nuevo, la fascinación de siempre
El nuevo Escarabajo evocó el diseño de su antecesor, pero con tracción y motor delanteros.

La llegada del Golf fue oportuna, ya que los compradores en Europa y Estados Unidos estaban cambiando a coches pequeños por la crisis del petróleo de principios de los años setenta. El Golf se convirtió en el modelo básico de la marca y su imagen se vio reforzada por el sorprendente éxito del Golf GTI. El GTI de 1975, provisto de inyección, fue desarrollado como un proyecto en horas libres de algunos ingenieros de VW, y se esperaba vender solo unos cuantos miles. Pero la combinación de ritmo, buen comportamiento, funcionalidad y diseño moderno resultó irresistible y los GTI se convirtieron en parte clave de la gama Golf en los años siguientes. VW amplió sus horizontes en las décadas de 1980 y 1990, convirtiéndose en uno de los primeros fabricantes de automóviles de Europa en establecer una empresa conjunta en China y montar plantas de bajo coste de fabricación en Europa del Este tras la caída del Muro de Berlín en 1989. La reputación de la marca por sus productos fiables y bien diseñados creció con innovaciones como motores de cinco y seis cilindros de ángulo estrecho en la década de 1990 y la transmisión DSG de doble embrague en 2003. Mientras tanto, la gama de productos VW fue abarcando nuevos sectores del mercado. En 1988 se lanzó el Lupo, un coche pequeño. También hubo una edición especial del Lupo, el 3L, dotada con motor turbodiésel de 1,2 litros y con un consumo de 3 l/100 km. En el otro extremo de la gama, la limusina Phaeton de 2002 ofreció tanto un potente motor W12 de 6,0 litros (de hecho, dos unidades VR6 fusionadas), como un extraordinario diésel V10 de 5,0 litros. Este último también se utiliza en el SUV Touareg de 2002. Más controvertido fue el New Beetle de 1998. Los críticos argumentaron que, más allá del diseño, no tenía nada en común con el coche original, pero aun así se convirtió en un exitoso modelo de nicho. En 1988, bajo la dirección de Ferdinand Piëch, nieto de Ferdinand Porsche, VW adquirió Lamborghini y Bugatti. Ese mismo año también compró Rolls-Royce y Bentley Motor Cars, pero no pudo lograr los derechos del nombre Rolls-Royce, que pasó a BMW. VW afirmó que solo quería Bentley, pero los observadores lo vieron como una oportunidad perdida.

En 2009 Porsche lanzó una audaz oferta pública de adquisición a Volkswagen, pero en 2011 se llegó a un acuerdo para una opa amistosa. Entretanto, la implacable ofensiva de nuevos productos de VW continuó con excelentes coches como el nuevo Scirocco, el Passat CC, la quinta generación del Polo, y el Up!, un vehículo urbano.

Además de la renovación continua del Golf, la empresa se ha expandido en China en asociación con FAW, y en 2020 lanzó su gama ID, de tracción totalmente eléctrica.

***Hatchback* popular de alta velocidad**
El Golf GTI, uno de los primeros *hatchback*, era común en los rallies: en el de Montecarlo de 1986, Fanz Wittmann y Matthias Feltz marcaron la pauta con su GTI.

Muscle cars

A finales de la década de 1960, los fabricantes estadounidenses apostaron por los altos rendimientos. Sacrificando eficiencia por fuerza bruta, instalaron potentes motores V8 en *coupés*, coches de techo duro y descapotables normales, que se convirtieron en temibles coches de competición y excitantes vehículos de uso diario. Los *muscle cars* alcanzaron su auge en 1970, antes de que la crisis del petróleo provocara drásticas reducciones de potencia.

△ Plymouth Road-Runner Superbird 1970

Origen Estados Unidos

Motor 7213 cm^3, V8

Velocidad máxima 209 km/h

Amparado por el Correcaminos (*Road-Runner*), personaje de la televisión, fue un coche de carreras NASCAR adaptado para carretera. Se fabricaron 1900 de estas maravillas aladas.

△ Oldsmobile 442 1970

Origen Estados Unidos

Motor 7456 cm^3, V8

Velocidad máxima 193 km/h

Lanzado en 1964, con un carburador de cuatro cuerpos, cuatro velocidades y doble escape. Fue un modelo independiente de 1968 a 1972.

▷ Plymouth Hemi 'Cuda 1970

Origen Estados Unidos

Motor 7210 cm^3, V8

Velocidad máxima 209 km/h

El 'Cuda finalizó la gran serie Barracuda de Plymouth, y con su motor Chrysler de culata semiesférica que daba 425 CV fue el más potente de la serie.

▽ Pontiac Firebird Trans Am 1973

Origen Estados Unidos

Motor 7459 cm^3, V8

Velocidad máxima 212 km/h

El Trans Am se llamaba así por la serie de carreras de la década de 1960 en la que los Firebird sobresalieron. Tenía una serigrafía en el capó con un ave fénix.

△ Pontiac Trans Am 1975

Origen Estados Unidos

Motor 6556 cm^3, V8

Velocidad máxima 190 km/h

El Firebird se rediseñó con un morro más largo y una ventana trasera más grande; se convirtió en el Pontiac Trans Am. Pese a la reducción de potencia a 185 CV, aún fue buen competidor en carreras.

◁ Dodge Challenger R/T 440 1970

Origen Estados Unidos

Motor 6276 cm^3, V8

Velocidad máxima 183 km/h

Este práctico *coupé* de techo duro rivalizó con los mejores Mustangs gracias a su aceleración. Una opción de motor de 7,2 litros aumentó su potencia de 300 a 385 CV.

▷ Mercury Cougar 1973

Origen Estados Unidos

Motor 7030 cm^3, V8

Velocidad máxima 201 km/h

Durante un tiempo en la década de 1970 el Mercury Cougar, especialmente la versión XR-7 de 390 CV, encabezó la oferta de alta potencia de Ford. Se basó estrechamente en el Mustang.

▷ Ford Mustang Mach 1 1972

Origen Estados Unidos

Motor 5753 cm³, V8

Velocidad máxima 209 km/h

El Mustang de máximo rendimiento de la década también fue el más grande. Protagonizó una famosa escena en la película de James Bond *Diamantes para la eternidad*.

◁ Ford Falcon XA hardtop 1972

Origen Australia

Motor 5673 cm³, V8

Velocidad máxima 257 km/h

Esta versión GT-HO arrasó en los circuitos de Australia, y dio lugar a una protesta pública conocida como «Supercoches de supermiedo», ante el temor de que hubiera coches volando a 257 km/h por las carreteras del país.

▽ MGB GT V8 1973

Origen Reino Unido

Motor 3528 cm³, V8

Velocidad máxima 201 km/h

El liviano motor Rover V8 del GT, que pesaba 18 kg menos que el motor MGB regular de cuatro cilindros, permitió una breve entrada de Gran Bretaña en la gama de los *muscle car*.

△ Chevrolet Camaro 1966

Origen Estados Unidos

Motor 6489 cm³, V8

Velocidad máxima 219 km/h

El Camaro fue la respuesta de Chevrolet al Mustang de Ford, y se unió al creciente club de los *pony cars* con su mecánica fiable y la gran aceleración del motor V8 más grande.

▷ Chevrolet Camaro SS 396 1972

Origen Estados Unidos

Motor 6588 cm³, V8

Velocidad máxima 193 km/h

Un motor V8 de 240 CV era una gran opción en el SS. Este Camaro, de apariencia actualizada como toda la gama en 1970, no se vendió en California por ser demasiado contaminante.

△ Chevrolet Nova SS 1971

Origen Estados Unidos

Motor 5736 cm³, V8

Velocidad máxima 172 km/h

El más rápido de los Nova SS compactos podía pasar de 0 a 100 km/h en menos de 6 segundos. El patinaje de las ruedas al acelerar al máximo y la dirección pesada aumentaron su atractivo.

▽ Chevrolet Corvette 1980

Origen Estados Unidos

Motor 5733 cm³, V8

Velocidad máxima 201 km/h

Como otros deportivos estadounidenses, los Corvettes de la década de 1970 poco a poco perdieron su rendimiento debido a leyes más estrictas sobre emisiones. Este modelo de 1980 ofrece unos 190 CV, relativamente normales.

Coches de carreras

En todas las categorías del automovilismo hubo que poner límites a las potencias para evitar que los coches superaran los 320 km/h, velocidad que muchos ya alcanzaban por entonces. Pero los avances en la tecnología turbo dejaron atrás la normativa, pues las velocidades seguían en aumento.

▽ Tyrrell Cosworth 001 1970
Origen Reino Unido
Motor 2993 cm³, V8
Velocidad máxima 306 km/h

Cuando Ken Tyrrell fue abandonado por Matra, hizo que Derek Gardner diseñara un coche nuevo al que llamó Tyrrell. El coche mostró gran potencial a finales de la década de 1970.

△ Ford Escort RS1600 1970
Origen Reino Unido
Motor 1599 cm³, cuatro en línea
Velocidad máxima 182 km/h

El RS1600, con motor Cosworth BDA de 16 válvulas con doble árbol de levas y un desarrollo del motor Ford básico, fue un exitoso coche de carreras y rallies. Se construyeron unos 1000.

△ Tyrrell Cosworth 002 1971
Origen Reino Unido
Motor 2993 cm³, V8
Velocidad máxima 314 km/h

En su primer año como constructor de Fórmula 1, el equipo de Ken Tyrrell logró un fabuloso doblete, como equipo Campeón del Mundo y como piloto, con Jackie Stewart.

▷ Mirage Cosworth GR7 1972
Origen Reino Unido
Motor 2993 cm³, V8
Velocidad máxima 322 km/h

El Mirage M6 fue el primer prototipo equipado con un motor Cosworth en ganar una prueba del Mundial de Resistencia. Transformado en el GR7 en 1974, terminó cuarto en Le Mans.

◁ Lola-Cosworth T500 1978
Origen Reino Unido
Motor 2650 cm³, V8
Velocidad máxima 338 km/h

En Indianápolis, los coches eran más rápidos que sus contemporáneos de Fórmula 1, por las características de la pista ovalada. El T500 turbo ganó las 500 Millas en 1978 a un promedio de 260 km/h.

◁ Brabham Cosworth BT44 1974
Origen Reino Unido
Motor 2993 cm³, V8
Velocidad máxima 322 km/h

El BT44 fue diseñado por Gordon Murray, con líneas muy limpias y ya incorporaba algunas ideas iniciales sobre el efecto suelo. En 1974 ganó varios grandes premios.

▽ Lotus 72 1970
Origen Reino Unido
Motor 2993 cm³, V8
Velocidad máxima 319 km/h

Con el 72, Colin Chapman y Maurice Phillipe lograron un revolucionario diseño, con una aerodinámica forma de cuña, radiadores laterales y toma de aire elevada.

△ Lotus 79 1977
Origen Reino Unido
Motor 2993 cm³, V8
Velocidad máxima 330 km/h

El exitoso 79 fue el primer coche de Fórmula 1 que aprovechó al máximo los beneficios del efecto suelo, que pega el vehículo al asfalto para un máximo agarre en las curvas.

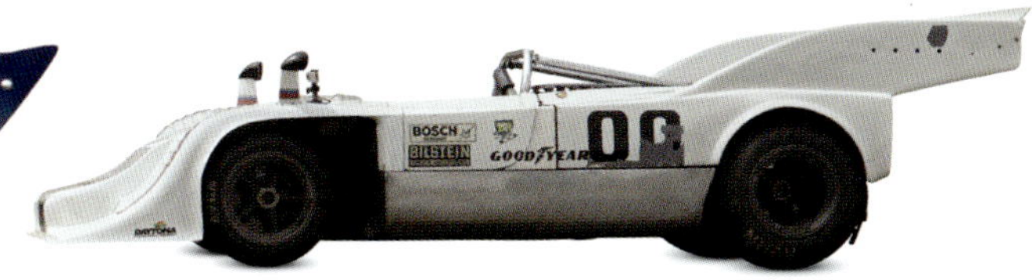

△ Porsche 917/10 1971

Origen Alemania

Motor 4998 cm³, doce opuestos

Velocidad máxima 343 km/h

El 917 dio a Porsche triunfos en Le Mans (1970 y 1971). El turbo que usó en CanAm Challenge con 850 CV dieron a Penske Racing la victoria en 1972.

▽ Porsche 936/77 1977

Origen Alemania

Motor 2142 cm³, seis opuestos

Velocidad máxima 349 km/h

Con el 936, Jacky Ickx ganó en Le Mans en 1976, 1977 (al igual que el Campeonato Mundial de Coches Deportivos) y 1981.

△ Matra Simca MS670B 1972

Origen Francia

Motor 2993 cm³, V12

Velocidad máxima 338 km/h

Matra quería ser la primera marca francesa en ganar Le Mans desde 1950. Lo logró cuando Henri Pescarolo venció consecutivamente con el MS670B en 1972, 1973 y 1974.

△ Surtees Hart TS10 1972

Origen Reino Unido

Motor 1975 cm³, cuatro en línea

Velocidad máxima 241 km/h

John Surtees, Campeón del Mundo, empezó a fabricar coches de carreras. Con Mike Hailwood al volante, el TS10, ganó el Campeonato de Europa de Fórmula 2.

△ McLaren Offenhauser M16C 1974

Origen Reino Unido

Motor 2650 cm³, cuatro en línea

Velocidad máxima 330 km/h

McLaren ganó las 500 Millas de Indianápolis en tres ocasiones. En la segunda, en 1974, Johnny Rutherford pilotó este M16C. Casi todos los coches participantes usaron el motor «Offy» de 770 CV.

△ Alfa Romeo Tipo 33 TT12 1975

Origen Italia

Motor 2995 cm³, doce opuestos

Velocidad máxima 322 km/h

Alfa Romeo equipó al T33 con un nuevo motor de 48 válvulas, carrocería de lados planos y un gran alerón trasero. Ganó con facilidad el Campeonato Mundial de Resistencia.

◁ Renault RS10 1979

Origen Francia

Motor 1496 cm³, V6

Velocidad máxima 346 km/h

Gracias a la determinación de Jean-Pierre Jabouille, este fue el primer coche turbo en ganar en Fórmula 1. Inició una era de grandes potencias que llegaron hasta 1500 CV.

▷ Chevrolet Nova NASCAR 1979

Origen Estados Unidos

Motor 5817 cm³, V8

Velocidad máxima 322 km/h

Los coches del Campeonato NASCAR montaban carrocerías reconocibles sobre chasis de competición. Dale Earnhardt pilotó este como Pontiac en 1979 y como Chevrolet en 1985.

Hatchbacks

Los diseñadores italianos fueron los primeros en añadir portones traseros a los sedanes familiares compactos, ya que ofrecían enormes beneficios en cuanto a capacidad de carga. Antes, este diseño solo se había visto en algunos *coupés fastback* exóticos, pero coches como el Austin A40 Farina mostraron el camino que seguir en la década de 1960. En los años setenta, los fabricantes tuvieron una notable inclinación por los *hatchback*.

▷ Austin Maxi 1750 1969

Origen Reino Unido

Motor 1748 cm^3, cuatro en línea

Velocidad máxima 156 km/h

En este Maxi de motor transversal y suspensión hidrolástica, se vieron las habilidades de diseño integral de Alec Issignoni. Fue un sedán amplio con muy buenas ventas.

▷ Ford Pinto 1971

Origen Estados Unidos

Motor 1993 cm^3, cuatro en línea

Velocidad máxima 169 km/h

Al Pinto dos puertas de 1970 se le unió seis meses después el *hatchback* de tres. Tenía motor británico de 1600 cm^3, o alemán de 2000 cm^3, y caja de cuatro velocidades.

△ Chevrolet Vega 1970

Origen Estados Unidos

Motor 2286 cm^3, cuatro en línea

Velocidad máxima 153 km/h

Con motor de aluminio de árbol de levas en cabeza y caja de cambios de tres velocidades, el nuevo Chevrolet era convencional para la época. El primer año se vendieron 247 699.

◁ Honda Accord 1976

Origen Japón

Motor 1599 cm^3, cuatro en línea

Velocidad máxima 151 km/h

El Accord se lanzó como *hatchback* y en 1978 se añadió una versión sedán. Era un coche sofisticado, con transmisión manual de cinco velocidades o Hondamatic opcional.

△ AMC Pacer 1975

Origen Estados Unidos

Motor 3802 cm^3, seis en línea

Velocidad máxima 148 km/h

Corto y ancho, el Pacer fue una evolución del pionero *hatchback* Gremlin de AMC en 1970. Su forma redondeada contrastaba con las de sus contemporáneos.

▷ Reliant Robin 1973

Origen Reino Unido

Motor 848 cm^3, cuatro cilindros

Velocidad máxima 129 km/h

Con tres ruedas y carrocería de plástico, fue muy popular en Reino Unido durante la crisis del petróleo de los años setenta. Era económico y se podía conducir con carnet de moto.

▷ AMC Gremlin 1970

Origen Estados Unidos

Motor 3258 cm^3, seis en línea

Velocidad máxima 153 km/h

El primer semicompacto americano, tenía poco espacio y caja de cambios de tres velocidades. No perjudicó las importaciones europeas, aunque el modelo V8 fue popular.

◁ Volkswagen Passat 1973

Origen Alemania

Motor 1470 cm^3, cuatro en línea

Velocidad máxima 158 km/h

El Passat, moderno VW de tracción delantera, se basó en el Audi 80 y fue diseñado por Giugiaro. Rápido y elegante, vendió 1,8 millones hasta 1980.

◁ Volkswagen Golf GTI 1975

Origen Alemania

Motor 1588 cm^3, cuatro en línea

Velocidad máxima 180 km/h

El *hot hatchback* original, que comenzó una tendencia deportiva nueva, fue famoso por su tapicería. Su motor de inyección daba 110 CV y era agradable de conducir.

△ **Volvo 340 1976**

Origen Países Bajos

Motor 1397 cm^3, cuatro en línea

Velocidad máxima 151 km/h

La planta DAF de Volvo en Holanda necesitaba un coche pequeño y moderno. La respuesta fue este *hatchback* de tracción trasera, motor Renault y suspensión trasera De Dion.

△ **Chrysler Horizon 1977**

Origen Francia / Reino Unido / Estados Unidos

Motor 1118 cm^3, cuatro en línea

Velocidad máxima 153 km/h

Este coche fue destinado a los mercados de Europa y Estados Unidos. Derivaba del Simca 1100, y por ello tenía un estilo europeo. Contaba con tracción delantera y suspensión independiente.

△ **Renault 20TS 1975**

Origen Francia

Motor 1995 cm^3, cuatro en línea

Velocidad máxima 167 km/h

Renault adoptó el estilo *hatchback* en toda su gama, hasta en los lujosos sedanes 20 y 30, que tenían motores de 1,6 a 2,7 litros, cierre centralizado y dirección asistida.

▷ **Renault 14 1976**

Origen Francia

Motor 1218 cm^3, cuatro en línea

Velocidad máxima 143 km/h

Renault vendió casi un millón de este abultado *hatchback* de cinco puertas. Tenía motor transversal tipo Peugeot 104/Citroën Visa, y transmisión en el cárter.

▽ **Fiat Strada/Ritmo 1978**

Origen Italia

Motor 1585 cm^3, cuatro en línea

Velocidad máxima 179 km/h

Fiat afirmó que este coche fue hecho por robots y otros sugirieron que también había sido diseñado por ellos. Las versiones preparadas por Abarth eran agradables de conducir.

△ **Opel Kadett 1979**

Origen Alemania

Motor 1297 cm^3, cuatro en línea

Velocidad máxima 150 km/h

Esta versión del *hatchback* compacto de GM tenía tracción delantera. En Reino Unido se vendió a partir de 1980 como Vauxhall Astra. Tenía motores de 1,0 y 1,8 litros.

La década de 1980

Turbos y alerones de cola | *Yuppies* y alas de gaviota
Supersedanes y utilitarios deportivos

Rendimiento aumentado

La de 1980 fue la década del turbocompresor, que transformó el deporte del motor, tanto en carreras como en rallies. Al principio, la fiabilidad se vio afectada por la mayor potencia, pero pronto se hizo imposible ganar sin un turbo (o más). Como la tecnología generaba mayor potencia y velocidad, los reguladores lucharon para poner límites. Al final, los turbos estaban tan penalizados que regresaron los motores atmosféricos.

△ **Ferrari 126C4/M2 1984**
Origen Italia
Motor 1496 cm³, V6
Velocidad máxima 322 km/h

Con una potencia de 850 CV, el 126C4/M2 luchó en 1984 contra el McLaren MP4/2 y terminó segundo en el Campeonato de Constructores de Fórmula 1.

△ **Lancia Beta Montecarlo 1979**
Origen Italia
Motor 1425 cm³, cuatro en línea
Velocidad máxima 270 km/h

Este coche se desarrolló para el Campeonato Mundial de Coches Sport. En 1980 y 1981 dominó en la clase de 2 litros, superando al Porsche 935 en tres ocasiones.

△ **Lancia Rallye 037 Evo 2 1984**
Origen Italia
Motor 2111 cm³, cuatro en línea
Velocidad máxima 241 km/h

El 037, con un gran comportamiento en asfalto, venció al Quattro de Audi y ganó el Mundial de Rallies de 1983. En 1984, Abarth construyó un Evo 2 más ligero de 350 CV.

△ **Porsche 956 1982**
Origen Alemania
Motor 2650 cm³, seis opuestos
Velocidad máxima 356 km/h

El 956 de monocasco de aluminio, construido para el Campeonato de Resistencia, fue ganador desde el comienzo. Jacky Ickx y Derek Bell ganaron en Le Mans en 1982.

▷ **Porsche 911 SCRS 1984**
Origen Alemania
Motor 2994 cm³, seis opuestos
Velocidad máxima 257 km/h

Este Porsche del Grupo B no tenía tracción a las cuatro ruedas, pero iba de maravilla en asfalto. Henri Toivonen acabó segundo en el Europeo de Rallies de 1984 con él.

▷ **Porsche 953 4WD 1984**
Origen Alemania
Motor 3164 cm³, seis opuestos
Velocidad máxima 241 km/h

Para el París-Dakar de 1984, se construyeron cuatro 953 (realmente 911 de tracción a las cuatro ruedas), y dos terminaron primero y segundo. René Metge y Dominic Lemoyne condujeron el coche ganador.

◁ **Opel Manta 400 1985**
Origen Alemania
Motor 2410 cm³, cuatro en línea
Velocidad máxima 209 km/h

Sin tracción a las cuatro ruedas, los Manta no tenían opción en el Campeonato Mundial de Rallies, pero tanto Jimmy McRae y Russell Brookes ganaron el Campeonato Británico.

Audi Quattro

Audi revolucionó el mundo de los rallies con su *coupé* Quattro de tracción a las cuatro ruedas y cuatro asientos. En su primera participación no pudo terminar el Rally de Montecarlo de 1981, pero en casi todos los tramos Hannu Mikkola era un minuto más rápido que sus oponentes, evidenciando el enorme potencial del coche. La competencia se vio obligada a usar también 4x4, iniciándose así el fenómeno de los potentes Grupo B.

▷ **Audi Quattro 1980**
Origen Alemania
Motor 2144 cm³, cinco en línea
Velocidad máxima 222 km/h

Hannu Mikkola y Michèle Mouton fueron los primeros pilotos del Quattro, superando problemas iniciales y mostrando un gran ritmo en 1981.

▷ Lotus Renault 97T 1985

Origen Reino Unido
Motor 1492 cm^3, V6
Velocidad máxima 322 km/h

Pilotado por Ayrton Senna, este Lotus 97T de 900 CV habría podido ganar el Campeonato Mundial de Fórmula 1 en 1985. Aunque se llevó ocho *poles*, le faltó fiabilidad.

◁ Toyota Celica Twin Cam Turbo 1985

Origen Japón
Motor 2090 cm^3, cuatro en línea
Velocidad máxima 217 km/h

Sin ser lo último en tecnología del Grupo B, este coche ganó en África dos Safaris y dos rallies en Costa de Marfil con Björn Waldegård.

△ Peugeot 205 T16 Evo 2 1985

Origen Francia
Motor 1775 cm^3, cuatro en línea
Velocidad máxima 249 km/h

Con un gran alerón, turbo, motor central y 4x4, Timo Salonen ganó el Campeonato del Mundo de Rallies de 1985 y el último rally del Grupo B en Europa.

▷ Peugeot 405 T16 GR 1986

Origen Francia
Motor 1905 cm^3, cuatro en línea
Velocidad máxima 249 km/h

Tras la cancelación del Grupo B, Peugeot se concentró en el rally de resistencia París-Dakar: Ari Vatanen ganó en 1989 y 1990 con el 405 T16 de motor central.

△ McLaren Honda MP4/4 1988

Origen Reino Unido
Motor 1496 cm^3, V6
Velocidad máxima 338 km/h

McLaren dispuso del mejor motor y Gordon Murray diseñó el mejor chasis. Ayrton Senna y Alain Prost ganaron todas las carreras de la temporada de Fórmula 1 de 1988 menos una.

▷ MG Metro 6R4 1984

Origen Reino Unido
Motor 2991 cm^3, V6
Velocidad máxima 249 km/h

Excelente coche de rallies del Grupo B, con tracción a las cuatro ruedas y motor central, utilizado después en el Jaguar XJ220. Fue diseñado por el ingeniero de Williams Patrick Head.

◁ Benetton Ford B188 1988

Origen Reino Unido
Motor 3493 cm^3, V8
Velocidad máxima 322 km/h

El equipo de Fórmula 1 patrocinado por Benetton usó el motor Ford Cosworth DFV sin turbo en 1988. Obtuvo un par de terceros lugares pilotado por Alessandro Nannini y Thierry Boutsen.

△ Audi Sport Quattro 1983

Origen Alemania
Motor 2133 cm^3, cinco en línea
Velocidad máxima 248 km/h

Audi recortó 32 cm del centro del Quattro para mantener su competitividad frente a los coches expresamente construidos para el Grupo B. Los de carretera tenían 306 CV y los de rallies, el doble.

△ Audi Sport Quattro S1 E2 1985

Origen Alemania
Motor 2133 cm^3, cinco en línea
Velocidad máxima 248 km/h

Para luchar contra los coches hechos ex profeso para el Grupo B, Audi añadió *spoilers* y alerones en el Evo 2, con 550 CV. Walter Röhrl ganó el Rally de San Remo de 1985.

Compactos estadounidenses

Los fabricantes estadounidenses tardaron mucho en reconocer la tendencia mundial por los coches pequeños y eficientes en el consumo de gasolina. La abundancia de combustible de bajo coste, carreteras amplias y abiertas, y bajas densidades de tráfico, promovían el uso de automóviles grandes. Pero en la década de 1980 las marcas tuvieron que reconsiderar su estrategia, pues los coches japoneses y europeos les quitaban mercado.

△ Dodge Aries 1981
Origen Estados Unidos
Motor 2213 cm³, cuatro en línea
Velocidad máxima 158 km/h

Este sedán de tracción delantera fue el Coche del Año de *Motor Trend* (1981). Se vendieron un millón en siete años, lo que ayudó a mejorar las finanzas de Chrysler en esta década.

△ Pontiac Phoenix 1980
Origen Estados Unidos
Motor 2838 cm³, V6
Velocidad máxima 175 km/h

El primer compacto de Pontiac con tracción a las cuatro ruedas, en versiones *coupé* o *hatchback*, superaba en eficiencia a su antecesor de tracción delantera. Se hizo hasta 1984.

◁ Dodge Lancer 1985
Origen Estados Unidos
Motor 2213 cm³, cuatro en línea
Velocidad máxima 179 km/h

El Lancer de cinco puertas, también disponible con turbo (201 km/h), fue un coche muy fiable. Contaba con transmisión manual de cinco velocidades o automática de tres.

△ Pontiac Fiero GT 1985
Origen Estados Unidos
Motor 2838 cm³, V6
Velocidad máxima 200 km/h

GM sorprendió al mundo con su biplaza deportivo Fiero de motor central y carrocería parcialmente de plástico. Se vendieron 370 158 en cinco años. Los modelos básicos tenían motor de 4 cilindros.

◁ Pontiac Grand Am 1985
Origen Estados Unidos
Motor 3000 cm³, cuatro en línea
Velocidad máxima 161 km/h

Para su sedán compacto de mediados de la década de 1980, Pontiac usó un viejo nombre. Con tracción delantera, motores de cuatro cilindros de 2,5 litros o V6 de 3,0 litros, se ofrecía en carrocería de *coupé* o como sedán.

▽ Buick Reatta 1988
Origen Estados Unidos
Motor 3800 cm³, V6
Velocidad máxima 201 km/h

El primer biplaza de Buick en 50 años, tenía control de clima por pantalla táctil, radio y diagnóstico electrónico. Desafortunadamente, en vez de atraerlos, estos elementos ahuyentaron a los compradores.

△ Chrysler LeBaron Coupé 1987
Origen Estados Unidos
Motor 2501 cm³, cuatro en línea
Velocidad máxima 166 km/h

La nueva imagen con cubiertas deslizantes para los faros y opciones de motor turbo dieron el verdadero atractivo al Coupé LeBaron y a su versión descapotable.

◁ **Ford Escort 1981**

Origen Estados Unidos

Motor 1597 cm³, cuatro en línea

Velocidad máxima 154 km/h

En 1981 el mercado de Estados Unidos estuvo listo para un coche pequeño como el Ford Escort europeo. La versión para Estados Unidos fue la más vendida en gran parte de la década.

△ **Chevrolet Spectrum 1985**

Origen Japón

Motor 1471 cm³, cuatro en línea

Velocidad máxima 161 km/h

La filial japonesa de GM construyó este *hatchback* y sedán compacto (Isuzu Gemini). Para los mercados de Norteamérica se denominó Chevrolet Spectrum.

▷ **Ford Probe 1988**

Origen Estados Unidos

Motor 2184 cm³, cuatro en línea

Velocidad máxima 190 km/h

El Probe de tracción delantera se concibió como sustituto del Mustang, pero finalmente se lanzó como un nuevo modelo. Fue diseñado por Mazda y se construyó en su fábrica de Estados Unidos.

△ **AMC Eagle 1979**

Origen Estados Unidos

Motor 4228 cm³, seis en línea

Velocidad máxima 142 km/h

Al final de la década, AMC combinó sus conocimientos derivados de Jeep con su gama de sedanes y creó este coche de tracción a las cuatro ruedas, pionero en Estados Unidos.

△ **Cadillac Cimarrón 1981**

Origen Estados Unidos

Motor 1835 cm³, cuatro en línea

Velocidad máxima 161 km/h

Para entrar en el mercado de compactos y competir con las importaciones europeas, GM no logró convertir su plataforma J en un Cadillac convincente, a pesar de su alta tecnología.

◁ **Eagle Premier 1987**

Origen Estados Unidos

Motor 2464 cm³, cuatro en línea

Velocidad máxima 188 km/h

El Premier, diseñado por Giugiaro y desarrollado por AMC y Renault tenía transmisión automática de cuatro velocidades controlada electrónicamente, inyección y aire acondicionado.

▽ **Volkswagen Jetta 16V 1987**

Origen Estados Unidos/Alemania

Motor 1781 cm³, cuatro en línea

Velocidad máxima 203 km/h

Para vencer la resistencia a los *hatchback* en el mercado estadounidense, en 1979 VW añadió maletero al Golf. Vendió millones, muchos en Estados Unidos.

Toyota, 1980
En 1980, los vehículos japoneses estaban ya en los principales mercados de Estados Unidos y Europa. Los Toyota Corolla, Cressidas y los *pick-ups* Hilux, que vemos aquí esperando a ser exportados, resultaron asequibles y fiables.

Los superminis

Después de que el Mini demostrara el enorme mercado para los coches compactos de cuatro plazas con motor pequeño, los fabricantes de todo el mundo tomaron medidas para satisfacer la demanda. Con una legislación de seguridad cada vez más fuerte e influyente, los minis pasaron a ser superminis o coches urbanos más grandes, pero aún con un diseño práctico. Casi todas las marcas siguieron el ejemplo del Mini, con su motor transversal de cuatro cilindros y tracción delantera.

◁ Austin Mini-Metro 1980
Origen Reino Unido
Motor 998 cm^3, cuatro en línea
Velocidad máxima 135 km/h

En 1980, 21 años después del Mini, llegó un nuevo supermini británico. Aunque el motor se remontaba a 1953, tuvo un buen diseño integral y una cómoda suspensión Hydragas.

▷ Talbot Samba 1982
Origen Francia
Motor 1360 cm^3, cuatro en línea
Velocidad máxima 140 km/h

En 1978, Peugeot se hizo cargo de la rama europea de Chrysler. Por ello, el Samba no era más que un Peugeot 104 maquillado, pero era un buen coche, con motores de 954 a 1360 cm^3.

△ Ford Festiva 1986
Origen Japón/Corea del Sur
Motor 1138 cm^3, cuatro en línea
Velocidad máxima 150 km/h

Mazda diseñó para Estados Unidos, Australia y Japón este coche, sobre plataforma Mazda. En Corea, Kia Motors lo fabricó como el Kia Pride.

▷ Peugeot 205 GTi 1984
Origen Francia
Motor 1905 cm^3, cuatro en línea
Velocidad máxima 195 km/h

Derivado del *hatchback* de Peugeot que vendió 2,7 millones de unidades. Cuando en 1986 se montó un motor de a 1905 cm^3, 130 CV, y 195 km/h las ventas aún aumentaron.

▷ Nissan Cherry Turbo 1983
Origen Japón
Motor 1488 cm^3, cuatro en línea
Velocidad máxima 183 km/h

Los *hatchbacks* Cherry de Nissan vendieron 1 450 300 entre 1983 y 1986. A la cabeza estuvo este Turbo de 114 CV, pero era inestable y la respuesta del turbo era lenta.

△ Volkswagen Polo 1981
Origen Alemania
Motor 1043 cm^3, cuatro en línea
Velocidad máxima 151 km/h

El Polo de segunda generación vendió 4,5 millones entre 1981 y 1994, con motor más potente y espacio extra, que lo hacía competitivo. Se rediseñó en 1990.

◁ Nissan March/Micra 1983
Origen Japón
Motor 988 cm^3, cuatro en línea
Velocidad máxima 142 km/h

El coche compacto de Nissan tenía una mecánica duradera y motores de 1,0 o 1,2 litros. No fue el coche urbano más elegante, pero era fácil de conducir y vendió dos millones en nueve años.

▷ **Opel Corsa/Vauxhall Nova GTE/GSi 1983**

Origen España

Motor 1598 cm³, cuatro en línea

Velocidad máxima 188 km/h

EL GTE se unió a la familia Corsa un poco después que los demás modelos de 1,0, 1,2, 1,3 y 1,4 litros, pero era el más elegante. Se fabricaba en España, al igual que el Ford Fiesta.

△ **Sinclair C5 1985**

Origen Reino Unido

Motor eléctrico

Velocidad máxima 24 km/h

El C5 fue un valiente intento por convencer al mundo de usar electricidad en su transporte personal. Solo se hicieron 12 000.

◁ **SEAT Ibiza 1985**

Origen España

Motor 1461 cm³, cuatro en línea

Velocidad máxima 172 km/h

El nuevo *hatchback* de SEAT tenía cierta influencia de Fiat, pero todos sus motores, de 950 a 1714 cm³, fueron diseñados por Porsche.

◁ **Fiat Uno 1983**

Origen Italia

Motor 1301 cm³, cuatro en línea

Velocidad máxima 167 km/h

El sucesor del 127 fue un excelente multiusos, que en 1994 había vendido 6,5 millones, gracias al buen diseño integral de Giugiaro y a su ágil manejo.

△ **Autobianchi Y10 1985**

Origen Italia

Motor 999 cm³, cuatro en línea

Velocidad máxima 142 km/h

Este compacto urbano, fabricado por Autobianchi y vendido como Lancia en ciertos mercados, tuvo un atrevido diseño y buen espacio interior, aunque era estrecho para viajes largos.

△ **Renault 5 1984**

Origen Francia

Motor 1108 cm³, cuatro en línea

Velocidad máxima 145 km/h

La segunda generación de este modelo situó los motores, de 956 a 1721 cm³, en posición transversal, dando así mayor espacio. Fue uno de los coches europeos más vendidos de la década.

◁ **Citroën AX 1987**

Origen Francia

Motor 954 cm³, cuatro en línea

Velocidad máxima 134 km/h

El modelo AX, que solo estaba disponible inicialmente con tres puertas, tuvo cinco en 1988. Su mecánica la usaban también Peugeots pequeños, pero tenía un estilo propio y elegante.

△ **Honda Civic CRX V-TEC 1987**

Origen Japón

Motor 1590 cm³, cuatro en línea

Velocidad máxima 208 km/h

Coche urbano, el Civic de Honda fue adaptado para producir este *coupé* asombrosamente veloz, con 150 CV, V-TEC, motor de doble árbol de levas y sincronización de válvulas variable.

△ **Geo Metro/Suzuki Swift 1989**

Origen Japón/Estados Unidos

Motor 993 cm³, tres en línea

Velocidad máxima 142 km/h

Este «coche del mundo», fabricado por Suzuki como Cultus o Swift, aún se produce en Pakistán. Fue vendido por GM en Estados Unidos y construido en siete países.

August Horch en un Horch-PKW, 1908

Grandes marcas

Historia de Audi

Con innovación, excelencia técnica y la promoción basada en la competición, Audi se ha convertido en un gigante de la industria del automóvil. Sin embargo, este nombre alemán ahora famoso, estuvo latente unos veinte años después de la Segunda Guerra Mundial. Tras hallar cobijo bajo el manto de Volkswagen, Audi ha llegado a personificar el espíritu pionero de Alemania.

EL RESPONSABLE DE AUDI fue el ingeniero e industrial alemán August Horch, que comenzó a fabricar coches con la marca Horch en 1901. En 1909, por un desacuerdo entre él y el resto de los directores de su empresa con sede en Zwickau, Horch dejó la compañía. Un año después fundó otra, también en Zwickau, y empezó a hacer coches bajo el estandarte de Audi. La llamó Audi pues no podía usar su propio nombre, según los términos del acuerdo de separación con su anterior empresa. Audi es una versión latina de Horch, que en alemán significa *hark* o «escuchar».

Emblema de Audi
(introducido en 1964)

El primer producto de Audi fue el 10/22 PS Tipo A de 2612 cm³, seguido por otros coches con motores más grandes. Entre 1911 y 1914 Horch, consciente del valor promocional de vencer a sus rivales en la arena pública del deporte, comenzó a inscribir sus coches en carreras de larga distancia y otros eventos, incluida la agotadora prueba austríaca Alpine Trial. El Audi Tipo C de 3560 cm³ y carrocería de aluminio terminó la edición de 1913 sin faltas, y Audi obtuvo el premio al mejor equipo.

«Cuando solté el **embrague** a 4500 rpm, fue como **una explosión»**.

WALTER ROHL, LEYENDA DE LOS RALLIES, SOBRE EL QUATTRO, 2010

Después de esta victoria, los poderosos Tipo C se conocieron como Alpensieger (Victoria Alpina). Siendo aún un rival incipiente, Audi ya estaba a la vanguardia de la tecnología, y en 1913 fue una de las primeras marcas de Alemania en adoptar iluminación eléctrica y motor de arranque para sus coches. Tras dirigir Audi durante la Primera Guerra Mundial haciendo camiones para el ejército alemán, Horch la dejó en 1920 para trabajar en el Ministerio de Economía. Un consorcio de directores lideró la empresa, pero su hábito de fabricar productos ambiciosos, costosos y lentos de vender, tuvo sus secuelas. En 1928 el ingeniero danés Jorgen Skate

El sensacional Quattro
El Quattro fue un éxito inmediato, con su diseño de bordes afilados y motor potente. El sistema de tracción permanente a las cuatro ruedas produjo una excelente tracción y adherencia en curvas, por lo que es un coche ideal para los rallies.

Cartel de Audi, 1921
Este cartel que muestra el Phaeton Tipo E, transmite una imagen de lujo y poder. Pero basarse en coches costosos y de venta lenta, finalmente tuvo su efecto en la empresa.

100 AVANT

SPORT QUATTRO S1 E2

TT ROADSTER

R8

1910 Se crea Audi Automobilwerke.
1920 August Horch se retira de la empresa.
1932 Audi, DKW, Horch y Wanderer forman el conglomerado Auto Union.
1940 Se fabrica el último Audi de preguerra. Desaparece el nombre en 1945, cuando las fábricas de Auto Union pasan al control de la Zona Oriental.
1964 Volkswagen rescata de sus problemas la Auto Union/DKW.
1965 Revive el nombre Audi para el nuevo sedán 60, basado en el F102 de DKW.
1966 Se lanza el coche ejecutivo Audi 80, en producción hasta 1996.
1968 Presentación del Audi 100. Este y el A6, se convierten en el corazón de la línea Audi para el nuevo milenio.
1969 Audi se fusiona con su rival NSU, para crear Audi NSU Auto Union AG.
1977 El sedán 100 es el primero del mundo con motor de cinco cilindros en línea.
1980 Presentación del Audi Quattro.
1984 Lanzamiento del Sport Quattro (para rallies, de corta distancia entre ejes.
1985 Michèle Mouton gana la carrera de ascenso Pikes Peak en el Sport Quattro S1.
1986 Supuestos fallos hacen que se retiren 5000 coches en Estados Unidos. Luego se supo que habían sido una invención.
1990 Un Audi V8 gana por primera vez el Campeonato Alemán de Turismos.
1994 El nuevo sedán A8 utiliza carrocería y chasis de aluminio.
1996 En un A4, Frank Biela gana el Campeonato Británico de Turismos. Se presenta el A3.
1998 Audi toma el control de Lamborghini.
2000 Audi regresa al mercado de los coches pequeños con el A2 de tres cilindros.
2005 Lanzamiento del coche de transición SUV Q7 de gran tamaño. En 2009 aparecerá el más compacto Q5.
2006 El R10 TDI (primer coche con motor diésel) gana las 24 horas de Le Mans.
2012 Audi abre en México su primera fábrica para producir el Q5.
2018 Se lanza la quinta generación del A6/A7.
2012 Sale a la venta el e-tron, totalmente eléctrico.

Rasmussen adquirió una participación de control en Audi. Desde 1920, Rasmussen fabricaba las motocicletas DKW y ya había avanzado bastante para lanzar su primer coche ligero, aunque necesitaba una fábrica adecuada para ensamblar coches, y esta fue su principal motivación para hacerse cargo de Audi. Se lanzaron nuevos productos, pero en general estos carecían de originalidad. Por ejemplo, el Tipo P de cuatro cilindros combinó un motor Peugeot 201 con chasis y carrocería hechas por DKW. La empresa comenzó a centrarse en coches de la marca DKW, y la marca Audi quedó marginada: en 1931 solo se hicieron 77 Audis y 22 el año siguiente. Durante la crisis económica de la década de 1930, se negoció un acuerdo entre Audi, DKW, Horch y Wanderer, para formar el conglomerado Auto Union. Desde mediados de 1932, esta asociación cubrió el mercado alemán con coches DKW a precio económico, modelos Audi y Wanderer de rango medio, y prestigiosos sedanes y limusinas Horch. Como era de esperar, esta combinación no resultó rentable. Por ejemplo, el Audi Front de 1933 de tracción delantera tenía motor Wanderer de tracción delantera, mecánica DKW y diseño de Horch: el resultado no fue bueno. Desde abril de 1940, la producción se dedicó a vehículos militares para colaborar con el esfuerzo bélico alemán. Tras la división de Alemania al terminar la guerra, el grupo Auto Union quedó en la Zona Oriental controlada por los soviéticos, y los nombres Audi, Horch y Wanderer desaparecieron del mercado, aunque en la década de 1950 Horch reapareció brevemente como marca de Alemania Oriental. En Alemania Occidental se fundó una nueva empresa llamada Auto Union, que se dedicó inicialmente a fabricar repuestos y, más tarde, coches bajo las marcas Auto Union y DKW. En 1958, Daimler-Benz compró una participación mayoritaria en Auto Union y se centró en producir coches con motores de dos tiempos y de bajo coste.

Lema de éxito
Desde la década de 1980, Audi utiliza el lema *Vorsprung durch Technik* (A la vanguardia de la técnica) para presentarse como empresa innovadora, visionaria y avanzada.

Cuando Volkswagen tomó el control a finales de 1964, la gama de coches era anticuada y poco sofisticada. Pero Volkswagen, dispuesta a competir con BMW, colocó su nuevo motor cuatro cilindros de 1696 cm³ en el ya existente DKW F102 y lo relanzó como Audi 60. Se trataba del primer Audi de la posguerra.

Audi resurgió y creció de forma sostenida, y en 1969 Volkswagen se fusionó con otra de sus marcas, NSU, para formar Audi NSU Auto Union AG. Inicialmente los productos Audi incluyeron varios Volkswagen rebautizados, y su reputación de innovadora solo se estableció en 1980 al presentar el *coupé* Quattro. Esta elegante máquina también tuvo tracción permanente a las cuatro ruedas (aún una novedad para un fabricante principal) y motor turbo de cinco cilindros. El Quattro causó furor, más aún cuando barrió en los rallies. Dominó este deporte desde 1982 a 1984, con pilotos legendarios como Hannu Mikkola, Stig Blomqvist y Walter Rohrl, todos ellos ganadores de campeonatos mundiales. Las victorias siguieron llegando: en Estados Unidos, Audi ganó el Pikes Peak International Hill Climb y el campeonato TransAm, además de obtener títulos de turismo en Francia, Reino Unido y Alemania.

De manera sostenida, Audi fue asumiendo el papel de precursor de tecnologías y diseños dentro del grupo Volkswagen, incluso innovando al usar el aluminio en su sedán A8 de 1994, e introduciendo un lenguaje audaz para nuevos diseños, con productos como el TT de 1998.

Audi ganó las 24 Horas de Le Mans en 2000 por primera vez, y fue la primera marca que logró hacerlo con un motor diésel, en 2006, con el R10 TDI.

La marca ha obtenido un gran éxito con su amplia gama de vehículos de gama alta, incluso en China, donde sus modelos suelen ser los preferidos de los funcionarios del gobierno.

Audi R10 TDI
El R10, vencedor en Le Mans de 2006 a 2008, utilizó motor diésel V12 de aluminio con 5499 cm³ y dos turbos, montado longitudinalmente.

Sedanes deportivos

En esta década los sedanes eran tan refinados que los más deportivos hicieron las delicias de los amantes de la velocidad. La popularidad de las carreras de coches de turismo llevó a los fabricantes a fabricar series especiales de homologación (modelos de calle adaptados para competición) para promocionar sus marcas en los circuitos. Su edición limitada los convierte en objetos de colección.

△ Aston Martin Lagonda 1976

Origen Reino Unido

Motor 5340 cm³, V8

Velocidad máxima 230 km/h

Para la época, el Lagonda parecía del futuro, con un panel de instrumentos digital. En 1979 salió el primer coche y el modelo alcanzó su plenitud en la década de 1980.

△ Holden VH Commodore 1981

Origen Australia

Motor 5044 cm³, V8

Velocidad máxima 201 km/h

Holden construyó sedanes robustos con motores de 1,9 litros y más. Estos coches tuvieron éxito en competiciones locales. La versión de carretera se conoció como SS.

▷ Bentley Turbo R 1985

Origen Reino Unido

Motor 6750 cm³, V8

Velocidad máxima 230 km/h

Mediante la introducción de turbocompresores, Rolls-Royce transformó las débiles ventas de Bentley, dando nuevamente a la marca sus credenciales deportivas: lujo máximo con gran potencia.

△ Rover 3500 Vitesse 1982

Origen Reino Unido

Motor 3528 cm³, V8

Velocidad máxima 214 km/h

Su mecánica sencilla, líneas modernas y un motor V8 ligero ayudaron al Rover SD1 a ser el Coche Europeo del Año en 1977. El Vitesse fue la versión de mayor rendimiento en los años ochenta.

△ Maserati Biturbo 1981

Origen Italia

Motor 1996 cm³, V6

Velocidad máxima 212 km/h

Para ampliar el mercado de Maserati, Alejandro de Tomaso lanzó este sedán turbo de dos o cuatro puertas. Tenía un buen comportamiento, pero su apariencia y calidad lo hicieron fracasar.

△ BMW M3 1988

Origen Alemania

Motor 2302 cm³, cuatro en línea

Velocidad máxima 230 km/h

Al acondicionar el E30 serie 3 para carreras, BMW produjo uno de los coches más emblemáticos de la década. Tenía una lujosa tapicería y gran rendimiento y comportamiento.

◁ Vauxhall Lotus Carlton 1989

Origen Alemania/Reino Unido

Motor 3615 cm³, seis en línea

Velocidad máxima 285 km/h

Esta versión modificada del sedán Carlton fue vendida en Europa continental como Opel-Lotus Omega, con motor más grande y dos turbos, que daban un rendimiento sensacional.

▽ **Audi V8 DTM 1988**

Origen Alemania
Motor 4172 cm³, V8
Velocidad máxima 246 km/h

El V8 de 4,2 litros y tracción a las cuatro ruedas dio a Audi credibilidad como fabricante de sedanes de buenas prestaciones. Este más pequeño, de 3,6 litros, ganó el Campeonato DTM alemán en 1990 y 1991.

△ **Ford Sierra XR4i 1983**

Origen Reino Unido/Alemania
Motor 2792 cm³, V6
Velocidad máxima 208 km/h

Este último *muscle car* de tracción trasera hecho por Ford Europa, era emocionante en piso húmedo. Su punto fuerte era la alta velocidad de crucero, pues su alerón lo mantenía estable.

△ **Ford Taurus SHO 1989**

Origen Estados Unidos
Motor 2986 cm³, V6
Velocidad máxima 230 km/h

Ford encargó motores Yamaha para un deportivo que iba a construir. Cancelado el proyecto, los motores se usaron en el SHO de edición limitada, tan popular que pasó a producción.

◁ **Ford Sierra Cosworth RS500 1987**

Origen Reino Unido/Alemania
Motor 1993 cm³, cuatro en línea
Velocidad máxima 240 km/h

Con entre 224 y 300 CV, frenos de gran eficacia y *spoilers* enormes, este turbo de homologación especial mantuvo al Sierra a la vanguardia de las carreras de turismos. Solo se fabricaron 500 unidades.

△ **Lancia Thema 8.32 1987**

Origen Italia
Motor 2927 cm³, V8
Velocidad máxima 240 km/h

El costoso Lancia Thema 8.32, con los mejores acabados, montaba el motor del Ferrari 308, modificado para el peso del sedán.

◁ **Volkswagen Golf Rallye G60 1989**

Origen Alemania
Motor 1763 cm³, cuatro en línea
Velocidad máxima 216 km/h

Algunas personas pensaban que el Golf GTI no era veloz, pero Volkswagen produjo durante un año el G60 Turbo de tracción a las cuatro ruedas. Sorprendió que no se usara para rallies.

Gran diseño italiano

Las compañías italianas de diseño, creadoras de innovadores conceptos desde la década de 1920, fueron la fuerza más influyente del diseño en el mundo del automóvil de los ochenta. Los diseñadores italianos no solo impusieron la moda, sino conceptos enteros, como el estilo de la carrocería *hatchback*, añadiendo elegancia a cualquier modelo, desde *runabouts* baratos hasta supercoches de motor central.

△ DeLorean DMC-12 1981

Origen Reino Unido

Motor 2849 cm³, V6

Velocidad máxima 195 km/h

Lotus elaboró el chasis y Giugiaro diseñó la carrocería. El coche protagonizó la película *Regreso al futuro*. Pero el DeLorean tenía problemas de calidad y dejó de producirse en 1982.

△ Hyundai Excel/Pony 1985

Origen Corea del Sur

Motor 1468 cm³, cuatro en línea

Velocidad máxima 154 km/h

En 1975, Hyundai contrató a Italdesign para diseñar su primer Pony, sustituido diez años después con este modelo similar, pero con tracción delantera. Se fabricó hasta 1994.

△ Škoda Favorit 1987

Origen Checoslovaquia

Motor 1289 cm³, cuatro en línea

Velocidad máxima 148 km/h

Bertoni diseñó el primer modelo de Škoda con motor delantero y tracción a las cuatro ruedas. Fue de los más populares de Europa Oriental, sencillo y con un único motor disponible.

△ Lancia Delta Integrale 1987

Origen Italia

Motor 1995 cm³, cuatro en línea

Velocidad máxima 216 km/h

El Delta de Giugiaro era muy moderno para su época y fue Coche del Año en Europa en 1980. Este es el desarrollo 4x4 Rally de lo que fue un coche para ir de compras.

◁ Chrysler TC by Maserati 1989

Origen Italia

Motor 2213 cm³, cuatro en línea

Velocidad máxima 209 km/h

El TC, aunque fue construido en Italia por Maserati, tenía motor turbo Chrysler y fue diseñado en los Estados Unidos. Tres años de gestación fue demasiado tiempo para salir a la calle y se vendió poco.

△ Citroën BX 1982

Origen Francia

Motor 1905 cm³, cuatro en línea

Velocidad máxima 171 km/h

El BX, diseñado por Marcello Gandini de Bertone, vendió 2,3 millones en 12 años. Usó la plataforma del Peugeot 405, con suspensión hidroneumática y motores de 1,1 a 1,9 litros.

▷ Peugeot 405 1987

Origen Francia

Motor 1905 cm³, cuatro en línea

Velocidad máxima 187 km/h

El 405, diseñado por Pininfarina, construido en Europa hasta 1997 y aún fabricado en Irán, fue el Coche Europeo del Año en 1988 y vendió 2,5 millones en todo el mundo. Tenía motores de 1,4 a 2,0 litros.

◁ Volvo 780 1986

Origen Suecia/Italia

Motor 2849 cm³, V6

Velocidad máxima 183 km/h

Fabricado por Bertone, el Volvo 780 se hizo con un eje trasero impulsor y un motor de poca potencia. En 1988, estos fueron reemplazados por suspensión trasera independiente y un turbo.

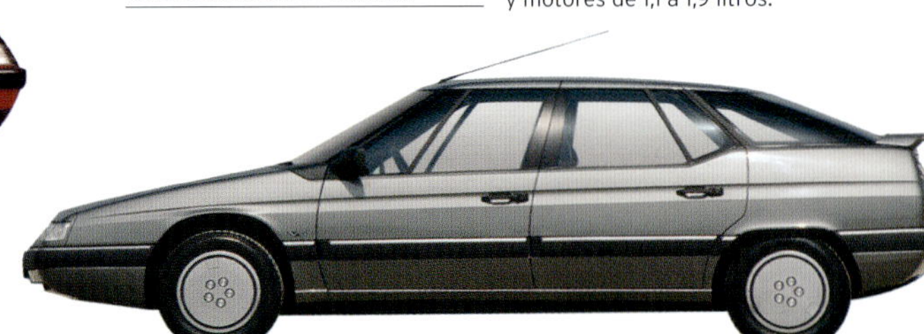

△ Citroën XM 1989

Origen Francia

Motor 2975 cm³, V6

Velocidad máxima 230 km/h

El XM, grande y elegante, diseñado por Bertone, y derivado del Citroën BX de Gandini, tenía motores de 2,0 a 3,0 litros y suspensión hidroneumática controlada electrónicamente.

△ **Fiat Panda 1980**

Origen Italia
Motor 1100 cm³, cuatro en línea
Velocidad máxima 138 km/h

Este sencillo coche de Giorgetto Giugiaro marcó el estilo para los Fiat de los ochenta. Se mejoró con motores de 650 a 1100 cm³ e incluso un 4x4 y se vendió hasta 2003.

◁ **Fiat Strada/Ritmo Cabriolet 1983**

Origen Italia
Motor 1498 cm³, cuatro en línea
Velocidad máxima 166 km/h

Bertone dio a Fiat el *hatchback* familiar con el diseño más especial de la década. Al principio no fue popular por ser demasiado radical, pero cuando se lanzó el Cabriolet 1983, ya era mayor de edad.

◁ **Fiat Croma 1985**

Origen Italia
Motor 2500 cm³, cuatro en línea
Velocidad máxima 195 km/h

Giorgetto Giugiaro diseñó este gran sedán *hatchback* familiar con motores de 1,6 a 2,5 litros. Fue el primer coche de pasajeros en el mundo con un motor diésel de inyección directa.

△ **Isuzu Piazza Turbo 1980**

Origen Japón
Motor 1996 cm³, cuatro en línea
Velocidad máxima 204 km/h

La marca japonesa de GM encargó a Giugiaro el diseño de su nuevo y veloz *coupé*. Desde 1983 se vendió en Estados Unidos y en 1985, en Europa. Al principio tuvo problemas de manejo.

◁ **Ferrari Mondial Cabriolet 1984**

Origen Italia
Motor 2926 cm³, V8
Velocidad máxima 235 km/h

Pininfarina diseñó este coche impactante en forma de cuña y motor central, que era aún más atractivo descapotado, ya que no tenía barra antivuelco. Sus prestaciones eran excitantes.

△ **Lotus Etna 1984**

Origen Reino Unido/Italia
Motor 3946 cm³, V8
Velocidad máxima 290 km/h

El Etna, diseñado por Giugiaro para Italdesign, fue un prototipo no apto para carreras hasta 2008, cuando finalmente compitió con un motor V8, derivado del Esprit *slant-four*.

△ **Cadillac Allanté 1987**

Origen Estados Unidos/Italia
Motor 4087 cm³, V8
Velocidad máxima 192 km/h

La carrocería de este *roadster* de lujo era construida en Italia y llevada a Estados Unidos para ensamblarse al chasis del Cadillac. El coche fue criticado por su tracción delantera.

▷ **Aston Martin V8 Vantage Zagato 1986**

Origen Reino Unido/Italia
Motor 5340 cm³, V8
Velocidad máxima 298 km/h

Muy similar al DB4 GT Zagato de la década de 1960, de este V8 solo se hicieron 50 *coupés* y 25 descapotables en 1986. Era poco elegante, muy rápido y también costoso.

DeLorean DMC-12

Es difícil separar al DeLorean del escándalo financiero que lo afectó. Promovido como un coche deportivo «ético» –seguro y duradero–, con idea de John Zachary DeLorean, antiguo director de General Motors, fue financiado por el gobierno británico, que montó una fábrica en Irlanda del Norte. Las malas prácticas comerciales, el despilfarro desenfrenado, su baja calidad y las expectativas de mercado poco realistas para el DeLorean debilitaron sus ventas, que no coincidieron con los despliegues fastuosos. El negocio fracasó.

EL DELOREAN entró en producción en 1981 conservando las puertas en ala de gaviota y el revestimiento de acero inoxidable del prototipo de 1977. Por lo demás, el coche se rediseñó casi por completo en Lotus. Los planes incluían un motor Wankel de montaje central, pero se usó un motor Renault V6 situado detrás del eje trasero. Pese a tener el peso detrás, el coche tenía un buen comportamiento. La compañía británica dejó de lado la carrocería de plástico del DeLorean, hecha de «sándwich» de fibra de vidrio con relleno de espuma, y la sustituyó por un chasis Lotus con túnel central de acero y cuerpo de fibra de vidrio en dos piezas, utilizando su avanzado proceso de moldeo por inyección asistida.

El DeLorean empezó a fabricarse en la nueva factoría poco después, sobre todo gracias a Lotus, pero la prisa por lanzar el coche tuvo como sonsecuencia una desastrosa calidad inicial. Sin embargo, el coche soñado de John Z. DeLorean encontró un lugar eterno en la cultura popular, tras ser el vehículo con el que Michael J. Fox viajó en el tiempo en la película *Regreso al futuro,* la más taquillera de 1985.

ESPECIFICACIONES	
Modelo	DeLorean DMC-12, 1981-82
Ensamblaje	Dunmurry, Irlanda del Norte
Producción	Aproximadamente 9000
Construcción	Chasis con túnel central en acero
Motor	2849 cm^3, V6 OHC
Potencia	130 CV a 5500 rpm
Transmisión	Manual de cinco velocidades
Suspensión	Muelles independientes
Frenos	De disco en las cuatro ruedas
Velocidad máxima	195 km/h

Logotipo del fundador
El logotipo simétrico DMC era la abreviatura de DeLorean Motor Company. El modelo fue DMC-12. John Z. DeLorean estuvo involucrado en el desarrollo de diversos coches para la División Pontiac de GM.

VISTA FRONTAL CON PUERTAS ABIERTAS

VISTA FRONTAL

VISTA TRASERA

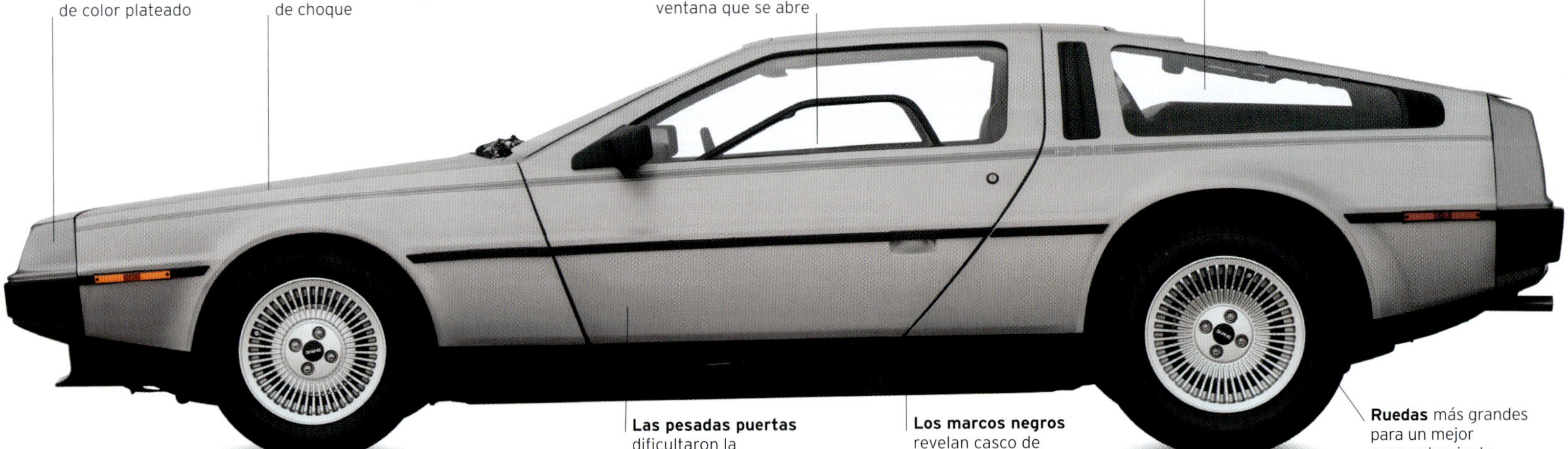

Más diseño que función
Las puertas en ala de gaviota no tenían ningún propósito específico, aunque DeLorean citaba los beneficios de seguridad de los marcos altos. Pero su aspecto era espectacular, al igual que el revestimiento de acero inoxidable de la carrocería. Tanto las puertas como el revestimiento se usaron como argumentos de venta, a pesar de que añaden peso y complicación. Se optó por el revestimiento de acero resistente a la corrosión, porque la carrocería original en «sándwich plástico» no se podía pintar bien. Con esta solución, de hecho, se eliminaba la necesidad de pintar.

EL EXTERIOR

El aspecto del DeLorean está dominado por las llamativas puertas en ala de gaviota, razón por la cual John Z. DeLorean insistió en ellas. El estilo de bordes afilados es típico de la producción del diseñador Giorgetto Giugiaro en la década de 1970. El motor trasero facilita el tratamiento del tren delantero. Al margen de lo que se piense de este automóvil o de su creador, la eficacia de su diseño es innegable.

1. DMC significa DeLorean Motor Company **2.** Emblema **3.** Los faros son unidades rectangulares estándares en Estados Unidos **4.** Manillas de las puertas integradas en franja de caucho **5.** Ranuras traseras para refrigerar el motor **6.** Ruedas de aleación, exclusivas del DeLorean **7.** Lamas que dificultan la visión trasera **8.** Diseño de luz trasera, único del DMC-12

1

2

3

4

5

EL INTERIOR

Los ocupantes se ubican en «sándwich» entre el amplio túnel central, requerido por la geometría del chasis, y los marcos altos de las puertas en ala de gaviota. Los gruesos pilares delanteros y traseros limitan la visión, y los primeros coches con interior negro resultaban un poco claustrofóbicos; de ahí el uso del gris en la tapicería de unidades posteriores. El *coupé* de dos puertas no contaba con asientos traseros.

9. Puertas sostenidas por barras de torsión y amortiguadores de gas **10.** Habitáculo cómodo, incluso para conductores altos **11.** Asientos de cuero. Detrás, red para maletas **12.** Volante sin airbag, en contra de los planes iniciales **13.** Mandos sencillos **14.** Instrumentación clara pero completa

10

9

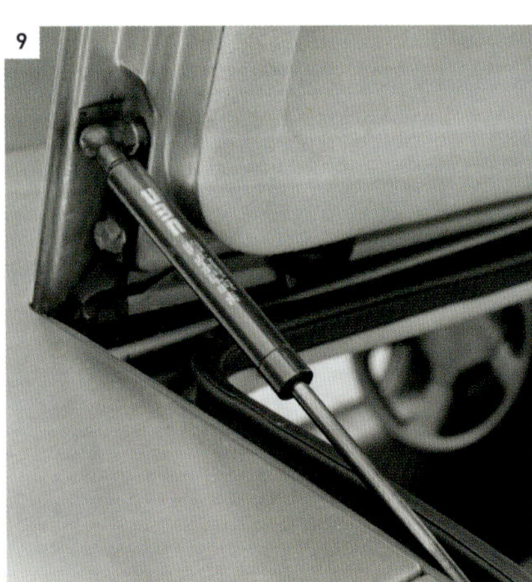

11

12

13

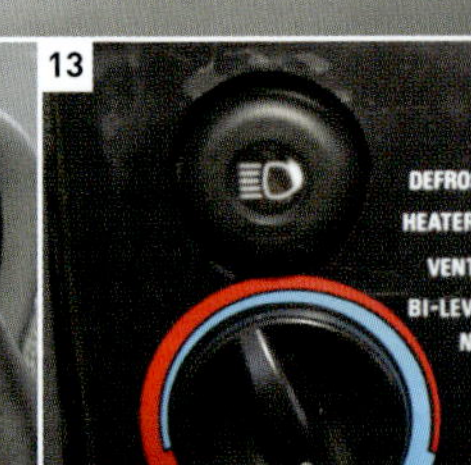

14

6

7

8
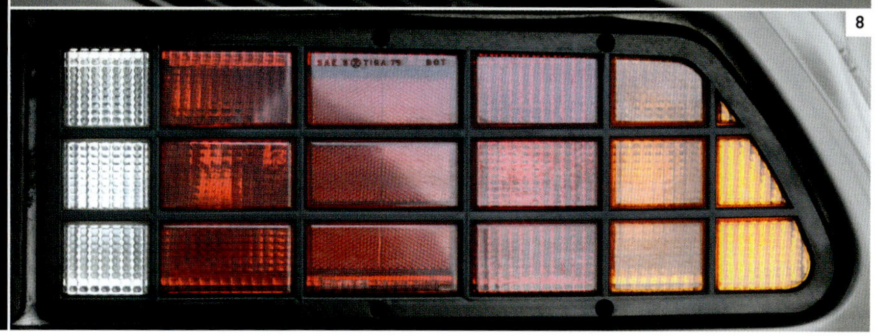

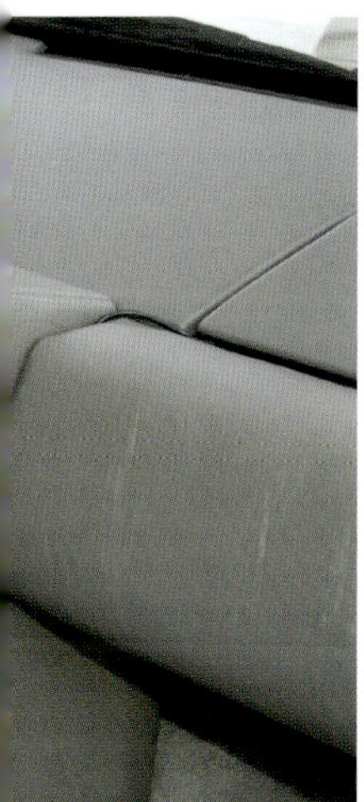

BAJO EL CAPÓ

El motor V6 francés, totalmente de aleación, fue usado también por el Renault 30, el Peugeot 604 y el Volvo 264. En la especificación compatible con las normas de emisiones de Estados Unidos, daba solo 130 CV y tardaba 10,5 segundos en pasar de 0 a 100 km/h. Esto puso el DeLorean en desventaja de rendimiento ante su competidor, el Porsche 911SC, solo un poco más costoso, ligero y con 172 CV de potencia. DeLorean planificó una versión de doble turbo, que nunca se concretó.

15. Para los estándares actuales, distribución desordenada **16.** Aire acondicionado **17.** Depósito de combustible delantero con boca de llenado bajo el capó

15

16

17

Porsche 911
seis cilindros opuestos

El 356, el primer coche deportivo de Porsche, utilizó muchos componentes Volkswagen, incluido el motor de cuatro cilindros opuestos. Cuando se necesitó un motor totalmente nuevo para el 911, Porsche conservó el diseño de cilindros horizontales y opuestos y refrigeración por aire, pero lo aumentó a seis cilindros. El resultado fue uno de los motores de altas prestaciones más carismáticos y duraderos de todos los tiempos.

Seis mejor que cuatro
Al inicio de la década de 1960 el motor Porsche de cuatro cilindros opuestos, utilizado en el 356, había agotado su potencial de desarrollo. Su sustituto de seis cilindros daba la potencia extra que necesitaba el nuevo modelo 911. Su diseño permitió aumentar progresivamente la cilindrada del motor en futuros desarrollos del 911.

ÉXITO DURADERO

Un indicador de la calidad del diseño original de seis cilindros opuestos de Porsche es que su producción se mantuvo durante más de 30 años, con muchas variantes que aumentaron su capacidad, incluidas las versiones turbo. Tanto el 911 como su único motor se negaron a morir. Mientras que el 911 sigue, el motor fue reemplazado en 1998, cuando Porsche mantuvo el diseño pero la refrigeración por aire fue sustituida por refrigeración por agua. Una de las ventajas es que, por primera vez en el 911, Porsche pudo utilizar cuatro válvulas por cilindro y explotar la mejor aireación (flujo de aire) resultante.

ESPECIFICACIONES DEL MOTOR	
Fechas de producción	1963-1998 (refrigerado por aire)
Cilindros	Seis opuestos
Configuración	Longitudinal, de montaje trasero
Cilindrada	1991 cm³, progresivamente aumentada hasta 3746 cm³
Potencia	128 CV a 6200 rpm (al final 402 CV con dos turbos)
Tipo	Motor de gasolina convencional de cuatro tiempos con pistones alternativos, refrigerado por aire, delco de encendido (más tarde sin delco) y cárter húmedo
Culata	SOHC por bancada, cadena de transmisión; dos válvulas y (más tarde) dos bujías por cilindro
Alimentación	Carburador / inyección
Diámetro y carrera	80 mm x 66 mm
Potencia	64,3 CV/litro
Compresión	9,0:1

▷ **Ver pp. 352-353** Cómo funciona un motor

Perfil bajo
Aunque en esta fotografía de un motor de 1994 los cilindros y el cárter están ocultos, se aprecia la posición baja y ancha del motor, que ayuda a que este se ajuste correctamente a la parte posterior del 911, a la vez que el bajo centro de gravedad mejora la adherencia.

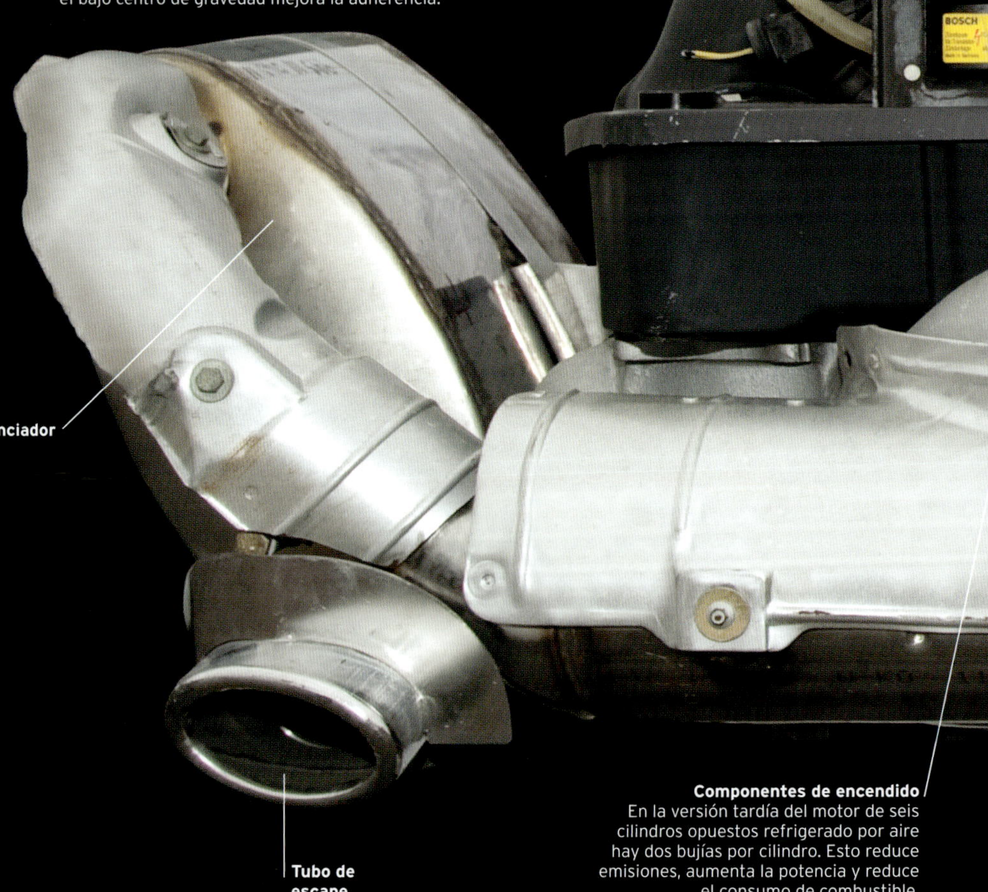

Componentes de encendido
En la versión tardía del motor de seis cilindros opuestos refrigerado por aire hay dos bujías por cilindro. Esto reduce emisiones, aumenta la potencia y reduce el consumo de combustible.

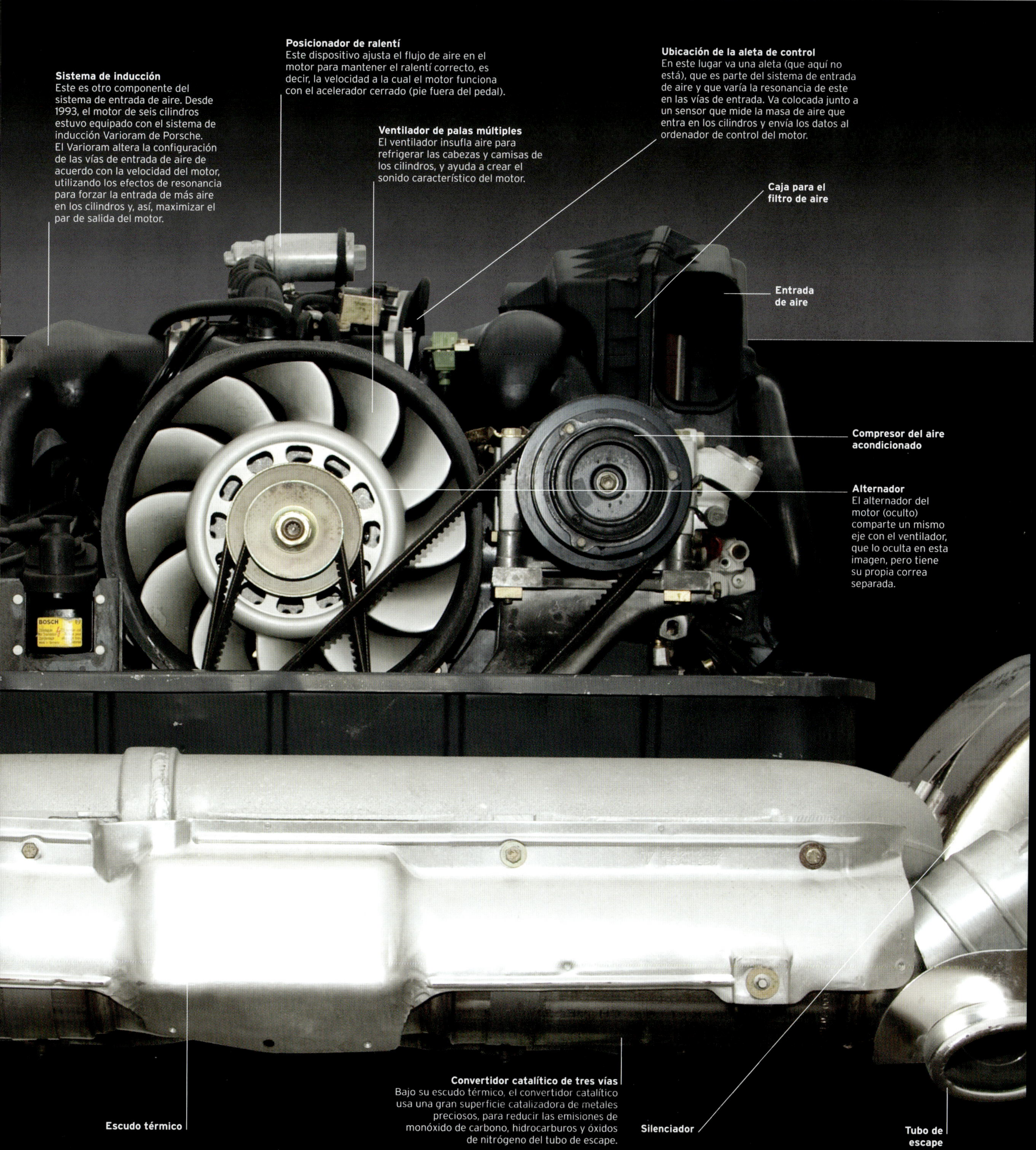
Sistema de inducción
Este es otro componente del sistema de entrada de aire. Desde 1993, el motor de seis cilindros estuvo equipado con el sistema de inducción Varioram de Porsche. El Varioram altera la configuración de las vías de entrada de aire de acuerdo con la velocidad del motor, utilizando los efectos de resonancia para forzar la entrada de más aire en los cilindros y, así, maximizar el par de salida del motor.
Posicionador de ralentí
Este dispositivo ajusta el flujo de aire en el motor para mantener el ralentí correcto, es decir, la velocidad a la cual el motor funciona con el acelerador cerrado (pie fuera del pedal).
Ventilador de palas múltiples
El ventilador insufla aire para refrigerar las cabezas y camisas de los cilindros, y ayuda a crear el sonido característico del motor.
Ubicación de la aleta de control
En este lugar va una aleta (que aquí no está), que es parte del sistema de entrada de aire y que varía la resonancia de este en las vías de entrada. Va colocada junto a un sensor que mide la masa de aire que entra en los cilindros y envía los datos al ordenador de control del motor.
Caja para el filtro de aire
Entrada de aire
Compresor del aire acondicionado
Alternador
El alternador del motor (oculto) comparte un mismo eje con el ventilador, que lo oculta en esta imagen, pero tiene su propia correa separada.
Escudo térmico
Convertidor catalítico de tres vías
Bajo su escudo térmico, el convertidor catalítico usa una gran superficie catalizadora de metales preciosos, para reducir las emisiones de monóxido de carbono, hidrocarburos y óxidos de nitrógeno del tubo de escape.
Silenciador
Tubo de escape

Lamborghini Countach

Esta máquina rara y exótica para las carreteras, imagen del auge del supercoche en la década de 1970, fue presentada por primera vez como prototipo en la primavera de 1971. La edición del 25.º aniversario, para celebrar la aparición de Lamborghini en 1962, era básicamente el mismo coche, pero en 1988 poseía una reputación casi mítica por su diseño de motor central y la emoción que producía. La palabra *countach* viene de un dialecto de la región del Piamonte en el norte de Italia: expresa la aprobación de los hombres al ver una mujer hermosa.

DESPUÉS DE QUE VARIOS prototipos de supercoches de motor central fascinaran al público en salones del automóvil a finales de los años sesenta, Lamborghini y la casa de diseño Bertone decidieron ser los primeros en ofrecer al público uno de estos coches. Los ingenieros de Lamborghini se encargaron de diseñar el chasis tubular *spaceframe* para el Proyecto 112. En él se instaló, detrás de los dos asientos pero por delante de las ruedas traseras, el motor V12 del Lamborghini Miura. Este se montó longitudinalmente, con la caja de cambios de cinco velocidades delante y el eje de transmisión pasaba por el cárter de aceite hasta el diferencial trasero. Marcello Gandini, gran diseñador de Bertone, creó el diseño de cuña y el coche se hizo con aluminio de tipo aeronáutico. El prototipo se llamó LP500. En 1974 salió el primero de producción, el Countach LP400, con motor de 3929 cm³.

VISTA FRONTAL

VISTA TRASERA

VISTA LATERAL

Signo zodiacal del fundador
Ferruccio Lamborghini, fundador de la compañía, bautizó el Lamborghini Miura por el conocido criador de toros español Antonio Miura. Pero el emblema de la compañía de un toro embistiendo representó a Tauro, el signo zodiacal de Ferruccio, quien vendió su empresa en 1971, tres años antes de que el Countach saliera a la venta.

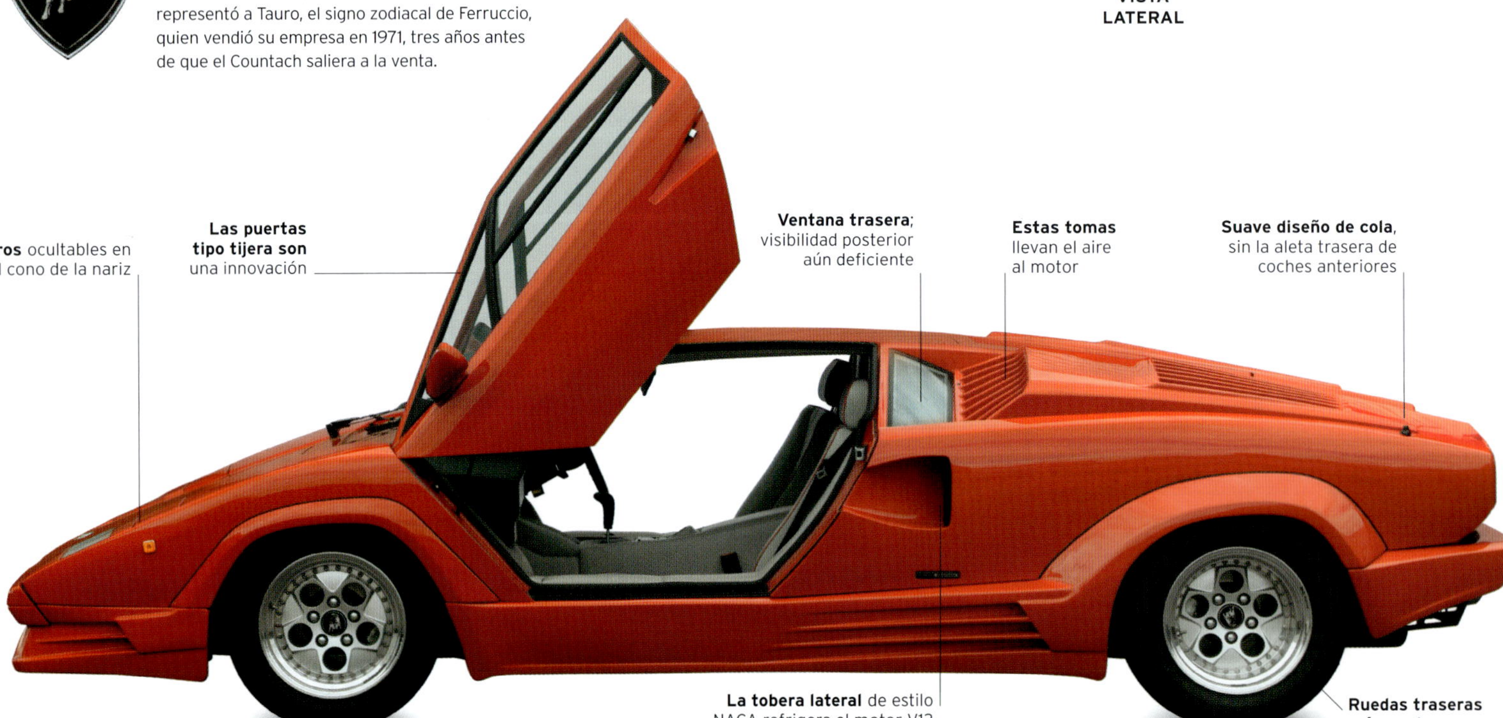

Tijeras emblemáticas
Las puertas tipo tijera son con seguridad la característica más distintiva del Countach, como se ve aquí en esta edición del 25.º aniversario. Se abren al mismo tiempo hacia arriba y adelante, facilitando el acceso en espacios reducidos. Bertone las diseñó como una solución a los altos marcos inherentes al estilo de coche de competición del chasis tubular.

ESPECIFICACIONES	
Modelo	Lamborghini Countach, 1974 al 90
Ensamblaje	Sant'Agata Bolognese, Italia
Producción	2042 (incluidos 650 coches de la edición de aniversario)
Construcción	Chasis *spaceframe*, paneles de aluminio
Motor	3929 a 5167 cm^3, V12
Potencia	448 CV (5,2 l) a 7000 rpm
Transmisión	Manual de cinco velocidades
Suspensión	Muelles independientes
Frenos	Discos en las cuatro ruedas
Velocidad máxima	295 km/h (5,2 l)

EL EXTERIOR

El Countach fue el primer coche de altas prestaciones de calle con forma de cuña. Es bajo y ancho, con muy poca área frontal, y énfasis en la parte trasera, donde varios orificios envían aire al motor, para evitar que se caliente en exceso si se fuerza la mecánica. La visibilidad posterior es casi nula, agravada aún más por los perfiles aerodinámicos instalados en muchos coches. Este modelo del 25.° aniversario tiene extensiones a la medida de los pasos de rueda y faldones laterales.

1. Placa en minúsculas **2.** El emblema del toro embistiendo indica rendimiento **3.** Los faros ocultables preservan la pureza de las líneas **4.** Manilla de la puerta en la toma de aire **5.** Llantas ligeras de aleación **6.** «Diseñado por Bertone» **7.** Toma de aire **8.** Manilla interior de la puerta **9.** Lamas traseras de aireación **10.** Luces traseras en grupo, únicas para la edición del 25.° aniversario

1

2

3

4

EL INTERIOR

El cómodo habitáculo para dos personas destaca por el ángulo de los dos asientos tipo baquet, que dan impresión auténtica de coche de carreras adaptado para uso en carretera. Muchos de los controles y los componentes más pequeños de coches italianos especializados como este proceden de modelos de gran producción, con frecuencia Fiats, pero el trabajo artesanal de la tapicería de cuero compensa lo anterior y crea un ambiente exclusivo.

11. Volante recubierto de cuero delante de agradables controles en blanco y negro **12.** Botones para los controles menores y un equipo Alpine de alta tecnología **13.** Orificios de ventilación integrados **14.** Controles del ajuste eléctrico de los asientos **15.** Pomo de palanca de cambios de cuero y con diagrama **16.** La caja de cambios está entre los asientos

11

12

13

14

15

16

5

7

8

9

6

10

BAJO EL CAPÓ

En el corazón del Lamborghini está su motor, obra maestra hecha a mano. Todos los Countachs tienen motor V12, y el coche del 25.° aniversario es una versión de 5,2 litros que montaba seis carburadores Weber para los mercados europeos, o inyección Bosch K-Jetronic para Estados Unidos, que reducía la potencia en 35 CV para cumplir con unas emisiones de escape más limpias. El motor y todos sus elementos son accesibles a través de una abertura de la cubierta del motor en la cola del coche.

17

17. El motor V12 diseñado por Giotto Bizzarrini fue presentado en 1963, y aún se fabrica hoy en día, con el doble de cilindrada.

Biplazas excitantes

La década de 1980 fue la de los profesionales jóvenes, o *yuppies*, cuyos coches son un rico patrimonio de *roadsters* y *coupés*. Cada uno tenía su propio estilo en un momento en que, en retrospectiva, los fabricantes en general no tenían problemas para cumplir con las exigencias de la normativa sobre seguridad. Los clásicos se mezclaban con recién llegados que alardeaban de su tracción delantera o a las cuatro ruedas. La potencia bruta de la vieja guardia competía con la tecnología de vanguardia. Quedaba poco espacio para los niños.

△ Aston Martin Bulldog 1980
Origen Reino Unido
Motor 5340 cm^3, V8
Velocidad máxima 307 km/h

Fue un Aston Martin de fantasía: motor central, doble turbo y puertas en ala de gaviota que causaron gran impacto en el mundo automovilístico de 1980. El único construido alcanzó 306 km/h en pruebas.

△ Alfa Romeo Spider 1982
Origen Italia
Motor 1567-1962 cm^3, cuatro cilindros
Velocidad máxima 190 km/h

Lanzado en 1966 y rediseñado en 1982. Los puristas criticaron los parachoques y el alerón de cola de goma, pero esto lo mantuvo dentro de la normativa en Estados Unidos.

△ Pontiac Firebird Trans Am 1982
Origen Estados Unidos
Motor 5001 a 5733 cm^3, V8
Velocidad máxima 225 km/h

El Firebird de tercera generación, el más aerodinámico en la historia de GM, fue un *coupé* 2+2. Todos los Trans-Am tenían motor V8. Uno de ellos fue KITT de la serie televisiva *El coche fantástico*.

▽ Chevrolet Corvette Convertible 1986
Origen Estados Unidos
Motor 5733 cm^3, V8
Velocidad máxima 229 km/h

El Corvette se rediseñó en 1983, y tres años más tarde apareció una opción descapotable. El panel de instrumentos digital fue una característica especial.

△ TVR 350i 1984
Origen Reino Unido
Motor 3528 cm^3, V8
Velocidad máxima 230 km/h

El chasis tradicional de túnel central y el cuerpo de fibra de vidrio del VTR se unieron con el excelente motor de aluminio Rover V8, hecho para una aceleración de bólido.

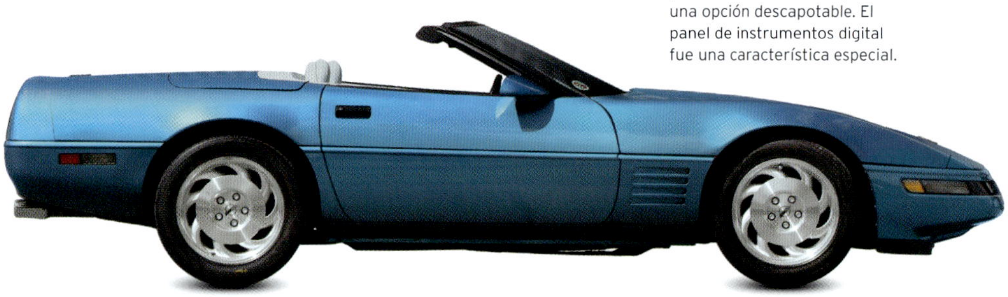

△ Marcos Mantula 1984
Origen Reino Unido
Motor 3528 a 3947 cm^3, V8
Velocidad máxima 241 km/h

El clásico Marcos de la década de 1960 resucitó en los años ochenta con el nombre Mantula. Tenía una capota blanda, un morro aerodinámico y un potente motor V8.

▷ Toyota MR2 1984
Origen Japón
Motor 1587 cm^3, cuatro cilindros
Velocidad máxima 193 km/h

El MR2 no fue el primer coche deportivo asequible con motor central, pero sí el mejor hasta entonces. Fiable y sensible.

▽ Caterham Seven 1980
Origen Reino Unido
Motor 1588 a 1715 cm^3, cuatro cilindros
Velocidad máxima 185 km/h

Basado en la versión de 1968 del Lotus Seven de 1957, fue popular en los años ochenta. Usaba motores Ford, y su manejo y aceleración excitaron a la nueva generación.

△ **Porsche 911 Cabriolet 1982**

Origen Alemania
Motor 2687 a 3299 cm³, seis en oposición
Velocidad máxima 270 km/h

Para los fans del 911 que querían aire fresco, Porsche lanzó una carrocería descapotable en 1982. Se ofreció con motores Carrera y Turbo de serie.

◁ **Porsche 959 1986**

Origen Alemania
Motor 2994 cm³, seis opuestos
Velocidad máxima 306 km/h

Se construyeron doscientos de estos impresionantes automóviles para homologar los 959 en el Grupo B y participar en los rallies. Tenían tracción a las cuatro ruedas, motor con doble turbo de 405 CV y gestión electrónica.

△ **BMW Z1 1986**

Origen Alemania
Motor 2494 cm³, seis cilindros
Velocidad máxima 225 km/h

Era un prototipo pensado para probar suspensiones, pero se decidió comercializarlo y vendió 8000 unidades. Las puertas se deslizaban por el interior del cuerpo de plástico.

△ **Jaguar XJS 1988**

Origen Reino Unido
Motor 5343 cm³, V12
Velocidad máxima 241 km/h

El XJS totalmente descapotable (antes había habido uno de techo *Targa*) tenía capota eléctrica, frenos antibloqueo y motor V12 de Jaguar.

◁ **Ferrari Testarossa 1984**

Origen Italia
Motor 4942 cm³, doce opuestos
Velocidad máxima 291 km/h

Apareció en la serie *Corrupción en Miami;* y simboliza la elegancia de su tiempo. El motor de 390 CV, de aleación, rugía más que el de ningún otro coche del momento.

△ **Lotus Esprit 1987**

Origen Reino Unido
Motor 2174 cm³, cuatro cilindros
Velocidad máxima 262 km/h

El impresionante rendimiento del motor turbo de 2,2 litros del Esprit se convirtió en un gran rival de Ferrari. Para renovarlo, en 1987 se hizo un rediseño del original de Giugiaro.

▷ **Ferrari F40 1987**

Origen Italia
Motor 2936 cm³, V8
Velocidad máxima 323 km/h

Fue el coche de producción más veloz desde 1987 hasta 1989, por sus dos turbos, 478 CV y carrocería ligera de materiales compuestos. Marcó el 40.º aniversario de Ferrari.

△ **Lotus Elan 1989**

Origen Reino Unido
Motor 1588 cm³, cuatro cilindros
Velocidad máxima 219 km/h

Único deportivo de Lotus con tracción delantera. Era agradable de conducir, en parte por la suspensión delantera de horquilla. El motor Isuzu por lo general era turbo.

△ **Lamborghini Countach 1988**

Origen Italia
Motor 5167 cm³, V12
Velocidad máxima 290 km/h

El Countach se rediseñó en sus dos años finales para celebrar el 25.º aniversario del fabricante. Le montaron los neumáticos más anchos disponibles.

Ferrari F40

¡Qué oportuno que el F40 fuera el modelo final encargado por Enzo Ferrari antes de su muerte en 1988! Lanzado en 1987 para celebrar el 40.º aniversario de la marca, fue un superdeportivo que, fiel al espíritu de *Il Commendatore*, incorporaba tecnología de competición a un coche de carretera creando un vehículo realmente estimulante. El ejército de fans de Ferrari estuvo de acuerdo: una larga lista de espera y clientes ricos dispuestos a pagar hasta un millón de dólares para tener el coche de producción más rápido del mundo.

El F40, CON EL ADN y características básicas del igualmente asombroso modelo 288 GTO al que sustituyó, fue diseñado por la legendaria casa Pininfarina, que había dado forma a muchas de las mejores creaciones de Ferrari. Era un *coupé* bello y potente. Por primera vez en un coche de serie para carretera, su motor V8 doble turbo de 478 CV podía llevar a conductor y pasajero a más de 322 km/h.

Originalmente destinado a fabricarse en cantidades muy limitadas, la demanda fue tan alta que Ferrari entregó pedidos hasta 1992, cuando el F40 ya no era el coche de carretera más rápido del mundo. Pero esto no tuvo demasiada importancia para los aficionados de la marca y los críticos especializados, que se quedaban sin superlativos para describir uno de los mejores automóviles de la historia.

VISTA FRONTAL

VISTA TRASERA

Hecho en Módena
El logotipo de Ferrari, conocido como el *Cavallino Rampante*, un caballo haciendo cabriolas, proviene de un as de la aviación italiana, que decoró su avión con el caballo. La placa lleva los colores de la bandera italiana, mientras que el fondo amarillo es el color de Módena, la ciudad natal de Ferrari.

VISTA LATERAL

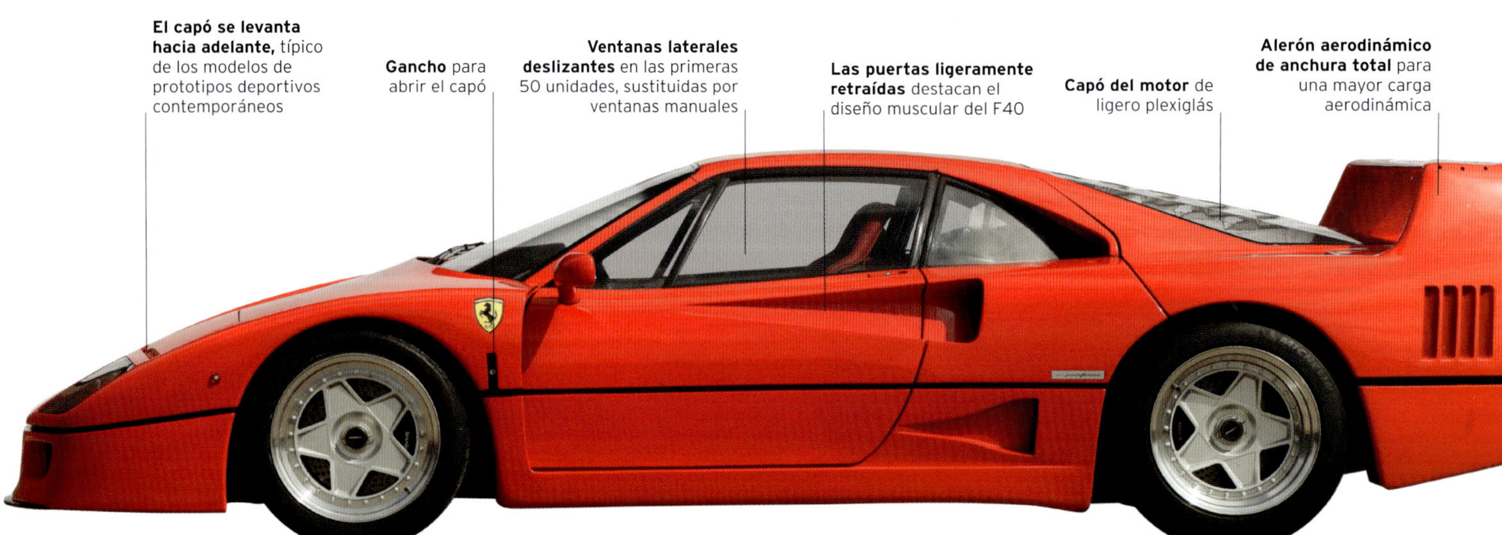

Un diseño contra el viento
En el F40, la aerodinámica y el flujo de aire determinaron todos los aspectos del diseño, desde su morro inclinado, hasta las tres entradas de aire de la parte delantera del coche: una central y grande para el radiador, dos laterales pequeñas para los frenos y otras ranuras visibles sobre el capó. Los faros *pop-up* fueron complementados con luces direccionales al mismo nivel y un conjunto de faros antiniebla.

ESPECIFICACIONES			
Modelo	Ferrari F40, 1987 a 2002	**Motor**	2936 cm^3, V8
Ensamblaje	Maranello, Italia	**Potencia**	478 CV a 7000 rpm
Producción	1311	**Transmisión**	Manual de 5 velocidades
Construcción	Sección tubular ovalada en acero y materiales compuestos	**Suspensión**	Delantera y trasera independientes
		Frenos	Discos delanteros y traseros
		Velocidad máxima	324 km/h

EL EXTERIOR

La carrocería del F40, compuesta solo por once paneles, es de fibra de carbono, Kevlar y Nomex, y se ofrecía en un solo color: *Rosso Corsa* o Rojo de Carreras. Los materiales de alta tecnología dieron como resultado un peso en vacío excepcionalmente ligero, de solo 1100 kg que, combinado con el chasis tubular de acero ultrarrígido, dan un comportamiento excepcional. La carrocería tenía varios sutiles respiraderos de distintos tamaños, que aumentaban la sensación imponente del estilo agresivo del F40.

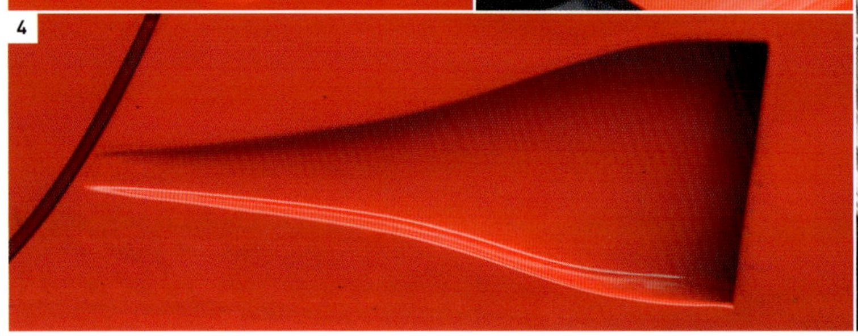

1. Emblema del *Cavallino Rampante* con las iniciales de Scuderia Ferrari, la división de carreras **2.** Logotipo Ferrari sobre la placa trasera **3.** Faros ocultables sustituidos por luces carenadas en F40 modificados para carreras **4.** Tobera de aire para refrigerar el motor **5.** Llanta de diseño tradicional con cinco radios, de carácter deportivo **6.** Tapa con cierre para depósito de gasolina de 120 litros **7.** Logotipo del F40 grabado en el puntal del alerón **8.** Orificios de ventilación en el capó del motor dirigen el aire al alerón **9.** Orificio de ventilación en la base del alerón **10.** Las dos luces traseras circulares, tradicionales de Ferrari **11.** Tres tubos de escape, saliendo del centro

EL INTERIOR

El carácter de competición del F40 se reflejó en el habitáculo desnudo, funcional y austero en extremo. No había lugar para los elevalunas eléctricos, alfombras, ni manillas de puertas; la única concesión al lujo era el aire acondicionado. Los acabados interiores eran prácticamente inexistentes, y los asientos de kevlar cubiertos de tela roja daban el toque único de color en lo que fue un entorno de conducción predominantemente en blanco y negro.

12. Interior, con el volante en primer plano **13.** Claxon **14.** Velocímetro y cuentarrevoluciones con zona de alerta a 8000 rpm **15.** Palanca de cambios cromada de cinco velocidades **16.** Pedales perforados

6

7

8

9

10

11

15

BAJO EL CAPÓ

El poderoso V8 de 90° no solo contaba con dos turbos, sino que tenía dos *intercoolers* para sacar potencia adicional del motor, cuyas cifras de rendimiento fueron excepcionales, con una potencia récord de 478 CV, equivalentes a la asombrosa cifra de 160 CV por litro. La ausencia de dirección asistida y sistema antibloqueo de frenos fue una prueba más de que este ejemplo sublime de la ingeniería estaba dirigido a quienes podían llevar el coche a los extremos.

17. Motor con cilindros de 82 mm de diámetro y 69,5 mm de carrera (recorrido de los pistones) **18.** Silenciador montado en posición horizontal **19.** Muelles y amortiguadores ajustables (últimos modelos) **20.** Almacenamiento

17

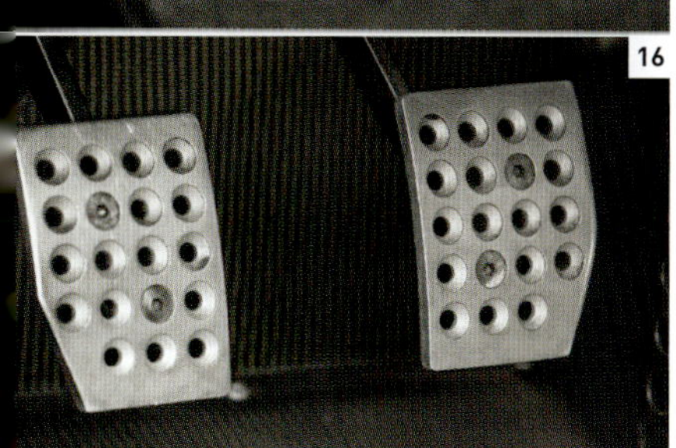
16

18

19

20

Vehículos multiuso

En la década de 1980 el crecimiento del mercado de los *Sport-Utility Vehicle* (SUV) generó potentes 4x4 con gran capacidad para superar las zonas embarradas, y otros más cómodos, pero con limitaciones en terrenos difíciles. Se descubrió un nuevo nicho para coches multiuso (MPV) con espacio para siete asientos, basados en plataformas de coches o furgonetas, y destinados a familias numerosas con mucho equipaje.

◁ Nissan Prairie 1983
Origen Japón
Motor 1809 cm³, cuatro en línea
Velocidad máxima 159 km/h

El Prairie, cuadrado, espacioso y con puertas traseras deslizantes, reveló un nuevo mercado para coches de calle tipo furgoneta, y vendió más de un millón en 6 años. Tenía motores de 1,5 o 1,8 litros.

▷ Nissan Patrol 1982
Origen Japón
Motor 3246 cm³, seis en línea
Velocidad máxima 129 km/h

El Patrol, básico e incómodo en comparación con rivales de categoría, fue un verdadero caballo de batalla con ejes impulsores, muelles semielípticos y motores de cuatro y seis cilindros.

△ Land Rover 88 SIII 1971
Origen Reino Unido
Motor 2286 cm³, cuatro en línea
Velocidad máxima 109 km/h

En los años ochenta el Land Rover básico siguió siendo uno de los mejores todoterrenos. Contaba con pocas comodidades, sobre todo en este modelo que había sido militar.

◁ Land Rover Discovery 1989
Origen Reino Unido
Motor 2495 cm³, cuatro en línea
Velocidad máxima 172 km/h

El Discovery, que llenó el vacío entre el Range Rover de lujo y el Land Rover básico, fue un gran todoterreno diseñado por Terence Conran. Ganó un premio del British Design Council.

△ Mitsubishi Space Wagon 1984
Origen Japón
Motor 1725 cm³, cuatro en línea
Velocidad máxima 156 km/h

Compacto de cinco o siete asientos y tracción en dos o cuatro ruedas, también se vendió como Expo, Chariot y Nimbus, y fue de los primeros MPV.

▽ Mercedes-Benz G-Wagen 1979
Origen Alemania/Austria
Motor 2746 cm³, seis en línea
Velocidad máxima 148 km/h

Los ejes impulsores con muelles dieron al G-Wagen mayor suavidad que su rival Land Rover, pero el alto precio y aspecto básico limitaron las ventas, hasta que Mercedes-Benz lo mejoró en 1991.

△ Plymouth Voyager 1984
Origen Estados Unidos
Motor 2213 cm³, cuatro en línea
Velocidad máxima 154 km/h

La versión Plymouth del Minivan de Chrysler respondió a la moda de los MPV. Antes solo eran furgonetas adaptadas, como el Microbús VW.

▷ Suzuki Vitara 1988
Origen Japón
Motor 1590 cm³, cuatro en línea
Velocidad máxima 140 km/h

De forma inteligente, Suzuki combinó su experiencia todoterreno con las comodidades de los coches de carretera en este *soft-roader* compacto y estableció un nicho de mercado para el cómodo mini 4x4.

△ **Lamborghini LM002 1986**

Origen Italia
Motor 5167 cm^3, V12
Velocidad máxima 201 km/h

Lamborghini dio al LM002 un enorme motor V12 alimentado por seis carburadores Weber. Favorito de los jeques petroleros árabes, era muy veloz en arena.

△ **Daihatsu Sportrak 1987**

Origen Japón
Motor 1589 cm^3, cuatro en línea
Velocidad máxima 143 km/h

El Sportrak, que se vendió en algunos mercados como Rocky o Feroza, fue un agradable compacto 4x4. Las opciones de tracción a dos o cuatro ruedas le daban un buen rendimiento todoterreno.

△ **Renault Espace 1984**

Origen Francia
Motor 1995 cm^3, cuatro en línea
Velocidad máxima 169 km/h

El MPV de Matra necesitó dos años para entrar en producción. Iba a ser Simca pero fue Renault. Tenía armazón interno galvanizado, carrocería de fibra de vidrio y siete asientos removibles.

△ **Pontiac Trans Sport 1989**

Origen Estados Unidos
Motor 3135 cm^3, V6
Velocidad máxima 172 km/h

GM respondió a los Minivans de Chrysler con este MPV de estilo elegante y nariz larga. Tenía armazón galvanizado y paneles de plástico.

△ **Rayton Fissore Magnum 1985**

Origen Italia
Motor 2492 cm^3, V6
Velocidad máxima 168 km/h

Fue construido por Fissore, usando un chasis militar Iveco recortado y tracción a las cuatro ruedas. Tenía motores Fiat/VM/Alfa de 4 o 6 cilindros y un V8 en Estados Unidos donde se vendió como Laforza.

△ **Jeep Cherokee 1984**

Origen Estados Unidos
Motor 2838 cm^3, V6
Velocidad máxima 154 km/h

El primer Jeep cuyo chasis se combinó con una carrocería monocasco de acero soldado fue un coche más civilizado que sus predecesores y se vendió mejor.

△ **Jeep Wrangler 1987**

Origen Estados Unidos
Motor 3956 cm^3, seis en línea
Velocidad máxima 169 km/h

Concebido por AMC para rejuvenecer el modelo básico de Jeep con matices de su antecesor militar, usó motor de 4 cilindros y 2,5 litros o de 6 cilindros y 4,0 litros.

Armand Peugeot (primero a la izquierda) en su Phaeton Tipo 21, 1900

Grandes marcas
Historia de Peugeot

Peugeot puede afirmar con razón que es uno de los fabricantes de coches más antiguos en activo. Ya en el negocio desde mucho antes del advenimiento del automóvil, ha fabricado coches durante más de un siglo y sigue siendo uno de los mayores productores del mundo, después de haber absorbido varios antiguos rivales.

ARMAND PEUGEOT NACIÓ en 1849 en Hérimoncourt, al este de Francia. En 1865 se unió a la empresa metalúrgica familiar, que fabricaba herramientas y productos domésticos. Armand fue el promotor de la fabricación de bicicletas en 1882. Intrigado por la perspectiva de desarrollar un «coche sin caballos», al final de la década había construido un lote de chasis altos con ruedas para propulsarlos con vapor. Pero tras conocer a Gottlieb Daimler y Émile Levassor, abandonó el proyecto. Ellos lo convencieron de que produjera coches basados en un concepto de Daimler. Los vehículos Peugeot fueron propulsados por motores de gasolina de combustión interna, hechos por Panhard et Levassor bajo licencia de Daimler.

Los cinco primeros coches estuvieron listos en 1891, aunque todos de diseño diferente. La fabricación verdadera empezó dos años más tarde, con 24 coches. Peugeot estuvo presente en el nacimiento del deporte automovilístico; participó en 1894 en el Rally de Rouen, en París. En 1895, Peugeot fue la primera marca en adoptar neumáticos en lugar de ruedas de caucho macizo, junto con una transmisión de engranajes deslizantes. La empresa se separó de Daimler y comenzó a diseñar y a construir sus propios motores a partir de 1896. Ese mismo año, Armand Peugeot se liberó de los lazos familiares y creó su propia empresa en Audincourt. En 1900 ya producía 500 coches al año y tres años después la empresa fabricaba la mitad de todos los coches producidos en Francia. Pero mientras su firma crecía, la fortuna personal de Armand Peugout comenzó a disminuir. En 1910 unió fuerzas con su primo Eugenio, que aún manejaba el negocio familiar.

Emblema de Peugeot
(introducido en 2010)

La fábrica Peugeot en Audincourt se modernizó en aras de la eficiencia, y en 1913 dio a conocer el pequeño 6 CV Tipo BP-1, diseñado por Ettore Bugatti. La producción del popular *Bébé*, como fue apodado el BP-1, pasaba de los 3000 coches cuando fue retirado en 1916. El coche de carreras de 7,6 litros de Peugeot, mucho más grande que el *Bébé*, ganó el Gran Premio de Francia de 1912 y al año siguiente las 500 Millas de Indianápolis. Durante la Primera Guerra Mundial, las instalaciones de Peugeot se dedicaron en gran parte a la producción de armamento y vehículos militares. Al terminar la guerra, sus arcas se habían llenado, lo que le permitió expandirse durante la década de 1920, asumiendo el control de las marcas Ballanger y De Dion en 1927.

Cartel deportivo
En este cartel de 1918, el artista René Vincent usa los colores de la bandera francesa como telón de fondo para presentar un coche de carreras Peugeot.

> «**Preparé el terreno para que...** la gente apreciara el automóvil».
>
> ARMAND PEUGEOT, *c.* 1900

Un año después presentó el Peugeot 201, el coche convencional más barato de Francia. El 201 también fue el primer modelo de Peugeot en cuyo nombre había un cero. En la década de 1930 Peugeot se sostuvo durante la Gran Depresión, a pesar de su rápida expansión, de la producción de una gran gama de modelos y una multitud de fábricas ineficientes. Durante la segunda mitad de la década su audacia lo condujo a adoptar los esquemas de diseño aerodinámico de Jean Andreau para los modelos 202, 302 y 402. Sin embargo, no se produjo el éxito comercial esperado: los franceses fueron resistentes a sus encantos y los tres modelos tuvieron una venta lenta. Al igual que sucedió con las demás marcas francesas, las fábricas Peugeot fueron tomadas por los nazis tras la ocupación de Francia en 1940. Después de la guerra, la fabricación se reinició en 1945, y tres años más tarde empezó la producción del 203, primer modelo nuevo de Peugeot. Aunque utilizaba partes de los modelos de la preguerra, el 203 era amplio, muy a tono con los tiempos, y su éxito fue duradero: hacia el final de su producción en 1960, se habían fabricado casi 700 000. El elegante sedán 403 de 1955, diseñado por Pinin Farina (más tarde Pininfarina), se vendió aún mucho más. En 1960 le siguió el 404, que utilizó una versión del motor de 1618 cm^3 con inclinación de 45°. Los 404 fueron suficientemente resistentes para ganar

402 Éclipse Décapotable
La versión descapotable del Peugeot 402 familiar ofreció un techo rígido retráctil de accionamiento eléctrico, el primero de su tipo en el mundo.

BP-1 (*BÉBÉ*)

403

205 TURBO 16

908 HDi FAP

1810 Peugeot inicia su vida comercial fabricando herramientas de acero.
1889 Comienza la producción de automóviles bajo el emblema Peugeot Frères.
1890 Armand Peugeot presenta su prototipo Peugeot Tipo 2 con motor de gasolina.
1895 Peugeot es el primer fabricante en utilizar neumáticos y no ruedas de caucho macizo en sus coches.
1912 Gana el Gran Premio de Francia.
1913 Jules Goux gana las 500 Millas de Indianápolis con su Peugeot de 7,6 l.

1923 Por primera vez, la producción anual pasa de 10 000 vehículos.
1926 Se fabrica el coche Peugeot número 100 000.
1928 Se divide la empresa en Peugeot Autos y Peugeot Cycles (fábrica de artefactos para el hogar).
1934 El Éclipse Décapotable 402 es el primer convertible del mundo con techo duro de retracción eléctrica.
1955 Llega el sedán 403, primer fruto de una relación duradera con Pininfarina.

1965 El 204, primer modelo Peugeot con tracción delantera. En 1967 ofrece el motor diésel con menor capacidad.
1969 La producción total de vehículos sobrepasa los 5 millones.
1974 Peugeot tiene participación de control en Citroën, en 1976 es del 90 por ciento.
1978 Peugeot adquiere una participación en Chrysler Europa, llegando a ser la productora número uno de Europa.
1979 Por primera vez en el mundo, Peugeot ofrece un motor diésel turbo, en su 604.

1985 El equipo Peugeot gana el Campeonato Mundial de Rallies de pilotos y fabricantes, con su 205 T16.
1987 Peugeot obtiene la primera de cuatro victorias consecutivas en el París-Dakar.
2009 Los diésel 908 HDi FAP terminan primero y segundo en Le Mans, y rompen una década de hegemonía de Audi en la clase.
2012 El 3008 Hybrid4 es el primer coche híbrido diésel-eléctrico del mundo.
2018 El 508 berlina para Europa y China obtiene su propia versión limusina.

Turbo en la nieve
Ari Vatanen y Terry Harryman se impusieron en el Rally de Suecia de 1985 a los mandos de su Peugeot 205 Turbo 16. Su victoria ayudó a Peugeot a ganar el Campeonato de constructores.

el East African Rally Safari en cuatro de seis participaciones entre 1963 y 1968. Siguieron más modelos, muchos de ellos diseñados por Pininfarina, incluyendo el 504 de 1968, uno de los Peugeot más característicos. A pesar del éxito de sus sedanes, Peugeot fue perdiendo mercado porque no disponía de un coche pequeño. La compañía trató de solucionar esto con el 204, que finalmente estuvo listo en 1965.El 204 fue el primer Peugeot con tracción delantera (pronto una característica estándar de la marca) y entre 1965 y 1976 se fabricaron más de 1,5 millones del 204.

A finales de los años sesenta y principios de los setenta, Peugeot se embarcó en empresas conjuntas con otras marcas, como Volvo y Renault. En 1974 la empresa adquirió una importante participación en su rival Citroën, que dos años después subió al 90 %. Esto duplicó el volumen de negocio y la capacidad de producción de Peugeot, pero aun así sus objetivos expansionistas no estaban satisfechos, y en 1978 adquirió las filiales europeas de Chrysler. La nueva compañía matriz, Peugeot Société Anonyme (PSA), se enfocó en mantener identidades separadas para Peugeot y Citroën, aunque compartieran recursos. Mientras que los modelos Citroën perdieron más tarde parte de su idiosincrasia, los de Peugeot se mantuvieron firmes. En 1983, Peugeot se anotó un gran éxito con su *hatchback* 205, que utilizaron para restablecerse como una marca potencia en rallies; ganaron el Campeonato del Mundo de Rallies en 1985 y 1986, y el de Coches Sport en 1992. La marca también regresó a la pista de carreras, venciendo en 2009 en las 24 Horas de Le Mans con su 908 HDi FAP de motor diésel. En 2012, Peugeot desarrolló coches diésel híbridos de carretera, y se expandió en América Latina y China. La familia Peugeot mantuvo una participación importante en la empresa hasta bien entrado el siglo XXI. El exceso de capacidad automovilística en Europa obligó a la consolidación y en 2020 se formó Stellantis tras la fusión de Peugeot y Fiat Chrysler, dejando a la familia Peugeot con solo el 7 % del nuevo grupo.

Coches de lujo

En la década de 1980, los fabricantes seguían convencidos de que para construir un coche de lujo lo mejor era un motor delantero con tracción trasera y un buen peso. Los materiales ligeros aún no habían influido en este sector del mercado, y economizar combustible no era una prioridad. El Saab 900 fue una excepción: un coche ligero de tracción delantera que abrió un nuevo nicho en el mercado de coches de lujo.

△ **Aston Martin V8 Vantage 1977**

Origen Reino Unido
Motor 5340 cm^3, V8
Velocidad máxima 270 km/h

El principal Aston Martin de la década de 1970 recibió más potencia en 1986 con 432 CV. El diseño era igual, pero tenía suntuosos revestimientos de cuero y nogal.

△ **Shanghai SH760 1964**

Origen China
Motor 2200 cm^3, seis en línea
Velocidad máxima 137 km/h

Entre 1964 y 1991 la Shanghai Automotive Industry Corporation construyó 79 526 de estos coches, inspirados en modelos soviéticos y Mercedes.

◁ **Bristol Beaufighter 1980**

Origen Reino Unido
Motor 5900 cm^3, V8
Velocidad máxima 241 km/h

El Beaufighter, basado en el 412, con un diseño de Zagato más bien tosco, fue un coche de nicho con el atractivo adicional de tener turbo para su motor Chrysler V8 y un techo descapotable.

▷ **Lincoln Mark VII 1984**

Origen Estados Unidos
Motor 4949 cm^3, V8
Velocidad máxima 190 km/h

El Mark VII, *coupé* de dos puertas se basaba en la plataforma de cuatro puertas Continental. Podía tener motor BMW turbodiesel o motor Ford V8.

◁ **BMW Serie 3 Convertible 1986**

Origen Alemania
Motor 2495 cm^3, seis en línea
Velocidad máxima 217 km/h

Con ingeniería aplicada de protección antivuelco en el marco del parabrisas, BMW hizo el descapotable más diáfano de la época. La capota desaparecía por completo al plegarse.

▽ **Rolls-Royce Silver Spirit 1980**

Origen Reino Unido
Motor 6750 cm^3, V8
Velocidad máxima 192 km/h

El Silver Spirit fue lo máximo en cuanto a lujo y calidad de fabricación, pero su enorme peso, su motor casi obsoleto y un estilo anticuado le hicieron perder ventas ante coches de lujo más modernos.

△ Cadillac Fleetwood Brougham 1980

Origen Estados Unidos
Motor 6037 cm³, V8
Velocidad máxima 167 km/h

Lo mejor de la línea de Cadillac se mantuvo, con grandes tamaños, motor V8 y eje impulsor trasero. El tapizado lujoso y la dirección asistida eran de serie.

△ Jaguar XJ12 1979

Origen Reino Unido
Motor 5343 cm³, V12
Velocidad máxima 241 km/h

El sedán insignia de Jaguar, de 350 CV, se hizo más elegante con el cambio de imagen a cargo de Pininfarina en los años ochenta. A su lado, otros modelos parecían excesivamente caros.

△ Cadillac Sedan De Ville 1985

Origen Estados Unidos
Motor 4087 cm³, V8
Velocidad máxima 191 km/h

Cadillac fabricó un V8 con tracción delantera, con el mismo espacio interior que antes, pero más pequeño. Los estadounidenses aún querían coches grandes y las ventas sufrieron.

◁ Saab 900 Convertible 1986

Origen Suecia
Motor 1985 cm³, cuatro en línea
Velocidad máxima 203 km/h

El Saab 900 Convertible, a pesar de ser un desarrollo continuado de un modelo de tracción delantera de la década de 1960, se vendió bien en los años noventa. El único problema era un cierto retraso del turbo.

▷ Lexus LS400 1989

Origen Japón
Motor 3969 cm³, V8
Velocidad máxima 237 km/h

El Lexus fue el coche insignia de Toyota en 1989. Desafió con éxito los coches de alta gama de Europa y Estados Unidos en velocidad punta, bajo ruido, aerodinámica y bajo consumo.

△ Volvo 760GLE 1982

Origen Suecia
Motor 2849 cm³, cuatro en línea
Velocidad máxima 190 km/h

El 760GLE, orientado al mercado estadounidense, ayudó a que la serie 700 vendiera más de un millón. En 1984 adoptó turbo e *intercooler*, lo que mejoró su rendimiento

△ Ferrari 412 1986

Origen Italia
Motor 4942 cm³, V12
Velocidad máxima 254 km/h

Este ejecutivo familiar de Ferrari tenía cómodos asientos tapizados en cuero, aire acondicionado y frenos antibloqueo (ABS).

▷ Mercedes-Benz 190 1982

Origen Alemania
Motor 1997 cm³, cuatro en línea
Velocidad máxima 188 km/h

El modelo de entrada de Mercedes para la década de 1980 estaba bien equipado y era muy duradero. Fácilmente llegaba a unos 480 000 km sin requerir mayores cuidados.

◁ Mercedes-Benz 560 SEC 1985

Origen Alemania
Motor 5547 cm³, V8
Velocidad máxima 251 km/h

El 560 SEC estuvo en la cima de los *coupés* Mercedes de calidad. Muy costoso, tenía motor V8 grande con 300 CV y aceleraba de 0 a 100 km/h en 6,8 segundos.

La década de 1990

Modificados para carreras y retro | Resurge Estados Unidos y aparece Corea | **Hummers y Hondas**

Nuevos descapotables

En la década de 1990 resurgieron los coches deportivos al alejarse el temor de que la legislación prohibiría los coches abiertos. Los fabricantes estaban divididos sobre si la mejor solución deportiva era el tradicional motor delantero y tracción trasera, motor central con tracción trasera o motor delantero de tracción delantera. Regresó el estilo redondeado, y llegaron el estilo retro y el lujo, incluyendo techos rígidos plegables.

△ Nissan Figaro 1989
Origen Japón
Motor 987 cm³, cuatro en línea
Velocidad máxima 171 km/h

Nissan popularizó el estilo retro con este biplaza basado en el Micra, con techo corredizo y transmisión automática. No era un coche deportivo.

△ Porsche 944 S2 Cabriolet 1989
Origen Alemania
Motor 2990 cm³, cuatro en línea
Velocidad máxima 240 km/h

El 994 S2 fue la derivación final del Porsche 924 de 1976, que finalmente se hizo descapotable. Dejó de producirse en 1991.

△ Porsche Boxster 1996
Origen Alemania
Motor 2480 cm³, seis opuestos
Velocidad máxima 245 km/h

Casi cincuenta años después de su primer prototipo de motor central, Porsche introdujo un coche deportivo de motor central. Fue el deportivo de mayor venta en la historia de la compañía.

△ Mazda MX-5 (MkI) 1989
Origen Japón
Motor 1597 cm³, cuatro en línea
Velocidad máxima 183 km/h

Inspirado en el Lotus Elan de la década de 1960, Mazda trajo con el MX-5 (Miata/Eunos) la diversión del deportivo tradicional, motor delantero y tracción trasera.

△ BMW Z3 1996
Origen Alemania
Motor 1895 cm³, cuatro en línea
Velocidad máxima 198 km/h

Primer BMW deportivo de gran volumen, tenía aspecto retro, tracción trasera, y una sensación *roadster*. Montaba motores de 1,8, 1,9, 2,0, 2,2, 2,8, 3,0 o 3,2 litros.

◁ Morgan Plus 8 1990
Origen Reino Unido
Motor 3946 cm³, V8
Velocidad máxima 195 km/h

El Morgan ultratradicional, con su carrocería en estructura de madera cuerpo y chasis separado, empezó a usar motor Rover V8 de 3,5 litros en 1968. En 1990 llegó la versión de 3,9 litros.

△ Suzuki Cappuccino 1991
Origen Japón
Motor 657 cm³, tres en línea
Velocidad máxima 137 km/h

Con 137 km/h, se diseñó para proporcionar diversión dentro de las leyes *Kei* en Japón. Con motor frontal y tracción trasera, es un verdadero minicoche.

▷ TVR Griffith 400 1992
Origen Reino Unido
Motor 3948 cm³, V8
Velocidad máxima 238 km/h

El mejor coche deportivo británico de la década de 1990 tenía líneas impresionantes y un poderoso motor Rover V8. Como todos los TVR, no era demasiado fiable.

▽ Renault Sport Spider 1995
Origen Francia
Motor 1998 cm³, cuatro en línea
Velocidad máxima 211 km/h

Renault quería darle algo de emoción deportiva a la marca y encargó este descapotable, con motor central y chasis de aluminio, para uso en carretera o en circuito.

△ **Alfa Romeo Spider 1995**
Origen Italia
Motor 2959 cm³, V6
Velocidad máxima 225 km/h

Disponible con motor de 2 o 3 litros, fue un impresionante deportivo de tracción delantera, diseñado por Pininfarina, con cola elevada y maletero pequeño.

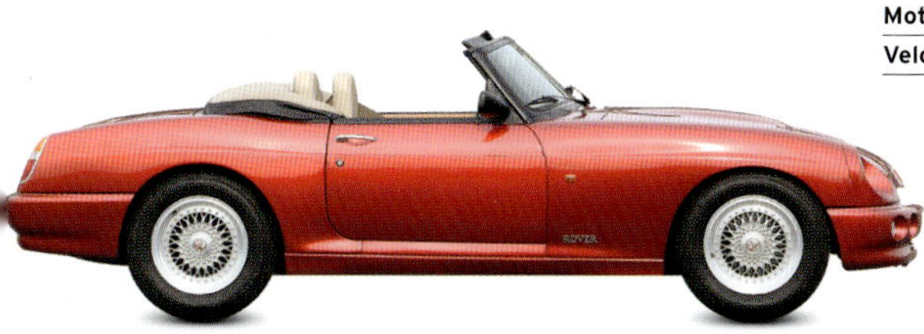

△ **MG RV8 1992**
Origen Reino Unido
Motor 3946 cm³, V8
Velocidad máxima 219 km/h

El MG debería haberse construido 25 años antes, pero entró en producción limitada en la década de 1990 con carrocería MGB y motor V8 de Rover.

◁ **MGF 1995**
Origen Reino Unido
Motor 1796 cm³, cuatro en línea
Velocidad máxima 209 km/h

El MGF, el primer coche deportivo en serio de MG en más de 30 años, era un elegante biplaza con motor central, diseño integral inteligente y sistema de suspensión Hydragas.

△ **Lotus Elise 1996**
Origen Reino Unido
Motor 1796 cm³, cuatro en línea
Velocidad máxima 200 km/h

El Elise, que utilizó un motor Rover serie K en un chasis de aluminio extruido con cuerpo de fibra de vidrio, pesaba 725 kg, ofreciendo gran conducción y rendimiento.

△ **De Tomaso Guarà Spider 1994**
Origen Italia
Motor 3982 cm³, V8
Velocidad máxima 274 km/h

Último proyecto del fundador Alejandro de Tomaso. Se vendió más como Coupé o Barchetta (solo se hicieron cinco Spiders). Usaba mecánica BMW.

◁ **Mercedes SLK 230K 1997**
Origen Alemania
Motor 2295 cm³, cuatro en línea
Velocidad máxima 238 km/h

Mercedes respondió al Z3 de BMW y al Boxster de Porsche, con un coche deportivo más civilizado (casi todos los vendidos eran automáticos), con techo duro y sobrealimentador.

△ **Audi TT Roadster 1999**
Origen Alemania
Motor 1781 cm³, cuatro en línea
Velocidad máxima 222 km/h

El Audi TT, construido en Hungría con 4x2 o 4x4, usaba la tecnología del Volkswagen Golf. Tuvo mala prensa por ser inestable a alta velocidad y se retiró del mercado.

▷ **HONDA S2000 1999**
Origen Japón
Motor 1997 cm³, cuatro en línea
Velocidad máxima 241 km/h

Con tracción trasera y el motor de coche que podía girar a más revoluciones del mundo, fue producido con altos estándares, para celebrar el 50.º aniversario de Honda.

◁ **Fiat Barchetta 1995**
Origen Italia
Motor 1747 cm³, cuatro en línea
Velocidad máxima 190 km/h

Fiat ensambló el Barchetta sobre la plataforma Punto, pero con nuevo motor y una hermosa carrocería propia; un deportivo mejor que lo que se esperaba.

Mazda MX-5

El original MX-5 de 1989 –denominado Miata en Estados Unidos– fue una combinación inteligente de todo lo mejor de los deportivos clásicos de la década de 1960. La diferencia es que utilizó tecnología de última generación, con suspensión total en horquilla, motor de 16 válvulas, doble árbol de levas e inyección de gasolina. El MX-5 fue el producto de un riguroso proceso de diseño llevado a cabo en Estados Unidos y Japón. El resultado fue un coche espectacular de conducir que pronto tuvo numerosos entusiastas.

EL MX-5 fue llevado a producción por un grupo de ingenieros amantes de los coches y orientado a Estados Unidos. Concebido para lograr «la máxima compenetración entre coche y conductor», se diseñó en torno a un motor delantero y tracción trasera, para distribuir el peso 50:50. El chasis de aluminio con túnel central ayudó a que respondiera bien en carretera. Siendo un deportivo asequible y compacto, no requería grandes prestaciones, así que montó un pequeño motor de 1600 cm³, que más tarde pasó a 1800 cm³. En consecuencia, el coche pesaba poco. Pese a los escépticos dentro de Mazda, el MX-5 fue un éxito enorme y se mantuvo en su forma original hasta 1997, cuando se habían producido más de 400 000 unidades. Dos evoluciones posteriores han mantenido fidelidad a su carácter original.

VISTA FRONTAL

VISTA TRASERA

Simbolismo oriental
Mazda ha ensayado varios logotipos a lo largo de los años. Se dijo que este diseño representaba el sol con una llama dentro. Se lanzó en 1991, pero en 1997 fue sustituido por una «M» estilizada.

VISTA LATERAL CON CAPOTA CERRADA

ESPECIFICACIONES			
Modelo	Mazda MX-5, 1989 a 1997	**Potencia**	114 CV a 6500 rpm (1,6 litros)
Ensamblaje	Hiroshima, Japón	**Transmisión**	Manual de cinco velocidades
Producción	433 963	**Suspensión**	Muelles y en horquillas
Construcción	Monocasco de acero; capó de aluminio	**Frenos**	Discos delante y detrás
Motor	1597 a 1839 cm³, cuatro en línea DOHC	**Velocidad máxima**	195 km/h

Influencias eclécticas
Aunque se podría decir que la toma de aire inferior y los faros *pop-up* aluden al Lotus Elan, los diseñadores de Mazda se inspiraron igualmente en la cultura japonesa. El interior supuestamente evoca la acogida sencilla de un salón de té, y el capó y el frente redondeados reflejan temas de las máscaras de madera talladas utilizadas en el teatro *Noh*. Este MX-5 California, en amarillo *Sunburst*, es uno de los 300 hechos en 1995 para conmemorar el 5.º aniversario del MX-5.

EL EXTERIOR

Aunque los detalles parecen hacer referencia a épocas pasadas, el diseño del MX-5 estaba destinado a ser eterno. Su frescura actual es una prueba de la habilidad de sus creadores, que tuvieron éxito al evocar la herencia de los coches deportivos europeos, pero sin recurrir a la imitación. Sin embargo, más allá de la estética, se trata de una ingeniería inteligente, cuyo resultado es una carrocería ligera pero fuerte.

1. Emblema visto en coches posteriores, como en este MX-5 California **2.** MX-5, denominación europea **3.** Faros *pop-up*, solo en el MkI **4.** Espejos con diseño aerodinámico **5.** Llantas de aleación del California **6.** Capota resistente a la intemperie **7.** Tapa del depósito de combustible **8.** Diseño redondo de las luces traseras

1

2

3

4

5

6

7

8

10

9

EL INTERIOR

Los diseñadores de Mazda trataron de hacer el interior tan acogedor como fuera posible, pero controlando los costes. Se tomó la polémica decisión de diseñar un habitáculo acogedor y cómodo para personas de tamaño medio, que resultaba muy estrecho para las de mayor envergadura, aceptando perder ventas. En lo posible se usaron accesorios Mazda. Las puertas se mantuvieron sencillas y planas.

9. Interior estrecho, con volante Nardi **10.** Instrumentación sencilla y rejillas de ventilación redondas, de aire ligeramente retro. **11.** Marcos dorados en los instrumentos, que recuerdan los de los deportivos británicos **12.** Tapicería inspirada en las esteras de los tatamis japoneses **13.** Control interno de puerta, parecido a la manilla externa

12

11

13

14

15

16

BAJO EL CAPÓ

Montaba el mismo motor que el Mazda 323, pero la tapa de los árboles de levas era de estilo retro. Se modificó la potencia y se desarrolló un nuevo silenciador. A partir de grabaciones del sonido de escapes clásicos, se buscó un sonido adecuadamente deportivo. Se adaptó la caja de cambios del 929. Se aligeraron el volante de inercia y los anillos de sincronización, se modificaron las relaciones y se acortaron los recorridos.

14. La tapa de los árboles de levas del Mazda MX-5 es parecida a las de Jaguar, Lotus y Alfa Romeo
15. Alimentación por inyección en lugar de carburadores
16. Rueda de repuesto en el maletero con la batería

Toyota RH, 1953-1955

Grandes marcas
Historia de Toyota

Toyota es el mayor productor mundial, con 7,8 millones de coches y camiones producidos en 2009. La marca japonesa, pionera de la tecnología híbrida, se enorgullece de su calidad e innovación. Su gama va desde pequeños utilitarios hasta coches deportivos y de carreras de avanzada tecnología, así como limusinas ejecutivas.

KIICHIRO TOYODA se graduó como ingeniero mecánico en la Universidad Imperial de Tokio y quiso hacer coches en la fábrica de su padre Sakichi, quien producía telares automáticos. Para aprender sobre el negocio, Kiichiro visitó fabricantes en Europa y Estados Unidos. Después de vender una patente de telares de su padre a una compañía británica en 1929, se le permitió usar el dinero para organizar el departamento automovilístico de la empresa.

Emblema de Toyota (introducido en 1989)

En 1930, construyó un motor de dos cilindros y luego un pequeño coche para probarlo, pero no tuvo éxito. Empezando de cero, produjo un vehículo más convencional de tipo americano, con un chasis de Chevrolet, carrocería fluida tipo Chrysler y motor de 3389 cm^3 con válvulas en culata y seis cilindros en línea, que bautizó como Toyoda Modelo AA, y empezó a fabricarse en 1936. Al año siguiente se creó Toyota Motor Company Limited. El nombre Toyoda se cambió a Toyota porque era más fácil de pronunciar en inglés. En aquel momento casi todos los coches vendidos en Japón se importaban de Estados Unidos. Esto cambió a causa del enorme déficit en la balanza de pagos. Se cerraron las plantas de Ford y GM en Japón, y el gobierno impuso cuotas restrictivas a las importaciones. Toyota aprovechó para aumentar su producción mensual de coches, camiones y autobuses de 100 a 1500 y 2000 a finales de la década de 1930. Además, para poder hacer la mayor parte del proceso de producción en la empresa, se creó Toyoda Steel Works para el suministro de acero, y Toyoda Machine Works para fabricar repuestos para coches, máquinas y herramientas.

Durante la Segunda Guerra Mundial, Toyota produjo camiones para el ejército japonés y, tras la guerra, la producción de vehículos civiles avanzó lentamente, por las restricciones económicas de la Autoridad de Ocupación Aliada. Uno de sus primeros vehículos fue un 4x4, utilizado en 1951 como base para el Land Cruiser, modelo del que a finales de 2008 se habían vendido más de seis millones en todo el mundo. En 1950 se anunciaron reducciones salariales y despidos, que dieron lugar a una huelga de ocho semanas, que

Toyota Tiara
El sedán Tiara fue una versión de exportación del Corona. Aquí, la modelo Diane Chiljan posa para las cámaras en un acto publicitario en Nueva York en 1960, para la presentación oficial en Estados Unidos.

COROLLA

MR2

LAND CRUISER

IQ

1935 Lanzamiento del camión Toyoda G1.
1936 El Toyoda Modelo AA, de 3389 cm^3, es el primer coche de producción.
1937 Creación de Toyota Motor Company Limited: ahora todos los coches se llamarán Toyota.
1947 Fabricación del Toyota 100 000.
1951 Lanzamiento del Toyota Land Cruiser.
1957 Toyota Crown llega a Estados Unidos.
1961 Se lanza el Programa de Control Total de Calidad, que eleva el estándar de producción de Toyota.

1962 Toyota produce su vehículo un millón.
1966 Lanzamiento del Corolla; pronto será un éxito mundial.
1970 Presentación del *coupé* deportivo Celica.
1972 Se produce el vehículo diez millones.
1980 Toyota se convierte en el mayor productor de vehículos privados en el mundo.
1984 Se lanza el coche deportivo MR2, con motor central. Toyota reabre una fábrica de GM en California.

1986 Vehículo número 50 millones.
1989 Lanzamiento de Lexus, dirigida al mercado ejecutivo fuera de Japón.
1993 Toyota Celica gana el Campeonato Mundial de Rallies, y repite en 1994.
1994 Presentación del compacto RAV4, recreacional y todoterreno.
1997 El híbrido Prius se vende en Japón y después, desde 2001, se venderá en todo el mundo.
1999 Toyota produce su coche número cien millones.

2002 Primera carrera de un Toyota en Fórmula 1.
2007 Toyota vende su coche híbrido 1 millón.
2008 Se lanza el iQ, el coche compacto más pequeño del mundo con cuatro plazas.
2011 Toyota encabeza las ventas mundiales este año y los nueve siguientes.
2012 El GT86 es un divertido coupé biplaza.
2015 El Mirai es el primer coche de hidrógeno con pila de combustible puesto a la venta.
2020 El Supra es desarrollado junto a BMW.

obligó a Kiichiro Toyoda a renunciar. Su sobrino, Eiji Toyoda, se hizo cargo del negocio. Eiji estuvo tres meses en Estados Unidos visitando Ford y esto le ayudó a hacer de Toyota uno de los fabricantes de coches más eficientes de Japón. En el corto plazo, un gran pedido de vehículos militares de la Autoridad de Ocupación Aliada en la Guerra de Corea de 1950 a 1953 salvó a Toyota de la bancarrota. En un esfuerzo ingenioso para aumentar sus ventas, Toyota comenzó a enseñar a la gente a conducir. El plan fue un éxito, pues casi todos los nuevos conductores querían comprar el coche de la marca con que habían aprendido. En 1954 se lanzó el Crown, uno de los modelos más conocidos de la marca y primer intento de Toyota de entrar en el

> «Vamos a **desarrollar... un coche** que rivalice con los coches **extranjeros en rendimiento** y **precio**».
>
> KIICHIRO TOYODA, *c*. 1935

mercado americano en 1957. Aunque pasó cierto tiempo antes de que el público estadounidense fuera receptivo a los coches japoneses, la producción de la empresa siguió aumentando a medida que los mercados mundiales se abrieron a Toyota. En 1965 se fabricaban 50 000 coches y camiones al mes, y al final de la década exportaba más vehículos a Estados Unidos que ningún fabricante, salvo Volkswagen. El Corolla de tamaño familiar (1966),

Modelo trascendental
El Corolla demostró al mundo que Toyota podía fabricar coches pequeños y baratos sin comprometer la calidad.

se convirtió rápidamente en el coche más vendido de Japón. Con buena ingeniería y asequible, resultó muy popular en Europa. En el año 2009, el Toyota Corolla había vendido 25 millones en todo el mundo. Bajo el mando de Eiji Toyoda, la compañía implementó una política de adquisiciones, tomando el control de Hino (1966) y Daihatsu (1967). La expansión fue rápida y Toyota pasó de ser el quinto mayor fabricante de coches del mundo en 1969, a ocupar el tercer lugar tres años más tarde. La compañía también comenzó a moverse en el mundo de los coches deportivos. Su primer modelo, el Sports 800 tenía techo desplegable. A este pequeño coche de 790 cm^3 pronto se le unió el 2000GT, que tenía hermosas líneas, doble árbol de levas, un motor de seis cilindros en línea, caja de cambios de cinco velocidades sincronizadas, suspensión independiente, frenos de disco en todas las ruedas y una velocidad máxima de 225 km/h. El 2000GT nunca se fabricó, pero hizo que Toyota se ganara el respeto de compradores de deportivos, justo lo que la empresa necesitaba para lanzar el Celica en 1970, que fue un éxito en Estados Unidos y Europa. El Celica ganó carreras de turismos y rallies en todo el mundo. En 1982, Shoichiro Toyoda, hijo de Kiichiro, se convirtió en presidente del Grupo Toyota. Uno de los primeros coches lanzados durante su gestión fue el MR2, un modelo deportivo asequible, con motor central. El MR2 de 16 válvulas, motor de doble árbol de levas y frenos de disco en todas las ruedas, fue un éxito inmediato. Cuatro años después se lanzó una versión sobrealimentada y una semidescapotable con perfil en T, convertidos a turbo para la segunda generación MR2 en 1989. Aquel mismo año, Toyota lanzó la marca Lexus en Estados Unidos reconociendo que los conductores de vehículos ejecutivos podrían ser reacios a comprar una marca conocida por fabricar coches de ciudad. Hoy en día Lexus está en todo el mundo y llegó a Japón en 2005.

La competición es una herramienta de marketing importante para Toyota: el Celica ganó el Campeonato Mundial de Rallies en 1993, 1994 y 1999, y en 2002 Toyota hizo su primera incursión en la Fórmula 1. También es líder en el campo de los vehículos híbridos, que combinan motores convencionales con eléctricos. El Prius, a la venta desde 1997, fue el primero producido en forma masiva; al final de 2020 Toyota había vendido 20 millones de híbridos.

A medida que fue creciendo, se abrieron fábricas en todo el mundo. Ahora está en docenas de países y colabora a menudo localmente, como en el caso del coche urbano Aygo, fabricado en la República Checa desde 2005 con Peugeot. El Camry, el modelo más vendido de Toyota, está adaptado a muchos mercados de todo el mundo.

En 2015, Toyota lanzó el Mirai, su coche de pila de combustible, apostando por el hidrógeno como combustible importante en el futuro.

Motor híbrido del Toyota Prius
El Prius tiene un motor eléctrico y otro de gasolina. Puede arrancar y viajar a bajas velocidades con su motor eléctrico, y a partir de cierta velocidad, entra a funcionar el de gasolina.

Máquinas de competición

Esta fue la década de la tecnología: los fabricantes se esforzaron por lograr mejores prestaciones. Limitados por las regulaciones, trabajaron para reducir la velocidad y el peligro. Entre los desarrollos orientados a mejorar la conducción estaban la suspensión activa, diferenciales activos, control de tracción y transmisiones semiautomáticas, mientras que los turbos dobles y sus *intercoolers* ayudaban a obtener un gran rendimiento en los motores.

△ Porsche 962 1984
Origen Alemania
Motor 2995 cm³, seis opuestos
Velocidad máxima 322 km/h

El 962 con chasis de aluminio, un prototipo diseñado para carreras como Le Mans y la serie IMSA GTP, ganó hasta bien entrada la década de 1990.

△ Benetton Ford B193 1993
Origen Reino Unido
Motor 3493 cm³, V8
Velocidad máxima 322 km/h

El B193, la respuesta de Benetton al uso de alta tecnología en Fórmula 1, tenía suspensión activa y control de tracción. Con él, Michaael Schumacher ganó el Gran Premio de Portugal en 1993.

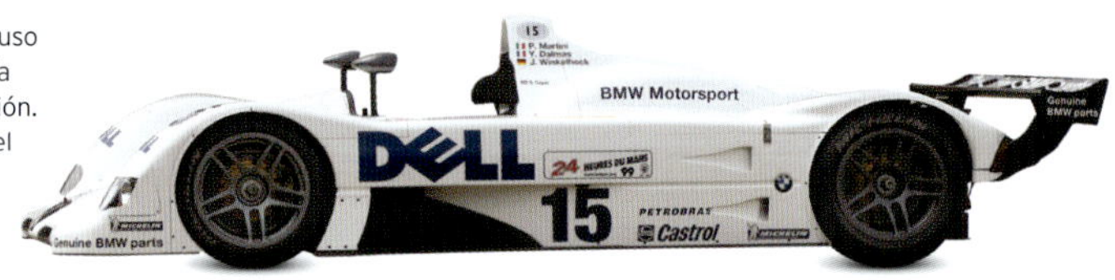

◁ BMW V12 LMR 1998
Origen Alemania
Motor 6100 cm³, V12
Velocidad máxima 344 km/h

Este *roadster* asombroso se construyó para ganar las 24 horas de Le Mans en Francia. En 1999 fue el primer BMW de la historia en ganar la carrera, y ese mismo año ganó las 12 Horas de Sebring en Estados Unidos.

△ Leyton House Judd CG901B 1990
Origen Reino Unido
Motor 3496 cm³, V8
Velocidad máxima 330 km/h

Adrian Newey, gran diseñador de Fórmula 1, puso a prueba sus ideas de aerodinámica avanzada en este coche. Tuvo poco éxito, aunque en 1990 lideró la mayor parte del Gran Premio de Francia.

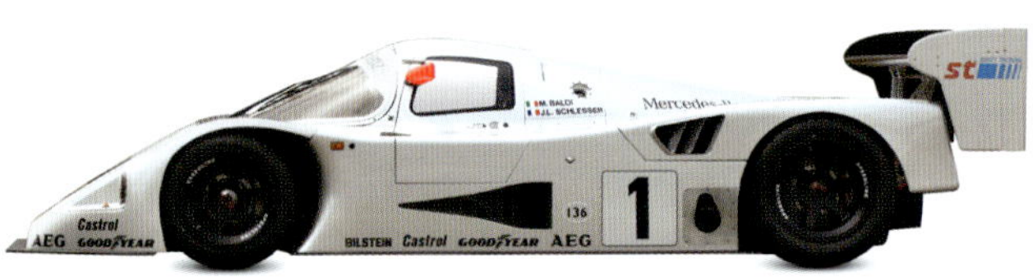

△ Sauber Mercedes C11 1990
Origen Suiza
Motor 4973 cm³, V8
Velocidad máxima 386 km/h

El C11, con 950 CV de su motor Mercedes V8 de doble turbo, dominó en 1990 y 1991 el Campeonato Mundial de Coches Sport.

Subaru

Era un desconocido fabricante japonés que producía coches con tracción a las cuatro ruedas y motores *boxer*, hasta que empezó a competir en los rallies. Después de mostrar su potencial con el Legacy, Subaru contrató a la compañía inglesa Prodrive para que preparara sus Impreza para el Campeonato del Mundo de Rallies. Su espectacular éxito le dio fama mundial, con los mejores pilotos como Colin McRae, Richard Burns, Carlos Sainz y Juha Kankkunen.

▽ Subaru Impreza WRC 1993
Origen Japón
Motor 1994 cm³, cuatro opuestos

Prodrive comenzó a inscribir Imprezas en 1993. Ganó su primer rally con Carlos Sainz en 1994, y obtuvo el Mundial de Conductores con Colin McRae en 1995.

◁ **Ferrari F300 1998**

Origen Italia

Motor 2997 cm³, V10

Velocidad máxima 338 km/h

Primer Ferrari construido por el exitoso binomio Ross Brawn y Rory Byrne. Michael Schumacher logró seis victorias en 1998.

◁ **Audi R8R 1999**

Origen Alemania

Motor 3596 cm³, V8

Velocidad máxima 335 km/h

El primer Audi en correr en Le Mans, con motor V8 biturbo y 600 CV, demostró su fiabilidad desde el principio, pero era necesario desarrollarlo para igualar el ritmo de sus rivales de Toyota y BMW.

△ **Chevrolet Monte Carlo «T-Rex» 1997**

Origen Estados Unidos

Motor 5850 cm³, V8

Velocidad máxima 346 km/h

El coche de Jeff Gordon, con un dinosaurio pintado en su techo, ganó la carrera de las Estrellas de NASCAR en 1997 con tal facilidad que, aunque era legal, le pidieron que no corriera más con él.

▷ **Williams Renault FW16B 1994**

Origen Reino Unido

Motor 3493 cm³, V10

Velocidad máxima 338 km/h

En el FW16B, Damon Hill ganó seis carreras en 1994. Con él habría ganado el Mundial de no ser por un toque con Michael Schumacher que lo sacó de carrera en la última prueba.

▽ **Chevrolet Monte Carlo 2000**

Origen Estados Unidos

Motor 5850 cm³, V8

Velocidad máxima 346 km/h

En el campeonato NASCAR, muy popular en Estados Unidos, participan coches con carrocerías parecidas a las de carretera, como este, montado sobre chasis de carreras con motor V8 modificado.

▽ **Williams Renault FW18 1996**

Origen Reino Unido

Motor 3000 cm³, V10

Velocidad máxima 338 km/h

El equipo de ensueño de Patrick Head y Adrian Newey desarrolló el FW18, otro ganador, que dio el título mundial de F1 a Damon Hill en 1996.

△ **Subaru Impreza WRC 1999**

Origen Japón

Motor 1994 cm³, cuatro opuestos

Velocidad máxima 225 km/h

El Impreza fue rediseñado una y otra vez para adaptarlo a los cambios de reglas en el Mundial de Rallies, con diferenciales activos y transmisión semiautomática en 1999.

▷ **Subaru Impreza WRC 2000**

Origen Japón

Motor 1994 cm³, cuatro opuestos

Velocidad máxima 225 km/h

Con el Impreza equipado con turbo e *intercooler*, Richard Burns y Juha Kankkunen lideraron el regreso de Subaru en el año 2000. Burns obtuvo cuatro victorias aquella temporada.

◁ **Subaru Impreza WRX 2000**

Origen Japón

Motor 1994 cm³, cuatro opuestos

Velocidad máxima 220 km/h

Desde su lanzamiento, y teniendo en mente los rallies, Subaru incluyó una versión turbo, *intercooled*, de su nuevo sedán, que tuvo mucho éxito.

Renault Zoom, 1992
Concept car eléctrico de bajas emisiones, de dos plazas para ciudad. Para aparcar podía plegar las ruedas traseras hacia delante, lo que le permitía estacionar en los espacios más reducidos.

Diseños renovados estadounidenses

Salvo pocas excepciones, en los años setenta y ochenta el diseño de coches en Estados Unidos parecía haber ido a la zaga de Europa, y los fabricantes poco a poco actualizaban sus enormes sedanes. Mientras tanto, los coches japoneses más pequeños acrecentaban su cuota en el mercado estadounidense. Finalmente, en la década de 1990, los diseñadores hicieron modelos retro inspirados, así como atractivas camionetas *pick-up*.

△ Buick Park Avenue 1990

Origen Estados Unidos
Motor 3791 cm³, V6
Velocidad máxima 174 km/h

Este sedán grande, producido hasta 1996, fue el último Buick vendido oficialmente en Europa. Los estadounidenses tuvieron la opción de una versión sobrealimentada que alcanzaba casi los 209 km/h.

▷ Cadillac Eldorado 1991

Origen Estados Unidos
Motor 4893 cm³, V8
Velocidad máxima 209 km/h

Pese a su estilo moderno fue la última versión del coche personal de lujo de mayor duración en Estados Unidos. Finalizó en 2002, pues los coches tan grandes pasaron de moda.

△ Saturn SL 1990

Origen Estados Unidos
Motor 1901 cm³, cuatro en línea
Velocidad máxima 195 km/h

GM fundó en 1985 la marca Saturn para responder a las importaciones de Japón. La Serie S, elegante y aerodinámica, dio algunos de los coches más eficientes en combustible en Estados Unidos.

▷ Chevrolet Camaro 1993

Origen Estados Unidos
Motor 5733 cm³, V8
Velocidad máxima 249 km/h

La cuarta generación del Camaro se hizo en Canadá con motores V6 o V8 (caja de seis velocidades opcional para el V8).

◁ Dodge Neon 1994

Origen Estados Unidos
Motor 1996 cm³, cuatro en línea
Velocidad máxima 195 km/h

El Neon supuso una estrategia de Chrysler para vender en todo el mundo, incluso en Japón y Reino Unido con volante a la derecha. Fue un sedán compacto de tracción delantera, con motor de 2 litros.

△ Dodge Intrepid 1993

Origen Estados Unidos
Motor 3301 cm³, V6
Velocidad máxima 180 km/h

Estrechamente relacionado con el New Yorker de Chrysler, aunque de más éxito. Se produjo hasta 1997 y le siguió una segunda generación. Tenía motores de 3,3 o 3,5 litros.

△ Oldsmobile Aurora 1994

Origen Estados Unidos
Motor 3995 cm³, V8
Velocidad máxima 225 km/h

GM revitalizó la marca Oldsmobile con este sorprendente sedán deportivo. El Aurora, bien construido, rápido y muy fuerte, era muy costoso.

▷ Dodge Ram 1994

Origen Estados Unidos
Motor 7886 cm³, V10
Velocidad máxima 180 km/h

Su diseño era parecido al de una camioneta semirremolque, rudo, con motores V6 de 3,9 litros, hasta un Viper V10 de 8 litros. Era lo que la gente quería en Estados Unidos y se vendió rápidamente.

◁ Plymouth Prowler 1997

Origen Estados Unidos
Motor 3528 cm³, V6
Velocidad máxima 190 km/h

El Prowler, un atrevido *concept car* estadounidense, se basaba en un diseño de Chip Foose. Tenía una aceleración de 5,9 segundos para pasar de 0 a 100 km/h, a tono con su exterior.

△ **Ford Mustang GT 1994**
Origen Estados Unidos
Motor 4942 cm^3, V8
Velocidad máxima 219 km/h

Rediseño exitoso de Patrick Schiavone, con vestigios del Mustang original, supuso el regreso de los descapotables a la línea Mustang. Su motor era V6 de 3,8 litros o V8.

△ **Ford Windstar 1994**
Origen Estados Unidos
Motor 3797 cm^3, V6
Velocidad máxima 187 km/h

El primer MPV de Ford con tracción delantera y siete asientos superó en prestaciones a sus rivales de Estados Unidos. Dio a Ford una buena porción en el mercado de los minivans.

▽ **Ford Taurus 1996**
Origen Estados Unidos
Motor 2967 cm^3, V6
Velocidad máxima 209 km/h

El drástico rediseño que Jack Telnack hizo al Taurus en 1996 no fue muy bien recibido y, a pesar de su cómodo interior, después del primer año dejó de ser el coche más vendido en Estados Unidos.

△ **Mercury Villager 1993**
Origen Estados Unidos
Motor 2960 cm^3, V6
Velocidad máxima 180 km/h

Este fue un proyecto conjunto con Nissan, que lo vendió como Quest. Cabían siete personas, con un banquillo removible de dos plazas en el medio y otro plegable para tres.

▷ **Mercury/Ford Cougar 1999**
Origen Estados Unidos
Motor 2540 cm^3, V6
Velocidad máxima 225 km/h

Después del Probe, este fue el segundo intento de Ford para emular el éxito de ventas de los Capri de la década de 1970. Hecho en Estados Unidos, era demasiado grande para muchos de los clientes en el resto del mundo.

◁ **Chrysler New Yorker 1993**
Origen Estados Unidos
Motor 3494 cm^3, V6
Velocidad máxima 216 km/h

Esta versión final del modelo insignia de Chrysler solo tuvo tres años de vida, en los que las ventas cayeron dramáticamente, a pesar de su alta especificación y su habitáculo amplio y luminoso.

△ **General Motors EV1 1996**
Origen Estados Unidos
Motor Eléctrico
Velocidad máxima 129 km/h

Este biplaza eléctrico de GM tuvo un rango de 90 a 240 km. Con la figura de *leasing*, solo 1117 fueron alquilados a propietarios. Por la falta de interés de los clientes, GM los retiró en 2002.

▷ **Chrysler PT Cruiser 1999**
Origen Estados Unidos/México
Motor 2429 cm^3, cuatro en línea
Velocidad máxima 195 km/h

Este coche, de estilo retro y parecido al Chrysler Airflow, vendió 1,35 millones en 11 años en todo el mundo. Con el nuevo milenio llegaron las versiones descapotable y turbo.

Familiares cómodos

En la década de 1990, el coche familiar de todos los días se había transformado, con mejoras en aspectos anteriormente pasados por alto, como aislamiento acústico, cortavientos, calefacción o ventilación. También se introdujo la electrónica, que hizo que los motores se encendieran de inmediato y funcionaran sin problemas en una banda ancha de revoluciones. Casi todos, desde los más pequeños, podían marchar tranquila y cómodamente en los límites legales.

△ Fiat Cinquecento 1991
Origen Italia/Polonia
Motor 903 cm³, cuatro en línea
Velocidad máxima 134 km/h

Giugiaro diseñó el pequeño Fiat de cuatro asientos para la década de 1990, abandonando el motor trasero que Fiat usó durante casi 40 años.

◁ Toyota Previa 1990
Origen Japón
Motor 2438 cm³, cuatro en línea
Velocidad máxima 174 km/h

Toyota produjo este coche de siete u ocho plazas excepcionalmente espacioso para su longitud, con el motor casi horizontal bajo los asientos delanteros, tras el eje delantero. El 4x4 era opcional.

△ Fiat Multipla 1998
Origen Italia
Motor 1.581 cm³, cuatro en línea
Velocidad máxima 171 km/h

El Multipla, corto y ancho en comparación con los MPV rivales, tenía dos hileras de tres asientos. Aclamado como uno de los coches más innovadores de su época, fue considerado feo.

△ Citroën Berlingo Multispace 1996
Origen Francia
Motor 1360 cm³, cuatro en línea
Velocidad máxima 151 km/h

El Berlingo, que se ve aquí tras el rediseño de 2002, relacionado con el Partner de Peugeot, era furgoneta o vehículo de pasajeros, con motor eléctrico opcional.

▷ Peugeot 406 TD 2.1 1995
Origen Francia
Motor 2088 cm³, cuatro en línea
Velocidad máxima 190 km/h

Este familiar grande fue muy popular. Tenía motor de entre 1,6 y 3,0 litros. En su forma turbodiésel se hizo durante 10 años, hasta que llegó el 407.

△ Citroën Xsara Picasso 1999
Origen Francia/España
Motor 1749 cm³, cuatro en línea
Velocidad máxima 190 km/h

El Picasso ofrecía versatilidad para el transporte familiar. Tomó el lugar del Scénic como el compacto MPV más vendido en Europa.

◁ Peugeot 206 XR 1998
Origen Francia
Motor 1124 cm³, cuatro en línea
Velocidad máxima 158 km/h

Al terminar la producción del 206 en 2010, se habían hecho 6,8 millones, con motores de 1,0 a 2,0 litros GTi.

△ **Alfa Romeo 156 TS 2.0 1997**
Origen Italia
Motor 1970 cm^3, cuatro en línea
Velocidad máxima 214 km/h

Con este sedán deportivo, Alfa logró un diseño de clase. Tenía manillas ocultas en las puertas traseras, para dar un aspecto de *coupé*.

◁ **Subaru Forester 1997**
Origen Japón
Motor 1994 cm^3, cuatro opuestos
Velocidad máxima 179 km/h

El fuerte coche familiar 4x4 de Subaru ofrecía una conducción cómoda en carretera gracias a su motor bajo y plano. Esto lo hizo más versátil que sus competidores, aunque su aspecto era bastante aburrido.

△ **Rover 25 VVC 1999**
Origen Reino Unido
Motor 1796 cm^3, cuatro en línea
Velocidad máxima 204 km/h

El 25, con ingeniería Honda anterior a 1994, estaba bien equipado y tenía buen precio, con motores de 1,1 a 2,0 litros.

◁ **Volkswagen Sharan 1995**
Origen Alemania/Portugal
Motor 1984 cm^3, cuatro en línea
Velocidad máxima 177 km/h

El Sharan de Volkswagen, también vendido como Alhambra de SEAT, y producido al mismo tiempo que el similar Ford Galaxy, no tuvo un buen récord de fiabilidad. Sus motores iban de 1,8 a 2,8 litros.

△ **Volkswagen Golf GTI Mk4 1997**
Origen Alemania
Motor 1781 cm^3, cuatro en línea
Velocidad máxima 222 km/h

Este eterno *hatchback* de cuarta generación tenía opción de turbo. Volkswagen también sacó un modelo de 4x4 de 3,2 litros.

△ **Volvo V70 T5 1997**
Origen Suecia
Motor 2319 cm^3, cinco en línea
Velocidad máxima 245 km/h

Volvo suavizó el estilo angular y añadió un turbocompresor de alta presión para crear este *Q-car*, poco pretencioso pero de altas prestaciones.

△ **Renault Mégane Scénic 1996**
Origen Francia
Motor 1598 cm^3, cuatro en línea
Velocidad máxima 171 km/h

Tras haber liderado el mercado MPV con su Espace, Renault arrancó en el mercado del MPV compacto con el Scénic, basado en la plataforma pequeña del coche familiar Mégane. El Scénic se vendió mucho mejor de lo previsto.

◁ **Renault Kangoo 1997**
Origen Francia
Motor 1390 cm^3, cuatro en línea
Velocidad máxima 156 km/h

El adaptable *van*/MPV de Renault (vendido en algunos mercados como Nissan), tenía puertas laterales deslizantes y una amplia gama de opciones de motor, incluyendo un 4x4. El modelo que se ve aquí fue rediseñado en 2003.

△ **Volkswagen Beetle 1998**
Origen Alemania
Motor 1984 cm^3, cuatro en línea
Velocidad máxima 185 km/h

Un rechoncho *hatchback* de tracción delantera, basado en la plataforma del Golf, parecía un sucesor retro poco probable del Escarabajo original, pero gracias al atractivo de tantos años del Escarabajo siguió vendiéndose bien.

◁ **Mercedes-Benz Clase A 1997**
Origen Alemania
Motor 1598 cm^3, cuatro en línea
Velocidad máxima 182 km/h

Forzada por las tendencias del mercado, Mercedes-Benz dio un paso radical para ofrecer un *hatchback* compacto. Dudas sobre su estabilidad en carretera, cuestionadas por Mercedes-Benz, obligaron a una retirada vergonzante.

▷ **Audi A2 2000**
Origen Alemania
Motor 1390 cm^3, cuatro en línea
Velocidad máxima 172 km/h

Con el A2 de aluminio, Audi dio alta tecnología al supermini, pero descubrió que los clientes buscaban precio y apariencia más que calidad y categoría. Las ventas decepcionaron.

Chrysler/Dodge
Viper V10

Con el lanzamiento del Dodge Viper en 1992, Chrysler abrió un nuevo capítulo en la historia del *muscle car* en Estados Unidos. En lugar del motor V8 de gran capacidad tradicional en la marca, el Viper tenía un V10 de 8 litros, configuración adoptada por entonces en la Fórmula 1 pero prácticament desconocida en coches de carretera.

DE LA CAMIONETA A LAS CARRERAS

Pese a su concepción innovadora, el origen del Viper V10 era humilde, pues se basaba en el motor de la camioneta Chrysler LA. El motor de hierro fundido de la LA lo hacía muy pesado para un deportivo, por lo que se encargó a Lamborghini el diseño de un bloque y culata de aleación de aluminio. El Viper 10 mantuvo el accionamiento de las válvulas con empujadores, con solo dos válvulas por cilindro, aunque en Chrysler había partidarios de una culata de cuatro válvulas. El resultado fue una potencia de solo 50 CV por litro, pero aun así su rendimiento fue espectacular por a su gran cilindrada y enorme par.

ESPECIFICACIONES DEL MOTOR	
Fechas de producción	1991 hasta el presente
Cilindros	10 cilindros en dos bancadas, en V de 90 grados
Configuración	Longitudinal, de montaje delantero
Cilindrada	7990 cm^3, después 8285 y 8382 cm^3
Potencia	400 CV a 4600 rpm, y más tarde 415, 450, 500 y 600 CV
Tipo	Motor convencional de gasolina de cuatro tiempos, enfriado con agua, pistones alternativos, encendido sin delco y cárter húmedo
Culata	OHV, accionada por empujadores y taqués hidráulicos, dos válvulas por cilindro
Sistema de alimentación	Inyección multipunto
Diámetro y carrera	101,6 mm x 98,6 mm
Potencia	50,1 CV/litro
Compresión	9,1:1

▷ **Ver pp. 352-353** Cómo funciona un motor

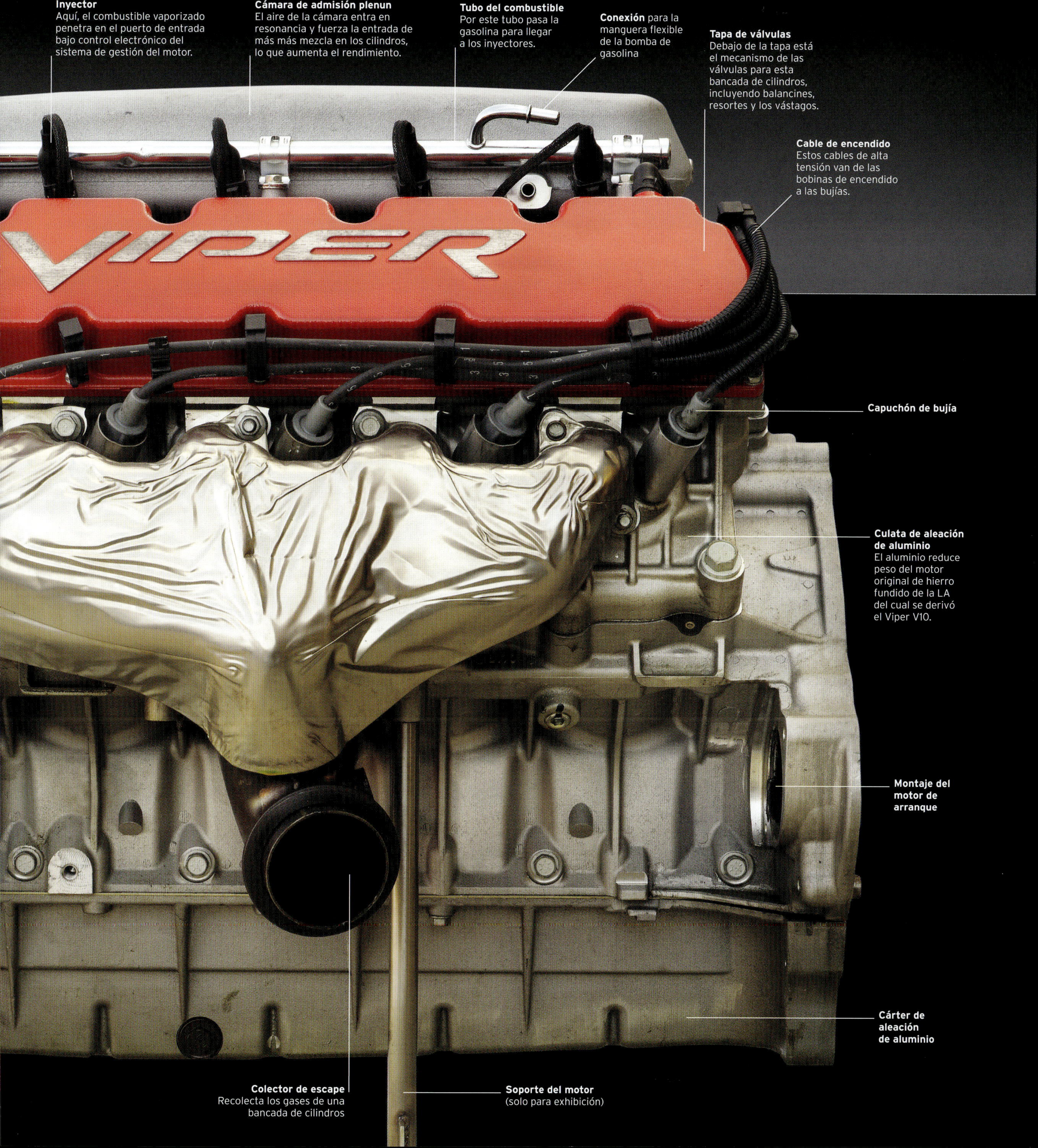
Inyector
Aquí, el combustible vaporizado penetra en el puerto de entrada bajo control electrónico del sistema de gestión del motor.
Cámara de admisión plenun
El aire de la cámara entra en resonancia y fuerza la entrada de más más mezcla en los cilindros, lo que aumenta el rendimiento.
Tubo del combustible
Por este tubo pasa la gasolina para llegar a los inyectores.
Conexión para la manguera flexible de la bomba de gasolina
Tapa de válvulas
Debajo de la tapa está el mecanismo de las válvulas para esta bancada de cilindros, incluyendo balancines, resortes y los vástagos.
Cable de encendido
Estos cables de alta tensión van de las bobinas de encendido a las bujías.
VIPER
Capuchón de bujía
Culata de aleación de aluminio
El aluminio reduce peso del motor original de hierro fundido de la LA del cual se derivó el Viper V10.
Montaje del motor de arranque
Cárter de aleación de aluminio
Colector de escape
Recolecta los gases de una bancada de cilindros
Soporte del motor
(solo para exhibición)

Ferdinand Porsche (extremo izquierdo) en el coche eléctrico Löhner-Porsche, 1900

Grandes marcas

Historia de Porsche

El nombre Ferdinand Porsche, uno de los mejores ingenieros del siglo XX, ha sido identificado con un gran número de coches legendarios de carretera y de competición. La marca que fundó ha sido sinónimo de altas prestaciones desde la década de 1950. Su coche más famoso, el Porsche 911, es un icono deportivo.

FERDINAND PORSCHE nació en 1875 en Maffersdorf en Bohemia, parte de Austria-Hungría (hoy República Checa). Hijo de un fontanero, mostró temprano interés por lo mecánico y lo eléctrico. Viajó a Viena para trabajar en una compañía eléctrica, donde desarrolló la idea de motores de ruedas eléctricas para propulsar un vehículo, concepto que materializó en el Löhner-Porsche, exhibido en la Feria Mundial de París en 1900. Antes de establecerse como ingeniero consultor, pasó a diseñar coches y motores de avión para Austro-Daimler y Daimler-Benz. En la década de 1930, fue contratado por Auto Union para diseñar sus potentes coches de Gran Premio. Porsche también diseñó el «coche del pueblo» de Volkswagen, que más tarde se convirtió en el más vendido del mundo.

Ferdinand Porsche tenía ya más de 70 años cuando empezó a fabricar coches a tiempo completo.

Padre e hijo
Aquí se ve a Ferdinand Porsche con su hijo Ferry (a la izquierda), también ingeniero automovilístico. Ferry diseñó el 356.

Emblema de Porsche
(introducido en 1950)

Su diseño del Volkswagen fue el punto de partida, concibiendo el motor, la suspensión y la plataforma de chasis para el Tipo 64, un pequeño *coupé* diseñado en 1939 para una carrera que nunca tuvo lugar por el estallido de la Segunda Guerra Mundial. En 1950, su hijo Ferry Porsche revivió y perfeccionó el concepto en el 356, un deportivo de carretera que se convirtió en el primer modelo de producción de la empresa Porsche. Al principio se construyó en los talleres de Porsche en Gmünd, Austria, pero al aumentar la demanda, se necesitó más espacio para instalar una línea de montaje adecuada. En 1950, la producción se había trasladado a una fábrica más grande en Zuffenhausen, un suburbio de Stuttgart en el suroeste de Alemania. Ferdinand Porsche murió al año siguiente, a los 75 años. La cilindrada del motor de cuatro cilindros opuestos del 356 se incrementó de 1086 a 1488 cm^3, con cigüeñales y bielas especiales. También hubo versiones de cuatro árboles de levas desarrolladas para competición, que resultaron ser a la vez potentes y excitantes. En 1954, una versión más ligera llamada 356 Speedster fue un éxito en Estados Unidos, cimentando la reputación de Porsche como el fabricante de los mejores coches deportivos del mundo. En 1963, Porsche sustituyó el 356 con el 911, un coche grande, refinado y potente, impulsado por un motor de 2,0 litros, refrigerado por aire, de seis cilindros opuestos. El coche, inicialmente llamado 901, pasó a llamarse 911 para evitar confusiones con el sistema de numeración de Peugeot. El diseño sencillo del coche fue obra de Ferdinand Alexander, hijo de Ferry, también conocido como «Butzi». El 911 era fiable y muy práctico, como para ser usado a diario, con una impresionante velocidad. El motor trasero garantizaba una excelente tracción, aunque producía sobreviraje, que podría sorprender al conductor desprevenido. El 911 fue cada vez más potente y rápido, y en 1973 las exigencias de la competición se tradujeron en la emblemática versión Carrera RS, con su motor de 2,7 litros y peso ligero. En los años sesenta y

> «Nuestra **filosofía** siempre ha sido... que **función** y **belleza** son **inseparables**».
>
> FERRY PORSCHE, 1985

Porsche 959 en modo de rally
El 959, uno de los primeros coches de altas prestaciones en usar tracción a las cuatro ruedas, fue el coche deportivo más avanzado tecnológicamente de su época. Demostró su eficacia en competición y obtuvo las dos primeras posiciones en el París-Dakar de 1986.

356A

911S

917K

PANAMERA 4S

1930 Ferdinand Porsche funda su empresa de ingeniería en Gmünd, Austria.
1939 Ferdinand Porsche diseña el *coupé* de carreras Tipo 64.
1950 La empresa Porsche lanza el 356, su primer coche de producción, basado en el Tipo 64.
1951 Ferdinand Porsche muere en Stuttgart, a los 75 años de edad.
1962 Dan Gurney gana al Gran Premio de Francia, primera victoria de Porsche en la Fórmula 1.

1963 Porsche anuncia el sustituto del 356, llamado 901, nombre pronto cambiado a 911.
1968 Dos Porsche 911, conducidos por Vic Elford y Pauli Toivonen quedan primero y segundo en el Rally de Montecarlo.
1970 En un 917K, Hans Herrmann y Richard Attwood consiguen la primera victoria de Porsche en Le Mans.
1973 Mark Donohue domina el Campeonato Can-Am con el Porsche 917-30, de 1100 CV.

1975 Lanzamiento de la serie 930, también conocida como 911 Turbo.
1976 Porsche anuncia su primer coche con motor delantero y enfriado por agua, el 924, seguido por el 928 en 1977.
1984 Niki Lauda gana el Mundial de Fórmula 1, en un McLaren con motor Porsche.
1986 Lanzamiento del sofisticado supercoche 959, con turbo y tracción total.
1989 El 911 entra en una nueva era, con la serie 964 Carrera 4, del todo revisada.
1996 Porsche lanza el *roadster* Boxster.

1998 Ferry Porsche muere en Austria a la edad de 88 años.
2002 Presentación del Cayenne SUV. Será el coche más vendido de Porsche.
2009 Lanzamiento del Panamera, primer sedán de cuatro puertas de producción.
2011 Polémica fusión con VW.
2014 El SUV Macan comparte la plataforma del Audi Q5.
2017 Se fabrica el 911 un millón.
2019 El Taycan es el primer Porsche 100 % eléctrico de cuatro y cinco puertas.

setenta, el 911 acrecentó el éxito de Porsche en el deporte del motor, que ya contaba con muchos triunfos en carreras de coches deportivos y en la Fórmula 1. El 911 ganó el Rally de Montecarlo y la Targa Florio, mientras que los 917, construidos para las carreras, ganaron las 24 Horas de Le Mans. En la década de 1970, Porsche dominó la serie CanAm en Estados Unidos, con coches turbo de 1000 CV y 12 cilindros opuestos.

Pronto, los Porsche se convirtieron en los coches que batir: el 934 y el 935, basados en el 911, llegaron a ser los coches más numerosos en la parrilla de salida, mientras que los modelos 936, 956, y 962 competían por los laureles de la victoria. Después de estar lejos de la Fórmula 1 durante dos décadas, Porsche tuvo un exitoso regreso en 1983 como proveedor de motores, diseñando el motor TAG turbo que llevó a los McLaren de Niki Lauda y Alain Prost a lograr varios títulos mundiales. Las normas más estrictas de la década de 1970 en materia de ruido y emisiones estuvieron a punto de acabar con el 911. Ernst Fuhrmann, director de Porsche, estaba dispuesto a hacer coches de motor delantero y refrigeración por agua. Pero el 928 con motor V8 y el debutante 924 (que más tarde se convirtió en 944 y 968) no lograron entusiasmar, mientras que el 911 siguió haciéndolo. El 911 Turbo de 1975 fue reconocido como uno de los coches con aceleración más rápida de su época. El principal derivado de la duradera serie original 911 fue el 959, con doble turbo y tracción a las cuatro ruedas, del cual solo se produjeron doscientas unidades entre 1986 y 1989.

«Nada los puede sustituir»
Este anuncio de Porsche de 1975 promueve el estilo, potencia y excelencia en la ingeniería de sus modelos 911 y 914.

En 1989 se introdujo un modelo 911 de nueva generación, seguido por tres generaciones más en los dos años siguientes, cada uno de ellos parecido al anterior, pero con nuevas tecnologías y prestaciones cada vez más altas.

En la parte inicial de la década de 1990, Porsche tenía dificultades económicas pero producía buenos coches. Como resultado de esto, se dejaron de producir los modelos con motor delantero y se desarrolló el Boxster, un *roadster* nuevo, con motor central, orientado a clientes jóvenes.

El Cayenne, un SUV de gran tamaño desarrollado en colaboración con Volkswagen, amplió la línea en una dirección distinta. Para responder a las críticas de que el SUV Cayenne era extravagante y ostentoso, Porsche desarrolló sistemas de propulsión híbridos y eléctricos para modelos futuros de coches de calle.

En 2009, una amarga batalla por el control entre Porsche y Volkswagen llegó a su clímax. Porsche aumentó su participación en Volkswagen a más del 50 por ciento, pero en el proceso había acumulado grandes deudas y no pudo reunir suficiente capital para una adquisición total.

Mientras Porsche luchaba con las deudas, llegó a un acuerdo para que las dos empresas se fusionaran en 2011, con lo que Porsche se convirtió en la décima marca de coches dentro del Grupo Volkswagen.

Porsche 911 Turbo
En 1974 se usó en el 911 una versión turbo del motor Porsche, de seis cilindros opuestos y refrigerado por aire, que dio gran aceleración.

Sedanes ejecutivos

La ininterrumpida popularidad en todo el mundo del sedán o coche de turismo hizo que en la década de 1990 algunos modelos ejecutivos tuvieran características más deportivas, mientras otros se concentraron en el confort y la sofisticación. Todos fueron equipados con aparatos electrónicos, accesorios y ayudas a la conducción cada vez más desarrolladas. Asimismo, los árboles de levas y válvulas múltiples, así como el uso de aleaciones ligeras, ayudaron a mantener el peso del coche bajo y a aumentar la potencia del motor.

△ **Saab 900 Carlsson 1990**

Origen Suecia

Motor 1985 cm^3, cuatro en línea

Velocidad máxima 217 km/h

Producido desde 1978 con base en la plataforma del Saab 99 de 1967, el Carlsson seguía siendo un potente tracción delantera.

◁ **BMW Serie 5 1995**

Origen Alemania

Motor 2793 cm^3, seis en línea

Velocidad máxima 229 km/h

Se lanzó con motores que iban desde seis cilindros en línea de 2 litros hasta V8 de 4,4 litros. Con opciones electrónicas y de tapicería, conservaba su línea de sedán de lujo.

△ **Audi A4 Quattro 1994**

Origen Alemania

Motor 1781 cm^3, cuatro en línea

Velocidad máxima 220 km/h

Con tracción a las cuatro ruedas, turbo y cinco válvulas por cilindro, daba 150 CV, suficientes para destacar en la carretera y en los circuitos. Con este coche, Frank Biela ganó el BTCC.

△ **Lincoln Continental 1995**

Origen Estados Unidos

Motor 4601 cm^3, V8

Velocidad máxima 193 km/h

El Continental, principal modelo Lincoln de Ford desde 1939, tenía el motor V8 de doble árbol de levas del Mustang Cobra, y accesorios de lujo como suspensión neumática.

△ **Holden VR Commodore SS 1993**

Origen Australia

Motor 4987 cm^3, V8

Velocidad máxima 230 km/h

Entre otras mejoras, el fabricante australiano incorporó frenos antibloqueo y suspensión trasera independiente a su gran sedán. Este es el ganador de la carrera Bathurst Great de 1995.

△ **Audi A8 1994**

Origen Alemania

Motor 4172 cm^3, V8

Velocidad máxima 249 km/h

El A8, el sedán insignia de Audi, usó el primer monocasco de aluminio en el mundo, con alto rendimiento y peso bajo. Tenía tracción a dos o cuatro ruedas y motores V6 de 2,8 o V8 de 4,2 litros.

△ **Mercedes-Benz Clase S 1991**

Origen Alemania

Motor 5987 cm^3, V12

Velocidad máxima 249 km/h

El coche insignia de Mercedes en los años noventa no era tan elegante, pero era grande y magnífico en lo técnico, con motores de seis cilindros en línea de 2,8 litros, hasta V12 de 6 litros.

△ **Mercedes-Benz C220 1993**

Origen Alemania

Motor 2199 cm^3, cuatro en línea

Velocidad máxima 209 km/h

La Clase C era el nivel inicial de los sedanes Mercedes en la década de 1990. Los motores iban desde 4 cilindros de 1,8 litros, hasta V8 de 4,3 litros en los AMG de 1998.

▷ **Mercedes-Benz Clase S 1999**

Origen Alemania

Motor 5786 cm^3, V12

Velocidad máxima 249 km/h

La nueva Clase S era más pequeña, liviana y elegante que antes y con mayor espacio, aunque no tenía tan buena construcción. Motores V6 de 3,2 litros a V12 de 6,3 litros.

△ **Chrysler LHS 1994**
Origen Estados Unidos
Motor 3518 cm³, V6
Velocidad máxima 219 km/h

El diseño de interior espacioso, medidas compactas y un nuevo motor V6 con árbol de levas en cabeza se desarrolló en ocho años y fue presentado en varias exposiciones de automóviles.

△ **Lexus GS300 1997**
Origen Japón
Motor 2997 cm³, V6
Velocidad máxima 230 km/h

Este sedán de alta tecnología tenía dirección electrónica en las cuatro ruedas, dos turbos y control de estabilidad. En Estados Unidos había una opción GS400 V8 de 4 litros.

△ **Bentley Arnage 1998**
Origen Reino Unido
Motor 4398 cm³, V8
Velocidad máxima 241 km/h

El nuevo Arnage fue desarrollado cuando Vickers era dueña de Rolls-Royce/Bentley. Recuerda modelos tempranos y su renovado motor era un BMW Cosworth.

△ **Cadillac Seville STS 1998**
Origen Estados Unidos
Motor 4565 cm³, V8
Velocidad máxima 241 km/h

El primer Cadillac diseñado para llevar el volante tanto a la izquierda como a la derecha fue en su lanzamiento el coche con tracción delantera más potente, con 300 CV en la forma STS.

△ **Jaguar tipo S 1999**
Origen Reino Unido
Motor 3996 cm³, V8
Velocidad máxima 240 km/h

Para el nuevo milenio, Jaguar intentó el estilo retro, basándose en el Tipo S de 1963 para su sedán deportivo ejecutivo. Tenía motores V6 de 2,5 litros o V8 de 4,2 litros.

Rendimiento extremo

Los coches de rendimiento extremo pasaron a primer plano en esta década, con modelos que superaron estándares de diseño y récords de velocidad. Se usaron tecnología y materiales de Fórmula 1 para buscar nuevos puntos de referencia en cómo debían lucir y rendir en carretera. Algunas marcas crearon modelos de competición modificados y otras dieron más potencia a diseños existentes.

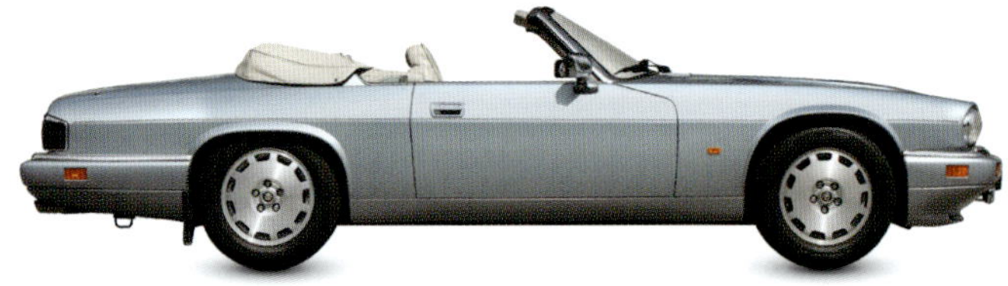

△ **Jaguar XJS 1991**
Origen Reino Unido
Motor 3980 cm³, seis en línea
Velocidad máxima 230 km/h

Presentado por primera vez en 1976, se rediseñó y relanzó en 1991. En 1993 equipaba un motor V12 de 6,0 litros. El XJS se fabricó hasta 1996.

△ **Jaguar XK8 1996**
Origen Reino Unido
Motor 3996 cm³, V8
Velocidad máxima 249 km/h

El nuevo modelo de Jaguar, lanzado en 1996 con elogios de la crítica, se ofrecía como *coupé* y como descapotable.

△ **Jaguar XKR 1998**
Origen Reino Unido
Motor 3996 cm³, V8
Velocidad máxima 249 km/h

Variante de alto rendimiento del XK8, con aceleración más rápida y comportamiento superior en carretera con respecto al modelo estándar.

△ **Bentley Continental R 1991**
Origen Reino Unido
Motor 6750 cm³, V8
Velocidad máxima 241 km/h

El diseño de este coche se debe a los diseñadores británicos John Heffernan y Ken Greenley. El motor turbo daba unos 325 CV, aunque no se reveló la cifra oficial.

△ **McLaren F1 GTR 1995**
Origen Reino Unido
Motor 6064 cm³, V12
Velocidad máxima 370 km/h

En 1995 el modelo McLaren F1 se desarrolló para competición. Equipado con un motor BMW modificado, se impuso en las 24 Horas de Le Mans de 1995.

△ **Ferrari 456 GT 1992**
Origen Italia
Motor 5474 cm³, V12
Velocidad máxima 300 km/h

El diseño que Pininfarina dio a este popular 456, hizo énfasis en su refinamiento y confort. Este rápido *coupé* 2+2 estuvo en producción durante más de una década.

△ **Aston Martin DB7 Volante 1996**
Origen Reino Unido
Motor 3228 cm³, seis en línea
Velocidad máxima 266 km/h

El Volante de techo blando fue lanzado tres años después del *coupé* DB7. Con su motor sobrealimentado daba 335 CV y fue el favorito de los fans de Aston Martin.

▷ **Ferrari 355 1994**
Origen Italia
Motor 3495,5 cm³, V8
Velocidad máxima 295 km/h

El 335 fue el primer Ferrari de carretera con cambio semiautomático. Es una de las mejores propuestas de la marca italiana.

◁ **Ferrari 348 GTB 1994**
Origen Italia
Motor 3405 cm³, V8
Velocidad máxima 280 km/h

Lanzado en 1989, el 348 recibió un aumento de potencia cinco años más tarde para especificación GTB. Algunas versiones modificadas compitieron en carreras de alto nivel.

△ **Ferrari F50 1995**
Origen Italia
Motor 4698,5 cm³, V12
Velocidad máxima 325 km/h

El F50, con el que Ferrari celebró su 50.º aniversario, tenía tecnología de la Fórmula 1. Es uno de los coches más deseados del mundo.

△ **Bugatti EB110 1991**

Origen Italia
Motor 3499 cm³, V12
Velocidad máxima 343 km/h

Tras más de 30 años de ausencia, la legendaria marca Bugatti regresó a comienzos de la década de 1990 con este supercoche de 560 CV, del que solo se hicieron 139 unidades.

△ **Alfa Romeo 155 DTM 1993**

Origen Italia
Motor 2498 cm³, V6
Velocidad máxima 300 km/h

El 155, muy bien ajustado, participó en el campeonato alemán DTM (Deutsche Tourenwagen Meisterschaft) de coches de turismo, ganándolo en 1993 y 1996.

△ **Lotus Esprit V8 1996**

Origen Reino Unido
Motor 3500 cm³, V8
Velocidad máxima 282 km/h

Treinta años después de que el Lotus Esprit se presentara como un *concept car*, el modelo aún se vendía bien, con la versión V8 que tenía unas brillantes prestaciones.

△ **Mercedes-Benz Clase C DTM 1994**

Origen Alemania
Motor 2500 cm³, V6
Velocidad máxima 300 km/h

Mercedes-Benz lanzó su coche ejecutivo compacto Clase C en 1993. Al año siguiente, esta versión modificada tuvo éxito inmediato al ganar el Campeonato DTM en Alemania.

△ **Lamborghini Diablo VT Roadster 1995**

Origen Italia
Motor 5709 cm³, V12
Velocidad máxima 335 km/h

El Diablo, que reemplazó al legendario Countach, se ganó su estatus de supercoche en poco tiempo al ser el coche de producción más rápido del mundo.

△ **Lister Storm 1993**

Origen Reino Unido
Motor 6996 cm³, V12
Velocidad máxima 335 km/h

La primera incursión en el mercado del supercoche del preparador Lister Cars', empresa preparadora, fue el Storm, que tuvo uno de los motores más grandes jamás montados en un coche de producción.

△ **Renault Clio V6 2001**

Origen Francia/Reino Unido
Motor 2946 cm³, V6
Velocidad máxima 235 km/h

Renault contrató a la compañía británica TWR para transformar su *hatchback* Clio. El resultado fue este coche de carreras con motor central de 230 CV.

◁ **Porsche 911 1998**

Origen Alemania
Motor 3600 cm³, seis opuestos
Velocidad máxima 274 km/h

En 1998 se montó en el Porsche 911 un motor enfriado por agua, que sustituía a la unidad refrigerada por aire que había propulsado el 911 desde su aparición en 1963.

Bentley Continental R

El Continental R marcó el resurgimiento de la marca Bentley, que se había limitado a ser un Rolls-Royce con parrilla distinta desde 1931, cuando Rolls-Royce adquirió la empresa. El R fue el primer Bentley desde la década de 1950 en llevar una carrocería propia. El R y sus modelos gemelos combinaron el rendimiento de un motor V8 turbo con una carrocería *coupé* exquisitamente recortada. El resultado fue uno de los mejores coches de turismo, grande y asequible.

A COMIENZOS DE LA DÉCADA DE 1980, Bentley estaba a punto de cerrar. Sin modelos específicos de la marca, solo el sentimentalismo o el gusto por el diseño del radiador eran las razones para comprar un Bentley. Sus ventas eran solo un 5 por ciento de la producción total de Rolls-Royce y Bentley de la casa matriz. Se pensó seriamente en descontinuar la marca, pero en lugar de ello en 1982 se lanzó una versión turbo del sedán Mulsanne, desarrollada en años siguientes para lograr un magnífico coche de lujo de rendimiento deslumbrante.

Entonces se decidió producir un *coupé* más deportivo bajo la marca Bentley, para reemplazar al Camargue dos puertas de Rolls-Royce. El Continental R surgió en 1991 y se basaba en el sedán R Turbo derivado del Mulsanne, cuya mecánica se remontaba a la del Silver Shadow de 1965. En 1994 y 1995 hubo un modelo S de mayor potencia, que llevó al Continental T de alto rendimiento, con un cuerpo 10 cm más corto y frenos y suspensión mejorados. Otros derivados incluían el Azure, un convertible.

ESPECIFICACIONES	
Modelo	Bentley Continental R, 1991 a 2003
Ensamblaje	Crewe, Reino Unido
Producción	1854 de todos los tipos
Construcción	Monocasco de acero
Motor	6750 cm³, V8
Potencia	385 a 420 CV a 4000 rpm
Transmisión	Automática de cuatro velocidades
Suspensión	Independiente, muelles, autonivelante
Frenos	Discos en las cuatro ruedas
Velocidad máxima	241 km/h

Raza de carreras
Walter Owen Bentley se dio a conocer como diseñador de motores de aviación. Su primer coche se anunció en 1919, y los modelos deportivos de la empresa se hicieron famosos al ganar en cinco ocasiones la carrera de las 24 horas de Le Mans. Desde 1998, Bentley ha sido propiedad de Volkswagen.

VISTA FRONTAL

VISTA TRASERA

Regreso a la tradición
Originalmente, la serie Mulsanne tenía una rejilla vertical lisa y grandes faros rectangulares. Pero en 1984 se introdujo una parrilla tipo malla, que evocaba la de los Bentley de la década de 1920, y que se montó en el Eight, un coche de precio bajo. En el R Turbo de 1989 se incorporaron faros redondos. En este Continental R, tanto la parrilla como los faros reflejan bien el estilo del diseño tradicional de los Bentley.

EL EXTERIOR

El punto de arranque del Continental R fue el Proyecto 90 (1985), de los diseñadores británicos John Heffernan y Ken Greenley. Tiene una parrilla de radiador más baja que permite también una línea de capó igualmente baja, y una elevación en la parte posterior que evoca el Corniche de Rolls-Royce. El modelo T cuenta con unos pasos de rueda acampanados y distinto diseño de parachoques y estriberas.

1. Emblema casi igual al de 1919 **2.** Nombre Continental **3.** Faros dobles, vistos por primera vez en el Turbo R **4.** Parrilla de acero inoxidable en forma de malla **5.** Retrovisores laterales **6.** Llantas de aleación **7.** Manilla cromada en la puerta **8.** Antena retráctil **9.** Tapa del depósito de combustible **10.** Luces traseras únicas en el Continental y en el Azure **11.** Tubos de escape

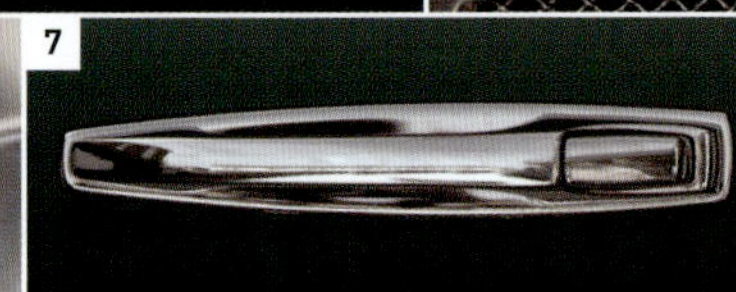

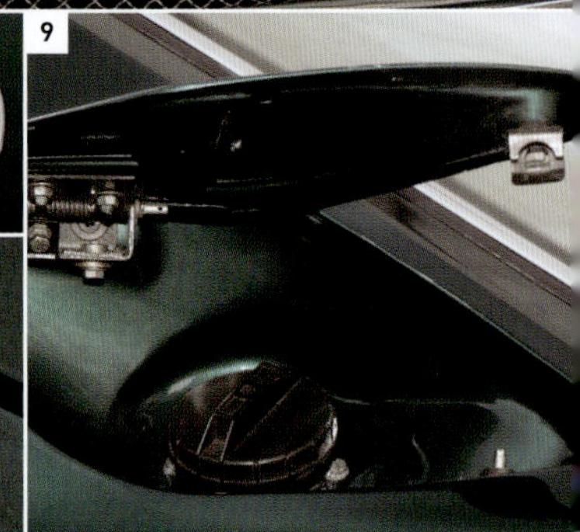

EL INTERIOR

La calidad de los interiores de cuero del Bentley es incomparable. El habitáculo cabina del Continental tiene un aire más deportivo que un sedán de la marca, con una consola central que se extiende hasta el compartimento trasero. El panel de instrumentos del R está hecho con un chapado de madera de alta calidad, mientras que en el T, por lo general, es de aluminio. La palanca de cambios montada en el suelo y no en la columna de dirección, fue una innovación para un Bentley moderno.

12. Interior con acabados en madera de nogal **13.** Volante **14.** Velocímetro **15.** Pantalla LCD para kilometraje, transmisión automática y nivel de combustible **16.** Rejillas de ventilación cromadas **17.** Indicadores auxiliares en consola **18.** Aditamentos de la puerta **19.** Respaldos de asientos con bolsillos plisados **20.** Mulliner Park Ward fue el carrocero interno de Rolls/Bentley **21.** Reposacabezas de un brazo

22

BAJO EL CAPÓ

El motor V8 de aluminio, que se remonta a 1959, mantiene los empujadores en lugar de un árbol de levas en cabeza, y dos válvulas por cilindro. El turbocompresor leva la potencia a 385 o 400 CV, y últimamente a 420 CV en el modelo T, al igual que en la versión especial del Continental T Mulliner. En el último formato, el par es de 650 Nm a 2200 rpm, más que cualquier otro coche en el mundo en ese momento.

22. La moderna tapa oculta un motor diseñado en los años cincuenta
23. El turbocompresor aumenta la potencia **24.** Luz bajo el capó

23

24

13

14

17

15

16

18

19

20

21

2000
en adelante

Coches *crossover* y todoterrenos | Coches urbanos e híbridos
Rendimiento y economía

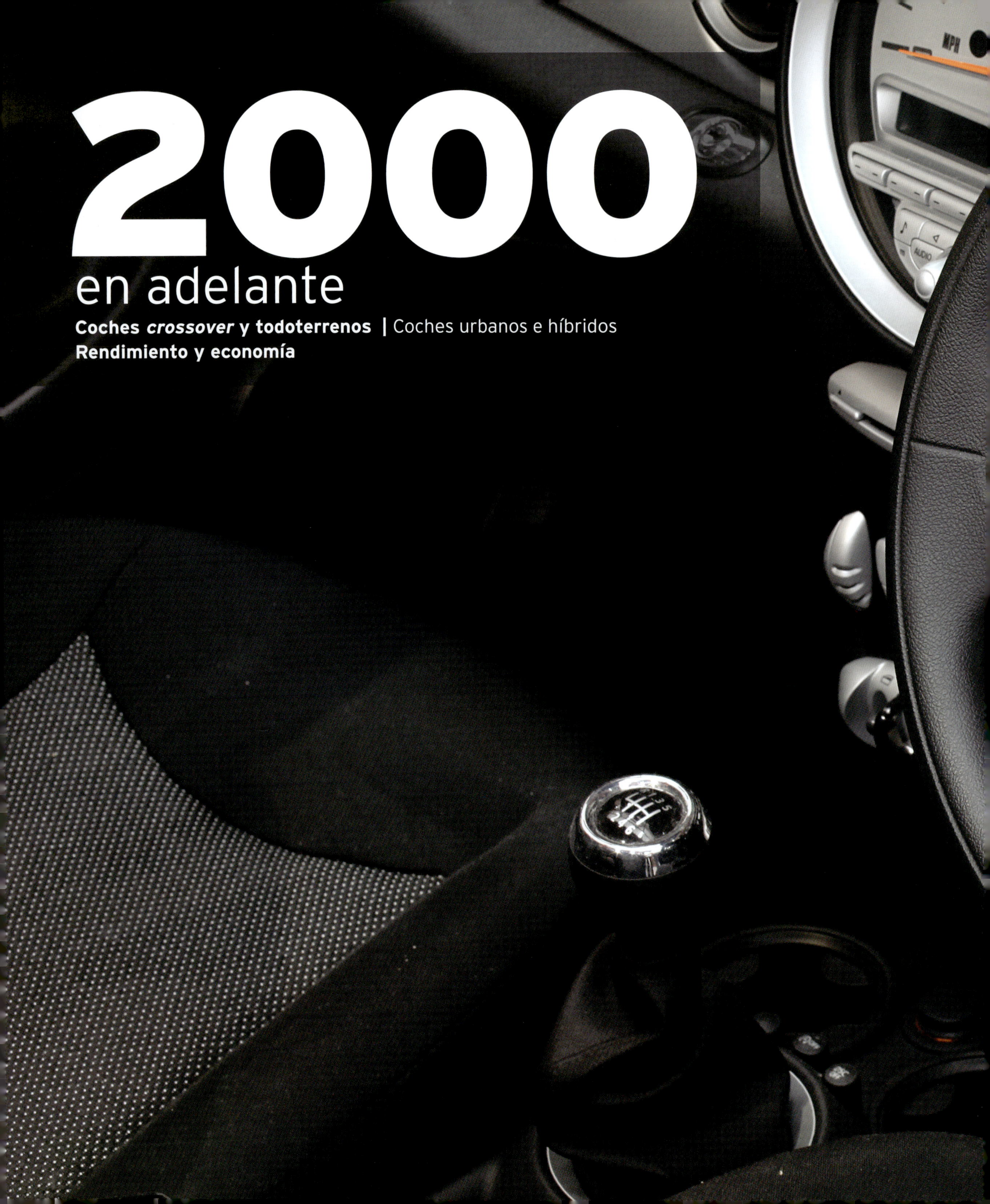

x1000
RPM
MINI

Marcas famosas reinventadas

Tras fabricar coches durante más de un siglo, la industria del automóvil conoce el poder de su patrimonio en la percepción pública. Hoy, todos los buenos fabricantes se basan en gran medida en su pasado, con nombres que evocan modelos y guías de diseño. Otros fabricantes necesitan crear nuevas marcas con las que apartarse de asociaciones negativas con la marca o su pasado.

△ Dodge Challenger 2008
Origen Estados Unidos
Motor 6059 cm³, V8
Velocidad máxima 233 km/h

Los entusiastas de la película *Vanishing Point* de 1971, con seguridad reconocen las líneas de su estrella de cuatro ruedas, en esta última versión del modelo, incluso tras cuatro décadas desde el original.

△ MG ZT 260 2001
Origen Reino Unido
Motor 4601 cm³, V8
Velocidad máxima 249 km/h

Basándose en el sedán 75 de Rover, MG añadió un motor Ford V8 y tracción trasera, para crear un nuevo coche de altas prestaciones.

△ Maybach 57 2002
Origen Alemania
Motor 5980 cm³, V12
Velocidad máxima 249 km/h

Esta marca, que no había construido coches desde 1940, llevaba mucho tiempo muerta. Fue reactivada en 2002 por Daimler-Benz como su marca de hiperlujo.

△ Maserati Quattroporte 2004
Origen Italia
Motor 4691 cm³, V8
Velocidad máxima 280 km/h

El nombre significa «cuatro puertas», pero en italiano suena muy excitante. El motor V8 de 434 CV ofrece un rendimiento espectacular.

△ Cadillac STS 2005
Origen Estados Unidos
Motor 4371 cm³, V8
Velocidad máxima 249 km/h

El diseño y la conducción precisa contrasta con los desgarbados Cadillac de antaño, con sus aletas de cola. La instalación de un sobrealimentador para el motor Northstar V8 conseguía 469 CV en el modelo STS-V.

◁ Ford Mustang GT Convertible 2004
Origen Estados Unidos
Motor 4951 cm³, V8
Velocidad máxima 240 km/h

Para el modelo 2004, se tomaron prestadas ideas del primer Mustang, como las franjas festoneadas bajas laterales y los faros desplazados hacia atrás.

▷ Porsche Panamera 4S 2009
Origen Alemania
Motor 4806 cm³, V8
Velocidad máxima 282 km/h

El Panamera, a pesar de tener el motor delantero y cuatro puertas, logra mantener el aspecto del diseño del 911 de la década de 1960.

△ BMW Alpina B7 Bi-Turbo 2010
Origen Alemania
Motor 4395 cm³, V8
Velocidad máxima 302 km/h

Alpina, registrada como fabricante, crea versiones de alto rendimiento de coches BMW, como este depurado serie 7, que da 500 CV.

▷ Infiniti G37 Convertible 2009
Origen Japón
Motor 3696 cm³, V6
Velocidad máxima 249 km/h

Nissan creó la marca Infiniti para superar la resistencia a los modelos japoneses en el mercado de Estados Unidos. La reservó para coches de lujo.

△ Rolls-Royce Phantom 2003
Origen Reino Unido
Motor 6750 cm^3, V12
Velocidad máxima 249 km/h

Cuando BMW tomó el control de Rolls-Royce, construyó una fábrica cerca de Goodwood e hizo un coche con la esencia de la legendaria marca.

△ Rolls-Royce Phantom drophead 2007
Origen Reino Unido
Motor 6750 cm^3, V12
Velocidad máxima 249 km/h

El diseño *drophead* (cabeza caída) fue muy fiel en el 100EX, un *concept car* presentado para conmemorar el centenario de la empresa en 2006.

▷ Jaguar XF 2008
Origen Reino Unido
Motor 5000 cm^3, V8
Velocidad máxima 249 km/h

Con este modelo, Jaguar quiso recrear el aspecto del Tipo S de tamaño medio de la década de 1960 y hacerlo más asequible.

◁ Jaguar XJ 2009
Origen Reino Unido
Motor 5000 cm^3, V8
Velocidad máxima 249 km/h

El novedoso XJ tiene una estructura de aluminio de inspiración aeroespacial hecha de material reciclado en un 50 %. Este pesa unos 150 kg menos que sus rivales de acero.

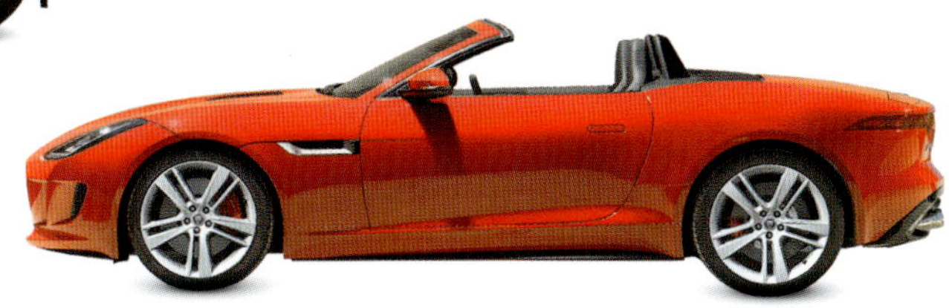

△ Jaguar Tipo F 2013
Origen Reino Unido
Motor 5000 cm^3, V8
Velocidad máxima 299 km/h

Jaguar tardó 38 años en ofrecer de nuevo un deportivo. Este *roadster* biplaza de aluminio no decepcionó. También se ofrecía un *coupé* y motor de cuatro cilindros y V6.

△ Chevrolet Camaro 2SS 2010
Origen Estados Unidos
Motor 6162 cm^3, V8
Velocidad máxima 249 km/h

La quinta generación del Camaro combinó el diseño de la década de 1960 con la cultura cinematográfica del siglo XXI. Se consigue en una edición especial *Transformers*.

◁ Chevrolet Corvette C8 2020
Origen Estados Unidos
Motor 6162 cm^3, V8
Velocidad máxima 312 km/h

Esta octava generación es el primer Corvette de producción de la historia con motor montado en posición central. Solo ofrece una transmisión semiautomática de ocho velocidades.

△ Aston Martin Rapide 2010
Origen Reino Unido
Motor 5935 cm^3, V12
Velocidad máxima 296 km/h

El Rapide, con cuatro puertas es un supercoche que toma su nombre de un modelo de la década de 1930 de Lagonda, una marca famosa que Aston Martin adquirió en 1947.

▷ Alpine A110 2017
Origen Francia
Motor 1798 cm^3, cuatro en línea
Velocidad máxima 249 km/h

Renault resucitó Alpine en 2017 tras 22 años de ausencia. Este coche tiene un motor central trasero en una estructura muy ligera totalmente de aluminio.

Crossovers y todoterrenos

La tendencia durante 50 años había sido fabricar coches más bajos y estilizados, pero los diseñadores vieron que la gente compraba más y más vehículos todoterreno de tracción a las cuatro ruedas, porque querían coches más altos, con una mayor sensación de seguridad. Pronto aumentó también la producción de vehículos *crossover*, en algunos casos con poca capacidad todoterreno.

△ Land Rover Discovery Series II 1998
Origen Reino Unido
Motor 2495 cm³, cinco en línea
Velocidad máxima 158 km/h

El Discovery fue lanzado en 1989 para un nuevo segmento del mercado, en el que el diseño y la comodidad eran importantes. Tuvo una excepcional capacidad todoterreno y se vendió muy bien.

△ Renault Avantime 2001
Origen Francia
Motor 2946 cm³, V6
Velocidad máxima 220 km/h

Diseñado y construido por Matra, este *crossover* innovador, entre *coupé* dos puertas y MPV, no encontró mercado. Entre 2001 y 2003 solo se vendieron 8557.

△ Land Rover Discovery 3 2004
Origen Reino Unido
Motor 4394 cm³, V8
Velocidad máxima 195 km/h

Este modelo, vendido en América del Norte como LR3, tenía un diseño completamente nuevo, con estructura monocasco y suspensión por aire independiente, y una gran capacidad todoterreno.

△ Land Rover Defender 2020
Origen Eslovaquia/Reino Unido
Motor 2995 cm³, seis en línea híbrido
Velocidad máxima 209 km/h

Sustituto totalmente nuevo de la serie original de Land Rover que prescinde de chasis independiente, pero sigue siendo muy capaz en terrenos abruptos, tanto con suspensión neumática como con sus robustos muelles helicoidales.

◁ Honda CR-V 2001
Origen Japón
Motor 1998 cm³, cuatro en línea
Velocidad máxima 177 km/h

Cuando se lanzó en 1996 fue uno de los primeros SUV con opción de tracción a dos o cuatro ruedas. Sus ventas crecieron y las nuevas versiones (esta de 2001) mantuvieron su popularidad.

△ Chevrolet Tahoe 2005
Origen Estados Unidos
Motor 5300 cm³, V8
Velocidad máxima 198 km/h

Este coche, un SUV de tamaño grande de GM, también se vende como Yukon de GMC y Chevy Suburban. Se ofrece con tracción a dos o cuatro ruedas o híbrido.

▷ Chevrolet HHR 2005
Origen Estados Unidos
Motor 2130 cm³, cuatro en línea
Velocidad máxima 177 km/h

HHR significa «Heritage High Roof», aludiendo al diseño inspirado por el Chevrolet Suburban 1949. También como furgoneta o con turbo.

◁ BMW X3 2004
Origen Alemania/Austria
Motor 2494 cm³, seis en línea
Velocidad máxima 208 km/h

Diseñado por Magna Steyr, se basó en el sedán Serie 3 con tracción a las cuatro ruedas; su capacidad como todoterreno no era óptima.

▷ Mazda CX-7 2006
Origen Japón
Motor 2260 cm³, cuatro en línea
Velocidad máxima 209 km/h

A diferencia de casi toda la competencia, el *crossover* SUV de tamaño medio de Mazda está construido sobre una plataforma totalmente nueva. Es un coche de lujo para carretera, con opciones de tracción a dos o cuatro ruedas.

▷ **Toyota CH-R 2018**

Origen Japón

Motor 1987 cm³, cuatro en línea

Velocidad máxima 180 km/h

Este SUV compacto de estilo atrevido ofrece tracción a dos o cuatro ruedas, y motores de gasolina o híbridos.

△ **Toyota Highlander 2000**

Origen Japón

Motor 2995 cm³, V6

Velocidad máxima 201 km/h

Primer *crossover* SUV de tamaño medio basado en un coche, se hizo sobre la plataforma del Camry. Fue el SUV de Toyota mejor vendido en la primera mitad de la década.

▷ **Toyota Sienna 2006**

Origen Japón

Motor 3310 cm³, V6

Velocidad máxima 179 km/h

El Sienna, una furgoneta familiar o MPV, fue lanzado en 1997. La opción de tracción a las cuatro ruedas llegó en 2004, pero no es un vehículo todoterreno.

▽ **Nissan Qashqai 2006**

Origen Japón/Reino Unido

Motor 1997 cm³, cuatro en línea

Velocidad máxima 192 km/h

En su primer año, el Qashqai vendió 100 000 unidades. Es un coche de carretera con tracción a dos o cuatro ruedas, y buena capacidad todoterreno.

△ **Saturn Outlook 2006**

Origen Estados Unidos

Motor 3600 cm³, V6

Velocidad máxima 193 km/h

GM produjo el Saturn entre 1987 y 2010. Fue un *crossover* SUV de tamaño grande, con ocho plazas y tracción delantera o a las cuatro ruedas.

▷ **Volkswagen Touran 2003**

Origen Alemania

Motor 1968 cm³, cuatro en línea

Velocidad máxima 196 km/h

El Touran, basado en el VW Golf de tracción a las cuatro ruedas, fue un SUV compacto disponible con motores de gasolina, diésel o LPG, de 1,2 a 2,0 litros, híbridos o solo de batería.

△ **Ford Kuga 2008**

Origen Alemania

Motor 2522 cm³, cinco en línea

Velocidad máxima 208 km/h

Basado en la plataforma del Focus, con opción de tracción delantera o a las cuatro ruedas. Orientado al mercado de carretera, tenía motor con buenas prestaciones.

△ **Jeep Patriot 2007**

Origen Estados Unidos

Motor 1968 cm³, cuatro en línea

Velocidad máxima 188 km/h

Es la entrada de Jeep en el mercado de los SUV compactos. Se vendía con diferentes opciones de motor y tracción en Europa y Estados Unidos.

▷ **NIO ES8 2018**

Origen China

Motor Eléctrico

Velocidad máxima 200 km/h

NIO, empresa emergente de Shanghái, ofrece este SUV de siete plazas, tracción a las cuatro ruedas y propulsión eléctrica. Ha creado por toda China una red de estaciones de intercambio de baterías.

Suzuki Fronte, 1962

Grandes marcas
Historia de Suzuki

Los orígenes de Suzuki se remontan a la industria de la seda japonesa, pero luego pasó a fabricar motos y coches. Se ha especializado en automóviles pequeños, 4x4 y vehículos comerciales de bajo coste y atractivo global. La marca está ampliando su gama a vehículos más grandes y lujosos.

MICHIO SUZUKI, nacido en Hamamatsu en 1887, fundó en 1909 Suzuki Loom Works, para fabricar telares para la amplia industria de la seda en Japón. Después de mucho éxito, Suzuki decidió diversificar y trabajó en el diseño de un coche compacto en 1937. A los prototipos se les puso motor de cuatro cilindros de menos de 800 cm³ y 13 CV, refrigerado por agua, con un innovador cárter de aluminio fundido. Pero el proyecto se detuvo al comenzar la Segunda Guerra Mundial.

En 1951 Suzuki intentó de nuevo diversificar a vehículos, ahora con un motor para una bicicleta (como había hecho Honda unos años antes). En 1954, la compañía cambió su nombre por Suzuki Motor Co., y construyó la Colleda, su primera motocicleta completa. En 1955 Suzuki hizo su primer coche de producción, el Suzulight SF, muy parecido al Lloyd alemán, impulsado por motor de dos tiempos de 360 cm³, dos cilindros y tracción delantera. El SF era un coche *kei*, construido de conformidad con las normas *kei jidosha* (coche ligero) japonesas. Los coches que se ajustan a los límites de tamaño del vehículo y potencia del motor especificados en estas normas, pagan impuestos y seguros más bajos. Los primeros SF tenían suspensión integral independiente, pero debido al mal estado de las vías de la época, en 1956 se cambiaron las ballestas.

Emblema de Suzuki (introducido en 1958)

A partir de 1958 solo se hicieron versiones de furgoneta del SF, reemplazadas en 1959 por la camioneta Suzulight TL, un diseño más moderno, con puerta trasera de apertura lateral. En 1962 se lanzó el Suzuki Fronte, versión de automóvil de pasajeros. En 1965 se anunció un nuevo Fronte 360, ahora con motor trasero más potente de tres cilindros, refrigerado por aire. En 1969 lanzaron el Fronte 500, un modelo con motor más grande para exportación.

En 1970, Suzuki presentó el primero de una larga gama de utilitarios de tracción a las cuatro ruedas. El LJ10 se basó en el HopeStar ON360 producido por Hope Motor Company. Solo se hicieron quince de estos 4x4 con motor Mitsubishi, antes de que Hope tuviera dificultades financieras. En 1970 Suzuki compró Hope y desarrolló de nuevo el ON360, ahora como LJ10, con su propio motor de dos cilindros de dos tiempos, carrocería rediseñada y rueda de repuesto montada en la zona de carga, para reducir la longitud total. Esto permitió que el LJ10 obtuviera el estatus *kei*, el primer 4x4 en lograrlo. El LJ20 de 1972 montó un motor refrigerado por agua, y el LJ50 (SJ10 en Japón) de 1974 recibió un motor nuevo de tres cilindros, 539 cm³ y 33 CV.

Finalmente, en 1977, Suzuki presentó el definitivo LJ80 (SJ20 en Japón) con motor de cuatro cilindros en línea refrigerado por agua, 797 cm³ y 41 CV. El LJ80 tuvo un enorme éxito de exportación. También hubo un *pick-up* LJ81, llamado Stockman en Australia. En 1981 se introdujo la segunda generación del Suzuki 4x4, la serie SJ, más larga y ancha. Los modelos de exportación tenían motores más grandes, que mejoraban el rendimiento. Los SJ se vendieron con diferentes nombres de modelos, y también como Chevrolet en Estados Unidos y Holden en Australia. En España fueron fabricados bajo

«Como hacemos **coches pequeños**, nos preocupamos de **reducir costes** hasta en un yen».

OSAMU SUZUKI, 1993

SC100

VITARA

CAPPUCCINO

KIZASHI

1909 Michio Suzuki funda Suzuki Loom Works en Hamamatsu.
1937 Comienza el proyecto del coche Suzuki, pero se suspende al estallar la Segunda Guerra Mundial.
1951 Suzuki introduce el Power Free, motor para bicicleta.
1954 Con su nuevo nombre, Suzuki Motor Co. produce la Colleda, su primera motocicleta.
1955 Se da a conocer el Suzulight SF, primer coche de producción de Suzuki.

1958 Suzuki adopta el logotipo en «S».
1962 Se lanza el Fronte, coche de pasajeros.
1970 Suzuki adquiere Hope. Relanza el 4x4 HopeStar ON360 como Suzuki LJ10.
1977 El Cervo, introducido en 1977, el *coupé* SC100 de 1978 y el Alto 1979 impulsan las ventas de exportación.
1978 Osamu Suzuki asume la dirección.
1981 General Motors adquiere el 5,3 % de Suzuki, y más tarde hasta el 20 %.
1982 Suzuki establece instalaciones de producción en la India y Pakistán.

1988 Aclamada introducción del Vitara SUV, que es un gran éxito de exportación.
1989 La producción total de coches Suzuki llega a diez millones.
1990 Suzuki abre una fábrica en Hungría, y cambia su nombre a Suzuki Motor Corp.
1991 Lanzamiento del *roadster* Cappuccino. Suzuki comienza a construir coches en Corea del Sur.
1993 Suzuki firma un contrato de empresa conjunta para la producción de coches en China.

2000 Osamu Suzuki renuncia como director ejecutivo, pero continúa siendo el presidente.
2008 Osamu Suzuki, ahora con más de 80 años, regresa como director ejecutivo.
2009 El sedán Kizashi lleva a Suzuki a un nuevo sector del mercado.
2009 VW compra el 20 % y lo vende en 2015.
2015 Lanzamiento de la cuarta generación del todoterreno Vitara.
2016 Nuevo Ignis, un *crossover* pequeño.

licencia por Santana y por Maruti en la India.

Junto a estos todoterrenos pequeños pero capaces, Suzuki siguió produciendo vehículos de pasajeros. El Coupé Fronte, lanzado en 1971, era una combinación única de coche de tamaño *kei,* asientos 2+2, diseño del italiano Giorgetto Giugiaro, y hasta 37 CV, con un excelente rendimiento para su tamaño. En la década de 1970, al Fronte se le unieron el Cervo y el Alto, y un *coupé* Cervo rediseñado llamado SC100, que hicieron aumentar las exportaciones de Suzuki.

En 1981, GM compró una participación del 5,3 por ciento en Suzuki, que después aumentó al 20 por ciento. Desde entonces, todos los vehículos Suzuki vendidos en Estados Unidos llevaban el nombre Chevrolet, marca de GM. En 1988 se lanzó un nuevo SUV compacto, conocido como Vitara en algunos mercados y Escudo o Sidekick en otros. El tamaño cómodo del Vitara de tres puertas, su diseño limpio y una buena combinación de comportamiento en carretera y fuera de ella, lo convirtieron en un gran éxito, más atractivo aún cuando en 1990 se añadió a la gama una versión de cinco puertas. Al año siguiente Suzuki lanzó el Cappuccino, uno de sus coches más queridos. Este *roadster kei* montaba un motor turbo delantero, con doble árbol de levas, de 657 cm^3 y tracción trasera.

El Cappuccino biplaza tenía techo de paneles desmontables que se guardaban en el maletero; estuvo en producción hasta 1997, sobreviviendo a rivales como el Beat de Honda, el Leeza Spyder de Daihatsu y el Autozam AZ-1 de Mazda. Dirigida por Osamu Suzuki, la compañía se expandió a Pakistán y la India en los años ochenta, y en los noventa se firmaron acuerdos para establecer fábricas en Hungría y Corea del Sur. El pequeño Wagon R+, desarrollado conjuntamente por GM y Suzuki, entró en producción en Hungría en el año 2000. La compañía también amplió su gama de coches de tamaño grande, entre ellos el SUV Grand Vitara de siete asientos, nuevas versiones de sus *hatchbacks* Swift y Alto, y el *crossover* SX4, un coche que parece un 4x4, pero con el rendimiento en carretera y los costes de un coche convencional.

En 2009, Volkswagen compró casi el 20 por ciento de Suzuki, pero las dos culturas corporativas resultaron incompatibles y Suzuki recompró esta participación en 2015. Otros problemas afectaron a sus operaciones en Estados Unidos y Canadá, pero esta empresa tenazmente independiente siempre puede confiar en su exitoso negocio indio Maruti Suzuki para prosperar.

Creación de impacto
El biplaza Cappuccino fue la materialización del deseo de Suzuki de un modelo que diera a la marca una imagen deportiva.

El Ignis S1600 en el Rally de Finlandia
El Ignis, un *hatchback* supermini, fue producido del 2000 al 2008. Per-Gunnar Andersson y su copiloto Jonas Andersson ganaron la Clase Júnior del Rally de Finlandia de 2004 con un S1600.

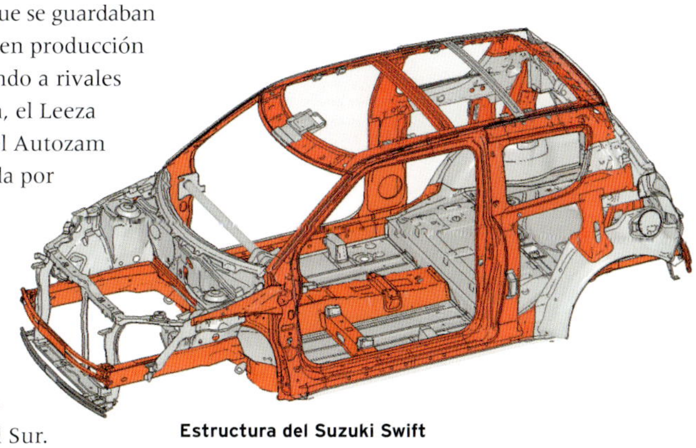

Estructura del Suzuki Swift
Para reforzar la estructura del Swift Sport del 2009, Suzuki hizo algunas secciones en acero de alta resistencia (en rojo). Esta rigidez mejoró el rendimiento en carretera y la seguridad.

Coches urbanos

Los fabricantes de todo el mundo se esforzaban por cumplir con las leyes que exigían reducir emisiones y mejorar la eficiencia. El interés se centró de nuevo en coches urbanos pequeños, de entre dos o cuatro plazas. Algunos fabricantes produjeron coches pequeños de menos de 1000 cm^3, de dos o tres cilindros, diseñados para uso en ciudad. Otros hicieron coches pequeños que también daban buen rendimiento en las autopistas, con eficientes motores de cuatro cilindros ligeramente forzados.

◁ **REVA/G-Wiz i 2001**

Origen India

Motor Motor eléctrico

Velocidad máxima 80 km/h

Este modelo indio 2+2, con una autonomía de 120 km, fue el coche eléctrico de mejor venta en la primera década del siglo XXI. Ahora se está planificando un modelo más grande y seguro.

▷ **Subaru R1 2005**

Origen Japón

Motor 658 cm^3, cuatro en línea

Velocidad máxima 137 km/h

El R1, que no fue muy comercializado fuera de Japón, fue un modelo corto deportivo 2+2 de gran calidad, en el rango *kei* para un nivel bajo de impuestos. Tenía tapicería de cuero y sobrealimentador opcional.

△ **Smart City-Coupé 1998**

Origen Alemania/Francia

Motor 599 cm^3, tres en línea

Velocidad máxima 135 km/h

Este biplaza urbano fue la visión del creador de Swatch, Nicolas Hayek. Tiene tracción trasera, control electrónico de estabilidad y frenos antibloqueo.

△ **Fiat Panda 2003**

Origen Italia/Polonia

Motor 1108 cm^3, cuatro en línea

Velocidad máxima 150 km/h

Demostró ser un digno heredero de su nombre. En 2004 fue el Coche del Año en Europa y en sus primeros seis años vendió 1,5 millones de coches. Tenía motores de 1,1 a 1,4 litros.

▷ **Tata Nano 2009**

Origen India

Motor 624 cm^3, dos en línea

Velocidad máxima 105 km/h

Este coche indio para el mercado local ha despertado interés mundial, debido a su precio (menos de 3000 dólares). Desprovisto de todo aditamento, potencialmente es el Ford Modelo T del siglo XXI.

△ **Suzuki Ignis 2017**

Origen Japón/India

Motor 1242 cm^3, cuatro en línea

Velocidad máxima 171 km/h

Un pequeño mini-SUV disponible con propulsión híbrida o tracción a las cuatro ruedas. Su aspecto robusto y atrevido le da más carácter que muchos utilitarios urbanos.

▷ **Secma F16 Sport 2008**

Origen Francia

Motor 1598 cm^3, cuatro cilindros

Velocidad máxima 177 km/h

El F16 pesa media tonelada y no es muy práctico, incluso con su opción de puertas de ala de gaviota. Tiene motor Renault, montado atrás, de 16 válvulas e inyección.

▷ **Toyota Yaris/Vitz 2005**

Origen Francia

Motor 1364 cm³, cuatro en línea

Velocidad máxima 175 km/h

Segunda generación del Yaris, diseñado en los estudios de Toyota en Europa y vendido en todo el mundo con motores de 1,0 a 1,8 litros, fue el primero en su clase con nueve airbags.

△ **Peugeot 1007 2004**

Origen Francia

Motor 1360 cm³, cuatro en línea

Velocidad máxima 172 km/h

Valiente intento por comercializar un coche urbano no convencional, con puertas deslizantes asistidas y transmisión semiautomática. Tuvo malas ventas por su precio.

◁ **Toyota iQ 2008**

Origen Japón

Motor 1329 cm³, cuatro en línea

Velocidad máxima 171 km/h

El ultracompacto iQ tiene cuatro plazas, buen rendimiento y cinco estrellas en la clasificación europea de seguridad en accidentes. El control de estabilidad, el ABS y la asistencia a los frenos son estándares.

◁ **Fiat 500 2007**

Origen Italia/Polonia

Motor 1242 cm³, cuatro en línea

Velocidad máxima 159 km/h

Este coche de cuatro asientos y buena ingeniería dio a Fiat un nuevo éxito. Cuando se lanzó tenía motores de 1,2 a 1,4 litros. Luego se añadieron más opciones.

▷ **Toyota Aygo 2005**

Origen Japón/República Checa

Motor 998 cm³, tres en línea

Velocidad máxima 158 km/h

Similar al Peugeot 107 y al Citroën C1, tenía opción de tres o cinco puertas y motor de gasolina de 1,0 litros o diésel de 1,4 litros.

▷ **Aixam City Premium 2018**

Origen Francia

Motor Eléctrico

Velocidad máxima 45 km/h

Aunque también se ofrece con motor diésel, su versión eléctrica, con una autonomía de 80 km, es más apropiada en estos días. En Francia, los niños de 14 años pueden conducirlo.

▽ **Hyundai i10 2019**

Origen Corea del Sur/Turquía/India

Motor 1197 cm³, cuatro en línea

Velocidad máxima 171 km/h

Limpio, espacioso y eficiente, evita ciertas tecnologías o combustibles alternativos en mercados clave en desarrollo para tener un coste de mantenimiento bajo.

Tata Nano

Desde el Mini original, el Nano es uno de los más audaces y fascinantes coches pequeños que se centran en lo básico. Diseñado para alejar de los vehículos de dos ruedas a la floreciente clase media de la India, recibió gran publicidad debido a su precio de 100 000 rupias, unos 1500 €. Cuando salió a la venta en 2009, el precio estaba más cerca de los 1800 €, con impuestos y entrega, o los 2800 € para la versión más cara. Aún es el coche más barato del mundo, incluso si el precio es cerca del 80 por ciento del salario medio anual en la India.

EL NANO, en su búsqueda de poco peso, sencillez y bajos costos de producción, se centró en lo más básico. Tenía motor trasero, más barato que uno delantero, ya que se necesitan menos piezas. El motor también es una unidad ligera y económica de dos cilindros; los frenos de tambor son fiables. Gracias al motor trasero, la dirección es muy ligera y no necesita asistencia. El cuerpo no tiene puerta de maletero, la tapicería es básica y el aislamiento acústico es moderado. Incluso el depósito de gasolina tiene un tamaño muy reducido, con una capacidad de solo 16 litros. Todo esto da al Nano un peso de solamente 600 kg. A pesar de ser tan liviano, el conjunto es muy fuerte, gracias a detalles inteligentes, como marcos de los asientos delanteros que refuerzan la carrocería, y una barra visible de refuerzo que va a través de la parte trasera del habitáculo.

VISTA FRONTAL

VISTA TRASERA

De camiones a coches
El conglomerado indio Tata, encabezado por Ratan Tata, se dedicó a la fabricación de camiones. En 1998 introdujo el Indica, primer diseño autóctono de un coche en la India. Tata ahora es dueño de Jaguar y Land Rover, así como del Té Tetley y de lo que queda de British Steel.

ESPECIFICACIONES	
Modelo	Tata Nano, 2009 en adelante
Ensamblaje	Pantnagar y Sanand, India
Producción	Unos 300 000
Construcción	Carrocería monocasco en acero
Motor	624 cm^3, dos en línea
Potencia	35 CV a 5250 rpm
Transmisión	Manual, de cuatro velocidades
Suspensión	Muelles independientes; amortiguadores delanteros
Frenos	Tambores
Velocidad máxima	105 km

Un coche pequeño inigualable
Al construir el Nano, Tata se salió de los parámetros tradicionales, haciendo un coche alto y estrecho, cuando los fabricantes occidentales tendían a hacer vehículos más bajos y cada vez más amplios. Pero en la India la estrechez es una virtud, dadas las condiciones del tráfico. Gracias a su generosa elevación del suelo, el Nano puede afrontar cómodamente las vías desiguales.

EL EXTERIOR

El diseño monocasco crea un gran espacio interior para un tamaño tan pequeño, supuestamente un 22 por ciento más que el Maruti 800, el minicoche indio. Las llantas de 12″ (más anchas atrás) impiden que los neumáticos queden por dentro de los pasos de rueda, al igual que su posición justo en las esquinas. La ancha y larga distancia entre ejes aporta estabilidad, importante en un coche con motor trasero.

1. Emblema cromado **2.** Tata, una marca respetada en la India **3.** Dos luces auxiliares en el parachoques **4.** Faros de diseño audaz **5.** Espejo en una sola puerta **6.** Cerradura de llave en una sola puerta **7.** Tres pernos de sujeción de la rueda, reducen costes y peso **8.** Rejillas de ventilación del radiador **9.** Luces traseras **10.** Mecánica visible bajo el coche

4

1

2

3

5

6

8

9

7

10

11

EL INTERIOR

A pesar de tener más o menos la longitud de un Mini BMC (3,1 m contra 3 m del Mini), el Nano sorprende por ser muy espacioso. Una larga distancia entre ejes y asientos delgados y rectos contribuyen a la amplitud, al igual que el techo alto. La altura adicional también permite una mejor distribución del espacio. El modelo base tiene un tapicería básica en tela de bajo coste hecha de yute.

11. Salpicadero sencillo con dos huecos para objetos **12.** Velocímetro e indicador de combustible digital **13.** Cambio de cuatro velocidades **14.** Espacio trasero para dos personas **15.** La batería bajo el asiento del conductor ayuda a distribuir el peso **16.** Gato bajo el asiento delantero

12

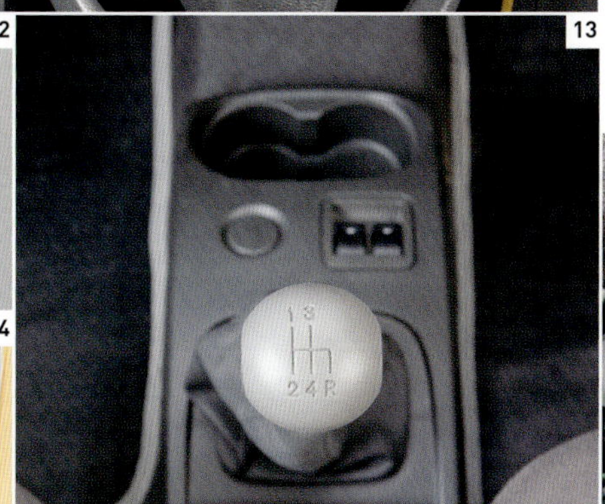
13

14

15

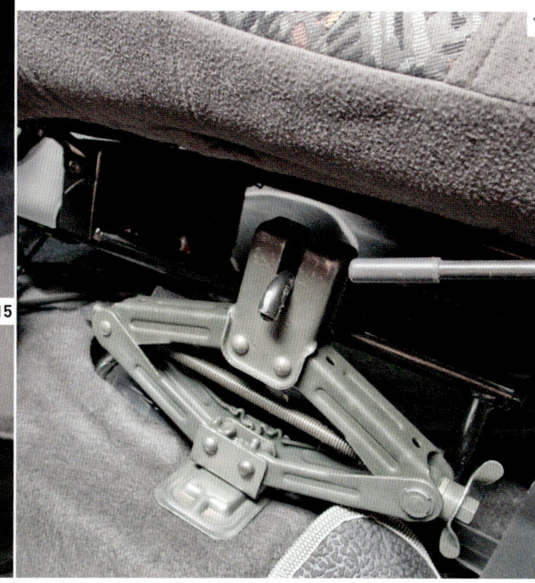
16

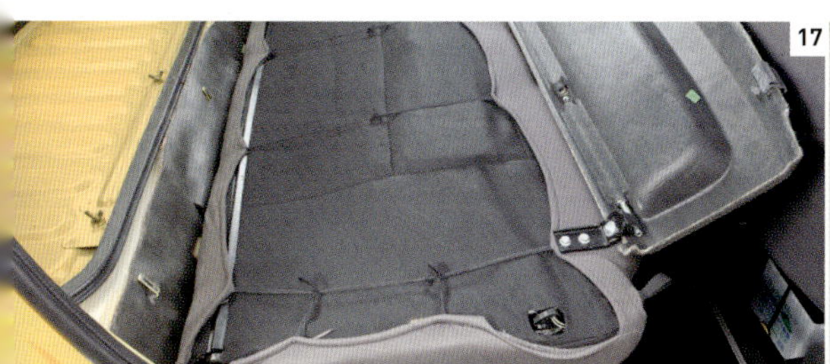
17

18

BAJO EL CAPÓ

El Nano está propulsado por un motor de aleación de dos cilindros y árbol de levas en cabeza, refrigerado por agua y de solo 624 cm^3. Se trata de un propulsor simple, económico y ligero, que no obstante da unos respetables 35 CV. Un eje de equilibrado amortigua las vibraciones inevitables de este formato de motor. De la alimentación se encarga un sistema Bosch muy sencillo, gracias al uso de solo dos cilindros.

17. El asiento trasero se dobla hacia adelante para acceder al maletero **18.** Piezas sencillas, como esta tuerca de mariposa **19.** Motor trasero de dos cilindros refrigerado por agua **20.** Rueda de repuesto y elementos auxiliares bajo el capó, como el orificio de llenado del depósito **21.** Frenos de tambor; modelo básico sin servomecanismo

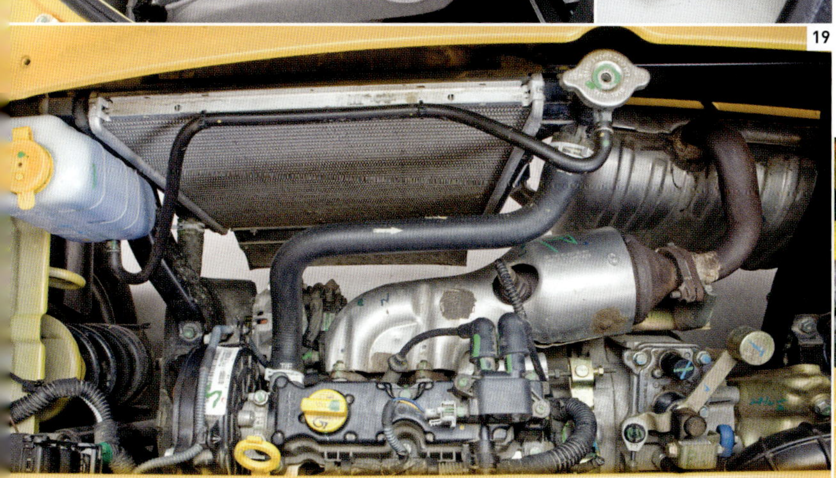
19

20

21

Hacia los 320 km/h

Después de que el Ferrari F40 de carretera sobrepasó los 320 km/h en 1987, la cifra se convirtió en el objetivo de todo aspirante a supercoche. Algunos, sobre todo los alemanes, llevan un limitador de velocidad, para frenar el entusiasmo de los conductores. En 2005, el Bugatti Veyron alcanzó los 400 km/h.

△ **Lamborghini Murciélago 2001**
Origen Italia
Motor 6496 cm^3, V12
Velocidad máxima 343 km/h

El Murciélago, el primer modelo nuevo bajo la propiedad de Volkswagen, debe su nombre a un famoso toro que en 1879 resistió 24 varas de los picadores en una corrida en España.

△ **Pagani Zonda 1999**
Origen Italia
Motor 7291 cm^3, V12
Velocidad máxima 354 km/h

Juan Manuel Fangio, pentacampeón de Fórmula 1, introdujo algunas mejoras tempranas en el Zonda. Es una exquisitez rara, pues solo se fabrican diez al año.

◁ **Lamborghini Murciélago Roadster 2004**
Origen Italia
Motor 6496 cm^3, V12
Velocidad máxima 322 km/h

Los aviones de caza, la arquitectura española y los megayates son algunos de los elementos que inspiraron el diseño de este Lamborghini descapotable. El techo, blando, se abre manualmente.

◁ **Bentley Continental Supersport 2003**
Origen Reino Unido
Motor 5998 cm^3, W12
Velocidad máxima 328 km/h

Un intento por liberar el potencial de rendimiento de este *coupé* de lujo dejó un interior sobrio, sin asiento trasero, suspensión mejorada y 630 CV.

△ **Mercedes-McLaren SLR 722S 2003**
Origen Reino Unido
Motor 5439 cm^3, V8
Velocidad máxima 336 km/h

El nombre 722 es un homenaje al número del Mercedes que ganó las Mille Miglia en 1955, conducido por Stirling Moss.

▽ **Mercedes-Benz SLS AMG 2010**
Origen Alemania
Motor 6208 cm^3, V8
Velocidad máxima 317 km/h

El SLS, un intento de recuperar el espíritu del Gullwing 300 SL de los años cincuenta, fue diseñado por AMG y se usó como coche de seguridad en la F1.

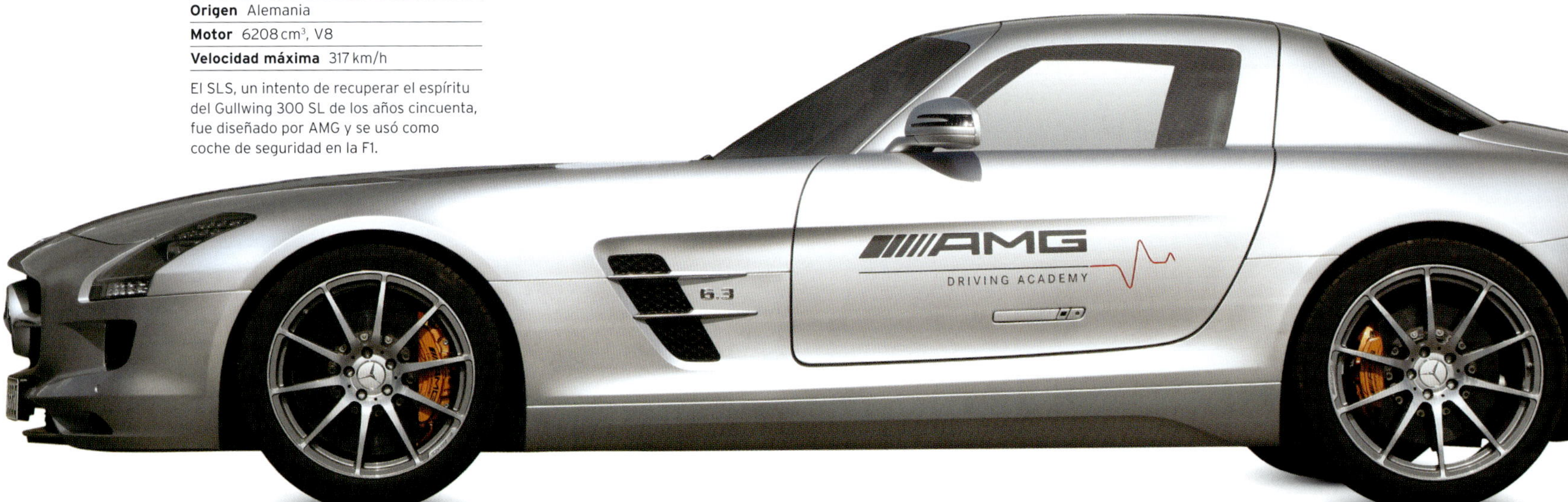

△ **Ferrari 599 GTB Fiorano 2006**
Origen Italia
Motor 5999 cm^3, V12
Velocidad máxima 330 km/h

Este *coupé* civilizado, el arquetipo Ferrari para la edad moderna, tiene un motor V12 montado delante y es vertiginosamente rápido.

◁ **Ferrari Enzo 2002**
Origen Italia
Motor 5998 cm^3, V12
Velocidad máxima 363 km/h

Cuando fue lanzado era el Ferrari de carretera más destacado. Solo se produjeron 400 unidades para clientes ricos y exigentes.

△ **Bristol Fighter 2004**

Origen Reino Unido

Motor 7996 cm^3, V10

Velocidad máxima 362 km/h

El Fighter T, producido en pequeñas cantidades y exclusivamente a demanda, obtiene más de 1000 CV del motor Chrysler Viper.

▷ **Bugatti Veyron Grand Sport 2005**

Origen Francia

Motor 7993 cm^3, W16

Velocidad máxima 407 km/h

Se dice que la marca pierde dinero en cada coche que fabrica, pero que merece la pena por los beneficios de prestigio y tecnología que trae a Volkswagen, la casa matriz.

▷ **Koenigsegg CCX-R 2006**

Origen Suecia

Motor 4719 cm^3, V8

Velocidad máxima 402 km/h

El motor de este coche se basa en el V8 de Ford, pero casi todos los componentes han sido modificados o refabricados, incluido el bloque, para dar 800 CV.

△ **Nissan GT-R Spec V 2007**

Origen Japón

Motor 3799 cm^3, V6, dos turbos

Velocidad máxima 311 km/h

El Spec V, una versión con menos aditamentos que el GT-R, tiene asientos delanteros de competición, pero no asiento trasero. La aerodinámica carrocería es de fibra de carbono.

▷ **RUF Porsche CTR3 2007**

Origen Alemania

Motor 3746 cm^3, seis opuestos

Velocidad máxima 375 km/h

RUF, preparador alemán de coches, es famoso por sus versiones de Porsche. Este tiene una carrocería de fibra de carbono muy ligera y un motor de 691 CV.

△ **Noble M600 2009**

Origen Reino Unido

Motor 4439 cm^3, V8

Velocidad máxima 362 km/h

De la empresa fundada por el respetado diseñador de coches Lee Noble, el M600 está considerado por algunos como uno de los supercoches actuales con un mejor comportamiento.

△ **Lexus LFA 2010**

Origen Japón

Motor 4805 cm^3, V10

Velocidad máxima 327 km/h

En esta ostra, la perla es el motor 1LR-GUE V10, más pequeño que la mayoría de V8 y capaz de pasar de cero a 9500 rpm en solo 0,6 s.

△ **Aston Martin DB11 2016**

Origen Reino Unido

Motor 5024 cm^3, V12

Velocidad máxima 322 km/h

Con un motor V12 totalmente nuevo (también se ofrece un V8 basado en Mercedes-Benz), es el primer gran turismo turboalimentado de Aston Martin. La versión descapotable se llama Volante.

△ **Lotus Evija 2019**

Origen Reino Unido

Motor Eléctrico

Velocidad máxima Más de 322 km/h

Aunque el inicio de la producción estaba previsto para 2021, los trabajos de desarrollo se han retrasado. Lotus pretende lanzar el primer hipercoche británico totalmente eléctrico.

◁ **Maserati MC20 2020**

Origen Italia

Motor 3000 cm^3, V6

Velocidad máxima Más de 325 km/h

El MC20 tiene atributos de auténtico supercoche, con motor central trasero (630 CV), puertas de mariposa y chasis de fibra de carbono. Ahora que ya no está vinculado a Ferrari, Maserati pretende robarle algo de protagonismo.

Los competidores deportivos

Al iniciarse el siglo xxi, los ordenadores tuvieron un impacto crucial en el diseño y la fabricación de coches de competición. Su influencia fue tan grande, que hubo que limitarlos dentro del coche, para que no asumieran también su conducción. Ahora, el coche de carreras típico tiene menos sistemas informáticos que el coche de calle normal, pero los ordenadores aún inciden bastante en la forma en la que estas máquinas se diseñan y operan.

△ Red Bull Cosworth STR1 2006

Origen Reino Unido

Motor 3000 cm³, V10

Velocidad máxima 322 km/h

En 2004, cuando Red Bull patrocinaba el equipo Sauber, adquirió a Ford el Jaguar Racing por el precio simbólico de un dólar. Ahora es uno de los mejores equipos del campeonato.

△ Bentley Speed 8 2001

Origen Reino Unido

Motor 4000 cm³, V8

Velocidad máxima 330 km/h

En su regreso a Le Mans, 73 años después de sus días de gloria, Bentley compitió tres veces antes de ganar en 2003.

▽ BAR Honda 2004

Origen Reino Unido

Motor 3000 cm³, V10

Velocidad máxima 322 km/h

Honda, proveedor de motores, compró el equipo BAR, pero solo logró una victoria antes de retirarse al terminar 2008. El equipo se convirtió en Brawn y después en Mercedes.

△ BMW M3 GT2 2008

Origen Alemania

Motor 3999 cm³, V8

Velocidad máxima 290 km/h

Este coche, lanzado para la serie Le Mans Americana en 2009, compitió en Le Mans en 2010 y fue el coche modelo para el juego de carreras *Need for Speed*.

◁ Dodge Charger 2005

Origen Estados Unidos

Motor 5860 cm³, V8

Velocidad máxima 306 km/h

Muy poco del coche de carretera se usa en la NASCAR: solo el motor en un chasis tubular y una carrocería metálica.

▽ Toyota TF108 2008

Origen Alemania

Motor 2400 cm³, V8

Velocidad máxima 322 km/h

Tras entrar en la Fórmula 1 en 2002, Toyota tuvo momentos prometedores pero no pudo ganar ninguna carrera. Se retiró en 2009.

△ Toyota Camry, NASCAR Nextel Cup 2007

Origen Japón

Motor 5860 cm³, V8

Velocidad máxima 306 km/h

Para competir en la NASCAR, Toyota tuvo que desarrollar un motor V8 con empujadores, un diseño arcaico que, si no, nunca habría considerado.

Serie R de Audi

Las 24 Horas de Le Mans en Francia es una de las tres carreras más importantes y exigentes del automovilismo. En la primera década de este siglo, la prueba fue dominada por Audi, que entre 2000 y 2010 ganó en nueve ocasiones, un logro espectacular.

△ Audi R8 2000

Origen Alemania

Motor 3600 cm³, V8

Velocidad máxima 339 km/h

El R8, uno de los mejores coches de carreras de la historia, ganó Le Mans cinco veces en seis años. Solo perdió en 2003 frente a un Bentley de Audi.

△ Lola Aston Martin LMP1 2009

Origen Reino Unido
Motor 6000 cm³, V12
Velocidad máxima 336 km/h

Tras ganar carreras GT con el DBR9, Aston Martin pasó su motor V12 a un chasis Lola para competir en la clase prototipo GT1.

◁ Ferrari F2008 2008

Origen Italia
Motor 2400 cm³, V8
Velocidad máxima 322 km/h

Pese a que Felipe Massa se quedó a las puertas del título de pilotos, él y Kimi Räikkönen dieron el título de constructores a Ferrari al volante del F2008.

△ Aston Martin Vantage GT3 2018

Origen Reino Unido
Motor 4000 cm³, V8
Velocidad máxima 314 km/h

Tras siete años, durante los cuales el anterior V12 Vantage siguió siendo ultracompetitivo, el nuevo Aston montaba un V8 biturbo. Cinco equipos compitieron con ellos en 2020.

◁ Peugeot 908 HDi FAP 2009

Origen Francia
Motor 5500 cm³, V12
Velocidad máxima 341 km/h

En 2009 Peugeot ganó en Le Mans, con el diésel 908 y de este modo rompió el dominio que había ejercido Audi en los años anteriores.

◁ Mercedes AMG F1 W11 EQ 2020

Origen Reino Unido/Alemania
Motor 1600 cm³, V6
Velocidad máxima Más de 360 km/h

El coche del equipo Mercedes AMG Petronas permitió a Lewis Hamilton obtener su séptimo título de Campeón del Mundo de Fórmula 1 en 2020, con el mayor número de victorias logradas por un piloto a lo largo de toda la historia del campeonato.

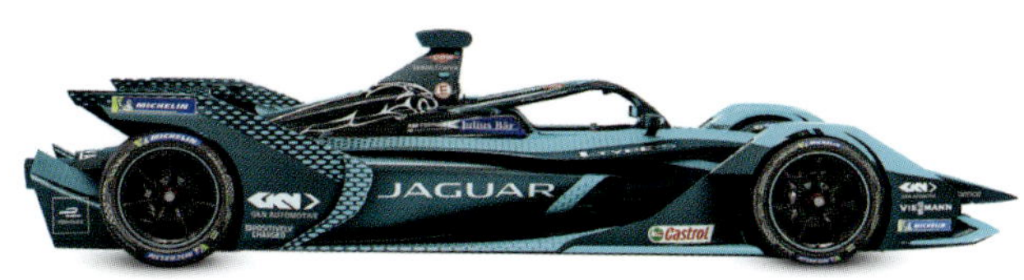

△ Jaguar i-Type 5 2021

Origen Reino Unido
Motor Eléctrico
Velocidad máxima 280 km/h

Jaguar Racing lo preparó en 2021 para la Fórmula E de monoplazas eléctricos, un campeonato de cero emisiones que se disputa en circuitos temporales de todo el mundo.

◁ Audi R10 TDI 2006

Origen Alemania
Motor 5500 cm³, V12
Velocidad máxima 339 km/h

El R10, sucesor del multivictorioso R8 con motor de gasolina, fue el primer coche con motor diésel que ganó en Le Mans.

△ Audi R18 e-tron quattro 2012

Origen Alemania
Motor 3700 cm³, V6
Velocidad máxima 330 km/h

El equipo deportivo de Audi, Joest, llevó el coche a la victoria en Le Mans en 2012. El motor híbrido permitía un depósito menor y menos peso, y daba tracción a las cuatro ruedas.

Ferrari 250 GTO conducido por Graham Hill en Goodwood, década de 1960.

Grandes marcas

Historia de Ferrari

Antes de establecerse como fabricante de coches en 1940, Enzo Ferrari forjó su reputación en la pista, por lo que no es de extrañar que la marca fundada por el apasionado italiano tenga el récord de mayor éxito en la Fórmula 1. Además de ser un nombre importante en el deporte del motor, Ferrari ha hecho muchos de los coches de calle más deseados y rápidos del mundo.

ENZO FERRARI nació en 1898 cerca de Módena, norte de Italia. De niño, iba a ver carreras de coches con su padre y su hermano. Quedó fascinado y decidió que de mayor imitaría a su héroe, Felice Nazaro, y sería piloto de carreras. Enzo debutó en competición en 1919, y al año siguiente fue piloto oficial de Alfa Romeo. Durante su carrera como piloto, tuvo muchas victorias y el Estado italiano le dio los títulos de honor de *Cavaliere* y *Commendatore*.

Emblema de Ferrari (introducido en 1940)

En 1929, Enzo fundó la Scuderia Ferrari de carreras, con el Cavallino Rampante (el caballo desbocado) como logotipo. En 1933, la Scuderia asumió el control del equipo Alfa Romeo. Cuando Alfa Romeo asumió de nuevo el control de la escudería en 1937, Ferrari fue nombrado director de carreras, aunque se quedó poco tiempo. Los términos de la salida de Enzo Ferrari le impidieron utilizar su nombre en el automovilismo, así que llamó Auto Avio Costruzione a la compañía que fundó en 1940. Esta empresa fabricaba piezas para la industria aeronáutica, pero Enzo siguió interesado en el automovilismo. Pronto empezó a construir coches de carreras basados en chasis Fiat. En 1943 la empresa se mudó a Maranello, cerca de Módena, donde aún tiene su sede.

En 1946 se anunció el 125 S, primer coche de Ferrari, que salió a la venta al año siguiente. El éxito fue inmediato, inicialmente en carreras de coches sport. Ferrari ganó las Mille Miglia y la Targa Florio en Italia en 1948, y las 24 Horas de Le Mans, en 1949. La primera victoria de Ferrari en un Gran Premio llegó en 1951. Alberto Ascari ganó para Ferrari el Campeonato del Mundo de Fórmula 1 en 1952 y 1953. Durante las seis décadas siguientes, Ferrari ha ganado casi todos los trofeos en competición. Los coches de Maranello ganaron Le Mans en nueve ocasiones, nueve veces las 12 Horas de Sebring (Estados Unidos), ocho victorias en las Mille Miglia y seis veces la Targa Florio. En Fórmula 1, Ferrari ha impuesto su presencia constante desde el inicio de la era del Campeonato del Mundo en 1950. Ha ganado el título de constructores dieciséis veces y nueve de sus pilotos han obtenido quince títulos mundiales. Se ha impuesto en más de doscientas carreras de Fórmula 1, más que cualquier otro equipo en la historia del Campeonato del Mundo. Este éxito

Gran Premio de China, Shanghái, 2007
Ferrari ha ganado el Campeonato de Constructores de Fórmula 1 en 16 ocasiones desde 1961. En la imagen, unos mecánicos empujan el coche de Felipe Massa a la parrilla de salida en el Gran Premio de China de 2007.

125 SPIDER

250 GT SWB

F40

ENZO

1898 Nace Enzo Ferrari el 18 de febrero.
1920 Ferrari conduce para el equipo Alfa Romeo.
1929 Fundación de la Scuderia Ferrari.
1940 Ferrari crea Auto Avio Costruzione.
1943 Auto Avio Costruzione se traslada a Maranello, al norte de Italia.
1946 Se anuncia el 125 S, el primer coche de carretera de Ferrari.
1951 El argentino José Froilán González consigue en Gran Bretaña la primera victoria de Ferrari en Fórmula 1.
1956 Alfredo, hijo de Enzo y conocido como Dino, muere de distrofia muscular.
1966 Un motor V6 Ferrari se usa en el coche de carretera Fiat Dino y se adapta para competir en Fórmula 2.
1968 Una versión del V6 de Ferrari se usa en coches de carretera, bajo la marca Dino.
1969 Fiat adquiere el 50 por ciento de Ferrari.
1976 El Campeón del Mundo, Niki Lauda, se estrella con su Ferrari en el Gran Premio de Alemania; pese a las graves lesiones, reaparece seis semanas después.
1977 Niki Lauda gana otra vez con Ferrari el Campeonato Mundial de Fórmula 1.
1982 Gilles Villeneuve, piloto de Ferrari, muere en los entrenamientos del G. P. de Bélgica.
1987 Se lanza el F40, último coche de carretera hecho antes de la muerte de Enzo; es el coche de producción más veloz del mundo.
1988 El 14 de agosto muere E. Ferrari; Fiat aumenta a 90 por ciento sus acciones en Ferrari.
2002 Ferrari anuncia el Enzo, un supercoche V12 con velocidad máxima superior a 363 km/h.
2008 Ferrari logra en la Fórmula 1 su 16.º título de constructores; Michael Schumacher logra el mayor número de victorias en Grandes Premios: 72.
2011 Se lanza el FF familiar de cuatro plazas.
2015 Las acciones de Ferrari cotizan en bolsa por primera vez.
2019 El supercoche SF90 es el primer híbrido de Ferrari.

Sellos de Ferrari
Estos sellos fueron emitidos por la República de San Marino en 1998, para celebrar el centenario del nacimiento de Enzo Ferrari y los 50 años de victorias de la Scuderia. Muestran doce modelos de Ferrari ganadores de grandes premios.

de Ferrari fue un logro basado en el esfuerzo concentrado de los mejores ingenieros y pilotos, inspirado por la determinación de Enzo Ferrari. No se toleraba el fracaso y tras perder alguna carrera se hacía una reunión de tonos fúnebres en la sala de juntas de la empresa, apodada el «museo de los errores». Enzo Ferrari lanzaba sobre la mesa piezas de coches dañados, ante la mirada atónita de los ingenieros. Con frecuencia ponía dos equipos a trabajar por separado en proyectos rivales para acelerar el desarrollo. Las relaciones entre Ferrari y sus equipos a menudo eran frías.

En ocasiones, los clientes también eran tratados con un desprecio similar. El exitoso industrial Ferruccio Lamborghini estaba tan indignado por el trato que recibió cuando se quejó de la calidad del Ferrari que acababa de comprar, que fundó su propia compañía automovilística en 1963, llegando a ser uno de los más enconados rivales de Ferrari en coches de calle. Incidentes de este tipo dieron más misticismo a Ferrari y al hombre detrás de la empresa. Mientras tanto, pocos coches podían igualar el rendimiento increíble y excelente aspecto de los modelos de calle de Ferrari (diseñados por la empresa italiana Pininfarina), incluyendo el 275 GTB/4 y el Daytona 365 GTB/4 con motor V12, y el Dino 206 y 246 con motor V6. Pero Ferrari era demasiado pequeña para sobrevivir indefinidamente como empresa independiente. En la década de 1960, una estrategia de la gigante Ford de Estados Unidos, casi la llevó a invertir en Ferrari para formar dos nuevas empresas: Ford-Ferrari, que haría coches de carretera, y Ferrari-Ford, que se enfocaría en las carreras. En el último minuto, Enzo Ferrari deshizo el acuerdo. La dirección de Ford, que se sintió menospreciada por el rechazo de Ferrari, prometió ganarle en su propio terreno, e instituyó el programa GT40 de coches de carreras. El GT40 apabulló a Ferrari en Le Mans, ganando entre 1966 y 1969. Más adelante, Ferrari se unió a la importante empresa italiana Fiat, que adquirió una participación del 50 por ciento en 1969. Esto dio a Ferrari gran estabilidad financiera, y la llevó a conseguir más victorias en la pista, incluyendo éxitos en carreras de coches sport y dos victorias con Niki Lauda en el Campeonato Mundial de Fórmula 1 a mediados de la década de 1970. También permitió a Ferrari desarrollar una serie de impresionantes coches de lujo, entre ellos los 365 BB y 512 BB en la década de 1970, el Testarossa y el F40 en la de 1980, y el F50 y el Enzo 2002 (con el nombre del fundador), en la década de 1990.

> «**Ferrari** exigía demasiado. Era **un competidor al que** solo le interesaba **ganar**».
> GIAN PAOLO DALLARA, INGENIERO DE FERRARI 1959-1961

Tras la muerte de Enzo Ferrari en 1988, Fiat elevó su participación al 90 por ciento y Ferrari produjo más coches que nunca y mejoró la calidad. En Fórmula 1 atravesó un período relativamente estéril desde 1979, cuando Jody Scheckter ganó el título mundial. Su suerte cambió cuando Michael Schumacher y el ingeniero Ross Brawn se unieron al equipo en 1996. Juntos, Ferrari y Schumacher obtuvieron un número de títulos sin precedentes, cinco campeonatos de pilotos y seis de constructores entre 1999 y 2004. Kimi Räikkönen obtuvo otro título en 2007, y Felipe Massa casi lo ganó en 2008.

En 2010, la gama incluía modelos V12 de dos y cuatro plazas con motor delantero (599 y 612), el V8 458 Italia con motor central y el V8 California con motor delantero. Durante 10 años, la gama fue similar, con la adición del V12 GTC 4Lusso, el V8 Roma GT y el superdeportivo híbrido SF90.

En 2018, un 250 GTO clásico de 1963 se convirtió en el coche de coleccionista más valioso subastado, alcanzando los 70 millones de dólares.

Motor V12 del Ferrari 330 LMB
El éxito de Ferrari en pistas se ha basado en sus motores V12. Este de 3967 cm³, propulsó el 330 LMB en las 24 Horas de Le Mans de 1963.

Maravillas compactas

La tecnología de microchips cada vez de menor tamaño ha permitido producir coches más y más funcionales, desvirtuando la idea de que los vehículos pequeños deben prescindir de funciones extras. Los coches ligeros tienen un mejor consumo, pero los legisladores y los conductores exigen los últimos sistemas de seguridad, que añaden peso. Así, en los modelos más recientes, los diseñadores han luchado para que el tamaño no vaya en detrimento de la seguridad, la comodidad y la eficiencia.

▷ **Honda Fit/Jazz MkI 2001**

Origen Japón

Motor 1497 cm^3, cuatro cilindros

Velocidad máxima 171 km/h

Como el Civic se hizo más grande, Honda atacó de nuevo el sector supermini con el Honda Fit (Jazz en Europa), que de inmediato se convirtió en un referente.

◁ **BMW Serie 1 2004**

Origen Alemania

Motor 1599 cm^3, cuatro cilindros

Velocidad máxima 222 km/h

La Serie 1 de BMW es una reelaboración de la Serie 3 en un paquete más compacto. Al igual que este modelo de cinco puertas, hubo una versión de tres puertas, un *coupé* y un descapotable.

◁ **Mercedes-Benz MkII Clase A 2004**

Origen Alemania

Motor 2034 cm^3, cuatro cilindros

Velocidad máxima 183 km/h

El Mercedes-Benz Clase A de 1997 fue un coche pequeño diseñado para que, en caso de accidente, su motor se deslizara bajo la cabina. Es el más desarrollado de los modelos de segunda generación.

▷ **Toyota Prius MkII 2004**

Origen Japón

Motor 1496 cm^3, cuatro cilindros

Velocidad máxima 167 km/h

Con motor de gasolina de 76 CV complementado por un motor eléctrico de 68 CV y recarga en movimiento de la batería, tenía un consumo mínimo.

▷ **Toyota iQ 2008**

Origen Japón

Motor 1329 cm^3, tres cilindros

Velocidad máxima 171 km/h

Es el coche urbano de lujo de Toyota. Tiene características inteligentes, como un motor de tres cilindros, asientos plegables, nueve airbags, y control electrónico de estabilidad.

▽ **MCC Smart Crossblade 2002**

Origen Francia

Motor 599 cm^3, tres cilindros

Velocidad máxima 135 km/h

Si el City-Cabrio de Smart era un coche pequeño, al Crossblade (del que se fabricaron 2000) lo recortaron mucho más. No tenía puertas, parabrisas ni techo.

◁ **MCC Smart Roadster 2003**

Origen Francia

Motor 698 cm^3, tres cilindros

Velocidad máxima 175 km/h

Este pequeño biplaza extendió la filosofía del coche urbano de Smart hasta la creación del Frogeye Sprite en tiempos recientes. Era económico y divertido de conducir.

△ **Ford Streetka 2003**

Origen España/Italia

Motor 1597 cm^3, cuatro cilindros

Velocidad máxima 174 km/h

Inspirado en el *hatchback* Ka, este pequeño *roadster* biplaza con capota de tela, diseñado y hecho en Italia, fue lanzado por Kylie Minogue, la estrella pop.

▷ **Ford Focus Mk2 RS 2009**

Origen Alemania

Motor 2522 cm^3, cinco cilindros

Velocidad máxima 262 km/h

Con más de 300 CV de potencia que propulsan las ruedas delanteras de lo que esencialmente es un *hatchback* familiar, el Mk2 tiene diferencial de deslizamiento limitado.

▷ **Opel/Vauxhall Astra 2004**

Origen Alemania/Reino Unido

Motor 1998 cm^3, cuatro cilindros

Velocidad máxima 245 km/h

En 2004, el Astra, fabricado por General Motors Europa, dio un gran salto de diseño. Este coche de tres puertas, llamado GTC, introdujo un parabrisas panorámico que se extiende hasta el panel del techo.

▽ **Peugeot RCZ THP 200 2010**

Origen Francia/Austria

Motor 1997 cm^3, cuatro cilindros

Velocidad máxima 235 km/h

Este *coupé*, similar en tamaño al TT de Audi, comenzó su vida como *concept car* en un salón del automóvil, pero la enorme demanda del público lo llevó a las salas de exhibición. Tiene dos pequeños asientos atrás.

△ **Scion xB 2007**

Origen Japón

Motor 2362 cm^3, cuatro cilindros

Velocidad máxima 175 km/h

En 2004, Toyota introdujo la submarca Scion para los jóvenes estadounidenses. El xB se produjo hasta 2015, y la marca Scion fue cancelada en 2017.

▷ **Alfa Romeo MiTo 2008**

Origen Italia

Motor 1593 cm^3, cuatro cilindros

Velocidad máxima 219 km/h

Al compartir sus principios con el Fiat Grande Punto, fue el primer Alfa realmente pequeño. MiTo viene de Milán, donde se diseñó, y Turín, donde se construye.

◁ **Mini Clubman 2008**

Origen Reino Unido

Motor 1598 cm^3, cuatro cilindros

Velocidad máxima 201 km/h

Cuando BMW reinventó el Mini, produjo este coche familiar con dos puertas traseras estilo furgoneta y una pequeña *clubdoor* en el lado del conductor.

△ **Suzuki Jimny 2018**

Origen Japón

Motor 1462 cm^3, cuatro en línea

Velocidad máxima 129 km/h

Su forma cuadrada sin concesiones esconde un capaz caballo de batalla 4x4, con un chasis independiente, ejes rígidos y ángulos de aproximación y salida que lo hacen ideal para trepar por las rocas.

◁ **Cadillac CTS-V *coupé* 2010**

Origen Estados Unidos

Motor 6162 cm^3, V8

Velocidad máxima 307 km/h

El robusto CTS-V ostenta el récord de coches de producción en el circuito de Nürburgring en Alemania, con 7 min 59,3 s. Este *coupé* comparte su motor de 556 CV.

▷ **Renault Twingo III 2014**

Origen Francia/Eslovenia

Motor 999 cm^3, tres en línea

Velocidad máxima 151 km/h

El desarrollo de ingeniería de este coche se juntó con el Smart Forfour de Daimler, lo que dio lugar al primer coche familiar nuevo con motor trasero desde los años 70. Solo se ofreció la opción de cinco puertas.

Deportivos de alto rendimiento

En las dos últimas décadas ha surgido un nivel de coches del todo nuevo, un puente entre los coches deportivos y los superdeportivos. Van desde versiones de éxito de *coupés* y *roadsters* asequibles hasta modelos de entrada de fabricantes de prestigio. Elegantes y emocionantes, todos demuestran que la demanda de rendimiento nunca había sido tan grande ni tantas las opciones.

△ Morgan Aero 8 2001
Origen Reino Unido
Motor 4398 cm³, V8
Velocidad máxima 241 km/h

Aunque el perfil general podría parecer familiar, el Aero 8 fue un coche nuevo de Morgan, el primero con chasis de aluminio y motor BMW V8.

△ Spyker C8 Laviolette 2001
Origen Países Bajos
Motor 4172 cm³, V8
Velocidad máxima 301 km/h

El diseño del Laviolette está bastante inspirado en el pasado aeronáutico de la empresa, e incluso los radios del volante parecen las aspas de una hélice.

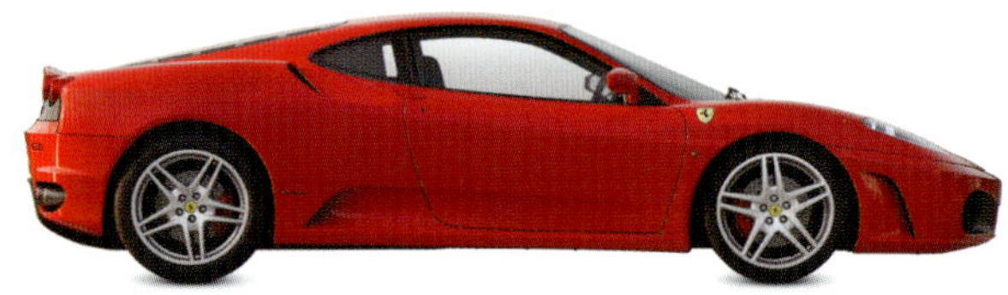

△ Ferrari F430 2004
Origen Italia
Motor 4308 cm³, V8
Velocidad máxima 315 km/h

Primer Ferrari de calle con un diferencial controlado electrónicamente, derivado directamente de la tracción de F1 de la marca.

◁ Aston Martin V8 Vantage Convertible 2005
Origen Reino Unido
Motor 4735 cm³, V8
Velocidad máxima 290 km/h

Usando un motor V8 Jaguar, propiedad de Ford, era más pequeño que el DB9, pero con muy buen rendimiento y conducción ágil.

△ Ferrari California 2008
Origen Italia
Motor 4297 cm³, V8
Velocidad máxima 311 km/h

Por primera vez Ferrari utilizó un motor V8 delantero en un coche de carretera. El diseño fue el resultado de más de 1000 horas de trabajo en el túnel de viento.

▷ Aston Martin V12 Zagato 2011
Origen Reino Unido
Motor 5935 cm³, V12
Velocidad máxima 306 km/h

Se construyeron 61 unidades del Zagato, una versión ligera de estilo italiano del Vantage V12 para carretera. La carrocería, toda de aluminio, se fabricó a mano.

△ Ferrari 458 Italia 2009
Origen Italia
Motor 4499 cm³, V8
Velocidad máxima 325 km/h

Este coche se benefició de las aportaciones en diseño de Michael Schumacher, y cuenta con *winglets* que descienden con la velocidad para reducir la fricción.

◁ Chevrolet Corvette C6 2005
Origen Estados Unidos
Motor 5967 cm³, V8
Velocidad máxima 319 km/h

Conocido solo como un coche elegante y potente, se puede destacar por su excelente comportamiento en carretera.

▷ Audi R8 2006
Origen Alemania
Motor 5204 cm³, V10
Velocidad máxima 315 km/h

Este R8, que se inspira en el múltiple ganador de Le Mans del mismo nombre, es con todo derecho un digno rival del supercoche de Porsche, con rendimiento similar.

△ **Porsche 911 Turbo 2006**

Origen Alemania
Motor 3600 cm³, seis opuestos
Velocidad máxima 319 km/h

Conocido extraoficialmente como 997, es el descendiente del 911 original y, como aquel, sigue teniendo el motor montado detrás.

△ **Alfa Romeo 8C Competizione 2007**

Origen Italia
Motor 4691 cm³, V8
Velocidad máxima 292 km/h

Pocos creían que el diseño expuesto en el Salón del Automóvil de Fráncfort de 2003 acabaría llegando a la fase de producción, pero Alfa fabricó 500 *coupés*.

△ **Maserati Granturismo S 2007**

Origen Italia
Motor 4691 cm³, V8
Velocidad máxima 295 km/h

Aunque su diseño se basara en la plataforma del sedán Quattroporte, el Granturismo S es un GT muy veloz, con dos asientos traseros adicionales.

◁ **Nissan 350Z 2008**

Origen Japón
Motor 3498 cm³, V6
Velocidad máxima 251 km/h

En un concurso en línea del juego de ordenador *Gran Turismo*, los conductores más veloces compitieron por un gran premio: conducir un coche de carreras real con el equipo Nissan.

△ **Mercedes-Benz SL 2008**

Origen Alemania
Motor 5513 cm³, V12
Velocidad máxima 249 km/h

En 1954 el Gullwing 300 SL fue un verdadero supercoche. La versión reciente conserva la tradición, con una potencia de más de 500 CV.

◁ **Artega GT 2009**

Origen Alemania
Motor 3597 cm³, V6
Velocidad máxima 274 km/h

Diseñado por Henrik Fisker, también responsable del diseño del Aston Martin Vantage, tiene un peso de 1100 kg, bajo para un supercoche.

△ **Dodge Viper SRT 2013**

Origen Estados Unidos
Motor 8382 cm³, V10
Velocidad máxima 335 km/h

Este *monster* americano de la vieja escuela de Dodge –construido en Detroit– venía con caja de cambios manual de seis velocidades y control electrónico de tracción y estabilidad.

▷ **Jaguar Tipo F SVR 2016**

Origen Reino Unido
Motor 5000 cm³, V8
Velocidad máxima 322 km/h

Un V8 sobrealimentado de 567 CV y transmisión a las cuatro ruedas permitían a esta versión de altas prestaciones del Tipo F acelerar de 0 a 100 km/h en solo 3,5 segundos.

△ **Ford GT 2016**

Origen Estados Unidos/Canadá
Motor 3497 cm³, V6
Velocidad máxima 348 km/h

Biplaza de motor central trasero, devolvió a Ford al mundo de los supercoches. Tenía llantas de fibra de carbono opcionales y un sistema de elevación del eje delantero que le ayudaba a superar los badenes.

Morgan Aero 8

El Aero 8, el primer Morgan totalmente nuevo desde 1936, combinó mecánica moderna y construcción avanzada con un aspecto tradicional. Su estructura se basaba en un chasis de aluminio pegado y remachado, unido a un marco de madera para la carrocería. En 2008 y 2009 se construyeron un centenar del AeroMax, una versión *coupé* cerrado; y en 2010 el Aero Supersports, con secciones del techo desplegables, sustituyó al descapotable Aero 8 original.

CUANDO MORGAN anunció el Aero 8 en el año 2000, el impacto fue enorme. Los coches de la pequeña empresa familiar británica casi no habían tenido modificaciones desde la década de 1930. Tenían chasis independiente, carrocería con marco de madera y suspensión rígida independiente solo delante. En el Aero 8, desarrollado a partir de un coche de carreras Morgan, todo cambió. Los paneles de aluminio de la carrocería se moldearon con calor y no a mano. La ligera plancha de aluminio era solo el comienzo; debajo había una suspensión flexible, independiente, con muelles y amortiguadores interiores de coche de carreras; y dirección asistida. El coche también contó con ventanas eléctricas en lugar de las habituales de Morgan. En su lanzamiento el precio era el doble del de los modelos tradicionales más baratos, aún en producción.

VISTA FRONTAL

VISTA TRASERA

De tres a cuatro ruedas
H. F. S. Morgan anunció su primer coche en 1910, con tres ruedas, una sola en la parte trasera. Los *Trikes* se fabricaron hasta 1952, pero en 1936 Morgan introdujo el 4/4, coche deportivo de cuatro ruedas. Actualmente la empresa es dirigida por el nieto del fundador.

VISTA LATERAL CON CAPOTA CERRADA

Aspecto bizco
La parte frontal del Aero 8 está dominada por los faros. El modelo original, que se ve aquí, usó los del nuevo Escarabajo de Volkswagen. Pero su posición, apuntando hacia dentro, dio al coche un aspecto bizco que fue muy criticado. Desde 2006 se utilizaron los faros del Mini. Otra característica importante, la tradicional parrilla del radiador Morgan, es un solo adorno. En realidad, el aire pasa al motor a través de la entrada bajo la matrícula

ESPECIFICACIONES			
Modelo	Morgan Aero 8, 2001 a 2009	**Potencia**	286 a 367 CV a 6300 rpm (4,8 litros)
Ensamblaje	Malvern, Reino Unido	**Transmisión**	Manual, seis veloc.; automática opcional
Producción	Aproximadamente 1000	**Suspensión**	Independiente por muelle interno
Construcción	Chasis de aluminio; marco de fresno	**Frenos**	Discos en las cuatro ruedas
Motor	4398 cm^3 /4799 cm^3, DOHC V8	**Velocidad máxima**	241 a 274 km/h

EL EXTERIOR

El Aero 8 fue diseñado por Charles Morgan, director general de la empresa. La carrocería es una actualización de las líneas tradicionales y cuenta con un divisor en el faldón delantero (un alerón que ayuda con la estabilidad a alta velocidad). En el faldón se sitúa la entrada de aire para el radiador. Detrás, el maletero con capó (novedad en un Morgan) tiene un labio que forma un perfil aerodinámico. La aerodinámica ha mejorado mucho respecto a Morgan anteriores.

1

2

3

4
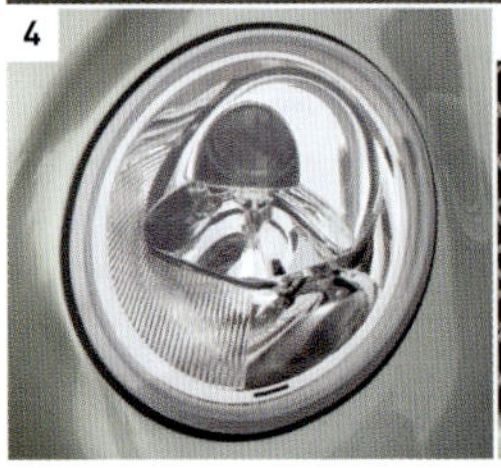

5
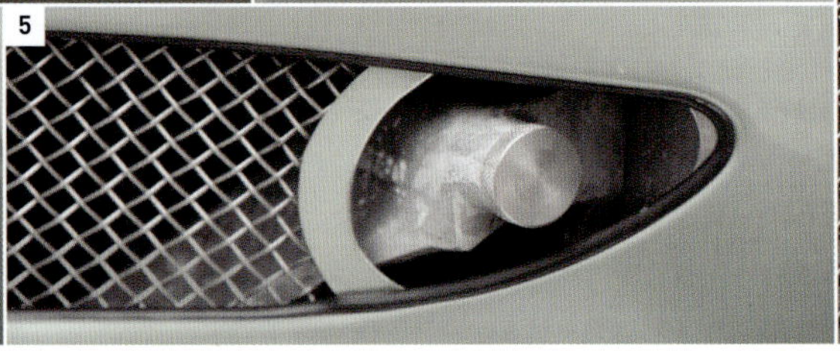

6

1. Emblema Morgan **2.** El nombre Aero se usó por vez primera en un coche de tres ruedas **3.** Intermitentes delanteros **4.** Faros apuntando hacia adentro **5.** Anclaje para remolque (solo en primeros coches) **6.** La parrilla principal es un adorno **7.** Rejillas en la tapa del capó **8.** Retrovisor **9.** Llantas de aleación de 18" y neumáticos *run-flat* **10.** La luces traseras redondas recuerdan los primeros modelos **11.** Capota con ventana de vidrio térmico **12.** Tapón del depósito **13.** Luz de posición trasera **14.** El *spoiler* trasero ayuda al Aero a lograr un coeficiente aerodinámico de 0,39

15

16
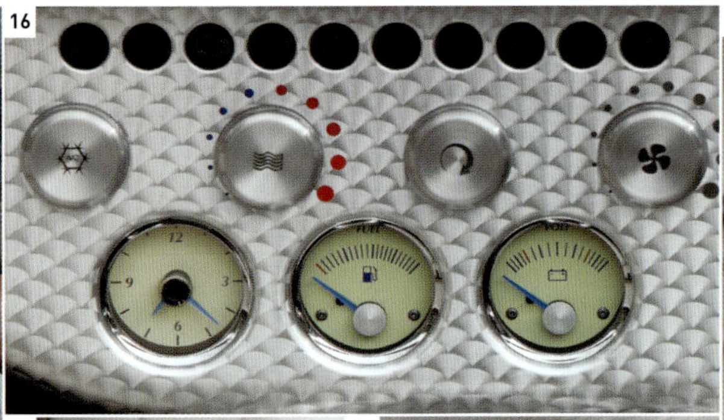

17
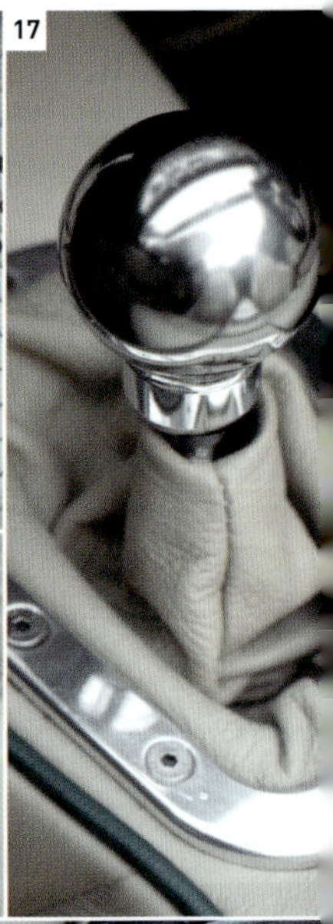

18
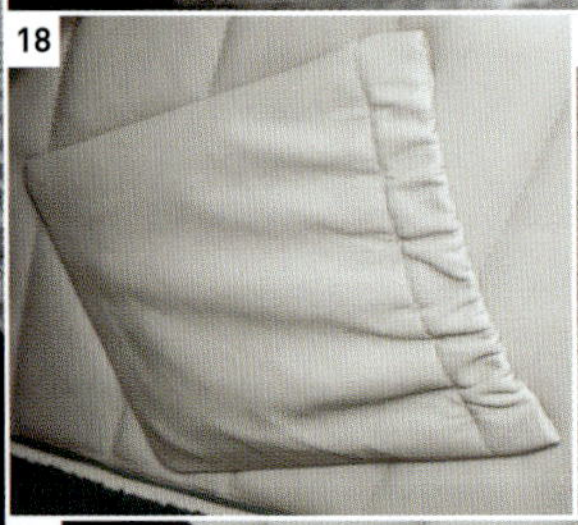

19

20

EL INTERIOR

El bien equipado interior se aparta del estilo clásico de Morgan. Su salpicadero es de aluminio, no de madera, cuero o imitación de cuero utilizados anteriormente. Un eco moderno de la práctica tradicional es el marco de madera que recorre la parte superior del salpicadero. En todos los coches, menos los últimos, el freno de mano es *fly-off*: al tirar hacia atrás y presionar la parte superior se bloquea, al tirar hacia atrás de nuevo se desconecta.

15. La columna de dirección y sus controles provienen del BMW serie 7 **16.** Interruptores a la medida **17.** La palanca de cambios cromada no es de serie **18.** Bolsillo **19.** Luz interior cromada a la izquierda de los asientos delanteros **20.** Asientos con buen soporte lateral

7
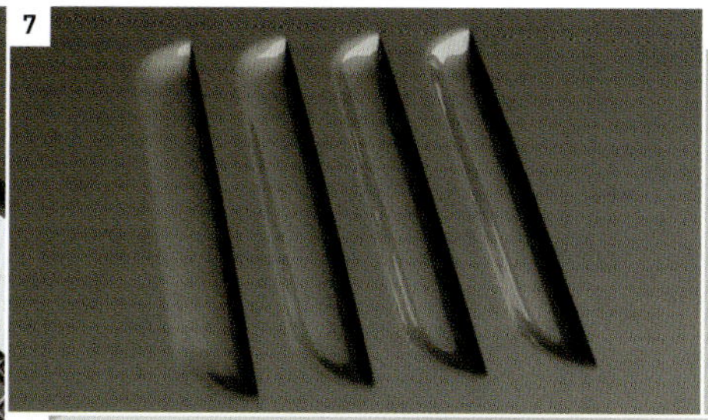

8

9

10

11
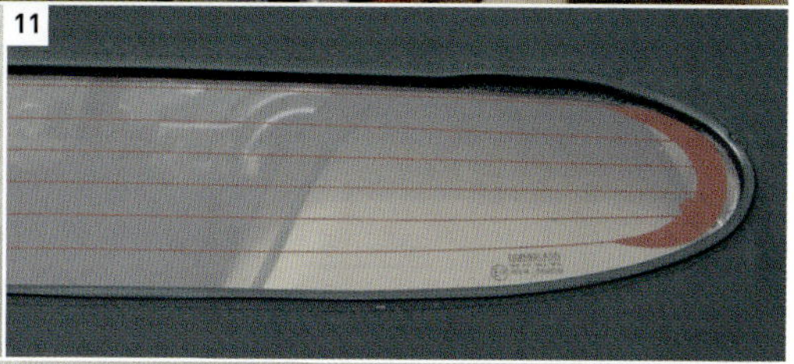

12
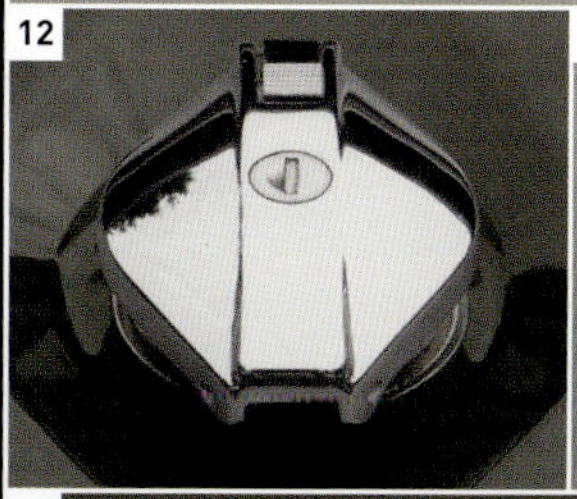

13

14

21

BAJO EL CAPÓ

Totalmente de aluminio, el motor BMW V8 está diseñado con tecnología punta, con dos árboles de levas por bancada de cilindros y cuatro válvulas por cilindro. El original de 4398 cm³ desarrolla una potencia de 286 CV, con un par máximo de 324 Nm a 3600 rpm, que da al Morgan una velocidad máxima superior a 241 km/h y una aceleración de 0 a 100 km/h en menos de 5 segundos. La potencia se aumentó a 330 CV el año 2004, y en el 2007 la cilindrada pasó a 4799 cm³.

21. Batería bajo el capó **22.** Potente motor V8, encajado en la estructura de aluminio **23.** Motor visible del limpiaparabrisas visible

22

23
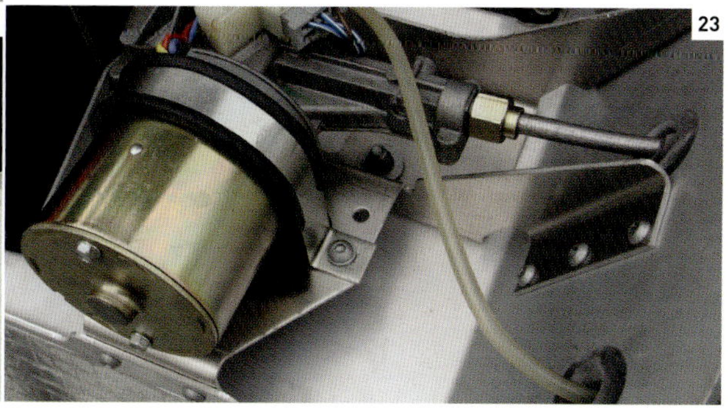

Coches deportivos

Los coches deportivos, cuya desaparición se había pronosticado en la década de 1980, han vuelto por sus fueros. Hoy todos los fabricantes tienen su propia interpretación del coche deportivo y multitud de pequeños productores se especializan en su fabricación. Ya sean conceptos de última tecnología o intentos descarados por revivir el pasado, la regla de oro es que deben ser divertidos.

△ Ariel Atom 1996

Origen Reino Unido

Motor 1998 cm^3, cuatro en línea

Velocidad máxima 225 km/h

Este modelo es lo más austero que puede ser un coche: una estructura de acero con lo esencial, y sin carrocería. El Atom aún se fabrica.

▷ Vauxhall VX220 2000

Origen Reino Unido

Motor 1998 cm^3, cuatro en línea

Velocidad máxima 241 km/h

El VX220, también producido bajo las marcas Opel y Daewoo, fue desarrollado por Lotus Cars, tomando como base el chasis del Elise, pero con motor GM.

△ Lotus Elise 340R 2000

Origen Reino Unido

Motor 1795 cm^3, cuatro en línea

Velocidad máxima 209 km/h

Diseñado con la colaboración de la revista *Autocar*, se desarrolló a partir del Elise. Solamente se fabricaron 340 unidades, todas con acabados en negro y plata.

△ Lotus Elise 2000

Origen Reino Unido

Motor 1792 cm^3, cuatro en línea

Velocidad máxima 233 km/h

Ligero y de conducción agradable, el Elise superó todas las expectativas. En 2000, Lotus presentó una nueva versión para cumplir con la normativa europea contra accidentes.

▷ Lotus Evora 2009

Origen Reino Unido

Motor 3456 cm^3, V6

Velocidad máxima 261 km/h

Lotus esperaba que este coche encontrara adeptos entre los amantes de las altas prestaciones con familias jóvenes, pues contaba con asientos 2+2 y el pedigrí Lotus.

△ MG TF 2002

Origen Reino Unido

Motor 1795 cm^3, cuatro en línea

Velocidad máxima 204 km/h

Rediseñado para mejorar su rigidez y protección contra choques, pasó a llamarse TF cuando se relanzó en 2002, en homenaje al MG de los años 50.

◁ BMW Z4 2002

Origen Alemania

Motor 2996 cm^3, seis en línea

Velocidad máxima 249 km/h

Con motor delantero de seis en línea y tracción trasera, ofrece una excepcional oportunidad para revivir la emoción de los clásicos del diseño deportivo de los años 50.

▽ Mercedes-Benz SLK 2004

Origen Alemania

Motor 5439 cm^3, V8

Velocidad máxima 249 km/h

Fue revisado en 2004 para actualizar el diseño y mejorar su rendimiento. Una revista estadounidense del motor incluyó esta versión Mark II R171 entre los «Diez Mejores».

▽ Pontiac Solstice 2005

Origen Estados Unidos

Motor 2376 cm^3, cuatro en línea

Velocidad máxima 193 km/h

Este *roadster* estilo europeo de GM fue un éxito cuando se lanzó, pero cuatro años más tarde, tras el cierre de la fábrica de Wilmington, dejó de producirse.

△ Porsche Cayman 2006
Origen Alemania
Motor 3436 cm^3, seis opuestos
Velocidad máxima 275 km/h

Es más que un simple *Boxster* con techo. Captura el espíritu del 911 original y se podría decir que ofrece todo el rendimiento que se necesita.

▷ Audi TT 2006
Origen Alemania
Motor 2480 cm^3, cinco en línea
Velocidad máxima 249 km/h

El TT en su forma original atrajo la atención por su llamativo aspecto retro. La última versión se mantiene fiel a ese estilo *coupé* clásico.

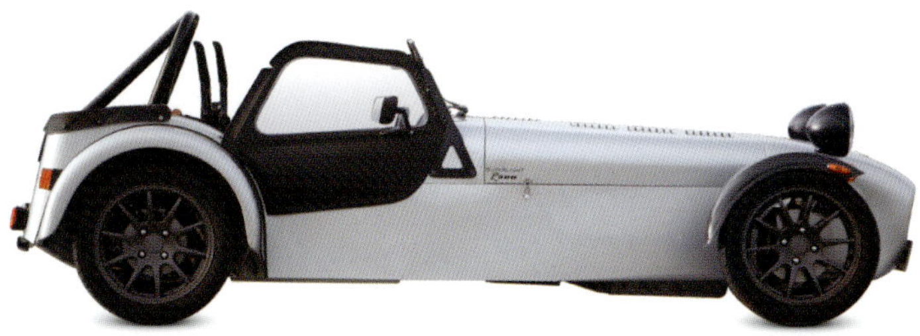

▷ Alfa Romeo Spider 2006
Origen Italia
Motor 3195 cm^3, V6
Velocidad máxima 232 km/h

Con un linaje directo que se remonta a los años 50, el Spider es un icono, a pesar de que su versión más reciente es de tracción delantera.

△ Caterham Superlight 300 2007
Origen Reino Unido
Motor 1999 cm^3, cuatro en línea
Velocidad máxima 225 km/h

Descendiente y heredero por derecho del Lotus Seven de los años 50 que inspiró a tantos imitadores. Cuando se lanzó, tenía la mejor aceleración de 0 a 100 km/h.

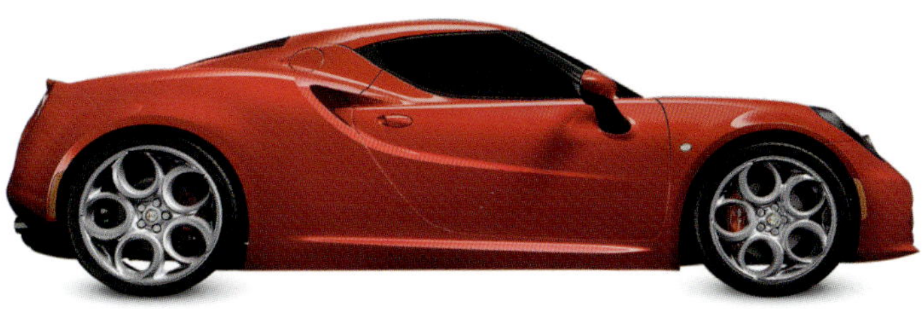

▽ Ginetta G50 EV 2009
Origen Reino Unido
Motor Eléctrico
Velocidad máxima 193 km/h

Desterró la idea de que la potencia eléctrica es para vehículos poco estimulantes. Sus emisiones de carbono son muy bajas y conducirlo es emocionante.

△ Alfa Romeo 4C 2013
Origen Italia
Motor 1742 cm^3, cuatro en línea
Velocidad máxima 257 km/h

Con más peso en la parte trasera y unas prestaciones extraordinarias, este biplaza turboalimentado tenía una estructura de fibra de carbono y paneles de carrocería de material compuesto.

◁ BAC Mono 2011
Origen Reino Unido
Motor 2261 cm^3, cuatro en línea
Velocidad máxima 274 km/h

Al ser un monoplaza y estar cada habitáculo diseñado a partir del cuerpo del propietario-conductor, este *roadster* abierto es un capricho para el aficionado.

△ Mazda MX-5 2016
Origen Japón
Motor 1998 cm^3, cuatro en línea
Velocidad máxima 220 km/h

La cuarta iteración del deportivo más vendido del mundo incluía un modelo RF (*fastback* retráctil), así como el familiar *roadster*, ambos de tracción trasera.

▽ Fiat 124 Spider 2016
Origen Japón/Italia
Motor 1368 cm^3, cuatro en línea
Velocidad máxima 232 km/h

Fiat presentó el ágil 124 Spider tras compartir los costes de diseño y las líneas de producción con el MX-5 de Mazda. El motor turbo y el diseño exterior procedían de Italia.

Lujo y potencia todoterreno

En los años 90, la tendencia a usar grandes 4x4 como coches de carretera impulsó la producción de vehículos *crossover* grandes, veloces, lujosos y con tracción a las cuatro ruedas, aunque no todos eran buenos todoterreno. Las críticas a estos SUV (vehículos deportivos utilitarios) devoradores de gasolina llevaron a crear sistemas híbridos de propulsión.

△ **Cadillac Escalade EXT 2002**
Origen Estados Unidos/México
Motor 5327 cm³, V8
Velocidad máxima 174 km/h

En 1998 salió al mercado el primer SUV de Cadillac, que en 2002 ofrecía ocho plazas, salvo en el *pick-up* EXT de cinco plazas. El motor V8 de 6 litros y 345 CV era opcional.

◁ **Volvo XC90 2002**
Origen Suecia
Motor 2922 cm³, seis en línea
Velocidad máxima 209 km/h

Fue el Volvo de mayor venta en 2005, con 85 994 coches vendidos en el mundo. Es un SUV medio con motores turbo (o un Ford V8 4,4), y con tracción delantera o a las cuatro ruedas.

◁ **Jeep Grand Cherokee 2004**
Origen Estados Unidos
Motor 6059 cm³, V8
Velocidad máxima 245 km/h

El nuevo Grand Cherokee de la serie WK usó el sofisticado sistema de tracción Quadra II de Jeep, con un excelente rendimiento todoterreno. Montaba motores V6 de 3,1 o V8 de 6,1 litros.

△ **Range Rover 2002**
Origen Reino Unido
Motor 4398 cm³, V8
Velocidad máxima 209 km/h

Si bien este Range Rover, con motores BMW V8 (y hace poco con motores Jaguar/Ford), ha hecho un largo camino desde sus lujosos orígenes todoterreno, sigue teniendo un buen rendimiento.

▷ **Jeep Commander 2006**
Origen Estados Unidos
Motor 3701 cm³, V6
Velocidad máxima 182 km/h

SUV de tamaño medio inspirado en el Grand Cherokee, aunque más parecido a los Jeep de años atrás, por sus marcadas líneas angulares. Hubo también una versión V8 de altas prestaciones.

◁ **Range Rover Sport 2005**
Origen Reino Unido
Motor 4197 cm³, V8
Velocidad máxima 225 km/h

Cuenta con un motor Jaguar sobrealimentado sobre una plataforma Discovery 3 y suspensión neumática ajustable. Es un excelente todoterreno.

▷ **Audi Q7 2005**
Origen Alemania/Eslovaquia
Motor 4163 cm³, V8
Velocidad máxima 248 km/h

Combina rendimiento, espacio y comodidad. Con tracción a las cuatro ruedas, no para conducir a campo abierto, sino para un excelente agarre en carretera.

△ **Lexus RX 400h 2005**
Origen Japón/Estados Unidos
Motor 3311 cm³, V6, dos motores eléctricos
Velocidad máxima 200 km/h

Desde su lanzamiento en 1997, el RX ha sido el *crossover* de lujo de mayor venta en Estados Unidos. El 400h fue el primer híbrido de lujo en el mundo de éxito, aunque su consumo es bastante alto.

◁ **Lincoln Mk LT 2005**
Origen Estados Unidos
Motor 5408 cm³, V8
Velocidad máxima 177 km/h

Pick-up de lujo de Lincoln con opción de tracción a las cuatro ruedas, inspirado en el Ford F-150. Para subir las ventas hubo que recurrir a grandes descuentos y solo se fabricó hasta 2008.

◁ Hummer H3 2005

Origen Estados Unidos
Motor 3653 cm^3, cinco en línea
Velocidad máxima 182 km/h

Gran 4x4 derivado de un vehículo del ejército estadounidense llamado Hummer. Es buen todoterreno, pero ordinario y estrecho si se compara con los 4x4 construidos para carretera.

△ BMW X6 2008

Origen Alemania/Estados Unidos
Motor 4395 cm^3, V8
Velocidad máxima 249 km/h

Promocionado como «*coupé* para actividades deportivas», combinó una buena distancia al suelo, tracción a todas las ruedas y diseño de *coupé*, con motores V6 o V8 de doble turbo.

△ Mercedes-Benz GLK 2008

Origen Alemania
Motor 3498 cm^3, V6
Velocidad máxima 230 km/h

Coche de carretera compacto y lujoso, con gran capacidad todoterreno. De diseño más vertical que sus rivales, rueda bien gracias a su caja de cambios automática de siete velocidades.

◁ Infiniti FX50 2008

Origen Japón
Motor 5026 cm^3, V8
Velocidad máxima 249 km/h

La marca premium de Nissan, Infiniti, desconocida en Japón, apareció en Estados Unidos en 1989 y en Europa en 2008. Este SUV de altas prestaciones es muy rápido y está bien equipado.

▷ Porsche Cayenne Hybrid 2010

Origen Alemania
Motor 2995 cm^3, V6 + motor eléctrico
Velocidad máxima 233 km/h

Porsche, el fabricante de coches deportivos, se anotó un gran éxito con este Cayenne 4x4. Además del motor de gasolina de 325 CV, al Hybrid se le agregó un motor eléctrico.

△ Bentley Bentayga 2015

Origen Reino Unido
Motor 5950 cm^3, W12
Velocidad máxima 301 km/h

El Bentayga, con tracción a las cuatro ruedas, se convirtió al instante en el coche más vendido de Bentley, y en el único SUV con un propulsor W12 (también se ofrecían otros motores más pequeños).

◁ Maserati Levante 2017

Origen Italia
Motor 3799 cm^3, V8
Velocidad máxima 291 km/h

Maserati transformó su imagen de berlina deportiva y su carácter italiano en este SUV con tracción a las cuatro ruedas. Había opciones de motores V8 de gasolina y diésel, en todos los casos turboalimentados y automáticos.

▷ Aston Martin DBX 2020

Origen Reino Unido
Motor 3982 cm^3, V8
Velocidad máxima 291 km/h

Las ruedas desplazadas hacia las esquinas y una línea baja da al SUV de lujo de Aston una imagen exótica. Está propulsado por una unidad Mercedes-AMG biturbo.

Híbrido Honda Insight gasolina/eléctrico

La opinión acerca de si los coches híbridos, que combinan un motor de combustión interna con motores de tracción eléctrica, son realmente la forma de mejorar la economía de combustible y reducir las emisiones de gases de escape, está dividida. Pero mientras el debate proseguía, Honda y Toyota, dos de los principales fabricantes japoneses, siguieron adelante y sacaron al mercado coches híbridos.

VIGOR HÍBRIDO

Los híbridos se dividen en dos categorías: en serie y en paralelo. En uno en serie, el motor térmico (por lo general un motor de pistón pequeño, a veces una turbina de gas) actúa únicamente como generador de energía eléctrica para las baterías y motores eléctricos, y no está conectado a la tracción a las ruedas. En uno en paralelo, tanto el motor térmico como los eléctricos pueden dar fuerza de tracción. Estos dos modos se combinan bien en el Toyota Prius. En el más sencillo Insight de Honda (en la foto) el pequeño motor de gasolina y el eléctrico integral funcionan en paralelo para mejorar rendimiento y economía de combustible.

ESPECIFICACIONES DEL MOTOR	
Producción	2010 hasta el presente
Cilindros	Cuatro en línea (original tres en línea)
Configuración	Montaje delantero, transversal
Cilindrada	1339 cm^3
Potencia	98 CV a 5800 rpm con motor eléctrico
Tipo	De cuatro tiempos, refrigerado por agua, con pistones alternativos; motor eléctrico de 13 CV y aceleración *drive-by-wire* (sin cable)
Culata	SOHC con sincronización y elevación de válvulas i-VTEC; dos válvulas por cilindro operadas por balancines
Sistema de combustible	Inyección multipunto
Diámetro y carrera	73 mm x 80 mm
Potencia	73,2 CV/litro
Compresión	10,8:1

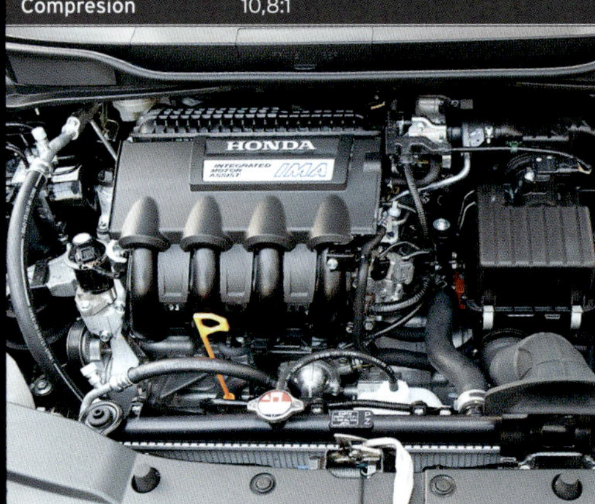

▷ **Ver pp. 352-353** Cómo funciona un motor

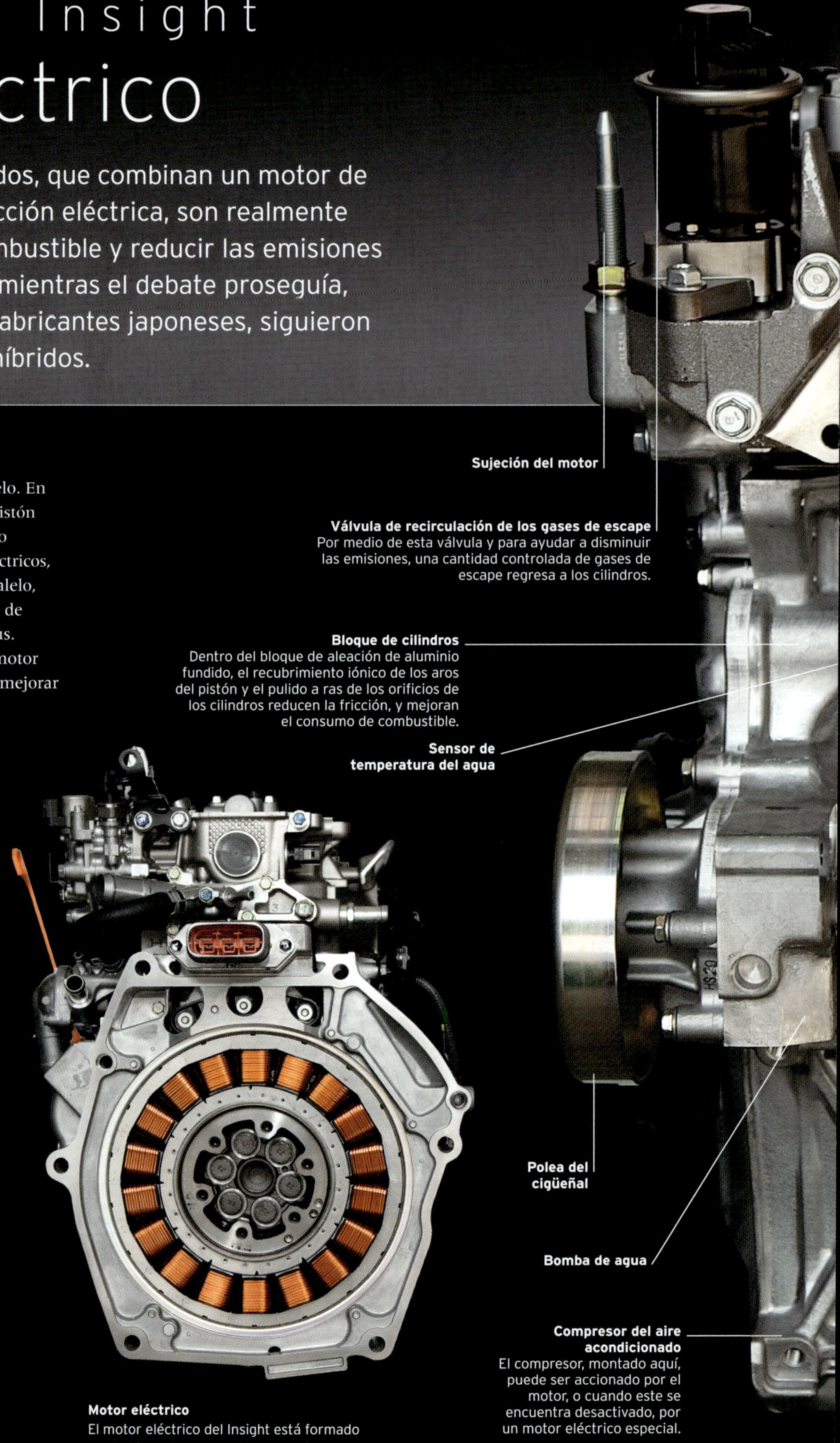

Motor eléctrico
El motor eléctrico del Insight está formado por bobinas de cobre, y tiene tres funciones: enciende el motor, aumenta el par y crea frenado regenerativo para recargar la batería.

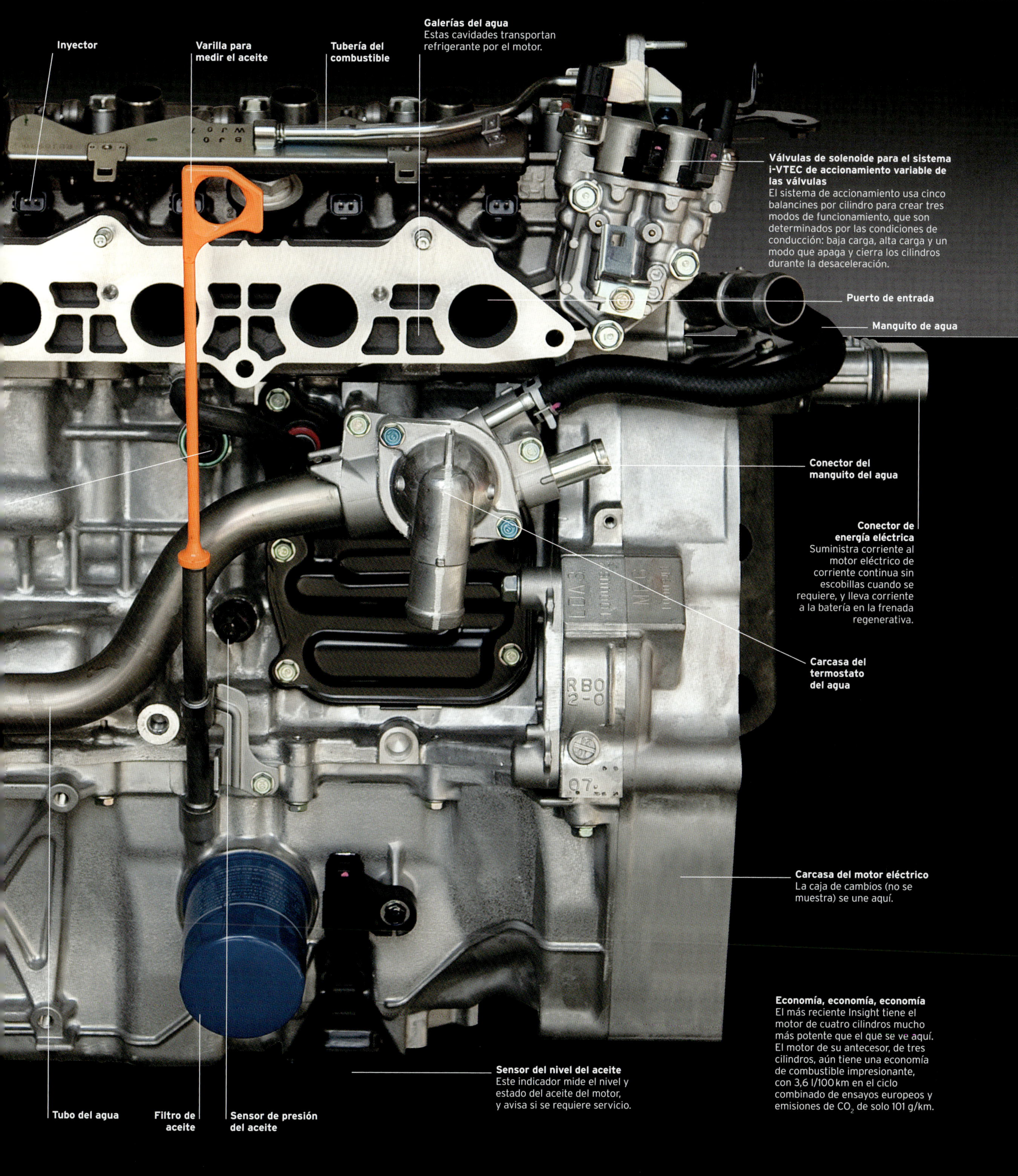

Inyector
Varilla para medir el aceite
Tubería del combustible
Galerías del agua
Estas cavidades transportan refrigerante por el motor.
Válvulas de solenoide para el sistema i-VTEC de accionamiento variable de las válvulas
El sistema de accionamiento usa cinco balancines por cilindro para crear tres modos de funcionamiento, que son determinados por las condiciones de conducción: baja carga, alta carga y un modo que apaga y cierra los cilindros durante la desaceleración.
Puerto de entrada
Manguito de agua
Conector del manguito del agua
Conector de energía eléctrica
Suministra corriente al motor eléctrico de corriente continua sin escobillas cuando se requiere, y lleva corriente a la batería en la frenada regenerativa.
Carcasa del termostato del agua
Carcasa del motor eléctrico
La caja de cambios (no se muestra) se une aquí.
Economía, economía, economía
El más reciente Insight tiene el motor de cuatro cilindros mucho más potente que el que se ve aquí. El motor de su antecesor, de tres cilindros, aún tiene una economía de combustible impresionante, con 3,6 l/100 km en el ciclo combinado de ensayos europeos y emisiones de CO_2 de solo 101 g/km.
Sensor del nivel del aceite
Este indicador mide el nivel y estado del aceite del motor, y avisa si se requiere servicio.
Tubo del agua
Filtro de aceite
Sensor de presión del aceite

Combustible alternativo y energía eléctrica

El fin del motor de combustión interna está en el horizonte. Sus emisiones nocivas son cada vez más inaceptables. El híbrido gasolina-eléctrico ha sido una solución provisional en que la energía eléctrica se usa en la conducción urbana a baja velocidad y el motor toma el relevo, recargando las baterías mientras mueve el coche. Las baterías de iones de litio dan hoy a los coches puramente eléctricos una autonomía de 480 km, pero una «pila de combustible» a bordo alimentada por hidrógeno es también una alternativa realista.

▷ **Tesla Roadster 2007**

Origen Estados Unidos/Reino Unido
Motor Eléctrico
Velocidad máxima 201 km/h

El Roadster, un gran paso adelante en la fabricación de vehículos eléctricos, entró en producción en 2008. Tiene baterías con 480 km de autonomía y una carrocería de Lotus Elise.

▷ **Toyota Prius 2009**

Origen Japón
Motor Híbrido
Velocidad máxima 100 km/h en eléctrico

Toyota inició la tendencia híbrida gasolina-eléctrico con su Prius original en 1998. Este modelo de tercera generación viene ahora en forma de híbrido enchufable, lo que le permite funcionar como un coche puramente eléctrico recargable en la red.

◁ **Renault Twizy 2012**

Origen España
Motor Eléctrico
Velocidad máxima 45 km/h

Presentado inicialmente como prototipo en 2009, tiene cero emisiones y cuenta con asientos en tándem. Con una anchura de 1 m y una longitud de 2,3 m, su tamaño y su diseño han hecho de él un vehículo urbano apreciado en Europa.

▷ **Opel/Vauxhall Ampera 2010**

Origen Estados Unidos
Motor Híbrido
Velocidad máxima 161 km/h

El coche eléctrico de GM se vendía como Chevrolet Volt y como Opel/Vauxhall Ampera. Tiene un motor de gasolina de 1,4 litros, que acciona un generador de carga eléctrica.

◁ **Nissan Leaf 2010**

Origen Japón
Motor Eléctrico
Velocidad máxima 150 km/h

El Leaf se ensambla en Japón, Estados Unidos y Reino Unido, y a los 10 años se habían vendido unos 470 000 ejemplares de esta berlina familiar de emisiones cero en 35 países.

▷ **Porsche 918 Spyder 2013**

Origen Alemania
Motor Híbrido
Velocidad máxima 345 km/h

Combinando un motor V8 de 4,6 litros con dos motores eléctricos, Porsche ha creado un supercoche enormemente capaz que puede circular por la ciudad sin apenas ruido, a la vez que alcanza niveles inauditos de eficiencia de combustible.

△ **Peugeot 3008 Hybrid4 2012**

Origen Francia
Motor Híbrido
Velocidad máxima 190 km/h

Peugeot abrió un nuevo camino con este *crossover* compacto, el primer híbrido diésel. Sus modos de conducción son automático, solo eléctrico, tracción a las cuatro ruedas y deportivo.

◁ **BMW i3 2013**

Origen Alemania
Motor Eléctrico
Velocidad máxima 150 km/h

La radical carrocería de plástico reforzado con fibra de carbono mantiene el peso bajo, para compensar las baterías de iones de litio. Un generador de gasolina opcional puede ampliar la autonomía más allá de los 160 km de serie.

▷ **Volkswagen XL1 2013**

Origen Alemania
Motor Híbrido
Velocidad máxima 158 km/h

Velocidad aparte, el consumo asombroso de 0,9 l/100 km de este coche diésel-eléctrico se logra en parte por la aerodinámica del coche de serie más elegante del mundo. Solo se han construido 250 unidades.

△ **Tesla Model 3 2017**
Origen Estados Unidos
Motor Eléctrico con batería
Velocidad máxima 233 km/h

El par instantáneo del motor del Tesla hace que el Model 3 sea potente y ágil. Los modelos más grandes, como el Model S, forjaron la mística de la marca, pero esta berlina compacta irrumpió en el mercado automovilístico general.

◁ **Toyota Mirai 2014**
Origen Japón
Motor Eléctrico con pila de combustible
Velocidad máxima 179 km/h

El Mirai propulsado por hidrógeno solo emite agua, y se ha ganado el favor de los ecologistas en Japón, Estados Unidos y Europa. Una mezcla de hidrógeno y oxígeno da la energía que alimenta su motor eléctrico.

△ **Jaguar I-PACE 2018**
Origen Reino Unido/Austria
Motor Eléctrico con batería
Velocidad máxima 200 km/h

Jaguar se saltó el paso del híbrido y apostó por la electricidad total con este SUV aerodinámico de cinco puertas. Decía recorrer 470 km con una carga completa de sus baterías de iones de litio.

△ **Citroën Ami 2020**
Origen Francia
Motor Eléctrico con batería
Velocidad máxima 42 km/h

Este minúsculo biplaza de 241 cm de longitud se puede disfrutar, comprándolo o en un *leasing*, por muy poco dinero. Su autonomía total de 75 km es suficiente para la vida urbana, y en la Europa continental no necesita carné de conducir.

△ **Riversimple Rasa 2020**
Origen Reino Unido
Motor Eléctrico con pila de combustible
Velocidad máxima 97 km/h

Las nuevas opciones de combustible han impulsado a varias empresas de automoción, como Riversimple, con su Rasa propulsado por hidrógeno. Este biplaza, con un consumo de 0,94 l/100 km está pensado para alquilarlo como transporte personal con un impacto ambiental mínimo.

◁ **Honda e 2020**
Origen Japón
Motor Eléctrico con batería
Velocidad máxima 145 km/h

El 80 por ciento de la batería de iones de litio de este coche familiar se recarga en 30 minutos mediante un sistema de carga rápida. Su aspecto retro recuerda el del querido Honda de 1972.

▷ **Volkswagen ID.3 2019**
Origen Alemania
Motor Eléctrico con batería
Velocidad máxima 161 km/h

La serie ID es totalmente nueva, es decir, no se trata de una versión eléctrica de un modelo anterior. El habitáculo es amplio porque el motor compacto va detrás.

Coches de prestigio de hoy y de mañana

En los mercados emergentes de todo el mundo crece la demanda de automóviles exclusivos, y las marcas históricas tienen aún mucho que ofrecer. Los métodos de construcción avanzados y las tecnologías híbridas desempeñan su papel para fabricar tanto prestigiosos *concept cars* como coches de producción. Al mismo tiempo, los diseñadores de la industria de gama alta combinan la conciencia medioambiental y la ambición por dar a sus productos un carácter y una individualidad auténticos.

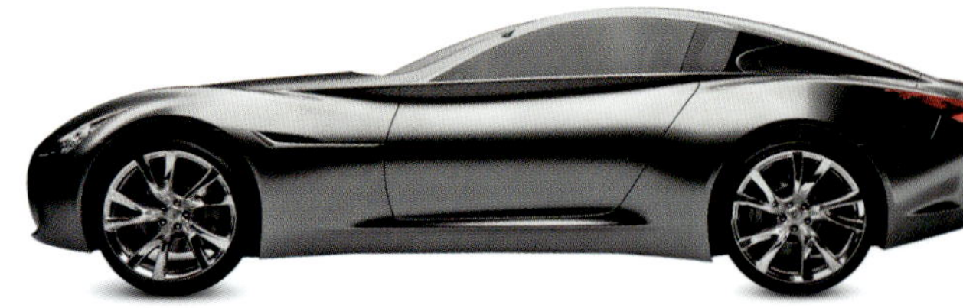

△ **Infiniti Essence 2009**

Origen Japón

Motor Híbrido

Velocidad máxima No declarada

Nissan celebró los 20 años de la marca Infiniti con el magnífico Essence. Contaba con 600 CV de potencia de su motor V6 biturbo de 3,7 litros, con un consumo de solo 7,8 l/100 km.

△ **Range Rover 2012**

Origen Reino Unido

Motor 5000 cm³, V8

Velocidad máxima 249 km/h

Visto aquí en su formato de batalla larga, el Range Rover de cuarta generación es el primer SUV del mundo con un monocasco totalmente de aluminio. Dispone de suspensión neumática controlada electrónicamente.

◁ **Lexus LF-LC Concept 2012**

Origen Japón/Estados Unidos

Motor Híbrido

Velocidad máxima No declarada

La tecnología híbrida de alto rendimiento procede de Japón, mientras que el espectacular estilo GT se originó en California (Estados Unidos). El propulsor está en la parte delantera con tracción a las ruedas traseras.

△ **Mercedes-Benz S-Class 2013**

Origen Alemania

Motor 5980 cm³, V12

Velocidad máxima 249 km/h

Con sensores que escanean la carretera y preparan la suspensión para los baches, y un gran equipamiento tecnológico para evitar colisiones, este Mercedes combina prestigio y seguridad de vanguardia.

△ **Aston Martin CC100 Speedster Concept 2013**

Origen Reino Unido

Motor 5935 cm³, V12

Velocidad máxima 290 km/h

Una exultante Aston Martin alcanzó su centenario en 2013, y eligió el coche de carreras DBR1 de los años 50 como inspiración para este homenaje rodante. Su carrocería biplaza está fabricada en fibra de carbono.

△ **Mercedes Maybach S600 2015**

Origen Alemania

Motor 5980 cm³, V12

Velocidad máxima 249 km/h

Maybach, submarca de Mercedes-Benz, llevó a la Clase S a un nuevo nivel de exclusividad. Los compradores podían elegir asientos con masaje, un sistema de liberación de perfume en el habitáculo o una limusina blindada.

◁ **Volkswagen T-Roc Concept 2013**

Origen Alemania

Motor 1968 cm³, cuatro en línea

Velocidad máxima No declarada

Poco más grande que un Volkswagen Polo, el T-Roc es un mini-SUV de cuatro plazas con un estilo urbano al aire libre, pues sus dos paneles de techo pueden desmontarse y se guardan en el maletero.

△ **Rolls-Royce Wraith 2013**
Origen Reino Unido
Motor 6592 cm³, V12
Velocidad máxima 249 km/h

Imponente *coupé* de cuatro plazas con una enorme presencia, un habitáculo excepcionalmente lujoso y un enorme maletero, perfecto para viajar. Además, su conducción es bastante deportiva.

△ **Maserati Ghibli 2013**
Origen Italia
Motor 2979 cm³, V6
Velocidad máxima 285 km/h

Esta berlina deportiva sitúa a Maserati en franca competencia con los coches ejecutivos de gama media, como la Serie 5 de BMW. Hay una gama de motores V6, incluido el primer diésel de la marca.

◁ **Bentley Continental GT Speed 2014**
Origen Reino Unido
Motor 5998 cm³, W12
Velocidad máxima 325 km/h

El GT Speed es la versión descapotable de la glamurosa serie Continental de Bentley. La suspensión rebajada y una serie de exclusivos detalles de diseño complementan unas prestaciones del todo fulgurantes.

△ **Bentley Flying Spur 2019**
Origen Reino Unido
Motor 5950 cm³, W12
Velocidad máxima 333 km/h

De estilo parecido al Continental GT, la experiencia de conducción del Flying Spur de tercera generación era más intensa que la del anterior, con dirección trasera y tracción a las cuatro ruedas.

△ **BMW i8 2014**
Origen Alemania
Motor 1499 cm³, cuatro en línea y eléctrico
Velocidad máxima 249 km/h

Con prestaciones y estilo de supercoche, este modelo también se vendió por su respeto al medio ambiente y su economía, ya que solo consume 2 litros de gasolina cada 100 km. Esto fue posible gracias a su innovadora propulsión híbrida.

△ **Volvo S90 2016**
Origen Suecia/China
Motor 1969 cm³, cuatro en línea
Velocidad máxima 209 km/h

Un S90 de batalla larga pensado para atraer al mercado chino. Tras solo un año, el coche se fabricó exclusivamente allí desde donde se envió a todo el mundo. Se ofrecía en versiones de gasolina, diésel e híbrida.

◁ **Cadillac Lyriq 2021**
Origen Estados Unidos
Motor Eléctrico
Velocidad máxima 201 km/h

El Lyriq, la respuesta de Cadillac a Tesla y otros coches eléctricos de lujo, tiene una pantalla de 84 cm en el salpicadero, se aparca solo y circula en modo autónomo. Su autonomía prevista es de más de 480 km con una carga completa.

McLaren Speedtail

McLaren quería crear algo más que un supercoche con su Speedtail: era el primer «hipercoche» de la marca, con materiales de vanguardia, propulsión híbrida gasolina-eléctrica y una aerodinámica que le permitía alcanzar los 402 km/h y tener una asombrosa aceleración de 0 a 300 km/h en 12,8 segundos. Antes de su presentación oficial, ya se había vendido la producción prevista de 106 coches, a un precio de 1,75 millones de libras cada uno.

McLaren declaró que el Speedtail es «una fusión de arte y ciencia», y el coche de carretera más rápido jamás construido. El chasis, íntegramente de fibra de carbono, con motor central de gasolina y eléctrico de tracción trasera, alberga un puesto central para el conductor, con dos asientos para pasajeros situados a ambos lados. La visión hacia delante y la excelente visibilidad panorámica dan la sensación de conducir uno de los monoplazas de Fórmula 1 de McLaren; sin embargo, el confort y los acabados interiores están a años luz de un coche de carreras, con cuero ligero trabajado a mano y cristales electrocromáticos que pueden oscurecerse con solo pulsar un botón. El equipo de Color y Materiales de McLaren personaliza cada ejemplar para su comprador, por lo que todos ellos son únicos. Los prototipos (incluido uno llamado «Albert», por la dirección de Albert Drive en Woking, Reino Unido, donde se diseñó el primer F1 de carretera de McLaren) se han probado en todo el mundo. Por ejemplo, en la antigua pista de aterrizaje del transbordador espacial de la NASA en Florida (Estados Unidos).

ESPECIFICACIONES	
Modelo	McLaren Speedtail, 2020-21
Ensamblaje	Woking, Reino Unido
Producción	106
Construcción	Chasis y carrocería de fibra de carbono
Motor	4000 cm³, V8 con motor eléctrico
Potencia	1035 CV a 7000 rpm
Transmisión	Manual de siete velocidades
Suspensión	Sistema activo independiente
Frenos	Todos de disco, carbono-cerámicos
Velocidad máxima	402 km/h

Insignia McLaren
De factura artesanal, los compradores podían elegirla en oro de 18 quilates o en platino en lugar de la versión estándar de aluminio. Alternativamente, los puristas de la ingeniería podrían ahorrarse 100 g de peso optando por una serigrafía lacada en su lugar.

VISTA LATERAL

VISTA TRASERA

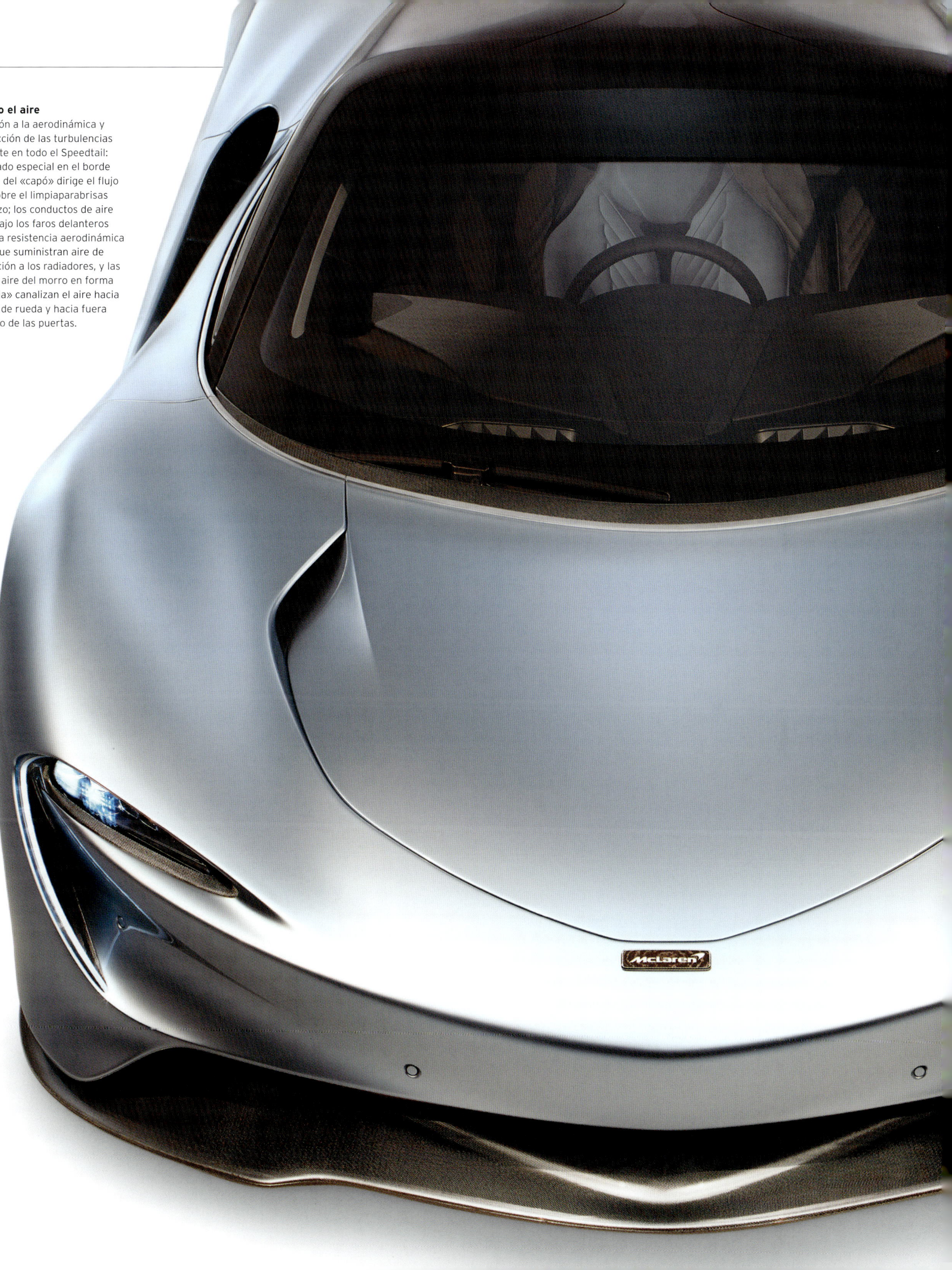

Cortando el aire
La atención a la aerodinámica y a la reducción de las turbulencias es evidente en todo el Speedtail: un carenado especial en el borde delantero del «capó» dirige el flujo de aire sobre el limpiaparabrisas monobrazo; los conductos de aire cónicos bajo los faros delanteros reducen la resistencia aerodinámica a la vez que suministran aire de refrigeración a los radiadores, y las tomas de aire del morro en forma de «almeja» canalizan el aire hacia los pasos de rueda y hacia fuera por debajo de las puertas.

EL EXTERIOR

El Speedtail presenta un chasis monocasco de fibra de carbono con paneles de fibra de carbono y puertas diedro a ambos lados. Su forma alargada y cónica evoca los coches de récord de velocidad, con su forma de lágrima. El Modo Velocidad prepara el coche para su fenomenal rendimiento en línea recta, rebajando su altura 35 mm y activando el sistema aerodinámico, que retrae las cámaras de visión trasera. Las ruedas delanteras tienen cubiertas aerodinámicas estáticas de fibra de carbono para reducir la resistencia, mientras que los alerones traseros desplegables ajustan su forma para una óptima adherencia al suelo a medida que el Speedtail avanza imparable, girando hacia arriba como un dique de aire cuando es necesario.

1

2

3

4

5

1. Faros de led **2.** Cubiertas aerodinámicas fijas en las ruedas delanteras **3.** Perfil aerodinámico **4.** Cámaras emergentes en vez de retrovisores **5.** Los alerones flexibles se despliegan a velocidad **6.** Compartimento trasero de equipaje **7.** Conducto de refrigeración

8

EL INTERIOR

El habitáculo de tres plazas, con el conductor en posición central delantera, es único (pero recuerda a su F1 de carretera de 1992), y tiene una forma de lágrima que recuerda el exterior. El asiento del conductor está tapizado en cuero con acabado «direccional», que facilita el deslizamiento y sujeta firmemente. El armazón del asiento es de fibra de carbono, mientras que los asientos traseros están moldeados en la propia estructura del chasis. Abundan los toques de alta tecnología y lujo, así como el uso del cuero.

9

10

8. Exclusivo volante central **9.** Reposapiés para los pasajeros **10.** Escultural panel interior de la puerta **11.** Dos pasajeros sentados detrás del conductor **12.** Botones de apertura eléctrica de puertas y ventanillas **13.** Modo de conducción seleccionado desde la unidad de control del techo de la cabina

6

7

11

12

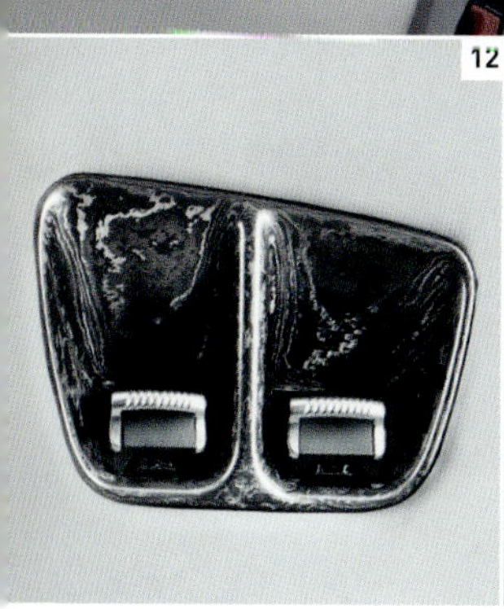

13

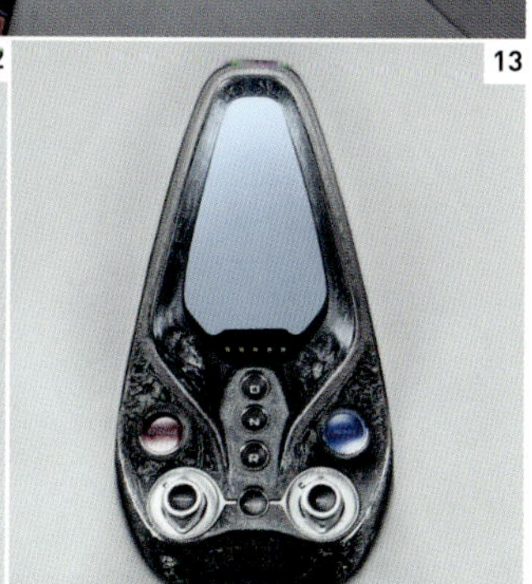

BAJO LA CARROCERÍA

La propulsión híbrida consta de un motor de gasolina V8 de 4,0 litros con doble turbocompresor acoplado a un potente motor eléctrico y a un paquete de baterías de iones de litio. La transmisión automática de doble embrague y siete velocidades se controla mediante levas montadas detrás del volante. Aproximadamente 310 de los 1035 CV de potencia del coche proceden del motor eléctrico y la batería se recarga con el motor de gasolina durante la conducción normal. McLaren afirma que el Speedtail tiene la mayor potencia específica de batería de cualquier coche de carretera contemporáneo, y dispone de un innovador sistema de refrigeración de la batería en el que las celdas están siempre sumergidas en un aceite ligero con aislamiento eléctrico.

14. El grupo propulsor híbrido gasolina-eléctrico está montado en la parte trasera-media, y se muestra levantando la sección trasera de la carrocería.

14

Sedanes o berlinas

Un sedán o berlina es un coche de tres cuerpos –un cuerpo central grande para los pasajeros, y dos más pequeños delante y detrás para el motor y el maletero– que ha seguido siendo universalmente popular. Un maletero separado es más seguro y proporciona un habitáculo más aislado, aunque muchos mercados simplemente prefieren la formalidad de este diseño. Muchos modelos tienen versiones de batalla extendida, especialmente para el mercado chino, donde tener chófer es un signo de éxito.

△ Toyota Camry XV30 2002
Origen Japón
Motor 3311 cm³, V6
Velocidad máxima 209 km/h

Toyota llevaba exportando el Camry desde 1982, pero este fue el primer modelo que no contaba con una ranchera. Este coche refinado y confortable fue muy popular en Estados Unidos.

△ Peugeot 407 2004
Origen Francia
Motor 2946 cm³, V6
Velocidad máxima 235 km/h

Con más de 860 000 unidades vendidas en siete años, este gran Peugeot fue todo un éxito. La gama incluía un gran modelo familiar, una berlina de cuatro puertas y un lujoso *coupé* de dos puertas.

◁ Dacia Logan 2004
Origen Rumanía
Motor 1597 cm³, cuatro en línea
Velocidad máxima 175 km/h

Tras su absorción por Renault, Dacia creó esta pequeña berlina que ofrecía un equipamiento básico y precios bajos. Los modelos con unas especificaciones superiores se vendieron en Europa.

◁ Volkswagen Jetta A5 2011
Origen México/Alemania
Motor 2480 cm³, cinco en línea
Velocidad máxima 206 km/h

Este elegante coche, una versión berlina del Golf Mk VI, fue muy importante para Volkswagen tanto en Estados Unidos como en China, donde fue una dura competencia para las marcas japonesas y surcoreanas.

△ Honda Accord 2008
Origen Japón
Motor 3471 cm³, V6
Velocidad máxima 209 km/h

El Acura TSX y esta octava generación del Honda Accord eran básicamente el mismo modelo de alta calidad. El Accord estadounidense, sin embargo, equivale al Honda Inspire japonés.

▷ BMW 3 Series F30 2011
Origen Alemania
Motor 2998 cm³, seis en línea
Velocidad máxima 249 km/h

Pese a la introducción en 2013 de un Gran Turismo de cinco puertas más versátil, y de la división del *coupé*/descapotable en la nueva Serie 4, la base de seguidores de la sexta generación de la Serie 3 siguió siendo muy fiel a la forma sedán.

△ Ford Fusion 2013
Origen Estados Unidos/México
Motor 2694 cm³, V6
Velocidad máxima 266 km/h

Con su equivalente europeo –el Ford Mondeo–, este fue el coche familiar estándar de Ford en todo el mundo hasta 2020, cuando la marca dejó atrás las berlinas.

◁ Chevrolet Sonic 2012
Origen Corea del Sur/Estados Unidos
Motor 1796 cm³, cuatro en línea
Velocidad máxima 174 km/h

Una de las berlinas de cuatro puertas más pequeñas fabricadas en su momento en Estados Unidos. Allí se vendió como Sonic y no se usó el nombre Chevrolet Aveo de otros mercados. La producción finalizó en 2020.

◁ Chevrolet Impala 2014
Origen Estados Unidos
Motor 3564 cm³, V6
Velocidad máxima 246 km/h

Tras haberse mantenido en la gama Chevrolet desde 1958, el venerable Impala terminó sus días en 2020 con este coche de tamaño grande, una berlina de cuatro puertas atractiva y bien equipada hasta el último detalle.

△ Qoros 3 2013
Origen China
Motor 1598 cm^3, cuatro en línea
Velocidad máxima 209 km/h

Fabricada por una empresa china de nueva creación, esta berlina de cuatro puertas bastante convencional se planeó como rival del VW Jetta. Debía venderse en Europa, pero finalmente no fue así.

△ Dodge Dart 2012
Origen Estados Unidos
Motor 2360 cm^3, cuatro en línea
Velocidad máxima 230 km/h

El acceso a la Plataforma Compacta Fiat hizo realidad el bonito Dart como coche de fabricación estadounidense, junto con el derivado Chrysler 200. Solo estuvo cuatro años a la venta.

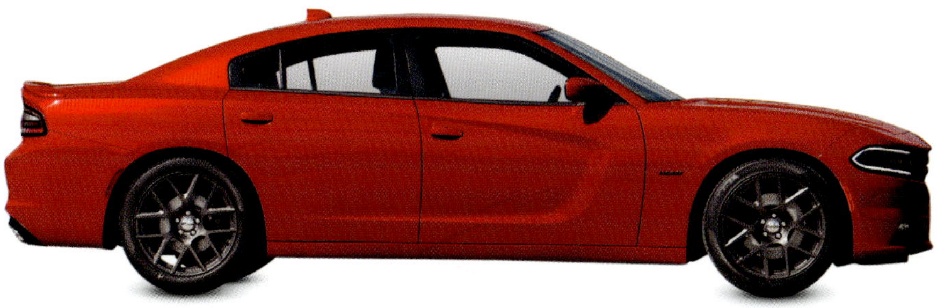

△ Dodge Charger 2015
Origen Canadá/Estados Unidos
Motor 6435 cm^3, V8
Velocidad máxima 282 km/h

La berlina de gran tamaño de Dodge, con tracción trasera o total, tenía una línea de techo baja y un aspecto retro que jugaba con el pasado de *muscle car* de la marca Charger. La edición V8 SRT 392 era ultrapotente.

◁ Jaguar XE 2015
Origen Reino Unido
Motor 2995 cm^3, V6
Velocidad máxima 249 km/h

El elegante XE utilizaba la estructura de aluminio adaptable de su hermano mayor, el XF. En 2017, la edición limitada Project 8 incorporó un motor V8 sobrealimentado de 592 CV.

△ Audi A4 Mk5 2016
Origen Alemania
Motor 2891 cm^3, V6
Velocidad máxima 249 km/h

Referencia de la calidad tradicional alemana, la quinta generación del A4 mantuvo su perfil de berlina conservadora (también hubo un familiar Avant de cinco puertas) con motores entre 150 y 450 CV.

△ Alfa Romeo Giulia 2016
Origen Italia
Motor 2891 cm^3, V6
Velocidad máxima 307 km/h

Los entusiastas se alegraron del regreso de Alfa Romeo a la tracción trasera en su berlina ejecutiva, con la banda sonora de un motor V6 derivado de Ferrari en la edición superior Quadrifoglio.

◁ Kia Optima 2016
Origen Corea del Sur
Motor 2359 cm^3, cuatro en línea
Velocidad máxima 209 km/h

Fabricado en todo el mundo, Kia ha actualizado el Optima cada cinco años desde el 2000 para mantenerlo al día. Es un coche eficiente y espacioso.

△ Volvo S60 2019
Origen Estados Unidos/Suecia
Motor 1969 cm^3, cuatro en línea
Velocidad máxima 249 km/h

Era la tercera generación de esta berlina compacta y deportiva, y el primer Volvo ensamblado en Estados Unidos. La gama incluía también un híbrido enchufable.

▷ Mercedes-Benz A-Class 2018
Origen Alemania
Motor 1881 cm^3, cuatro en línea
Velocidad máxima 270 km/h

Cuando Mercedes decidió lanzar su coche más pequeño en Estados Unidos, diseñó esta berlina compacta para adaptarse al gusto local. También creó una versión de batalla larga exclusiva para China.

Cómo funciona un motor

En casi todos los coches modernos, la unidad de potencia bajo el capó es un motor de combustión interna, como en el primer coche hecho por Karl Benz en Alemania hace más de un siglo. Los motores de hoy son compactos, potentes y de bajo consumo, y más limpios que sus predecesores, pero operan con el mismo principio: queman combustible (generalmente una mezcla de gasolina y aire, o diésel y aire) dentro de una serie de cilindros cerrados, y aprovechan la energía liberada por esta combustión para mover las ruedas del vehículo. La gasolina y el aire forman una mezcla inflamable que arde mejor cuando se comprime. Dentro de los cilindros, la mezcla de gasolina vaporizada y aire es comprimida por pistones en forma de tambor y luego se enciende. La mezcla combustible-aire encendida se expande, haciendo que los pistones bajen para empujar las bielas que hacen girar el cigüeñal. La rotación del cigüeñal se transmite a través de los engranajes hasta las ruedas del vehículo.

MOTOR EXPUESTO

En este moderno motor de cuatro cilindros se han cortado el bloque y el cárter, para dejar a la vista los principales componentes internos. Para mayor claridad, las partes móviles son cromadas y el bloque del motor esmaltado.

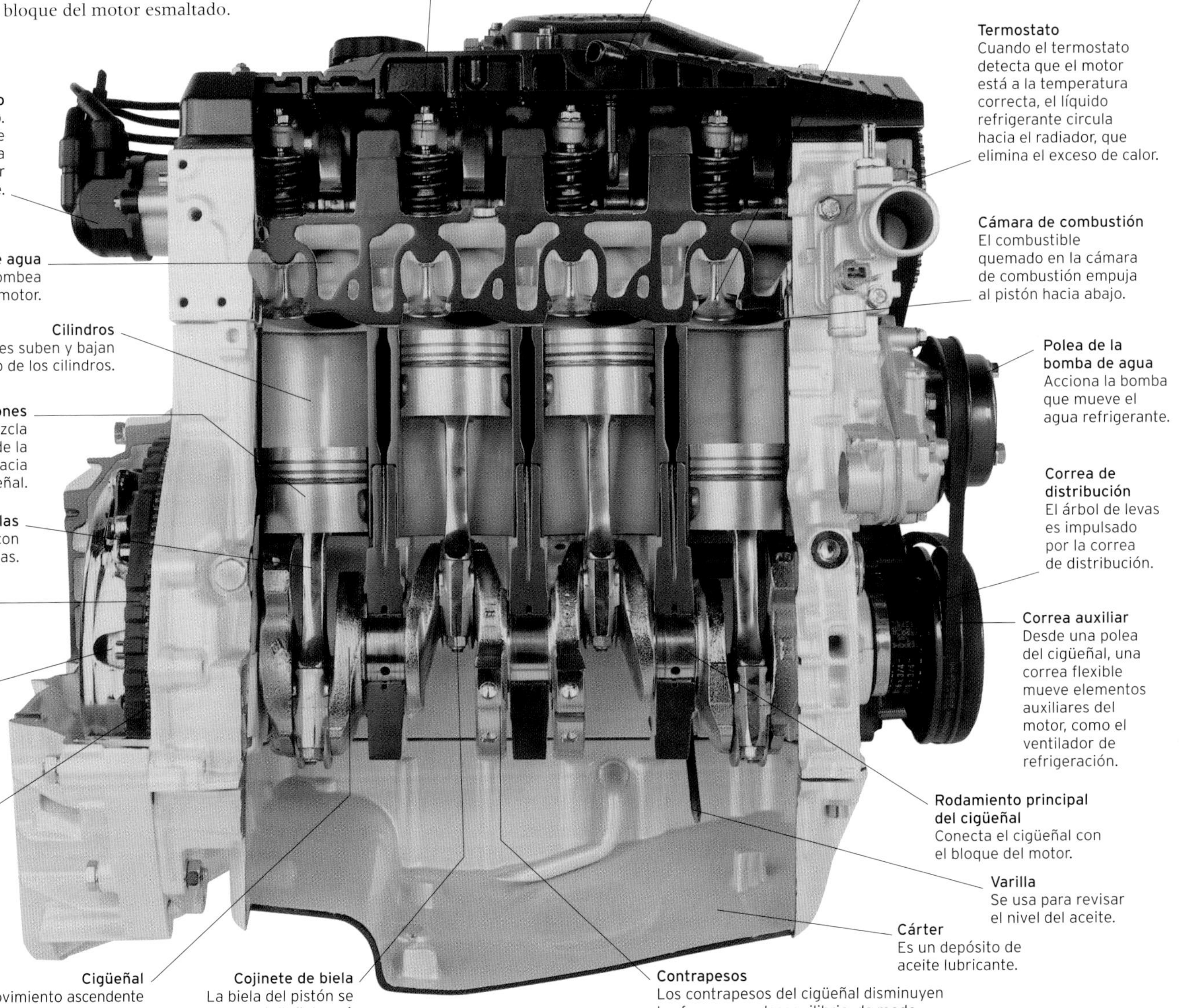

DISEÑOS DE MOTORES

Los motores de los coches modernos, en su mayoría, tienen cuatro o más cilindros dispuestos en una fila. Esta colocación, llamada en línea, tiene la ventaja de ser relativamente fácil y barata de fabricar. Sin embargo, no es la única colocación posible de los cilindros, ni necesariamente la mejor, si se tienen en cuenta factores como potencia, suavidad de funcionamiento, altura del centro de gravedad y la facilidad con que el motor se adapta o «encaja», en su espacio asignado. Aquí se ilustra el diseño en línea o recto y algunas alternativas.

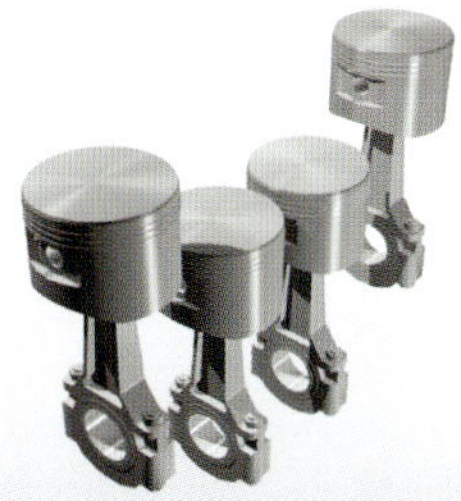

CUATRO EN LÍNEA
Hoy en día, los diseños en línea dominan los motores de cuatro cilindros. Los motores de seis o más cilindros en línea funcionan sin problemas, pero son largos y por eso difíciles de encajar en un vano motor pequeño.

V6
Los motores en línea de gran cilindrada son muy largos y altos para encajar en deportivos bajos, y sus cigüeñales largos pueden flexionar bajo presión. Muchos coches tienen motor compacto con dos bancadas de cilindros en V.

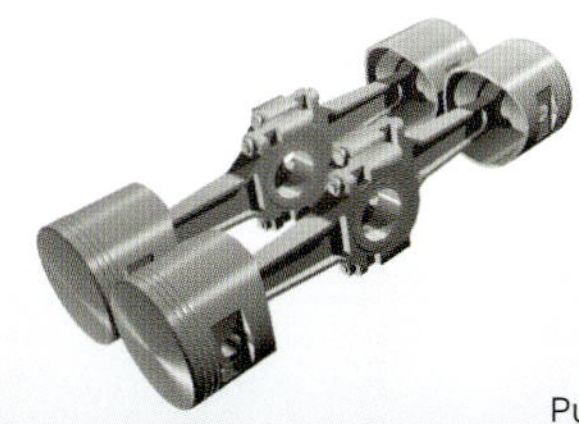

CUATRO OPUESTOS
Los cilindros están en dos bancadas opuestas. El resultado es un motor ancho, con centro de gravedad bajo, que ayuda al agarre. El movimiento equilibrado de los pistones reduce vibración y da un suave funcionamiento.

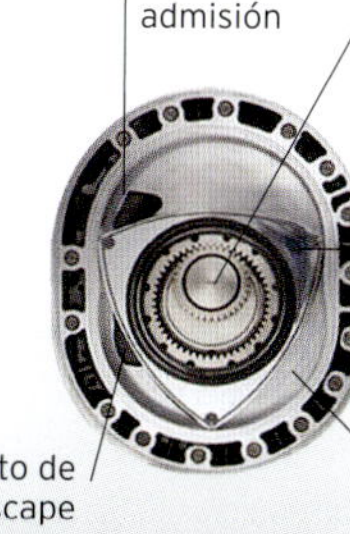

ROTATIVO (CORTE)
El motor rotativo Wankel, en lugar de pistones que suben y bajan, usa uno o más rotores de tres esquinas que giran dentro de una caja de forma especial, generando movimiento rotativo directo y muy suave.

CORTE ESQUEMÁTICO DE UN CILINDRO

Vista de un corte transversal de un cilindro. El motor tiene doble árbol de levas, es decir, dos árboles de levas en la parte superior, por encima del cilindro, uno para las válvulas de admisión y otro para las de escape.

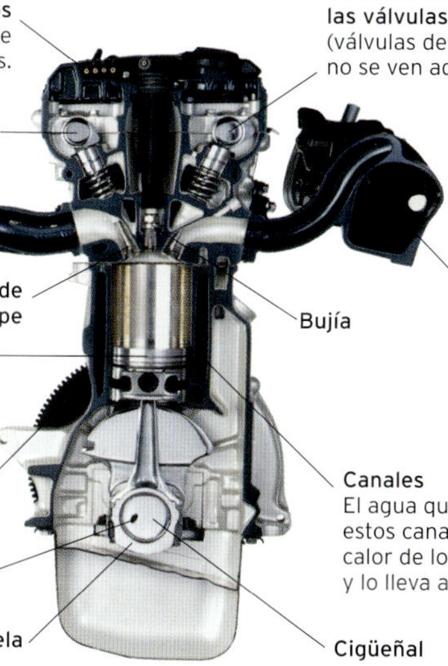

CORTE TRANSVERSAL DE UN CILINDRO

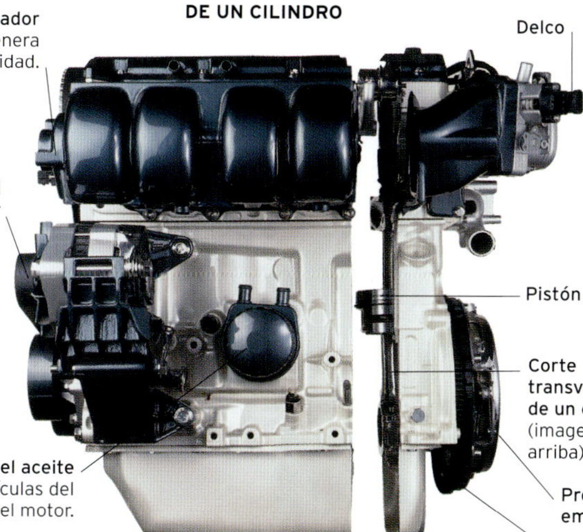

VISTA EXTERIOR DE UN MOTOR DE CUATRO CILINDROS

CICLO DE CUATRO TIEMPOS

Mientras el motor está en marcha, cada cilindro pasa docenas de veces por minuto por una misma serie de eventos, o ciclo de cuatro tiempos. Las cuatro etapas, o «golpes», son: admisión, compresión, explosión y escape. Solo en el tiempo de explosión se genera energía, y se produce una vez en cada cilindro por cada dos vueltas del cigüeñal. En un motor de cuatro cilindros, las bujías actúan en secuencia, por lo que siempre hay un movimiento de energía en al menos un cilindro.

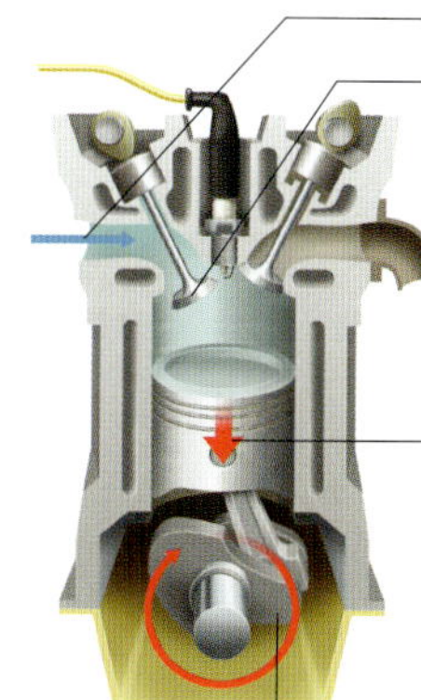

1 Tiempo de admisión La válvula de admisión se abre y el pistón desciende, aspirando la mezcla aire-combustible dentro del cilindro a través de la admisión del motor el sistema de alimentación.

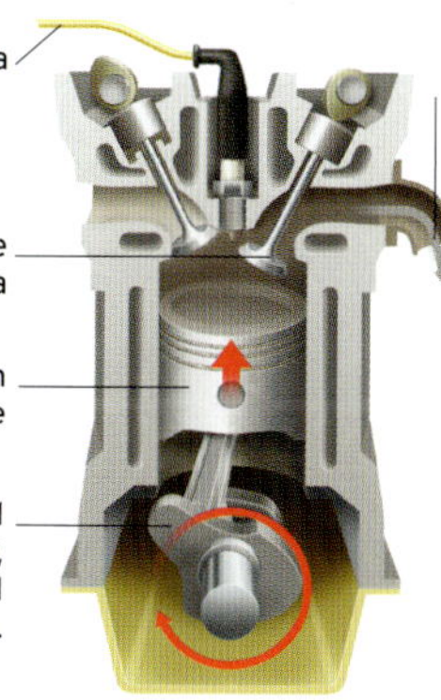

4 Tiempo de escape Cuando el pistón llega al fondo, la válvula de escape se abre. Al subir de nuevo, el pistón empuja los gases residuales al escape.

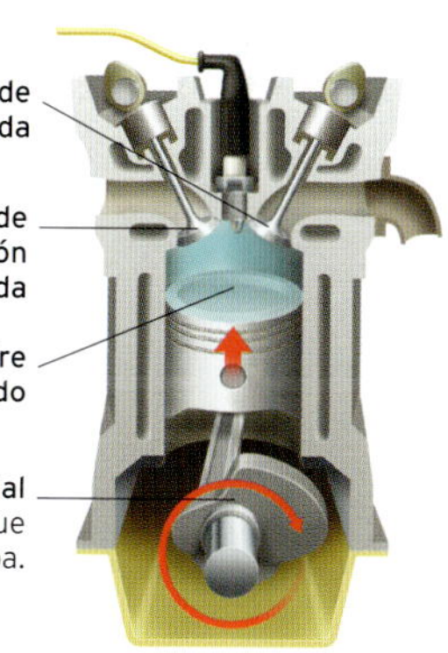

2 Tiempo de compresión El pistón sube de nuevo en el cilindro. Esto aumenta la presión en su interior y calienta la mezcla aire-combustible.

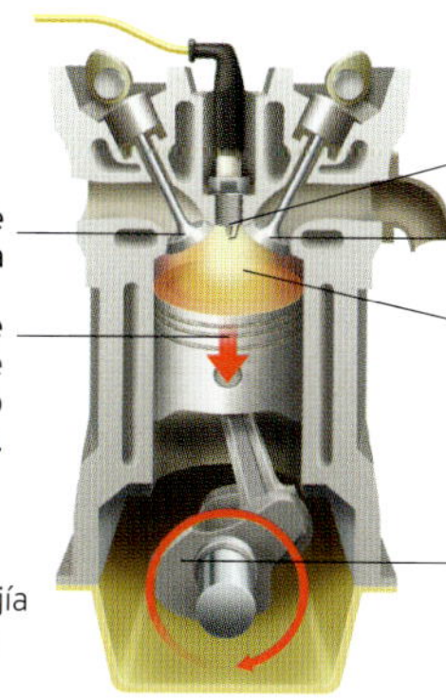

3 Tiempo de explosión Cuando el pistón se acerca al final superior de su carrera, una bujía emite una chispa. El gas explota, se expande y hace bajar el pistón.

Propulsión eléctrica

Los coches propulsados exclusivamente por motores eléctricos, capaces de alcanzar más de 160 km con una sola carga de sus baterías, son ahora una opción relativamente asequible. Sin emisiones, ofrecen un futuro más limpio, en el que la contaminación por combustibles fósiles ya no es aceptable en las zonas urbanas ni para el medio ambiente. Muchos modelos actuales ofrecen prestaciones y acabados superiores a los de los coches convencionales de gasolina y diésel. En términos mecánicos, la propulsión de los vehículos eléctricos (VE) es más sencilla que la de los movidos por un motor de combustión interna, y consiste principalmente en un motor eléctrico y una batería. La parte más complicada y cara de un VE es la batería, que debe propulsar el vehículo una distancia razonable entre cargas. Algunos coches, como el Toyota Mirai, utilizan en su lugar una pila de combustible, que mezcla hidrógeno y oxígeno del aire para producir electricidad.

LA TRANSMISIÓN ELÉCTRICA A LA VISTA

Un motor eléctrico solo tiene unas 20 piezas móviles, frente a los cientos de un motor de gasolina o diésel, lo que significa que son más ligeros, eficientes y fáciles de fabricar. Pero eso no significa que el resto de un VE no tenga complicaciones. Hay sofisticados sistemas para garantizar que sean lo más eficientes posible y que sus baterías puedan recargarse con rapidez. El Porsche Taycan es uno de los coches eléctricos más avanzados. Gracias a sus dos motores, tiene unas siete veces más potencia que un utilitario familiar medio, y acelera más rápido que los coches de gasolina más potentes. La pesada batería está repartida por debajo del suelo, lo que significa que el Taycan también tiene un centro de gravedad muy bajo. Esto lo hace muy estable en las curvas.

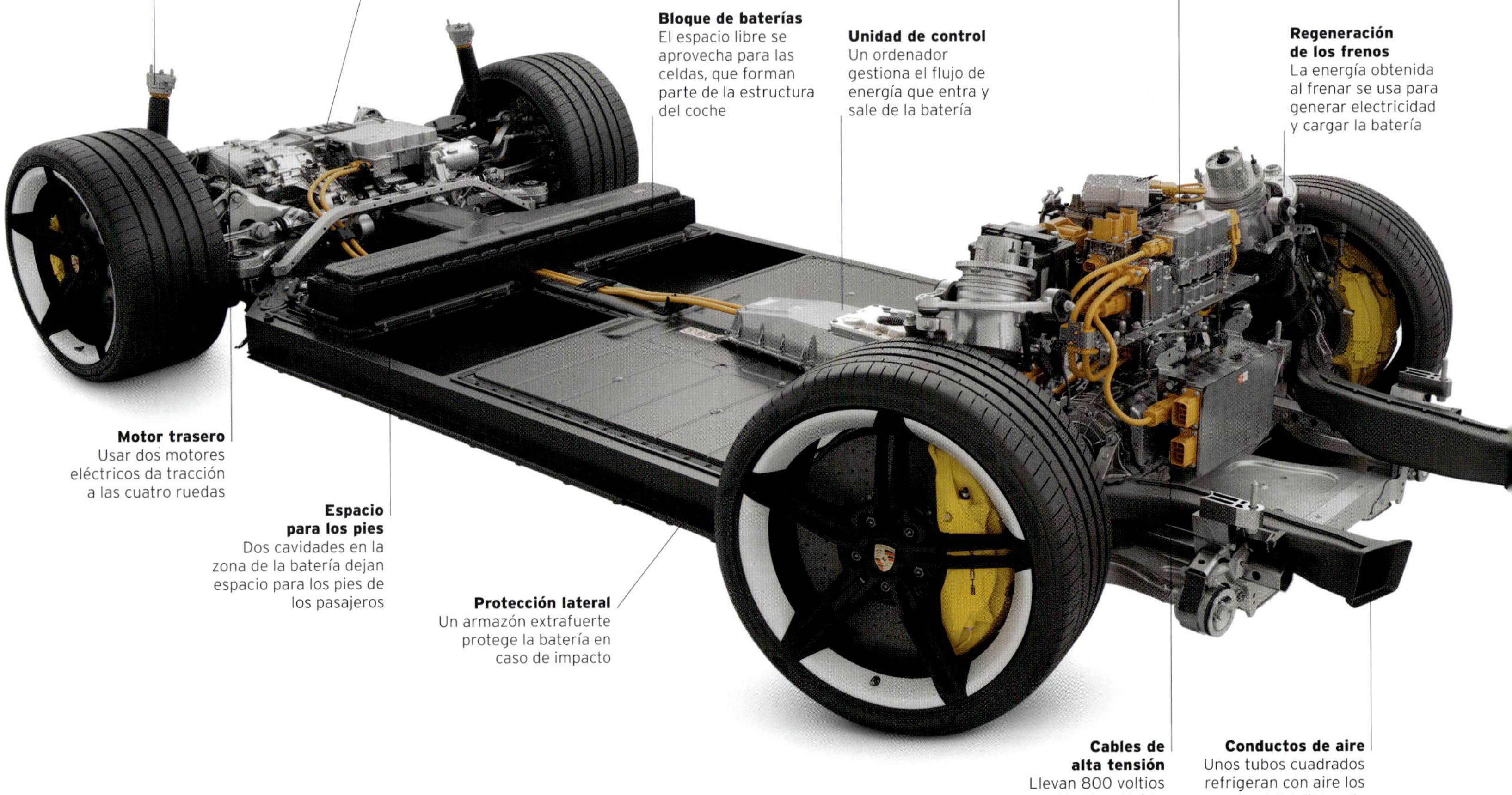

Muelles neumáticos
El aire comprimido de los muelles de goma absorbe los baches

Caja de cambios
Las marchas son pocas en los VE, pero mejoran la eficiencia y aumentan la velocidad máxima

Bloque de baterías
El espacio libre se aprovecha para las celdas, que forman parte de la estructura del coche

Unidad de control
Un ordenador gestiona el flujo de energía que entra y sale de la batería

Inversor
Transforma la corriente alterna (CA) en corriente continua (CC) para accionar los motores

Regeneración de los frenos
La energía obtenida al frenar se usa para generar electricidad y cargar la batería

Motor trasero
Usar dos motores eléctricos da tracción a las cuatro ruedas

Espacio para los pies
Dos cavidades en la zona de la batería dejan espacio para los pies de los pasajeros

Protección lateral
Un armazón extrafuerte protege la batería en caso de impacto

Cables de alta tensión
Llevan 800 voltios entre la batería y la transmisión

Conductos de aire
Unos tubos cuadrados refrigeran con aire los enormes discos de freno cerámicos

VENTILACIÓN

En un VE no solo los pasajeros son sensibles a la temperatura. El calor o el frío de climas extremos pueden dañar el paquete de baterías o hacerlo menos eficaz. La conducción rápida o la carga a alta velocidad también calienta las delicadas piezas eléctricas, y, si no se controla, el coche tendría que limitar su rendimiento o reducir su velocidad de carga para asegurarse de que no se sobrecalienta. Los primeros VE confiaban en que el aire enfriara sus baterías, lo que no siempre era eficaz y reducía su capacidad. Muchos modelos modernos, como el Porsche Taycan, utilizan un sistema con líquidos que mantienen las baterías a una temperatura de funcionamiento óptima.

AIRE DE REFRIGERACIÓN
El aire se canaliza a través de las tomas de la parte delantera del coche y pasa por dos radiadores que eliminan el exceso de calor. Cuando el líquido de refrigeración está lo bastante frío, unas aletas cierran las tomas para hacer el coche más aerodinámico.

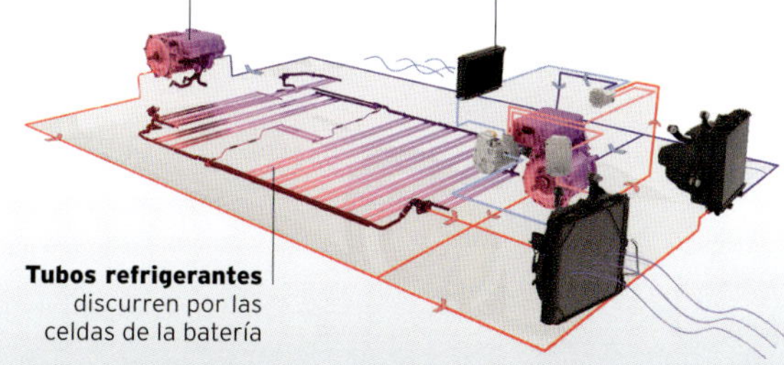

GESTIÓN TÉRMICA
Para gestionar el calor y el frío extremo, el Taycan tiene una red de conductos que recorren las celdas de la batería, los cargadores y los motores para mantenerlos a la temperatura ideal de funcionamiento. El exceso de calor se canaliza y se utiliza para calentar el habitáculo.

LA BATERÍA

La batería del Taycan es 17 000 veces mayor que la de un smartphone y tiene energía suficiente para alimentar la casa de una familia durante diez días. Ocupa mucho más espacio que un depósito de gasolina y es más pesada, pero queda oculta bajo el suelo, y los motores eléctricos son mucho más pequeños que un motor de combustión.

SISTEMA DE PROPULSIÓN

PAQUETE DE BATERÍAS

EL MOTOR Y LA TRANSMISIÓN

Los motores eléctricos son sencillos y compactos comparados con los de combustión, pero pueden dar una potencia asombrosa. El motor produce todo su par en cuanto el conductor pisa el pedal del acelerador. La mayoría de los VE no necesitan caja de cambios, pues el motor eléctrico puede girar tan rápido que impulsa el coche de 0 a 100 km/h en cuestión de segundos. Sin embargo, en los modelos de altas prestaciones, como el Porsche Taycan, el uso de dos marchas en el motor trasero le permite alcanzar una mayor velocidad punta.

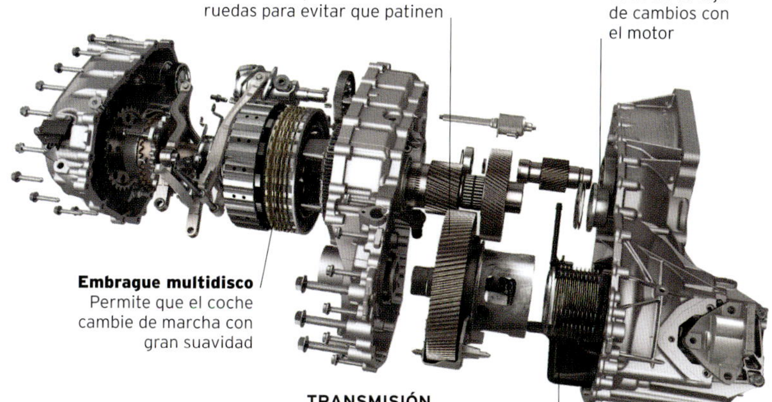

TRANSMISIÓN

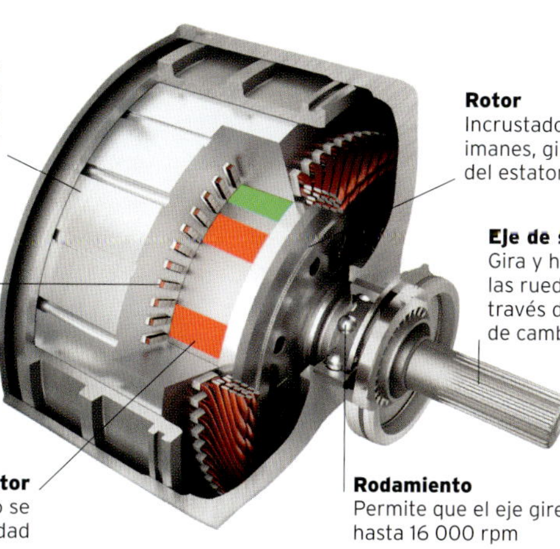

MOTOR

Glosario

2+2
Abreviatura de un habitáculo dotado de dos asientos delanteros de tamaño normal y otros dos asientos traseros pequeños. Estos son adecuados para niños o para adultos en viajes cortos.

24 Horas de Le Mans
Carrera de resistencia para coches, celebrada anualmente en Le Mans, Francia, desde 1923. Se utiliza un circuito con algunas vías públicas cerradas para el evento.

24 Horas de Spa
Carrera de resistencia para coches que tiene lugar anualmente en Spa, Bélgica, desde 1924.

4x4
Abreviatura de cuatro por cuatro, o tracción a las cuatro ruedas (FWD), es decir que todas las ruedas reciben la potencia del motor.

500 Millas de Indianápolis
Carrera en Estados Unidos para coches monoplaza, celebrada cada año desde 1911 en el óvalo de Indianapolis Motor Speedway.

ABS (Sistema de Frenado Antibloqueo)
Sistema de frenos que impide que las ruedas se bloqueen al frenar.

acelerador
Dispositivo que controla la cantidad de mezcla aire-combustible que fluye en el motor.

acelerador *drive-by-wire*
Tipo de acelerador del motor controlado electrónicamente, en lugar de conexión mecánica con el pedal del acelerador.

alternador
Generador que convierte en corriente eléctrica la energía mecánica producida por el motor, para cargar la batería y dar electricidad a equipos del vehículo, como luces, ventanas eléctricas y radio.

amortiguador hidráulico
Amortiguador que disipa la energía del movimiento de la suspensión de un automóvil y lo convierte hidráulicamente mediante aceite interno, en calor que se disipa rápidamente.

árbol de levas
Eje de rotación con levas que abren y cierran las válvulas de admisión y escape del motor. Puede accionar las válvulas indirectamente mediante empujadores (por lo general en un motor OHV) o directamente (árbol de levas en cabeza). En motores de doble árbol de levas en cabeza, uno de ellos actúa sobre las válvulas de admisión y el otro sobre las válvulas de escape.

árbol de transmisión
Eje largo que transmite el par del motor al eje posterior de un coche de tracción trasera o a las cuatro ruedas.

aro del pistón
Aro abierto que encaja en una ranura en la superficie exterior del pistón de un motor, sellando la cámara de combustión. Ayudan a enfriar el pistón pasando calor a la pared del cilindro, y regulan el consumo de aceite.

automática
Transmisión sin embrague, que selecciona automáticamente el cambio de velocidad.

Autotest
Un deporte de motor competitivo que prueba habilidades de conducción precisa a baja velocidad.

avance por vacío
Mecanismo que permite que el delco ajuste el tiempo de la chispa de acuerdo con la carga del motor.

balancín
Palanca giratoria, uno de cuyos extremos es subido y bajado por el árbol de levas, directamente o mediante un empujador, y el otro extremo actúa sobre el vástago de la válvula del motor.

ballesta
Conocido también como resorte de ballesta, es un resistente sistema básico de suspensión, aunque no permite un viaje suave. El muelle cuenta con arcos de acero superpuestos que se fijan debajo del coche, formando un colchón amortiguador debajo del eje. Cuanto más pesado sea el coche, más hojas hay que añadir.

barra antivuelcos
Aro metálico fuerte incorporado en la estructura de un coche con techo plegable. Diseñado para proteger la cabeza y el torso de conductor y pasajeros en caso de vuelco.

barra de torsión
Pieza de la suspensión que actúa como resorte al ser torcida por los movimientos de la rueda.

berlina
Cualquier tipo de vehículo con techo metálico fijo. También se denomina sedán.

Bertone
Carrocero y consultor de diseño italiano. Fundada en 1921. La empresa aún existe.

biela
Mecanismo que conecta el pistón de un motor con el cigüeñal.

bloque de cilindros
Cuerpo por lo general de metal fundido, en el que se perforan cilindros para montar los pistones de un motor de combustión interna, y al cual se unen la culata o culatas.

bloque pequeño
Los motores V8 Chevrolet y Ford más pequeños, hechos por primera vez en los años cincuenta.

bobina de encendido
Componente del sistema de encendido que convierte la corriente de 12 V de la batería del coche en los miles de voltios necesarios para encender las bujías.

bomba de recuperación o retorno del aceite
En un motor de cárter seco, esta bomba adicional evacúa el aceite del fondo del motor y lo lleva a un depósito de aceite separado.

Brooklands
Primer circuito de carreras construido, cerca de Weybridge, Surrey, Reino Unido. Se usó de 1909 a 1939.

bujía
Dispositivo eléctrico atornillado a la culata de un motor de gasolina, que enciende el combustible en el cilindro para hacer mover el pistón.

caja de cambios semiautomática con levas
Mecanismo de cambio de velocidades sin embrague que permite cambiarlas con palancas (o levas) unidas al volante.

caja de cambios sincronizada
Caja de cambios cuyos piñones están engranados siempre. Universales en los coches de calle modernos.

calibre
Orificio generalmente cilíndrico dentro del cual se mueve el pistón de un motor. También es el diámetro de esta cavidad.

cámara de admisión plenum
Cámara de aire entre el cuerpo del acelerador de un motor y el colector de admisión; afecta positivamente el sistema de inducción.

cámara de combustión
Espacio en la parte superior del cilindro de un motor, donde la mezcla aire-combustible es comprimida por el pistón, y se encuentra la bujía para iniciar la combustión.

camisa húmeda de cilindro
Camisa que está en contacto directo con el líquido refrigerante del motor.

capó
Parte de la carrocería del coche que cubre el motor.

capota
Cubierta plegable de lona de cualquier coche descapotable.

carburador
Dispositivo de motores más antiguos en el que se combinan combustible y aire para producir una mezcla, que se enciende en el cilindro.

carburador de tiro invertido
El combustible entra en una corriente de aire descendente.

carenado
Cubierta diseñada para que los componentes que sobresalen (por ejemplo, de un motor) sean más aerodinámicos.

Carlsson tunned
Nivel de potencia del motor ofrecido en una edición especial de Saab, nombrado en honor de Erik Carlsson, piloto sueco de rallies.

carrocería
Paneles exteriores pintados o cuerpo de un coche, normalmente obra de un carrocero.

cárter
Depósito de aceite en el fondo del motor. El cárter seco se usa en motores de coches de carreras o deportivos sometidos a altas fuerzas en curvas, frenado y aceleración. En un cárter húmedo, estas fuerzas desplazan el aceite, dejando al descubierto el tubo de absorción de aceite, lo que puede dañar el motor. Con cárter seco, una bomba de barrido elimina el aceite que cae en él, y lo bombea a un depósito separado.

cárter del cigüeñal
Parte inferior del bloque de cilindros, que alberga el cigüeñal.

chasis
Marco de carga sobre ruedas; en todos los primeros coches, llevaba las partes mecánicas y a él se unía la carrocería. La mayoría de los modelos actuales tienen diseño monocasco, y por lo tanto no tienen chasis, pero la palabra sobrevive en referencia al tren motriz.

chasis de túnel central
Estructura longitudinal central que soporta el cuerpo, el tren motriz y la suspensión.

chasis rodante
Marco de coche antiguo cuyo chasis separado llevaba las partes mecánicas.

cifras DIN
Medida de la potencia del motor, definida por el Deutsches Institut für Normung de Alemania.

cigüeñal
Eje principal del motor que convierte el movimiento alternativo (subida y bajada) de los pistones en el movimiento de rotación que hace girar las ruedas.

cilindro
Agujero cilíndrico en el que los pistones de un motor suben y bajan.

clásico
Coche construido después del 1 de enero de 1930 y con más de 25 años.

cm³ (centímetros cúbicos)
Medición volumétrica estándar de la cilindrada –y por tanto del tamaño del motor– para motores en Europa y Japón.

coche deportivo
Biplaza con techo descapotable, líneas bajas o agraciadas, buen agarre, y velocidad y aceleración superior al promedio.

coches *kei*
Coches en Japón con impuesto para coches muy pequeños, en la actualidad no mayores de 3,4 m y de motor de no más de 660 cm³.

coeficiente aerodinámico
Número que da una medida de cuán aerodinámico es un coche. Mide la resistencia causada por el aire cuando un objeto pasa a través de él.

cojinete
Dispositivo que da un apoyo entre las partes fijas y móviles de una máquina.

cojinete de biela
El cojinete más grande e inferior de la biela, que conecta los pistones con el cigüeñal.

colector de escape
Sistema de tubos que conduce los gases residuales de escape de los cilindros al tubo de escape.

compresor
Dispositivo que aumenta la presión de un gas, reduciendo su volumen por compresión. Se utiliza, para aumentar el rendimiento

del motor, en turbocompresores y en sobrealimentadores.

convertidor catalítico
Dispositivo del tubo de escape de coches de gasolina sin plomo. Usa un catalizador químico para estimular las reacciones que convierten gases nocivos en inofensivos.

correa de transmisión
Correa que acciona varios dispositivos en el motor, como el alternador.

Cosworth-tuned
Motor preparado por Cosworth, diseñador, constructor y modificador británico de motores para coches de calle y carreras.

coupé
Del francés *couper*, «cortar», palabra que originalmente describió un coche cerrado de dos puertas con línea de techo más baja o abreviada. Los *coupés* de hoy suelen tener un techo que se estrecha atrás.

crossover
Todo coche que mezcla elementos de dos tipos distintos de coche. El término se suele aplicar a *hatchbacks* o sedanes convencionales de la moldura lateral del cuerpo hacia arriba, y SUV/4x4.

culata
Parte superior del motor unida a la parte alta del bloque de cilindros. Tiene las bujías que encienden el combustible en los cilindros, y por lo general las válvulas.

CV (caballo de vapor)
Medida de la producción de energía de las máquinas de vapor respecto a la cantidad equivalente de la potencia de tracción de un caballo de tiro. En los vehículos, es la medida de la potencia del motor.

delco
Dispositivo que enruta la alta tensión de la bobina de encendido a las bujías en correcto orden de encendido.

descapotable
Coche de dos puertas, por lo general no deportivo, de techo desmontable o plegable.

dickey seat
Asiento que cuelga de la parte trasera de un coche (antes de la Segunda Guerra Mundial).

diferencial
Engranaje en el sistema de tracción de un coche, que permite que una rueda exterior gire más rápido que una rueda interior, necesario para dar una curva.

diferencial de deslizamiento limitado
Contrarresta la tendencia de deslizamiento de las ruedas si una de ellas pasa por hielo u otra superficie resbaladiza.

dinamo
Generador de electricidad accionado por el motor en los primeros coches. Ha sido reemplazado por el alternador.

dirección de cremallera y piñón
Compuesta por dos engranajes que convierten el movimiento rotacional en movimiento lineal. Es el sistema preferido para la dirección de coches, ya que da muy buena información al conductor sobre el comportamiento de las ruedas.

diseño horizontalmente opuesto
Motor cuyos cilindros están montados planos a ambos lados del cigüeñal.

distancia entre ejes
Distancia exacta entre los ejes de las ruedas delanteras y traseras.

DOHC (doble árbol de levas en cabeza)
Ver árbol de levas.

drag-racing
Deporte automovilístico en el que los coches compiten para ver cuál de ellos cubre en el menor tiempo una determinada distancia en línea recta.

drophead
Estilo de carrocería con una capota que se pliega.

eje de transmisión
Eje giratorio que lleva la potencia del motor a las ruedas.

eje delantero en barra
Una sola barra de suspensión con una rueda a cada extremo, unida al chasis del coche por ballestas o muelles.

eje impulsor
Eje de transmisión que contiene los ejes que impulsan las ruedas.

embrague
Dispositivo que desconecta el motor de la transmisión para seleccionar una velocidad de marcha diferente.

empujador
Parte del tren de válvulas que hace contacto deslizante con el lóbulo del árbol de levas, convirtiendo el perfil de la leva en movimiento alternativo de la válvula.

engranaje
Parte dentada de una máquina que engrana y gira con otras partes para transmitir par.

engranaje planetario
Término usado en Estados Unidos para una caja de cambios epicicloidal, con unos piñones pequeños que giran en torno a un engranaje central y engranan con una corona exterior.

equipo de fábrica
Equipo de carreras fundado por un fabricante de coches.

escudo térmico
Capas rígidas o flexibles de material resistente al calor que protegen los componentes o la carrocería de un vehículo del calor excesivo generado por el motor o por el escape.

estárter
Válvula del carburador que restringe temporalmente el flujo de aire para que la mezcla aire-combustible tenga más gasolina y sea más fácil de encender cuando el motor está frío.

estate
Coche con parte trasera cuadrada adaptada para transportar carga, con plataforma de carga de acceso por una puerta trasera. Este término fue acuñado para un vehículo utilitario usado para hacer viajes en fincas grandes. En Estados Unidos y en otros países se conoce de manera alternativa como *station wagon*.

fastback
Perfil trasero del techo que se estrecha hasta el final de la cola del coche.

filtro de aire
Componente de filtro o papel que limpia el aire antes de entrar en el motor.

Fórmula 1
Formalmente conocida como Campeonato Mundial de Fórmula 1 de la FIA (Federation Internationale de l'Automobile), es la máxima serie mundial de carreras en monoplazas. Inaugurada en 1950.

Fórmula Libre
Forma de carreras de coches en la que diferentes tipos de coches de carreras compiten entre ellos.

frenado regenerativo
Sistema en coches eléctricos e híbridos en que los motores de tracción eléctrica funcionan como generadores al frenar, dando fuerza de frenado y generando corriente para recargar la batería.

frenos de disco
Sistema de frenos en que cada buje de rueda lleva un disco que gira con la rueda y es sujetado por pastillas para frenar el coche.

frenos de doble circuito
Sistema de frenos con dos circuitos hidráulicos independientes, para mantener la capacidad de frenado si un circuito falla.

frenos de tambor
Sistema de frenado sustituido por frenos de disco, en el que las zapatas de frenos se presionan contra la superficie interior de un tambor unido a la rueda del coche.

Futuramic
Término usado por la división Oldsmobile de General Motors para describir el diseño de su línea de coches 1948-1950.

gate gearchange
Abreviatura de «open-gate gearchange» estilo de caja de cambios en la que se ven las ranuras del selector de la palanca de velocidades. Usual en coches deportivos o de carreras. En otros tipos de coches se suele ocultar con una goma o polaina de cuero cosida.

Giugiaro
Puede hacer referencia al diseñador italiano de coches Giorgio Giugiaro, o bien a la consultoría de diseño que inició en 1968, formalmente llamada Italdesign-Giugiaro, empresa que fue adquirida por Volkswagen en 2010.

grand routier
Nombre informal más común en inglés que en francés, que significa «gran viajero por carretera». Se suele aplicar a coches europeos de turismo, rápidos y elegantes.

GT
Iniciales del italiano gran turismo, se refiere a coches cerrados de alto rendimiento.

hardtop
Coche deportivo con techo rígido, fijo o removible. Si es de tela se llama *soft-top*.

hatchback
Puerta trasera, a veces llamada tercera o quinta puerta, en cualquier coche con cola inclinada, no vertical. También es un tipo de coche, como el Renault 16 de cinco puertas de 1965, y el Renault 5 de 1972, de tres puertas.

híbrido
Tecnología de propulsión de vehículos; combina energía eléctrica y de gasolina/diésel. La energía eléctrica reduce emisiones, y los combustibles fósiles dan suficiente potencia sostenida para crucero en autopistas y recargar la batería.

homologación
Pruebas estrictas para coches nuevos para garantizar que cumplen las normas de construcción y uso de un territorio; solo así pueden circular legalmente por las vías. El término también se aplica a normas que rigen categorías individuales del deporte automovilístico. Por lo general, una «homologación especial» es una versión de carretera de un coche de carreras; para que sea modelo de producción, se construye un número mínimo.

hot hatch
Apodo inglés para una versión de alto rendimiento de un coche compacto tres puertas (a veces cinco puertas), como el Renault 5 Alpine y el Volkswagen Golf GTi de 1976.

hot rod
Abreviatura de *hot roadster*, término de Estados Unidos en la década de 1930, que describía cualquier coche normal con motor modificado para mayor rendimiento. Tras la Segunda Guerra Mundial, los *hot rods* fueron coches de producción modificados usados en pruebas de velocidad en línea recta.

intercooler
Radiador que enfría el aire comprimido de un turbocompresor o sobrealimentador antes de entrar en el motor. Aumenta la potencia y mejora la fiabilidad.

inyección de combustible
En coches nuevos sin carburador, suministro de combustible bombeado desde el tanque y rociado por inyectores directamente en los puertos de entrada del motor, donde se mezcla con el aire antes de quemarse en el cilindro. En motores diésel y de inyección directa de gasolina, el combustible se inyecta directamente en el cilindro.

inyección directa
Ver inyección de combustible.

IRS (Suspensión Trasera Independiente)
Sistema de suspensión en el que las dos ruedas traseras pueden subir y bajar en forma independiente.

limusina
Sedán de lujo, por lo general con larga distancia entre ejes, con asientos traseros muy cómodos. A veces traen un separador entre el conductor y los pasajeros de atrás.

línea roja
Velocidad máxima en el diseño de un motor para que funcione sin dañarse. Se suele indicar por una línea roja en el dial del tacómetro.

LPG
Gas licuado de petróleo, combustible que se puede usar en motores de gasolina poco modificados. Reduce emisiones nocivas.

luz de cortesía
Pequeña luz que se activa al abrir la puerta de un coche. Ilumina el interior del coche, el estribo de la puerta, o el suelo bajo el coche.

magneto
Generador electromagnético usado en los primeros coches para producir alta tensión para las bujías.

Mille Miglia
Carrera de 1609 km por vías públicas, celebrada 24 veces entre 1927 y 1957. En 1977 se revivió el nombre para un desfile anual de coches históricos.

modificado
Término que describe un motor que ha sido modificado para rendimiento adicional.

monobloque
Diseño de motor en el que los cilindros van juntos como una sola unidad. Esto mejora la rigidez mecánica del motor y la fiabilidad del sellado.

monocasco
Estructura del coche, ahora casi universal, en la que la carrocería lleva todas las cargas estructurales. Es el chasis y la carrocería combinados en una unidad fuerte.

monovolumen
Término popular para describir un MPV, en particular con un mínimo de siete asientos.

motor alternativo
También conocido como motor de pistón, convierte el movimiento de sube y baja (o «alternativo») de los pistones en la rotación necesaria en las ruedas.

motor BDA (*Belt-Drive A-type*)
Motor diseñado por Cosworth basado en Ford.

motor de cuatro tiempos
Tipo predominante de motor de los coches modernos. El ciclo de potencia, que ocupa dos vueltas del cigüeñal, tiene cuatro etapas: admisión, compresión, explosión y escape. Cada una se rige por los movimientos del pistón hacia arriba o hacia abajo, llamados carreras.

motor de dos tiempos
Motor con pistones que se mueven una vez hacia arriba y una vez hacia abajo (dos carreras) en el ciclo de combustión.

motor de válvulas de camisa
Motor con una camisa de metal colocada entre el pistón y la pared del cilindro. La camisa oscila con el movimiento del pistón y tiene agujeros que se alinean con los puertos de admisión y escape del cilindro, lo que facilita la entrada y salida de gases.

motor de válvulas en culata
Motor en el que las válvulas de admisión y de escape están en la culata, y no al lado del cilindro, como en un motor de válvulas laterales.

motor de válvulas laterales
Forma de diseño del motor en el que las válvulas se colocan al lado del cilindro, no en la culata. En un motor de culata en L, las válvulas de admisión y escape van juntas a un lado del cilindro; en un motor de culata en T van en lados opuestos.

motor de varilla empujadora
En este motor las válvulas no son operadas directamente por el árbol de levas, sino por varillas intermedias. Las válvulas y el árbol de levas quedan separados.

motor en línea
Motor con sus cilindros colocados en línea recta.

motor recto
Ver motor en línea.

motor refrigerado por aire
Este motor hace circular el aire exterior para enfriar los componentes calientes. En los motores modernos se prefiere la refrigeración por agua.

motor rotativo
Todo tipo de motor que no usa los movimientos alternativos de los pistones, sino un movimiento de rotación directa. El único tipo montado en coches de producción fue diseñado por Felix Wankel, y el último vehículo que lo usó fue el Mazda RX-8, que apareció en 2001.

motor supercuadrado
Motor en el cual la medida del diámetro interior del cilindro es mayor que la carrera.

motor transversal
Motor montado con el eje del cigüeñal atravesado, no paralelo a su eje central.

MPV
Abreviatura de Multi-Purpose Vehicle o Multi-Passenger Vehicle. El término se aplica a coches altos y espaciosos que pueden llevar al menos cinco pasajeros y a menudo hasta nueve, o combinaciones para personas y carga.

muscle car
Coche de producción estándar en Estados Unidos, por lo general con dos puertas y motor de gran capacidad y alto rendimiento. El primer *muscle car* fue el Pontiac GTO de 1964.

NACA *duct*
El Comité Consultivo de Aeronáutica de Estados Unidos (NACA) creó esta entrada de aire con forma especial, para ventilar componentes internos, como los frenos, causando el menor trastorno posible a la aerodinámica externa.

NASCAR
National Association for Stock Car Auto Racing, organización de Estados Unidos que supervisa las carreras de coches derivados de serie.

neumáticos de banda blanca
Neumáticos con un anillo decorativo de caucho blanco en sus paredes laterales. Popular principalmente en Estados Unidos desde la década de 1930 hasta principios de la de 1960.

OHC (árbol de levas en culata)
Ver árbol de levas en culata.

OHV (válvulas en culata)
Ver motor de válvulas en culata.

opuesto
Todo motor cuyos cilindros y pistones están en posición horizontal en dos bancadas opuestas. A veces son llamados motores boxer porque los pistones en pares opuestos de cilindros se acercan y alejan unos de otros, como si se golpearan.

overlapping four-door
Estilo de carrocería en el que las puertas delanteras quedan superpuestas sobre las traseras cuando se cierran.

overrider
Metal o metal recubierto con caucho colocado en un parachoques como protección contra parachoques de otros coches.

palanca de cambios en columna
Palanca de cambios montada en la columna de dirección y no sobre el piso. Ya no se usa en los coches modernos.

par
Fuerza de torsión producida por el motor.

piloto de fábrica
Piloto de carreras empleado por un fabricante de coches para conducir para su equipo, en lugar de uno independiente.

Pinin Farina/Pininfarina
Empresa carrocera italiana y consultora de diseño fundada como Pinin Farina en 1930 por Battista «Pinin» Farina. En 1961 adoptó el nombre de Pininfarina.

piso de carrocería
Bandeja metálica que forma la parte inferior del coche y que lleva la suspensión y otros elementos de la transmisión. Diseños inteligentes permiten que el mismo piso sea usado por varios modelos diferentes.

pistón
El componente que sube y baja en el cilindro del motor y que, en la carrera de explosión, transfiere la fuerza del gas que se expande al cigüeñal a través de una biela.

placa oscilante
Placa fijada en ángulo a un eje giratorio, usada para convertir el movimiento de rotación del eje en movimiento recíproco a las varillas de empuje paralelas al eje de giro.

plataforma
Estructura básica de un coche moderno, invisible pero elemental y costosa. Los diseñadores de coches contemporáneos deben obtener diversidad estética máxima de una única plataforma.

polea del cigüeñal
Polea en el extremo del cigüeñal del motor. Se usa para accionar dispositivos auxiliares, como el alternador y la bomba de agua.

pony car
Género de coche llamado así por el Ford Mustang, uno de los primeros *coupés* deportivos compactos, dirigido a los «baby boomers» de Estados Unidos en la década de 1960. Se podía pedir con varias opciones de motores de alto rendimiento.

posicionador de ralentí
Optimiza el funcionamiento del motor en ralentí (acelerador cerrado), para maximizar la eficiencia de combustible.

puertas de ala de gaviota
Puertas que abren hacia arriba, una característica clave del Mercedes-Benz 300 SL y del DeLorean DMC-12.

puerto de admisión
Ruta dentro de la culata por la que pasa la mezcla aire-combustible a la válvula de admisión.

puerto de escape
Pasaje en la culata que va de la(s) válvula(s) de escape al colector de escape.

Q-car
Coche cuyo rendimiento contrasta con su apariencia mundana. El nombre proviene de los barcos Q, muy armados pero de apariencia inocua de la Marina Real Británica en la Primera Guerra Mundial. A estos coches se les suele denominar popularmente «lobos con piel de cordero».

radiador
Intercambiador de calor utilizado para enfriar líquidos, que presenta una gran superficie a un flujo de aire.

radio de giro
Diámetro de la circunferencia descrita por la rueda delantera externa de un coche al girar con su dirección al máximo.

razor-edge styling
Tendencia a líneas afiladas en el diseño de coches; surgió en la industria carrocera de Reino Unido a finales de 1930, como reacción a la preferencia de formas redondeadas y aerodinámicas.

refrigeración por agua
Sistema que utiliza circulación de agua para refrigerar los componentes del motor. Es el predominante en motores modernos, aunque algunos usan refrigeración por aire.

relación de compresión
Relación entre el volumen de un cilindro y la cámara de combustión cuando el pistón está en la parte inferior de su carrera, y el volumen de la cámara de combustión sola cuando el pistón está en lo alto de su carrera.

rpm
Abreviatura de revoluciones por minuto, medida de la velocidad de giro del motor.

roadster
Término que originalmente describía un coche abierto con un solo asiento para llevar dos o tres personas hombro con hombro, pero que ahora se aplica a cualquier tipo de biplaza deportivo abierto.

sedán
Cualquier tipo de vehículo con techo metálico fijo.

scuttle
Secciones de la carrocería que forman una barrera entre el motor y los compartimentos de pasajeros y sirven como soporte del parabrisas.

servofreno
Sistema de frenos que usa un vacío almacenado («servovacío») para aumentar la fuerza que el conductor aplica al pedal del freno.

silenciador
Cámara colocada a lo largo de la ruta del tubo de escape, para reducir el ruido de este.

sistema de inducción
Aparato por el que pasa el aire cuando entra en el motor.

sistema de propulsión
Ver tren motriz.

six-pot
«Pot» significa, coloquialmente, «cilindro»; «six-pot» es un motor de seis cilindros.

sobrealimentador
Compresor accionado por el motor que fuerza aire en el sistema de admisión, aumentando la cantidad de aire-combustible que entra en los cilindros, el par y la potencia.

sobremarcha
Relación de transmisión para crucero rápido que reduce la relación de engranajes, bajando también las revoluciones del motor para una velocidad dada de un vehículo, disminuyendo el consumo de combustible, pero también limita el poder de adelantamiento.

soft-roader
Coche de tracción a las cuatro ruedas, diseñado para uso ocasional recreativo todoterreno, no para actividades pesadas en granjas o sitios de construcción.

SOHC (un solo árbol de levas en cabeza)
Ver árbol de levas.

spider
Originalmente, un «spider-phaeton» era un carro liviano tirado por caballos, con dos asientos y ruedas grandes. Alfa Romeo usó el nombre para sus biplazas deportivos en 1954, y ahora es estándar para coches de ese tipo, en especial compactos y bajos.

spyder
Equivalente de *spider*, en alemán, comúnmente asociado con Porsche.

stovebolt
Apodo para un motor Chevrolet de seis cilindros en línea, usado porque el cierre que asegura la tapa de la culata se parece a un perno de cocinas de leña.

subcompacto
Término originado en Estados Unidos en la década de 1970 para describir rivales de producción nacional para el Volkswagen Escarabajo, como el Ford Pinto y Chevrolet Vega. Estos eran más pequeños que el Ford Falcon y Chevrolet Corvair, que en su momento fueron «compactos» según los estándares de fabricación de Detroit.

supercoche
Coche deportivo de alto rendimiento y muy costoso. Se reconoce que el primer cupercoche fue el Mercedes-Benz 300 SL de 1954, pero el término se usó rápidamente para los biplaza de motor central, como el Lamborghini Miura.

supermini
Nombre de mercado para un *hatchback* pequeño con motor de cuatro cilindros, como el Renault 5 de 1972.

suspensión
Sistema que protege la estructura del coche (y los ocupantes) del movimiento de las ruedas cuando pasan por vías irregulares.

suspensión de horquilla
Sistema de suspensión independiente que usa dos brazos en forma de trapecio para enganchar cada buje de rueda al chasis.

suspensión de semibrazo de arrastre
Suspensión independiente para ruedas traseras de un coche en la que cada buje de rueda se conecta al chasis por un brazo inferior triangular que gira en ángulo agudo respecto a la línea central del vehículo.

suspensión hidrolástica
Marca de sistema de suspensión con unidades de desplazamiento de caucho llenas de líquido. Usado en los coches fabricados por British Motor Corporation en la década de 1960.

suspensión hidroneumática
Nombre de marca de Citroën para su sistema de suspensión autonivelante. El fluido hidráulico de una bomba de presión accionada por un motor transmite el movimiento de los brazos de suspensión a resortes metálicos con nitrógeno a presión, que absorben golpes y mantienen la altura constante. El sistema tiene alturas preestablecidas para soportar diferentes condiciones de conducción.

suspensión independiente
Sistema de suspensión que permite que cada rueda se mueva hacia arriba y abajo independiente de las demás. Produce mejor manejo y conducción más cómoda.

suspensión por aire
Sistema de suspensión que usa gas o aire bombeado para que el vehículo esté nivelado en vías desiguales.

SUV
Sport-Utility Vehicle.

***switch* del solenoide**
Interruptor de control electrónico, más conocido como relé, que permite que un circuito eléctrico de baja intensidad controle uno de alta. Por ejemplo, el motor de arranque de un coche requiere un circuito de alta intensidad.

Targa Florio
Carrera abierta en carretera por las montañas de Sicilia, realizada entre 1906 y 1973; ahora es una prueba de coches clásicos.

techo de burbuja
El techo redondeado de un coche, en vidrio, metacrilato o metal.

tracción a las cuatro ruedas (FWD)
Ver 4x4.

tracción delantera
Potencia transmitida solo a las dos ruedas delanteras de un vehículo. Al no necesitar transmisión a las ruedas traseras, es más ligero.

tracción trasera
Potencia transmitida solo a las dos ruedas traseras de un vehículo.

transeje
Término para un montaje que combina los componentes de la caja de cambios y el diferencial en una sola carcasa.

transmisión
Todos los componentes del tren motriz, aunque también se usa la caja de cambios.

transmisión a dos ruedas
Transmisión solo a las ruedas delanteras o traseras, en contraste con la de cuatro ruedas.

transmisión Hydramatic
Marca de General Motors de su propia transmisión automática.

transmisión por cardán
Potencia llevada del motor a las ruedas por medio de ejes de rotación.

transmisión por engranaje desplazable
Antigua caja de cambios manual. En neutro nada gira dentro de la transmisión, aparte del engranaje principal (conectado al cigüeñal) y el juego de engranajes (adjunto a las ruedas). Para accionar los engranajes y aplicar la potencia del motor, el conductor pisa el embrague y mueve la palanca para desplazar una marcha a lo largo del eje principal montado sobre el grupo. Al soltar el embrague, la potencia del motor se transmite a las ruedas motrices. El sistema ha sido reemplazado por engranajes constantes, o «sincronizados».

tren de rodaje
Ruedas, suspensión, dirección y transmisión de un coche.

tren de válvulas
Partes del motor que controlan el funcionamiento de las válvulas.

tren motriz
Grupo de conjuntos mecánicos –motor, transmisión, ejes de transmisión y diferenciales– que generan y aprovechan la potencia en un coche. Hoy en día se conocen colectivamente como «chasis», y pueden ser pasados a diferentes modelos para ahorrar costos de desarrollo. A veces, «tren motriz» solo significa motor y transmisión.

tripoide MacPherson
Lleva el nombre de su inventor, el ingeniero de Ford Earl MacPherson, y es una suspensión vertical con amortiguador hidráulico y muelle coaxial. Se usa principalmente en suspensión delantera, porque causa poca intrusión en el compartimento del motor.

trompeta de admisión
Entrada de aire al motor con forma de trompeta para aprovechar los efectos del movimiento ondulante y forzar más aire en los cilindros.

túnel de transmisión
Sección longitudinal elevada a lo largo de la línea central de la cabina de un coche con motor delantero y tracción trasera o a las cuatro ruedas. Alberga el árbol de transmisión.

turbina de gas
Motor rotativo tipo *jet* que recibe su energía de la quema continua de un flujo de mezcla aire-combustible, que mueve una turbina. Utilizado experimentalmente en coches, su reacción es muy lenta.

turbocompresor
Dispositivo instalado entre los sistemas de admisión y escape de un motor; usa los gases de escape para mover una turbina, que a su vez acciona un compresor que fuerza aire en el sistema de admisión.

twin-cam
Ver árbol de levas.

V4, V6, V8, V10, V12, V16
Términos que designan motores diseñados con sus cilindros en formación en V para que el motor sea más compacto. La cifra hace referencia al número de cilindros en el motor.

válvula aceleradora deslizante
Acelerador con placa perforada que se desliza a través de la entrada de aire para permitir más o menos aire en el motor.

válvula de admisión
Válvula a través de la cual el combustible penetra en el cilindro del motor.

válvula de escape
Válvula en la culata que se abre al inicio de la carrera de escape, permitiendo que el pistón empuje los gases de escape fuera del cilindro.

válvula de mariposa
Disco que gira a lo largo de su diámetro dentro de un conducto, formando una válvula que se puede abrir y cerrar para regular el flujo de aire a un componente del motor, como un carburador.

válvula desmodrómica
Válvula de motor de cierre mecánico por un sistema de palancas, no por resorte. Permite un control más exacto del movimiento de la válvula, pero por su elevado coste se usa casi solo en motores de competición.

volante de inercia
Pesada placa circular unida al cigüeñal, que almacena la energía de rotación producida por los impulsos del par del motor. Al liberar esta energía entre los impulsos, el motor funciona más suavemente.

volante hidráulico
Dispositivo de transmisión ya extinto que permitía al conductor cambiar de velocidad sin usar un embrague.

Índice

Los números de página en **negrita** indican las entradas principales.

A

B

N

O

PQ

R

S

T

U

V

W

Z

Agradecimientos

EDICIÓN REVISADA:

DK LONDRES
Edición sénior Chauney Dunford
Diseño Daksheeta Pattni
Edición ejecutiva Gareth Jones
Edición ejecutiva sénior de arte Lee Griffiths
Diseño de cubierta Surabhi Wadhwa
Edición de producción Gillian Reid

DK DELHI
Edición de arte del proyecto Meenal Goyal
Edición de arte Bhagyashree Nayak
Edición sénior Suefa Lee
Edición ejecutiva Rohan Sinha
Edición ejecutiva de arte Sudakshina Basu
Documentación iconográfica Vagisha Pushp
Diseño de maquetación Jaypal Chauhan, Ashok Kumar

La editorial agradece a las siguientes personas su ayuda en este libro:
a Steve Crozier y Nicola Erdpresser, por su asistencia en el diseño; a Catherine Thomas, por su asistencia editorial; a Jyoti Sachdev, Sakshi Saluja y Malavika Talukder, por la organización de las sesiones de fotos en India; a Caroline Hunt, por la revisión de los textos, y a Helen Peters, por el índice.

La editorial también desea agradecer a Giles Chapman, redactor jefe, su apoyo incondicional durante la elaboración de este libro.
Giles Chapman es un galardonado escritor y comentarista dedicado a la industria, la historia y la cultura del automóvil. Fue editor de *Classic & Sports Car*, la revista de coches clásicos más vendida del mundo, ha escrito 55 libros, entre ellos *Chapman's Car Compendium* y DK's *Illustrated Encyclopedia of Extraordinary Automobiles*, y ha sido editor o colaborador de muchos otros.

Dorling Kindersley agradece a las siguientes personas e instituciones su permiso para reproducir sus fotografías:

(Clave: a: arriba; b: bajo/debajo; c: centro; d: derecha; e: extremo; i: izquierda; s: superior)

8 Getty Images: Car Culture (c). **10 Giles Chapman Library:** (cia). **11 Louwman Museum. Corbis:** The Bettmann Archive (ci). **Getty Images:** Ed Clark / Time Life Pictures (si). **Malcolm McKay:** (cd, bi). **TopFoto.co.uk:** Topham Picturepoint (sd). **13 Louwman Museum. Motoring Picture Library/ National Motor Museum. 14 Corbis:** The Bettmann Archive (si). **Giles Chapman Library.** (cda, bi) **Cortesía de Mercedes-Benz Cars, Daimler AG:** (cia). **15 Giles Chapman Library:** (bd). **17 Louwman Museum:** (cdb, cd). **Giles Chapman Library:** (cib). **18 Giles Chapman Library:** (si). **24 Corbis:** The Gallery Collection (c). **26 Louwman Museum. 27 Art Tech Picture Agency:** (sd). **Louwman Museum:** (cd). **Corbis:** Car Culture (cdb). **28 Giles Chapman Library:** (bc). **Usado con permiso, GM Media Archives. 29 Giles Chapman Library:** (bd). **Usado con permiso, GM Media Archives:** (cia). **30 Louwman Museum:** (sc, ca, cia, bi, bd, cd, cda). **TopFoto.co.uk:** National Motor Museum/HIP (cib). **31 Louwman Museum. Giles Chapman Library:** (bi). **TopFoto.co.uk:** Alinari (cib). **32 Giles Chapman Library:** (si). **38 Alamy Images:** pbpgalleries (sc). **Art Tech Picture Agency:** (ci). **Louwman Museum:** (cda). **Motoring Picture Library / National Motor Museum:** (cb). **39 Motoring Picture Library / National Motor Museum. Rex Features:** Gary Hawkins (sd). **40 Motoring Picture Library/ National Motor Museum:** (si). **44 Usado con permiso, GM Media Archives:** (c). **45 Alamy Images:** culture-images GmbH (bd). **46 Louwman Museum. Getty Images:** Car Culture (si). **47 Louwman Museum. Giles Chapman Library:** (cia). **James Mann. TopFoto.co.uk:** (cb). **48 Giles Chapman Library:** (c). **50 Art Tech Picture Agency:** (ci). **Louwman Museum:** (bc). **James Mann:** (cda). **TopFoto.co.uk:** 2006 (sd). **51 Louwman Museum:** (si). **James Mann:** (cdb). **Motoring Picture Library / National Motor Museum. TopFoto.co.uk:** 2005 (cb). **Ullstein Bild:** (ci). **56 Motoring Picture Library/ National Motor Museum:** (si, cd). **57 Louwman Museum:** (cda, c). **James Mann:** (sd). **Motoring Picture Library/ National Motor Museum:** (ci). **58 Alamy Images:** Mary Evans Picture Library (bi). **Giles Chapman Library:** (si). **Rolls-Royce Motor Cars Ltd:** Rolls-Royce Enthusiasts Club (cda); (cia). **59 Alamy Images:** Pictorial Press Ltd (cb). **Art Tech Picture Agency:** (sd). **60 Alamy Images:** Motoring Picture Library (ci). **Louwman Museum:** (sc, cib). **Motoring Picture Library / National Motor Museum:** (cd). **61 Giles Chapman Library:** (cda). **Motoring Picture Library / National Motor Museum:** (sc, ci). **62 akg-images:** Erich Lessing (bi). **Lebrecht Music and Arts:** Rue des archives (bd). **Giles Chapman Library:** (si). **Renault Communication:** (ci). **63 akg-images:** (bd). **Art Tech Picture Agency:** (sc). **64 Alamy Images:** Interfoto (ca). **Louwman Museum. Magic Car Pics:** (sd). **Motoring Picture Library / National Motor Museum:** (cdb). **65 Alamy Images:** Prisma Bildagentur AG (bc). **Corbis:** Car Culture (cia). **66 TopFoto.co.uk:** (si). **70 Corbis:** The Bettmann Archive (c). **72 Corbis:** Car Culture (c). **74 Giles Chapman Library. Motoring Picture Library / National Motor Museum:** (sd). **Reinhard Lintelmann Photography (Germany):** (bi); (cib). **75 Art Tech Picture Agency:** (bc). **The Car Photo Library:** (cb). **Giles Chapman Library. TopFoto.co.uk:** ullstein bild / Paul Mai (si). **76 Louwman Museum:** (cda). **78 Alamy Images:** Esa Hiltula (cia). **Corbis:** The Bettmann Archive (cd). **TopFoto.co.uk:** (si). **79 The Advertising Archives:** (cia). **Corbis:** Transtock Inc. (cdb). **Orphan Work:** (esi). **82 Getty Images:** Fox Photos (c). **84 Flickr.com:** Ludek Mornstejn (sc). **85 Flickr.com:** Stefan Koschminder (bd). **Motoring Picture Library / National Motor Museum:** (cda). **Oldtimergalerie Rosenau:** (cib). **86 Alamy Images:** Autos (bc). **87 Giles Chapman Library:** (cib). **Reinhard Lintelmann Photography (Germany):** (sd). **90 Alamy Images:** Lordprice Collection (c). **92 Louwman Museum:** (ci). **Giles Chapman Library:** (cda). **Malcolm McKay:** (cd). **Motoring Picture Library / National Motor Museum:** (bi). **TopFoto.co.uk:** (si). **93 Louwman Museum. Motoring Picture Library / National Motor Museum:** (sd). **94 Corbis:** The Bettmann Archive (si). **98 Louwman Museum:** (bc). **Giles Chapman Library:** (cb). **James Mann:** (ca). **Motoring Picture Library / National Motor Museum:** (ci). **TopFoto.co.uk:** (sc). **99 Art Tech Picture Agency:** (sd, bd, cd cda). **Louwman Museum:** (cia). **Giles Chapman Library:** (bi, esd). **100 Alamy Images:** Motoring Picture Library (si). **BMW AG:** (cia). **Corbis:** Tatiana Markow/ Sygma (bi). **Giles Chapman Library:** (cda). **101 Alamy Images:** Alfred Schauhuber/ imagebroker (si). **Corbis:** Martyn Goddard (bc). **102 Giles Chapman Library:** (ci). **Malcolm McKay. 103 Alamy Images:** Tom Wood (bd). **Magic Car Pics:** (si). **Malcolm McKay:** (sc). **Motoring Picture Library/ National Motor Museum. 104 Corbis:** Car Culture (c). **106 Louwman Museum:** (cb). **Image created by Simon GP Geoghegan:** (cd). **Giles Chapman Library:** (sd). **Motoring Picture Library / National Motor Museum:** (ca). **Reinhard Lintelmann Photography (Germany):** (c). **107 Art Tech Picture Agency:** (bd). **Giles Chapman Library:** (cda). **Magic Car Pics. James Mann:** (si). **108 Magic Car Pics:** (sd). **110 Corbis:** The Bettmann Archive (c). **112 Alamy Images:** Transtock Inc. (bi). **Louwman Museum:** (bc). **Cody Images:** (ca). **113 Giles Chapman Library:** (cia). **James Mann:** (cb). **Malcolm McKay:** (cdb). **Motoring Picture Library / National Motor Museum:** (bc). **114 Giles Chapman Library:** (si). **118 Art Tech Picture Agency:** (si). **James Mann:** (bc). **119 Louwman Museum:** (sd). **James Mann:** (bi, bd). **122 Giles Chapman Library. Tata Limited:** (cia). **123 Motoring Picture Library / National Motor Museum:** (bc). **124 Giles Chapman Library:** (cib, cdb). **Magic Car Pics:** (sc). **Motoring Picture Library / National Motor Museum. 125 Louwman Museum:** (sd). **Giles Chapman Library:** (si, bd). **Motoring Picture Library / National Motor Museum:** (cdb). **Reinhard Lintelmann Photography (Germany):** (cib). **126 Giles Chapman Library:** (si). **130 Alamy Images:** Marka (si). **Citroën Communication:** (cia, bi). **131 Alamy Images:** Noel Yates (bc). **Art Tech Picture Agency:** (sd). **Giles Chapman Library:** (cda). **132 The Car Photo Library:** (ecib). **Magic Car Pics. 133 Alamy Images:** culture-images GmbH (bd). **Fiat Group:** (cb). **Giles Chapman Library. Magic Car Pics:** Paul Deverill (cib); (ci). **James Mann:** (si). **Motoring Picture Library/ National Motor Museum:** (sc). **TopFoto.co.uk:** Roger-Viollet (cda). **134 Getty Images:** Car Culture (c). **136 Art Tech Picture Agency:** (cib). **Giles Chapman Library:** (bi). **137 Art Tech Picture Agency:** (cd). **Giles Chapman Library:** (bd). **Malcolm McKay:** (ci). **138 Corbis:** Minnesota Historical Society (c). **140 Corbis:** Car Culture (c). **143 Art Tech Picture Agency:** (cda). **144 Corbis:** Car Culture (bc); Eric Thayer/Reuters (ci). **TopFoto.co.uk:** Topham Picturepoint (si). **145 Alamy Images:** Iain Masterton (bd). **Giles Chapman Library:** (cia). **150 Giles Chapman Library:** (si). **156 Louwman Museum:** (sc). **Magic Car Pics:** (sd). **Malcolm McKay:** (cia, bc). **157 Alamy Images:** Coyote-Photography.co.uk (si). **Louwman Museum:** (cb, ecia). **Giles Chapman Library:** (cda). **Malcolm McKay. Reinhard Lintelmann Photography (Germany):** (cib). **158 Giles Chapman Library:** (si). **162 Fiat Group:** (c). **164 Giles Chapman Library:** (cib). **165 Getty Images:** Bloomberg (cb). **Giles Chapman Library. 166 Archivio Storico Alfa Romeo:** (cia). **Art Tech Picture Agency:** (cd). **Giles Chapman Library:** (cb). **Volvo Group:** (sd). **167 Art Tech Picture Agency:** (cia). **The Car Photo Library:** (cdb). **168 The Advertising Archives:** (cd). **Corbis:** Andrea Jemolo (bi). **Cortesía de Chrysler Group LLC:** (ci). **Giles Chapman Library:** (si). **169 Corbis:** DaZo Vintage Stock Photos/Images.com (bc). **172 Giles Chapman Library:** (si). **178 Giles Chapman Library. 179 Art Tech Picture Agency:** (ecda). **Louwman Museum:** (cib, bc). **The Car Photo Library:** (c). **Giles Chapman Library. 182 Motoring Picture Library/ National Motor Museum:** (ecd). **183 Alamy Images:** Stanley Hare (ebd); Martin Berry (bc). **Rudolf Kozdon:** (cib). **184 Alamy Images:** Antiques & Collectables (ebi). **Aston Martin Lagonda Limited:** (esi). **Corbis:** Bruce Benedict / Transtock (eci). **185 Alamy Images:** Photos 12 (ebd). **Giles Chapman Library:** (ecd). **190 Giles Chapman Library. 191 Art Tech Picture Agency:** (ebd). **Giles Chapman Library:** (eci). **192 Getty Images:** Bentley Archive/ Popperfoto (c). **194 Getty Images:** Nat Farbman / Time Life Pictures (ebi). **Giles Chapman Library:** (esi). **Motoring Picture Library / National Motor Museum:** (eci). **195 Giles Chapman Library. 200 Giles Chapman Library:** (c). **204 Giles Chapman Library:** (esi). **208 Alamy Images:** Phil Talbot (c). **210 Alamy Images:** Tom Wood (cib). **212 Giles Chapman Library:** (esi). **216 Art Tech Picture Agency:** (cib). **LAT Photographic:** (ebi). **Giles Chapman Library. 217 Art Tech Picture Agency:** (ecd, ebi). **LAT Photographic:** (cib, esd). **Giles Chapman Library. 218 Art Tech Picture Agency:** (ca, c). **Ford Motor Company Limited:** (ecia). **The Car Photo Library:** (ebd). **LAT Photographic:** (ci). **Giles Chapman Library:** (esd). **Suzuki Motor Corporation:** (cib). **219 Alamy Images:** Trinity Mirror / Mirrorpix (bc). **Art Tech Picture Agency:** (ebi). **Cortesía de Chrysler Group LLC:** (sd). **Giles Chapman Library. Magic Car Pics:** (ebd). **James Mann:** (ca). **Wisconsin Historical Society:** Image ID 25823 (esi). **220 LAT Photographic:** (esi). **Giles Chapman Library:** (ci, bc). **221 Art Tech Picture Agency:** (esd). **Giles Chapman Library. 222 Art Tech Picture Agency:** (c). **223 BMW AG:** (ecia). **Magic Car Pics:** (ca). **225 Art Tech Picture Agency:** (cia). **Greig Dalgleish:** (cda). **Giles Chapman Library:** (eci). **Reinhard Lintelmann Photography (Germany):** (cb).

226 Giles Chapman Library: (ebi). **228 Art Tech Picture Agency:** (cda, esi, cib). **229 Art Tech Picture Agency:** (ca, cb). **230 NASA:** (c). **232 Alamy Images:** Phil Talbot (eci); Eddie Linssen (ebd). **Giles Chapman Library:** (esi). **233 The Advertising Archives:** (ca). **Art Tech Picture Agency:** (sd, esd). **LAT Photographic:** (ebd). **234 Louwman Museum:** (esd). **Motoring Picture Library / National Motor Museum:** (cib). **235 Motoring Picture Library / National Motor Museum:** (cda). **236 Art Tech Picture Agency:** (esi). **LAT Photographic:** (cib, cdb). **James Mann:** (ebi). **237 TopFoto.co.uk:** Phipps/Sutton/HIP (cib). **238 Giles Chapman Library. Magic Car Pics:** (ecia). **239 LAT Photographic:** (cia). **Giles Chapman Library. 240 The Car Photo Library. 241 The Car Photo Library:** (c). **243 James Mann** (aei). **244 Art Tech Picture Agency:** (c). **Giles Chapman Library. 245 Giles Chapman Library. Wikipedia, The Free Encyclopedia:** (sc). **246-247 Corbis:** JP Laffont/ Sygma. **248 Art Tech Picture Agency:** (c). **Giles Chapman Library. 249 Art Tech Picture Agency:** (ebi). **Giles Chapman Library. Malcolm McKay:** (cib). **250 akg-images:** (ebi). **Alamy Images:** Niall McDiarmid (ci). **Bundesarchiv: Bild 183-1983-0107-307 / Zimmermann** (esi). **Dennis Images:** (ebd). **251 The Advertising Archives:** (ca). **Alamy Images:** Hans Dieter Seufert / culture-images GmbH (ebd). **Reinhard Lintelmann Photography (Germany):** (esi). **252 Art Tech Picture Agency. Giles Chapman Library:** (ebi). **James Mann:** (esd). **253 Art Tech Picture Agency. Giles Chapman Library:** (ecd). **254 Art Tech Picture Agency:** (eci). **(c): Aventure Peugeot:** (cb). **Citroën Communication:** (cdb, ebd). **LAT Photographic. Giles Chapman Library:** (cib). **255 Art Tech Picture Agency:** (cda, cd). **Magic Car Pics. 256 Corbis:** Tony Korody / Sygma (esi). **Dorling Kindersley:** DeLorean Motor Company (eci). **260 Porsche AG:** (ebi). **266 Art Tech Picture Agency:** (cb). **Giles Chapman Library:** (cda). **267 Art Tech Picture Agency:** (cia, cda). **268 Alamy Images:** Motoring Picture Library / National Motor Museum (esi). **272 Giles Chapman Library. 273 Art Tech Picture Agency. Giles Chapman Library. 274 The Bridgeman Art Library:** Vincent, Rene (1871-1936) / Private Collection / Archives Charmet / The Bridgeman Art Library (cda). **Aventure Peugeot. Giles Chapman Library:** (ebi). **275 LAT Photographic:** (c). **Giles Chapman Library:** (si, esi). **276 Art Tech Picture Agency. Louwman Museum:** (cia). **277 Art Tech Picture Agency:** (c, bc). **Giles Chapman Library. 278 Corbis:** Ron Perry / Transtock (c). **279 Corbis:** Ron Perry / Transtock (bi). **282 Getty Images:** Pete Seaward (esi). **286 Corbis:** The Bettmann Archive (ebi). **Getty Images:** Peter Macdiarmid (ci). **Giles Chapman Library:** (esi). **287 Art Tech Picture Agency. Louwman Museum:** (esi). **Giles Chapman Library:** (ebd). **Motoring Picture Library / National Motor Museum:** (c). **288 Art Tech Picture Agency:** (sc). **290 Renault Communication:** (c). **292 Art Tech Picture Agency:** (ebi). **Giles Chapman Library. 293 Art Tech Picture Agency:** (ca, esi, ecda, ecd). **Giles Chapman Library:** (sc, eci, bi, cb). **294 LAT Photographic:** (ecia). **Giles Chapman Library:** (cda, c, ebi). **295 Alamy Images:** Phil Talbot (esi). **Art Tech Picture Agency. Giles Chapman Library. 296 Giles Chapman Library:** (ebi). **298 Corbis:** Raymond Reuter / Sygma (ci). **Giles Chapman Library. 299 The Advertising Archives:** (c). **Giles Chapman Library:** (ebd). **300 Art Tech Picture Agency:** (cd). **Giles Chapman Library:** (c, ecia). **Orphan Work:** (eci). **301 Art Tech Picture Agency:** (cda, eci, esd). **Giles Chapman Library. 304 Giles Chapman Library:** (esi). **308 Motoring Picture Library / National Motor Museum:** James Mann (c). **311 Alpine:** (bd). **© General Motors:** (cb). **Jaguar Land Rover Ltd:** (cda). **312 Alamy Images:** Transtock Inc. (ecib); Motoring Picture Library (c). **Giles Chapman Library:** (ebd). **Jaguar Land Rover Ltd:** (cia). **313 Alamy Images:** Robert Steinbarth (ecda). **Giles Chapman Library:** (ecdb). **NIO Inc:** (bd). **Toyota Motor Europe:** (sd). **314 Corbis:** Suzuki Motor Corporation / Frank Rumpenhorst / epa (ci). **Giles Chapman Library:** (bd, esi). **315 Giles Chapman Library. Suzuki Motor Corporation. 316 cortesía de Mahindra Reva:** (sc). **Suzuki Motor Corporation:** (cib). **317 Aixam-MEGA:** (cdb). **Hyundai Motor Company:** (bd). **Giles Chapman Library. Malcolm McKay:** (eci). **318 PA Photos:** Gautam Singh / AP (esi). **323 Aston Martin Lagonda Limited:** (cdb). **Lotus Cars Plc:** (bi). **Maserati:** (bc). **325 Audi AG:** (bd) **Aston Martin Lagonda Limited:** (cda). **Jaguar Land Rover Ltd:** (cdb). **Cortesía de Mercedes-Benz Cars, Daimler AG:** (cib). **326 Corbis:** Car Culture (ci); Schlegelmilch (ebi). **Motoring Picture Library / National Motor Museum:** (esi). **327 Alamy Images:** Phil Talbot (esi, ebd). **Corbis:** Staff / epa (eci). **328 Art Tech Picture Agency:** (esd). **329 LAT Photographic:** (si). **Giles Chapman Library:** (ecd). **Renault:** (bd). **Suzuki Motor Corporation:** (bi). **330 Aston Martin Lagonda Limited:** (cb). **331** (c) **Ford Motor Company Limited:** (bd). **© Fiat Chrysler Automobiles N.V:** (cdb). **Giles Chapman Library:** (edca, ecia). **Jaguar Land Rover Ltd:** (bc). **332 Giles Chapman Library:** (esi). **337 Alfa Romeo:** (ci). **Briggs Automotive Company (BAC):** (cib). **© Fiat Chrysler Automobiles N.V.:** (b). **Mazda Motor Europe GmbH:** (cdb). **338 Alamy Images:** Drive Images (sc). **Corbis:** Car Culture (ca). **Ford Motor Company Limited:** (bc). **Giles Chapman Library:** (ecia, ecib). **LAT Photographic:** (cd). **Motoring Picture Library / National Motor Museum:** (ecdb). **339 Aston Martin Lagonda Limited:** (b). **© Bentley Motors:** (cib). **Maserati:** (cb). **342 BMW AG:** (bi). **Nissan:** (ci). **Peugeot Motor Company PLC:** (cdb). **Porsche Cars Great Britain Ltd:** (cb). **Renault UK Ltd:** (cia). **Tesla Motors, Inc.:** (sd). **Toyota Motor Europe S.A. / N.V.:** (sc). **Vauxhall Motors Ltd:** (ca). **Volkswagen AG:** (bd). **343 Citroën:** (cd). **Getty Images / iStock:** RoschetzkyIstockPhoto (si). **Honda Motor Company:** (cb). **Jaguar Land Rover:** (sd). **Riversimple:** (ci). **Toyota Motor Europe:** (cia). **Volkswagen AG:** (bi, bd). **344 Aston Martin:** (cib). **Infiniti:** (sd). **Jaguar Land Rover Ltd.** (si). **Lexus:** (ci). **Daimler AG:** (cd). **Cortesía de Mercedes-Benz Cars, Daimler AG:** (cdb). **Volkswagen AG:** (bi). **344-345. Bentley Motors Ltd:** (c). **345 © Bentley Motors:** (cda). **BMW Group UK:** (cib). **© General Motors:** (b). **Maserati:** (sd). **Rolls-Royce Motor Cars Ltd:** (si). **Volvo Car Group:** (cdb). **346 Malc Edwards:** (cb). **McLaren Automotive Limited:** (si, cib, cdb, b). **347 McLaren Automotive Limited. 348 McLaren Automotive Limited:** (Todas las imágenes). **349 Getty Images: NurPhoto / Xavier Bonilla** (si). **McLaren Automotive Limited:** (sd, cib, bi, bd). **350 BMW Group UK:** (cb). **Ford Motor Company Limited:** (cdb). **© Dacia:** (ca). **© General Motors:** (cib, b). **Honda (UK):** (cd). **Peugeot Motor Company PLC:** (cia). **Toyota Motor Europe:** (sd). **Cortesía de Volkswagen:** (ci). **351 Audi AG:** (ci). **Alfa Romeo:** (ci). **© Fiat Chrysler Automobiles N.V:** (cia, cda). **Jaguar Land Rover Ltd:** (c). **Kia Motors Corporation:** (cib). **Cortesía de Mercedes-Benz Cars, Daimler AG:** (bc). **© Qoros Auto Co., Ltd:** (s). **Volvo Car Group:** (bd). **353 Mazda Motors UK Ltd:** (esd). **354-355 Porsche Cars:** (Todas las imágenes).

Imágenes de inicio de capítulo:
8-9 Napier 7-passenger Touring
36-37 Bugatti T35B
72-73 Wanderer W25K
104-105 Chrysler Town and Country
134-135 Oldsmobile F-88 Concept
176-177 Ford Mustang
208-209 Citroën DS21 Convertible
240-241 Lamborghini Countach 25th Anniversary
278-279 Mitsubishi SST
308-309 Mini Cooper
Resto de las imágenes
© Dorling Kindersley Limited

Los editores también agradecen a las siguientes empresas y personas su generosidad al permitir a Dorling Kindersley acceder a sus vehículos y motores para fotografiarlos para esta edición:

Alex Pilkington
Audi UK: www.audi.co.uk
Beaulieu National Motor Museum, Brockenhurst, Hampshire: www.beaulieu.co.uk
Brands Hatch Morgans, Borough Green, Kent: www.morgan-cars.com
Chris Williams, The DeLorean Owners Club UK: www.deloreans.co.uk
Chrysler UK, Slough, Berkshire: www.chrysler.co.uk
Claremont Corvette, Snodland, Kent: www.corvette.co.uk
Colin Spong
DK Engineering, Chorleywood, Hertfordshire: www.dkeng.co.uk
Eagle E-Types, East Sussex: www.eaglegb.com
Gilbert and Anna East
Haynes International Motor Museum, Yeovil, Somerset: www.haynesmotormuseum.com
Heritage Motoring Club of India (HMCI), New Delhi, India: Mr. H. W. Bhatnagar, Mr. Avinash Grehwal, Mr. S. B. Jatti, Mr. Ashok Kaicker, Mr. Sandeep Katari, Mr. Ranjit Malik, Mr. Bahadur Singh, Mr. Navinder Singh, Mr. Harshpati Singhania, Mr. Diljeet Titus www.hmci.org
Honda Institute, Slough, Berkshire: www.honda.co.uk
Jaguar Daimler Heritage Trust, Coventry, Warwickshire: www.jdht.com
John Mould
P & A Wood, Rolls Royce and Bentley Heritage Dealers, Dunmow, Essex: www.pa-wood.co.uk
Peter Harris
Philip Jones, Byron International, Tadworth, Surrey: www.allastonmartin.com
Porsche Cars (Great Britain) Ltd, Reading, Berkshire: www.porsche.com/uk/
Roger Dudding
Roger Florio
Silver Arrows Automobiles, Classic Mercedes-Benz, Londres: www.silverarrows.co.uk
Silver Lady Services Ltd, Rolls Royce and Bentley Car Services, Bournemouth, Dorset: www.silverladyservices.co.uk
Tata Motors, Mumbai, India: www.tatamotors.com
Tim Colbert
Timothy Dutton, Ivan Dutton Ltd, Aylesbury, Buckinghamshire: www.duttonbugatti.co.uk
Tuckett Brothers, North Marston, Buckinghamshire: www.tuckettbrothers.co.uk